松濤塔影耀濠江
遠照重洋結萬邦
文教法商齊拓展
聯通拉美亞洲窗

丙申年冬日 樹輝

苏树辉博士题字

澳门研究丛书 MACAU STUDIES

本丛书由澳门基金会策划并资助出版

全球化與澳門

澳门在亚太和拉美之间的对外平台角色

GLOBALIZATION AND MACAU:
MACAU'S EXTERNAL ROLE BETWEEN ASIA PACIFIC AND LATIN AMERICA

魏美昌 / 主编

SSAP 社会科学文献出版社
SOCIAL SCIENCES ACADEMIC PRESS (CHINA)

澳門基金會
FUNDAÇÃO MACAU

澳门亚太拉美交流促进会
Macao Association for the Promotion of Exchange between Asia-Pacific and Latin America (MAPEAL)

组稿编辑
Commissioning Editor

特别鸣谢:

- 阿根廷驻港澳总领事馆、巴西驻港澳总领事馆、智利驻港澳总领事馆、哥伦比亚驻港澳总领事馆、古巴共和国驻广州总领事馆、厄瓜多尔共和国驻广州总领事馆、墨西哥驻港澳总领事馆、秘鲁驻港澳总领事馆、委内瑞拉驻港澳总领事馆
- 苏树辉博士　澳门亚太拉美交流促进会名誉会长、澳门中华拉丁基金会董事长
- 梁崇烈先生　说文输入系统发明人及总建构师

目 录 

文化与教育篇

法律篇

序　言*

张朋亮 译

澳门是当今世界上为数不多的，在既保持兴旺发达的现代生活的同时，又能对其历史遗产加以妥善保护的城市之一。这也成为澳门的一张王牌，使其成为区域内最佳旅游目的地之一。澳门的博彩业对游客具有很大的吸引力，同时，澳门的历史城区，黄金时代遗留下来的各种古建筑，以及设施一流的现代化博物馆，对博彩业旅游也是很好的补充。

澳门所面临的最大挑战是如何促进经济的多元化发展。作为中国与拉丁美洲及欧洲的拉丁国家之间的文化和商业桥梁，澳门具有得天独厚的战略环境和自然环境，这可以巩固澳门作为一个国际化旅游城市的地位，同时也有助于澳门成为一个文化和商业发展中心，进而使澳门居民享受更好的生活环境。

实际上，拉丁国家与澳门之间的联系可以追溯至16~17世纪。

考古学家在澳门半岛和路环岛发现了6000年前人类居住的遗迹。这些早期遗迹表明，在澳门生活的早期居民开展过广泛的经济活动，如狩猎，捕鱼，植粟，豢养猪、狗等，甚至还会烧制陶器。

后来，在1227年就有了关于固定村落的记载。1557年，葡萄牙人在这里建造了一座有城墙包围的城邑，并与中国签订了一份条约，稳固了其在中国的贸易，进而开启了澳门的黄金时代。

澳门具有宝贵的拉丁遗产。和人一样，国家、地区和城市也有其独特的遗传密码，其中存储的核心信息决定了它的和谐结构和本质。今天的澳门，除了原有的中华文化传承之外，也具有古老的拉丁渊源。

人类尽管肤色有别、文化各异，但同属于一个种族，如今这一点已经成

---

* 特别感谢前秘鲁总领事 David Málaga 先生代表拉美国家驻香港、澳门和广州总领事馆为本书撰写序言。

为普遍共识，这也是我们的力量之源。世界上所有民族的命运都是休戚相关的，团结起来，我们不仅得以生存，还将走向繁荣。本着这种精神，我们不断加强同澳门的文化合作。澳门亚太拉美交流促进会（MAPEAL）为所有拉美国家的总领事馆直接参与各种拉美文化活动提供了便利。

早在2005年，澳门亚太拉美交流促进会就组建了首个工作组，邀请了来自拉丁美洲和中国的相关学者开展交流。澳门拉近了两个大洲在八大领域的合作交流，包括学术、科研、文化、出版、通信、商务、旅游和培训，而且凭借澳门自身的历史和文化特性，这一作用得到进一步强化。此后不久，澳门亚太拉美交流促进会推出了首部文集，该文集收集了来自拉美国家、美国、葡萄牙、中国内地和澳门的众多学者的文章。该书结构宏大，令人印象深刻。阿根廷、巴西、智利、哥伦比亚、墨西哥以及委内瑞拉驻香港和澳门的各总领事馆，都欣然表示愿意支持和配合该书的出版。2007年，澳门亚太拉美交流促进会受到委托，在澳门举办第13届拉丁美洲与加勒比研究国际联盟（FIEALC）国际大会，接待了来自美洲、亚洲、欧洲和大洋洲的超过400名与会人员和主题演讲者。

在之后的几年里，澳门亚太拉美交流促进会同拉美国家在北京的一些大使馆，以及在香港和广州的总领事馆合作，致力于组建拉丁美洲展览馆、商业和旅游业研讨会，以及每年10月召开的澳门国际贸易投资展览会。在拉丁美洲展览馆参展的拉丁美洲和加勒比国家从2008年的6个增至2012年的11个。

2012年9月8日，澳门亚太拉美交流促进会在澳门文化中心举办了一场书展，展示了来自各个拉美国家的图书。澳门的读者有机会从中欣赏到诺贝尔文学奖获得者巴勃罗·聂鲁达（Pablo Neruda）和加夫列拉·米斯特拉尔（Gabriel Mistral）（智利），加布列·贾西亚·马奎斯（Gabriel García Márquez）（哥伦比亚），以及马里奥·巴尔加斯·略萨（Mario Vargas Llosa）（秘鲁）的中文版著作。在澳门的金丽华酒店举办的拉丁美洲美食节上，智利、厄瓜多尔和秘鲁带来了它们最具传统特色的美食。在第二周也就是9月10日的电影节上，拉美国家也把各自在2012年的最佳影片悉数呈现给观众。

为庆祝澳门回归祖国，澳门每年12月20日都会举办澳门拉丁城区幻彩大巡游。这也成为一项传统的盛会，展示象征澳门与拉丁城市之间的友谊的传统文化。这些活动构成另一道风景线，使澳门成为区域内最受青睐的旅游目的地。

澳门亚太拉美交流促进会与拉丁国家的领事馆和总领事馆开展紧密的合作，为展示澳门的拉丁渊源做出了重要贡献，受到社会公众和澳门政府机构的热烈响应。

澳门既是中国的一部分，同时又具有拉丁渊源，鉴于此，自 1999 年起，中国中央政府就明确提出，让澳门成为中国加强与拉美国家贸易和文化联系的天然桥梁。

但拉中关系还包含着其他很多层面，如中国广东人的移民史，这段历史最早可追溯至 1848 年，当时的移民经由澳门移入古巴、秘鲁等国家。而近期中拉关系的突飞猛进则主要是由于贸易和投资关系的带动。

古巴是第一个同中华人民共和国建立外交关系的拉美国家，这自然为中国同拉丁美洲和加勒比国家之间的关系做出了重要贡献。中国一贯坚持在平等和相互尊重的基础上与该地区进行交往，对它们争取国家统一、民族团结的强烈愿望表示赞赏。最近几年，各个领域的双边合作都得到了加强和扩展。

近年来，中国已成为智利、巴西和秘鲁的第一大贸易伙伴（包括进口和出口），成为阿根廷的第二大贸易伙伴。在过去的两年里，中国也成为巴西和秘鲁的海外直接投资的第一大来源地。

为了进一步加强同太平洋沿岸国家的贸易伙伴关系，中国与智利（第一个与中国签署自由贸易协定的国家）、哥斯达黎加和秘鲁签署了自由贸易协定。与此同时，中国还与委内瑞拉、厄瓜多尔和巴西在能源（特别是石油）方面开展了大规模的贸易。

拉美国家也在寻求其国际经济关系的多元化发展。它们的贸易和投资伙伴在不断增加，而中国在拉美地区扮演着尤为重要的角色。中国已经成为一个重要的货物购买国，带动了该地区商品价格的提升，使该地区货物贸易的长期颓势得以扭转。

1990 ~ 2010 年，中国从拉丁美洲和加勒比国家进口的贸易额呈指数级增长。2011 年，中国与拉美国家的贸易额超过 2450 亿美元。在短短 8 年时间里，中国作为拉美国家贸易伙伴的重要性大幅上升。中国取代美国和欧盟，成为智利、巴西和秘鲁的第一大贸易伙伴，也成为秘鲁和巴西的第一大投资国，以及整个拉美地区的第二大贸易伙伴和第三大投资国。

拉丁美洲为中国提供了经济持续增长所需的大量原材料。中国从阿根廷进口大豆，从智利进口铜，从巴西进口铁矿石，从秘鲁进口锌，而且每天从委内瑞拉进口 60 万桶石油。2010 年，中国与拉美国家的交易额达到了 1000 亿美元。中国同拉美国家在双边贸易上的增长速度之快，世间罕见——在过去的十年里增长了 18 倍，且以从该地区进口原材料为主。双边关系也突破贸易层面，发展成更加复杂的互动交流，如在投资和金融领域的合作。拉丁美洲正从一些非传统投资来源国吸引大量外资。

此外，中国与美洲开发银行共同设立了一个 10 亿美元的基金，用于在拉美地区进行股权投资。该基金是由中国进出口银行与美洲开发银行各出资 1.5 亿美元共同设立的，已从 2013 年年底起开始运行。两家银行选定了资产管理公司，对投资资金进行管理，并从市场上筹集资金。从 2005 年起，中国的国家开发银行扩大了对在拉美国家从事资源勘探和基础设施建设合作项目的机构的贷款额度。中国在拉丁美洲和加勒比地区的对外直接投资已经增长了 60% 。

然而，中国与拉丁美洲和加勒比地区的贸易集中在几个国家和几种商品上。如今，该地区不断上升的贸易保护主义可能会阻碍双边经济关系的发展。在各个国家，少数几类产品占据了向中国出口总量的 80% ~90% 。拉美地区与中国的贸易日益呈现出一种跨产业的性质，即拉美国家向中国出口原材料，并从中国进口制成品。

受到国际经济不确定性，以及太平洋两岸经济放缓、GDP 增速减慢的影响，未来的发展将会变得更加困难。目前亟待双方加强合作，共同抵御世界经济危机。南南合作对于维持贸易交往的不断扩大具有重要作用，而且它将很快超过北北贸易。

真正的挑战是如何从一个可持续的、长期的角度来定位中国与拉美地区的经济和政治关系。我们正在通力合作，努力构建一个体现共同战略的伙伴关系。2012 年 10 月，第六届中国 – 拉美企业家高峰会及其项下的贸易促进机构圆桌会议在杭州举行，来自美洲开发银行、联合国拉丁美洲和加勒比经济委员会等国际组织的 170 名与会人员，来自 25 个拉丁美洲和加勒比国家的 58 名贸易促进机构和贸易协会的代表，以及来自中国国际贸易促进委员会各地区和各工业部门的25名领导人参加了大会。

我们的目的是增进同中国的合作、贸易和发展，促进拉丁美洲和中国澳门的经济和社会发展。我们也将在文化领域深化同澳门的合作，以支持其发展成为一个国际性的旅游与休闲中心。

在这些务实的合作下，在澳门亚太拉美交流促进会的大力支持下，在魏美昌（Gary Ngai）先生的卓越领导下，我们正朝着我们所期望打造的年度传统稳步迈进。拉美国家每年将会把它们最优秀的文化形式和商品展示出来，以增进相互理解，加深双边友谊，为互利互惠的双边贸易和经济关系创造更多机遇。

阿根廷驻港澳总领事馆

巴西驻港澳总领事馆

智利驻港澳总领事馆

哥伦比亚驻港澳总领事馆

古巴共和国驻广州总领事馆

厄瓜多尔共和国驻广州总领事馆

墨西哥驻港澳总领事馆

秘鲁驻港澳总领事馆

委内瑞拉驻港澳总领事馆

经贸与旅游篇

浅论澳门的“一个中心，一个平台”定位的历史和制度基础

叶桂平*

澳门特区自1999年成立以来，经济保持了较快的增长速度。虽然整体经济规模不大，但外向程度较高，具有开放和灵活的特点，是区内税率最低的地区之一。并且，财政金融稳健，无外汇管制，具有自由港及独立关税区地位，这些成就了澳门在区域性经济中的独特地位。此外，澳门还是亚太区内极具经济活力的一员，也是连接内地和国际市场的重要窗口和桥梁。

一直以来，澳门的经济主要以出口为主，在加工业进行转型以适应新时代的同时，服务出口在澳门整体经济上所占的比重越来越大。旅游博彩业作为澳门主要的经济动力之一，成为澳门特区最大的直接税源和外汇来源。同时，酒店、饮食、零售等行业的发展，对推动澳门经济的发展发挥了重要的作用。2011年，全年取得20.7%的实质增长，本地生产总值为2921亿澳门元；人均本地生产总值逾6万美元，在亚洲名列前茅。2011年年底，外汇储备达2724亿澳门元。2012年第一季本地生产总值实质增长18.4%。

除此之外，政府仍一直致力于改善就业状况，持续采取一系列的培训和鼓励就业措施，失业率自2000年起持续下降，从1999年的6.3%大幅回落至2005年的4.1%。在近年经济快速增长的环境下，自2006年起失业率一

* 叶桂平，澳门城市大学助理校长、教授，澳门亚太拉美交流促进会常务理事。

直维持在3%左右的低水平。2012年第一季度，失业率更降到2%的低水平，劳动人口每月工作收入中位数则提高到11000澳门元。

事实上，回归以后，澳门特区政府始终把维护和完善利伯维尔场经济制度作为经济施政的主线，营造受国际社会认同、自由开放、公平竞争和法治严明的市场环境，确保经济制度不受干扰和影响。作为中国的国际贸易自由港之一，货物、资金、外汇、人员在澳门进出自由。2007年4月，世界贸易组织对澳门进行每六年一次的贸易政策审议，在报告中对澳门遵守世界贸易组织的规则予以肯定，认同特区政府过去六年经济发展所取得的成就，认为澳门未来的发展前景乐观，澳门是开放的经济体系这一评价再次得到肯定。在美国传统基金会发布的2011年度“全球经济自由度指数”报告中，澳门亦被评为亚太地区第五位，并在全球179个经济体中排名第19位，被评为“较自由”的地区。

推进“远交近融”进程，加强对外经济合作，发展双边和多边经济关系以及强化区域经济合作，已经成为澳门特区政府既定的发展策略。为了实现“世界旅游休闲中心”和经济适度多元发展的宏伟蓝图，澳门必须先“内强素质”，不断整合澳门独特的文化资源优势，把握“泛珠”和“大珠三角”区域合作机遇，拓展联线旅游项目，加强建设澳门成为优质的文化旅游城市。此外，澳门还需“外树形象”，利用自身独特的优势，逐步发展成为国际化的区域性商贸服务平台，有效发挥澳门与亚太地区、欧盟、拉丁语系国家尤其是与葡语国家传统联系的优势，更好地担当内地与这些国家和地区经济合作的桥梁，以更多元的形象广招天下客人来澳营商及旅游观光。

结合本篇拟定的议题，来自国内外的多位学者分别从历史、国别比较、地区文化渊源等不同角度，对澳门的对外经贸发展、旅游与文化、“平台”功能、区域合作、对外关系等内容进行深入的论述及探讨，并为澳门特区未来的对外经贸及旅游发展提供了可兹参考的宝贵意见及建议。通过综合的梳理和归纳，大体可以汇聚成如下三大特点。

一　澳门作为对外经贸和区域合作的“平台”具有深厚的历史根基

无论是探讨中国对外关系史，还是研究葡萄牙东进史，必然无法忽视澳门作为两个国家贸易及文化交流平台的历史事实。在前400年的经济发展历

程中，澳门经历了兴衰荣辱的沧桑，经历了繁荣—衰退—再繁荣—停滞的马鞍型发展道路。葡萄牙人在占据了澳门“东亚这个最古老的西方贸易据点”后，就以之为枢纽积极开辟全球性的贸易航线。这一时期的澳门几乎垄断了所有的中国对外贸易，成为中外贸易的中转港和重要国际商埠。对此，学者陈守常和陆海诺（Luis Lojero Garza）以历史学的研究视角，系统梳理了澳门的历史角色和独特的人脉渊源，以比较的方法分析预测澳门未来发展走向。学者雷纳托·桑坦德（Mtro. Renato Balderrama Santander）、恩里克·德·奥利维拉（Henrique Altemani de Oliveira）和陈家慧以粤澳贸易、中国与拉美国家关系、中国与“金砖国家”关系作为研究主轴，从历史的沿革推论澳门融入珠三角地区合作的取向，以及澳门可以担当的“平台”作用，即促进中国与拉美国家，特别是与墨西哥、巴西、印度经贸合作的独特功能。

另外，为了拓展自身发展空间，配合国家区域协调发展战略，澳门特区政府和广东省进一步进行合作，于2011年3月6日在北京签署《粤澳合作框架协议》。根据《粤澳合作框架协议》所达成的共识，珠海横琴计划拨出约5平方公里的土地，供粤澳产业合作之用，当中包括面积约0.5平方公里的中医药科技产业园，作为粤澳产业合作的切入点，而旅游、会展、文化创意及教育培训等产业合作项目将于未来按部就班地陆续开展，为澳门的产业多元化提供巨大的机会。2011年4月19日，中医药科技产业园正式启动。借助这一有利机遇，长期关注澳门发展的魏美昌先生对粤澳合作及横琴开发非常支持，但亦关注到澳门在双边政策的制定、实施和监管的各个环节中，理应争取更多的参与权和话语权，而不仅停留于“给钱”的消极被动地位。同样的关注，也可以从学者叶桂林博士的文章中看出。叶博士特别提出创新才是横琴开发成功的关键。在全力参与横琴开发过程中，澳门特区政府必须以政策创新的思维，在推动博彩业持续发展的同时，适时出台围绕垂直多元及横向多元的产业发展战略，并据此推出一系列紧密结合的经济政策、工业政策、科技政策、社会就业政策及区域合作政策等，保证产业多元的全过程都得到支持，从而迅速推动澳门在横琴实现产业多元化，显著提高其他产业在澳门经济发展中的贡献率，基本形成澳门经济适度多元的格局。

以上几篇文章比较全面地说明了面对中国的“入世”及新一轮的改革开放，澳门正利用自身独特的优势，逐步发展成为珠江三角洲西部地区的服务中心，2004年开始举办的泛珠三角区域合作与发展论坛等定期及不定期的多项区域经贸交流活动，既促进了泛珠三角区域的合作，也为外商到珠江三角洲投资和发展提供了合作的“平台”，这一思路并不是凭空想象，而是具有稳固的历史渊源及基础的。

二 澳门的对外经贸及旅游业发展必须顺应世界经济发展趋势

正如内地著名的国际问题专家江时学教授所述，任何一个国家或地区在制定和实施发展战略时，必须考虑各种内外因素的影响。而在外部因素中，世界经济的发展趋势无疑是最为重要的，也将对澳门的发展战略产生直接或间接的影响。其中，全球化作为世界经济发展的一种趋势，表现为：国际劳动分工中的垂直分工越来越让位于水平分工，资本、商品、技术和资讯在国际上的流动越来越迅速，资源的配置越来越超出民族国家的范围，不同国家之间的相互依存度越来越高，区域经济一体化进程越来越快。凭借这一趋势，在澳门作为这一平台的支撑下，中国与葡语国家的经贸关系日益密切。

2003 年 10 月，中央政府与澳门特区签订《内地与澳门关于建立更紧密经贸关系的安排》（简称 CEPA），同时首届“中国 - 葡语国家经贸合作论坛”及“国际华商经贸会议”亦先后在澳门举行，凸显了澳门连接珠江三角洲、葡语国家和世界华商之间的平台作用。在“中国 - 葡语国家经贸合作论坛”上，参与各方签署了《经贸合作行动纲领》，确立了彼此间的合作，2004 年在澳门设立论坛常设秘书处。第二、三届论坛部长级会议分别于 2006 年 9 月和 2010 年 11 月在澳门举行。

经过多年的努力，澳门作为中葡经贸合作的服务平台得到进一步认同和巩固，澳门促进中葡经贸交流与合作的作用进一步受到各方的重视。中国与葡语国家的双边贸易和投资均快速增长。2003 年论坛成立时，中国和葡语国家的贸易额刚过 100 亿美元，2011 年，双方的贸易额达 1172 亿美元。2012 年 1 ~ 7 月，中国与葡语国家进出口商品总值为 759.13 亿美元，比 2011 年同期增长 20%。

尽管数据说明了中国与葡语国家卓越的经贸成效，然而江教授亦提醒政策家及企业家，除了重视葡语国家以外，澳门还应该扩大视野，将对外经济关系拓展到更大的范围。业界人士唐晓欢则认为，作为葡语国家系统的有

益补充，设立“伊比利亚发展中国家平台”似乎对于中国海外投资更有效果。这些建议正好说明了中国内地发展的不平衡，也启发我们可以先抓住重点省区利用澳门平台拓展对外关系。对此，我国台湾学者熊建成教授结合后 ECFA 时期分析了台湾的经验及试图阐释“新澳门模式”。当然，也有学者以具体的经贸事务作为分析视野，尝试说明澳门平台的独特作用。例如，业界人士唐晓欢试图以中国矿业投资中美洲为例，学者李怡平以科技、中医药产业的发展为例，深入地分析前述三大产业合作如何与澳门平台巧妙结合及联系起来。事实上，自 2008 年起每年举办的澳门国际环保合作发展论坛及展览（MIECF），也正逐渐成为华南及泛珠地区绿色产业的重要发展平台。

三　文化与旅游的结合造就了澳门崭新的平台内涵

澳门是一座文化名城。澳门社会文化的各个方面，从种族、语言、建筑、宗教、饮食到艺术文化，都留下了许多东西文明交融的遗产；而整个澳门就是一个东西文化交融并存的大博物馆。这就是澳门优越的特质，也是历史留给澳门的一笔丰厚财富。保护和挖掘这些属于人类的历史文化遗产，既能促进澳门文化的繁荣和经济的发展，也是对弘扬人类文明的贡献。

澳门特区与中国内地“一国两制”，应当在“两制”政治共识的基础上，形成多元多彩“文化理解”和“文化共识”，从而形成主客互解的合作。澳门应拓展旅游文化的升级升值空间，“善、安、美”的“莲花宝地”方可名副其实。这种文化与澳门旅游业的完美结合造就了澳门崭新的平台内涵，并完全可以成为联系中国内地、世界各国的新型纽带，值得世人瞩目。

参考文献

1.《澳门便览—经济发展》，澳门特别行政区政府新闻局，http：//www. gcs. gov. mo/files/factsheet/Economy_ TCN. doc。

2.《澳门便览—对外关系》，澳门特别行政区政府新闻局，http：//www. gcs. gov. mo/files/factsheet/External_ TCN. doc。

3. 武力：《第十章　香港、澳门、台湾地区经济的发展》，中华人民共和国国史网，http：//www. hprc. org. cn/wxzl/wxxgwd/200909/t20090902_ 29468_ 4. html。
4.《中国与葡语国家进出口商品总值》，中国－葡语国家经贸合作论坛［澳门］网，http：//www. forumchinaplp. org. mo/zh/announcelist. php。
5.《澳门的文化产业》，澳门政策研究所，http：//www. macaupri. org/chinese/research/reports/culturalbusiness. html。

澳门的角色：从历史走向未来

——从市集到平台到枢纽的变迁

陈守常*

摘　要： 澳门一直在中西文化思想传播和中西商品贸易之间充当中介。回归后，澳门特区依靠内地庞大的市场优势，成为中国与葡语系国家交流的平台、世界华商交流的枢纽，澳门的角色从此提升至更高层次的枢纽平台。随着枢纽平台的内涵和功能被拓阔和深化，静态和短暂的平台（如会议和展览）逐步向动态和长期的枢纽演变。为延续会展的初步成果，使其可持续发展，为使澳门的国际的地区的平台作用能伸延和支撑多元产业发展，更为取得通往未来世界头班车的绿色通行证，澳门有必要亦有可能兴建具有独特色彩的环保科技城。

一　三次嬗变：从市集到平台到枢纽

1. 历史

近500年来，澳门是无形的中西文化思想的交流传播地和有形的中西商品贸易市集。澳门从一个小渔村变为一个市集，新的角色是中介人。

西方的传教士利玛窦和清末的郑观应先生分别是东西方著名的思想中介人。利玛窦是人类历史上第一位集欧洲文艺复兴时期的诸种学艺和中国四书

* 陈守常，澳门创新科技中心顾问。

五经古典学问于一身的知识巨人。他踏入中国的首站是澳门，他是把西方文明带到东方的文化中介人，同时把东方的文化传到西方世界，他是全球文化融合的中介人。

在澳门，另一位著名的文化中介人是郑观应先生。他于19世纪90年代在澳门的故居——郑家大屋撰写的《盛世危言》堪称中国近代社会极具震撼力与影响力之巨著。该书自刊行后，在思想界、学术界乃至政治、经济、军事各界，都引起强烈反响。《盛世危言》甫问世即启惕光绪皇帝，唤醒千百万仁人志士，更深深影响数代伟人——康有为、梁启超、孙中山、毛泽东等，在中国近代思想史上写下光辉一页。他因居澳之便，自幼受欧风熏陶，不但融会东西方文化，而且身体力行，实践西方的经济思想，16岁赴上海学习经商之道。1860年成为英国宝顺洋行的掌柜，并勤修英语，对西方的政治和经济等有更深的认识。1873年参与创办太古轮船公司，后受直隶总督李鸿章之托出任上海机器织布局及上海电报局总办。1883年升任为轮船招商局总办。郑观应先生不仅是思想的中介人，亦是行动的巨人。其言行，经由澳门影响了整个中国近代社会。这是澳门之光。

而澳门大大小小的洋行和贸易公司，则是有形的中介人。凭借这些中介人在市集兢兢业业的努力，小小的澳门不但谋得生存的空间，亦在中国的近代史上占有重要的地位。

2. 现在

回归后的澳门特区继承历史传统，即作为通向世界的便捷自由的渠道，再加上新成为特区而与中国内地的密切关系及背靠内地庞大市场的优势，在中央政府的支持下，成为中国与葡语国家交流的平台、世界华商交流的平台、珠三角地区特别是其西部的交流平台。澳门的角色从中介人提升到平台的高层次。

3. 未来

未来，澳门应拓宽和深化平台的内涵和外延功能，拉长其历史和人脉的跨度，扩展其蕴含的经济和文化的宽度和深度，使静态和短暂的平台作用（如会议和展览）变成动态和长期的枢纽。其中一个案例是将在下文论述的国际环保城的计划。

4. 三次嬗变

如果说市集集聚的是个人和零碎的小买卖，那么平台集聚的就是地区和组织，做的是大买卖和大交流。如果说平台像舞台的话，那么枢纽就像立交桥。平台像舞台，虽然不时会有极盛的场面演出，但其交互作用不是连续的而是间歇性的，舞台的活动和人物都有上台和下台的时候。而枢纽像立交桥一样，是24小时连续不断的，虽然没有豪华的外表却有显著和长期的实效。平台的一个具体形式是会展，枢纽的一个具体形式是国际环保城。

从市集到平台到枢纽，要做此历史角色的演变并不容易。这既要外部世界的天时地利客观因素，亦要内部社会和澳门人自己调适和争取的人和因素。

16世纪，中国还处于封建制度与闭关锁国的禁锢之中，而西方经航海大发现和文艺复兴，已出现资本主义萌芽。一个历史的偶然也是必然，造就了边陲临海的澳门成为中西交流市集的历史超然地位。由小渔村到贸易市集的嬗变，主要是由外部环境促成的，澳门人是被动和不自觉的。而有形和无形的交流中介人，无论是中西文化交流的先驱者，还是土洋货的交易经纪人，多是由远渡重洋的西人和中国内地的精英与商人来澳担当的。

直到1999年12月澳门回归祖国，外部环境又一次发生大变迁。有了中国这个在世界举足轻重的经济大国取代西方一个小国的葡萄牙作为澳门的靠山，加之庞大的中国市场亦比欧美的纺织品对澳门优惠配额的吸引力大得多，在中国内地的支持下，再加上澳门历史遗留下来的独特角色，如博彩业的合法化，澳门经济得以飞速发展。由做小生意的市集又一次嬗变成做大生意的国际平台。交流的对象由个人和公司扩展至地区和组织，如葡语国家、世界华商会和珠三角地区等。在这第二次的嬗变，即由贸易市集到交易平台的过程中，外部环境的因素虽然没有第一次那么大，但相对内部因素，仍然很强。虽然澳门人不再是被动的，在回归后的11年中，亦培养了博彩业、酒店旅游业和会展业等行业的人才；但这11年的经济腾飞，主要仍有赖于外部的资金和人才，特别是中国内地的游客。在经济高峰期，近50万人口的澳门就有约10万的外来劳工。

从现在开始有可能出现的第三次嬗变，即由平台到枢纽的转变，与前两次将会有很大的不同，即它主要不是由外部驱动的，其主要动力来自内部，来自政府和澳门人质素的提升。

全球化的浪潮冲击了不同地区的地理、历史和政策优势，使得大家在同一起跑线发展。澳门的这三种优势亦正在慢慢地消失，明显的例子是内地与澳门的差距越来越小，亚洲少数博彩业合法化地位亦已失去，只剩在中国唯一博彩业合法化的地位，澳门的特殊地位越来越不明显。如果说仍有外部因素推动第三次嬗变，那么全球化的趋势就是推力，澳门要保持目前的繁荣经济，要使其可持续发展，使其经济多元化发展和转型升级，不被全球化的竞争所淘汰而没落，就必须让政府和社会认识世界大势，感受竞争压力，从而形成社会共识，第一次主动地促成第三次嬗变。

历史上，澳门人曾成功地经历从农夫渔民到洋行经纪人和市集商人的转变，回归后的11年中，亦成功地担当大交流平台的建设者，相信今后亦能在国际大都会的枢纽上成为设计师、建筑师和营运者，开创澳门更辉煌的未来。

二　抗拒嬗变的历史惰力场：内圈化

从澳门的历史经验和现实迹象看，要让主要由内部驱动的第三次嬗变发生是非常困难的。

从澳门的历史看，澳门开埠近500年，本是中国对外开放的先锋，但在历史悠长的龟兔赛跑中，既输给了百年后才开放的邻埠香港，亦与只开放了约30年的中国内地相形见绌。自澳门完成了由小渔村到贸易市集的第一次嬗变后，在澳葡政府统治的几百年内，经济和社会再无突破性的变革，整个社会在一种历史惰力场的笼罩下停滞不前，仅作蜗牛式的缓行，在千帆过尽的竞争世界中逐渐落伍。

这种历史的停滞，经济学家将其抽象化为“内圈化”。此意指一种社会或文化模式在某一发展阶段达到一种确定的形式后，便停滞缓行，或无法再嬗变为另一种更高级的模式的现象。就经济而言，就是扣除通货膨胀无甚经济增长，甚至沦为“糊口经济”。社会则是得过且过的苟活社会。惰性是人的一种天性，人人都想安于现状，特别是现状并不太坏时，都惧怕改变的不可知的风险。这种惰性经几代人的历史沉积，便形成一个巨大的历史惰力场、历史前进的阻力，使社会停滞腐化失去活力。西方在中世纪经历了这样的黑暗年代，中国的封建时代则更长。这都是东西方“内圈化”的典型例子。

而从当今迹象看，在澳门现今繁荣的背后却隐藏着巨大的危机。澳门的历史旧患即“内圈化”又有可能复发。这次的病灶是博彩业的独大，澳门出现了博彩业依赖综合征。且不说政府财政收入过度依赖博彩业，而博彩业又依重贵宾厅业务，而其业务依靠高度不确定的外来因素，这犹如将大厦的地基建筑在流沙上那么危险。更危险的是，澳门未来的栋梁，大部分青年学子，不是自愿就是无可奈何地以加入博彩业视为人生的保险，胸无大志得过且过。人才丧失创造的活力，历史的动力变成历史惰力，这才是最可怕的。

历史是一面镜子，明镜高悬，知前之错失，觉今之险危，防明日之灾难。

三　枢纽角色的必要条件

为了防止历史重演，杜绝内圈化，亦为应对当今全球化的挑战，政府和澳门人应有历史的警觉和自觉，第一次主动挑起历史的重担，推动第三次嬗变的发生。而这就要做到如下几点。

（1）坚持中立、开放、多元和包容的原则。只有像新加坡那样，对所有资金和劳动力都开放，就可以包容过百万的外来劳工；亦只有像西方自由世界那样，对所有的思想、主张和创见包容，才会成为国际大都会，成为东西方聚合的枢纽。而要在政策上这样实行，首先整个社会在心态上亦应该抛弃狭隘的观点和偏见，如现在社会上一闻输入外来劳工便反对，否则政府也就民粹式地不敢推行开放的政策了。这是政府和全社会有共识才可做到的事情。而多元和包容，不但是对外的，也是对内的。应容纳社会内不同的思想行为和意见主张，不仅如此，更应在不同阶层的不同利益中找寻最大公约数，求得共识，形成政策去行动。

（2）需要政府的国际视野和长远战略、法治的坚持和对建设枢纽的实际支持。一个社会能发生嬗变，特别是非外来因素引致的，政府的主导是关键。就以历史的经验来看，澳门之所以有几百年内圈化的停滞，澳葡政府无所作为是一个不可忽略的要素。对比当时的港英政府，就可解释为何香港的发展比澳门快得那么多。港英政府秉持法治体制、重商主义，奉行尊重自由市场的不干预政策，更根据香港的深水港的地理特点，构建贸易自由港的枢纽，结果成功建成一个国际大都会。

澳人治澳，没有了外来民族统治以及顺势而有的“望远镜”的国际联系，澳门特区政府更要自觉拥有国际视野，在市场经济上无为而治，在长远战略上则要有所作为。在广纳民意和专家智库的意见后，主动创造各种条件，构建大枢纽，把澳门建成一个国际大都会。

（3）建设国际级的管理体制，培养国际性人才。这依赖教育的大投入，培养本地的高质素人才，特别是具创意的人才。这不但要在教育的硬件上做大投入，如投下巨资在横琴建澳门大学新校园，亦要在师资、教材和教育方法上做大变革。同时亦要有吸引国际顶尖人才的雅量。现时与新加坡政府合作培训公务员的做法、澳门大学师资的国际公开招聘，都是一个好的开始。

（4）新加坡、迪拜、韩国和以色列等小国都是值得澳门这样的小地方借鉴的国家。尤其是以色列，连新加坡、迪拜、韩国都要专程取经。以色列全国人口 710 万，面积 22000 平方公里，四周强敌环伺，没有自然资源，更无法取得区域资金。但是，以色列有全球最活泼、成长最快的新兴企业。以色列经济成长率在 60 年之内增加了 50 倍。在纳斯达克上市的以色列新兴企业总数超过全欧洲新兴企业的总和，亦超过日本、韩国、中国、印度四国新兴企业的总和。2008 年，以色列每年的人均创业投资，是美国的 2.5 倍，是欧洲的 30 倍，中国的 80 倍，印度的 350 倍。仅在 2008 年，就有 200 亿美元创业资金流入以色列，相当于当年流入英国的资金，或当年流入德国与法国资金的总和。

而韩国亦是很值得学习的国家。韩国人现在已很少将自己定位为亚洲四小龙，那已经是历史，他们现在要与占有全世界 GDP 85% 的 G20 大国平起平坐，在 G20 峰会上，韩国努力提高一个先进国家所应该具备的素质与影响力。十年来，韩国巨额投资研发，提升技术，发展品牌，这个品牌不单是产品和公司的品牌，如三星、LG 的电子品牌，而且是国家的品牌。韩国在金融海啸后成立了“国家品牌委员会”，时任总统李明博说：“很担心即使韩国人均 GDP 达到 3 万美元以上，仍无法得到其他国家的尊重，希望借打造国家品牌，让韩国成为令人尊重的国家。”他们急速从亚洲扩张到欧美、中国及其他新兴市场。在文化创意产业上亦成绩斐然。它的电视剧、电影和服饰风行亚洲，风靡全球。

四　国际环保城

为延续会展的初步成果并使其可持续发展，为使澳门的国际的地区的平台作用能延伸和支撑一座宏伟的多元产业城堡，更为赶搭通往未来世界的头班车，取得绿色通行证，澳门有必要亦有可能兴建澳门环保科技城。这个环保城在世界园区之林中应有其独特的澳门色彩。这个环保城除常规应有的科研和制造优势之外，还应着重发挥示范作用，结合澳门是国际旅游休闲中心而有大量游客的优势，这个大型的示范园可以变成吸引游客的“科技游乐场”“未来世界的梦幻剧场”和永不落幕的“世博会”。

（1）独特性。科技园、工业园、中药港、数码港和软件园等已不是什么新鲜的创意和计划，而是四处林立有荣有枯的实体。澳门的环保城应结合澳门的实际和当今世界最新的思维和技术，不要因循而要创新，要在百花丛中显其别具一格的风姿。不要贪大求全，而要求新求效，应重视引进和应用的层面，强化交流和整合的功能。

（2）软功能。澳门的环保城除了一般有的研发、试验和制造基地等硬设施外，还应注重软功能，它应兼具展示平台、智能激荡发生器和世界先进技术大吸盘的作用。这个环保园不应像工厂区，它是一个智能园，是“知识工厂”。应每年举办多次和多种研讨会、论坛、讲座和专业展览，以及包括专利和产品的交易会等。

（3）示范和游乐的功能。澳门是一个国际旅游城市，如果示范的设施“游乐化”，把创新的环保设备变成未来世界的展示，就如长年不落幕的“星球大战”或“阿凡达”的电影、永不关闭的“世博会”。这样，澳门除了有一个世界级的博彩娱乐场外，还有一个可以对一家老幼都开放的科技游乐场。这样就不会有偏重博彩、头重脚轻的失衡，一个社会就能平衡健康可持续地发展。这个环保科技的示范基地就发挥了其最大的功效，既可作科研以至应用推广，又可作游乐场，为澳门的旅游业做出贡献。而这种澳门式的科技游乐场同时又是环保科技的示范基地，不用担心经营亏本，便可长期试验下去，提高成功的概率，比纯游乐场更有生机，亦比纯科技园更有实效。

（4）未来的通行证。环保产业是对现有世界所有产业的环保改造，并创造新世界的跨行业的大产业。现有产业在未来能否存活和持续发展，就看自身能否变为绿色产业，而绿色产业最终能变成赢利的黄金产业。澳门在此时兴建环保科技城，就能掌握先机，拿到通往未来的通行证，打通走向未来金库的关卡，为澳门永续繁荣打下坚实的基础。

澳　门

——拉美与中国的桥梁：历史渊源和中墨贸易机遇

阿曼多·雷纳托·巴尔德拉马·桑坦德
何塞·安东尼奥·塞韦拉·希门尼斯*
范　蕾译

摘　要： 中国在经济发展上取得的辉煌成就可以说是20世纪末21世纪初举世瞩目的一大事件，而拉美国家也参与了这一进程。中国在较短时期内已成为众多拉美国家最重要或最主要的贸易伙伴之一，而且这一进程并不局限于政治和经济领域，还包括在科学、文化及其他领域的广泛合作。不过，这种日益增长的双边关系既有其积极的一面，也有其消极的一面。几乎在所有拉美国家都出现了贸易顺差，但是这种顺差多数是通过出口原材料和原始燃料取得的。这种状况可能会引发或加重拉美国家对中国需求的负面依赖，因为此类商品和低附加值产品的国际价格将会受到中国的左右。为了降低这方面的担忧，中国与拉美国家之间的历史渊源将有助于化解这一问题，帮助双方增进交往，更好地了解彼此。

几个世纪以来，澳门一直是多种民族与文化的交汇地。澳门地处中国沿海，与葡萄牙有历史渊源，是阿拉伯国家、印度、中国和日本的商品交易港，在太平洋地区占据重要的战略地位，因而与马尼拉一样，成为墨西哥银圆进入中国的大门。澳门曾经并将一直是连接亚洲、欧洲与美洲之间的桥梁。

---

* 阿曼多·雷纳托·巴尔德拉马·桑坦德（Armando Renato Balderrama Santander），蒙特雷科技大学（ITESM）国际关系学院教授；何塞·安东尼奥·塞韦拉·希门尼斯（José Antonio Cervera Jiménez），墨西哥学院亚非研究中心教授、研究员。

从 16 世纪开始，澳门一直是多种文明的汇集地。要深刻理解这一点，必须追溯至伊比利亚民族到达东亚的历史和明朝时期的中国。

在欧洲中世纪后半期，香料仍是东西方贸易繁荣的动因。香料可以用来保存食物、添加到膳食中以掩盖肉类和鱼类的气味。在冰箱仍未出现时，没有香料，食物很快就会腐坏。中世纪末期，欧洲与亚洲之间的香料等商品贸易由亚平宁半岛国家控制，并推动了文艺复兴进程。1453 年，土耳其人占领君士坦丁堡，传统路线贸易变得困难重重。

15 世纪末，葡萄牙和西班牙两个伊比利亚国家［卡斯蒂利亚的伊莎贝拉（Isabel de Castilla）和阿拉贡的费尔南多（Fernando de Aragón）联姻，西班牙王国仍在形成中］处于军事扩张和繁荣贸易的时期。两国开始谋求海上霸权，寻找到达盛产优质香料的东亚的替代路线。关于中国的神话和传说流传了几个世纪，印刷术应用后，《马可·波罗游记》（*Maravillas de Marco Polo*）成为彼时出版业的硕果。这些都使得中国成为令人垂涎的目的地。

1494 年《托尔德西里亚斯条约》签订后，世界被划分为两大势力范围。该条约规定，以佛得角群岛（Cabo Verde）[①] 以西 370 里格的子午线为分界线，分界线以东归葡萄牙，以西归西班牙。于是，美洲大陆最东端的巴西归属葡萄牙，而美洲大陆其余部分归属西班牙。两大势力恰好在东亚交汇，最昂贵的香料（丁香和肉豆蔻）的生产地——摩鹿加群岛（Las Molucas）自然成为 16 世纪早期葡萄牙和西班牙的争夺目标。

首先到达南亚和东南亚的是葡萄牙人。1498 年瓦斯科·达·伽马（Vasco da Gama）到达印度后，葡萄牙在果阿（Goa）、马六甲（Malaca）和特尔纳特岛（Ternate，又称 Terrenate）建立殖民地，并于 1512 年在目的地摩鹿加群岛（Las Molucas）建立要塞。西班牙人在几十年时间里都没能在东亚建立起一个永久殖民地，但最终也于 1526 年到达摩鹿加群岛。1565 年洛佩斯·德·莱加斯皮（López de Legazpi）远征[②]后，西班牙人在菲律宾群岛定居。放弃更靠南的印度尼西亚或新几内亚岛而选择菲律宾群岛的原因，毫无疑问是因为后者更靠近中国。当时，葡萄牙已经占据了一处沿海要

---

① Rumeu, A., *El Tratado de Tordesillas*, Madrid, Mapfre: Colecciones Mapfre, 1992, I-12.

② 关于 16 世纪西班牙在太平洋地区的远征及其在菲律宾群岛定居，详见 Gil, J., *Mitos y Utopías del Descubrimiento: II. El Pacífico*, Madrid: Alianza Editorial, 1989 等。

地——澳门。

再看中国。16 世纪，欧洲人首次越洋到达东亚和东南亚，当时的中国处于明王朝统治时期（1368～1644 年）。值得我们注意的是，当欧洲开始规模浩大的全球扩张之时，中国仍实行闭关锁国政策，对一切外来影响采取“避之门外”的态度，但中国并非一向如此。最晚从汉王朝（公元前 206 年至公元 220 年）开始，“丝绸之路”已经成为中欧联系的纽带。唐朝时期（618～907 年），都城长安曾是汇聚阿拉伯、波斯、拜占庭、日本等民族的大都会[①]。

宋朝时期（960～1279 年），中国成为海上强国。这一时期，中国的经济和人口重心从北方转移到南方。珠江地区特别是广州成为外国商人的汇集地，包括很多来自伊斯兰国家的商人。宋朝之后的元朝时期（1280～1368 年），中国的对外开放发展至顶峰。除了海上路线，陆上路线也发挥了前所未有的作用，比如除了为数众多的商旅，教皇和法国国王的使节也曾到访中国。最著名的商旅当属马可·波罗（1254～1324 年）。

但与此同时，元朝也是中国历史上第一个完全由少数民族统治的时期。因此，明朝时期，当汉族人恢复统治权时，他们对外来影响避而远之也就不足为怪了。实际上，明朝初年，中国仍然推行海上扩张。1405～1433 年，有穆斯林血统的宦官、航海家郑和（1371—1433）带领庞大的海上舰队实现七次远征，与之相比，哥伦布的帆船船队不过是小渔船。郑和的舰队穿越整个西亚和南亚，到达非洲东海岸。但也就是在这个顶峰时期，中国有意识地主动放弃海上优势，自此再也没能成为海上强国。如果中国人继续对外扩张，比欧洲人更早到达美洲，无疑将改写历史。

因此，当 16 世纪上半叶葡萄牙人到达中国沿海时，中国正处在实行“海禁”政策的明朝。明朝的海禁政策禁止中国人离开中国和传播信息。尽管这项政策经常实施不力（事实上，正是在明朝时期发生了史无前例的中国人向东南亚的大移民），但无疑影响了“中央王国”与其亚洲邻国的贸易和文化关系[②]。

---

① 关于中国历史，详见 Botton, F., *China, Su Historia y Cultura Hasto 1800*, México D. F.: El Lolegio de México, 2000, p. 307.

② Ollé, M., *La empresa de China: De la Armada Invencible al Galeón de Manila*, Barcelona: Acantilado, 2002, p. 20.

但当时的中国仍是世界上人口最多、最开化和最先进的国家。葡萄牙人很快控制了东南亚的传统贸易路线，成为与印度、马来西亚、巽他群岛、日本商品贸易的中介。生产能力仍然较强但又受到海禁政策影响难以开展对外贸易的中国南方人，把葡萄牙人当作盟友，以便与周边国家发展贸易。因此，葡萄牙人早在1557年就在珠江河口最西端的小岛上定居下来，澳门由此诞生[①]。

1510年和1511年，葡萄牙人先后在果阿和马六甲定居。1513年，欧华利（Jorge Álvares）成为第一个到达中国沿海的葡萄牙航海家。1516年，拉法埃尔·佩雷斯特雷洛（Rafael Perestrelo）驾驶小船完成探索之旅，并带回了令人振奋的信息。1517年，费尔南·佩雷兹·德·安德拉德（Fernão Peres de Andrade）带领一支小舰队实现了欧洲对“天朝帝国”的第一次海上远征。随后，托梅·皮雷斯（Tomé Pires）成为第一位到访中国的葡萄牙使节，代表国王曼努埃尔一世（Manuel I）拜会明朝正德皇帝。托梅·皮雷斯在广州上岸，最后到达南京。但是几十年来，中国政府一直没有允许葡萄牙人在中国领土上定居。这种状况直到16世纪40年代才开始转变。

1553年，莱昂内尔·德·索萨（Leonel de Sousa）获准在广东省的珠江河口经商。一些著名历史学家认为，葡萄牙人最早在1553～1555年到达澳门。但大家更普遍认为，中国沿海的第一个葡萄牙管治区域建立于1557年。传统观点认为，葡萄牙人帮助广东省政府打击侵扰沿海的海盗团伙，因此欧洲人在1557年才获准定居澳门。从那时起，澳门成为商人和传教士的居住地。众所周知，葡萄牙人统治澳门将近4个世纪，直至1999年。

现在必须要说说西班牙的“澳门”——马尼拉。两个半世纪以来，马尼拉一直是亚洲和美洲交往的主要港口。西班牙人在菲律宾群岛的第一个定居点是米沙鄢（Visayas）群岛的宿雾（Cebú）。假如西班牙人的主要目标是占领摩鹿加群岛并控制香料贸易，他们毫无疑问会一直固守宿雾。1571年，

① 研究澳门早期历史的著名历史学家有博克塞（Charles R. Boxer）和Manuel Teixeira。详见Boxer, C. R., *South China in the Sixteenth Century*, London: Hakluyt Society, 1953; Boxer, C. R., *Four Centuries of Portuguese Expansion, 1415 - 1825: A Succinct Survey*, Johannesburg: Witwatersrand University Press, 1965; Boxer, C. R., *Fidalgos No Extremo Oriente: 1550 - 1770: Factos e Lendas do Macau Antigo*, Macau: Museu e Centro de Estudos Marítimos, 1990; Teixeira, M., *Macau e a Sua Diocese, Vol. I, Macau e as Suas Ilhas*, Macau: Imprensa Nacional, 1940。

西班牙人考虑搬迁，远离东南亚传统贸易路线，但更靠近亚洲大陆。此举彰显了西班牙人对中国的企图。

几十年来，菲律宾群岛一直被视为通往更具吸引力目标的中转站。正如西班牙人曾经在加勒比岛建立定居点，继而在几十年后征服阿兹特克帝国，他们又把菲律宾殖民地视为通往中国的跳板。征服中国的意图是西班牙历史中一段鲜为人知的精彩篇章，这段历史发生在16世纪的最后几十年。在菲律宾群岛的西班牙殖民地的几位有影响力的人物，包括总督弗朗西斯科·德·桑德（Francisco de Sande，1540—1602）、马尼拉主教多明戈·德·萨拉萨尔（Domingo de Salazar，1512—1594）、耶稣会成员阿隆索·桑切斯（Alonso Sánchez，1547—1593）等，都支持用武力征服中国。

在意图拜会明朝万历皇帝（1563—1620）未果，仿效葡萄牙人的澳门范例、在福建沿海建立永久居住点的几次尝试失败后，阿隆索·桑切斯于1587年亲往西班牙，向国王腓力二世（Felipe II）呈报一份精心策划的军事侵略中国的计划。这份报告到达马德里时，恰好传来无敌舰队在英国惨败的消息，因而没有得到腓力二世及其军事官员的重视[①]。

同时，在西班牙人建立马尼拉定居点后不久，来自福建省的中国商人就开始到访马尼拉。短短几年时间，Sangleyes（特指居住在马尼拉的中国人）的数量迅速增加，17世纪初就达到数万人。于是，马尼拉实际上成为海外的中国城市，类似现在的新加坡。以和平或非和平方式在中国沿海建立居住点的意图失败后，西班牙人顺应了这种新形势。从16世纪末至1815年，马尼拉和中国的帆船贸易日渐繁荣，中国和墨西哥通过马尼拉和阿卡普尔科（Acapulco）结为一体。

要理解马尼拉大帆船的伟大成就，必须回顾中国历史。明朝开始征收贡银[②]，大部分金属银流向中国。大量产自新西班牙（新西班牙当时已经是世界第一大产银区，如今的墨西哥也是）矿场的银被用来交换马尼拉的中国商品。墨西哥银币在中国流通了几个世纪之久。

1578年，葡萄牙国王塞巴斯蒂安一世（Sebastián I）去世，没有留下后

① 中西早期关系中有关这段插曲的研究详见 Ollé，M.，*La Empresa de China：De la Armada Invencible al Galeón de Manila*，Barcelona：Acantilado，2002，p. 20。

② Botton，F.，*China，Su Historia y Cultura Hasto 1800*，México D. F.：El Lolegio de México，2000，p. 307.

代。他的叔公恩里克一世（Enrique I）在继位两年后去世，亦无后代。继位危机爆发。西班牙国王腓力二世宣布继任葡萄牙国王。自此，伊比利亚两大王国处在同一位君主的统治之下，长达60年。尽管葡萄牙人始终坚持独立，但毫无疑问的是，两个王国在中国势力范围上的两个管治区域——澳门和马尼拉的问题上存在接触和合作。澳门与马尼拉和阿卡普尔科因此成为史上最长的跨越太平洋的海上线路的两端。从这个角度看，在中拉关系史上，澳门起到了桥梁作用。

前面谈到的是澳门和马尼拉的政治和贸易背景。在欧洲、美洲和亚洲之间关系的早期历史中，还有一个重要因素——宗教。

众所周知，两个伊比利亚王国对外扩张和殖民化的主要目的之一是天主教的传播。实现上述目的的最基本途径是宗教团体。必须区分修道团体（奥斯定会、方济会、道明会）和耶稣会。总的来说，大部分修道团体是沿“西班牙路径”到达东亚的，即先从西班牙到新西班牙，再从新西班牙到菲律宾群岛。他们在几十年里一直试图在东亚建立永久性修道场所。耶稣会成员则沿“葡萄牙路径”来到东亚，在16世纪的最后20年内，以澳门为据点逐渐渗透明朝统治下的中国。

实际上，一开始耶稣会与修道团体的目的是一致的。修道团体的传教士到达菲律宾群岛后，向马尼拉的中国人（Sangleyes）学习汉语和中国文化。值得一提的有两位：一位是马丁·德·拉达（Martín de Rada，1533—1578），奥斯定会传教士，著名的数学家和天文学家。他1575年来到中国，是最早游历中国的西班牙人之一。他的游记在欧洲对“中央王国”的认识方面很有影响力。另一位是高母羡（Juan Cobo，？—1592），道明会传教士。他是把中文著作《明心宝鉴》翻译成西方语言的第一人，也是第一本有关天主教及当时欧洲科学思想的中文书（书名《实录》）的作者。这两位传教士对中国文化的理解非常深刻，在学术造诣上堪媲美更加有名的利玛窦（Matteo Ricci）①。

耶稣会最初到达中国是沿“葡萄牙路径”实现的。圣方济各·沙勿略（1506—1552）是耶稣会的创始人之一，也是东亚传教士的先驱者。他途经

① 关于马丁·德·拉达、高母羡及其学术成果，详见 Cervera, J. A., *Ciencia Misionera en Oriente*, Zaragoza: Universidad de Zaragoza, 2001。

果阿、摩鹿加群岛、马六甲，最后到达日本，死于靠近中国沿海的一个小岛上。葡萄牙人定居澳门后，圣保禄学院于1594年成立。

范礼安（Alexandro Valignano，1539—1606）是耶稣会在东亚的传教士，在澳门和日本居住一段时间之后，他制定了耶稣会士进入中国应遵守的规则，又称“适应政策”①。范礼安认为应当学习汉语，了解所在国家（这里指中国）的哲学和文化环境，最重要的是遵守中国人的传统和生活习惯。实践上述观点的是意大利籍耶稣会士利玛窦（1552—1610），他是在中国最有名的传教士②。

利玛窦于1582年来到澳门。当时另外两个耶稣会士罗明坚（Michele Ruggieri）和巴范济（Francesco Pasio）已经获准在中国境内的肇庆定居。之前，肇庆曾发生过一系列冲突，导致这两位传教士被驱逐。1583年，肇庆政府再次准许两位传教士定居。同年9月，利玛窦和罗明坚一起在肇庆定居下来。在中国的近30年时间里，利玛窦多次向北京方向迁居，终于在1601年定居中国首都，在那里度过余生。

利玛窦是耶稣会在中国辉煌历史的真正开创者。根据一些学者的研究，利玛窦是涵盖宗教、哲学和科学的各种文明兼容并蓄和相互交流的突出代表之一③。这位意大利籍耶稣会士真正实现了儒家文化的涵化，把基督教与儒家文化相结合④。除了在哲学和宗教上的贡献，耶稣会士的另一大成就表现在科学领域。

耶稣会士把欧洲科学，特别是数学和天文学知识介绍到了中国。1584年，利玛窦定居中国后不久即绘制了一份世界地图。这份地图把欧洲置于最西端，把美洲置于最东端，把中国置于中心位置，是适应和融入中国文化环境的典范。1607年，利玛窦与徐光启合作翻译了六本最早的希腊几何经典作品如欧几里得《几何原本》（*Los Elementos de Euclides*）。值得肯定的是，

---

① 关于耶稣会员在中国的“适应政策”，详见 Mungello, D. E., *Curious Land: Jesuit Accommodation and the Origins of Sinology*, Honolulu: University of Hawaii Press, 1989。

② 关于利玛窦（Matteo Ricci），详见 Spence, J. D., *The Memory Palace of Matteo Ricci*, New York: Viking, 1984。

③ Needham, J., *Science and Civilisation in China*, Vol. 3, Cambridge: Cambridge University Press, 1959, p. 437.

④ 关于耶稣会对儒家文化的诠释，详见 Rule, P., *K'ung - tzuor Confucius? The Jesuit Interpretation of Confucianism*, Sydney: Allen & Unwin, 1986。

利玛窦还注意到天文学对中国的重要性。在接下来的几十年中，耶稣会因传播天文学知识在中国威望甚高。

利玛窦去世后不久，另一位在中国的耶稣会士金尼阁（Nicolas Trigault）回到欧洲为耶稣会招募天文学专家。1622 年，邓玉函（Johannes Schreck Terrenz，1576—1630）、汤若望（Adam Schall von Bell，1592—1666）和罗雅谷（Giacomo Rho，1592—1638）应招来到澳门。汤若望和罗雅谷把大量欧洲数学和天文学方面的书籍翻译成中文。基于上述书籍编写的《崇祯历书》是一本介绍欧洲数学和天文学知识的百科全书，全书百余卷①。

17 世纪初，一个欧洲新势力崛起，逐渐取代西班牙和葡萄牙一直以来对海洋的垄断性控制。荷兰占领了马六甲等葡萄牙在亚洲的重要属地。由于澳门在整个东亚贸易中的战略地位，荷兰人多次企图占领澳门。

1622 年 6 月，荷兰人的企图几乎得逞。当时在澳门的耶稣会士罗雅谷发出的一枚炮弹正中目标，彻底扭转战局，葡萄牙人最终获胜。罗雅谷因这次发炮载入澳门历史。这段插曲毫无疑问改变了天主教使团在中国的历史，也很可能改变了中欧关系发展史。在接下来的几个世纪中，澳门仍然是传教士进入“中央王国”的重要港口，也是亚洲、欧洲和美洲之间贸易的汇聚地。

不幸的是，无论是墨西哥还是其他拉美国家，在国家中小学义务教育课本中，一直没有关于与那片古老大陆、新西班牙、菲律宾群岛和澳门相关的任何知识和兴趣方面的介绍或叙述，其中后三者之间的三角关系将伊比利亚美洲和亚洲连接起来。

这段历史被忽略的原因还包括 19 世纪墨西哥经历的危机和动荡，种族主义主导的在墨西哥西北部对中国人的迫害，以及国家认同仍处于早期阶段。总之，直到 20 世纪，中国内地和澳门与菲律宾群岛还仅限于在历史书上出现，并没有进入墨西哥的外交或贸易战略考虑。直到最近，出于实际需要，贸易才再次拉近了墨西哥与亚太国家的联系。

我们可以想象，亚洲对墨西哥的移民可以追溯至“中国大帆船”时期。那时，中国、菲律宾、印度尼西亚、马来西亚等亚洲国家的人在墨西哥暂居

① 关于 17 世纪初耶稣会员在中国的科研报告，详见 Cervera，J. A.，*Las varillas de Napier en China*，México D. F.：El Colegio de México，2011。

或长期定居。非常遗憾的是，有关移民数量、移民影响及其在当地遗存的深入研究非常少。在马尼拉大帆船贸易的几个世纪中，这些移民如同历史长河中的几点水滴。从 1860 年起，大量中国移民流入墨西哥。大部分中国移民集中定居在下加利福尼亚（Baja California）、奇瓦瓦（Chihuahua）、索诺拉（Sonora）和锡那罗阿州（Sinaloa），后来墨西哥湾沿岸和墨西哥南部（特别是现在的恰帕斯州）也出现了华人社区。一部分移民直接从中国到达墨西哥，还有一部分在连接东部沿海和加利福尼亚的大型铁路工程完工后，满怀淘金梦，从加利福尼亚北部（特别是旧金山）来到墨西哥。

波菲里奥时期，为开发墨西哥北部和南部，政府鼓励移民流入。虽然倾向于引入意大利、法国、德国、英国和西班牙等欧洲国家的移民，非洲人和亚洲人也跟随这次移民潮流入墨西哥。为了融入梅斯蒂索人和克里奥约人，来自亚洲和非洲的移民经历了一个非常艰难的过程。他们从一开始就遭受诬蔑和歧视，在革命时期，索诺拉（Sonora）、锡那罗阿、科阿韦拉等地的华人常常受到人身暴力和财产侵犯。

对中国移民的无端敌对甚至被列入墨西哥的地方法律法规。20 世纪 20 年代，索诺拉、米却肯（Michoacán）和阿瓜斯卡连特斯（Aguascalientes）三州禁止墨西哥人与中国移民通婚。在 30 年代的奇瓦瓦州，即使中国移民已经加入墨西哥国籍，法律仍禁止墨西哥人与中国人通婚。同时，阿贝拉尔多·罗德里格斯（Abelardo Rodríguez）政府开始了对中国移民及其家庭的公开迫害，成百上千的中国移民和他们的墨西哥家人一起被驱逐。大部分被驱逐者得以在澳门和香港避难，他们保留着墨西哥的传统习惯，生活贫困。在一段时期内，由于缺钱和烦琐的官方程序，他们很难返回墨西哥[①]。

即使处在中墨关系的艰难时期，还是有不少政界、学术界和企业界人士在不同时期、以不同方式搭建起中墨关系的桥梁。需要指出的是，中国和墨西哥于 1899 年 12 月 14 日签署《中墨友好通商航海条约》，正式建立外交关系。该条约第 11 条规定：中国和墨西哥互设外交代表处。1904 年，墨西哥在中国的第一个代表处在北京建立。

主权独立的墨西哥与中国的关系开始于清朝，在孙中山领导的革命取得胜利并于 1912 年宣布中华民国成立后，墨西哥代表处继续代表墨西哥与中

① 有关资料详见 Rosa Martínez Pérez, *China y México*: *Antecedentes de Una Añeja Relación*, 2009。

国新政府发展关系。由于新生的共和国风雨飘摇，内有内战硝烟弥漫，外有日本侵略，墨西哥代表处相继迁移至南京（后来的共和国首都）和上海。1941 年，墨西哥代表处因日本入侵被迫关闭，但中国在墨西哥的代表处一直正常运转。还需要指出的是，除了设立代表处，墨西哥还于 20 世纪 30 年代初在上海建立了一个名誉领事馆。

1942 年，墨西哥在共和国临时政府所在地重庆重建驻中国代表处。一年后，两国政府一致决定将代表处升级至大使馆。1945 年，埃略多罗·埃斯卡兰特（Heliodoro Escalante）将军向中华民国总统蒋介石提交国书，成为墨西哥驻中国第一任大使。1947 ~ 1949 年，弗朗西斯科·阿吉拉尔（Francisco J. Aguilar）将军任墨西哥驻中国大使。

1949 年，国民党被人民解放军击败，逃至台湾。中国大陆于当年 10 月 1 日宣布成立中华人民共和国，定都北京。1949 ~ 1971 年，墨西哥与国民党政府保持“外交关系”，但没有在中国成立任何外交代表机构，只是授权墨西哥驻日本大使暂代中国事务。

1971 年 11 月 17 日，墨西哥在有关中华人民共和国作为中国唯一代表加入联合国的问题上投了赞成票，承认中国领土不可分割。1972 年 2 月 14 日，墨西哥和中华人民共和国正式建立外交关系。

目前，墨西哥大使馆在包含中国内地、香港、澳门、台湾在内的中华人民共和国全境发展双边关系。在墨西哥驻华大使馆管辖下，1993 年在上海设立领事馆，一年后升级为总领事馆。1965 年 12 月，20 世纪 50 年代在香港设立的名誉领事处升级为总领事馆。2006 年 2 月，在广州设立领事馆，2008 年 5 月升级为总领事馆。1991 年 7 月，在台北设立领事事务联络处，归香港总领事馆管辖。

关于中墨两国贸易往来，从 1949 年中华人民共和国成立至 1978/1979 年中国对外开放政策实施期间，中墨双边贸易额非常少。中墨民间友好往来、政界交往和学术界交流在中墨关系中占很大比例。值得一提的是路易斯·埃切维里亚·阿尔瓦雷斯（Luis Echeverría Álvarez）执政期间的交流活动和相互往来，如墨西哥学院的亚非研究中心和墨西哥国立自治大学的外国语言教学中心的活动。20 世纪 70 年代，很多中国政府高官或其他领域官员在墨西哥接受西班牙语培训。

中国的对外开放政策逐渐展开，墨西哥也加快了对外开放和市场自由化进程。20世纪80年代，墨西哥加入世贸协定；90年代，墨西哥加入北美自由贸易协议。此后，中墨双边贸易额暴增，几乎连年增幅达两位数。1993年，中墨贸易总额达4.31亿美元，其中墨西哥出口额0.45亿美元，进口额3.86亿美元。2003年，中墨贸易总额达103.749亿美元，墨西哥出口额增至9.74亿美元，进口额增至94亿美元。目前，中墨贸易额仍持续以较高增幅增长，墨西哥贸易逆差逐渐增多。

近十年来的中墨贸易额惊人。2005年，双边贸易额达到188.31亿美元，墨西哥贸易逆差为165.60亿美元，进口额为176.96亿美元。2008年，双边贸易额达到历史峰值368.10亿美元，墨西哥贸易逆差为327.00亿美元。

2009年，全球金融危机爆发，双边贸易额下降。2010年，墨西哥从中国进口的商品和服务总额达到456.07亿美元，但向中国的出口额仅为41.82亿美元，贸易逆差高达414.24亿美元。随着双边贸易额的增长，中国从2009年开始成为墨西哥的第二大贸易伙伴。在中墨双边贸易格局中，墨西哥每赚1美元就意味着中国赚11美元，而20年前这个比例仅为1:2[①]。

对墨西哥企业界，特别是墨西哥公众来说，贸易逆差形成中国的负面形象。更有甚者，墨西哥经济学家亚历杭德罗·戈麦斯（Alejandro Gómez）指出：很明显，我们从中国进口的大部分产品是制成品。也就是说，墨西哥从中国购买产品为中国创造了大量就业岗位，对墨西哥却并非如此。也许有人说，对中国的贸易逆差并不是很大，但事实是，2010年的逆差额已经达到墨西哥当年国内生产总值的4.01%[②]。

从文森特·福克斯（Vicente Fox）政府开始，墨西哥开始构建旨在平衡双边贸易、深入双边合作、吸引更多中国投资、在旅游及其他方面享受更多中国奇迹带来的好处的制度框架；但在2010年后的十年内，特别是2012年后，墨西哥还有很长的路要走，还要面临严峻的挑战。2001年12月，中国加入世界贸易组织。墨西哥争取到又一个六年的纺织品、鞋、玩具、部分化工产品、工具、电子设备和自行车等产品的进口补偿性配额。

---

① http://www.inegi.gob.mx/prod_serv/contenidos/espanol/bvinegi/productos/continuas/economicas/exterior/mensual/ece/ecem.pdf.

② 详见 Alejandro Gómez 博客中有关中墨贸易和墨西哥贸易逆差之影响的看法，http://alejandrogomeztamez.wordpress.com。

2007 年 12 月到期后，为缓解墨西哥企业界的压力和担忧，墨西哥政府于 2008 年 6 月又签订了“贸易补偿”临时过渡期协议，目标是逐步减少补偿性配额，直至 2011 年 12 月 11 日完全取消，且不可能再次延期。

从 2012 年开始，从中国进口的商品将受到世贸组织承诺的保护，也就是说，墨西哥应遵守关税上限，这个上限毫无疑问比之前墨西哥对本国敏感产业相关产品的进口税率要低得多。同时，除非经过世贸组织的内部贸易冲突协调解决，墨西哥不能实行任何根据自身需要的补偿性措施或配额。因此，墨西哥将面临更大挑战。无论哪个政党上台，新任当局一定会就此局面采取措施。

墨西哥政府与中国政府合作的工作重点之一是吸引直接投资。中国在近十年来已经成为对外投资居前的国家之一。墨西哥不是中国对拉美外国直接投资的主要目的国，但外国直接投资对墨西哥的重要性日益增加。巴西是接受中国直接投资最多的拉美国家，2010 年达到 95.63 亿美元，占拉美国家接受中国直接投资总额的 62%。同年，阿根廷接受的中国直接投资为 55.50 亿美元，占 36%；秘鲁、哥斯达黎加、墨西哥和哥伦比亚共占 2%。

根据《中国对拉美直接投资报告》，拉美在 2011 年接受的外国投资额共计 1126.34 亿美元，其中 17% 来自美国，15% 来自荷兰，13% 来自中国（146.42 亿美元）。92% 的中国投资集中在自然资源开采领域，8% 用于基础设施和制造业。中国对墨西哥和中美洲的投资微乎其微，2010 年仅为 1000 万美元。

根据联合国拉丁美洲和加勒比经济委员会（Comisión Económica para América Latina y el Caribe，CEPAL，以下简称“拉美经委会”）的数据，中国对拉美的投资从 2010 年开始激增。2010 年，中国成为拉美的第三大投资国。根据拉美经委会的数据，2010 年中国对拉美的投资额为 150 亿美元。但当年中国对墨西哥的投资额依然非常小。虽然中国已经是拉美的第三大投资国，但截至 2011 年 3 月，中国对墨西哥的累计投资额只有 1.309 亿美元。

南锥体国家当然是中国投资的主要目的地。一方面，中国以投资方式获得自然资源（铜、锌、钢、石油、天然气等）和食品（大豆、肉类、蜂蜜等）；另一方面，巴西、智利和阿根廷的能源行业对外国投资特别是中国投资敞开大门。

反观墨西哥，一方面，石油和天然气部门依然排斥外国投资；另一方面，借助临近美国的优势，墨西哥一直是拉美地区的制造业强国。中国制造业涉及墨西哥制造产业中的近 90%。因此，中国和墨西哥是为赢得北美市场而存在开放性竞争关系的两个经济体。

面临上述挑战，福克斯和卡尔德龙（Felipe Calderón）两届政府都积极开拓更高水平的制度空间，以加强与中国更高层的合作和对话。墨西哥对中国的外交策略可分为三个阶段：①2003 年与中国建立战略伙伴关系；②2004年成立中墨两国常设委员会；③2008 年开始战略对话。

中墨两国常设委员会起步于 2003 年，目的是实现两国政府战略同盟的机构化。福克斯政府在执政初期积极改善与中国的关系，该委员会是中国与其他国家建立的第一个此类机构。中国是亚洲唯一一个与墨西哥建立涵盖内容如此广泛的机制的国家。该机制涉及政治、经济、贸易、科技、文化、教育、通信和交通、农业、旅游、能源、社会发展等各个领域。迄今为止，该委员会已经举行过三次会晤（2004 年 8 月北京，2006 年 5 月墨西哥城，2008 年 7 月北京）。第二次会晤通过了 2006～2010 年共同行动纲领，第三次会晤于 2008 年 7 月在北京举行。

2004 年 9 月墨西哥经济部与中国贸易部成立双边高级别工作组。该工作组是开展关于经济事务和双边贸易的永久性协商和谈判机制。工作目标是改善双边贸易和投资，加强在打击非法贸易方面的合作。工作组的第四次会晤于 2008 年 7 月举行，分成五个小组：①促进贸易及投资；②贸易活动；③贸易统计数据；④产业政策；⑤统计合作。

总之，近八年来中墨领导人共会晤 13 次，其中部长级别共会晤 12 次。2003 年 12 月，双方建立战略伙伴关系，旨在加强两国间的全方位及长期联系。同时，中墨两国还在联合国、亚太经济合作组织和 G5 等国际机构和机制的框架下保持常规对话，在联合国改革、环境保护、打击跨国犯罪等问题上持相同观点。

从经济规模和政治意义上来看，墨西哥是拉美最重要的国家之一，中国则是拉美在亚洲最重要的合作国之一，也是全球最重要的新兴市场。因此，这种政治框架对加强中墨之间的政治和贸易关系非常重要。然而，两国关系的发展仍路漫漫其修远兮。正如上文所说，虽然墨西哥政府付出了很大努力，但中墨对彼此的投资额仍然很小。

根据中国商务部的数据，截至 2005 年 5 月，中国共有 90 个墨西哥投资项目，占在华外国投资项目的 0.02%；投资总额为 1.30 亿美元，占在华外国直接投资总额的 0.01%。中国共有 152 家有墨西哥注资的企业；在中国市场中业绩最佳的墨西哥企业是莫德罗集团（Grupo Modelo）、宾堡（Bimbo）、玛色卡集团（Grupo Maseca）、索弗特克（Softek）和尼玛克（Nemak）。

中国对墨西哥的投资居亚太国家第七位，从 1994 年起累计投资 0.995 亿美元，其中制造业占 40%，商业占 22%，服务业占 20%，社会服务业占 18%。2007 年 12 月，墨西哥共有 471 家有中资注入的企业，占在墨外国直接注资公司的 1.2%。有中资注入的企业大多数集中在墨西哥联邦区、塔瓦斯科州（Tabasco）、尤卡坦州（Yucatán）和奇瓦瓦州。

从上述数据中可以看出，与中国在大多数拉美国家的投资不同，中国在矿产品开采、农产品和海产品领域对墨西哥的投资很小。一方面，这意味着巨大的机遇空间；另一方面，这说明十几年来在这些领域都没有大规模投资。主要原因是，墨西哥企业和政府都忽视了这些领域重要性的转变。

笔者认为，要利用中国整体上带来的机遇，特别是最近十年中墨双边政治合作机制和双边外交机制产生的机遇，必须加强中墨民间关系，用英语表达是“people to people”。中国和墨西哥在地理位置上的距离已经不是问题，有墨西哥航空公司加盟的美国和加拿大与中国之间的往来航班大量增加，墨西哥航空（Aeromexico）公司也从 2008 年开始启动从墨西哥城至中国东部沿岸城市上海的直飞航班，每年载客量 6 万人次。

另一个非常重要的因素是巩固在墨西哥的华人社区。根据官方数据，目前在墨西哥定居的海外中国人约 1.4 万，祖籍中国的墨西哥人约 4 万，主要集中在墨西哥城（Ciudad de México）、蒂华纳州（Tijuana）、墨西卡利州（Mexicali）和恰帕斯州（Chiapas）。大约有 9000 位中国人从事餐饮业及商业，1000 位祖籍为中国的墨西哥人活跃在学术、律师、医学、教育、工程等行业。

培养精通中文、了解中国文化和历史的人才非常重要。20 世纪 60 年代，墨西哥学院和墨西哥国立自治大学等机构成为该领域的先驱。70 ~ 80

年代，瓜达拉哈拉大学和科利马大学开设了了解中国的高级专业课程，还有一些相关的研究生课程。近十年，新莱昂自治大学、蒙特雷科技大学、墨西哥自治理工大学和纳亚里特大学都参与了这方面的人才培养。

21 世纪的澳门：连接中国和拉美的桥梁

几年前，很少有人想到拉美大多数国家的第一大贸易伙伴会是中国。中国和拉美在地理上相距遥远，而且拉美一直属于美国的势力范围。2000 年末，还曾经提出过建立美洲统一市场的计划。然而，形势业已发生变化。巴西、委内瑞拉、厄瓜多尔、玻利维亚、阿根廷等国越来越积极地致力于制定和实施背离华盛顿意愿的贸易政策。

来到中国的拉美企业家越来越多，或是寻找新的商机，或是进一步发展已经开始的事业。与西方世界的习惯认知不同，中国不仅是一个市场，也不仅是一次机遇，而是意味着很多机遇。从这种意义上说，中国可分为几大区域，其中最重要的是沿海区域。中国的三大沿海区域分别是：北京－环渤海地区，以上海为首的长江三角洲地区，以香港、深圳、广州为首的珠江三角洲地区。

这三大区域拥有不同的产业和国际贸易领域，在文化、气候甚至政府特权等方面也有很大差别。中国四个直辖市中的三个——北京、天津、上海都位于中国北部和中部。这些城市在公共政策和产业决策中拥有相当的自主权，在税务方面也拥有一些特权。中国南部没有直辖市，但通过设立特别经济区首先实现经济对外开放，还拥有中国独有的两个特别行政区。

澳门正是特别行政区之一。它是中国的第一个和最后一个外国管治区域。1999 年，中国政府恢复对澳门行使主权。在最残酷的意识形态斗争、冷战时期和毛泽东时期，香港和澳门是中国仅存的两个仍然保持商品和人员出入境的城市。

由于较长的历史及其逐渐显现的职能优势，香港在居民数量、国民生产总值、人均国内生产总值、现代化程度、服务与贸易等各方面均强于澳门。而澳门也有其自身优势，虽然澳门居民只有 50 多万（香港人口约 700 万），但自从赌注和赌场数量超过美国的拉斯维加斯后，澳门开始闻名世界。

中国政府和澳门人都希望实现经济多元化，改变原外国管治区域形象，拯救重要的历史文化遗产。中国中央政府把澳门当作连接中国和拉美的联络港，在很大程度上是因为澳门的伊比利亚历史渊源，当然也有其他值得思考的重要因素。

从香港到澳门非常容易，航程只为一个小时。澳门机场迎接来自亚洲多个国家和地区的航班。澳门由澳门半岛、氹仔及路环三部分组成，半岛中心和拉美、西班牙、葡萄牙的许多城市一样，中心广场的一边是政府所在地（民政总署），对面是教堂。纵横交错的鹅卵石和瓷砖小巷俨然是地中海城市里斯本的翻版。

澳门是东亚旅游胜地和设立贸易代表处的最佳场所，也是在中国内地经商的理想起点。在生意圈中，澳门享有“软着陆”的别称。对于一个西方生意人来说，由于语言文化、经商方式、法律条文等方面的差异，首次接触中国内地难度很大。

澳门的政府、企业界和社会始终致力于为伊比利亚美洲国家开拓更加快捷安全的经商环境。澳门三岛的设施齐备，建立在澳门土生族群基础上的澳门特色烹饪风格的土生葡国菜在亚洲首屈一指，任何要在中国内地寻找供应商的生意人都可以得到澳门公共和私有部门在物流、法律、语言等方面的全力支持。同时，澳门的政府和各商会以促进珠江三角洲和拉美企业之间的联系为目标，组织商业活动，让中国企业家和投资者认识拉美。

最后要强调的是，历史如同河流的河床。即使在河床上建起庞大的城市或是大规模改造，当洪流来袭时，河水还是会遵循老路寻找它存在过的痕迹。风暴业已降临，水流磅礴，机遇无限。墨西哥面对的是起始于马尼拉、以澳门为桥梁的历史底蕴之路。这个桥梁在21世纪对墨西哥尤为重要，可以成为进入中国内地的最重要入口之一。墨西哥企业家可以以“软着陆”为起点出发，增加对中国南部供应行业的了解，创造更多商业机遇，在那里站稳脚跟，吸引来自珠江三角洲的企业家。

截至本文完稿时，还没有一个墨西哥城市与澳门结为姐妹城市或进行过战略接触。以澳门为入口，充分利用澳门为墨西哥及世界各国提供的机遇，是与中国进行贸易往来的最佳开端之一。澳门的创业成本与香港相比低很多；相比前英国管治地区，澳门在文化方面与拉美有更多共同点；澳门的生活环境更为轻松，有助于获得更好的生活质量；澳门可以利用香港和中国内地网络庞大的现代化基础设施，如高速轮渡、火车、公路等。澳门，一个开发和利用不足的机遇。

发展知识经济，强化澳门对外平台功能

——构建中拉电子信息交流平台

陈家慧*

张朋亮　陈家慧 译

摘　要： 澳门——一个近乎单一的微型经济体系，在长期高度依赖旅游博彩业和缺乏区域竞争力的情况下，应如何促进经济多元化发展，加强自身在其他领域的竞争力，使澳门的经济可循其他可行路线更有保障地向前推进？澳门拥有独特的历史、政治、文化背景和充裕的财政储备等重要基本元素，若再结合有效的政策和发展方案，将可加强澳门作为国际资讯交流平台的功能，迈向知识经济，令本地产业更现代化、知识化，并可进一步分享世界经济全球化所带来的利益和好处。

一　背景

澳门是一座小型的东方城市，位于中国南部的珠江三角洲地区，是中国了解西方世界的一扇窗口。澳门曾经被葡萄牙政府统治长达400多年，最终在1999年12月20日回归中国，同时这也标志着葡萄牙对这块飞地统治的终结。正是在这种特殊的历史背景下，澳门呈现出东西方相互融合、和谐共处的文化形态，这也是澳门区别于中国其他地区的一大特色。

---

* 陈家慧（Sonia K. W. Chan Prado），澳门亚太拉美交流促进会副理事长。

从经济的角度看，与澳门的近邻——香港和深圳相比，澳门缺少一些发展成为金融中心或工业城市的必要条件。在缺少宝贵的自然资源、深水港和其他竞争优势的条件下，澳门要想在制造业、农业、金融业等领域与其近邻城市相匹敌，将是十分困难的。

尽管如此，澳门还是充分发挥了自身的特点，将自己打造成远东地区一个广受欢迎的旅游胜地和娱乐中心。在澳门回归中国之后的这15年里，澳门在社会和经济上都有了显著的变化。博彩业垄断经营权的放开，使澳门经济再次迎来蓬勃发展的良机。近年来，澳门甚至取代拉斯维加斯，成为全球博彩业首屈一指的城市。

毫无疑问，澳门正在变成一个单一产业社会，因为澳门的年收入中有很大一部分都来自同一个产业——博彩业。随着《多种纤维协定》（Multi-Fiber Agreement）在2005年的终止，澳门传统的制造业也几乎销声匿迹了。根据路透社的报道，2010年，澳门出口总额只有不到9亿美元，而博彩业收入达到近240亿美元，相比于2009年增长了58%。直接博彩税收入占政府总收入的75%～84%。

这种过于单一的经济基础将使澳门变得十分脆弱，特别是当澳门需要与其他地区开展激烈竞争，或者由于某种原因，博彩业领域的需求出现下降时。澳门是应安于现状，坚持走娱乐中心的道路呢，还是应为了安全起见，努力拓宽收入渠道，走多元化发展之路呢？

答案明显是要走多元化发展之路！但问题是，如何才能实现，需要哪些途径呢？在缺少丰富的自然资源和其他有利条件的情况下，需要如何做，如何转变，才能实现这一目标？

知识是成功的关键！只有拥有知识或专业技术的人，才是最有可能取得成功的人！

就像人一样，对于一个缺少特长或天赋的孩子来说，他仍可以通过获取和运用知识为自身发展创造所需的环境和条件，并获得成功。澳门虽然没有丰富的自然资源和优良的港口作为依托，但是可以采取科研投资的战略，吸引最优秀的科技人才和最机敏的商业才俊，用资本把二者结合起来，这将成为21世纪知识经济的一个黄金法则式的蓝图。实际上，只有建立丰富的人才库，再配合发展知识经济，才更有可能走上一条积极的、可持续发展的道路。

二 21世纪的知识经济

不少观察家认为，当今的全球经济正处于一个向知识经济过渡的阶段。知识经济，简单地说就是利用知识来创造经济利益。21世纪，全球产业经济互联互通，知识和专业技术等资源往往比其他经济资源更为关键。

在过去的200多年里，新古典经济学只考察两个生产要素：劳动力和资本。而知识、教育和智力资本则被视为外在因素，被排除在该体系之外。但是，根据由斯坦福大学经济学家保罗·罗默（Paul Romer）和其他学者提出的新增长理论（New Growth Theory），知识已经成为一些发达经济体的第三生产要素①。知识与技术已经成为当前主要的生产要素。

罗默认为，新技术的发展能够为进一步的创新提供技术平台，而这种平台效应是经济增长的一个重要驱动。毋庸置疑，知识和技术能够提高投资的回报，这也解释了为什么发达国家可以保持增长，而发展中国家，即使具备无限的劳动力和充足的资金，也无法实现增长。

目前，世界各国都在努力向知识经济转型。什么是知识经济？“一个知识驱动型的经济就是知识的产生和探索在财富创造过程中发挥着主要作用。”②

从这个意义上讲，知识是拉动和保持经济增长的动力。即使自然资源和劳动力有限，一个国家也可以保持经济增长，不断提高人民的生活水平。

“世界银行学院的知识促进发展课程（Knowledge for Development Program，以下简称K4D）帮助客户国家开展相关能力建设，掌握和使用知识，提高竞争力，促进经济增长，提高人民福利。K4D课程帮助客户国家对其在全球知识经济中的竞争能力进行评估。它创立了一个包含四大支柱的框架，各国可以用来作为向知识经济转型的基础。”③（见图1）

---

① Paul M. Romer, "Increasing Returns and Long - Run Growth," *Journal of Political Economy*, Vol. 94, No. 5 (Oct., 1986), pp. 1002 - 1037; Paul M. Romer, "Endogenous Technological Change," *Journal of Political Economy*, Vol. 98, No. 5, Part 2: The Problem of Development: A Conference of the Institute for the Study of Free Enterprise Systems (Oct., 1990), S71 - S102.

② Great Britain Department of Trade and Industry, *Our Competitive Future - Building the Knowledge Driven Economy: the Government's Competitiveness White Paper; Analysis and Background* - 1998.

③ The World Bank Institute, "Measuring Knowledge in the World's Economies - Knowledge Assessment Methodology and Knowledge Economy Index," 2008, 1.

支柱 1：经济制度和机构制度

国家的经济制度和机构制度必须能够促进该国有效利用现有知识和新知识，以及推动传播企业家精神。

支柱 2：教育和技术

国家的民众需要接受教育和技术培训，从而可以进行创造和分享，学以致用。

支柱 3：信息和通信基础设施

需要有一个充满活力的信息和通信基础设施，以方便信息的交流、传播和处理。

支柱 4：创新体系

国家的创新体系——公司、研究中心、大学、智囊团和其他组织，必须有能力对不断增长的全球知识储备进行挖掘，加以吸收和运用，使其满足当地的需求，并用于技术创新。

图 1　知识经济的四大支柱

资料来源：The World Bank Institute, "Measuring Knowledge in the World's Economies – Knowledge Assessment Methodology and Knowledge Economy Index," 2008, 1。

根据世界银行学院对世界经济体中的知识的度量，在 KAM 的若干指数中，被引用最多的是知识经济指数（Knowledge Economy Index，以下简称 KEI），该指数是对一个国家或地区对知识经济的整体准备程度的宽泛量度。KEI 将各国的表现总结为 12 个变量，对应知识经济的四大支柱（见表 1）。

表 1　知识经济四大支柱对照 KEI 基本计分卡

支柱	指示物
经济制度和机构制度	·关税壁垒和非关税壁垒 ·监管质量 ·法治
教育和技术	·成人的受教育比例 ·中等教育毛入学率 ·高等教育毛入学率
信息和通信基础设施	·每 1000 人中的手机持有量 ·每 1000 人中的电脑持有量 ·每 1000 人中的网民数量
创新系统	·专利使用费的支出和收入(美元/人) ·每百万人中发表的技术期刊文章数量 ·每百万国民中获得美国专利与商标局授权专利的数量

资料来源：*The World Bank-KEI Indexes*, 2009。

KEI就是对这些指示物的标准化得分的简单平均，范围是0～10。如果KEI得分越高，则表示该国的四大知识经济支柱的发展状况相对越好，而如果得分越低，则表示其发展状况相对越差①。（见表2）

表2 2012年世界银行－知识经济指数（KEI INDEX）

国家/地区	2012年经济排名	2012年知识经济指数	国家/地区	2012年经济排名	2012年知识经济指数	国家/地区	2012年经济排名	2012年知识经济指数
瑞典	1	9.43	哥斯达黎加	51	5.93	斯里兰卡	101	3.64
芬兰	2	9.33	特立尼达和多巴哥	52	5.91	摩洛哥	102	3.61
丹麦	3	9.16	阿鲁巴	53	5.89	佛得角	103	3.59
荷兰	4	9.11	卡塔尔	54	5.84	越南	104	3.4
挪威	5	9.11	俄罗斯联邦	55	5.78	乌兹别克斯坦	105	3.14
新西兰	6	8.98	乌克兰	56	5.73	塔吉克斯坦	106	3.13
加拿大	7	8.92	马其顿共和国	57	5.65	斯威士兰	107	3.13
德国	8	8.9	牙买加	58	5.65	印度尼西亚	108	3.11
澳大利亚	9	8.88	白俄罗斯	59	5.59	洪都拉斯	109	3.08
瑞士	10	8.87	巴西	60	5.58	印度	110	3.06
爱尔兰	11	8.86	多米尼加	61	5.56	肯尼亚	111	2.88
美国	12	8.77	毛里求斯	62	5.52	叙利亚阿拉伯共和国	112	2.77
中国台湾	13	8.77	阿根廷	63	5.43	加纳	113	2.72
英国	14	8.76	科威特	64	5.33	塞内加尔	114	2.7
比利时	15	8.71	巴拿马	65	5.3	尼加拉瓜	115	2.61
冰岛	16	8.62	泰国	66	5.21	赞比亚	116	2.56
奥地利	17	8.61	南非	67	5.21	巴勒斯坦	117	2.45
中国香港	18	8.52	美国佐治亚州	68	5.19	乌干达	118	2.37
爱沙尼亚	19	8.4	土耳其	69	5.16	尼日利亚	119	2.2
卢森堡	20	8.37	波斯尼亚和黑塞哥维那	70	5.12	津巴布韦	120	2.12
西班牙	21	8.35	亚美尼亚	71	5.08	莱索托	121	1.95
日本	22	8.28	墨西哥	72	5.07	也门	122	1.92

① KAM，2012，http：//www.worldbank.org/kam.

续表

国家/地区	2012年经济排名	2012年知识经济指数	国家/地区	2012年经济排名	2012年知识经济指数	国家/地区	2012年经济排名	2012年知识经济指数
新加坡	23	8.26	哈萨克斯坦斯坦	73	5.04	马拉维	123	1.92
法国	24	8.21	秘鲁	74	5.01	布基纳法索	124	1.91
以色列	25	8.14	约旦	75	4.95	贝宁	125	1.88
捷克共和国	26	8.14	哥伦比亚	76	4.94	马里	126	1.86
匈牙利	27	8.02	摩尔多瓦	77	4.92	卢旺达	127	1.83
斯洛文尼亚	28	8.01	圭亚那	78	4.67	坦桑尼亚	128	1.79
韩国	29	7.97	阿塞拜疆	79	4.56	马达加斯加	129	1.77
意大利	30	7.89	突尼斯	80	4.56	莫桑比克	130	1.76
马耳他	31	7.88	黎巴嫩	81	4.56	老挝人民民主共和国	131	1.75
立陶宛	32	7.8	阿尔巴尼亚	82	4.53	柬埔寨	132	1.71
斯洛伐克共和国	33	7.64	蒙古	83	4.42	喀麦隆	133	1.69
葡萄牙	34	7.61	中国	84	4.37	毛里塔尼亚	134	1.65
塞浦路斯	35	7.56	博茨瓦纳	85	4.31	尼泊尔	135	1.58
希腊	36	7.51	委内瑞拉	86	4.2	科特迪瓦	136	1.54
拉脱维亚	37	7.41	古巴	87	4.19	孟加拉国	137	1.49
波兰	38	7.41	萨尔瓦多	88	4.17	苏丹	138	1.48
克罗地亚	39	7.29	纳米比亚	89	4.1	吉布提	139	1.34
智利	40	7.21	多米尼加共和国	90	4.05	埃塞俄比亚	140	1.27
巴巴多斯	41	7.18	巴拉圭	91	3.95	几内亚	141	1.22
阿拉伯联合酋长国	42	6.94	菲律宾	92	3.94	厄立特里亚	142	1.11
巴林	43	6.9	斐济	93	3.94	安哥拉	143	1.08
罗马尼亚	44	6.82	伊朗伊斯兰共和国	94	3.91	塞拉利昂	144	0.97
保加利亚	45	6.8	吉尔吉斯斯	95	3.82	缅甸	145	0.96
乌拉圭	46	6.39	阿尔及利亚	96	3.79	海地	n/a	n/a
阿曼	47	6.14	埃及阿拉伯代表	97	3.78	—	—	—
马来西亚	48	6.1	厄瓜多尔	98	3.72	—	—	—
塞尔维亚	49	6.02	危地马拉	99	3.7	—	—	—
沙特阿拉伯	50	5.96	玻利维亚	100	3.68	—	—	—

资料来源：KAM，2012，http：//www.worldbank.org/kam。

毫无疑问，博彩业和旅游业是澳门的经济命脉、重要的收入来源，支撑着澳门的整体发展。然而，过于单一的经济体系存在许多隐忧，令这个小城的持续发展环境变得脆弱，当外在因素对龙头产业造成冲击时，整个经济体都会受到重大影响。

三　实行经济多元化，发展知识经济

澳门怎样才可在龙头产业外开辟一片具发展潜力且可持续增长的天地？如上所述，澳门先天条件不足，只能好好利用后天培植出来的优势，大胆探索和开拓多元出路。

就以中东的以色列为例，在中东国家里以色列是唯一没有石油的地方，这个缺乏天然资源，土地贫瘠，且长期处于战争状态的国度，以往大部分年轻人的第一志愿是要成为战斗机机师。时移世迁，现今大部分新世代都以创业为目标，以拥有自己的企业为成功的新标准。“以色列除了初创公司密度是全球最高（总数有 3850 家，平均每 1840 个以色列人就拥有 1 家初创公司）之外，纳斯达克股票交易所的上市公司中，以色列公司数量也超过整个欧洲所有的上市公司。”① 除具有勇于开创的精神之外，该国亦拥有受教育水平较高的劳动人口。以色列十分重视国民的教育水平，是全球较高教育程度最高的国家之一，其国民具有高等教育学历的比例也是世界最高之一。根据经济合作与发展组织（Organization for Economic Co-operation and Development，OECD）2013 年度的教育调查报告，以色列的受教育人口比例（特别是年龄介于 25～64 岁、具有大专以上学历的国民）在 OECD 国家内排行第二位（约占总人口的 40%），仅次于加拿大，且与日本同级②。

科教兴国，用人才构建新经济体，以领先科技创造未来，以色列便是一个成功的好例子，该国被著名作家和研究员称为新创企业之国（Start－up Nation）③。而本着“以色列没有其他天然资源，唯一的资源就是人才”的信

① 丹恩·席诺、扫罗·辛格：《新创企业之国——以色列经济奇迹的启示》，徐立妍译，木马文化事业股份有限公司，2010，第 28 页。

② Andreas Schleicher, “Israel－Country Note－Education at a Glance 2013－OECD Indicators,” 4 July 2015.

③ 丹恩·席诺、扫罗·辛格：《新创企业之国——以色列经济奇迹的启示》，徐立妍译，木马文化事业股份有限公司，2010，第 28 页。

念，这个中东小国在不同的科技领域一直名列前茅。以色列如何善用其智慧和人力资源取得成功，以致有能力与泱泱大国竞争，这正是新加坡和迪拜等国家和城市最想仿效的小国模式。

同样缺乏天然资源和地理优势的澳门，在拥有充裕的库房储备、自由港的优势、信息和人才的流动自由以及开放的科研环境等因素的支持下，极具条件发展博彩业以外的其他重要产业。

澳门特区和其他内地城市的不同之处在于它拥有更高的自由度，在“一国两制”框架下，澳门享有高度自治的权利，享有行政管理权、立法权、独立司法权以及终审权。此外，资金和人才出入的限制比较宽松，电子信息的流通和互联网络的使用皆比内地省市开放。相对来说，澳门迈向知识经济是比较容易和极有可为的。

在知识经济里面，信息通信科技的发展不受地理环境限制，不会因缺乏天然资源而被阻碍，人才、资金和地方政策反而是成功的主要因素。若澳门选择积极发展知识经济，将可以全面强化上述四大支柱，更有利于加强澳门的对外平台功能。在实践中，不单只是科技界受益，而且是整个城市一同分享成果。

1. 重点强化信息通信科技和教育

在分析澳门发展知识经济时，信息通信科技（Information and Communication Technology，ICT）和教育是两个极其重要的课题。

·信息通信科技的重要性

ICT 往往被视为变化的推动者，不但能够通过自身引起经济体的转变，并且是可以释放人们创造潜力和知识的重要工具。与制造业相比，ICT 对整个经济的影响更为有力。1995 年的一份研究表明，在软件生产商微软（Microsoft）中，平均每份工作都能在华盛顿州创造 6.7 个新工作岗位，但在波音公司（Boeing），平均每份工作仅能创造 3.8 个新工作岗位[①]。显然，在带动就业机会和增加财富方面，ICT 行业相对有更大的创造力。

而在现今不同领域中，经常出现惊人创富奇迹的大多是来自信息通信科

① Michael Mandel, “The New Business Cycle: It used to be housing and autos. But now, high tech rules. And a stall there could stagger the economy,” Bloomberg, Mar. 31, 1997, http://www.bloomberg.com/news/articles/1997-03-30/the-new-business-cycle.

技界。例如，“社交网站 Instagram 的主要投资者硅谷创投公司 Andreessen Horowitz 于 2010 年投资了 25 万美元发展 Instagram，于 2012 年便由 Facebook 以 10 亿美元的价格收购了。Andreessen Horowitz 于短短两年间进账了 7800 万美元，回报达 312 倍”[①]。在这一界别，往往一个概念便可能掀起万尺浪，创出骄人成绩，为创业者带来丰厚的回报，为地区创造大量就业机会。

故此，许多国家也积极发展知识经济，投放更多资源到科研和信息通信科技领域，优化地方的信息通信基建，改善教育，培养人才，实行相应的激励政策和措施以招揽外地专才，吸纳创投资金以助本地企业开创事业，为地方开拓新的收入来源，带动更多就业机会。

·教育和人才的重要性

在知识经济中，四大支柱皆有其重要性。信息科技的发展固然十分重要，但教育和培养合适的人才更是不可或缺的一环。在现今信息发达的电子世界里，随着近年大数据的兴起，我们绝不缺少庞大的数据库，然而那些数据才是我们需要的、可运用的，必须要好好选择和分析，才可避免浪费时间和资源在搜集可应用的信息上。要把数据转化为有用的信息，人工智能科技当然可以大有所为，但工作的核心始终离不开人的参与和贡献，如此才可更有效率地完成工作，取得理想的成果。

同时，创新的意念和任务的执行都需要具有创意和能力的人来进行，因此，在迈向知识经济的过程中，培育科技人才是必要的，但与此同时培养其他领域的人才亦不容忽视。提高整体教育水平是必要条件，并可在发展知识经济的过程中为地方带来长远优势。

2. 借鉴金砖国家巴西、印度的教育和 ICT 发展经验

澳门可借鉴与它具有类似历史背景的国家——如巴西和印度这两个金砖国家——在积极发展知识经济的过程中所采用的一些有效措施和政策，以便制订自身的长远策略和可行方案，为向前发展打好基础。

·巴西的科技教育

巴西是拉丁美洲众多新兴经济体中最大的经济体和主要的投资对象，其技术和服务业迅速发展。同时巴西也是拉丁美洲最大的 ICT 市场，拥有加拿

① Peter Thiel with Blake Masters, *Zero to One - Notes on Startups, or How to Build the Future*, Penguin Random House UK, 2014, p. 86.

大等主要贸易伙伴。

为了提升该国劳动力的竞争优势，巴西在教育方面投入了更多资源，培养出更多专业人才，以配合发展以高水平的劳动力迎接当前和未来的挑战。就此，巴西政府推出了一个重要的项目：颁发75000份奖学金，旨在鼓励学生就读世界顶尖大学。巴西的科技部部长 Aloizio Mercadante 说，该奖学金主要资助巴西学生修读具国家战略重要性的科目，例如工程学等，这“反映了政府为实现建立科学技术精英团队这一巨大突破所付出的努力”。

与此同时，联合国教科文组织（UNESCO）驻巴西办事处和联合国教科文组织教席－遥距教育（UNESCO Chair in Distance Education）落实长期合作，以 ICT 作为工具，在巴西各大学开展遥距教育课程，推动巴西在知识教育领域的民主化进程。2009年8月4日，UNESCO 驻巴西办事处和当地合作伙伴发起了一个名为“教师信息和通信科技能力框架”（ICT Competency Framework for Teachers）的国际项目，目的是为教师提供指引，提高教师利用 ICT 进行教学的能力。而官方机构、专家和决策者会就巴西的实际情况分析项目执行指引的可行性。

由此可见，在提高国民教育水平的时候，教师的培训也是必要的，与时俱进和不断进修的教师团队将会是学生之福、社会之福。

· 巴西促进 ICT 发展的成功例子——伊塔茹巴

巴西的坎皮纳斯市（Campinas）和伊塔茹巴（Itajubá）等地的发展和鼓励方案值得澳门学习，特别是伊塔茹巴这个人口只有9万多的小城，当意识到科技和知识是改变命运的钥匙后，便立志要把小城打造为高科技城市（Technopolis），在其过程中成功把教育、文化、高科技结合运用以取得全面平衡的发展，并积极发展“伊塔茹巴科技公司创业园”（Incubadora de Empresas de Base Tecnológica de Itajubá，INCIT）。INCIT 于2013年获得巴西最佳企业孵化中心的殊荣（Prêmio de melhor incubadora de empresas do Brasil）①。

巴西的科技产业已成为该国除农业和矿业以外的另一个重要产业，在政治动荡、经济疲软的时期，巴西的科技业仍处于高增长状态，成为经济的驱

① “Incit Conquista Prêmio de Melhor Incubadora de Empresas do Brasil,” http://www.itajuba.mg.gov.br/noticias.php? id = 8425.

动器。2015 年当巴西的国内生产总值下跌 4% 之际，科技业却在 2014 ~ 2015 年录得 20% 的高增长[①]。

·印度的科技教育方针和措施

在过去十多年间，印度已经成为世界软件大国之一，同时也成为 ICT 领域一片新的沃土。

印度被认为是全球软件和业务流程外包（Business Process Outsourcing, BPO）的产业领袖，其 IT 和 BPO 人才数量在 28 个低成本国家中约占 28%。印度的信息工人数量甚至超过了日本，大致相当于美国的信息工人数量。

为配合发展知识经济，强化国内的教育和 ICT 领域，印度学校教育与文化部（D/SE&L）、人力资源发展部（MHRD）、印度政府以及全球电子学校和社区行动组织（Global e - Schools and Communities Initiatives, GeSCI）通力合作，制定了“ICT 运用于学校教育的国家政策”，以强调在 21 世纪利用科技进行教学和学习的迫切需求和挑战。

全球知识经济正在世界各地改变劳动市场的需求。印度决策者率先用新型互动性学习取代了正规的教育体系，前者强调的是创造、运用、分析和整合知识的能力，并且鼓励终身学习。

除上述政策之外，印度还在各地开展了多个持续进行的项目以推动 ICT 领域的发展。例如，国家信息职业技术学院（National Institute of Information Technology, NIIT）发起了一项名为“墙洞”（Hole in the Wall）的创新实验计划，使那些住在贫民窟的孩子也能够接触互联网络。

印度政府投放大量资源培育本地专才，建立了庞大的人才库，更定下目标要在 2030 年达到国民高等教育入学率为 50%[②]。

·印度信息技术服务业的发展和政府实施的激励措施

印度的信息技术 - 信息技术关联服务（Indian Information Technology - Information Technology - Enabled Services, IT - ITES）是印度经济最稳定的增长驱动力。印度信息技术部的官方数据显示，在 2008 年至 2009 年，IT - ITES 出口额惊人地达到了 463 亿美元，财富（Fortune）500 强企业和全球

① http: //techcrunch. com/2016/05/25/tech - in - brazil - is - booming - despite - the - countrys - political - troubles/.

② http: //www. oecd. org/education/EDIF%2031%20（2015） - - ENG - - Final. pdf.

2000 强企业中大部分都是印度 IT - ITES 公司的客户。而 2015 年信息科技业（IT - ITES）和业务流程外包业（BPO）的收入更高达 1465 亿美元[①]。当地的信息技术业目前约有 370 万名直接受聘的专业工作人员和约 1000 万名间接受聘的工作人员[②]。

印度的 IT 业 2015/2016 年的产值约占印度国内生产总值的 9.3%，而其 IT 外包业务更排在全球首位，约占全球估值 1240 亿至 1300 亿美元的 IT 外包业务市场的 67%[③]。

在信息和通信科技界拥有骄人成绩的印度，政府进行实务推动，因应需要制定不同的政策和措施，绝对是功不可没的。以下三项诚然值得借鉴。

（1）建立活跃的信息基础设施。

通过开放市场和引入竞争等改革措施，印度的通信领域在近年快速增长。现时国内外许多私营服务提供商都可以较低的价格为消费者提供高质量的服务。

（2）实施软件科技园（STP）和特别经济区（SEZ）政策。

软件科技园（Software Technology Parks，STP）和特别经济区（Special Economic Zones，SEZ）政策是印度政府用来刺激和推动 IT 行业投资的政策之一，包含专门的方案和各种激励政策，如税收减免等。其中最重要的一项就是首五年豁免 100% 出口利润所得税[④]，该政策实施以来成功鼓励软件出口，刺激软件行业增长，创造就业机会和业务收益。

（3）制订信息通信科技激励计划。

不止是在软件行业，信息通信科技激励政策还包括为硬件行业提供“特别激励套装计划”（Special Incentive Package Scheme，SIPS）以鼓励投资设立半导体制造和其他微型及纳米制造产业。还有其他激励措施，如基建支持，推广以科技和创新为主的初创企业，税务优惠和其他方案，以激励一些符合印度外交政策中以硬件制造为优先行业的企业。

世界银行指出，印度于 2020 年的全要素生产率（Total Factor Productivity，TFP）将比 1991/1992 年增加超过 50%。TFP 又称为技术进步率，反映国家创新和运用知识的能力。而强劲的增长表示印度将不断改进和

① http：//www.ibef.org/industry/information - technology - india.aspx.

② http：//www.statista.com/statistics/320729/india - it - industry - direct - indirect - employment/.

③ http：//www.ibef.org/industry/information - technology - india.aspx.

④ http：//www.sezindia.nic.in/about - fi.asp.

优化技术，提高效率，利用规模效应，推动技术进步，包括知识、教育、技术培训、组织管理等方面都得将到改善，即其本身实力将实现大跃进。

印度在 ICT 领域和教育方面所取得的成绩确实可为澳门提供很多借鉴，特别是印度为实现转变、取得成功所采用的各种措施和政策。

3. 善用澳门人才，提升教育水平，配合发展知识经济

综观巴西和印度两国在发展知识经济的过程中，特别是在信息通信科技领域和教育方面所做出的改善和所投放的资源，足见强化这一支柱的重要性。故此，在发展知识经济时，教育和培训应被列为重点工作。澳门虽然地少、人口不多，但在科研教育方面绝不逊色。在经济合作与发展组织发表的 2015 年的国际学生能力评估计划（Programme for International Student Assessment，PISA）报告中，澳门中学生在数学和科学两门学科的成绩均名列前茅。数学位列第三，而科学则排行第五，仅次于芬兰这个在全球知识经济排行榜长期占据首三位的国家。（见表 3）

表 3　国际学生能力评估计划 2015 年报告两项测试的十大排名

科学			数学		
排名	国家/地区	平均分	排名	国家/地区	平均分
1	新加坡	556	1	新加坡	564
2	日本	538	2	中国香港	548
3	爱沙尼亚	534	3	中国澳门	544
4	中国台湾	532	4	中国台湾	542
5	芬兰	531	5	日本	532
6	中国澳门	529	6	中国内地*	531
7	加拿大	528	7	韩国	524
8	越南	525	8	瑞士	521
9	中国香港	523	9	爱沙尼亚	520
10	中国内地*	518	10	加拿大	516

* 中国内地的平均分由来自北京、上海、江苏和广州的分数计算而成。

资料来源：OECD 国际学生能力评估计划 2015 年报告。

2015 年澳门慈幼中学师生参加了在沈阳市举行的全国选拔赛，夺得了一对一机器人武术擂台赛的冠、亚军，获得了代表资格后，便代表澳门参加了意大利米兰国际青少年机器人教育协会所举办的“第四届国际青少年教育机器人奥林匹克竞赛”，参赛队伍来自中国内地和澳门特区及意大利当地

代表等30多支队伍，参赛人数共近150人。最后，澳门代表在一众选手之中脱颖而出，夺得了冠军和亚军，为澳争光①。

此外，2016年澳门学生参加于美国佛罗里达州举行的“Microsoft Office技能全球大赛”及“Adobe ACA多媒体设计软件技能全球大赛”，共30多个国家和地区，数十万青少年参加选拔。澳门学生在大赛中勇夺两项世界冠军和一项季军。

可见，澳门虽然是一个小城，长期依赖博彩旅游业，但并不是如外界所想的，只培养博彩业和旅游业专才。事实上，澳门在其他领域同样可以培育出优秀的人才，如科技界的高素质人才。然而，澳门仍须加大力度，培育出更多专才，方能使信息通信科技成为澳门的另一个重要产业；也应该令澳门真正实现知识经济，继而加强它的对外平台功能。

要把澳门打造成中国连接拉丁国家的桥梁、连接拉美的信息枢纽，在培训本地人才的时候，除了重点培训科研人才之外，还要培养出具国际视野、外语能力较高的相关人才。

而培养人才不单在学校进行，在实务中吸收知识也是一个既可行又实际的方法。如新加坡发展初期，从欧美或其他国家招揽本地缺少的专才参与发展，为培训本地人才奠下基石，让国民学习新工作知识以及吸收经验，逐步发展成可独当一面的本地专才。

在这个重要环节，政府投放的资源和推行的相关政策是不可或缺的。只有在政府的大力推动和支持下，澳门的教育和培训水平才可迅速提升以配合发展。

4. 激励政策

在强化教育和科技之余，巴西和印度两国也大力推行相应的激励政策，给予业界不同的激励措施和优惠，大都取得理想成效，并成功推动产业加快发展，成为传统产业以外的一个重要的经济驱动器。

故此，在强化ICT和基建设施时，相应的激励政策是必要的元素。政府应就不同情况和环境推出有效的激励政策和措施以促进产业发展，引导城市逐步走向知识经济。

5. 与拉美国家新创/智慧城市齐步发展，建立信息交流中心

拉丁美洲地大物博，天然资源丰富，共有33个国家和20个属地，分布

① 《慈幼机械人出战意国获佳绩》，《澳门日报》2016年1月28日，B11版。

于北美洲、中美洲、加勒比海和南美洲。在 2014 年，拉丁美洲的国民生产总值（国际汇率）达 5.573 万亿美元（几乎是英国和法国之和），如果以购买力平价来计算则是 7.532 万亿美元（大于印度、日本和英国的总和）。对于新兴经济体而言，拉丁美洲的经济高速增长，整体发展理想，并且还存在很大的拓展空间。由殖民地时代到现今以经济发展为主导的年代，大多数拉美及加勒比国家的政局在经历独立改革后已变得相对稳定，无论是国际贸易抑或是引进外资合作发展都有显著成绩。

同样的，为避免过于依赖单一产业，部分拉美国家正着手进行经济多元化发展。迈向知识经济无疑是一个前景乐观的可行方案，所以一些拉美国家已开始制订长远发展计划，并改善个别城市的软硬件设施，以顺应时代趋势，积极发展智慧城市。

例如，智利的圣地亚哥（Santiago）、哥伦比亚的麦德林（Medellin）和阿根廷的布宜诺斯艾利斯（Buenos Aires）等城市便积极推动科技发展，大力催生初创企业，成为新兴国家出色的新创城市、智慧城市。

智利的圣地亚哥更被称为南美硅谷或“智利谷”（Chilecon Valley）[①]，2010 年它便成为南美第一个加入经济合作与发展组织的国家。为了把首都圣地亚哥打造成南美洲的硅谷，智利发起了一项名为“启动智利”（Start - Up Chile）的计划。“启动智利”组织向毕业生提供约 3.5 万美元的资金及为期一年的签证，吸引全球新创人才进驻智利。计划自启动以来，已吸引超过 1100 个创业团队落户智利[②]。

哥伦比亚政府也正大力推动创新和商业发展，在该国第二大城市麦德林建立了 Corporation Ruta N（或 Ruta N）的组织，为新创企业提供一系列核心协助[③]，并积极优化地方的信息通信网络基建设施，通过不同的政府部门，哥伦比亚已投放了约 1100 亿美元用以建设智慧城市和连接各城市的智慧基建设施[④]。

① Cadie Thompson, “Three growing start - up cities in South America,” CNBC News, Thursday, 7 May 2015.

② Cadie Thompson, “Three growing start - up cities in South America,” CNBC News, Thursday, 7 May 2015.

③ http://www.rutanmedellin.org/.

④ “Latin America smart city market to grow 19% by 2020,” Donal Power, http://readwrite.com/, 25 May 2016.

而在推动创新和科技发展方面，阿根廷的 Start - Up Buenos Aires[①] 组织也不遗余力招揽新创企业进驻阿根廷，努力把科技业务和人才留在国内长期发展。

除上述三国之外，还有一些拉美国家也在积极发展知识经济，构建智慧城市，如巴西的库里奇巴、墨西哥的墨西哥城、哥伦比亚的波哥大、乌拉圭的蒙得维的亚等。

澳门从古到今便是中国对外的南大门，大可利用本身的优势，与拉美国家齐步发展知识经济，并与一些拉美新创/智慧城市结成合作伙伴，联结重要的信息网络，从而加快促进两地商业信息的有效互通，建构真正具商业价值的跨国信息网络、交流中心，以取得实际成效。

在新一届中央政府成立以来，中国和拉美之间高层互动频繁。密集并富有成效的外交活动，除进一步强化了中拉之间的传统友谊，巩固了多年来不断扩大的经贸联系外，更重要的是，为中拉之间的经贸合作升级开创了新局面。在过去十多年间，中国已成为拉丁美洲的重要出口目的国和贸易伙伴，而拉美地区亦是中国进口天然资源的重要产地。

中国和拉美及加勒比国家之间的关系仍存在庞大的发展空间，有待进一步开拓。而澳门与拉丁国家之间有着长久的渊源，具备有利条件，可以作为连接中国和拉美的平台。

四　总结

倘若澳门能顺利迈向知识经济，则说明澳门的四大知识经济支柱都已得到强化，澳门的自身实力亦已得到提升，并拥有更强的对外平台功能，更有能力成为中国连接拉美或其他海外国家的主要桥梁。

只要澳门能制订长远发展方针，积极完善教育和推行相关的高效政策，将人手培育成人才，把知识转化成驱动经济的力量，将信息通信科技变成重要的产业，那么澳门将更容易实现经济多元化，成为国际上的先进城市，担当更重要的中介角色，让中国与其他国家共享经济成果。

---

① http：//www. startupbuenosaires. com.

中拉经贸关系中的大陆、台湾和澳门

熊建成*

摘　要： 海峡两岸在经济上的密切合作是新自由主义市场经济自然演变的结果，而2010年6月28日在重庆正式签署的两岸经济合作架构协议（ECFA）是双方经贸往来正常化与规范化的重要一步。此后，两岸迈向后ECFA时期，两岸经济与资金可以双向交流，在国际市场中互补互利、取长补短，不仅台湾能透过大陆走向世界、走向拉丁美洲特别是第一经济强权的巴西，大陆亦可借助台湾走向中美洲。两岸之间的新时代即将开始，而澳门亦将一如既往地扮演两岸间的平台角色。

一　引言

2010年4月，联合国拉丁美洲及加勒比经济委员会（Comisión Económica para América Latina y el Caribe, CEPAL，以下简称拉美经委会）公布一篇名为《中国与拉丁美洲及加勒比地区经济贸易往来迈入新阶段》（*La República de China y América Latina y el Caribe*: *Hacia una Relación Estratégica*）的研究报告，该报告旨在探讨拉丁美洲区域发展以及日益增长的中拉关系，

* 熊建成，西班牙马德里大学美洲史学国家博士，台湾淡江大学美洲研究所荣誉教授。

并提倡建立中国与拉丁美洲的战略伙伴关系。

在 2009 年全球正遭遇 80 年来最严峻的金融危机时，中国却以稳固的姿态崛起成为世界经济的中心国家。正当全球与工业化国家分别遭遇 0.8% 及 3.2% 的生产衰退时，中国却获得 8.7% 的经济增长，其逆势增长应归功于一项附有巨大信贷扩张的大规模经济刺激计划。同样的，在全球贸易量急遽下降的环境中，中国却能取代德国成为世界主要商品出口国。此外，中国已在 2010 年超越日本和德国而跃身为世界第二大经济体。

审视中国与拉丁美洲地区的贸易变革，可以证实的是近年来中国已逐渐成为拉丁美洲地区出口增长的主要来源，甚至在 2009 年拉丁美洲地区遭遇严重经济减速的情况下也是如此；同时亦证实了中国与拉丁美洲地区的产业间贸易模式，中国的主要出口项目为工业制品，而拉丁美洲与加勒比地区则以原材料作为主要出口项目。此类贸易模式，不仅能促进中拉企业的联系，也让拉丁美洲国家更有效率地融入亚太生产链，以及与日俱增的产业内贸易。

中国台湾的海峡交流基金会（SEF）与中国大陆的海峡两岸关系协会（ARATAS）已于 2010 年 6 月 29 日正式签署《海峡两岸经济合作架构协议》（以下简称 ECFA），双方均认为该项协议是海峡两岸前所未见的密切经贸合作协议。

美国国务院亦发布声明，表示对海峡两岸的“正面发展”深感满意，并认为 ECFA 不仅能对中国台湾和大陆产生效益，也能使全球受惠，因此，美国政府乐见 ECFA 的签订，这是近 60 年来美国政府针对两岸关系发展所发表的最高评价。

日本著名的经济战略家大前研一（Kenichi Ohmae）将 ECFA 视为针对台湾经济所开出的一剂“维他命”特别药方。

马英九政府强调 ECFA 旨在扩大开放两岸贸易关系，借此提升台湾的国际竞争力，而 ECFA 的签订也将使许多国家重新评估对台湾的投资。因此，未来台湾极有可能成为亚太经济暨贸易中心。

另一端，在过去五个世纪当中，澳门曾经是中国与西方世界之间极为重要的联系平台。近 60 年来，尤其是 1995 年 6 月至 2008 年 3 月，澳门亦在两岸关系中扮演着另一个举足轻重的平台角色，即“澳门模式”。

我们有充分理由相信，在后ECFA时代，“澳门模式”将转变为中国大陆、中国台湾与拉丁美洲及加勒比地区之间的经济贸易联系平台，因为澳门（前葡萄牙属管治地区）是葡萄牙文化与中国文化的唯一直接接触点，加上其优越的地理位置和极为特殊的文化特色，两岸和中拉经贸日益密切，这种种因素均将使澳门成为中“台”拉经贸联系的重要平台。

二　中国与拉丁美洲及加勒比地区的新贸易变革

直到几年前，拉丁美洲的元首们和企业家们仍纷纷克服一切困难来巩固与中国的贸易关系。如今情况正好相反，被称为“亚洲之龙”的中国已经开始在拉丁美洲及加勒比地区拓展新市场。

近年来，中国领导人与拉丁美洲国家元首双方之间的密集访问已被视为外交史上罕见的“奇闻”。此一现象的明确指标就是从2004年11月至2005年9月，短短不到一年的时间内，时任中国国家主席胡锦涛竟二度远赴拉丁美洲及加勒比地区进行正式访问。于是，很多人心中产生了这样的疑问：中国要在拉丁美洲及加勒比地区寻找什么？拉丁美洲及加勒比地区蕴藏丰富的天然资源，但是，身为“世界工厂”及“全球市场”的中国却是一个急需天然资源的国家。近十年来，中国的平均经济增长率已达到10%。事实上，中国在拉丁美洲及加勒比地区寻找的东西很简单，那正是原材料，因为有了足够的原材料才能供应快速且持续增长的中国经济。因此，这一亚洲国家与拉丁美洲国家的贸易关系即产生了具有互补性经济的特质。

在国际关系方面，身为最大发展中国家的中国，设法建立一个以经济合作为基础的和平稳定、和睦共处的国际环境。中国对中亚、非洲及拉丁美洲政策的制定方针主要是寻找新的出口市场以及天然资源（基本上是能源资源）的供给。目前，中国已成为世界第二大能源消耗国和世界第二大经济体，并在2010年成为世界最大出口国[①]。经济合作与开发组织（OCDE）曾

① “China, Mayor Exportador en 2010,” http://news.bbc.uk/hispanish/business/newsid_4252000/4252488.stm，最后访问日期：2005年9月16日。

说："届时，中国商品将占据全球贸易至少10%的份额，远超出现在（2005年）的6%。"

依靠中国持续增长的经济实力及其联合国安全理事委员会（Consejo de Seguridad de la ONU）的常任理事国身份，这一亚洲国家欲成为一个负责任大国的意愿与日俱增。2005年12月中旬，为了响应世界对中国逐渐扩大影响力的疑虑，中国政府发表了《中国的和平发展道路》白皮书，承诺将致力于和平发展，并倡导建立和谐世界。因此，"北京共识"将在绝大多数拉丁美洲国家中取代"华盛顿共识"，基于下面几项要点，中拉将趋向战略合作关系。

1. 中国为少数能在2008年全球金融危机中逆势增长的大规模经济体之一

30年来，中国获得了近两位数的年均经济增长率。在这段经济持续增长的过程中，基本上制造业、建筑业和服务业是带动经济增长的领导产业。尽管遭逢2008年严重的全球金融危机，中国依然在2009年获得8.7%的经济增长，与此同时，美国及欧盟则分别遭遇0.8%及3.2%的经济衰退。拉丁美洲及加勒比地区的国内生产总值（Producto Interno Bruto，英文缩写为GDP）亦衰退1.9%。

根据拉美经委会的预测，未来五年，中国的年均经济增长率将达到8%~9%。因此，这一亚洲国家将持续扮演着推动世界经济增长的重要角色，并为拉丁美洲及加勒比地区的出口创造一块极有潜力的新兴市场①。

2. 过去十年，拉丁美洲及加勒比地区是中国最活跃的贸易伙伴

在21世纪的第一个十年，无论在出口或进口方面，中国与拉丁美洲及加勒比地区之间的贸易活动均相当活跃。拉美经委会指出，在2005~2009年，中国与拉丁美洲地区的进出口增长率是中国总进出口贸易增长率的两倍。

因此，拉丁美洲及加勒比地区在中国进出口贸易的占有率持续增长至6%。尽管中国已是拉丁美洲的最大贸易伙伴之一，各项数据亦显示了双边贸易正在增长中，但是水平仍然偏低。举例而言，双边贸易总额在2008年

① Osvaldo Rosales, *La República Popular de China y América Latina y el Caribe: Hacia una Relación Estratégica*, Santiago de Chile, La CEPAL: Abril de, 2010, p. 7.

增加了40%，创下1433亿美元的纪录[①]。

中国在全球贸易的重要性及其与拉丁美洲之间仍然偏低的贸易水平，说明目前双边贸易尚面临挑战，但是，对拉丁美洲地区的经济而言，这项挑战更是一种机会。

3. 拉丁美洲及加勒比地区在2009年的对外出口全面缩减（除了在危机中逆势增加的中国以外）

尽管2008年爆发严重的全球性金融危机，中国与拉丁美洲及加勒比地区的贸易依然持续增长。2009年，在拉丁美洲及加勒比地区对美国及欧盟的出口分别下降了26%和28%的同时，面向亚洲的出口仅减少了5%，对中国的出口则增加了5%[②]。

2009年第一季度拉丁美洲及加勒比地区对中国的出口增长率为-2.2%，2010年同季出口成长率大幅上升至44.8%[③]。

以上数据证实了中国作为拉丁美洲及加勒比地区出口目的国的重要性。

然而，拉丁美洲内部仍然存在巨大差异性。经济繁荣的现象主要显现在出口原材料（农业、农牧业及矿产业）的南美洲国家，相较之下，如中美洲及加勒比地区等以进口基本商品并依赖旅游及外汇汇回的国家，仅能维持规模相对较小的贸易扩张。

有研究报告估计，在次区域即有明显的差异：2010年，南方共同市场（Mercosur）的出口将增长23.4%，安地斯国家则有29.5%的增长。但是，中美洲共同市场的出口仅增长10.8%。墨西哥的出口只增长了16%，巴拿马的出口增长率为10.1%。但是，位于南美洲的智利却能有32.6%的出口增长。

自2009年危机高峰期至今，由于拉丁美洲与中国经贸关系日益密切，所以危机对拉丁美洲的冲击并未像欧美等国家如此严重，最明显的增长案例是加勒比共同体（CARICOM），其出口从2009年的-43.6%大幅增长至

① "Banco de China en Pacto para Ampliar Infraestructura y Finanzas Comerciales en Latino América," http://www.spanish.news.cn/chinaiber/2009-06/24/c.135731.htm.

② Osvaldo Rosales, *La República Popular de China y América Latina y el Caribe: Hacia una Relación Estratégica*, Santiago de Chile, La CEPAL: Abril de, 2010, p. 10.

③ "Nuevo Informe de la CEPAL: Exportaciones de la Región Crecerían 21, 4% en 2010," http://www.cepal.org/es/comunicados/exportaciones-de-la-region-crecerian-214-en-2010.

2010 年的 23.7%①。

中国活跃的经济无疑拯救了拉丁美洲及加勒比地区的出口。2009 年的数据显示，中国对初级产品与工业制品的进口需求已成为支撑拉丁美洲及加勒比地区与这一亚洲国家之间贸易的关键要素。

4. 亚太地区尤其是中国已在进口方面成为拉丁美洲及加勒比地区的重要贸易伙伴

最近十年来，中国及亚太地区国家已跃身为拉丁美洲及加勒比地区出口的主要对象国。例如在 2009 年，拉丁美洲地区销往中国及亚太的出口分别占其总出口的 7% 及 15%，而美国占 40%，欧盟（27 个成员国）则是 14%②。

对拉丁美洲及加勒比地区而言，亚太地区（包含中国）作为贸易伙伴的重要性在进口方面明显大于出口，因为其出口已造成拉丁美洲及加勒比地区日益扩大的贸易赤字。有预测指出，中国将倾向于取代欧盟成为拉丁美洲及加勒比地区的第二大主要进口供应国。

在活跃的贸易活动中，中国在进口与出口方面均扮演着日益重要的角色，并在这十年当中迅速地取代日本成为拉丁美洲在亚太地区的主要贸易伙伴。

5. 中国将在未来五年取代欧盟成为拉丁美洲及加勒比地区的第二大贸易伙伴

拉美经委会针对 2020 年所做的预测指出，中国作为拉丁美洲出口对象国的地位将大幅提升。

假使美国、欧盟和世界其他地区维持现在对拉丁美洲商品需求的增长速

---

① 拉美经委会的报告亦分析了拉丁美洲及加勒比地区在近十年来的贸易表现，报告的结论是过去十年的出口增长低于 20 世纪 90 年代，在价值及数量上也低于其他地区的发展中国家。然而，在过去十年间，形成了两条不同的发展道路：在南美洲的出口增长了一倍，而墨西哥及中美洲各国则减少了 50%。

造成差距的主要原因是南美洲原材料的出口是以牺牲不同技术水平的制造业及服务业作为代价的出口。根据该报告，此一情形促使次区域国家重回与 20 年前相似的以原材料作为基础的出口结构。

在 1990 年时，原材料项目共占拉丁美洲总出口的 26.7%，在 2009 年则占总出口的 38.8%。

② Osvaldo Rosales, *La República Popular de China y América Latina y el Caribe: Hacia una Relación Estratégica*, Santiago de Chile, La CEPAL: Abril de, 2010, p. 12.

度，中国仅需以目前一半的速度增长，就能在2014年超越欧盟成为拉丁美洲及加勒比地区出口的第二大市场，从2009年的7.6%增长到2020的19.3%（届时欧盟将维持14%左右的参与率）。对拉丁美洲及加勒比地区而言，中国成为其出口对象国的代价是必须减少对美国的出口，其对美国的出口将从2009年的38.6%持续下降至2020年的28.4%①。

在进口方面，预估中国将出现类似的贸易行为，并在2015年超越欧盟。此一趋势将可能延缓欧盟与中美洲、加勒比、安地斯共同体（Comunidad Andina）以及南方共同市场之间签订促进双边贸易的伙伴关系协议。

拉丁美洲及加勒比地区从中国的进口增加主要是资本，此外，纺织、服装、电子产品零配件以及机械和设备亦是进口增加的因素。中国产品早已在拉丁美洲及加勒比地区拥有广泛知名度。

6. 中国已是部分拉丁美洲及加勒比国家的关键出口市场，更是该地区几乎所有国家的重要进口来源

中国作为拉丁美洲及加勒比地区出口市场的重要性，因不同国家而有明显的差异。从21世纪第一个十年的初期开始，除了巴拉圭以外，中国已成为南方共同市场成员国的关键出口市场。然而，除了哥斯达黎加以外，中美洲各国较少开发中国市场。

① 中国作为拉丁美洲及加勒比地区出口市场的重要性，因不同国家而有明显的差异。例如，对智利、秘鲁和阿根廷而言，中国是关键的市场，但是，中美洲除了哥斯达黎加以外，面向中国的出口依然偏低。举例而言，2009年中国市场占墨西哥总出口的份额甚至不到1%。但是，部分拉丁美洲国家却明显依赖作为贸易伙伴的中国。例如，中国占智利的出口总额达13%，高居拉丁美洲地区之冠，接着是秘鲁（11%）、阿根廷（9%）、哥斯达黎加（7%）和巴西（7%）。

在拉丁美洲及加勒比的进口方面，巴拉圭为一极端案例：其进口有27%来自中国，接着是智利（11%），阿根廷（11%），巴西、墨西哥和哥伦比亚（10%）。

尽管存在不同的专业化程度，拉丁美洲及加勒比地区持续将原材料及加工产品作为主要出口项目。举例而言，哥斯达黎加、墨西哥和萨尔瓦多均能向中国出口若干高科技工业产品。另外，中国对粮食、能源、金属和矿产的高度需求改善了南美洲的贸易条件，并促进其出口的增长。这一贸易关系是解释拉丁美洲次区域在2008年金融危机肆虐下之抵抗能力的关键要素。

因此，根据拉美经委会，中国已成为拉丁美洲及加勒比地区的战略贸易伙伴，使双方在矿产、能源、农业、基础建设和科技方面拥有大量机会达成出口及投资协议。

"Informe (de la CEPAL) sobre Comercio China – América Latina: China Será el Segundo Mercado para la Región a Mediados de la Próxima Década," http://www.cepal.org/es/comunicados/china-sera-el-segundo-mercado-para-la-region-mediados-de-la-proxima-decada，最后访问日期：2010年4月13日。

现今，部分拉丁美洲及加勒比地区国家均依赖中国为贸易伙伴，尤其是在出口方面。就如前文注释所言，智利、秘鲁、阿根廷、哥斯达黎加和巴西即与中国维持高度的依赖关系，但就厄瓜多尔、墨西哥（0.6%）和尼加拉瓜的情况而言，此一关系非常小，对中国的相对重要性亦偏小[①]。

在进口方面，巴拉圭为一极端案例（其27%的进口来自中国），接着是智利（11%）、阿根廷（11%）、巴西、墨西哥和哥伦比亚（10%）。

在上述情况下，中国已经在短时间内转变为绝大多数拉丁美洲国家的重量级贸易伙伴。在区域贸易范畴内，这是一项重大的结构性转变且酝酿的时间相当短暂。

作为拉丁美洲地区出口对象国的中国已加强其与特定的17个国家的贸易关系，且成为其中九国的五大出口对象国之一：阿根廷、巴西、哥伦比亚、哥斯达黎加、智利、墨西哥、巴拿马、秘鲁和委内瑞拉[②]。

作为拉丁美洲地区的进口来源，中国已改善其与几近所有拉丁美洲国家的贸易定位，且成为十七国内十五国的主要进口来源（唯有玻利维亚和洪都拉斯属于例外）。

然而，中国的崛起是机会亦是挑战，从2008年爆发全球金融危机起，来自中国的进口商品经常成为世界各国包括拉丁美洲及加勒比地区的反倾销调查对象。

反中国倾销近60%的案件出自拉丁美洲地区，2008年第四季度至2009年同季度期间之反倾销调查案件累计达58件。绝大多数的调查案件由阿根廷和巴西所提出[③]。

遭受反倾销调查影响的中国产品主要是钢铁制品、纺织品、鞋类、家电

---

① "Informe (de la CEPAL) sobre Comercio China-América Latina: China Será el Segundo Mercado para la Región a Mediados de la Próxima Década," http://www.cepal.org/es/comunicados/china-sera-el-segundo-mercado-para-la-region-mediados-de-la-proxima-decada，最后访问日期：2010年4月13日。

② 十七国为：阿根廷、玻利维亚、巴西、智利、哥伦比亚、哥斯达黎加、厄瓜多、萨尔瓦多、危地马拉、洪都拉斯、墨西哥、尼加拉瓜、巴拿马、巴拉圭、秘鲁、乌拉圭和委内瑞拉。

③ 拉丁美洲地区之反倾销调查案件累计达58件：阿根廷33件，巴西11件，哥伦比亚7件，墨西哥2件和秘鲁5件。请参阅 Osvaldo Rosales, *La República Popular de China y América Latina y el Caribe: Hacia una Relación Estratégica*, Santiago de Chile, La CEPAL: Abril de, 2010, p. 18。

产品和轮胎。

因此，最近十年来，中国的大量出口造成墨西哥和中美洲各国的贸易逆差逐渐扩大，拉丁美洲及加勒比地区在与中国的贸易中呈现赤字。

南美洲的情况正好相反，其各国经济在近十年中呈现出相当平衡的贸易收支。

当中国成为墨西哥和中美洲各国主要进口来源时，他们却无法有效地增加对中国的出口。由此，贸易失衡将是上述国家未来制定贸易策略必须考虑的重要议题之一。

7. 拉丁美洲及加勒比地区是中国外国直接投资的主要对象，但是投资过度集中在该区域的避税天堂

拉美经委会统计，截至2009年年底为止，估计近17%的中国非金融类外国直接投资（Inversión Extranjera Directa，英文缩写为FDI）均流向拉丁美洲及加勒比地区，投资总额累计达410亿美元。然而，超过95%的投资却集中在两个经济体：英属开曼群岛和维京群岛，分别占中国对拉丁美洲投资总额的67.5%（276.82亿美元）和28.8%（118.07亿美元）。截至2009年年底，中国在拉丁美洲及加勒比地区的FDI总额约为411.79亿美元[①]。

近来，越来越多经营天然资源和制造业的中国大型国有企业已在拉丁美洲地区进行投资，但是，其投资的范围和数量依然相当有限。

然而，暂且不提天然资源产业，中国已经在拉丁美洲地区的制造业和服务业拥有多元化投资。2003～2009年，登陆拉丁美洲及加勒比地区的中国FDI估计约有240亿美元。举例而言，2003～2009年，中国在巴西的FDI集中在下列部门：汽车工业与汽车零件制造，碳、石油、天然气等资源的提炼，金融业务，粮食与烟草，机械设备，金属提炼与制造，运输、物流等。中国在巴西的FDI总额达96.80亿美元，共占中国在拉丁美洲地区FDI的40%[②]。

8. 中国与拉丁美洲及加勒比地区元首之间正式访问的增加，反映双边互利的计划持续进展

中国与拉丁美洲及加勒比地区元首之间的密集访问已明显地反映双边互

① Osvaldo Rosales, *La República Popular de China y América Latina y el Caribe: Hacia una Relación Estratégica*, Santiago de Chile, La CEPAL: Abril de, 2010, p. 21.

② Osvaldo Rosales, *La República Popular de China y América Latina y el Caribe: Hacia una Relación Estratégica*, Santiago de Chile, La CEPAL: Abril de, 2010, p. 22.

补互利、取长补短的利益趋同。举例而言，胡锦涛主席在2004~2010年已经对拉丁美洲进行了四次访问。访问的拉丁美洲国家总计八国（阿根廷、巴西、智利、古巴、哥斯达黎加、墨西哥、秘鲁和委内瑞拉），并曾两度访问巴西和智利。

在拉丁美洲方面，同时期共有11位拉丁美洲国家（阿根廷、巴西、委内瑞拉、苏里南、秘鲁、哥伦比亚、玻利维亚、哥斯达黎加、智利、墨西哥和乌拉圭）元首曾正式访问中国，尤其是阿根廷（两次）、巴西（三次）、委内瑞拉（四次）和智利（两次）①。

与中国相比较，美国前总统小布什（George W. Bush）在八年任期内对拉丁美洲地区仅进行了三次访问，分别为参加在智利、墨西哥和秘鲁举办的亚太经济合作组织（APEC）会议。访问期间，访问国家共计八国，其中曾两度出访巴西和墨西哥。

中国与拉丁美洲元首之间的密集互访有助于增加两地经贸交流，因为近年来拉丁美洲地区经济增长非常引人瞩目。

三　近年来拉丁美洲之经济成长

1. 2010年拉丁美洲及加勒比地区的经济复苏

在2009年，因金融危机的冲击，拉丁美洲国家仅获得1.9%的经济增长率。然而，在2009年下半年，绝大多数的拉丁美洲国家却能展开强劲的

① 2001~2005年，中拉元首之间的密集访问已被视为外交史上的“罕见现象”。2001年4月5~17日，当时的江泽民主席对拉丁美洲国家的巡访明显带有强调经济发展的意图，途中正式访问智利、阿根廷、乌拉圭、古巴、委内瑞拉，并私下访问巴西。2001~2003年，八位拉丁美洲元首（秘鲁、智利、墨西哥、委内瑞拉、厄瓜多、乌拉圭、古巴和盖亚那）亦正式访问中国。2004年11月11~25日，胡锦涛启程赴拉丁美洲关键四国进行巡访：巴西、阿根廷、智利和古巴（中国希望进口巴西的大豆和钢，阿根廷的菜豆和大豆油，智利的铜、纤维素和鱼粉，古巴的镍）。仅一个月后，2005年1月23日至2月3日，中国国家副主席习近平亦启程前往拉丁美洲五国进行访问：墨西哥、秘鲁、委内瑞拉、特立尼达和多巴哥和牙买加，上述各国均是蕴藏丰富天然资源的国家，特别是石油。距首次出访拉丁美洲仅十个月后，胡锦涛再度启程赴拉丁美洲国家进行访问，并于2005年9月11日率高层访团抵达墨西哥，透过此行寻求与墨西哥更密切的关系。两国早在2003年即签署一项战略合作协议，中国也已经成为墨西哥第二大贸易伙伴。显然，上述的频繁访问旨在加强中国与拉丁美洲及加勒比地区之间的贸易关系。

经济复苏，并在2010年获得稳固的增长，这使拉丁美洲区域经济增长率达5.9%。拉美经委会的《2010年拉丁美洲及加勒比经济初步总结》早就指出，尽管国际经济不确定性（例如货币战争）仍将持续，预计2011年仍将增长4.2%[①]，但实质增长4.3%。因此，拉丁美洲及加勒比国家同亚洲新兴国家将成为全球经济最活跃的地区。

拉美经委会执行秘书长亚莉莎·巴塞娜（Alicia Bárcena）说："拉丁美洲的经济增长高于预期，尤其是巴西。但是，区域内各国的差异很大。如南方共同市场成员国和那些拥有更大能力执行公共政策的国家、拥有广大国内市场的国家，以及对亚洲（尤其是中国）出口拥有较高占有率的国家皆呈现大幅增长。"[②]

在南美洲第一大经济体巴西的带领下，2010年最高的增长率均出现在南美洲，巴西为7.6%，接着是乌拉圭（7.0%）、巴拉圭（7.0%）、阿根廷（6.8%）和秘鲁（6.7%）。

其他国家也获得稍低的经济增长，例如多米尼加（6.0%）、巴拿马（5.0%）、玻利维亚（4.5%）、智利（4.3%）和墨西哥（4.1%）。与此同时，哥伦比亚增长3.7%、厄瓜多尔和洪都拉斯为2.5%，尼加拉瓜和危地马拉为2.0%，而委内瑞拉则呈现-3.0%的衰退。另外，2010年1月的大地震造成海地遭受-8.5%的经济衰退。

一般而言，高度的区域经济活动已在就业方面产生正面影响，使拉丁美洲地区的失业率下降至2010年的7.8%，与2009年（8.2%）相比，减少了0.4个百分点。

拉美经委会研究指出，在现代经济史上规模罕见的金融危机过后，快速的经济复苏多半是由各项公共政策所推动的。

绝大多数拉丁美洲及加勒比国家，在国际危机发生前几年所呈现的总体经济的稳固，因不同国家而有明显差异。各国利用了经济繁荣和国际金融兴盛的特殊时期来巩固其公共财政、减少和改善债务状况以及增加其国际储

① "Informe Anual de la CEPAL: América Latina y el Caribe Crecerá 6% en 2010 Gracias a Recuperación Económica," http://www.cepal.org/es/comunicados/america-latina-y-el-caribe-crecera-6-en-2010-gracias-recuperacion-economica，最后访问日期：2010年12月13日。

② "América Latina y el Caribe Crecerá 5, 2% en 2010," http://www.cepal.org/es/comunicados/america-latina-y-el-caribe-crecera-52-en-2010，最后访问日期：2010年7月21日。

备。这段过程使各国能有更大的空间采取反经济周期政策（políticas contracíclicas），并能够在2009年下半年展开经济复苏。

2. 拉丁美洲及加勒比地区的外国直接投资

与2009年遭受全球金融危机冲击的跌幅相比，在拉丁美洲及加勒比地区的外国直接投资于2010年呈现显著的复苏。

根据拉美经委会的报告①，与2009年上半年相比，2010年同期流向拉丁美洲十一国的FDI增加了16.4%。以美元计算的话，此一增长达70亿美元，从2009年的432.41亿美元至2010年的503.45亿美元。

同样的，拉丁美洲及加勒比国家的对外投资亦呈现荣景，从2009年上半年的54.53亿美元增加至2010年同期的207.64亿美元。

FDI的增加首先意味着拉丁美洲国家经济的稳定与成长。对于南美洲而言，原材料价格的上扬成为持续刺激FDI投入碳氢化合物（hidrocarburos）和矿产的诱因。此外，世界贸易的复苏和国际金融市场的美好前景亦促进FDI的增加。

作为FDI接收国的墨西哥，同智利和秘鲁在2010年呈现明显的复苏。在中美洲地区，与2009年相比，哥斯达黎加和巴拿马（两国在次区域为FDI主要的接收国）亦经历明显回升。

在2010年上半年，巴西无疑仍是拉丁美洲及加勒比地区最大的FDI接收国，以171.30亿美元高居拉丁美洲之冠。这主要是因为无论在该国传统产业还是新兴产业（石油探勘和生质能源）进行投资均有庞大利益，以及跨国企业设在巴西的子公司所利颇丰②。

3. 货币战争与拉丁美洲及加勒比地区的出口贸易

根据拉美经委会于2010年9月2日发布的《2009～2010年拉丁美洲暨加勒比国际参与全貌：发源中心国家的危机与新兴经济体带动的经济复苏》

① "Cifras de la CEPAL: Inversión Extranjera en América Latina y el Caribe Creció 16，4% en Primera Mitad de 2010," http://www.cepal.org/es/comunicados/inversion-extranjera-en-america-latina-y-el-caribe-crecio-164-en-primera-mitad-de-2010，最后访问日期：2010年10月29日。

② 举例而言，仅在2010年10月间，中国石油化工股份有限公司（SINOPEC）即斥资79亿美元收购西班牙石油巨头力豹仕（Repsol）在巴西40%的股份。请参阅"China Looks South: Problematic Investments in Latin America," http://www.cha.org/china-looks-south-problematic-investments-in-latin-america/2010/11/10。

(*Panorama de la Inserción Internacional de América Latina y el Caribe 2009－2010：Crisis Originada en el centro y Recuperación Impulsada por las Economías Emergentes*) 研究统计，由于受到南美洲（尤其是巴西、阿根廷和智利）原材料出口增长的推动，2010年拉丁美洲及加勒比地区的出口将增长21.4%，远高于2009年的－22.6%。

然而，拉丁美洲地区是当前因货币战争（亦称汇率战争）而陷入困境的区域之一，其后果是进一步促使区域内众多国家的货币大幅升值。

在韩国首尔举行的第五届二十国（G20）集团首脑会议（2010年9月10~11日）上，巴西、墨西哥和阿根廷率先表态寻求各国协议，共同抑制因货币战争而产生的问题。

巴西是拉丁美洲地区反应最为强烈的国家，而拉丁美洲地区绝大多数国家同样也面临货币升值的巨大压力。

拉丁美洲多国央行已介入外汇市场进行干预，以应对本国货币的升值压力。举例而言，巴西政府已在2010年10月初针对外国资本课征一项金融交易税，由最初的2%提升至后来的4%~6%①。

拉丁美洲及加勒比地区和亚洲新兴经济体目前所面临的问题是短期投机资本的大量涌入，而短期投机资本亦可称为“热钱”。

拉美经委会发展研究组组长、经济学家丹尼尔·帝特曼（Daniel Titelman）解释：“热钱的涌入正反映在货币升值上，其将对拉丁美洲地区的国际竞争力和出口多元化产生负面冲击。”诚如智利财政部长所言，如果不尽快解决货币危机，拉丁美洲势必将成为损失最多的区域之一，这将影响其出口贸易②。

另外，拉丁美洲地区的货币升值亦是拉丁美洲经济好转的结果，2010年平均增长率介于4%~5%。

拉美经委会前会长伊萨克·柯恩（Isaac Cohen）解释：“事实上，对追求利益的投资客而言，拉丁美洲经济的持续增长极具吸引力，因为在已开发

① “América Latina, entre las Regiones Más Afectadas por la Guerra de Divisas,” http://www.bbc.co.uk/mundo/lg/noticias/2010/11/101110_g20_divisas_america_latina.sthtml.

② “América Latina, entre las Regiones Más Afectadas por la Guerra de Divisas,” http://www.bbc.co.uk/mundo/lg/noticias/2010/11/101110_g20_divisas_america_latina.sthtml.

国家中的投资利益实在非常低。”①

4. 巴西：世界第六大经济体

作为拉丁美洲第一经济强国的巴西，在国土面积（以8547000平方公里位居世界第五，仅次于俄罗斯、加拿大、中国和美国）和人口数量（186405000人，预估巴西人口在2020年将达2亿）方面均高居拉丁美洲及加勒比地区之冠。

作为前葡萄牙殖民地的巴西，目前已是世界第六大经济体，它于2014年成功举办了世界杯足球赛，并于2016年举办了奥林匹克运动会。

国际货币基金组织（IMF）指出，2010年世界经济增长率为4.8%，拉丁美洲及加勒比地区为5.9%，巴西则以7.5%的增长率成为拉丁美洲地区经济增长幅度最大的国家之一。

巴西拥有巨大的增长潜力，尤其是在“金砖国家”当中。对于巴西而言，中国及印度确实能够成为其潜在市场。无论在世界政治还是在世界经济的舞台上，金砖国家所扮演的角色日益重要。

世界政治经济的秩序正在转变，第五届二十国峰会即为世界政治经济秩序转变的明确证据。世界第八位富豪、巴西首富艾克·巴蒂斯塔（Eike Batista）曾说：“现今，中国及巴西均拥有庞大的外汇储备。人们开始注意倾听来自于中国、巴西和印度的声音。美国及欧盟几乎已经退居幕后。这就是金砖四国的力量。”②

根据亿万富豪、企业家巴蒂斯塔的观点，巴西联邦共和国蕴藏丰富的天然资源，而中国则是“世界工厂”，由此巴西与中国（世界第二大经济体，并可能于2020年成为世界第一大经济体）的经济可谓具有互补性质，双方亦持续蓬勃发展。世界财富开始由北转南，也就是从美国和欧洲转移至南半球，中国、巴西和印度将是未来新财富的创造者③。

---

① “América Latina, entre las Regiones Más Afectadas por la Guerra de Divisas,” http://www.bbc.co.uk/mundo/lg/noticias/2010/11/101110_g20_divisas_america_latina_mes.shtml.

② “Entrevista: Ike Batista, de Brasil Más Ricos de China,” http://www.bbc.co.uk?zhongwen/simp/indepth/2010/11/101116_eike_batista_china.shtml.

③ “Entrevista: Ike Batista, de Brasil Más Ricos de China,” http://www.bbc.co.uk?zhongwen/simp/indepth/2010/11/101116_eike_batista_china.shtml.

四　当前中国台湾与拉丁美洲的经贸关系

1933～2008年，世界出口份额增加328%，世界对原材料的高度需求亦促使拉丁美洲及加勒比地区的出口增加了456%。在1993年，拉丁美洲及加勒比地区的出口占全球总额的4.37%（约16.15亿美元），在2008年达到5.72%（约89.82亿美元）[①]。

另外，1999～2009年中国从拉丁美洲及加勒比地区的进口量持续上升；1999年，拉丁美洲地区占中国进口总额的20%，此一比例在2009年达到5.6%，即十年当中成长了280%[②]。

作为亚洲四小龙之一的中国台湾地区，其23个“邦交国”当中的绝大多数国家均集中在拉丁美洲及加勒比地区，尤其是中美洲，但是以双边贸易量而言，中国台湾与拉丁美洲“邦交国”的经贸关系仍明显不足。

根据台北“国际贸易局”统计，2010年1～10月中国台湾与拉丁美洲进出口贸易总额约为105.4亿美元，仅占台湾地区全球经贸总额（4204.3亿美元）的2.5%。与此同时，中国大陆与拉丁美洲地区的贸易量仅占其对外贸易总额的5.6%。因此，对于海峡两岸而言，拉丁美洲依然是鲜少被开发的贸易伙伴（供货商及购买者）。

此外，另有一“特殊”现象值得一提。巴西和智利与中国台湾并无“邦交”关系，然而，它们却是中国台湾在拉丁美洲地区的两个主要贸易伙伴。举例而言，2010年第一季度巴西和智利两国分别占中国台湾对外贸易总额的0.69%和0.44%[③]。

总而言之，中国台湾对拉丁美洲及加勒比地区的出口主要由电子产业、机械及工具产业构成，而中国台湾自拉丁美洲地区进口的产品则以原材料为

---

① Chou You-Jung, “Dinanismo de la Exportación y Demanda del Mercado Interior, Gran Salto de América Latina,” *Revista Trimestral de Economía y Comercio de América Latina*, Taipei: Edición Especial, June 1, 2010, p. 17.

② Chou You-Jung, “Dinanismo de la Exportación y Demanda del Mercado Interior, Gran Salto de América Latina ,” *Revista Trimestral de Economía y Comercio de América Latina*, Taipei: Edición Especial, June 1, 2010, p. 18.

③ “China y Brasil Especialmente Son Economías Complementarias, pero Existen Controversias,” http://www.bbc.co.uk/zhongwen/sim/indepth.

主。

近年来，“中国威胁论”似乎在西方世界蔓延扩散。许多人认为中国与日俱增的实力将成为一种威胁。届时，对于拉丁美洲尤其是巴西而言，中国终将成为机会，抑或威胁？

巴西前工商部部长、中国巴西企业委员会会长赛吉欧·玛拉欧（Sergio Malao）认为，中国的某些产业对于巴西出口企业而言，将是巨大商机。与此同时，中国其余产业对于巴西工业而言，特别是纺织业等中小企业，将成为巨大威胁①。

圣保罗商会（Cámara de Comercio de San Paulo）国际关系委员会会长马可·帕卡里尼（Marco Paganini）曾说，中国亦为机会亦为挑战。因为巴西企业界认为中国是庞大商机的来源，相反，制造业则视中国为一巨大威胁②。

一般而言，万事均有利有弊。中国和巴西的互补互利、取长补短的关系是由市场决定的，而不是政治选择。中国与巴西拥有广泛的经济互补性，且双方之间存在大量的合作机会。

五　澳门平台与三边合作

前葡萄牙管治地区、如今为中国特别行政区的澳门，坐落于中国大陆南岸，占地约31平方千米的弹丸之地仅拥有60万人口，且缺乏天然资源。

然而，其历史文化的内涵却是取之不尽、用之不竭的宝藏。人们不应忘记，澳门在过去五个世纪以来的东西文化交融中担任着极为重要的角色，且1995年以降亦在两岸关系进程中作为极具意义的联系平台。

澳门的特殊地理位置和独具一格的特色使之成为中国与西方世界之间的重要沟通桥梁之一。再者，特别是1995年至2008年3月间，澳门在中国大陆与台湾的协商谈判进程中，更扮演着另一重要历史桥梁，此即所谓“澳门模式”。自1955年起，“澳门模式”开始为海峡两岸商谈历史揭开崭新的

① “China y Brasil Especialmente Son Economías Complementarias, pero Existen Controversias,” http://www.bbc.co.uk/zhongwen/sim/indepth.

② “China y Brasil Especialmente Son Economías Complementarias, pero Existen Controversias,” http://www.bbc.co.uk/zhongwen/sim/indepth.

章节。

所谓“澳门模式”的政治渊源可追溯至李登辉的“两国论”（1999 年）和陈水扁的“一边一国论”。以上论述严重挑战了“一个中国”和“九二共识”的原则，导致海协会（北京）与海基会（台北）的商谈破裂。正当海峡两岸笼罩着战争疑云时，澳门却为两岸关系开启了光明前程。

在 1995 年至 2008 年 3 月间，一系列协商谈判皆在澳门成功举行。举例而言，1995 年 12 月 1 日签订《台澳通航协议》，接着分别在 2003 年、2005 年和 2006 年完成海峡两岸春节包机（Charter Flight）的商谈。此外，2006 年 10 月至 2007 年 3 月，中国大陆与台湾亦在澳门针对两岸旅游议题举行了五次磋商[①]。

显然历史印证了在关键的 1995 ~ 2008 年，澳门在海峡两岸关系中扮演唯一联系渠道的重要性。如今，作为中国特别行政区的澳门已完成其历史任务，在提出“两岸外交休兵”和签署《海峡两岸经济合作架构协议》后的后 ECFA 时代，拥有辉煌经历的“澳门模式”将在未来转变为促进中国大陆、拉丁美洲和中国台湾三方经贸合作的“澳门平台”。

六　结论

目前，中国是全球第二大经济体，巴西则为拉丁美洲最大的经济体和全球第六大经济体。近年来，巴西与中国大陆的贸易呈现持续增长态势。在 2009 年，中国已经取代美国成为巴西的最大贸易伙伴。中国台湾地区目前在拉丁美洲亦将投资重点放在巴西、墨西哥、秘鲁和智利。

截至 2010 年 10 月，中国在巴西的投资已达到 270 亿美元。巴西是蕴藏丰富天然资源的国家，而经济迅速增长的中国则对天然资源有高度需求。因此，中国在巴西寻求天然资源的举动看来合乎常理。

然而，由于部分人认为中国投资的主要目标是获取巴西的天然资源，并非全世界皆欢迎中国外资。此外，甚至有些人将中国在巴西取得的重大投资进展称为“新殖民主义”（neo-colonialismo）。

---

① Liu Kung Chi, *El "Modelo de Macao" en la Negociación a Través del Estrecho*, Macao: Asociación de Intercambio de Cultura China, Octubre de 2008, p. 9.

但是，巴中工商总会会长（Cámara de Comercio de Brasil y China）唐凯千曾说："不到一年前，巴西还抱怨中国的投资不足，如今却抱怨中国在巴西的投资过剩。"巴西需要中国投资，中国则需要巴西的天然资源。因此，两国经济拥有互补性，不能将中国在巴西的投资视为"新殖民主义"。此外，中国是以高价购买巴西的天然资源，不同于殖民地时期的葡萄牙殖民者攫取资源而不付一毛钱的行为。

随着中国在拉丁美洲及加勒比地区投资的增加，大量的企业家、制造商和贸易商亦拥入巴西。相较于其他跨国公司，巴西人是如何看待在巴西经商的中国企业的？

根据圣保罗商会国际关系委员会会长马可·帕卡里尼的说法，中国企业给人们的印象是缺乏经验，有点咄咄逼人，有时不顾对方。因此，中国需要认识与学习巴西文化，因为巴西就如同其他拉丁美洲国家一样错综复杂，中国亦需保持耐心。

于是，文化差异是阻碍中国大陆、中国台湾与拉丁美洲及加勒比地区经贸互动的主要因素之一。然而，此一困境仍有补救方法。目前为止，已有大量台湾企业在拉丁美洲及加勒比地区进行投资，而这群台湾投资者在拉丁美洲地区的时间比中国大陆投资者更久，且更有经验。因此，中国大陆可借助台湾的丰富经验。

中国大陆企业拥有庞大资本，而台湾拥有较佳的革新能力。两岸企业应整合各种产业特色及发展策略，在后 ECFA 时代相互支持以共同开发拉丁美洲市场。

此外，中国大陆拥有 20 个拉丁美洲邦交国，而中国台湾则有 12 个分别集中在中美洲和加勒比地区的拉丁美洲"邦交国"。中国总体而言，中国大陆与其 20 个拉丁美洲邦交国存在互补性经贸关系，反之，中国台湾与其 12 个拉丁美洲"邦交国"则缺乏此互补性。因此，双方可运用彼此在拉丁美洲地区的外交优势和互补性来进行投资合作。

再者，巴西与非洲葡语国家关系密切，它们在 1996 年成立了葡萄牙语国家共同体，以加强经贸相互合作。由时任巴西总统卢拉倡议，第一届拉丁美洲－非洲首脑峰会于 2006 年 11 月底在尼日利亚举行，共有 54 个非洲国家和 12 个拉丁美洲国家与会，会议主要成果之一是非洲邀请拉丁美洲国家在非洲的能源和矿业领域投资，并建立一个两大洲能源委员会。如此，两岸亦可借助中国澳门－巴西进军非洲能源投资与开发。

毫无疑问，可借助金砖国家成员之一、二十国集团之一分子及世界第六大经济体的巴西，两岸可通过澳门共同合作开发拉丁美洲市场。

1997 年 4 月 2 日公布的《香港澳门关系条例》，确立港澳仍然能够在维持其自由经济制度与自治地位的原则下，有效地维持与台湾的直接往来。相对而言，香港与澳门的特区政府在处理涉台事务须时依循的是“钱七条”。但“钱七条”不是法律而是“用之巧妙，存乎一心”的原则，因此同样在“钱七条”的规范下，至今台湾与澳门的官方关系较之香港来得顺畅得多。

《〈内地与澳门关于建立更紧密经贸关系的安排〉补充协议八》于 2011 年 12 月 14 日在澳门签署，并于 2012 年 4 月 1 日起正式生效。该补充协议主要近一步增补了服务贸易和贸易投资便利化的内容。《内地与澳门关于建立更紧密经贸关系的安排》及其各项补充协议的落实，为澳门拓展了更大的发展空间，澳门与中国内地市场可全面接轨。

继 2008 年世界金融危机之后，接踵而来之欧债危机，减弱全球经济景气动态，直接冲击中国台湾出口。为弥补欧美市场缺口，中国台湾经济部门将加强力量，拓展新兴市场地位，尤其锁定巴西、印度与印度尼西亚等国。因此，中国台湾“国贸局”计划派出经贸访问团，前往巴西的巴西利亚、里约与圣保罗等地，拜会巴西经济部与相关产业主管单位，以拓展拉丁美洲市场，特别是南美洲地区市场。

总之，值此特别是拉美经委会倡议建立中国与拉丁美洲战略伙伴关系之际，中“台”拉经济发展远景较好，彼此间互补性颇强，如果中国因实施“十二五规划”而不再是世界工厂，这对拉丁美洲而言将是个取而代之的机会。澳门可借助此一有利情势，运用其“澳门模式”的丰富经验、地理位置、特别行政区战略和独具一格的文化特色，尤其是葡萄牙殖民遗产——葡萄牙语，应可连接两岸政治和经贸互补性来开发拉丁美洲市场，克服文化差异，成为积极推动中国大陆、中国台湾与拉丁美洲三方合作的平台角色。

世界经济发展趋势及未来澳门的发展战略

江时学*

摘　要： 最近几十年世界经济的发展趋势表明，世界经济的发展前景将呈现出以下几个特点：经济全球化将继续向前推进，资本、商品、人员和技术在全球范围内流动的速度会更快，与此同时，以区域经济合作为主要内容的经济区域化也将与经济全球化并驾齐驱。本文将根据世界经济的发展前景，结合澳门的现实，为澳门未来的经济发展战略提出一些建议。

任何一个国家或地区在制定和实施发展战略时，必须考虑各种内外因素的影响。在外部因素中，世界经济的发展趋势无疑是最为重要的。

世界经济发展趋势将对澳门的发展战略产生直接或间接的影响。澳门应该积极发挥自身的比较优势，扬长避短。但是，在追求经济结构适度多元化的过程中，不能放弃自身的比较优势。

未来澳门的发展战略不仅要重视产业结构的适度多元化，而且还应该努力提升澳门的国际地位。通过“中国－葡语国家经贸合作论坛”，澳门与葡语国家间的经贸关系得到了加强。但是，除重视葡语国家以外，澳门还应该扩大视野，将对外经济关系拓展到更大的范围。

---

*　江时学，上海大学拉美研究中心主任。

一　世界经济发展趋势的特点

在可预见的将来，世界经济发展趋势呈现出以下几个特点。

（一）全球化趋势将继续快速发展

"全球化"一词最早是由西奥多·莱维（Theodre Levitt）于1985年提出来的。他在《市场的全球化》一文中，用"全球化"这个词来形容此前20年间国际经济发生的巨大变化，即"商品、服务、资本和技术在世界性生产、消费和投资领域中的扩散"①。

全球化应该是指世界经济发展的一种趋势，在这一趋势中，国际劳动分工中的垂直分工越来越让位于水平分工，资本、商品、技术和信息在国际上的流动越来越迅速，资源的配置越来越超出民族国家的范围，不同国家之间的相互依存度越来越高，区域经济一体化进程越来越快。最近几十年，全球化趋势取得了异乎寻常的快速发展。可以断言，在可预见的将来，全球化趋势将继续快速推进。

全球化由生产全球化、贸易全球化和金融全球化组成。生产全球化是指以国际分工为基础、以拥有全球生产体系的跨国公司为主体的生产活动在全球范围内的拓展。贸易全球化是国际贸易活动不断扩大、国与国之间的贸易壁垒持续降低，从而使国际贸易量快速增长的过程。金融全球化是指世界各国或地区的金融活动趋于一体化的发展进程。在这一进程中，国际资本大规模流动，金融机构和金融业务在全球范围内按相似或相同的规则运作，最终使国际金融市场蓬勃发展。由此可见，生产全球化、贸易全球化和金融全球化三者互为因果，相得益彰。

美国次贷危机诱发的国际金融危机使全球化的发展遇到了障碍，尤其是许多国家奉行的贸易保护主义政策使贸易全球化面临巨大的挑战。但是，全球化是一种历史发展的必然趋势，不会因国际金融危机而走向消亡。

---

① A. M. Kantrow ed., *Sunrise-Sunset: Challenging the Myth of Industrial Obsolescence*, John Wiley & Sons, 1985, pp. 53 - 68.

（二）区域经济一体化将继续稳步推进

全球化是一个长期的发展进程，无法一蹴而就。在全球化趋势向前推进时，区域一体化也在不断发展。

区域一体化是指两个或两个以上的国家通过签署协议或建立某种机制来强化相互之间合作的进程。区域一体化既可发生在经济领域，也可出现在政治领域或其他领域，但较多的是在经济领域。因此，国际学术界常将区域一体化视为区域经济一体化。

区域经济一体化的主要内容是降低或取消关税壁垒，加强贸易往来。此外，有些国家实施的区域经济一体化还致力于推动投资便利化、取消人员流动的障碍和促进科学技术转让等。由此可见，区域经济一体化是一种涵盖不同层面的经济合作。

世界各国在推动区域经济一体化的过程中取得了巨大的成就。欧洲的一体化无疑是区域一体化的典型。从 1950 年 5 月法国外交部部长舒曼提出“欧洲煤钢联营计划”（即“舒曼计划”）到 2009 年 12 月《里斯本条约》生效，欧洲人在半个多世纪内使欧洲一体化达到了前所未有的高度。在亚太地区，除 1967 年成立的东南亚国家联盟以外，还有 1989 年成立的亚太经济合作组织（APEC）。迄今为止，该组织已有 21 个成员，总人口高达 27 亿（占世界总人口的 40.5%），经济和贸易额总量分别约占世界的 53% 和 43%[①]。在西半球，北美自由贸易协定、南方共同市场、安第斯共同体、中美洲共同市场以及加勒比共同体等一体化组织几乎使所有拉美国家融入了拉美区域一体化进程。此外，拉美国家还希望在 2011 年 7 月成立囊括所有 33 个拉美国家的拉美和加勒比共同体。在非洲，始于 20 世纪 60 年代的区域经济一体化也在加快发展。中部非洲经济与货币共同体、中部非洲国家经济共同体、西非国家经济共同体、南部非洲发展共同体、东非共同体以及东南非共同市场等组织在推动区域经济一体化方面也取得了显著成效。

（三）新科技革命将以更快的速度发展

发轫于 20 世纪中叶的新科技革命及其带来的科学技术的重大发明和广

① http：//news. xinhuanet. com/ziliao/2002 - 10/11/content_ 598763. htm.

泛应用，推动世界范围内生产力、生产方式、生活方式和经济社会发展观发生了前所未有的深刻变革，也引起全球生产要素流动和产业转移加快，经济格局、利益格局和安全格局发生了前所未有的重大变化。可以预料，方兴未艾的信息科学和技术将进一步推动经济增长，迅猛发展的生命科学和生物技术将为改善和提高人类生活质量发挥关键作用，重新升温的能源科学和技术将为解决世界性的能源与环境问题开辟新的途径，纳米科学和技术的新突破将带来深刻的技术革命，空间科技将进一步促进人类对太空资源的开发和利用，基础研究的重大突破将为技术和经济发展呈现新的前景。

科学技术的进步将使发达国家处于更加有利的地位，但同时也为发展中国家提供了追赶和跨越的新机会。因此，无论是发达国家还是发展中国家，都把强化科技创新作为国家战略，把科技投资作为战略性投资，大幅度增加科技投入，并超前部署和发展前沿技术及战略产业，实施重大科技计划，以增强国家创新能力和国际竞争力。科技领域的这一趋势同样是不可逆转的，甚至会以更快的速度向前推进。

（四）第三产业将继续快步发展

第三产业是在再生产过程中为生产和消费提供各种服务的部门。虽然这一部门不生产物质产品，但它在一国国民经济中的地位是不容低估的。

世界上发达国家的经济发展进程表明，随着经济的发展，一国的产业结构会发生重要的变化，变化的标志之一就是第三产业所占比重不断扩大。如在 2011 年，美国的第三产业占国内生产总值的比重估计已高达 76.7%，工业和农业则仅占 22.1% 和 1.2%；在德国，第三产业、工业和农业分别占 71.0%、28.1% 和 0.8%；日本分别为 74.6%、24.0% 和 1.4%①。

旅游业是第三产业的主要组成部分之一。据世界旅游组织统计，国际旅游业收入从 1990 年的 2640 亿美元上升到 2008 年的 9420 亿美元②。由于受

① https://www.cia.gov/library/publications/the-world-factbook/geos/us.html;
https://www.cia.gov/library/publications/the-world-factbook/geos/gm.html;
https://www.cia.gov/library/publications/the-world-factbook/geos/ja.html.

② The World Tourism Organization, *UNWTO World Tourism Barometer*, Volume 8, No. 2, June 2010.

到H1N1传染病和国际金融危机的影响，2009年的国际跨境旅游人数比2008年减少了4%，为8.8亿人[①]。但在进入2010年以后，随着世界经济的复苏，国际跨境旅游人数开始增加，2011年高达9.8亿[②]。

旅游业能否得到快速发展，既取决于家庭的富裕程度，也取决于有无足够的休闲时间和便利的交通。尽管世界上不时爆发经济危机、金融危机、债务危机或银行危机，但绝大多数家庭的可支配收入在增加，因而有能力出国旅游或度假[③]。此外，随着科技进步的加快，世界各国劳动者的工作时间都在减少，海陆空交通工具更加安全、便捷、迅速[④]。这一切都是非常有利于国际旅游业的。

（五）低碳经济的重要性将日益突出

低碳经济是一种最大限度地减少温室气体排放量的经济增长方式，因此也是一种以低能耗、低污染、低排放为基础的“绿色经济”。低碳经济是实现可持续发展的必由之路，是农业文明和工业文明之后人类社会追求的又一次重大的进步[⑤]。科学研究表明，由于人类活动导致地球大气层中的温室气体不断增多，气候正在发生变化。在可预见的将来，温室气体水平过高导致的全球变暖会对人类生活产生负面影响。因此，发展低碳经济被认为是避免气候发生灾难性变化、保持人类可持续发展的有效方法之一。

1992年5月，联合国环境与发展大会通过了《联合国气候变化框架公

---

① http：//www.unwto.org/media/news/en/press_ det.php？id=5361.

② http：//media.unwto.org/en/press-release/2012-01-16/international-tourism-reach-one-billion-2012.

③ 2000年9月，在联合国千年首脑会议上，世界各国领导人就解决贫穷和饥饿等问题达成了共识，提出了著名的“千年目标”（Millennium Development Goals）。在各国政府以及国际机构的努力下，世界上的贫困人数大幅度减少。根据国际农业发展基金出版的《2011年农村贫困报告》，在过去的十年中，3.5亿农村贫困人口摆脱了贫困，因此，世界上的极端贫困人口（每日生活费用不足1.25美元）占总人口的比重从48%下降到34%。贫困人数的减少意味着世界将变得更加富裕，同时也意味着更多的人能在国内外旅游。http：//www.unmultimedia.org/tv/unifeed/d/16508.html。

④ 空中客车A380飞机可容纳500多人。而且，能够生产飞机的国家也将增多。例如，中国也在研制和发展大型飞机。

⑤ 温室气体主要是指大气中能吸收地面反射的太阳辐射并重新发射辐射的数十种气体，其中最主要的就是二氧化碳。

约》。这是世界上第一个关于控制温室气体排放、遏制全球变暖的国际公约。这一公约指出："感到忧虑的是，人类活动已大幅增加大气中温室气体的浓度，这种增加增强了自然温室效应，平均而言将引起地球表面和大气进一步增温，并可能对自然生态系统和人类产生不利影响。"1997 年 12 月，该公约的第三次缔约方大会在日本京都举行，149 个国家和地区通过了《京都议定书》，对减排温室气体的种类、主要发达国家的减排时间表和额度等做出了具体规定。2007 年 12 月，第十三次缔约方大会在印度尼西亚的巴厘岛举行。会议通过的"巴厘岛路线图"确定了今后加强落实公约的领域。2010 年 11 月，第十六次缔约方大会在墨西哥的坎昆举行。会议通过的有关文件向国际社会发出了比较积极的信号，并将推动全球气候变化谈判进程继续向前。

尽管发达国家和发展中国家在如何应对气候变化的问题上有巨大的分歧，但各国都认为，全球气候变化深刻影响着人类生存和发展，是各国共同面临的重大挑战。气候变化是人类发展进程中出现的问题，既受自然因素影响，也受人类活动影响，既是环境问题，更是发展问题，同各国发展阶段、生活方式、人口规模、资源禀赋以及国际产业分工等因素密切相关①。

（六）新兴市场在世界经济中的地位将进一步上升

新兴市场崛起是世界经济舞台上的新现象。在 20 世纪 60 年代，世界经济增长的 80% 归功于发达国家，但在 2002 ~ 2007 年，这一比重已下降到 40% 左右。与此同时，新兴市场的比重则从同期的 20% 上升到 60%。国际金融危机爆发后，由于许多发达国家陷入困境，新兴市场的这一比重可能更大②。

在新兴市场中，占世界陆地总面积 25% 和总人口 40% 的"金砖四国"（巴西、俄罗斯、印度和中国）尤为引人瞩目。高盛公司经济学家奥尼尔（Jim O'Neill）甚至认为，这四个国家的经济总量可能在 2050 年超过发达国家。

---

① 2009 年 9 月 22 日胡锦涛主席在联合国气候变化峰会开幕式上的讲话，http://news.xinhuanet.com/world/2009-09/23/content_12098887.htm。

② http://www.brookings.edu/~/media/Files/events/2010/1203_emerging_markets/20101203_emerging_markets.pdf.

2011 年年初，奥尼尔对英国《金融时报》说，除巴西、俄罗斯、印度和中国以外，墨西哥、韩国、土耳其和印度尼西亚也应该被视为“金砖国家”。他将这八个国家称作“成长型市场”（Growth Markets）[①]。

无论这些国家被冠以什么名称，新兴市场的崛起可能会对未来世界政治和经济产生不容忽视的影响。这些影响包括：有利于实现世界格局的多极化，有利于解决全球问题，有利于推动联合国改革，有利于加快世界经济的发展，有利于联合国“千年目标”的实现，有利于推动人类社会的科技进步，有利于加快国际金融体系的改革步伐，有利于推动南南合作，有利于加强世界各国的文化交流。与此同时，新兴市场的崛起可能会加剧海外资源的竞争，可能会诱发邻国的不安，也可能会拉大发展中国家之间的差距。

（七）人民币国际化的步伐将加快

美国次贷危机和由此引发的国际金融危机使国际社会对美元的垄断地位发起了有力的声讨。此外，美国经济面临的种种问题也使美元的国际地位衰落。中国人民银行行长周小川甚至希望创造一种与主权国家脱钩并能保持币值长期稳定的国际储备货币[②]。但是，长期形成的美元的特殊地位以及美国在世界经济中的分量表明，在近期内，美元的国际地位难以得到改变，国际货币体系也不可能发生天翻地覆的变化。

然而，美元的霸权地位得以保留并不意味着其他货币的国际地位不会上升。例如，伴随着中国经济总量的扩大，人民币国际化的趋势在加快推进。迄今为止，人民币已在澳门等地流通。据说在中国的西南边境地区，人民币享有“小美元”之称，被当作硬通货使用[③]。

2011 年 1 月，中国人民银行公布了 2011 年第一号公告《境外直接投资人民币结算试点管理办法》。根据这一法规，凡获准开展境外直接投资的境内企业均可以以人民币进行境外直接投资，银行可依据境外直接投资主管部

① 奥尼尔还认为，“新兴市场”所包含的国家太广泛，经济前景参差不齐，因而这个词已经不实用，http：//www. ftchinese. com/story/001036518。

② 周小川：《关于改革国际货币体系的思考》，http：//news. xinhuanet. com/fortune/2009 - 03/24/content_ 11060507. htm。

③ http：//www. qlxxw. cn/zhishi/28444. html.

门的核准证书或文件，直接为企业办理人民币结算业务。这一措施无疑是人民币国际化的又一重大步骤。

二 未来澳门的发展战略

发展战略又称经济发展战略，是一个国家或地区为经济和社会发展确定的长期目标，以及为实现这一目标而采取的措施及确立的制度保障的总和。与发展模式不同的是，发展战略具有较多的主观意愿。因此，发展战略反映了一个国家或地区的决策者对发展前景的判断。

澳门特区行政长官何厚铧在《2012 年财政年度施政报告文本》中提出了“以旅游博彩业为龙头，以服务业为主体，带动各行各业平衡发展”的发展战略。此外，他还在多个场合表示，加强与内地的经贸合作，逐步实现与内地经济融合和一体化，是澳门发展战略的重要组成部分。他甚至还提出了“平台战略”，即充分发挥澳门的优势，把澳门打造成区域性的商贸服务平台，特别是中国内地与葡语国家经贸合作和交流的服务平台。

2008 年 12 月国家发展和改革委员会制定的《珠江三角洲地区改革发展规划纲要（2008～2020 年）》首次从国家发展的战略层面明确了澳门“世界旅游休闲中心”的发展定位。因此，将澳门建设成“世界旅游休闲中心”可被视为澳门的发展战略。崔世安就任行政长官后，继承了前任特区政府的发展理念，进一步肯定了适度多元化战略的重要性和必要性。

在全球化时代，任何一个国家或地区在制定和实施其未来发展战略时必须考虑世界经济发展趋势这一外部因素的影响，澳门亦非例外。世界经济发展趋势对澳门的直接或间接影响将体现在以下几个方面。第一，澳门是一个国际化程度很高的城市，因此全球化趋势的快速发展将进一步提升澳门的国际地位。第二，区域经济一体化的推进将使澳门在实施《珠江三角洲地区改革发展规划纲要（2008～2020 年）》《横琴总体发展规划》的过程中进一步加强同内地特别是广东省的合作。第三，科技进步的加快将进一步推动澳门的经济发展和提高人民的生活水平。与此同时，为了提升自身的国际竞争力，澳门必须重视科技创新和人才培养。第四，在世界经济结构的变动中，第三产业的重要性将进一步上升。这会进一步推动澳门旅游业和其他第三产业的快速发展。第五，越来越多的国家接受了低碳经济的理念。这对缺乏资

源和能源的澳门来说既是压力，也是动力。行政长官崔世安于2010年4月在“2010年澳门国际环保合作发展论坛及展览”开幕式上致辞时曾表示，澳门特区政府将恪守“构建低碳澳门、共享绿色生活”这一宗旨，确保澳门的持续发展，迈向“世界旅游休闲中心”的区域定位[①]。第六，新兴市场的崛起意味着澳门的对外经济关系将更加多元化，澳门与内地的经贸关系将更加密切。第七，人民币国际化步伐的加快必然会使人民币在澳门的流通范围更广，澳门与内地的经济交往也将更加便利，快速增长的内地经济对澳门的辐射作用也将更加明显。

当然，面对世界经济的发展趋势，澳门还应该积极发挥自身的比较优势，扬长避短。澳门的比较优势是多方面的。例如，澳门拥有东西方文化交融的独特优势，拥有良好的基础设施、完备的金融服务体系和自由开放的商业环境，拥有大量中葡双语专业人才，并正在成为中国与葡语国家开展经贸合作的重要平台。

应该指出的是，中央政府执行的“一国两制”“澳人治澳”和高度自治的方针，为澳门发挥其比较优势提供了坚实的政治基础和制度保障。2009年12月20日，在庆祝澳门回归祖国十周年大会暨澳门特别行政区第三届政府就职典礼上，胡锦涛主席回顾了澳门回归祖国十年来的不平凡历程，并从中总结出五个重要的启示：必须全面准确理解和贯彻“一国两制”方针，必须严格依照澳门基本法办事，必须集中精力推动发展，必须坚持维护社会和谐稳定，必须着力培养各类人才[②]。毫无疑问，这五个“必须”也是澳门在制定和实施其未来发展战略时必须遵循的原则。

众所周知，博彩业是澳门经济的支柱。澳门回归祖国十多年以来，博彩业在推动其社会经济发展中的作用似乎越来越明显。根据2010年12月30日澳门特区政府公布的数据，2009年第二产业和第三产业占本地生产总值的比重分别为11%和89%，其中博彩业高达32.3%[③]。但是，这种“一业独大”的产业结构也有显而易见的缺陷。例如，2003年的“非典”（SARS）以及2008年的国际金融危机爆发后，由于游客大幅度减少，澳门的博彩业

---

① http：//leaders. people. com. cn/GB/58318/61088/61091/61093/11650591. html.

② 胡锦涛主席在澳门回归10周年大会上发表重要讲话，http：//politics. people. com. cn/GB/99014/10616072. html。

③ http：//portal. gov. mo/web/guest/info_ detail？ infoid = 103730.

受到了沉重的打击，博彩业对澳门经济产生的“一荣俱荣、一损俱损”的辐射作用暴露无遗①。

诚然，单一经济结构容易造成经济的脆弱性，甚至会导致经济陷入畸形发展的困境。但是，在追求经济结构多元化的过程中，澳门不能放弃自身的比较优势，否则会事倍功半。因此，如何在发挥比较优势的同时提升产业结构，是一个世界性的难题。除澳门以外，其他国家和地区同样面临着这一难题。

为了减少对博彩业的依赖，澳门特区政府早就提出了适度多元化的发展理念，并为之而采取了一系列措施。在《澳门特别行政区政府2011年财政年度施政报告》中，行政长官崔世安八次提到“多元化”发展。他甚至在这一报告中说：“经过首阶段的广泛咨询，在听取和整理社会各界不同意见后，特区政府已明确新填海土地将不会发展博彩业。我们将严谨地遵循提升居民生活素质，促进可持续发展的原则，预留土地兴建公共房屋和公共设施，并发展有利于经济多元化进程的相关产业，开展五个新填海区的城市规划编制工作，力争于明年提出《澳门新城区总体规划研究》草案。”由此可见，澳门特区政府是非常重视如何改变博彩业“一业独大”这一难题的。由于博彩业在澳门产业结构中形成的“路径依赖”越来越明显，多元化战略的实施无法一蹴而就。

中央政府也鼓励澳门推动产业结构的多元化。例如，国民经济和社会发展“十一五”规划纲要和“十二五”规划纲要都要求澳门在发展第三产业的同时促进澳门经济适度多元发展。2009年12月20日胡锦涛主席在庆祝澳门回归祖国十周年大会暨澳门特别行政区第三届政府就职典礼上发表重要讲话时，希望澳门努力推动经济适度多元发展②。2010年11月14日温家宝总理在澳门会见当地各界人士代表时同样要求促进澳门经济适度多元发展③。甚至中共广东省委、广东省人民政府也在有关文件中承诺，将“落实

---

① 减少对博彩业的依赖的必要性还体现在以下几个方面：一是博彩业的产业链较短，对工业以及高科技产业的带动能力有限；二是博彩业非常容易受外部环境（周边国家和地区的经济发展情况、政策措施的变化以及天灾人祸）的影响；三是博彩业属于风险投机行业，不确定性极大。参见叶桂平《澳门打造成为“世界旅游休闲中心”的政治经济分析》，http：//www. myra. org. mo/wp-content/uploads/2010/08/6 - 1. pdf。

② http：//politics. people. com. cn/GB/99014/10616072. html.

③ http：//news. xinhuanet. com/theory/2010 - 11/15/c_ 12774409. htm.

支持澳门经济适度多元化发展措施”①。

澳门疆域狭小，自然资源贫乏，无法发展第一产业②，第二产业的发展也受到地理条件的限制。因此，所谓产业结构多元化无疑是指在继续努力发展第三产业的前提下，尽量减少博彩业所占比重，扩大其他行业在第三产业中的比重。

有一种观点认为，博彩业在澳门产业结构中“一业独大”，因此澳门在“泛珠三角”“大珠江三角”或粤港澳区域经济合作中缺乏可以与合作伙伴进行深度合作的产业，也无法利用内地丰富的资源和潜力巨大的市场等有利条件③。这一观点无疑是正确的。但是，澳门并非无所作为。例如，在《珠江三角洲地区改革发展规划纲要（2008～2020年）》为“构建现代产业体系”确定的六个目标中，澳门能够有所作为的就是优先发展现代第三产业、大力发展高技术产业以及提升企业整体竞争力，而在加快发展先进制造业、改造提升优势传统产业以及积极发展现代农业方面，澳门的能力和作用是微乎其微的④。

事实上，澳门在推动产业结构适度多元化的过程中，已取得了显著的成效。尤其是在回归祖国后，澳门的会展业、物流业、文化创意产业以及旅游业等行业都获得了引人注目的快速发展。

值得澳门特区政府思考的是，为了进一步推动产业结构向适度多元化的方向发展，澳门能否利用自身的优势，顺应金融全球化的发展趋势，大力提升国际金融业在经济结构中的地位，并力求使澳门成为亚洲的又一个国际金融中心。

随着金融全球化的发展，离岸金融业越来越深受世界各地小型经济体的

---

① 《中共广东省委、广东省人民政府关于贯彻实施〈珠江三角洲地区改革发展规划纲要（2008～2020年）〉的决定》，http://gd.people.com.cn/GB/123935/123957/9118284.html。

② 20世纪80年代中期以前，澳门尚有少量的渔业和以蔬菜种植业为主的农业。但这些产业在本地生产总值中的比重不足0.5%。参见李炳康、江时学《澳门平台发展战略》，中国社会科学出版社，2006，第81页。

③ “泛珠三角”亦称“9+2”，即广东、福建、江西、广西、海南、湖南、四川、云南和贵州九个省区以及香港和澳门两个特别行政区。“大珠江三角”包括珠江三角洲范围内广东省的九个行政区以及香港和澳门两个特别行政区。

④ 这六个目标是：优先发展现代第三产业、加快发展先进制造业、大力发展高技术产业、改造提升优势传统产业、积极发展现代农业、提升企业整体竞争力。

“青睐”。这一行业可以使其克服资源匮乏、地域狭小等“瓶颈”效应的制约。事实上，早在1999年，澳门就制定了与离岸金融业有关的法律。在未来的发展战略中，澳门特区政府应该认真考虑发展离岸金融业的可行性和必要性。

未来澳门的发展战略不仅要重视产业结构的适度多元化，而且还应该努力提升澳门的国际地位。众所周知，2003年设立的“中国－葡语国家经贸合作论坛”是澳门与世界经济沟通的最重要的制度安排。当时，中国和葡语国家的贸易额仅为100亿美元，2008年已达770亿美元，提前一年实现贸易额突破500亿美元的目标。中国与葡语国家双向投资快速增长。截至2009年年底，葡语国家已在华设立700多家企业，对华投资累计金额超过5亿美元，中国对葡语国家投资累计金额超过10亿美元。此外，中国与葡语国家的合作逐步从经贸领域向教育、文化等多个领域延伸[①]。

通过这一论坛，澳门与葡语国家间的经贸关系也得到加强。澳门与多数葡语国家签署了金融合作备忘录，澳门的企业已活跃在所有葡语国家，澳门的商品经由葡语国家进入欧盟、南美、非洲市场。一些葡语国家企业来澳门投资办厂，进口巴西、东帝汶的咖啡，加工后借助CEPA的优惠政策进入中国内地市场。时任总理温家宝认为，这一论坛既是合作的桥梁，也是友谊的桥梁。它不但给双方带来了实实在在的经济利益，而且拉近了中国与葡语国家的距离，加深了双方人民的友谊，密切了国家间的友好关系[②]。

澳门之所以能在中国与葡语国家经贸关系中发挥“桥梁”“中介者”的作用，主要是因为：第一，澳门与其他葡语国家的行政和法律相近；第二，中文和葡文是澳门的两种官方语言，许多澳门居民通晓葡文，葡文信息的传播较为畅通；第三，由于历史原因，有一些澳门居民对内地与葡语国家的风俗及文化相当了解；第四，澳门企业家对中国内地和葡语国家的市场和投资环境都非常熟悉[③]。

但是，除重视葡语国家以外，澳门还应该扩大视野，将对外经济关系拓

---

① 2010年11月13日温家宝总理在中国－葡语国家经贸合作论坛第三届部长级会议上的致辞，http：//www.gov.cn/ldhd/2010－11/13/content_ 1744962.htm。

② 2010年11月13日温家宝总理在中国－葡语国家经贸合作论坛第三届部长级会议上的致辞，http：//www.gov.cn/ldhd/2010－11/13/content_ 1744962.htm。

③ http：//www.fjt2.net/gate/gb/www.ipim.gov.mo/cn/publication/newsletter/219/219_ 1.htm.

展到更大的范围。例如，在地理位置上十分邻近澳门的东亚是世界经济版图中举世公认的“亮点”之一。许多东亚国家的发展水平高于“中国－葡语国家经贸合作论坛”的多个成员国。2010 年 1 月 1 日启动的“中国－东盟自由贸易区”是一个囊括 11 个国家、拥有 19 亿人口和 6 万亿美元国内生产总值的巨大经济体，在国际贸易中的比重高达 13%①。此外，APEC 同样在世界经济舞台上扮演着举足轻重的角色。澳门不应该仅仅为了发挥在内地与葡语国家经贸关系中的“平台”作用而忽略东亚和 APEC。

最后应该指出的是，为了最大限度地利用世界经济发展趋势提供的机遇，尽快实现经济结构的适度多元化，澳门还应该着力培养各类人才。正如时任国家主席胡锦涛指出的那样：“人才是各项事业发展之本。不断提升澳门竞争力，最关键的支撑因素是人才。要着眼长远，增强紧迫感，大力发展教育、科技、文化事业，培养造就一大批澳门社会发展需要的政治人才、经济人才、专业技术人才以及其他各方面人才。”②

人才培养与教育密不可分。澳门已建立了从基础教育到高等教育的较为完整的教育体系，但仍然需要尽快解决教育投入不足、教师待遇偏低等问题③，并加大引进人才的力度。可喜的是，澳门特区政府决心以源远流长且中西交汇的特色文化为资源，加强与粤、港两地的教育合作，不断加强学术交流，以培养更多、更高端的优秀人才。

三　结论

在可预见的将来，世界经济将呈现出以下几个发展趋势：全球化趋势将继续快速发展，区域经济一体化将继续稳步推进，新科技革命将以更快的速度发展，第三产业将继续快步发展，低碳经济的重要性将日益突出，新兴市场在世界经济中的地位将进一步上升，人民币国际化的步伐将加快。上述趋势将对澳门产生一系列直接或间接的影响，也将提供不可多得的发展机遇。

① http：//www. fmprc. gov. cn/chn/pds/gjhdq/gjhdqzz/lhg_14/.

② 胡锦涛主席在澳门回归 10 周年大会上发表重要讲话，http：//politics. people. com. cn/GB/99014/10616072. html。

③ 李略：《世界经济发展趋势与澳门未来发展战略》，澳门：第三届“21 世纪的公共管理：机会与挑战国际学术研讨会”，2008 年 10 月 14 ~ 15 日。

面对这些影响和机遇，澳门应该积极发挥自身的比较优势，扬长避短。

博彩业是澳门经济的支柱，也是澳门第三产业的优势所在。诚然，单一经济结构容易造成经济的脆弱性，甚至会导致经济陷入畸形发展的困境。但是，在追求经济结构多元化的过程中，澳门不能放弃自身的比较优势，否则会事倍功半。

为了进一步推动产业结构向适度多元化的方向发展，澳门应该利用自身的优势，顺应金融全球化的发展趋势，大力提升金融业在经济结构中的地位，并力求使澳门成为亚洲的又一个国际金融中心。

未来澳门的发展战略不仅要重视产业结构的适度多元化，而且还应该努力提升澳门的国际地位。通过“中国－葡语国家经贸合作论坛”，澳门与葡语国家间的经贸关系得到了加强。但是，除重视葡语国家以外，澳门还应该扩大视野，将对外经济关系拓展到更大的范围。

横琴开发与澳门经济适度多元化

叶桂林*

摘　要：随着《横琴总体发展规划》在国务院通过后，横琴的开发已经进入实质性的实施阶段。根据规划，横琴将重点发展旅游、高新技术产业、文化创意产业、中医药产业等，并会划出专门的粤澳项目合作用地。横琴开发是澳门一个非常重要的发展机遇，本文将对横琴及其发展经过进行简要回顾，梳理相关规划的内容，总结澳门的平台作用，进而分析澳门应当如何参与横琴的开发，尤其是如何进一步发挥其平台作用的，最后尝试提出若干政策建议。

一　前言

回归以来，在多项利好政策的支持下，澳门经济快速增长，然而，澳门经济的发展也存在隐忧：产业结构单一，过于依赖博彩业。博彩业的一业独大使澳门面临人力资源配置不均、其他产业生存空间变小、抵御风险的能力下降、贫富差距拉大等矛盾和问题。澳门急需一定的土地空间来推进经济适

* 叶桂林，澳门科学技术发展基金科学发展研究部高级经理，先后从清华大学、中国科学院研究生院和中国社会科学院研究生院取得工学士、管理学硕士和经济学博士学位，研究方向为澳门经济、创新政策。

度化发展。

随着《珠江三角洲地区改革发展规划纲要（2008～2020年）》（以下简称《纲要》）、《横琴总体发展规划》（以下简称《规划》）以及《粤澳合作框架协议》（以下简称《框架协议》）的陆续颁布，澳门已经被明确定位为“世界旅游休闲中心”，并且在《框架协议》中已经明确了澳门在横琴开发中的地位。

二　横琴开发定位几经调整

1. 珠海市几度尝试开发未果

横琴岛原是边陲海岛，1987年成立横琴乡人民政府。1989年，珠海市计划对其进行开发，将其撤乡建镇，隶属珠海市香洲区管辖，但由于珠海市自身力量不足，真正的开发未能启动。1992年邓小平“南方谈话”推动全国新一轮开发热潮，广东省将横琴确定为扩大对外开放四个重点开发区之一，并挂牌成立了横琴经济开发区管委会，开始了新一轮开发计划，然而，直到1998年，横琴岛仍基本是一个农业岛，珠海在这段时间只不过是做了一些水、电、路等简单的基础设施建设而已。即使到了2005年，横琴也基本维持着这个状态。

这段时间横琴岛的开发基本上仍由珠海主导，但是碍于横琴的定位仍未明朗、珠海市的财力相当有限、内地资本仍未成规模、珠海对横琴岛的定位未能符合外资的期望等多方面原因，横琴的开发仍停留在计划层面。

2. “泛珠合作”模式未获认同

2004年以来，广东省将横琴开发摆上议事日程，并提出将横琴岛创建为“泛珠三角横琴经济合作区”，以“泛珠合作，粤澳为主力”方针开发横琴，广东省发改委还委托中投咨询公司，为泛珠三角横琴经济合作区编制项目建议书，涉及内容包括经济区的发展定位、产业定位及向中央争取的优惠政策等，并在2005年完成了《泛珠三角横琴经济合作区的项目建议书》。

2005年9月中旬，温家宝总理来广东调研，并考察了横琴岛。温家宝并未对诸如横琴作为“泛珠三角横琴经济合作区”之类的想法做任何响应，他赞叹“这是一块宝地”，要求“先谋而后动，慎重开发、科学开发、合理开发”。这意味着中央将在横琴开发中起决定性作用，喧嚣了一年的“横琴热”再次降温。

3. 澳门是横琴开发的关键因素

从回归初期到2009年中央政府对横琴开发的态度逐渐明确，尤其是从习近平副主席2009年1月在澳门的讲话可以看出，中央政府之用横琴，主要是为澳门着想。这也就意味着，澳门特别行政区是横琴开发中的关键因素。

澳门的地域面积不足横琴岛1/3，未来发展空间的局限早就显现，毕竟横琴岛与澳门三岛仅一水之隔，它与澳门中心城区的地理关联性较之珠海中心城区更为密切，澳门急需通过横琴开发拓展新兴产业，完善经济结构。体现澳门对横琴开发话语权最典型的事件莫过于2006年，美国拉斯维加斯金沙集团欲投资130亿美元，在横琴建设国际度假村，澳门各界通过多种渠道表达了异议，中央政府否决了这一计划。此一事件表明横琴开发不可能忽视澳门的意见，也不可能发展与澳门本土经济支柱产生恶性竞争关系的产业项目。

对于横琴开发，澳门民间也有相当多的讨论，综合起来，主要有四种合作开发横琴的方案：第一是直接划地给澳门，第二是租地，第三是划地由澳门托管，第四是在横琴岛给澳门一个地盘但不划给澳门。由此看来，2009年澳门大学横琴校区的方案类似第二种方案。

4. 结合澳门的横琴开发方案获得认可

2008年广东省提出“粤港澳特别合作区”的设想，同年12月国务院批准出台了《珠江三角洲地区改革发展规划纲要（2008～2020年）》，明确提出“不断拓展粤港澳三地合作的广度和深度”，并将澳门定位为“世界旅游休闲中心”，打造“全球最具核心竞争力的粤港澳大都市圈”，并赋予珠三角地区“科学发展，先行先试”的空间。

2009年8月《横琴总体发展规划》获国务院批准，《规划》提出：全力推进横琴岛开发，促进澳门经济适度多元化发展和维护港澳地区繁荣稳定，以合作、创新和服务为主题，充分发挥横琴的独特区位优势，并将其打造成带动珠三角、服务港澳、率先发展的粤港澳合作的新载体。

2011年3月6日，粤澳两地政府在北京签署《粤澳合作框架协议》，将“合作开发横琴”作为粤澳合作的“重中之重”，并为此提出了一系列的制度创新安排。

三　澳门本土产业适度多元化举步维艰

回归以来，得益于国家多方面的政策优惠以及“赌权开放”政策的顺利实施，澳门旅游博彩业飞速发展，带动了澳门整体经济的快速增长，社会失业率下降，居民收入显著增加，社会福利和社会保障逐步完善，澳门正经历着前所未有的黄金发展期。然而，在亮丽经济成就的背后，隐藏着巨大的风险和不稳定因素。博彩业的快速发展加剧了澳门经济结构的失衡，产业非常单一，政府财政收入过度依赖博彩业，由于博彩业受到政策（尤其是国家的政策）的影响很大，澳门整体经济与博彩业的紧密结合导致澳门的经济风险加大；与此同时，与旅游博彩业相关度低的产业在博彩业的挤压下，迅速萎缩，使得知识水平较低、年纪较大的澳门居民纷纷失业，从而加剧了澳门的贫富差距，社会矛盾逐步激化，澳门产业结构升级及多元化的压力很大。一些学者也对澳门经济结构的现状、产业单一的原因、经济适度多元化的必要性做了比较深入的研究。

“产业适度多元化”这一概念的提出已经很久了，目前也成了澳门各界的共识，中央也非常关注澳门产业适度多元化的发展，通过多种方式向澳门提供支持。在国务院颁布的《纲要》中，明确提出将澳门发展为“世界旅游休闲中心”。这意味着澳门经济应从以博彩业为核心的经济结构，转变成以旅游休闲业为主导的经济体系，从博彩旅游逐步转向休闲旅游，积极发展与旅游休闲业密切相关的行业，如批发零售业、会议展览业、文化创意产业等，为经济的长远发展注入新的元素和活力，推动经济适度多元化。此外，《纲要》将澳门长远经济发展定位为“世界”级的“旅游休闲中心”，大大提升了澳门在全球经济发展中的战略位置。

目前，会展业、文化创意产业、商贸服务业及中医药产业等作为产业适度多元的方向得到了重视，特区政府也在逐步推动这些产业的发展。但是由于澳门的发展空间非常有限，各方面的资源都过于集中在博彩业，而且博彩业也已经发展得比较成熟，其单位占地面积的产出已经达到非常高的水平，澳门任何一项产业都难望其项背，更不用说政府缺少开发经验的文化创意产业和中医药产业等。因此，在澳门本土实施产业适度多元化的机会成本非常高，发展的效益容易受到质疑，其发展举步维艰。

四　横琴开发对澳门意义重大

横琴与澳门对接，得益于制度创新，一些难以在澳门本土发展的产业将可以在横琴扎根发展，以“在横琴创造 GDP，在澳门创造利润”[①] 的模式，实现澳门特区经济结构的转型，实现适度多元化的梦想。未来横琴除了有澳门大学新校区，还有产业园区，当中，有粤澳合作的中医药科技产业园，有计划进驻的文化创意产业。当然，得益于澳门特区旅游博彩业的强大推动力，未来横琴可以借着国际资本的流动性，大力开拓会展、旅游业，与澳门形成协同发展，强强联手，亦可移除澳门土地资源不足，难以提供足够土地开拓会议展览场地而形成的硬件掣肘，实现共同发展。

1. 实现澳门旅游博彩业垂直多元化

澳门要成为“世界旅游休闲中心”，仅靠本身的实力难以做到，澳门必须加快与广东、香港的合作，通过区域合作打造以澳门、珠海为核心的珠江西岸旅游休闲都市圈和“世界旅游休闲中心”，加快横琴开发是重中之重。

澳门的博彩业已经成为具备全球影响力的旅游品牌，澳门接待游客量最近几年均年年增加，现已接近 3000 万，其中过夜游客达到一半左右，旅游业已经成为拉动澳门经济增长的主要因素。珠海本身亦是珠三角最具吸引力的旅游目的地之一，本身优美的城市，独特的海岸线，在区域内已成为知名的品牌。粤澳在横琴发展合作发展旅游业，将可成为粤澳，甚至整个珠江口西岸旅游业整合优化的突破口，横琴除了拥有丰富的海岛景观资源，还靠近珠江口东西岸、粤西和大西南等内地客源市场，而澳门对国际客流具有较强的吸引力。

借助澳门特区旅游博彩业的强大推动力，未来横琴可以借着国际资本的流动性，结合海岛型生态景观的资源优势，重点发展休闲度假产业。发展高质量度假旅游项目，包括以自然景观和人文景观为主的大型娱乐、体育、休闲设施，发展绿色旅游、蓝色旅游、休闲度假旅游，修建水上运动设施和大型高尔夫球场，突出休闲特色，与澳门博彩旅游业对接及错位发展，充分弥

① 中山大学港澳珠江三角洲研究中心陈广汉教授于 2011 年 4 月 20 日在“横琴开发与制度创新”研讨会上提出此概念。

补澳门因自然景观、人文景观及大型游乐设施受到地域狭小限制导致旅游功能和效益难以充分发挥的劣势。通过创新口岸通关制度，人员、货物和交通运输工具进出将更方便，横琴能够与澳门一起打造旅游共同市场，吸引全球高端旅游资源的集聚，从而形成一个具竞争力的、关联度高的旅游休闲产业链和产业集群，共同打造“世界旅游休闲中心”。

2. 开拓澳门产业横向多元化的方向

澳门产业的“横向多元化”，即是澳门产业向博彩相关产业的发展，是澳门产业结构中非博彩相关产业比重的提高，区别于博彩业产业集群内部产业链垂直延伸的多元化。其途径是在博彩业相关领域外逐步建立新的产业体系，如文化创意产业、教育产业、中医药产业等类型的产业。

横琴开发是澳门开拓产业横向多元化的契机。《框架协议》中专门针对“合作开发横琴”的章节提出，在横琴文化创意、科技研发和高新技术等功能区，共同建设粤澳合作产业园区，面积约5平方公里。澳门特区政府统筹澳门工商界参与建设，重点发展中医药、文化创意、教育、培训等产业，推动澳门居民到园区就业，促进澳门产业和就业的多元发展。因此，有理由相信，随着《框架协议》的实施和相关配套政策的落实，横琴将成为要素便捷流通的“开放岛”和“活力岛”，也必将为澳门经济适度多元发展提供广阔空间。

横琴开发可以进一步充实澳门商贸服务平台的内涵。澳门经济适度多元化还有一个方向就是建立“中国与葡语国家商贸服务平台”。长久以来，澳门与葡语国家一直保持着相当紧密的社会、经济和文化等多方面的联系，澳门有优势、有条件发展成为中葡商贸服务平台，从而联结起欧盟、葡语国家、拉丁语系国家与中国内地特别是珠三角地区，甚至香港和台湾地区。近年来，澳门的区域性商贸服务平台建设虽然取得了明显的进展，但这些进展更多的是政府在引导，政府在推动时仍停留在组织中国与葡语国家之间的经贸会展活动，仍着重“物理平台”的打造①，尚未重视起为中国和葡语国家企业提供数据库、决策分析、风险控制、预警信息及为政府提供研究报告和理论决策依据等可以创造更多价值的咨询服务，也未通

① 魏丹：《澳门中葡平台角色要彰显——从物理平台到信息智力平台》，《澳门日报》2011年5月11日，http://www.macaodaily.com/html/2011-05/11/content_591738.htm。

过各种政策引导企业开展这些服务。中葡商贸服务平台的建设必须与相关现代服务业的扶持、培育紧密结合起来，特别是可以重点发展总部经济、商贸服务业、物流运输业、金融保险业等产业，这些也都是与横琴的规划不谋而合的，澳门绝对有必要及有条件参与其中。此外，澳门应发挥作为中葡商贸服务平台的作用，带领中国企业走进葡语地区，引进葡语地区企业进入中国，尤其是把握横琴开发契机，引进以中国为目标市场的葡语地区企业落户横琴。

3. 为逐步建立主权投资基金迈出关键一步

粤澳共建中医药科技产业园开启了澳门利用公帑对外进行投资的先河，是澳门主权投资基金模式的雏形。根据特区政府公布的消息，特区政府将以公帑成立一家公营企业，与广东省成立的珠海大横琴投资有限公司筹组合资公司，其中澳门将占股权的51%，广东省占股权的49%，共同推动开发及管理珠海横琴的中医药科技产业园。以共建中医药科技产业园这一模式为基础，特区政府所设立的这家公营企业，可以逐步在《框架协议》中所划定的粤澳合作产业园区与内地共同投资建设文化创意产业园、教育产业园、高新技术产业园等。

随着这家公营企业的营运模式逐步明晰、积累的经验不断增加，如果其能维持较好的效益，就能真正达到“在横琴创造GDP，在澳门创造利润”，进入良性循环的状态。随着澳门财政储备制度的建立，其所得到的公帑注入将会持续增加，其投资项目的空间和领域将可更加多元，并有望进一步发展成类似新加坡淡马锡的主权投资基金，从而实现以间接的方式使澳门的经济实现适度多元化。

五 创新是横琴开发成功的关键

1. 粤澳合作已为将来横琴开发的全面创新奠定基础

通过不断实践和探索，粤澳合作逐步形成自身特色，成为“一国两制”下区域合作模式的生动写照。在富有生命力的“一国两制”方针指引下，秉承实事求是、创新发展的精神，粤澳双方率先开展先行先试的合作模式。此次，《框架协议》把“合作开发横琴”单列一章，放在主要合作内容之首，可见其分量之重。同时，经过双方的明确协商，《框架协议》就“合作开发横琴”提出了“共同参与”“分线管理”“重点园区”“配套政策”等一系列政策安排。

按照“合作开发横琴”的专章协议，珠海将发挥横琴开发主体作用，澳门则从资金、人才、产业等方面全面参与，相关配套措施将由双方共同研究。而且，《框架协议》还明确写出，建立粤澳合作开发横琴协调机制，支持横琴新区与澳门特区有关政府部门直接沟通具体合作事宜，这更体现了双方扩大自主协商范围。

在共建粤澳合作产业园区方面，《框架协议》注明园区总面积约 5 平方千米，明确了中医药科技园、休闲度假区、文化创意区、中心商务区等合作重点，横琴成为粤澳合作的载体和平台，并独具务实特色。

在制定《框架协议》的过程中，粤澳双方积极向中央争取政策创新，多次与国家有关部门沟通、争取支持，并邀请国家有关部委到横琴实地考察调研，所取得的良性互动效果，已经成为推进粤澳更紧密合作的鲜明特色和重要经验。

2. 创新通关模式将加速两地融合

“分线管理”的政策措施曾于2009年颁布的《规划》中提出，《框架协议》对这种通关模式进行了细化，明确提出“分线管理”包含“一线管理”和“二线管理”两项内容，并特别说明此项措施在双方共同努力下，旨在为人员、货物以及澳门居民到横琴工作、生活提供通关便利条件。

“一线管理”主要实行于横琴与澳门之间的口岸，承担出入境人员和交通运输工具的出入境边防检查、检疫功能，承担对进出境人员携带的行李物品和交通运输工具载运的货物的重点检查功能。在相应的条文中，更特别注明了双方将共同努力，争取横琴口岸 24 小时通关。而在横琴与内地之间实行的则是“二线管理”，主要承担货物的进出境报关、报验等查验监管功能，并承担对人员携带的行李物品和交通运输工具载运的货物的检查功能。

总的来说，“分线管理”可看作为澳门居民到横琴工作、生活“量身定做”的政策，将大大便利两地民众的往来。为了实现更畅顺的合作模式，粤澳在《框架协议》下于横琴全力推进合作开发，亦是一项对促进区域一体化发展的有益探索。尤其是在“软件”建设方面，《框架协议》还重点规划了口岸建设和通关便利化的举措，改革创新口岸通关模式，最终实现

“无缝对接”。

在“分线管理”的通关模式提出后，《框架协议》还为今后的政策落实留下了广阔的空间。目前，国家有关部门正研究出台“分线管理”、海关特殊监管、税收优惠等配套专项政策，以未雨绸缪的前瞻性，来探索进一步便利澳门居民到横琴工作、就业过程中可能遇到的社会保险、金融投资、税收征缴等问题。

3. 政府须以政策创新全力参与横琴开发

第一，调整发展战略。澳门要实现产业适度多元化、长期可持续的发展，应该改变短视的思维。澳门的企业由于长期经营贸易，形成并习惯了少量投入、快速获利的心态。在这种心态影响下，澳门的政府和社会各界缺乏长期规划和长远发展的思想，对于推动产业的发展也是希望投入少量资源，便能马上形成一个新的产业，尤其是回归以来博彩业的迅速发展，更加剧了这种短视的思维蔓延。所以目前业界对横琴开发都持观望态度，都在等待政府。政府起着非常重要的作用，在整个开发中扮演着指挥者和协调者的角色。特区政府在推动博彩业持续发展的同时，也要研究出台围绕垂直多元及横向多元的产业发展战略，并据此推出一系列的经济政策、工业政策、科技政策、社会就业政策及区域合作政策等，保证产业多元的全过程都得到支持，从而迅速推动澳门在横琴实现产业多元化，显著提高其他产业在澳门经济发展中的贡献率，基本形成澳门经济适度多元的格局。

第二，多层次引进企业。企业是澳门经济适度多元的主体，经济适度多元的目标能否实现，关键在于能否在横琴引入具有实力的、富有创新精神的企业。一方面，要依照产业发展策略，根据产业链的特点，对粤澳合作产业园区的入园企业进行规划，首要任务是从国际上引进若干具有相当实力的龙头企业入驻园区，同时推动澳门企业参与，迅速形成园区的产业集群效应。另一方面，特区政府也要鼓励海内外人才到园区创业，在粤澳合作产业园区划出创业园区，出台创业资助计划，进行广泛的宣传，通过举办面向国际的创业比赛，从中挑选适合澳门、有前景又可行的创业计划，获胜者可获得一笔由工商业发展基金提供的财政资助或直接进驻创业园区。同时，加强创业园区为创业者提供硬件设备、信息、培训、宣传、开拓市场及寻找风险投资的能力，创业园区也可以根据实际情况对进驻企业进行股权投资，从而培植一批创新欲望较高、有较强研发能力的创新型企业。

六　结语

横琴开发方案经过20多年来的不断调整，已经被赋予了全新的内涵，随着一连串政策的实施和落实，横琴的定位将变得更为明确。横琴开发成功与否的其中一项非常重要的指标，就是澳门能否借参与横琴开发契机基本形成产业适度多元化的格局。在这个过程中，需要中央、广东省、澳门特区和珠海市不断创新，通过多种方式加强参与、配合及调整，最终将横琴打造成"特区中的特区"，实现横琴经济的飞速发展和澳门经济适度多元化发展。

参考文献

1. 冯邦彦、谭裕华：《从产业集群的视角论证澳门产业结构的适度多元化》，《亚太经济》2007年第1期，第72~76页。
2. 毛艳华：《澳门经济适度多元化：内涵、路径与政策》，《中山大学学报》（社会科学版）2009年第5期，第149~157页。
3. 郭小东、刘长生：《澳门博彩业的经济带动能力及其产业政策取向分析》，《国际经贸探索》2009年第8期，第21~26页。
4. 冯邦彦：《澳门经济适度多元化的路向与政策研究》，《广东社会科学》2010年第4期，第88~94页。
5. 叶桂平：《现阶段澳门经济运行中的问题及对策》，《当代亚太》2005年第12期，第38~44页。
6. 柳智毅：《从澳门发展的角度谈横琴开发》，《澳门经济学刊》2009年第28期，http://acemacau.org/book/book28/p008.pdf。
7. 庄金锋：《横琴开发与澳门大发展新机遇》，《澳门经济学刊》2009年第28期，http://acemacau.org/book/book28/p019.pdf。
8. 陈慧丹：《积极参与横琴开发，推进粤澳紧密合作》，《"一国两制"研究》2010年第6期，http://www.ipm.edu.mo/cweb/p_2systems/2010_6/book4_ip/p105.pdf。

中国矿业投资中美洲的前瞻性分析与澳门的作用

唐晓欢*

摘　要： 中国已经成为拉美地区经济发展的重要动力之一。中国对于原材料的大量需要以及现阶段中国与中美洲之间的矿业合作真空状态，将促使中国矿业企业很快进入中美洲市场。因此我们有必要富有前瞻性地讨论中国和中美洲之间如何开始矿业的合作，文章提出了三个建议来促进中国与中美洲的矿业合作：强调国际初级矿业公司的角色，从外部层面来促进中国投资者与中美洲矿业的连接；增强中美洲国家驻秘鲁大使馆的角色，从中美洲方面来推动这个合作与连接；唤醒澳门的作用，从中国方面来帮助双方形成一个长期的双赢局面。

一　前言

中国已经成为拉美地区经济发展的重要动力之一。虽然拉美地区对美国和欧盟的出口在2009年分别下降了26%和28%，但是同年对亚洲的出口只下降了5%，对于中国的出口还增加了5%。在拉美地区，中美洲和南美洲与中国的经济关系有着截然不同的表现。中国与南美洲的贸易近段时间攀升很快。比如，中国已经成为巴西和智利的第一出口目的地国，阿根廷、秘鲁和委内

---

* 唐晓欢，加拿大 Wealth Minerals 有限公司营运总监，澳门亚太拉美交流促进会常务理事。

瑞拉的第二出口贸易国。而对于中美洲国家而言，中国与萨尔瓦多（16）、危地马拉（18）、洪都拉斯（11）以及尼加拉瓜（14）的贸易伙伴排名依然很低。

自然资源业，特别是金属矿产资源业，在中拉贸易中起着重要的作用。在南美洲的大部分国家中，矿业产品一直雄踞其对中国出口商品种类的前三名。比如，玻利维亚的锡、巴西的铁矿、智利和秘鲁的铜都是其对华出口排名第一的产品。然而在中美洲，其对华主要出口产品却不是这些金属原材料，并且其出口中国的产品一共只占其对外出口的1%。

除了贸易外，中国对南美洲的矿业直接投资发展得也很快。除了在2002年前中国企业对秘鲁铁矿以及委内瑞拉金矿的投资，很多中国大型企业在南美洲的投资在2006年后大量增加。在阿根廷和巴西，大型的铁矿投资正在进行中。在智利和厄瓜多尔，中国的矿业企业积极地进行铜矿投资。在圭亚那，中国投资者已经进入了大型的铝土项目。在委内瑞拉，中国在继续其对金矿投资的尝试。在秘鲁，中国已经成为秘鲁矿业的第一大海外投资者。越来越多的中国矿业企业开始把注意力转移到南美洲，但中国的矿业投资依然很少关注中美洲。

事实上中国是世界上很多矿产品的第一消费国，比如镍、铜、铝、锌、铅、锡、铁和煤。南美洲国家已经享受到了与中国矿业资本合作的利益，为什么中美洲国家不能同样地获得这些机会呢？中国对于原材料的大量需要以及现阶段中国与中美洲之间的矿业合作真空状态，将不可避免地促使中国矿业企业很快进入中美洲市场。

因此我们现在有必要富有前瞻性地讨论中国和中美洲之间如何开始矿业的合作，这也是这篇文章的写作目的。在接下来的几个章节中，文章首先探讨性地给出了中国矿业投资者投资中美洲的潜在挑战。接下来，文章针对这些挑战提出了三个建议：加强国际初级矿业公司的作用、强调中美洲驻秘鲁大使馆的意义以及唤醒澳门的位置及重要性，从而能够帮助中国矿业投资者与中美洲国家获得一个长期的双赢局面。

二　中国矿业投资中美洲的挑战

本文将从技术层面、社会层面、政治层面和环境层面四个方面，讨论中国矿业投资中美洲的挑战。这些讨论仅仅基于目前我们对中国矿业投资和中

美洲矿业的理解。虽然这篇文章仅仅指出了四个方面的挑战，但随着我们对中国矿业投资和中美洲的理解进一步加深，更多的挑战会接踵而至。

1. 技术层面

中美洲的矿业项目通常比较小，但是中国企业主要对大型矿业项目更感兴趣。中国公司，尤其是那些在南美洲投资的中国国有企业，有它们自己的项目评估体系。投资拉丁美洲国家，它们考虑的主要是项目的规模。例如，铁矿项目通常需要超过5亿吨的资源量，一个铜矿项目至少包含100万吨左右的铜金属，一个金矿的金金属量也要在50吨左右。表1显示了中国矿业企业在南美洲投资的矿业项目。很明显，这些项目的规模都较大。通过分析在加拿大和美国股票市场上市的矿业公司项目背景，可以发现在中美洲只有一小批在巴拿马的铜矿项目和两个在危地马拉的镍矿项目足以引起中国矿业投资者的兴趣。那些中美洲其他地区的轻量级矿业项目，现阶段可能很难引起中国大型国有矿业企业的注意。

南美洲的中国矿业投资者对于铜矿和铁矿投资更感兴趣，从某种意义上讲是因为这两种矿石在中国有广大的市场需求。应该注意的是，中国从拉丁美洲的铁矿石进口量远远高于原油和精炼油进口量的总和。而实际上绝大多数在拉丁美洲投资的中国企业只投资这两种金属。表1能够更明确地反映南美洲的顶级中国矿业投资者对这两种金属的热衷。然而，中美洲的金属行业主要局限在锑矿、金矿和铅锌矿。比如在哥斯达黎加的矿业公司主要专注一

表1　中国对南美洲的大型矿业投资

项目	国家	金属	资源储量(吨)	投资(美元)
Tocomocho	秘鲁	铜	750万	22亿
El Galeno	秘鲁	铜	330万	14亿
Marcona Expansión	秘鲁	铁	>20亿	10亿
Pampa de Pongo	秘鲁	铁	>14亿	15亿
Rio Blanco	秘鲁	铜	300万	20亿
Marcobre	秘鲁	铜	130万	7亿
Salinas	巴西	铁	>28亿	30亿
MMX	巴西	铁	>6亿	4亿
Itaminas	巴西	铁	>13亿	12亿
Vallener	智利	铁	>50亿	30亿
Corriente Belt	厄瓜多尔	铜	115万	30亿

系列的金银矿项目的开发。同样的情况也发生在萨尔瓦多、尼加拉瓜和洪都拉斯。

2. 社会层面

中美洲有着世界上最严重的社会不平等。中国社会现阶段的不平等远不及中美洲那样复杂。我们应当认识到，矿业是一个非常复杂的行业。特别是在拉美，社会因素是矿业项目成败的关键因素之一。对于中国投资者而言，了解中美洲的社会结构是一项重大的挑战，而要理解中美洲矿业行业如何在这种复杂的社会结构下生存与发展就更为困难了。如果基尼系数为 0.22 的北京，被联合国人居署评为世界上最平等的城市，那么置身于中国的中国企业又怎么能充分理解中美洲矿业行业开发中的社会不平等呢?

另外一个困扰中国投资者的问题是当地的土著人社会。中美洲是土著人的主要居住地之一，并且这些土著人的社会地位通常比较低下。中国人对这些土著人社会的认知非常不充分，但是中国的矿业投资者却不得不找出一个有效的方法来处理这一复杂问题，类似于中国人应该怎样与土著人沟通这样的问题应该被正确地审视。

商业领域中的中国与中美洲的文化差异也是不同的。根据本文作者的经验，中美洲商业文化更注重现在的利益获得，而不去考虑更多未来的发展构想。中国人则喜欢向未来下注。中国商人考虑现在应该做什么，是从某种程度上基于对未来效益的分析。中美洲的商人考虑现在应该做什么，则更多地取决于他们现在能够获得多少即时利益。我们不去讨论哪一种商业文化的思路是正确的，但我们建议中国商人也应该考虑适应中国与中美洲之间的巨大商业文化差异。

3. 政治层面

从国家层面而言，中美洲矿业产业对中美洲的 GDP 贡献很小。从表 2 中我们可以看到，矿业行业只贡献萨尔瓦多和危地马拉国家 GDP 的 0.5% 左右，也仅贡献洪都拉斯 GDP 的 1.5% 。一些中美洲国家的国家政策并不倾向于矿业行业。例如，哥斯达黎加禁止露天开矿，而巴拿马现行的矿业法律禁止外国公司控股矿业项目。如果采矿业不能获得中美洲国家的优先发展政策，中国矿业投资者很难有信心在这个地区发展其自身业务。中国是一个大政府体系，投资当地国与地方政府的扶持是中国投资者投资该地区的关键之一。

表 2　2006 年中美洲国家不同行业经济贡献比例（GDP）

单位：%

经济类别	萨尔瓦多	危地马拉	洪都拉斯
矿　　业	0.4	0.5	1.5
农　　业	9.0	13.7	13.7
制 造 业	21.4	19.1	17.5
公共事业	14.8	14.7	13.3
服 务 业	54.5	52.0	53.9

从国际层面而言，应该指出的是，在中美洲和中国之间缺少外交关系，而这种关系的缺少导致中方投资者在该地区投资的难度加大。签证和劳动许可证等问题将给中国投资造成很大障碍。如果中国人在洪都拉斯大量投资，中国的经理人、技术人员甚至是翻译人员都很难直接从北京申请洪都拉斯签证，因此不能按照他们安排好的日程去考察投资项目。此外，还有国际贸易和国际金融相关问题的存在。最棘手的问题是当投资中美洲的中国投资者遇到各种困难的时候，没有中方高层机构保护并帮助这些中方投资者走出困境。

从政治哲学层面而言，中美洲的近现代史是由西方政治经济哲学所引导的近现代史。在中美洲国家与人民的眼里，中国长时间以来被形容是苏维埃共产党联盟的一部分。中国对中美洲的第一批矿业投资会被传统的地方力量排挤到何种程度，仍然是一个未知数。

4. 环境层面

世界范围内，环境问题是一个矿业投资项目成功与否的基础。对于中国投资中美洲矿业产生的环境问题，我们应该从两方面考虑。一方面，中美洲自然环境对中国矿业投资的影响，另一方面是中国矿业投资对中美洲自然环境的影响。

前者主要涉及诸如飓风等自然灾害。每年北纬 10°以南的拉丁美洲全部地区约有 1% 的受飓风袭击概率。而这 1% 的可能性会从赤道向北逐渐递增，直到巴哈马群岛东北部，其受飓风袭击的可能性提升到 20%。洪都拉斯和伯利兹每年则有 5% ~10% 的受飓风袭击的风险，而每年飓风袭击巴拿马、哥斯达黎加和尼加拉瓜的概率会在 1% ~5%。在 2001 年，由于飓风“米奇”的破坏，洪都拉斯经济退回飓风“米奇”发生之前的 1998 年经济水平。飓风“凯斯”于2000年袭击伯利兹，毁坏了海岸线的设施并严重破坏了整个伯利兹的道路和桥梁。

中美洲有飓风的历史，但是中国矿业投资者很难认识到这些飓风和它们的潜在影响。飓风的确袭击过中国南部，但是并未引起全国性的经济与社会瘫痪。除飓风引起的直接损失，我们更应该注意到飓风袭击所带来的间接负面影响。例如，如何在极端天气下进行港口作业？中国投资者从多大程度上熟悉如何将由极端天气引起的船只滞期费进行最优化处理？事实上，2004年的飓风“艾云”延误了中国从牙买加进口铝矿石长达两个月之久，2008年的飓风“爱克”使中国从古巴进口镍矿的业务严重瘫痪。虽然它们不是中美洲国家，但当中国投资者在中美洲进行矿业投资的时候，类似的影响很可能会发生。

另外，中国在中美洲矿业投资对中美洲自然环境的潜在影响，将会是许多地方和国际股东与组织所关心的重点。这个问题一直在被激烈地讨论。如果中国的矿业投资者在中国都不能保护自然环境，他们怎么能够保证在世界其他地区进行矿业投资时不会对当地自然环境造成负面影响呢？对于潜在的中国在中美洲的矿业投资者来说，现实的情况也许更加糟糕，因为中国和中美洲的环境退化可能是不同性质的。由于经济的快速发展，中国的环境退化很严重。中国采矿业造成的环境退化可以追溯到对矿产投资短期经济利润的追逐。然而，中美洲自然环境的退化更可能是由于不完善的社会结构。当地矿业投资者不能保护自然环境主要是因为他们没有资源和能力去做这件事情。这些区别很关键，因为这些区别很可能让中国的投资者由于环境问题的制约，而不能成功地进入中美洲的采矿业。

三　对中美洲采矿业和中国矿业投资者的建议

文章所提的建议可以被分为三个层面。首先，加强国际初级矿业公司的作用，这是从外部（中国与拉丁美洲之外）加强中国矿业投资者和中美洲矿业界的联系。其次，强化位于秘鲁的中美洲大使馆的作用，这是从中美洲本身的角度出发。最后，重视澳门的作用，这是从中国投资者的角度出发。

1. 国际初级矿业公司的作用

国际初级矿业公司应该在中国矿业企业投资中美洲的过程中扮演一个重

要的角色。事实上，绝大多数中国在南美洲的大型矿业投资都集中在这些国际初级矿业公司中，见表3。不论是内地国有企业、私人企业还是香港企业，中国企业对从国际初级矿业公司获得的项目产生了浓厚的兴趣。

表3　中国矿业公司向国际初级矿业公司购买的南美洲矿业项目

项目	子公司	国家	收购价格(美元)
Toromocho	Peru Copper	加拿大	8亿
El Galeno	Northern Copper Peru	加拿大	4.45亿
Pampa de Pongo	Cardero Resources	加拿大	1亿
Rio Blanco	Monterrico	英国	1.86亿
Marcobre	Charriot Resources	加拿大	2.34亿
Corriente Belt	Corriente Resources	加拿大	6.52亿
Las Cristina	Crystallex	加拿大	—

国际初级矿业公司有很多优点吸引着中国的矿业投资者。首先，初级矿业公司的项目可以有效地对冲风险。它们在推销它们的项目之前，已经做了很多基础性研究。钻探工作的完成可以帮助投资者对该项资产有更好的了解，同时降低该项目最终优质与否的不确定性。可行性研究的完成或者环境影响评价的通过，能够大力推进该项目实施，减少在规定时间内不能完成该项目建设的风险。基于中国矿企的特点和它们在海外投资的财务支持体系，大型中国公司不喜欢承担太多风险，尤其是那些尚未在拉丁美洲进行投资的公司。

其次，初级矿业公司能够发现并发展更多的矿业项目，从而使得中国公司的投资组合更加丰富。中国公司尤其对铜矿和铁矿石感兴趣，但是目前在中美洲并没有很多有价值的项目。初级矿业公司有能力基于这些兴趣寻找新的项目。例如，一个在澳大利亚初级板上市的初级矿业公司——Mayan Iron公司，向投资者展示了开发一个位于危地马拉太平洋沿岸一侧地下10米区域1000万吨铁精矿项目的可行性。它们当前的探索和未来的开采针对的是中国市场的巨大需求。该公司也已经与一家中国私营钢铁企业签署了不具法律效力的购买协议。地质研究显示，铁矿石沉淀也可以在Monte Carmelo地区和尼加拉瓜的Zelaye地区被发现，类似于洪都拉斯的Agalteca地区。在这个地区，意大利Gold Lake公司正在与中国企业就潜在的铁矿投资项目进行讨论。同时，尼加拉瓜北部和洪都拉斯部分地区存在着一定量的斑岩型铜矿。如果初级矿业公司能够将潜在的铜矿进行建设性的研究，相信中国投资者会对此很感兴趣。

还应该提到的是，初级矿业公司的勘探信息能够被广泛共享。报告和各种研究能够通过各种公共资源传播。只通过网络上的信息搜索，就可以对从危地马拉北部的 Peten 地区到巴拿马南美的 Darien 地区的潜在项目得出初期的分析结论。

最后，与国际初级矿业公司打交道对于中国企业而言将更加容易一些，因为这些初级矿业公司比较灵活，并且对中国投资者讲通用的语言。可以明确的是，无论从金融角度还是技术角度，初级矿业公司的强力介入，可以使中国的矿业投资更好地参与中美洲的矿业项目。

2. 位于秘鲁的中美洲大使馆的角色

作为中国内地的一家私人企业，南金兆集团可以在洪都拉斯进行尝试的一个主要原因是其参与了秘鲁的 Pampa de Pongo 铁矿项目。该集团在秘鲁的子公司及一支专业的团队业已形成，所以该公司有能力在拉美其他国家拓展业务。到目前为止，香港的庄胜集团之所以能够在其他大型中国投资者尚未进入的哥伦比亚成功开展业务，也主要是由于其在秘鲁矿业勘探领域的成熟运作。目前它是秘鲁第二大矿权人，自主拥有包括地球物理飞机和钻探设备在内的各种勘探设备，作为公认的极具潜力的公司，目前已有能力进入哥伦比亚采矿业。事实上，国有企业铜陵有色，能够首先在厄瓜多尔进行矿业投资，也主要因为其拥有在秘鲁北部的 Rio Blanco 项目中三年多的参与经验。

秘鲁彰显了中国矿业海外投资的特色。中铝的 Toromocho 项目，五矿/江西铜业的 El Galeno 项目和紫金/铜陵有色的 Rio Blanco 项目均属于秘鲁五个顶级铜矿项目。首钢的 Marcona 项目和南金兆集团的 Pampa de Pongo 项目被认为是秘鲁矿业界第一和第二的铁矿石项目。首钢的私人港口——圣尼古拉斯港和南金兆集团预计建设中的港口——Lomas 港也是秘鲁海岸线上两个最大的散货港口。中国私人企业庄胜集团，现在是秘鲁第二大矿权人，拥有超过 4000 平方千米的采矿权。这显示出中国矿业投资已占秘鲁矿业部门海外投资的最大份额，还应注意到，投资的中国企业资本构成多样化。中铝和五矿为央企，属于世界 500 强；首钢、江西铜业和铜陵有色是地方省市直属公司；紫金和南金兆集团是重要的中国私人企业，并在中国矿业公司 300 强

中榜上有名；China Sci-tech 代表了来自香港的战略投资者组合。在勘探领域，代表国企的江西勘探和安徽勘探及私人投资者，如庄胜等，也都参与其中。中国投资者正活跃在秘鲁矿业界。

中国公司在秘鲁的多元化投资组合使得秘鲁成为中国矿业投资者俯瞰中美洲采矿行业的绝佳平台。中国企业需要在秘鲁建立自己的专业团队，然后就可以到像中美洲这种并不太熟悉的地区或国家大展宏图。因此，在秘鲁投资的中国矿业公司，对引导中国投资者了解中美洲采矿业，将是一个很好的机会。在秘鲁首都利马的中美洲大使馆，如洪都拉斯使馆，可以是联系潜在中国投资者和中美洲采矿业最合适的促进者。

在秘鲁的中美洲大使馆首先应做的是向在秘鲁的中国投资者介绍本国及其矿业部门情况。投资峰会或欢迎早宴可以提供直接的沟通机会。除口头介绍外，在秘鲁的中美洲大使馆应积极促成中国投资者到洪都拉斯等国实地了解其矿产情况。一方面，中美洲驻秘鲁大使馆能帮助中国投资者提前完成签证申请流程；另一方面，它们也可帮助中国投资者与中美洲各国建立有效的联系。

3. 澳门的作用

澳门须意识到其在加强中国潜在矿业投资者和中美洲采矿业关系方面上的巨大潜力。普遍来说，中国可以通过澳门更好地理解中美洲。历史上，1872 年意大利的 Glensannox 号第一次向中美洲运送中国移民，将 684 名中国人从澳门运送到哥斯达黎加。地理上，澳门的气候类型与许多中美洲国家的首都相似，属于热带湿润及干燥气候和潮湿的亚热带气候。澳门的温度和降水与中美洲七个国家首都相应的气候资料平均值极其相似。法律上，澳门的法律制度遵循欧盟制度，这不同于中国内地和香港，但与中美洲的法律制度很接近。政治上，中国“一国两制”制度使澳门具有一个特殊的政治地位，可以更灵活地与中美洲联系，而这个区域中的大多数国家尚未与中国建立正式外交关系。语言文化上，澳门的历史使它与中美洲国家具有共同的拉丁语言和文化。

特别是在促进中国投资者和中美洲矿业的合作上，澳门应该扮演一个采矿商业领导者的角色，这主要是由于澳门与泛珠江流域的民营企业有着广泛的联系。越来越多的中国民营企业在拉美矿业项目上进行投资。最有名的几个例子是福建紫金在秘鲁、山东南金兆在秘鲁和洪都拉斯、广东日新在智利和四川南川集团在圭亚那的投资。现在许多中国矿业公司都具有经济实力在拉美采矿项目上进行投资。特别是在中美洲，中国民营企业应该更积极地扩大投资规模，因为中美洲需要的不是像中国国有企业那样的投资规模。此外，中国国有企业在进入该地区进行投资也有一定的政治障碍。泛珠江流域是中国民营企业聚集的地区。虽然这里主要因其制造业而闻名，但应注意到上述四个拉丁美洲著名矿业投资有三个来自泛珠江流域。作为泛珠江流域的窗口，澳门可以帮助流域中民营矿业公司建立与中美洲矿业的广泛联系。

当然，上述这些中国私人投资的规模都相当大。而应该意识到的是，泛珠江流域的中小规模私人投资者也具有足够财力在中美洲投资采矿业。首先，中美洲采矿项目的规模一般不需要达到南美洲投资的规模。其次，中国中小规模的公司在中美洲可能会被视为业内的大公司。这两点足以让泛珠江流域的中国中小规模投资者有信心在中美洲采矿业进行投资。为了帮助这些企业进行投资，本文提出了三种切实可行的建议。

首先，中国矿业投资者和中美洲采矿业的信息应广泛共享。应向中国媒体和泛珠江流域的小型私人投资者提供包括中美洲投资环境和具体项目资料在内的更多信息。这就要求中美洲采矿业积极参与在澳门举办的各种论坛，如一年一度的澳门国际贸易投资展览会（MIF）。例如，MIF 可以举办中美洲采矿业投资洽谈会。另外，澳门主导的商业团体参与中美洲采矿业组织的论坛也将是有益的。中国投资者参加不同中美洲国家的年度工业论坛会议将是一个从理论和实践方面全面了解该国矿业的好机会。

其次，应该建立从中国到拉丁美洲，甚至到中美洲的直航线路。矿业投资不同于贸易合作，包括地质学家、采矿工程师在内的专家甚至翻译，都需要到潜在的开采地区进行实地调查，以便做出最终的投资决定。澳门港务当局应认识到澳门在实现这一目标上具有得天独厚的地理优势和政治便利。TACA 航空作为中美洲航空公司，它的基地——哥斯达黎加首都圣何塞（San José），与中国有着密切的联系，哥斯达黎加是第一个与中国建立外交关系的中美洲国家。另一个基地，秘鲁首都利马是拉丁美洲中国移民人数最多的城市。澳门港务当局应和 TACA 航空进行对话，以便促进建立从澳门到圣何塞或利马的航线。

最后，澳门应该引进更多的中国内地和中美洲的专家，以便日后开展矿业合作。只有投资者非常熟悉相关环境，矿业投资才能更好地进行。大学层面的交流可以是一个很好的平台，高等院校之间的交流不仅可以促进双方更好地理解彼此，还将向潜在的投资者传播相关知识。由于缺乏相关的政治联系和人力资源，中国内地的大学很难有能力直接联系中美洲的兄弟院校。因此，澳门的大学应主动帮助中国内地投资者了解中美洲及其采矿业。

四　总结

2009 年，当整个世界处在过去 80 年中最严重的经济危机的时候，中国已经强化了自己在国际经济中的重要角色。这当然也为中美洲国家提供了巨大的机会。通过分析矿业投资与中国和南美洲的关系，本文相信中国矿业也能为中国与中美洲的合作起到巨大的作用。与中国矿业合作的优势使得中美洲的矿产出口更加多元化，而中国矿业对中美洲的直接投资也将使得两地拥有更加广泛的合作空间。

一方面，中美洲国家也许需要考虑如何吸引中国的矿业投资者。另一方面，中国的矿业投资者需要快速地适应中美洲。正像本文中所提及的，中国矿业投资者进入中美洲并不是一件易事。来自技术、社会、政治以及环境层面的挑战已经在文中做了分析。本文同时提出了三个建议来促进中国与中美洲的矿业合作，强调国际初级矿业公司的角色，从外部层面来促进中国投资者与中美洲矿业的连接；增强中美洲国家驻秘鲁大使馆的角色，从中美洲方面来推动这个合作与连接；唤醒澳门的作用，从中国方面来帮助双方形成一个长期的双赢局面。

中国现阶段与中美洲的关系，以及双方相互矿业行业的理解可能不会很快出现质的飞跃。然而，也许现在就是让中美洲矿业能够认识太平洋另一边的机会，反之亦然。

巴西与中国：面向21世纪的伙伴

恩里克·阿尔特玛尼·德·奥利维拉*

周志伟 译

摘　要：考虑到近些年来中国在经济增长上取得的非凡成就，本文通过从不同的维度对中巴关系的历史进程进行分析，旨在探究两个问题：第一，当前的中巴关系是否还能从南南合作的角度进行理解？第二，相对于合作关系而言，中国经济的腾飞是否预示着一个新的更具竞争性的关系？

一　前言

2011年，巴西与中国迎来了建交后的第37个年头。1974年，巴西当时处于军事独裁的统治下，中国也遭受了“文化大革命”的冲击，尽管两国政府均认识到相互之间的巨大差异，但都强调在国际体系中寻求共同行动的可能性，从而实现两国的共同目标。

因此，中巴关系自始便体现了两国在国际事务中针对发展这一共同利益的议题上实施协作的目标，体现了两国在一些外交原则上的相似性，尤其是坚决捍卫国家主权、强调国家主权和领土完整、反对任何形式的干涉他国内政。

---

* 恩里克·阿尔特玛尼·德·奥利维拉（Henrique Altemani de Oliveira），巴西圣保罗大学博士，巴西国家科学和技术发展委员会研究员、亚太研究项目组协调员。

同时，两国还体现出对其他国际问题的相似立场，比如反对美国的人权外交、共同维护南南多边合作，尤其是反对发达国家的贸易保护主义。

冷战期间，在认识到作为发展中国家所面临的环境前提下，巴西与中国在政治战略领域中协调一致，从而对多边体制（尤其是经济金融机构）的改革施加压力。1988 年，两国的合作进程扩大到航天和导弹工业领域内的技术合作。

1974 年，巴西正处于经济高速增长期，年均 GDP 增长率高达两位数。而中国在经历了一段时间的经济混乱后也逐渐恢复了在国际社会中的影响力。当时，中国也在国际政治领域寻求自己的位置，1972 年邓小平宣布“社会主义阵营”结束，并认同中国属“第三世界”；1974 年，毛泽东发展了“三个世界理论”。

37 年后，尽管巴西仍保持着较为积极的经济金融指标，并在国际谈判进程中发挥着非常积极的作用，但中国不管是在经济领域还是在政治战略领域所处的地位都明显超越了巴西。

由于巴西对中国市场日益增长的依赖性及其不对称的特征，巴西社会中的部分人对中巴关系持幻灭和怀疑并存的态度。很多媒体不断地渲染这种抱怨情绪，强调“中国威胁”的形象，呼吁建立国内市场保护机制的必要性，并批评承认中国“市场经济”是天真的做法。

一直以来，中巴关系是以各自外交政策目标为前提的，同时它也受各自国内环境和国际格局的综合影响，而当前思考的重点在于如何将外交意愿转化成实际项目的能力，以及延续 36 年前开启的伙伴关系。在这一点上，澳门特别行政区能够在密切中巴关系方面有所作为。

为此，本文认为中巴战略伙伴关系集中在两个清晰的行动领域：其一是在政治规划方面，这与两国在多边论坛框架内的联合战略相联系；其二是在科技合作方面，旨在打破发达国家的垄断。经贸领域并未展现出战略伙伴关系的前景。相反，中国逐渐融入了东亚经济进程，再现了东亚与巴西及南美典型的贸易关系：提供工业制成品，以换取农矿产品。

同样的，在双边和国际竞争方面发生贸易争端是自然而然的事情。但是，问题是这些贸易争端是否影响中巴其他层面的关系。关于这一点，本文假设，不论是经贸争端还是双方在多边领域的政治不信任感，都引出一个关于延续伙伴关系的可行性问题。

然而，在最近全球金融危机下，中国对于巴西快速复苏的重要性及作为新兴大国在国际决策过程中的新定位，体现了巴西强化与中国伙伴关系的必要性。

二　政治关系

自 20 世纪 60 年代初开始，巴西的对外政策在与美国战略联盟方面经历了一个改变过程，而这曾是巴西对外政策的核心之一。与此同时，美国被卷入一些国际安全事务，而巴西当时开始更加自主地利用其外交政策促进经济发展，主要是通过伙伴的多元化，不论是与发达国家的关系，还是在“南南合作”的范畴内。

中国是亚洲唯一一个在“南南合作”框架下与巴西建立重要联系的国家。自 1974 年 8 月 15 日确立外交关系以后，中巴伙伴关系的目标便是在国际事务中针对共同的发展利益议题实现共同行动。

尽管中巴在政治体制方面存在差异，但是两国在一些外交原则上存在共性，尤其是坚决捍卫国家自主权、强调国家主权和领土完整、反对任何形式的干涉他国内政。

中国和巴西在其他国际问题上也表现出相似的立场，比如反对美国的人权外交、共同维护南南多边合作，尤其是反对发达国家的贸易保护主义①。

遵循这一战略，自卢拉政府成立以来，巴西对外政策实现了很大的延伸，其目的在于将巴西建设成全球性的政治和经济参与者。总统外交体现出外交政策的高度活跃，在寻求扩大与美国和欧盟联系的同时，深化与中国、印度的关系，强化全新的南南多边主义，以及史无前例地扩大巴西在南美洲的政治影响力。尽管这种“外交阵线”多元化的政策组合实现了巴西在全球政治和经济中更多的参与，但巴西仍然面临着因国际体系结构性不对称所产生的限制以及只能作为美国势力范围内的一部分的现实②。

---

① Deliang Shang, “Cooperação Política entre China e Brasil versus Multipolarização,” in Samuel Pinheiro, Guimarães, *Brasil e China*: *Multipolaridade*, Brasília: IPRI-FUNAG, 2003, pp. 291 – 308.

② Monica Hirst, “Brazil India Relations: A Reciprocal Learning Process,” *South Asian Survey*, 2008, 15 (1), p. 145.

对亚洲的政治经济利益的追求也显示了巴西对中国所能发挥作用的强烈期盼。正如卢拉总统在其首个任期之初所言："我重申，南美洲将是本届政府的优先目标，因为我认同巴西只有作为整个大陆一体化中的一部分才能实现充分发展……如果我们有着一个地区使命的话，我们同样也是一个全球性国家。与地区一体化促进国家整合一样，我也坚信与亚洲尤其是与中国的接近，将对巴西实现其更大目标起到决定性的作用。"①

由于两国在经济领域存在高度互补性，且两国切实希望实现双边和多边合作，中巴关系始终体现很强的内生动力。

对于中国领导人来说，"和谐世界"的期望是与和平、发展相联系的。在这个意义上，中国尊重不同的文化和生产模式，追求不同国家之间平等、尊重、互利和和谐的理念。尽管看似抽象，但却建立了一个外交实践的路线图，其目的不仅是维护和平与发展，同时也寻求合作。

在这方面，从中国外交政策的视角来看，巴西提出了类似的合作愿望。也就是说，巴西与东亚的整体关系，尤其是与中国的关系，在其国际化参与进程中具有经济和政治战略意义。

现在面临的问题是，中国在国际格局中强化其经济、政治和战略角色时，是否将中巴关系置于相应的考虑之中。这个问题体现为：21世纪初，当巴西意识到中国并没有将其政策转化为实际项目（或者缺乏足够兴趣）后，曾在外交上表达过不满。

如果考虑到当前"南南合作"理念的含义不同于冷战时期，这个问题或许就不那么相关了。当前世界是选择性的和等级式的，其中一些新兴国家认为，国际秩序并不存在太多结构性变革，但是行为规则的调整为促进其各自利益提供了可能。

因为中国对投资条件有所保留，所以技术合作的可能性受到质疑。同样，政治伙伴关系也面临批评，因为中国对巴西在申请联合国安理会常任理事国以及在漫长的世贸组织多哈回合谈判中的利益缺乏明确的支持态度。然而，问题并非中国（对巴西）的支持，而是中国是否、何时和如何支持联

① Discurso do Senhor Presidente da República, Luiz Inácio Lula da Silva, na Solenidade de Abertura do Seminário Brasil - China, "Um Salto Necessário" - BNDES - Rio de Janeiro, 30 de Abril de 2003, "Palavra Internacional do Brasil," http://www.relnet.com.br.

合国安理会改革。

为了缓解双边关系中加剧的紧张气氛，一些双边机制得到了推进，比如为协调各领域双边关系而于 2006 年成立的“中巴高层协调与合作委员会”（COSBAN），以及 2007 年设立的“战略对话机制”。

另外，显然，中国的发展和国际参与进程曾经并将依然以维护国家主权和共产党政权为终极目标。为达到这一目标，中国在国家利益高于一切方面不可能有所妥协。因此，其发展模式的最终成功与否取决于是否接受国际游戏规则。

这些规则并非一成不变的，相反是一个缓慢谈判过程的结果，因此，对于中国而言，参与不同的谈判进程，寻求对其目标的支持，符合其利益。

在政治利益认知以及大国竞争的层面，中国认为其发展与竞争直接相关。在亚洲地区，面对美国与日本，它和印度一起担当配角；而在全球层面，则面临着上述两个大国外加欧盟的僵局。

这种存在于强大中国与脆弱中国之间的明显矛盾，尤其是存在于一个寻求维护其自主权的中国与一个依赖国际体系的中国之间的矛盾，构成了一个主要的推理基础，即中巴关系曾经并且仍将以“南南合作”战略对于两国及各自外交重要性的共同认识为根据。

近年来，尤其是在 2002 年加入世贸组织之后，尽管中国发挥着更突出的作用，但仍然面临着一系列问题，这些问题也限制着中国成为一个实实在在的全球性大国。首要挑战是将其增长从沿海地区扩大到其他地区，以使收入分配更为平等，并让农民参加经济发展进程。除了经济不平等的现实外，也不能忘记能源和水资源匮乏、社会保障政策缺失、环境恶化、房地产投机、假冒、走私和腐败等问题。

因此，中巴两国在政治上依然有发展对双方都更为有利的伙伴关系的意识（意愿）。国际秩序和体系重建过程中，基于对中巴两国仍然只是中间人的认识，中国视巴西为战略伙伴。因此，科技和政治伙伴关系是最根本的，尤其在多边领域。

2008 年年底爆发的国际金融危机以及世贸组织多哈回合谈判僵局使得现有机制（及其规则）的不足显现无遗，同时也体现了有必要为重新迎合不同国家的利益进行大幅度调整，从而在国际体系内部营造更具合作性和更稳定的环境。

尽管巴西经济实实在在地受到了全球经济危机的影响，但是，四个应对

政策有望从根本上尽快克服危机：巴西政府实施的调控、为促进长期增长所需的必要改革的执行能力、经济伙伴的多样化以及中国持续的强劲需求。

经济和金融危机、中国与巴西在国内和国际经济恢复过程中所扮演的角色、二十国集团在2009年9月成为世界经济决策的主要机制，这些因素为中巴深化联系和战略伙伴关系提供了可能，有利于两国实现在国际机构中采取共同立场的这一非正式承诺。

对于中国要发挥国际领导角色的压力是有所减弱的，因为这不仅是现在对中国的需求，也是当前对被称为新兴大国的国家的需求，尽管中国有着明显超越这些国家的经济、政治和战略实力，但它们发挥着相对一致的平台作用：一个体现多极世界以及它们在国际格局中地位上升的更为公平的权力分配。

国际金融危机顶峰过后，巴西与中国明显深化了伙伴关系，旨在扩大两国在国际决策机制中的能力。最近得到强化的二十国集团不仅为巴西也为中国（非“八国集团”成员）提供了扩大两国在国际金融决策中的参与的可能。尽管利益各异，但两个国家都显示出重启世贸组织多哈回合谈判的强烈意愿，在国际贸易领域推动更符合南方国家期望的相关调整。

从这层意义上来看，国际经济和金融危机为深化中巴战略伙伴关系提供了可能，有助于实现两国在国际机构持共同立场这一非正式承诺。

卢拉总统和胡锦涛主席在2010年4月签署了《共同行动计划》，确立了目标并设立了两国间协商与协调常设性机制，为中巴关系赋予了机制性的特点。

这种规划完全符合巴西在国际体系中拓宽其空间的战略，也是基于以下原则：尽管它们存在不对称性和差异，但南方世界的新兴国家有一共同点，即都面对一个优先考虑北方国家利益的贸易体系。为此，需要共同行动以尽量扩大南方国家的可能性。正因为如此，当前巴西强调建立联盟以及与中国建立伙伴关系的重要意义，即“南南合作”之下的“战略伙伴关系”或“新兴大国伙伴关系”。

需要注意的是巴西在国际行动中体现出一整套与其国际行为相关的原则和态度——和平主义、不干涉主义、捍卫国家主权平等。一方面，巴西的外交政策与其经济和发展目标以及对多边主义的承诺密切相关；另一方面，巴西外交决策最重要的一个因素是它位处西半球，地区局势是巴西稳定的来源。

由此来看，巴西与中国的政治关系一方面体现出其经济目的；另一方面也体现出中巴对改革国际体系必要性的共同认识，没有任何反霸的针对性，也没有任何意识形态的动机。

三　经济和金融、科技关系

根据2009年外贸统计数据，中国成为巴西最大的贸易伙伴，超过了美国在进出口总额上保持了80多年的领先位置。

值得关注的是，亚洲第一次成为巴西的第一大出口目的地（25.8%），超过了欧盟（22.3%）的传统领先地位，亚洲与日俱增的重要性主要来自对中国出口的大幅增长（23.1%）。

由于亚洲同样也是巴西最大的进口来源地（28.3%），因此，在经济集团（组织）方面，亚洲同样成为巴西最大的贸易伙伴。

另外，2010年和2011年贸易收支数据显示，尽管受最近金融危机的影响，由于中国保持巴西最大贸易伙伴的地位，巴西恢复了其增长节奏。

2010年，巴西出口总额增长（32.0%）超过了同年世界出口增长预期（19.1%），并且在2011年延续了增长（26.8%）；同时，进口的增长带动了经济和收入的增长以及就业的扩大，2010年和2011年，进口分别增长了42.4%和24.5%。

然而，中国在巴西贸易收支平衡中越来越重的分量引发了三个令人深思的问题：第一是关于巴尔博萨（Barbosa）和特帕塞（Tepassê）提出的非对称依赖[①]。也就是说，在中国出口巴西的主要产品组合中，巴西在这类产品的销售中仅占很小份额（约为2%），与此同时，在巴西诸如铁矿石和大豆的出口中，中国所占的销售份额则分别高达32%和42%。不可否认，在与巴西的经贸关系中，中国的主要兴趣很明显是在上述两个行业，或者说，是在保障安全、持续和稳定的供应来源上。

第二，巴西的出口集中在低附加值的初级产品，而巴西进口则以制成品为主，尤其是工业产品。

---

① Alexandre F. Barbosa and Ângela C. Tepassê, "As Relações Comerciais entre Brasil e China de 1979 a 2008: Lições de Estratégia Polícica e Econônica," in Henrique Altemani Oliveira, *China e Índia na América Latina: Desafios e Perspectivas*, Curitiba: Juruá Editora, 2009, pp. 193-219.

第三，以往巴西制成品（尤其是工业产品）的出口市场越来越快地被中国产品所占领。这种动向在拉丁美洲体现得最为明显，而且也扩展到了非洲、中东等其他地区。

为营造一个更具合作性的环境，并减少贸易关系中因高度不对称性所产生的约束，双方政府出台了一些政府倡议，如2008年的“中国议程”和“巴中金融对话”，以补充于2004年成立的、由中巴主要企业构成的巴中企业家委员会①。

另外，根据贝卡德②的分析，“中国议程”的目的既在于深化对于中巴战略伙伴的认识，也在于提出旨在促进双边贸易、扩大双边投资的战略规划，开展技术性研究及规划，以促进巴西生产商和出口商开发中国市场，从而符合更协调的战略伙伴的定位，即巴西技术不仅应用在能源和初级产品领域，也包括在那些技术先进且在中国尚未被充分了解的行业。“中国议程”还辅以针对巴西经济发展吸引中国投资的举措，尤其是在基础设施和物流方面。

尽管中国经贸的迅速扩大是近期，尤其是加入世界贸易组织之后的事情，但是，巴西对中国在巴西的低投资不满，认为它与中国在巴西的贸易规模不相符。

然而，中国在2009年成为美洲开发银行（BID）的成员国之时，中国国家开发银行、中国进出口银行与美洲开发银行签署协议，以参与拉美地区的项目融资。根据中方扩大该地区投资的公开表态，以及加入美洲开发银行并与该地区石油企业签订的合同所显示的，中国有兴趣扩大在巴西的投资，尤其是在“加速增长计划”（PAC）中政府规划项目的融资方面。

大家都认同以下观点：“中国投资在其国内生产和就业领域仍然不足，尤其是与那些被延迟的投资相比较，这或许是越来越多的跨国投资者选择将其生产集中在中国的结果。很显然，这类企业中的一些地区业务也扎根在巴西，但是它们抢占世界市场的扩展计划受到了影响，从某种程度上讲，是由

---

① Danielly S. R. Becard, “Cooperação e Comércio entre Brasil e China durante o Governo Lula,” in Henrique Altemani Oliveira, *China e Índia na América Latina*: *Desafios e Perspectivas*, Curitiba: Juruá Editora, 2009, pp. 163 - 192.

② Danielly S. R. Becard, “Cooperação e Comércio entre Brasil e China durante o Governo Lula,” in Henrique Altemani Oliveira, *China e Índia na América Latina*: *Desafios e Perspectivas*, Curitiba: Juruá Editora, 2009, pp. 163 - 192.

于中国市场的活力以及中国在外部市场所获得提升的竞争力。”①

在后危机时期，由于拥有充足的外汇储备，中国在企业国际化和对外直接投资方面已呈现出一种增长势头。

因此，中国国家开发银行在 2009 年 5 月向巴西石油公司提供了 100 亿美元的贷款。2009 年至 2010 年年初，中国在巴西的投资意向更加明显，尤其是在石油、能源、矿业、农业、汽车和机械制造等行业。同时，2010 年 3 月，中国国有企业有色华东地质勘查局（ECE）以 12 亿美元收购伊塔米纳斯矿业贸易公司（Itaminas Comércio de Minérios），武钢宣布了投资 32.9 亿美元兴建钢厂的协议；5 月，中国国家电网（State Grid）以 17.26 亿美元收购了 7 家电力企业；同月，中化勘探（Sinochem）出资 30.7 亿美元购得佩里格里诺在里约油田 40% 的股份。

另外，2009 年中国在阻止巴西出口下滑方面所发挥的作用至关重要，它为恢复外国在巴西的直接投资同样发挥了重要作用。在约 190 亿美元的总投资中，160 亿美元流向初级产品，这也体现了保障原材料安全供应的明确战略。但是，剩余的约 29 亿美元投向基础设施领域（如电力）和制造业，这部分投资与同年日本在巴西的总投资持平②。

因此，中国的兴趣不只与初级产品相关，而在扩大巴西国内和拉美市场方面，其兴趣越来越大（见表 1）。

表 1　中国在巴西的投资（按行业分类，2003～2011 年）

行业	项目(个)	投资额(美元)	比重(%)
金属	12	20949976471	56.53
石油、天然气、煤	3	10383200000	28.02
电力	2	1904571429	5.14
汽车	8	1490803000	4.02
运输	1	710000000	1.92
两轮车	19	504822561	1.36
电子	19	332665634	0.90

① Alexandre F. Barbosa and Ângela C. Tepassê, “As Relações Comerciais entre Brasil e China de 1979 a 2008: Lições de Estratégia Polícica e Econônica,” in Henrique Altemani Oliveira, *China e Índia na América Latina: Desafios e Perspectivas*, Curitiba: Juruá Editora, 2009, pp. 193 – 219.

② Sergio Lamucci, Marta Watanabe, “Investimento Chinês já vai além dasCommodities,” *Valor Econômico*, A16.

续表

行业	项目(个)	投资额(美元)	比重(%)
食品、烟草	2	302600000	0.82
机械设备和工具	4	239142857	0.65
造纸、印刷、包装	2	65700000	0.18
化学制品	2	61428000	0.17
金融服务	4	37600000	0.10
塑料	1	31900000	0.09
通信	5	31000000	0.08
消费品	1	11000000	0.03
企业服务	1	3400000	0.01
总计	86	37059809951	100.00

资料来源：巴西工业、发展和外贸部，RENAI，2011。表内数据均为约数，故总计略有出入，特此说明。

在中国对外直接投资向全球扩展之前，巴西及南美洲其他国家很明显并非中国投资的优先选择。然而，自2010年以来，该地区开始成为中国投资的主要目的地之一（见表2）。

表2　中国在部分拉美国家的对外直接投资

单位：百万美元

国　家	已确认投资		已宣布投资
	1990～2009年	2010年	2011年
阿根廷	143	5.550	3.530
巴　西	255	9.563	9.870
哥伦比亚	1.677	3	……
厄瓜多尔	1.619	41	……
秘　鲁	2.262	84	8.640
委内瑞拉	240	……	……

资料来源：CEPAL, *La Inversión Extranjera Directa en América Latina y El Caribe*, 2011, p. 111.

2010年，中国对巴投资高度集中在原材料（碳氢化合物和矿产品）这一点还激起巴西社会关于中国在工业化进程以及初级产品成本与收益之中所带来的消极影响更为激烈的争论。中国对土地的兴趣和/或参与农业生产，参与盐下层石油勘探或石油生产、矿业和冶金业务，加上主要投资者都是国有企业的这些事实，都增添了巴西对未来经济的担忧。

根据2011年的不完全统计，尽管中国2011年在巴西的对外直接投资的兴趣保持不变，但也存在明显的质的调整。其重点不再局限在自然资源上，同时也重视制造业生产活动。

巴中企业家委员会2011年5月完成的、关于2010年中国在巴西的直接投资的研究提出："该研究的主要结论是，2010年中国所宣布的在巴西的投资呈现两种标准：第一，巴西加入到面向中国的国际自然资源供应链中；第二，中国进入巴西的消费市场以及产业布局。"[①]

一方面，可以认为这种趋势部分源于规避巴西所采取的保护性的贸易壁垒；另一方面，本地生产的目的首先在于进入巴西国内市场，然后是地区市场，甚至美国市场。

虽然面临产品生产在国内外市场的转移以及国内压力的上升，巴西已加大了对中国产品的反倾销权利的实施。江时学认为这实际上构成了关系深化的最大障碍[②]。在2009年年底生效的措施中，68项中的26项（占38.2%）是针对中国产品的。

中巴经贸关系中的争议和争论源于2004年巴西承认中国是"完全市场经济"这一事实，这与中国被世界贸易组织裁定为"转型经济"的观点相反。考虑到这将成为在倾销和补贴案例中采取贸易保护的制约因素，巴西对中国"完全市场经济"的承认引发了并将继续引发那些认为受损于中国竞争的部分生产部门的广泛不满。

这个决定是高度政治性的，与学术和经济上的考虑无关，符合战略伙伴关系的概念。借此可以看到巴西与中国在国际秩序重建进程中采取共同行动的可能性。由于该决定尚未得到外贸委员会（CAMEX）的正式通过，巴西无须执行，仍将中国视为"转型经济"或"计划经济"。

在技术和科技合作领域，因遥感卫星研发的共同项目（中巴地球资源

① CEBC, "Investimentos Chineses no Brasil: Uma Nova Fase da Relação Brasil-China," Maio, 2011, http://www.cebc.org.br.

② Jiang Shixue, "China, Latin America, and the Developing World," in Peter H. Smith, Kotaro Horisaka and Shoji Nishijima, *East Asia and Latin America: The Unlikely Alliance*, Lanham: Rowman & Littlefield Publishers, 2003, pp. 311 - 331.

卫星，CBERS），中巴战略伙伴关系具有了更清晰的轮廓。值得注意的是，空间合作项目对中国政府具有特殊的含义，因为中国将其作为南南合作的模式对待，而这是中国外交行动的优先目标之一。而在此之前，发展中国家之间，在卫星领域没有任何类似的合作项目，在南北合作中也没有①。

最初于1988年签署的协定在1995年增加了内容，除最初的预期目标外，计划再制造两颗卫星。预计这些卫星将保障两国在卫星图像领域的自主性，包括可能使两国从该类服务的使用国变为出口国。第一颗卫星（CBERS－1）在1999年发射，第二颗（CBERS－2）于2003年发射。

2007年，第三颗卫星（CBERS－2B）成功发射，开启了亚马孙地区监测新项目。该项目运用卫星图像监测和监控选择性的伐木情况（只移除最具商业价值的树木），以确保森林覆盖免遭破坏，这增加了卫星监测的难度。“选择性森林开发监测（Detex）”系统成为联邦公共森林特许项目下诸多监测机制之一。第四颗卫星（CBERS－3）在2013年12月发射时出现失误，卫星未进入轨道。第五颗卫星（CBERS－4）于2014年12月成功发射。2015年5月，中巴签订意向书，将制造另一颗卫星（CBERS－4A），预计2018年发射。

另外，还得强调中国与巴西农牧业研究公司（EMBRAPA）之间的合作，尤其是在卫生与植物检疫控制方面的了解的加深，使巴西的产品符合中国市场的需要，尤其在基因资源库的获取上，促进以大豆和诸如蔬菜、水果等传统产品为基础的研究，并在乙醇生产上强化合作。

目前，合作正在向其他领域延伸，比如生物科技、信息技术和新材料研发。在卫生领域，两国在防治艾滋病、普通医药产品和传统医药的生产和营销、新药物研发方面正联合开展有关计划。

四　贸易关系

在贸易方面，自20世纪60年代初以来，巴西对外政策呈现出一种以保持多元贸易关系为目标的特征，以避免对某一国家或某一地区的高度

---

① Lílian Fernandes Cunha, *Em Busca de Um Modelo de Cooperação Sul-Sul-o Caso Da Àrea Espacial nas Relações entre o Brasil e a República Popular da China*（1980－2003），Brasília：Universidade de Brasília，Dissertação de Mestrado，2004.

依赖。在现实中，力求保持和深化巴西经济参与的多边特性。

通过这种方式，在过去这些年中，可以看到巴西的贸易活动试图在主要贸易伙伴之间（美国、欧盟、拉美一体化协会和亚洲）保持相对的平衡，但是亚洲在巴西贸易平衡中的重要性呈明显的上升趋势。

2000 年，巴西出口的 23.9% 流向美国，到 2010 年，美国占巴西出口的比重仅为 9.6%，2011 年略有恢复（10.1%）。另外，亚洲占巴西出口的比重从 2000 年的 11.5% 增至 2010 年的 27.9%，2011 年（30.0%）则约为 2000 年的 3 倍。欧盟（从 26.8% 降至 20.7%）和拉美一体化协会（从 23.4% 减至 19.4%）占巴西出口比重的降幅虽不及美国，但也呈现出下降趋势（见表 3）。

表 3　巴西主要出口市场变化情况

单位：%

年份	拉美一体化协会	美国	欧盟	亚洲	中国	日本	其他
1990	10.4	24.2	32.4	16.9	1.2	7.5	16.1
1995	21.5	18.7	27.8	17.6	2.6	6.7	14.4
2000	23.4	23.9	26.8	11.5	2.0	4.5	13.6
2001	21.0	24.7	25.5	11.9	3.3	3.4	16.9
2002	16.4	25.7	25.0	14.6	4.2	3.5	18.3
2003	17.7	23.1	24.8	16.0	6.2	3.2	18.4
2004	20.4	21.1	25.0	15.1	5.6	2.9	18.4
2005	21.5	19.2	22.4	15.7	5.8	2.9	21.2
2006	22.8	17.8	22.1	15.1	6.1	2.8	22.2
2007	22.7	15.8	25.2	15.6	6.7	2.7	20.7
2008	21.8	13.9	23.4	18.9	8.3	3.1	24.1
2009	19.5	10.2	22.3	25.8	13.2	2.8	22.2
2010	20.4	9.6	21.4	27.9	15.3	3.5	20.7
2011	19.4	10.1	20.7	30.0	17.3	3.7	19.8

资料来源：巴西工业、外贸和服务业部（www.mdic.gov.br）。

在进口方面，2000～2011 年，最显著的是亚洲的占比翻了一番，从 15.4% 增长到 31.0%，尤其以中国最为显著（从 2.2% 增至 14.5%）。欧盟（从 25.2% 降至 20.5%）、美国（从 23.1% 减至 15.1%）则呈减少趋势，美国占比的减少较欧盟更快。与此同时，拉美一体化协会占

巴西进口的比重同样呈负增长趋势（从20.9%减少到16.0%）（见表4）。

表4　巴西主要进口市场变化情况

单位：%

年份	拉美一体化协会	美国	欧盟	亚洲	中国	日本	其他
199000	17.7	21.3	22.3	8.6	0.6	6.0	30.1
1995	20.0	21.1	27.7	16.5	2.1	6.6	14.7
2000	20.9	23.1	25.2	15.4	2.2	5.3	15.4
2001	18.0	23.5	26.7	16.1	2.4	5.5	15.7
2002	17.4	22.1	27.8	16.9	3.3	5.0	15.8
2003	17.0	20.2	28.3	18.5	4.5	5.2	16.0
2004	16.0	18.3	25.4	19.6	5.9	4.6	20.7
2005	15.7	17.5	24.7	22.9	7.3	4.6	20.2
2006	17.9	16.1	22.0	25.0	8.7	4.2	19.0
2007	17.1	15.7	22.2	26.0	10.5	3.8	20.0
2008	15.8	14.8	20.9	27.3	11.6	3.9	21.2
2009	17.1	15.7	22.9	28.3	12.5	4.2	16.0
2010	16.4	15.0	21.5	30.9	14.1	3.8	16.2
2011	16.0	15.1	20.5	31.0	14.5	3.5	17.4

资料来源：巴西工业、外贸和服务业部（www. mdic. gov. br）。

与新贸易伙伴的关系很明显地解释了日本在巴西与亚洲贸易中的重要性的降低。但是，最引人关注的是巴西与中国贸易关系的大发展，从2002年开始，中国对巴西的出口超过了日本对巴西的出口，从2004年开始，中国从巴西的进口额也超过了日本的进口额。2000年，日本占巴西出口的份额约为4.5%，中国仅为2.0%；2010年，中国占巴西出口的比重达到了15.3%，而日本仅为3.5%。同期，在巴西进口方面，日本所占份额从5.3%降至2010年的3.8%，与此同时，中国则从2.2%增至14.1%。

可以说，在不同的亚洲国家中，存在与巴西关系类似的贸易类型。一方面，巴西被视为原材料（主要是粮食和基础产品）的供应源。另一方面，它同时也是制成品的大客户。

中国、日本和韩国通常都是铁矿石及其精矿、钢铁产品、大豆或豆油的购买者。日本还是铝的大买家，近年来对鸡肉也有很大需求。

原材料出口占巴西出口额的44.6%（2010年）和47.8%（2011年），而该类产品占巴西对亚洲出口的比重分别达到了72.0%（2010年）和75.5%（2011年）（见表5）。尽管亚洲国家越来越倾向于购买巴西的初级产品，但中国较其他亚洲国家呈现出更胜一筹的增势(见表6)。

巴西从亚洲的进口主要包括电子产品、制成品和重型机械（见表7）。

表5　巴西对亚洲出口的原材料

单位：%

年份	亚洲	日本	中国	韩国
2005	53.0	58.0	68.4	55.5
2006	58.6	54.5	73.9	61.3
2007	59.5	54.6	73.8	57.9
2008	63.4	64.8	77.7	53.0
2009	64.8	59.7	77.7	58.0
2010	72.0	71.1	83.7	60.0
2011	75.5	74.7	85.0	66.5

资料来源：巴西工业、外贸和服务业部（www.mdic.gov.br）。

表6　巴西对中国出口产品的分类

单位：%

年份	2000	2001	2002	2003	2004	2005	2006	2007	2008	2009	2010
大豆	31.1	28.3	32.8	29.0	30.0	25.1	29.0	26.4	32.4	30.2	23.2
豆油	2.0	0.3	5.0	5.9	9.1	2.5	1.4	2.9	5.0	1.9	2.5
铁矿石	25.0	25.4	23.7	16.9	20.5	26.1	31.3	34.5	29.7	37.2	43.4
化学木浆	5.0	6.7	4.5	5.9	4.9	4.0	4.1	3.6	3.7	5.2	3.7
原油	3.3	2.1	—	0.5	3.9	7.9	10.0	7.8	10.3	6.4	13.2
皮革	2.2	2.9	2.7	2.5	3.3	3.5	4.4	4.5	1.7	1.2	1.1
其他产品	31.4	34.3	31.3	39.3	28.3	31.2	19.8	20.3	17.2	17.9	12.9
合计(百万美元,FOB)	1.086	1.902	2.520	4.532	6.439	6.833	8.399	10.749	16.403	20.191	30.786

资料来源：巴西工业、外贸和服务业部（www.mdic.gov.br）。

表7　巴西从中国进口产品的分类

单位：%

年份	2000	2001	2002	2003	2004	2005	2006	2007	2008	2009	2010	2011
发送和接收装置零部件(85)	14.6	18.8	20.1	22.6	29.1	30.8	29.8	25.0	19.0	20.4	19.9	19.3
机器、机械器具及仪器(84)	9.1	8.6	5.1	4.6	5.6	7.2	9.3	10.2	7.7	10.8	10.8	8.8
纺织品	0.8	2.4	2.3	4.0	3.9	3.6	2.9	2.9	1.8	2.2	2.4	1.8
玩具	4.7	3.5	2.3	0.7	0.7	1.8	1.9	0.6	0.6	0.6	0.5	1.8
鞋(64)	1.0	0.8	1.0	1.2	0.8	0.5	0.4	0.5	0.5	0.6	*	*
焦炭煤、褐煤或泥煤	6.1	9.5	13.0	11.1	9.6	3.1	1.4	1.6	3.0	0.5	0.6	1.1
液晶装置(LCD)	3.3	1.3	2.2	3.8	4.3	4.8	3.6	4.0	4.1	2.7	2.0	0.7
其他产品	63.7	56.4	56.2	55.8	50.3	53.0	54.3	55.2	63.3	63.8	63.8	NA
合计(百万美元,FOB)	1.222	1.328	1.554	2.147	3.710	5.353	7.989	12.618	20.044	15.911	25.593	32.787

资料来源：巴西工业、外贸和服务业部（www.mdic.gov.br）。

在与亚洲的双边贸易中，巴西在1994年之前一直保持顺差，自此至2001年则呈逆差趋势。2002年，由于中国的快速增长，巴西重回顺差局面，并一直延续至2005年。2006年，巴西在与亚洲的贸易中存在20.72亿美元的逆差，2007年和2008年的逆差额分别为56.28亿美元和36.37亿美元。

然而，值得注意的是，这种负增长趋势并不完全是由中国强劲的贸易竞争力造成的，而是由于巴西在国际市场上扩大产品供应的趋势（尤其是为满足国内生产部门的需求）以及雷亚尔对美元汇率的上升。在从中国的进口方面，它体现出的是，进口中份额最大的并非消费产品，而是工业产品。

由于全球进口锐减，2009年在国际金融危机中成为不同寻常的一年。尽管如此，中国、中国香港、印度和东盟的需求使得巴西在2009年（并且在2010年和2011年维持顺差）实现贸易顺差成为可能。

2010年，巴西是中国的第八大进口来源国[①]。根据巴西的官方数据，巴西在2010年（52亿美元）和2011年（115亿美元）都实现了顺差，并且

① PRC General Administration of Customs, *China's Customs Statistics*, apud The US – China Business Council.

2011 年的顺差额创下了中巴贸易中巴方顺差的历史纪录。

有一些认识对理解巴西对中国的贸易态度至关重要。第一，尽管存在高度的不对称性和转移效应，但有一种看法认为，与中国的贸易关系对克服其他国家进口减少发挥了（并仍将继续发挥）积极作用，尤其是在当前的经济和金融危机局面下。

第二，巴西的特点不只是表现在自然资源丰富上，而且也同样体现在完备且强劲的制造业、潜力巨大的科学技术体系等方面。因此，巴西的农业实力源自投入、机械和设备的广泛协作，呈现出农业与工业密切联系的特点。

第三，巴西从中国的进口集中在电子产品、机器和机械设备，这从某种程度上促进了巴西工业的发展。巴西国内针对中国进口产品的意见主要集中在纺织业（布料和服装）和玩具业（但事实上，这两类产品所占比重远不及其他类型产品）。因为它们属于劳动密集型产品，对政策更为敏感，且更能直接影响国内市场就业[①]。

虽然，正如巴中企业家委员会所言[②]，有一种看法认为，每当其经济利益受到威胁，中国的态度就将变得含糊不清，但是，尽管中国正在转型为一个世界大国，它仍将保持其发展中国家的身份定位。

五　与澳门的关系

时至今日可见，巴西与中华人民共和国的关系（被冠之以“战略伙伴关系”）并未授予任何某一省份特权而关键在于各自政府所扮演的角色，尤其是两国在不久的将来所能发挥的作用。

因此，在 1999 年澳门回归之前，巴西不重视与澳门的任何联系。然而，1996 年葡语国家共同体（CPLP）建立后以及 1999 年之后，巴西开始重视与澳门特别行政区的关系，因为它成为一个有助于密切与中国联系的可能因素。

---

① Antonio Barros de Castro, “From Semi-stagnation to Growth in a Sino-centric Market,” *Brazilian Journal of Political Economy*, 2008, 28 (1), pp. 22 - 25.

② CEBC, *Carta da China*, Ano 7, no. 53, 27 de Janeiro, 2010, p. 15.

尽管这种看法是积极的，但是不能忘记，在此之前，巴西与澳门事实上不存在任何实际经贸的、政治的或战略的关系。因此，当时面临的问题是，澳门如何才能发挥在促进巴西与中国内地交往的积极的纽带作用。

葡语国家共同体对巴西来说有着很明显的重要性。其一，它们都以葡萄牙语为官方语言；其二，除葡萄牙外，其他各国都位于非洲大陆[①]，而自20世纪60年代以来，巴西在其对外政策中便将非洲大陆置于优先位置。从这点来看，澳门受到两点基本事实的限制：首先，虽然获得极大的自治权，但其对外政策相对依赖中华人民共和国；其次，尽管葡萄牙语为两种官方语言之一，但在澳门特别行政区并非被讲得最多的语言。

尽管存在这些困难，巴西仍认为存在强化与澳门关系的可能，因为它们所保持的文化相似性（虽不是决定性的）有利于拉近与中国澳门和内地的关系。

因此，由于不存在非常直接的政治和经济利益，当初强调的只是将澳门视为旅游胜地，或者是进入中国的大门。另外，在旅游方面希望能探索葡萄牙传统文化以及与中国几千年文化融合后的文化财富。毫无疑问，作为两种官方语言之一的葡萄牙语对巴西民众有很大的吸引力，也便于他们理解当地的文化财富[②]。

另外，巴西与中国澳门的贸易关系一直是零星的，在此之前未有浓厚的意图或明确的兴趣。如 Chun 和 Shujie[③] 所指出的，将澳门作为不同国家或地区间的桥梁存在一些结构性困难，“鉴于欠发达的银行业和金融市场的缺乏，澳门不可能成为中国的筹资中心之一，它只能向国家提供有限的贸易融资和与银行业相关的服务。由于其有限的经济实力以及相对落后的基础设施，中国内地与澳门之间的转口贸易活动没有得到很好的开发。澳门没有将自己定位为中国的主要转口贸易基地或外国商人的跳板，而是该地区休闲度假旅游胜地”。

---

① 在葡萄牙语国家共同体机制化的初期，东帝汶尚未获得政治自治。

② Macau Government Tourism Office, *Macau: A World of Difference. The Difference is Macau*, 2008, http://www.macautourism.gov.mo/en; Cros, Hilary Du, “Emerging Issues for Cultural Tourism in Macau,” *Journal of Current Chinese Affairs*, 2009, 38, 1, pp. 73 – 99.

③ Kwok Lei Chun and Yao Shujie, *Economic Convergence in Greater China: Mainland China, Hong Kong, Macau and Taiwan*, New York: Routledge, 2009.

然而，鉴于相对有利的环境，不排除开发出其他机遇的可能性。以中国香港为例，来宝集团（Noble Group）正在巴西投资兴建糖厂和乙醇厂[①]。

同样，不论是巴西还是巴西石油公司一直都表现出在亚洲大陆确立合作伙伴的兴趣，共同发展和生产可替代能源，以满足该地区市场的需要。

正因为如此，由巴西石油公司和日本乙醇贸易公司（Japan Alcohol Trading）合资建立的巴西 - 日本乙醇公司（Brazil Japan Ethanol，以下简称 BJE）于 2009 年 3 月 2 日在日本启动了其首个 E3（添加 3% 乙醇的汽油燃料）生产项目。BJE 的月生产能力能达 300 万升，直接面向独立的加油站。此项目的汽油供应商为位于冲绳岛的 Nansei Sekiyu 炼油厂，而巴西石油公司拥有其 87.5% 的股份[②]。

如果我们注意到日本汽车业协会（Jama）正在批准采用添加 10% 乙醇的混合汽油[③]，那么消费预期可能反映出更有趣的趋势。

除经济利益外，不能不考虑到，由于影响整个世界的环境问题，可替代能源（生物燃料及乙醇）的发展与使用呈现出更大的吸引力。在这方面，中国在扩大可替代能源使用方面同样表现出强烈的兴趣。

2007 年，中国、印度、巴西、南非、美国和欧盟宣布在联合国创建“生物能源国际论坛”，旨在讨论生物燃料生产、分配和消费效率在全球范围内的提高，环境保护以及粮食生产。生产大国以及消费大国在该论坛中体现出的兴趣能够促进全球可再生能源市场的发展[④]。

2009 年 12 月 23 日，巴西石油公司与中国石油天然气公司（Petro China）签署协议，除了出口合作外，还研究了双方作为合作伙伴在巴西开展乙醇生产的项目。与中国石油天然气公司的协议源于中国政府在某些省份实施在汽油中添加 10% 乙醇的决定。然而，巴西并没有该比例混合汽油的生产。因此，该项目的可行性研究长达半年。与此同时，2010 年中国将乙醇的进口

---

① Fabiana Batista, “Noble Group Confirma Compra da Cerradinho,” *Valor Econômico*, 21/12/2010.

② Marta Watanabe, “A Expansão da Petrobras na Ásia,” *Valor Econômico*, 19/06/2009.

③ Fabiana Batista, “Japoneses Voltam a Discutir Mistura de 10% de Etanol,” Valor Online, 02/03/2010.

④ Gilmar Masiero and Heloísa Lopes, “Etanol e Biodiesel como Recursos Energéticos Alternativos: Perspectivas da America Latina e da Ásia,” *Revista Brasileira de Política Internacional*, 2008, 51 (2), pp. 60 – 79.

关税从30%降至5%[①]。

所以，在其他一些有待评估的可能的市场营销中可以看到，巴西（包括南方共同市场或拉丁美洲）与中国澳门一起研发、生产和销售生物燃料所具有重要性。一方面，巴西没有生物燃料研发的土地和技术限制；另一方面，巴西正寻求更直接地进入亚洲地区的方法，而在澳门，它可以更接近这些主要的消费市场。

六　结论

在当前21世纪，巴西是一个新兴国家，而且是新兴国家主要阵营的组成部分，这已成为一个共识。尽管新兴国家的概念尚未得到很好阐释且存在争论，但已初步显示了对这一类型国家整体存在的认可，从发展进程来看，它们越来越接近那些所谓的发达国家。此外，除了经济快速增长外，它们也表达了在国际决策过程中实现合作参与的强烈政治意愿，显示出地区性的政治抱负，以及成为大国的愿望。

在这种愿望的基础下存在着这样一种认知：自冷战结束以来，世界处在规范国际关系的机构以及规则重组的大进程中。这也就是说，按两大集团（苏联和美国）建立、划分和支配的世界不复存在，而当前面临一批新兴国家的出现，在国际规则的修订和重新谈判过程中，它们具有扩大参与的能力和兴趣。

2008年年底爆发的国际金融危机，以及世界贸易组织多哈回合谈判所陷入的僵局更加清楚地说明了现存机制（及其规则）的脆弱性以及实行重大变革的需要，从而重新迎合不同国家的利益，并在国际范围内建立更具协作和稳定的环境。

巴西及其外交政策恰巧表达了这种意愿。首先，随着冷战结束，巴西认识到自己的国际隔绝局面，尤其因为20世纪80年代的金融危机。其次，作为一个“全球贸易大国”和“全球参与者”，为了捍卫其利益，它必须以更加积极的姿态更多地参与国际谈判进程。

① “Petrobras Fecha Acordo com Petro China para a Produção de Etanol,” *Folha de São Paulo*, 24/12/2009.

正因为如此，基于“南方国家”的利益、需求和愿望在由“北方国家”构建的当前国际秩序中未受重视的认识，巴西外交政策行动重新强调“南南合作”的主题。

这种明确的战略旨在在国际谈判中代表“南方国家”的部分意愿，从而推动多边机制的改革进程。因此，它可以被理解为发达国家对立面的代表，但不寻求对抗，而是利用现有的机制框架。因为，这种视角是由于认识到它们是具有相似利益的国家，如经济发展、安全和国际声望。

这种动向强化了巴西扩大与其他发展中大国（尤其是与中国）合作的外交意向。总之，有必要强调，这种外交的重点并非排他性的，因为巴西仍然延续其外交政策中多元化的原则，并不是偏重发展中世界而忽视发达世界。因此，扩大与美国、欧盟或日本，或其他新兴大国（如印度－巴西－南非对话论坛）的联系也是优先的，同样不要忘记南美洲在当前巴西对外政策中显著的重要性。

最后，中巴关系是伙伴关系，而不是一种从属关系。实际上，这也正是由两个伙伴国家所确定的“战略伙伴”所追求的，它们将自主和不干涉作为其外交政策的基础，并在国际上一些互利互惠的问题上寻求一致行动。

参考文献

1. Alexandre F. Barbosa and Ângela C. Tepassê, “As Relações Comerciais entre Brasil e China de 1979 a 2008: Lições de Estratégia Política e Econômica,” in Henrique Altemani Oliveira, *China e Índia na América Latina: Desafios e Perspectivas*. Curitiba: Juruá Editora, 2009, pp. 193 – 219.
2. Danielly S. R. Becard, “Cooperação e Comércio entre Brasil e China durante o Governo Lula,” in Henrique Altemani Oliveira, *China e índia na América Latina: Desafios e Perspectivas*, Curitiba: Juruá Editora, 2009, pp. 163 – 192.
3. Antonio Barros de Castro, “From Semi-stagnation to Growth in a Sino-centric Market,” *Brazilian Journal of Political Economy*, 2008, 28 (1), pp. 3 – 27.
4. CEBC, *Carta da China*, Ano 7, no. 53, 27 de Janeiro, 2010, p. 15.
5. CEBC, “Investimentos Chineses no Brasil: Uma Nova Fase da Relação Brasil-China,” Maio, 2011, http: // www. cebc. org. br.
6. Sérgio M. Cesarin, “China e Índia en América Latina y el Caribe: Enfoques

Comparados de Inserción Gegional," in Henrique Altemani Oliveira, *China e Índia na América Latina: Desafios e Perspectivas*, Curitiba: Juruá Editora, 2009, pp. 20 - 41.

7. Kwok Lei Chun and Yao Shujie, *Economic Convergence in Greater China: Mainland China, Hong Kong, Macau and Taiwan*, New York: Routledge, 2009.
8. Hilary Du Cros, "Emerging Issues for Cultural Tourism in Macau," *Journal of Current Chinese Affairs*, 2009, 38 (1), pp. 73 - 99.
9. Lílian Fernandes Cunha, *Em Busca de Um Modelo de Cooperação Sul-Sul-o Caso da àrea Espacial nas Relações entre o Brasil e a República Popular da China (1980 - 2003)*, Brasília: Universidade de Brasília, Dissertação de Mestrado, 2004.
10. Monica Hirst, "Brazil India Relations: a Reciprocal Learning Process," *South Asian Survey*, 2008, 15 (1), pp. 143 - 164.
11. Gilmar Masiero and Heloísa Lopes, "Etanol e Biodiesel como Recursos Energéticos Alternativos: Perspectivas da America Latina e da Ásia," *Revista Brasileira de Política Internacional*, 2008, 51 (2), pp. 60 - 79.
12. Deliang Shang, "Cooperação Política entre China e Brasil versus Multipolarização," in Samuel Pinheiro Guimarães, *Brasil e China: Multipolaridade*, Brasília: IPRI-FUNAG, 2003, pp. 291 - 308.
13. Jiang Shixue, "China, Latin America, and the Developing World", in Peter H. Smith, Kotaro Horisaka and Shoji Nishijima, *East Asia and Latin America: The Unlikely Alliance*, Lanham: Rowman & Littlefield Publishers, 2003, pp. 311 - 331.

澳门的人口问题与经济发展的关系

陆海诺[*]

张朋亮 译

摘　要：随着人口的不断增长，澳门该采取何种发展战略？在人口规模较小的情况下，如何对移民问题进行合理管控？澳门如何与香港、内地，以及东南亚其他国家各自的人口增长趋势相适应？

澳门近年来经历了劳动年龄人口的增长，这就意味着经济依赖型人口的显著减少。随着子女数量的减少和老年人口的总体稳定，普通劳动者在这两类人身上投入的花费将有所降低。尽管如此，但是前景仍然不容乐观。因为老年人口比重将呈现快速上涨态势，上述局面将被逆转。

2010～2030年，澳门的老年人口将以每十年翻一倍的速度迅猛增长，而且加速趋势将一直持续到2050年。这就意味着，自2040年起，平均每对劳动年龄夫妻将承担一个老年人的赡养负担。由此带来的经济、社会和政治影响将会制约澳门的发展。综观世界，人们为解决这一问题制定了各种政策，但是目前尚未有哪个政策被证明是完全正确的，而且仍然有待各地人口实际数据的进一步验证。

通过对所有这些人口趋势进行回顾，本文讨论了拉丁美洲在其中可能起到的作用。拉丁美洲能否帮助澳门破解人口难题？它们之间是否具有互补性？

---

* 陆海诺（Luis Lojero Garza），Mural Tactil 公司首席执行官、高级顾问。

一 引言

21 世纪，澳门在走可持续发展之路的尝试中面临诸多复杂的挑战。无论是高等收入国家和还是中等收入国家，对这一系列的障碍都不陌生。事实上，世界上许多地方都存在这种情况。在这些问题中，澳门这个地域极其有限的地区——中国的一个特别行政区——呈现出以下特点：快速老龄化的人口，日益扩大的收入差距，大规模的移民潮和旅游潮，地方身份认同危机，在人口密集的土地上出现的市场泡沫形式和投机形式的房地产不稳定形势，能源紧张，有限的承载能力，在规范一个不断蓬勃发展却同时扰乱社会经济发展的行业时面临困境。事实上，澳门未来的社会和经济发展并未得到保障，而且也不会得到保障，除非社会将这些挑战作为一个整体来进行思考，才能在有效解决方案上达成一致。借用香港著名地产发展商胡应湘的观点，“若现在没有勇气改变澳门，那么未来 60 年它都不能被改变了”①。

如何着手理解这种复杂且多样化的挑战？又该从何处着手？本文单方面决定从人口研究角度切入，并希望阐述做出该决定的基本原因。我们可以从多个角度研究发展进程及策略。有关因果关系的学术讨论范围较为宽泛，目前尚未形成完全一致的观点。尽管如此，本文将从一些学者（Caldwell，Coale，Davis，Dyson，Bloom，Williamson 和 Kirk）所达成的一致观点出发，进行阐述。这些学者曾认真探讨过“人口发展趋势是如何影响特定人群的经济前景的”这一问题。人口发展趋势可能会带来经济富矿，但同时也可能会威胁到经济的增长。

本文的行文脉络如下：第一部分是诊断部分，该部分向读者介绍澳门过去及现在的发展，并对其未来的发展做出预测。它主要聚焦于人口统计数据以及其他可持续发展指标，其中人口老龄化现象、劳动力市场、经济结构和各种形式的人口波动会是重点关注对象。

第二部分介绍了未来决策制定中须考虑的重要因素。本文在该部分做出

① Francisco Vizeu Pinheiro, Penny Wan, “Urban Planning Practices and Scenarios for Macao Development,” Case Studies of Macao's Urban Sustainable Development, Paper prepared for the 12th Real Estate Society Annual Conference, University of Macau, 2007.

大胆尝试，基于诊断为澳门的未来发展提出一些建议。不言而喻，该部分不具学术性，因为只有经过进一步研究才能提出可靠的政策建议。尽管如此，本文仍将该部分包含在内，因为该集体创作的目标之一是分享关于澳门未来的想法。学术的严谨性有时约束了新观念的产生，因此我们将自己的政策建议作为一个想法和大家分享。最后鉴于本书的性质，本文在这一部分中也会介绍澳门应如何与拉丁美洲进行互动，以达到利用共享的国际战略解决一些文中所述的问题。

在开始之前，首先要指出文章中一些主要的局限性。首先，本文对澳门的技术分析并没有建立在实地调研的基础上。因此，许多方面都难免有些缺失。尽管基于地理距离，我们仍会保留研究的独立性。其次，本文在文化方面还存在一些重要的局限性，这使得文化未能在这项研究中发挥应有的作用。不过本文作者认为，作为一个非土生澳门人或澳门居民，既有利也有弊。最后，国际发展是一个复杂的多学科性领域，本文能够研究的空间具有明显的局限性，未能探讨关于发展的许多方面①。尽管具有这些局限性以及可能出现的错误，本文仍适用于通常的免责声明。

本文作者还要感谢 Laura Diorella Islas Limiñana 女士对本文研究提供的所有协助，以及澳门亚太拉美交流促进会工作人员所给予的全力支持、耐心和理解。

二　诊断

开篇的图 1 描述了笔者所要讨论的内容，即澳门面临的最大的挑战。从图 1 中我们可以发现，澳门人口结构在一百年间不断变化。仅用图 1 就可说明澳门在过去、现在和未来的可持续发展中存在的一些问题。若用一句话概括图 1，那就是：澳门的一切都将发生变化。

澳门已经渡过了三个人口过渡阶段中的第二个阶段②。首先，从 20 世

① 关于其资源和管理的更多方面：澳门的土地、能源、清洁用水和基础交通设施。

② “寻其根本，‘人口过渡’指从一种高死亡率、高生育率体制向一种低死亡率、低生育率体制的转变。” K. Davis, “Population and Resources: Fact and Interpretation,” *Population and Development Review*, 1990, 16, pp. 1 - 21。对于每个经历过这种过渡的国家，其社会指标和经济指标也都得到了高度发展。

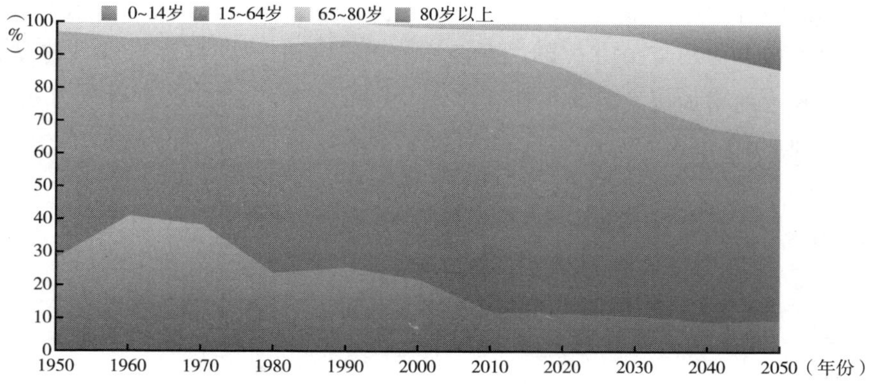

图 1　1950～2050 年澳门各年龄组人口所占比例

资料来源："World Population Prospects: The 2008 Revision," D. Population Division, United Nations, 2009。

纪 50 年代至 60 年代初，澳门人口呈增长趋势。这意味着，0～14 岁年龄组的少年儿童是总人口中增长最快的年龄组。其次，1960～2010 年，15～64 岁年龄组的人口达到其最大比例，为上年总人口数量的 80%。他们是最具生产性、在经济上最为活跃的一个年龄组①。从现在起，澳门的人口构成将经历第三次变化。人口结构将不再是澳门经济的驱动力量，而会成为澳门经济发展中的一个挑战。

由于篇幅限制，本文就不对第一阶段做全面回顾。可以说，1960 年之前的澳门人口对澳门构成了一个持续的挑战，因为 0～14 岁年龄组的人口出现快速增长，这就对基础教育和基本医疗提出了很高的需求。

1960 年后，澳门经历了众所周知的人口礼物或红利②时期，即人口过渡的第二阶段。这意味着，50 年内劳动年龄人口的增长继续高于新生儿和老人的增长，简单来说，生产性人口（15～64 岁）得以减少其在数量日益下降的儿童和人数稳定的老人身上的人均开支。劳动年龄人口的数量超过了规

① "World Population Prospects: The 2008 Revision," D. Population Division, United Nations, 2009.

② 关于东亚人口红利现象的更多信息，见 D. Bloom, J. G. Williamson, "Demographic Transitions and Economic Miracles in Emerging Asia," *NBER Working Paper Series*, No. 6268, National Bureau of Economic Research, 1997。

模较小的弱势群体。事实上，可以用抚养比来精确衡量该指标①。由图 2 我们可以发现，1970～2010 年澳门的抚养比持续下降。这最终意味着经济的增长、收入的增加以及生活条件的改善。1960 年澳门的人均寿命仅为 60 岁出头，到 2010 年人均寿命达到 80 岁以上，这很好地体现出上述变化。

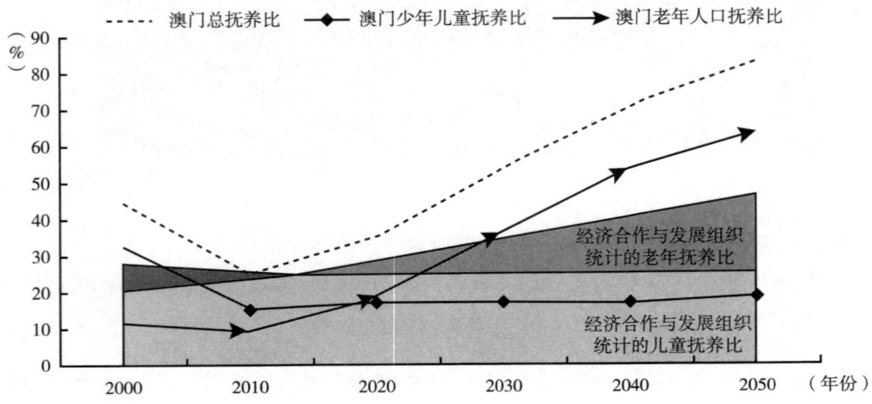

图 2　2000～2050 年澳门和经济合作与发展组织统计的抚养比

资料来源："World Population Prospects: The 2008 Revision," D. Population Division, United Nations, 2009。

在 21 世纪的第一个十年后，澳门将要经历人口构成变化的第三阶段，也将在资源分配和可持续发展方面面临更大的挑战。图 2 展示了"总抚养比"（即老年人口抚养比和少年儿童抚养比之和）是如何在 2010 年跌到最低，然后以更快的速度上升的。到 2050 年，劳动年龄人口预计将萎缩 50%②。当颇具竞争性的年龄段的比例出现这种空前的萎缩时，65 岁以上人口的数量将从人口总量的 5% 增至 35%。人口红利效应将被扭转，抚养比也会随之提高。这种现象也被称为老龄化，这一点可从图 2 老年人口抚养比曲线中清晰地观察到。当老年人口的比例占到总人口的较大比例时，就会出现人口老龄化现象。

① 总抚养比 =（少年儿童人口 + 老年人口）/劳动年龄人口（15～64 岁）。

② "World Population Prospects: The 2008 Revision," D. Population Division, United Nations, 2009.

（一）日益趋于老龄化的澳门

人口老龄化的直接影响，挑战着世界上的每一个社会经济结构。以澳门为例，其2010年的老年人口抚养比为9%左右，换言之，每10名从事经济活动的居民（15～64岁）中就有1名退休人士。可以说，澳门实现了理想的退休制度。然而问题是，该比例预计会在2030年达到36%，在2050年达到64%（超过1/2）①。就澳门目前的经济体制和结构而言，这是一个十分重要的问题。此外，澳门不是一个孤立的地区，它还须应对一种国家现实（即澳门是中国的一部分）及其经济互动。可以说，与香港和内地相比，目前澳门应更注重自身的发展战略，因为其人口情况面临巨大挑战，而邻近地区的情况亦更突显了澳门的这一问题。

人口老龄化的后果还不明确，因为老龄化程度最高的国家还尚未跨越老龄化的边界。尽管如此，我们知道老龄化会对经济体系、社会体系和政治体系产生十分重要的影响。人口的快速老龄化，已经成为许多经济合作与发展组织国家所讨论的一个基本问题。日本、韩国、西班牙、意大利、法国、德国和英国，都在讨论和制定政策来缓解老龄化的直接压力，或甚至试图扭转这一趋势。可惜的是，至今尚未出现一个已被证明是正确的政策，因为现在还没有足够的数据，要随着人口发展才能搜集更多的数据。

（二）澳门日益趋于老龄化的背景

澳门将经历一个十分快速的老龄化过程，这种历程将远远超过世界上任何一个经历人口过渡的国家和地区②。表1通过表中所列基准评估了一些国家和地区的老龄化速度。表1中列出了三部分信息：第一部分首先给出了世界上老龄化进程较快的国家和地区清单；第二部分介绍了这些国家和地区跨越三个连续基准时所处的年份（即当65岁及以上人口达到总人口的7%、14%和20%时的年份）；第三部分说明了各国和各地区老年人口比例从7%增至14%和从14%增至20%所需的时间。

① 每对夫妻中有1.28名退休人士。

② 已经完成人口过渡或到2050年将完成人口过渡的每一个国家和地区。

表 1　特定国家/地区由老龄化社会（ageing society）向老龄社会（aged society）的过渡

国家/地区	65 岁及以上人口达到特定比例时的年份			增至特定比例所需的时间（年）	
	7%	14%	20%	7% 增至 14%	14% 增至 20%
英　　国	1929	1976	2021	47	45
法　　国	1864	1979	2020	115	41
德　　国	1932	1972	2012	40	40
意 大 利	1927	1988	2007	61	19
西 班 牙	1942	2013	2028	71	15
日　　本	1970	1994	2006	24	12
中国澳门	1995	2020	2027	25	7
韩　　国	2000	2019	2026	19	7

资料来源：Hanam S. Phang，"Demographic Dividend and Labour Force Transformations in Asia: The Case of Korea," Korea Labor Institute, 2005，本文根据联合国 2009 年的数据做出部分调整。

根据该衡量标准，我们可区分三种类型的国家。第一组是快速/长期型老龄化国家，如英国、法国[①]和德国。这些国家的老龄化速度看似稳定，没有像接下来的两组国家那样出现老龄化急剧加速的现象。第二组是加速/快速型老龄化国家，如意大利和西班牙。它们达到第一基准所需时间较长，但随后能快速达到 20% 这一基准，其所需的平均时间远少于快速/长期型国家。如今第二组国家的老龄化速度又进一步加快。第三组是不断加速型老龄化国家，如日本和韩国。该组的主要特点是短期的老龄化过程。它们跨越所有基准（从 7% 到 20%）所需或预计所需的时间均少于 36 年。这类国家的另一个共同点是，老龄化现象出现的时间相对较晚，都是从 20 世纪后半叶开始直至 21 世纪。

将中国澳门划归到不断加速型老龄化国家和地区中最为适合。表 1 说明中国澳门是如何"仿效"韩国（它是世界上老龄化速度最快的一个国家）的老龄化进程的。之所以用"仿效"一词，是因为澳门的老龄化进程比韩国滞后一年，而且澳门达到第一基准的时间为 25 年，而韩国为 19 年。尽管如此，澳门的老龄化速度仍会加快，并最终形成与韩国非常相似的人口结构。这意味着 2020 年之后澳门的老龄化速度将超过韩国。此外，在关注不

① 尽管可以认为法国经历了一种独特的老龄化历程，但出于本文的分析，法国被归到该组。

同的衡量标准（如联合国人口司发布的60岁以上人口的比例）时，会发现一些十分令人震惊的事实。

一项深入研究表明，2006年澳门60岁及以上人口比例为11%，在所有老龄化国家和地区中排名第六十六[①]。本文对2050年同一指标的预测将澳门置于世界前三名，而上述同一组的60岁及以上人口比例则为40%。换言之，澳门将在不到40年的时间里超过60多个国家和地区，与中国香港、日本、韩国、西班牙、意大利、斯洛文尼亚、马耳他和马提尼克并列，成为地球上居民年龄最大的地区之一。当预测80岁及以上人口的比例时，澳门也位居榜首。但是，是什么导致了如此快速的老龄化？而且更为重要的是，鉴于澳门的经济结构，这一历程会对澳门的社会、经济及发展造成什么影响？

（三）关于人口快速老龄化的简要解释以及老龄化的一些影响[②]

老龄化进程的出现需要两个基本因素的存在，而且两个因素均是人口过渡的一部分。这一过渡开始于死亡率由高到低的转变。一段时间之后，高生育率也将下降，死亡率也随之下降，并且往往具有明显的延迟性。首先，死亡率下降的主要影响是，人口数量的增加和寿命的延长[③]，这一点可从1960年之前澳门的经历中看出。死亡率的下降引发了生育率的提高，并最终导致年轻人口的增加。出现这一趋势的原因是，人口金字塔的底部在不断地被扩大[④]。

其次，生育率的下降会导致相反的结果。它首先会引发生产性人口的增加（前文讨论1960~2010年的澳门时提到的人口红利或礼物），并导致整个过程中人口的老龄化[⑤]。一旦生育率和死亡率在较低的水平上持平，两者往往会维持这一水平，逐渐扩大老年群体的数量，并最终导致人口规模的减

① "Population Ageing 2006," Population Division, Department of Economic and Social Affairs, United Nations, 2006.

② 该部分的讨论主要基于笔者2009年撰写的、未发表的关于老龄化相关著作。

③ K. Davis, " Population and Resources: Fact and Interpretation," *Population and Development Review*, 1990, 16, pp. 1 – 21.

④ R. Lee, "The Formal Demography of Population Aging, Transfers, and the Economic Life Cycle," *Demography of Aging*, 1994. L. G. Martin, S. H. Preston, Committee on Population, Commission on Behavioral and Social Sciences and Education, National Research Council.

⑤ T. Dyson, " A Partial Theory of World Development: The Neglected Role of the Demographic Transition in the Shaping of Modern Society," *International Journal of Population Geography*, 2001, 7 (2), pp. 67 – 90.

小。“延长预期寿命并降低生育率的举措，重塑了世界大部分地区的人口年龄结构。”① 这一复杂的现象已深深植根于社会之中，并因此直接影响社会经济结构乃至政治结构。

联合国2007年世界人口老龄化报告显示，年轻和年长一代的福祉逐渐成为人们关注的一个问题。由于年龄结构的重大变化，代际社会支持体系的可行性还有待确定。在年轻人口不断减少的背景下，老年群体在总人口中的比例不断增长②。由此可见，社会保障制度开始面临各种压力。此外，老年人的寿命大大延长。退休人口的数量也因此不断增加，社会人口享受社会福利和退休金的时间也随之延长，而即将步入劳动年龄人口群体的年轻人数量却出现下降趋势③。这些只是老龄化所构成的社会挑战的一小部分。

（四）在地区性环境下依据其他指标对澳门进行分析

澳门似乎是一个资源配置不受可持续发展战略驱动的地区。多数情况下，快速的人口过渡会伴随着强有力的城镇化进程（一些国家日益加快的老龄化进程很好地体现出这一点）④。澳门也同样体现出这种相关性。澳门特别行政区在其十分有限的土地上基本实现了城镇化。澳门还是一个人口稠密的地区（排名世界前列），并且老龄化程度越高，人口中女性人数就越多（根据联合国的预计，到2050年老龄人口中男女比例将达到49:100）。澳门的人均寿命出现大幅度提升，并十分接近香港的人均寿命。与其令人惊叹的人均国内生产总值相比，澳门其他方面的表现比较逊色。换言之，在与香港和内地比较时，澳门在其他指标上本应表现得更好。

澳门的人均GDP高于中国内地各省、香港、台湾地区和日本（见图3）。出人意料的是，当涉及健康和教育指标时，澳门不再位居榜首。以中国国家统计局的一些指标为例，在15岁以上成人识字率这一指标下，中国内地的四个省份、香港和台湾都超过澳门。据联合国教育、科学及文化

① UNESCO，http：//www.gapminder.org/labs/gapminder-china，2007，最后访问日期：2012年2月。

② “World Population Ageing 1950－2050，” D. Population Division，United Nations，2007.

③ “World Population Ageing 1950－2050，” D. Population Division，United Nations，2007.

④ T. Dyson，“A Partial Theory of World Development：The Neglected Role of the Demographic Transition in the Shaping of Modern Society，” *International Journal of Population Geography*，2001，7（2），pp. 67－90.

组织[①]，澳门的高等教育入学率比内地和香港分别低出 2 个和 5 个百分点。尽管如此，香港的青年失业率仍高于澳门——港澳两地的青年失业率分别为 9% 和 6%[②]。在用互联网用户这一指标来衡量信息的获取程度（见图 4）、社交技术曝光、技术教育和技术复杂度的水平时，澳门似乎一直落后于香港。而中国内地却在迅速迎头赶上。下文还会再次使用该指标。

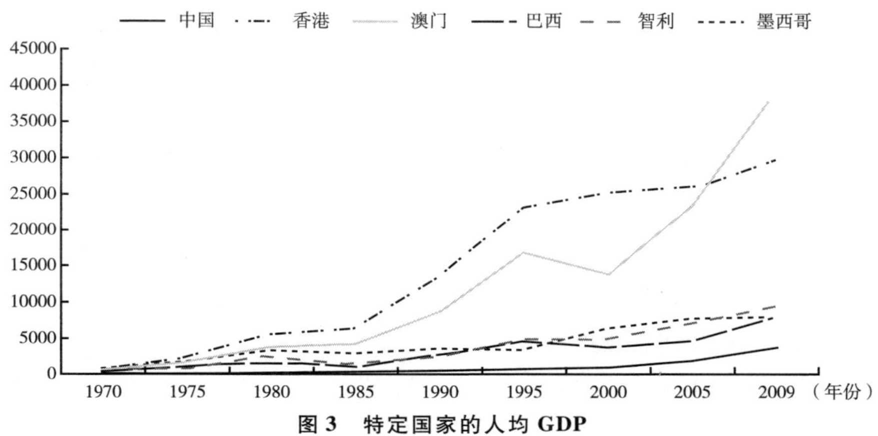

图 3　特定国家的人均 GDP

资料来源："World Population Ageing 1950 - 2050," D. Population Division, United Nations, 2007。

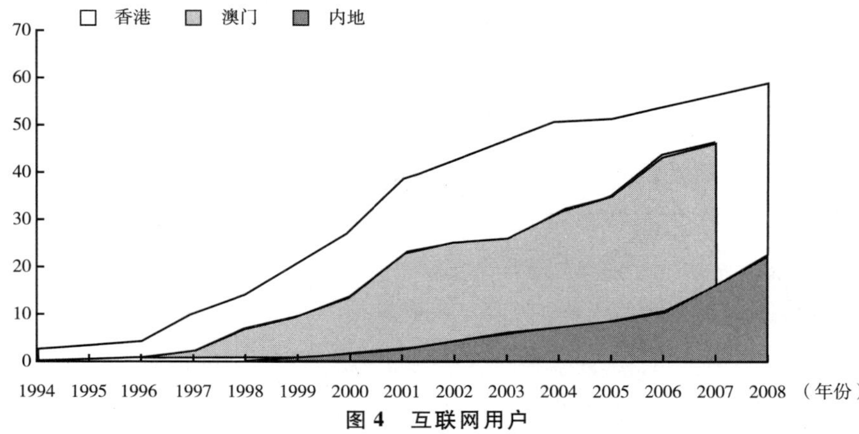

图 4　互联网用户

资料来源：UNSD, Millennium Development Goals Database，最后访问日期：2011。

---

① "World Population Ageing 1950 - 2050," D. Population Division, United Nations, 2007.

② UNSD, Millennium Development Goals Database，最后访问日期：2011。

卫生指标方面，澳门的每千人病床数为1.9，而香港、北京和上海的这一数字均高于5。事实上，唯一低于澳门的省份就是贵州——中国最贫困的省份之一。这可能反映澳门的流动人口情况，以及香港医疗卫生服务的普遍吸引力，但这不是好的现象。澳门的常住人口数量超过50万人，低于香港、珠海、深圳和广州的常住人口数[①]。那么，为何澳门的人口未能获取足够的社会服务？当涉及人口和经济问题时，澳门特别行政区可能就会显现出明显的扭曲性。答案可能在于澳门最终选择的经济使命——其收入和资源因博彩业而出现极度扭曲。

图5预测了澳门的人口数量，说明了澳门人口是如何不断膨胀和萎缩的，并成为本文中最有趣的图表之一。图5显示出一个变化无常的澳门：有时具有极低的人口增长率——低于零，有时又具有极高的人口增长率——接近4%。虽然本文不会对此做详尽解释，但我们无疑可以通过分析其中的一小部分因素来帮助理解这一现象。许多学者认为，澳门回归中国、葡萄牙人离潮（exodus）和博彩业投资是导致上述现象的重要因素。樊飞豪和温艳琼（Francisco Vizeu Pinheiro，Penny Wan）解释了澳门为何会在过渡时期出现2.8%的平均人口增长率[②]。

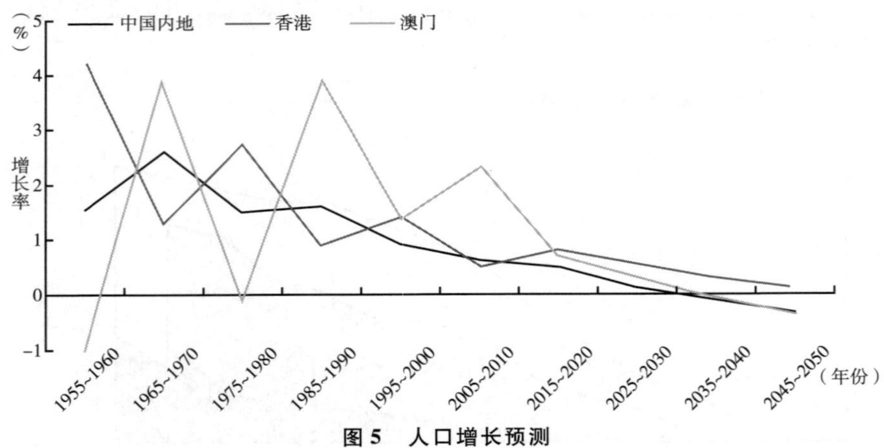

图5　人口增长预测

资料来源："World Population Prospects: The 2008 Revision," D. Population Division, United Nations, 2009。

---

① NBSC, National Bureau of Statistics of China, 2007.

② Francisco Vizeu Pinheiro, Penny Wan, "Urban Planning Practices and Scenarios for Macao Development," Case Studies of Macao's Urban Sustainable Development, Paper prepared for the 12th Asian Real Estate Society Annual Conference, University of Macau, 2007.

由于当时澳门宽松的入境限制，许多内地居民移居澳门。澳门当局对投资移民的投资金额要求仅为香港的1/6。根据澳门统计暨普查局2012年的数据，2003～2006年澳门人口的年均增长率为4.5%。最后，有必要牢记澳门同其他较为稳定的地区之间的明显差异，该差异或许在一定程度上解释了澳门为何会在提供社会服务方面存在困难。

（五）博彩业、娱乐业和酒店业对人口结构和经济结构的影响

作为诊断部分的最后一个焦点，不可避免地要讨论博彩业、娱乐业和酒店业是如何推动澳门的经济、人口迁移和土地使用政策的。根据Van der Putten的观点，澳门的工业化（轻工业）发生在20世纪70年代，并借助了香港的对外直接投资（Foreign Direct Investment，FDI）①。随之而来的本应是一个伴随着更为复杂的重工业或高科技生产的第二阶段，但该阶段却从未出现②。20世纪80年代中国实行改革开放政策，经济特区成为其核心内容。珠海是距澳门最近的经济特区，也是与澳门竞争吸引制造业FDI最多的一个经济特区。自2002年起，澳门已没有能力吸引博彩业以外的FDI。图6和图7描述了澳门在20世纪80年代末之后的经济形势——日益走向去工业化。与此同时，根据澳门统计暨普查局2012年的数据，澳门的劳动年龄人口不断增加，并在2010年达到总人口的80%。1990年，制造业的GDP比重已经下降到15%。到2010年，该比重甚至下降到5%以下。相应的，制造业的员工人数也出现大幅下降。2000年的劳工数量仅为4万人，十年后的2010年劳工人口仅余1万人。

与制造业的消失相比，我们可以看到博彩业及相关酒店业和旅游业的令人瞩目的崛起。澳门GDP的最大贡献者显然是“公共行政、文娱博彩及其他服务业”。事实上，可以说博彩业是该增长的唯一贡献者。通过观察各行业员工人数（图7）是如何随着其本身部门的发展（图6）而变化的，就可以得出这一点。此外，2004～2010年金光大道在氹仔和路环的建造，解释了博彩业对建筑的影响。根据樊飞豪和温艳琼的观点，在内华达州的拉斯维加斯需75

① Van der Putten, Frans-Paul, *IIAS Newsletter*, No. 29, 2002.

② R. Vos, J. A. Ocampo, et al., Eds., *Ageing and Development*, United Nations, 2008.

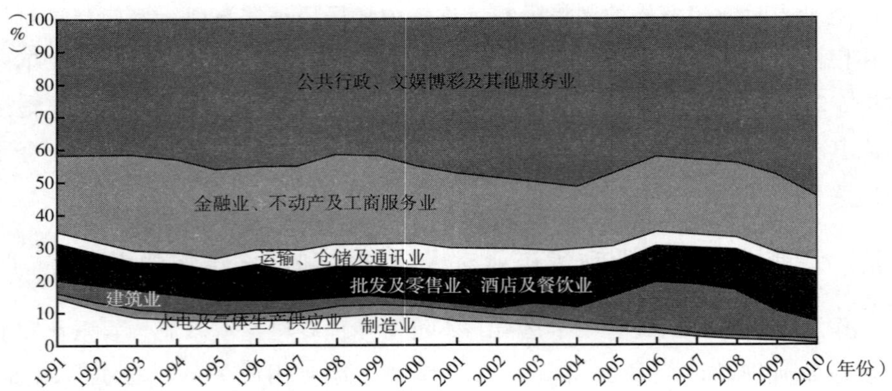

图 6　基于产值核算的澳门 GDP

资料来源：澳门统计暨普查局。

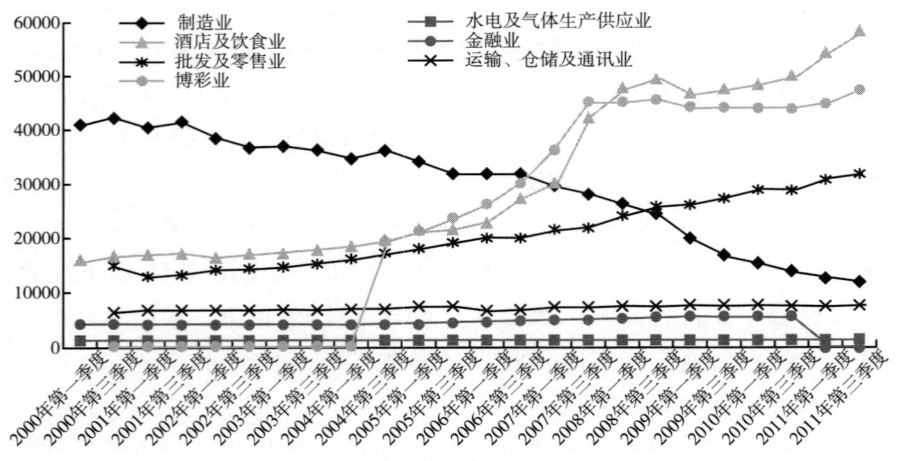

图 7　各行业雇员数量

资料来源：澳门统计暨普查局。

年打造的拉斯维加斯大道，在澳门只需花 5 ~ 8 年的时间即可完成①。

博彩业的影响还体现在“酒店及饮食业”指标下员工数目的惊人增长。博彩业及酒店业的员工总数超过 10 万，达到所有行业员工总数的 25%

① Francisco Vizeu Pinheiro, Penny Wan, “Urban Planning Practices and Scenarios for Macao Development,” Case Studies of Macao's Urban Sustainable Development, Paper prepared for the 12th Asian Real Estate Society Annual Conference, University of Macau, 2007.

（2012 年）。批发和零售业也属于重要的行业，其拥有超过 35000 名员工（2012 年）。相当有趣的是，我们可以发现建筑业活动是如何与非本地劳工联系在一起的——因为这些劳工未被包含在正规的各行业居民雇员统计数据中。在建筑活动较为活跃的最重要时期，澳门本土居民经历了前所未有的非本地劳工的流入。2006 年，非本地劳工数量达到 7 万，他们主要从事建筑业和博彩业的劳动①。

非澳门居民在澳门占据主导地位并发挥着重要作用。2008 年，澳门居民人数为 53 万，但该数字不包括 9 万名非本地劳工和每年 2700 万名的游客。非本地劳工已经在澳门社会中占据很高的比例。从图 8 可以看出，其数目逐年增长并累积。2010 年，几乎每 5 个人中就会有一个非本地劳工。那么，澳门的其他资源配置又会是怎样的？

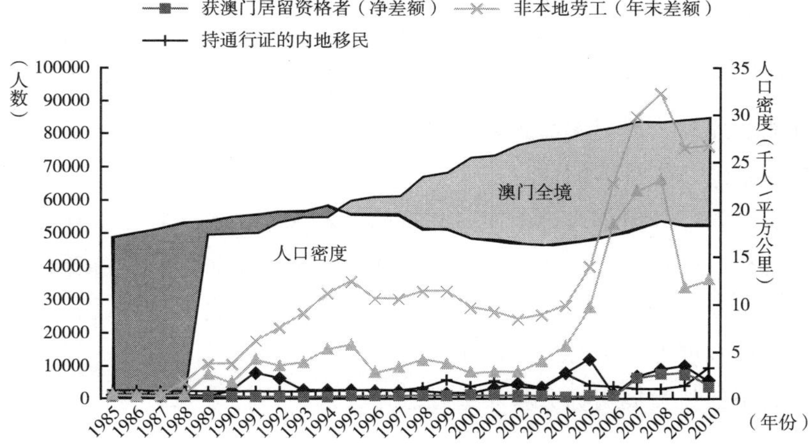

图 8　人口的流入及密度

资料来源：澳门统计暨普查局。

图 8 展示了多年来人口密度与填海之间的关系。新居民、非本地劳工及游客的大量流入，使得澳门开始对填海项目进行投资。毫不奇怪，“80% ~

---

① Francisco Vizeu Pinheiro, Penny Wan, “Urban Planning Practices and Scenarios for Macao Development,” Case Studies of Macao’s Urban Sustainable Development, Paper prepared for the 12th Asian Real Estate Society Annual Conference, University of Macau, 2007.

90%的新房地产开发项目都是被移民、外籍人士和全球投资者买下的”[①]。

这正是澳门人在邻近的珠海购买房子的原因，那里的住宅往往更便宜、更宽敞、更优质[②]。在旅游业的影响方面，“在约28平方千米的区域内，游客人数从2004年的16672600跃至2007年的26992995”[③]。因此，樊飞豪和温艳琼的研究展示了许多案例，显示出土地开发规划是如何从社会发展领域（学校、社会服务、住宅开发或绿化地带）转移到酒店业和博彩业的[④]。1994~2010年澳门新增的10平方千米土地，使澳门一直保持了较为稳定的人口密度。但是，是否有一些新的土地被配置到某个与博彩业不相关的发展战略中了呢？

（六）诊断综述

第二部分的诊断介绍了澳门的一些重要特征，这些特征影响着或将会影响未来该区域的发展。首先，该部分介绍了澳门过去和现在以及预测的未来的人口结构，说明了抚养比，特别是老年人口的抚养比在2010年降到最低、随后又再次升高的过程。老龄化问题被认为是澳门在未来几十年将面临的最重要挑战。此外，澳门将与香港及内地同时步入老龄化阶段，但其老龄化速度会在未来的几年持续加快。

其次，该部分简单讨论了澳门独特的人口现象，及其将会对社会结构和经济结构构成的挑战。年青一代和年老一代的福祉都将面临这一考验。由于年轻人的不断减少和老年人的不断增加，代际间的社会支持体系、社会保障制度和养老制度都将承受巨大的压力。

在利用其他发展指标分析某些社会服务时，澳门表现出与其极高的人均

---

① Francisco Vizeu Pinheiro, Penny Wan, "Urban Planning Practices and Scenarios for Macao Development," Case Studies of Macao's Urban Sustainable Development, Paper prepared for the 12th Asian Real Estate Society Annual Conference, University of Macau, 2007.

② Francisco Vizeu Pinheiro, Penny Wan, "Urban Planning Practices and Scenarios for Macao Development," Case Studies of Macao's Urban Sustainable Development, Paper prepared for the 12th Asian Real Estate Society Annual Conference, University of Macau, 2007.

③ Hilary Du Cros, "Emerging Issues for Cultural Tourism in Macau," *Journal of Current Chinese Affairs*, 2009, 38 (1), pp. 73 - 99.

④ Francisco Vizeu Pinheiro, Penny Wan, "Urban Planning Practices and Scenarios for Macao Development," Case Studies of Macao's Urban Sustainable Development, Paper prepared for the 12th Asian Real Estate Society Annual Conference, University of Macau, 2007.

GDP不相符的一些特征：与香港以及内地东部省份相比，澳门拥有较低标准的教育、卫生和技术准入指标。也有人认为，GDP和社会服务之间的矛盾的一个可能原因是人口的急剧增长——该变化在一定程度上是由博彩业对整个澳门的重大影响所造成的。

最后，该部分进一步研究了博彩业对人口结构和经济结构产生的影响。有人认为，内地经济特区（珠海）的发展以及澳门博彩业的巩固，使20世纪70年代新兴的工业生产结构逐渐被淘汰。澳门随之向去工业化发展并将大量资源配置到博彩业及酒店业。其中一些资源（如根据对GDP的贡献所进行的行业细分、各行业居民员工、非本地劳工的流入以及新土地的开发）全部被配置到同一行业中。

在介绍完所有的挑战和问题后，最终还须要讨论一个沉重且无法回避的问题：澳门应该如何确保其目前和未来的可持续发展？接下来的一部分和最后一部分会介绍未来发展方面的政策考虑因素，它们都是基于上述问题提出的。

三 政策考虑因素

在列举过澳门人口、经济结构和发展指标的一些重要特征后，自然就该讨论未来决策制定过程中的应被考虑的因素。鉴于本书的性质，本文会在相关战略中适时将拉丁美洲考虑在内。

（一）澳门可以而且应当推动其经济结构的多样化

首先，鉴于澳门较高的人均GDP，特别是通过税收获取的公共收入，我们可以得出一个事实，即澳门当局并不缺乏资金，相反，政府有足够的资金来投资新的发展战略。其次，在世界任何地方，依赖单一行业的经济都具有巨大的风险。考虑到澳门身处世界上最具活力的经济区域之一，而且毗邻在各领域都很强的竞争对手。所以，澳门应如何平衡其经济结构？

（二）非劳动密集型且非土地掠夺型产业（land predating industries）

基于澳门人口迅速老龄化这一事实，劳动力密集型产业不能作为实现可持续发展的一个战略。澳门未来不会有充足的人口，澳门现在竞争不过内地，未来也不能竞争过区域内的其他国家（如越南）。那么，澳门可以发展哪些行业？高增值产品和服务似乎是一个合理的解决方法。澳门可以补充发展下列内地匮乏的产业：跨行业设计（工业、平面和编辑）、向跨国公司外包高安全性研发工作、食品及敏感产品认证以及战略性产业的海外投资。在开始发展任一增值行业前，澳门须首先满足一些非常基本的要求。这样，我们才可一一落实这些想法。

（三）地方人才、区域人才及全球人才

澳门需要积累人才。为此可以制定如下短期、中期及长期策略。

1. 短期

（1）吸引大项目和人才。如仅有基础设施，而缺乏人才建设，谈何发展？澳门需要制定政策来吸引青年人才和创新理念。这些政策应该以上述人力资本为中心。选择性的移民政策可能会为澳门带来来自中国内地、香港和世界其他地区的高技能人才。拉丁美洲培养的许多人才都去了美国和欧洲的顶尖大学工作。事实上，其中一些人才已经流向中国，但是由于巨大的文化差异，这种人才流动绝不会成为主流。鉴于中国澳门与拉丁美洲、西班牙和葡萄牙的文化联系，澳门可以以吸引拉丁美洲的杰出人才为目标。此外，拉丁美洲正处于人口过渡的早期阶段，并且将要开始劳动年龄人口过剩的阶段——这正好与澳门的现实互补。

（2）联合现有的资源。大学是否与其临近的社区建立了较为密切的联系？它们与当地商人的联系又如何？是否存在将博彩业与当地人联系在一起的项目？

（3）改善和促进所有获得技术和信息的途径。如果澳门想要开发其信息经济，就需要使用简单的解决方案来增加其互联网用户。

2. 中期

建立人力资本中心，投资大学、技术园和设计园。否则，如何聚集人才？

3. 长期

投资教育。从学前教育到研究生教育，都须进行投资。澳门青年普遍能讲多少种语言？数学理解的平均水平如何？澳门的大学如何与香港和内地的进取型教育模式抗衡？

（四）跨行业设计（工业、平面和编辑）

设计一直不是中国内地的传统强项。尽管如此，在与增值行业竞争时，

内地对复杂设计的需求却日益增多。澳门可以着眼于内地的这一需求。伊比利亚美洲在该方面发挥着战略性作用，因为阿根廷、巴西、智利、墨西哥和西班牙等国家都拥有强大的设计学校，它们涉及时尚界、软件、汽车和航空设计等诸多方面。

（五）为跨国公司提供高安全性研发项目

众所周知，虽然许多跨国公司都在中国内地建立了研发实验室，但却从未进行过尖端的研究工作。澳门可着眼于引进，甚至主动提出将研究过程外包给建立在中国内地的外国公司。由于澳门具有特别行政区的地位，不少国际法律也适用于其法治，澳门在西方视角方面具有较好的声誉。

（六）食品及敏感产品认证

中国内地一直面临食品质量和安全标准方面的各种问题，因此普通内地居民在寻找一些值得信赖的产品、品牌或可保护和维护消费者的认证，这就为澳门提供了一个巨大的机会。澳门与香港地理位置的接近为此提供了方便，对于那些通过香港运到内地的大量消费品，澳门可为中国普通消费者提供更好的认证。此外，拉丁美洲是一个非常重要的食物原产地区，这时可再次利用两地之间密切的文化相似性和法律相似性。

（七）战略性产业的海外投资

澳门也可以考虑使用其税收来建立投资基金。这一基金应专注特定行业的投资，尤其是对具有天然优势的战略性商品方面的投资。澳门可以对现在以及未来的区域性需求进行投资。例如，最终会被中国内地、香港、澳门和台湾购买的拉丁美洲的矿产资源和农业资源。

参考文献

1. D. Bloom, J. G. Williamson, "Demographic Transitions and Economic Miracles in Emerging Asia," *NBER Working Paper Series*, No. 6268, National Bureau of Economic Research, 1997.
2. K. Davis, "The Theory of Change and Response in Modern Demographic History,"

Population Index, 1963, 29 (4), pp. 345 - 366.

3. K. Davis, "Population and Resources: Fact and Interpretation," *Population and Development Review*, 1990, 16, pp. 1 - 21.
4. Hilary Du Cros, "Emerging Issues for Cultural Tourism in Macau," *Journal of Current Chinese Affairs*, 2009, 38 (1), pp. 73 - 99.
5. T. Dyson, "A Partial Theory of World Development: The Neglected Role of the Demographic Transition in the Shaping of Modern Society," *International Journal of Population Geography*, 2001, 7 (2), pp. 67 - 90.
6. DSEC, Statistics and Census Service, Macao SAR Government, http://www.dsec.gov.mo/, accessed in February 2012.
7. D. Kirk, "Demographic Transition Theory," *Population Studies*, 1996, 50 (3), pp. 361 - 387.
8. NBSC, National Bureau of Statistics of China, 2007.
9. R. Lee, "The Formal Demography of population Aging, Transfers, and the Economic Life Cycle," *Demography of Aging*, 1994. L. G. Martin, S. H. Preston, Committee on Population, Commission on Behavioral and Social Sciences and Education, National Research Council.
10. Francisco Vizeu Pinheiro, Penny Wan, "Urban Planning Practices and Scenarios for Macao Development," Case Studies of Macao's Urban Sustainable Development, Paper prepared for the 12th Asian Real Estate Society Annual Conference, University of Macau, 2007.
11. "World Population Prospects: The 2004 Revision," D. Population Division, United Nations. III, 2005.
12. "Population Ageing 2006," Population Division, Department of Economic and Social Affairs, United Nations, 2006.
13. "World Population Ageing 1950 - 2050," D. Population Division, United Nations, 2007.
14. "World Population Prospects: The 2008 Revision," D. Population Division, United Nations, 2009.
15. UNESCO, http://www.gapminder.org/labs/gapminder-china, 2007, accessed in February 2012.
16. UNSD, Millennium Development Goals Database, accessed in 2011.
17. Van der Putten, Frans-Paul, *IIAS Newsletter*, No. 29, 2002.
18. R. Vos, J. A. Ocampo, et al., Eds., "Ageing and Development," United Nations, 2008.
19. World Bank, World Development Indicators, 2009.

澳门：古城平台展新猷

李怡平*

摘　要： 为了使经济社会全面协调资源环境并可持续发展，中国正在探索以技术创新为支撑的新型工业化道路，推进产业结构升级和经济发展方式转变，国家“十二五”规划纲要确定节能环保、新一代信息技术、生物、高端装备制造、新能源、新材料和新能源汽车等产业为战略性新兴产业，以提升中国自主发展能力和核心竞争力，其重要战略意义不言而喻。

节能环保科技及其产业也是澳门特区政府致力支持的领域，本文主要通过对历届“澳门国际环保合作发展论坛及展览”（MIECF）的回顾，探讨澳门与内地、葡语国家和拉丁语系国家在节能环保科技和产业领域的可行性发展。

著名学者季羡林先生于1994年在题为《澳门文化的三棱镜》的讲话中说过：“在中国五千多年的历史上，文化交流有过几次高潮。最后一次，也是最重要的一次，是西方文化的传入。这一次传入的起点，从时间上来说，是明末清初；从地域上来说，就是澳门。”澳门作为中西文化传播交流平台做出过重要的贡献，并且见证了多元文化共存、交融、结晶与发展的历史。

* 李怡平，澳门科技协进会荣誉会长。

2005年7月，澳门历史城区被正式列入《世界遗产名录》。这是世界对澳门独特文化价值的肯定。

一　西学东渐荟古城

16世纪随着西方贸易东征扩张，天主教传教士也远渡重洋来到远东。被誉为“远东开教鼻祖”的意大利籍传教士沙勿略已在印度和日本成功打开信仰之门。后来他意识到中国才是远东文化中心而矢志进一步开拓业绩，1552年来到了广东上川岛，但由于水土不服，当年就在岛上病故。五年后，葡萄牙人才登上大陆海岸，在澳门建立了基地。

鉴于在中国传教的坎坷，耶稣会传教士不仅需要精通神学，而且尤其要求博学多才。澳门成为传教士的集训基地，他们一到澳门先要学好中文，然后带上地图、三棱镜和自鸣钟等新鲜玩意进入内地，其目的是方便结交民众，尤其是要讨得皇上的欢心。他们以科普开路，推行所谓“科学传教”，即以科学为诱饵，吸引信奉者人教。

传教士中有三个人，即意大利人利玛窦、德国人汤若望和比利时人南怀仁，是西学东传的开路先锋，而且功绩卓著。利玛窦1582年到澳门，1601年才实现他的魂牵梦绕的进京之行。他在北京著作丰硕，其中影响较大的是他与徐光启翻译的《几何原本》。此书在世界上提出第一个理论科学体系，为后来数学以至科学的发展做出示范。有人认为，西方近代科技强势发展就是基于这种公理化的科学演绎体系的。与此相反中国古代数学注重算法，是构造数学模型解决实际问题的归纳体系。汤若望1619年到澳门，三年后进京。他在北京见证过三朝四帝，即明朝崇祯、大顺李自成和清朝顺治及康熙。他在清朝当上了钦天监正（相当于现在国家气象台的正台长），为中国历法改革鞠躬尽瘁。南怀仁1659年到澳门，次年被招进京协助汤若望修订历法。参观过北京古观象台的人都知道那些天文仪器中有六座是南怀仁的杰作。而他另外一个更具历史意义的创举却鲜为人知。根据历史文献记载，南怀仁当膺汽车始祖殊荣，世界上最早的汽车是南怀仁于1681年在中国宫廷制造的。当时他利用蒸汽作为自动车的动力，比蒸汽机用于轮船和火车都早100多年，这在世界蒸汽机史上绝对称得上里程碑。可惜养在深宫无人识，当时只不过是康熙皇帝的一件高科技玩具而已。

当年澳门既是耶稣会传教士进入中国的大门，同时也是向内地输送西方科技知识的大本营。比利时籍传教士金尼阁1619年第二次来到澳门时带来了从意、法、德、比、西、葡等国募集到的7000余部精装新书及一批仪器，其中至今仍有500多部书保留在北京图书馆。部分西方科技著作的原本由传教士直接引进内地，同时大量的天文、地理、数学、物理、生物、医学、建筑、艺术等著作在澳门圣保禄学院被翻译成中文后传播。

澳门在近代科技文化的发展中开创了多个“中国第一”。如中国第一所西式医院，中国第一所使用西方金属制版、印刷拉丁文字的印刷厂，尤其是远东第一所西式大学——圣保禄学院。当时该校开设了从初级到高级的课程，其中自然科学的课程包括数学、天文历学、物理学、医药学等。学校还颁发学位，学生中有日本和印度的留学生。圣保禄学院从1594～1762年经历了100多年的发展历史，其附属的圣保禄教堂在1835年大火后仅留下前壁，被当地人称为“大三巴牌坊”，是澳门最传统的城标之一。今天它依然高高地耸立在澳门历史城区，为成千上万来自海内外的游客到澳门后首选的观瞻景点。

二　春风又绿濠江岸

无论是西学东渐还是东学西渐，澳门在历史上都发挥过重要作用。400多年来东西方文化在宗教、科技、经贸等领域的交融沉淀为澳门奠定了国际广泛联系交往的根基。这种历史渊源成为澳门进入新纪元后社会经济发展的传统优势。

回归祖国大家庭后，借靠国家坚强后盾和特区体制的优势，澳门以崭新形象活跃在国际大舞台上。澳门回归伊始，特区政府即适应世界经济全球化的潮流，审时度势地建立国际经贸服务平台，即全力打造“中国内地和葡语国家经贸合作服务平台”、“粤西地区商贸服务平台”和“世界华商联系与合作平台”，让澳门本身有限的市场得到充分外延。特区政府致力于市场环境的优化，充分发挥区域服务中心作用，除了开展相互投资贸易外，还推动协助本地企业家与内地或葡语国家的中小企业家结成紧密的合作伙伴，共同开发一些尚在发展中的市场。

新时代世界经济有两个特点：一是全球化，二是知识化。进入知识经济时代，作为第一生产力的科学技术的重要性不言而喻。为了增强在国际市场经济中的竞争力，迅速提高澳门科研实力一直是特区政府科技政策的重点。成立“内地与澳门科技合作委员会”是一个重大举措。目前，两地在中医药、电子信息技术、节能环保和科普四个领域的科技合作已迈出实质性的步伐。作为本地零的突破，两所国家重点实验室，即“仿真与混合信号超大规模集成电路国家重点实验室”和“中药质量研究国家重点实验室”于2011年在澳门正式揭牌。首个粤澳合作的中医药科技产业园也于2011年在横琴新区正式启动。

澳门与内地在节能环保科技和产业领域具有广泛的合作发展前景。双方于2010年在北京签署了《内地与澳门节能及环境保护科技合作研究意向书》，同意首先开展“澳门机动车排放污染综合控制示范”和“澳门电子废物管理与污染控制示范”两项研究，由清华大学和澳门大学合作实施。经过多方努力，这两个合作项目已经取得某些阶段性成果，并于2011年在澳门举行新闻发布会，介绍了研究项目所取得的进展。这些成果将以科技进步来改善澳门生态环境质量，推动澳门经济绿色发展。

节能环保科技及其产业也是特区政府致力支持的领域。为了促进本地与国际合作，分享最新环保科技及方案，宣传绿色发展精神，协助环保企业开拓商机，在本地催生环保产业链，澳门特区政府从2008年开始发起及主导每年一届的“澳门国际环保合作发展论坛及展览”（MIECF）。这个绿色盛会一直获得国家发改委、环保部及科技部鼎力支持，并由泛珠三角区域九加二省区政府协办。经过多年发展，MIECF的规模、规格及影响力皆提升到新的高度。2012年第5届MIECF吸引了全球28个国家和地区的398个单位参展，参展商较上年增加了20%，参展商中不乏国际知名企业，其带来的创新环保产品和技术，让业界通过国际绿色平台，探索环保产业在国际市场上的未来动向。

作为国际合作发展论坛，MIECF涵盖了世界各地绿色发展的经验，来自海内外各方的专家、学者及业界人士，汇聚在这里分享各项研究成果及实际经验。在以澳门为基地的MIECF这个大平台之上，还活跃着一些分别在某个子领域深入切磋探讨的专题论坛，其中就包括由澳门亚太拉美交流促进会（MAPEAL）主办的与节能低排热点主题有关的系列专题论坛。

2009 年 4 月，在第二届 MIECF 的一个分会场，MAPEAL 首次举办“再生能源 - 生物燃料研发专题论坛”。来自中国、巴西及印度等国家的专家、学者和高管官员互相交流各地生物燃料的发展特点和经验，共同探讨构建国际合作平台的前景。MAPEAL 首次主办论坛的圆满成功有特别意义，三个月后，有关与会人员就在珠海首次集会探讨在澳门筹建研发可再生能源国际合作中心。

在 2010 年第三届 MIECF 期间，MAPEAL 继续主办“绿色能源国际论坛”。与会的专家学者来自更加广泛的区域，和前一届比较，除了有中国内地、巴西及印度的专家外，来自葡萄牙、俄罗斯、安哥拉、韩国、马来西亚及中国台湾等国家和地区的专家学者第一次出席论坛。各路专家聚首一堂，不仅交流各自区域的绿色能源现状，而且切磋探讨绿色经济的发展策略。最后全体与会的专家学者联名对澳门特区发展环保及其相关产业提了几点建议，并倡议在澳门注册成立国际清洁能源协会，以澳门为平台，促进各国清洁能源的合作发展。

因应《联合国气候变化框架公约》之《坎昆协议》于 2010 年 12 月出炉，MAPEAL 在第四届 MIECF 上举办了“国际气候变化和清洁能源论坛”。这次论坛特别邀请到诺贝尔奖得主、来自美国华盛顿的世界银行全球环境基金气候变化及化学制品部的主管 Robert K. Dixon 博士任主讲嘉宾。他的演说题目为《联合国气候变化框架公约缔约方第十六次会议：成果及未来方向》。他在演说中介绍了坎昆会议在长期控温目标及减缓气候变化承诺取得的成果。对于缔约各方，未来的合作发展充满了机遇和挑战。Dixon 博士对《坎昆协议》的解读是这次论坛的一个亮点。

联合国气候变化框架公约缔约方第十七次会议接着于 2011 年 11 月底在南非德班召开，主要议程为落实《坎昆协议》成果，实施《京都议定书》第二承诺期，并启动绿色气候基金。因而，MAPEAL 在第五届（2012 年）MIECF 上举办的论坛题为“全球气候变化和绿色能源发展国际论坛”。Robert K. Dixon 博士再次在论坛上做主题演讲，介绍德班气候大会的结果。论坛与会者还就德班会议有关问题做进一步讨论，深入探讨金砖五国和发展中国家在解决全球气候变化问题中如何发挥作用，做出应有贡献。

三 合作发展新篇章

澳门每年一届的 MIECF 成功向世界展现了她扮演国际交流平台角色的魅力。借助 MIECF 平台，澳门亚太拉美交流促进会（MAPEAL）曾于 2008 年提议邀请中巴等国的相关学者、企业家及官员，就发展中国家在生物燃料研发领域加强合作和交流为主题组织研讨会，并倡议筹建以澳门为平台的相应合作机构。鉴于能源问题对于绿色发展的紧迫意义，以及中国、巴西两国在生物燃料研发方面的高度互补性，这些倡议得到了非常积极的响应。

2009 年 7 月 10 ~ 11 日，中国拉美经济技术合作（小组）委员会与澳门亚太拉美交流促进会共同举办的“中国澳门 - 亚太拉美再生能源研发中心工作会议”在珠海召开。会议认为有必要在澳门建立可持续性的研发平台，吸引国内国际的环保技术交流融合，引进有关开发项目落户澳门，推动产业化，并向拉美国家、亚太地区和内地市场扩展。会议决定首先筹建中国澳门 - 亚太拉美绿色能源研发中心，以可再生能源项目为切入点，以内地和巴西为突破口，进行广泛的能源合作，充分发挥交流平台作用。

九个月后，也就是 2010 年 4 月 10 日，中国拉美经济技术合作（小组）委员会与澳门亚太拉美交流促进会联同中国澳门 - 亚太拉美绿色能源研发中心等机构草拟了关于成立国际清洁能源协会/平台的倡议书。这个倡议立即得到所有出席第三届 MIECF（2010 年 4 月 8 ~ 10 日）之“绿色能源国际论坛”的与会代表的积极响应。来自巴西、俄罗斯、安哥拉、葡萄牙、韩国、马来西亚、印度、中国内地、台湾和澳门等国家和地区的 15 位专家学者联合签署了倡议书。倡议书倡议以澳门作为联络中心成立“国际清洁/绿色能源合作研发平台”，并呼吁全球有志于发展清洁能源的团体、企业和个人加盟。

经过各方多年努力筹划，“国际清洁能源论坛（澳门）成立大会暨高峰会”终于在第五届 MIECF 开幕的前夕——2012 年 3 月 29 日隆重举行。澳门特区政府行政长官崔世安博士给大会发来了贺信，送来了特区政府的鼓励和支持，期望论坛利用澳门中西共融文化优势，积极推动各国和各地区交流和合作，为世界清洁能源的发展和建设贡献力量。

成立后实时召开第一届高峰会，主题为“低碳能源——澳门新愿景”。

这次峰会也是第五届 MIECF 的一项重要活动，具有前沿性与应用性两大亮点。峰会邀请了国际清洁能源领域的专家进行专题演讲，针对国际清洁能源开发和利用的热点、难点和焦点问题，进行剖析，充分突出权威性、前瞻性和战略性，为研发、投资和产业界提供新动态、新思路、新方向，具有重要的指导和引领方向的作用。围绕澳门特区政府提出的构建低碳澳门、共享绿色生活的新愿景，峰会还就有关各种清洁能源，以及碳捕集、电动车等业内最关心的前沿技术话题，进行交互式深入交流。

国际清洁能源论坛（澳门）借助 MIECF 这个平台孕育诞生，MIECF 也将是论坛茁壮成长的摇篮。仅办过四届，MIECF 即在国际众多环保专业会展中脱颖而出，获得了国际展览联盟（UFI）认证。经过五年发展，MIECF 的规模、规格及影响力均提升到新的高度。参加 MIECF 的国家和地区越来越多，这对宣传澳门在环保领域的国际地位起了重要作用。MIECF 不仅对澳门会展业的发展做出贡献，而且为澳门经济多元发展，尤其是在环保产业领域的发展，带来新产品、新技术和新的市场动向，为澳门业界拓展发展机遇，催生本地绿色产业链。每届与会的来自各国各地区的官、学、企机构精英都有机会在国际清洁能源论坛（澳门）上发挥中坚作用。

最初联合倡建这个清洁能源合作平台的专家学者多数来自金砖国家，其中来自巴西的除了有教授和企业家以外，还有国会议员等政府高官。巴西的能源发展模式在世界上独树一帜。巴西在历史上曾严重依赖能源进口，然而进入 21 世纪后，实现了能源独立自给。这一转变源于生物燃料的大力发展。如今，巴西在生物能源领域走进世界前列，已成为全球第二大乙醇燃料生产国，其出口量占全球出口总量的 50%，是最大的乙醇出口国。虽然巴西生物柴油开发还属起步阶段，但其产量已居世界第三位。在巴西当地产销的“灵活燃料”（FlexFlue）汽车可以让车主在任何加油站随意选择乙醇、汽油等多种燃料，而乙醇比汽油常有便宜 30% 的价格优势。全国电力总消费量中 90% 为水力发电。巴西的能源结构已实现了多元化，可再生能源在本国能源消费结构中雄踞半壁江山。目前，可再生能源与能源总产量的比例基本保持在 45% 左右，远远高于全世界 13% 的平均水平。燃料多元化的结构有利于能源安全，而高比例的清洁能源推广应用让巴西在应对气候变化、减缓碳排放的挑战中赢得先机。

巴西能在可再生能源领域上领跑，除了有得天独厚的自然环境外，也要归功于国家制定了富有远见的能源发展战略和政府推行了各项得力政策措施。从30多年前开始，先后出台了“国家乙醇计划”和“国家生物柴油生产和使用计划”。目前，正在实施的“科技创新行动计划”将生物燃料在15个国家的研发创新战略领域中列入第二位。由于政府扶持和补贴，巴西95%的汽车已成为“灵活燃料”汽车。借鉴巴西的成功经验，国际清洁能源论坛（澳门）将提供建议和咨询服务，协助有关国家和地区制定清洁能源行业发展规划、产业发展政策、技术政策、法律法规及行业改革与发展方向。

巴西是世界生物能源生产、出口和技术中心，在清洁能源领域有国际推崇的先进地位。它无疑可以在国际清洁能源论坛（澳门）中发挥积极作用，加强与其他国家和地区的经济及科技合作，推动可再生能源研发项目进展。另外，论坛也是一个优势互补的合作平台，巴西也可以在论坛的合作项目中获得共赢互利。事实上，巴西已经有研发机构通过澳门平台签署多项合作协议，其中一项是在巴西种植甜高粱的合作研发协议。甜高粱是一种可替代甘蔗的优良能源作物，用甜高粱生产乙醇的成本只有甘蔗的44%～80%。更为重要的是甜高粱生长速度极快，它在热带地区一年可收获两三次，而甘蔗只有一次。中国在甜高粱育种领域方面处于世界领先地位，培育的不少甜高粱新品种广受青睐。引种甜高粱尤其符合巴西所追求的垂直性发展乙醇燃料的方略，即不扩大甘蔗种植面积，而是提高现有种植面积的效益。在发展生物能源取得成功后，巴西政府又瞄准了另一个可再生能源领域——风能。据估计，巴西东北地区及南部沿海的风能条件较好，发电率可达45%～50%，而世界平均水平仅为27%。中国是世界第一风电大国，其风力发电设备的装机总容量比第二名的美国高出三倍。在发展风能领域，巴西与中国合作发展风电有广阔的天地。

从20世纪末到21世纪初这20～30年，中国经济的快速增长让世界瞩目。2008年北京举办第29届奥林匹克运动会，以无与伦比的成功彰显国家实力。然而十多年前，1990年中国在北京第一次举办亚运会还要倾举国财力。但是自此只过20年，2010年中国在广州第二次举办亚运会时，广东一省就能成功办好亚运会历史上规模最大的一次体育盛会。当年广东省的GDP比20年前全国总量的两倍还要多。中国在2010年的经济总量已超过日本，位居世界第二。

在此之前，中国能源消费已经位居世界第二。没有迅速发展的能源工业的支持，中国经济不可能有持续快速的发展。1980～2006 年，中国能源消费以年均 5.6% 的增长支撑了国民经济年均 9.8% 的增长。在此期间，单位 GDP 能耗下降了 64%。中国在节约能源、提高能源效率方面，已经做出很大努力，并且取得了显著成效。能源消费结构也有所优化，但可再生能源和核电等清洁能源的比重仅由 4.0% 提高到 7.2%，与世界平均水平相比仍然存在较大差距。

中国经济虽然已有长足进步，但目前还处在工业化、城市化的建设阶段，面临着传统能源和其他资源制约，尤其是二氧化碳减排的挑战。尽管 1990～2009 年，中国单位 GDP 二氧化碳强度下降了 55%（世界平均下降只有 15%），但同期 GDP 增长了 6.6 倍，致使相应碳排放总量也增长了三倍。目前，中国的碳排放总量仅次于美国，高居世界第二，今后降低碳排放的任务十分艰巨。

为了在更长时期内使经济社会全面协调资源环境并可持续发展，中国正在探索以技术创新为支撑的新型工业化道路，推进产业结构升级和经济发展方式转变，建设以绿色低碳为特征的产业体系。国家"十二五"规划纲要确定节能环保、新一代信息技术、生物、高端装备制造、新能源、新材料和新能源汽车等产业为战略性新兴产业，加快培育和发展这些新兴产业将提升中国自主发展能力和核心竞争力，其重要战略意义不言而喻。

"十二五"规划中选择的七个战略性新兴产业大多数关联环保领域，其中新能源产业最切近国际清洁能源论坛（澳门）的活动范围。新能源包括太阳能、地热能、风能、水能、海洋能、生物质能和核能等，都属于清洁能源领域。中国在发展新能源方面一直做出很大努力，在 2006～2009 年的四年间，新能源供应量增长了 50% 以上，新能源的增长速度以及在新能源领域的投资都在世界前列。目前新能源产业正在推进多层次、多渠道、多方式的国际科技合作与交流，在这方面，国际清洁能源论坛（澳门）可凭借澳门的跨域文化、全球网络、国门地缘和特区政制等得天独厚的优势，为新能源的发展提供一个独特的、宽广而高效的合作平台。

数百年前，西方近代科学技术伴随宗教文化东渐，东渐西风汇入澳门后交融传播。进入 21 世纪后，澳门再次成为现代科技文化的交流平台。不过，澳门在新纪元的境界已经升华，不只是融会经典科技文化的"汇"，还将成为现代科技创新的“源”。如今在这里不仅可以望尽“昨夜西风凋碧树”，还能彰显“东风夜放花千树”。东西方科技将会在澳门这片文化沃土上盛开百花，国际合作平台将迎来满园春色。

参考文献

1. 樊洪业：《耶稣会士与中国科学》，中国人民大学出版社，1992。
2. 邓开颂：《十六至十八世纪澳门东西方科技文化交流的特点》，载《东西文化交流》，澳门基金会，1994。
3. 澳门国际环保合作发展论坛及展览，http：//www. macaomiecf. com。
4. 澳门亚太拉美交流促进会，http：//www. mapeal. org/ch/。
5. 国际清洁能源论坛（澳门），http：//www. mifce. org。

澳门的平台作用与葡语西语（伊比利亚）发展中国家

唐晓欢*

摘　要： 澳门作为中国与葡语国家之间的平台作用似乎已得到广泛认可。然而，当代澳门是否具备成为中国企业进入葡语国家平台的能力？澳门该怎样扮演这平台角色？本文主要讨论三个问题：第一，澳门成为葡语国家企业进入中国平台的原因。第二，澳门成为中国企业进入葡语国家平台的可行性。第三，就澳门应如何发挥其平台作用提出两点建议：① 建立伊比利亚发展中国家平台；②澳门应该主动“走出去”，进行海外投资，这样澳门的平台对于中国企业才有更现实的意义，才能真正带动经济社会多元化发展。

一　背景

澳门作为中国企业进入葡语国家的平台作用似乎已经得到广泛的认可。中央政府的“十二五”规划纲要以及地方政府的《粤澳合作框架协议》都对澳门这一作用有所提及。需要承认的是，这是一个很值得推崇的理论创新，并为澳门的未来发展提供了可持续性。然而，虽然澳门确实与葡萄牙以及其前殖民地有着千丝万缕的历史联系，但是这种历史联系是否可以转变为

* 唐晓欢，加拿大 Wealth Minerals 有限公司营运总监，澳门亚太拉美交流促进会常务理事。

实际中的中国企业进入葡语国家的平台还有待充分研究。一些与此相关的问题似乎还没有被探讨过。比如，中国企业进入葡语国家是否需要一个平台？当代澳门是否具备了成为中国企业进入葡语国家平台的能力？澳门应该以何种方式来扮演这个平台角色？

本文的目的即在尝试对这些问题进行一些启迪性的讨论。同时希望澳门能够利用中央政府、地方政府的支持改变其经济结构的单一性，使其社会能够多元化、可持续化发展。文章主要讨论了三个问题。第一，文章尝试性地总结了澳门成为葡语国家企业进入中国平台的原因。第二，文章启发性地探讨了澳门成为中国企业进入葡语国家平台的可行性。第三，文章探索性地就澳门应如何发挥其平台作用提出了两点建议。

应该明确的是，本文作者并不是一个纯学术工作者，更不是一个澳门学专家。作者仅以自身对某些问题的理解以及所具备的相关知识与经验，对澳门的平台作用从一个中国企业海外投资者的角度进行了相关分析。因此这个分析很有可能是不全面的，对于某些问题的理解与评论也很有可能存在偏差。无论如何，作者的目的只是希望社会能够从其他角度来看待这个已经被广泛接受了的澳门平台作用，从而进一步促进澳门社会的可持续发展。

二　澳门成为葡语国家企业进入中国平台的原因

对于澳门为什么成为葡语国家企业进入中国的平台进行分析，也许可以对理解当代澳门的平台作用有一些启迪。随着奥斯曼帝国封锁通往东方的道路，以香料、丝绸为主的欧亚大宗商品贸易受到影响。葡萄牙在“大航海时代”是经济与军事上的强国，特别是其海军能力。因此，其不断进行海上探险，为最终重新获得与亚洲的贸易机会寻找海上通道。葡萄牙从海路进入中国的主要动机是贸易，而这种贸易的主要对象之一就是中国的大宗商品市场。

葡萄牙的国家实力已经使得安全地且规律性地抵达中国成为可能性。在技术层面上，克拉克帆船（Carrack）和卡拉维尔帆船（Caravela）的出现使得远洋出海成为可能。同时航海术、地图学以及造船术的进展让远洋航行的风险降低。在政策层面上，Infante D. Enrique 王子支持了葡萄牙的远洋航海，并在人员方面涌现了像迪亚士（Bartolomeu Dias）和达·伽马（Vasco

da Gama）这样的航海家。通过一系列的努力，葡萄牙最终开拓了从欧洲经好望角到达亚洲的海路交通，从而为欧洲与亚洲的大宗商品贸易奠定了基础。

与葡萄牙迫切需要海外贸易相反的是，中国的明王朝依然是一个自然经济占统治地位的封建大国，没有发展海外贸易的强烈要求。明王朝一直推行海禁政策，只有朝贡才允许附带进行少量物品交换，对私人海外贸易一概禁止。这一政策给葡萄牙人进入中国设置了障碍。当时葡萄牙驻马六甲的总督派遣使节向中国进贡，遭到了广州官员以“葡萄牙素与中国不通”为理由的拒绝。在明世宗年间，明朝亦要求葡萄牙归还当时作为明朝进贡国的马六甲。中葡在广东发生两次冲突，最终明廷不允许葡萄牙人进入中国进行贸易。

受与中国进行贸易的需求所刺激，葡萄牙通过一系列手段，最终获得了驻澳权力。葡萄牙人选择澳门，看重的是它的临近性和自然条件等优势。澳门地处中国东南部沿海的优越地理位置，且具有能为北上贸易船充当中途站的优越航行位置，加之澳门水域风平浪静，为当时以帆船为主要运输工具的海上运输贸易提供了有利条件。

通过上文的分析，也许可以对澳门在葡萄牙与明朝时期的平台作用做这样的描述：①起始国对于贸易的需要；②起始国的技术、政策及人力支持；③进入目的国的困难性；④平台对于起始国的易到达性和平台与目的国的接近性。前三个条件是建立平台的基本条件，而第四个条件是为如何选择一个平台而服务的。葡萄牙对于与中国贸易的强烈需求、航海等技术和资源的合理配置，以及明朝的海禁，使得葡萄牙确实需要一个平台进入中国，而澳门的优越位置使其成为平台的合理选择。

三　澳门成为中国企业进入葡语国家的平台的可行性

需要明确的是，葡语经济体对于中国的重要性并没有达到明朝中国对于葡萄牙的重要性。明朝当时的国土面积、经济能力、社会发展程度都在世界上名列前茅。而现在的葡语国家，除巴西以外，其他均不能称作经济大国。地理上分散，社会经济发展阶段不同，很难成为一个共同的经济区域。尽管安哥拉可以成为中国的第一石油进口国，但是中国与安哥拉的贸易也仅仅局限在石油领域。另外，葡语国家对中国的投资与贸易持欢迎的态度。中国在巴西、安哥拉以及莫桑比克的投资已经充分说明了这一点。除了外交原因产生的中国进入圣多美和普林西比的少许困难外，中国进入葡语国家在宏观政策层面上的困难不大。从中国对于葡语国家的需求性以及中国企业进入葡语国家的难易程度来分析，似乎建立中国企业进入葡语国家平台的实际可操作性并不高。

虽然历史上澳门是一个平台，但是需要明确的是这个平台的目的是进入中国，同时用金银换取中国的大宗商品。现在中国“走出去”的需求是获得其他国家的大宗商品，以满足自身经济社会发展的需要。这种从“获得贵金属到寻找贱金属”的质的转变，从一个中国海外投资者的角度而言，澳门似乎也并不具备作为中国企业进入葡语国家平台的能力。

第一，澳门不具备明确的区位资源优势。澳门的海、陆、空交通并不方便。首先作为港口而言，澳门港的船只载货量只在数千吨左右。受珠江口冲积扇的影响，数百年前繁荣一时的港口，绝大部分都被两米左右的浅滩包围，且河沙淤积不堪。澳门曾经开通过澳门到葡属印度及非洲的定期班轮，以强化澳门作为葡萄牙产品分销中心的角色；但这样的港口能力，远远不能适应几十万吨级的当代远洋贸易。从陆路而言，澳门是中国唯一的一个没有铁路（包括轻轨）的省级行政区。广澳铁路的设想虽然有百年之久，但从未实现。而事实上，陆路运输仍为当今大宗商品中短距离运输的主要方式。澳门的航空航线更不尽如人意。不仅没有直飞欧洲、美洲的航班及航空公司，TAP Portugal 也还未恢复其前往里斯本的航班。尽管从澳门到圣保罗的实际距离要短于从北京到圣保罗的距离，但从澳门机场出发前往圣保罗机场并不比从首都机场出发前往圣保罗机场有任何实际的飞行优势。此外，澳门机场已经成为一个廉价航空公司基地，除了中国东方航空等零星国际航空公司之外，澳门机场没有大型航空公司运营。“走出去”投资的旅行者往往都是高端乘客，如果没有便捷的、优质的、国际化的服务，很难吸引中国投资商经由澳门前往其投资国。

第二，澳门不具备明确的金融资源优势。金融资源是中国企业对外投资的关键。澳门的金融实力并不强，其金融体系更多地依赖香港和内地。澳门至今尚未形成现代意义上的金融市场，无证券交易所、金融期货市场、大宗商品交易所，金融工具品种也较单一。随着更多的中国民营企业走出国门，

它们对于金融行业的灵活性要求将远高于国有企业。澳门的金融产业主要以银行业为主，不能为“走出去”的企业提供足够的融资能力及避险能力。

第三，澳门不具备明确的人才资源优势。澳门人口素质相对不高，且高等教育发展缓慢。根据澳门特别行政区2006年的统计，澳门劳动人口中超过65%没有完成中等教育。尽管葡语为澳门的官方语言之一，但真正在澳门能够熟练应用葡语的人寥寥无几。中国企业对外投资，语言上的障碍只是最初级的障碍，中国企业更需要人才对行业投资的理解。对于安哥拉石油的投资或者巴西铁矿的投资，相信中石油国际团队以及武汉钢铁国际团队的理解能力将会超过澳门本地研究机构。中国企业投资海外，更缺乏的是具备国际视野、兼并各种文化于一身的人才资源。不去讲澳门大学与清华北大在国际化上的差距，事实上，在英国剑桥大学学习的北京、上海学生数量要远远多于澳门学生（尽管北京上海的学生基数亦大于澳门）。

第四，澳门不具备明确的政治资源优势。澳门特区政府很难对中国内地企业行使话语权，因此澳门的平台作用对于这些企业投资海外起不到任何实质性的作用。同时，澳门本身也很难找到能够有实力投资海外大宗商品的澳门企业。更为不足的是，澳门特区政府不具备投资国的政治资源。中国企业投资海外，当地的政治经济网络是企业最缺少的资源之一。澳门特区政府在投资国当地的关系网络，包括对于当地政府以及当地大型家族的熟识程度，并没有起到可以直接扶持或者帮助中国企业投资海外的效果。

四　澳门的平台角色如何实现

一方面澳门的平台意义并不很明确，另一方面现阶段澳门似乎也没有足够的能力扮演这样一个平台角色。尽管如此，澳门的平台作用是应该被大力发展的，因为澳门确实需要一个多元化的经济来维持澳门发展的可持续性。一个真正的中国企业走出国门的平台所带给澳门社会的多元化效果，从某种意义上讲，也许要超过当前的会展经济或者旅游经济。接下来，本文将为澳门的平台问题开启一些建设性的思考。两个建议被尝试性地提出：建议一是建立伊比利亚发展中国家平台，这个建议着眼点在于提高中国企业投资海外时对于平台的需要性；建议二是澳门应该主动地“走出去”，自己或与其他企业共同投资海外，这样澳门的平台对于中国企业才有更现实的意义，澳门的平台作用才能真正带动经济社会多元化发展。

1. 建立伊比利亚发展中国家平台

设立伊比利亚发展中国家平台似乎对于中国海外投资更有效果。伊比利亚发展中国家的概念实际上并不是否认葡语国家对于中国的重要性，而是对于葡语国家的一个有益补充。在这个理念下，伊比利亚发展中国家共有 27 个国家，涵盖了所有葡语国家。其中西班牙伊比利亚美洲有 19 个国家，葡萄牙伊比利亚美洲有 1 个国家，葡萄牙伊比利亚非洲有 5 个国家，西班牙伊比利亚非洲有 1 个，葡萄牙伊比利亚亚洲有 1 个。形成这样一个平台，与葡语国家平台相比，有如下优势。

（1）资源程度多样化。伊比利亚发展中国家丰富的自然资源正是现阶段中国发展所需要的。除去对葡语国家过分单一的石油投资外，伊比利亚美洲丰富的农业资源、森林资源与渔业资源将使得中国对其资源需求更加多样化。以金属矿产品需求而言，中国对葡语国家简单的铁矿需求，可以延伸到智利的铜矿、秘鲁的锌矿、玻利维亚的铅矿、古巴的镍矿、阿根廷的锂矿、哥伦比亚的煤矿、委内瑞拉的金矿以及墨西哥的银矿。中国不同生产类型的企业可以有更多的投资机会。

（2）经济社会发展更加梯度化。伊比利亚发展中国家从数量和面积上较葡语国家体系都有大幅度的提升。这样国家之间形成了不同的经济社会发展梯度。由于墨西哥的进入，巴西不再孤掌难鸣。从某种意义而言，安哥拉与莫桑比克的队伍也可以因秘鲁和哥伦比亚等国的加入而充实。而像佛得角和几内亚比绍这样的小型国家梯队，也随着一些中美洲及加勒比国家的进入而壮大。这种投资目的地国家社会经济梯度的增加对于中国企业的投资是有益的。中国不同规模的企业可以加入投资行列中，选择不同的投资对象。

（3）商业与外交的结合。在 8 个葡语国家中只有圣多美与普林西比没有与中国建交。而在 27 个伊比利亚发展中国家，与中国未建交的国家有 8 个，占近 1/3 的比例。这又提升了伊比利亚发展中国家对于中国的外交重要性。从商业角度讲，与这些未建交的国家发生更多的贸易与投资关系，可以使中国与对方增强相互了解。这些国家有很多资源与市场优势由于长期的疏远，还没有被中国企业所熟识。意想不到的商机将伴随从完全陌生到逐渐相知的过程而出现。

（4）中国文化的传播。除了直接层面上的贸易与投资外，平台所能体现出的文化软实力作用更应该被重视。伴随着葡萄牙来到中国的不仅是帆船与白银，更有日后数量众多的西方传教士。尽管传教士为中国历史带来了不小的负面影响，但也应看到他们在中国文化与西方文化的交融中所起到的积极作用。中国企业走向海外缺少的是文化软实力的体现与支持。中国投资海外的企业没有能够像美国企业一样创造或享受“由好莱坞到哈佛”的美国文化软实力。文化传播需要一个更宏大更包容的文化平台来承载及消化。从这一点上看，八国组成的葡语国家共同体是一个正在建设的集团，集团间的八个国家自身间仅有少量的理解。且除巴西外其余国家均为中偏小国家，地域间相互分散，很难满足文化传播的广泛性与连续性。伊比利亚发展中国家所体现出的地理与历史的连贯性与包容性，使得平台的文化软实力作用可以更好地体现出来。

（5）拉美区域化发展与中国。从现阶段中国与拉美的经贸发展而言，中国过多地强调对于拉美作为一个整体的分析。而实际上拉美区域庞大，拉美国家之间的相异性亦十分明显，应该从某种程度上对拉美进行进一步的区分细化。伊比利亚美洲，或者西班牙语伊比利亚美洲对中国经贸而言可以是一个有益的划分尝试。这样的划分可以为中国企业投资海外提供文化基础的一致性，为投资提供更大的保障。待一定时间后，再进行在此基础上的细化，如安第斯共同体、中美洲国家共同体以及南方共同体，能够使得中国企业对投资环境更有适应性与针对性。

这样的以伊比利亚发展中国家为目标而设立的平台也许更有实际操作性。一方面中国对这些国家有较强的依赖性，另一方面这些国家就欧洲、亚洲、非洲、北美洲国家而言有其自身特殊的准入难度，对于中国企业的自身能力要求亦更苛刻。在这种背景下，平台设立的意义才更明显，中国企业才更需要这样一个平台来帮助它们走向伊比利亚发展中国家。

2. 澳门要主动地“走出去”

正像前文所述，从一个走向海外的中国企业的角度而言，澳门从某种意义上并不完全具备作为中国企业投资葡语国家或者伊比利亚发展中国家的优势。需要明确的是，中国投资海外的企业最需要的不是某一单科类型的人才与经验。缺少语言资源，企业可以录用当地或者国内的高级翻译；缺少税务资源，企业可以找到国际大型会计师事务所；缺少法律资源，企业可以雇用当地有名望的律师事务所。中国企业真正需要的是全面的、融合投资国当地语言、税务、法律、工程、管理、文化的复合人才与综合经验。具备这样经验的经济实体，才更有可能被中国企业接受作为其“走出去”的平台。而如果澳门想成为这样的经济实体，澳门只有真正对相关地区进行投资，积攒实战经验，而不仅仅是做一个局外人。为什么如此多的中国矿业企业可以投资秘鲁，从很大程度上讲是因为首钢对于中国企业走向秘鲁的平台作用。首钢作为一个普通企业，并不具备澳门所拥有的各种资源，但是对于投资西班牙伊比利亚美洲而言，首钢的平台作用要远高于澳门。

澳门作为中国企业投资伊比利亚发展中国家平台的前提是，澳门需要由被动变主动。当然这里所说的被动与主动是一个广义上的被动与主动。澳门努力促进珠三角企业“走出去”，从信息等方面提供支持，这当然是一种主动的尝试，但依然没有完全脱离中间人的角色。如果从这个层面讲，这依然是一种经济单一性的体现，一种被动的行为。历史上，葡萄牙人利用澳门作为平台向中国采购大宗商品。但现在的贸易结构是，中国向葡语国家、西语国家、伊比利亚国家采购大宗商品。澳门只有主动地在伊比利亚发展中国家的某个区域建立自己的经贸往来，才能逐渐形成平台效果。诚然，现在的社会文明已经摒弃了“占领”或者“殖民”这样的词汇。澳门唯一的方式就是对于已选定好的某个区域进行主动的直接投资，也只有通过这些直接的、主动的接触，澳门才能提高自身能力、明确自身平台优势。

澳门所需要扮演的中国企业投资伊比利亚发展中国家的平台应该是什么样的呢？首先，这个平台的地理区域能够让中国企业比较容易达到，且能够方便地从这个区域前往其他伊比利亚发展中国家。当然现在所指的到达并不局限在水路的到达，更多的还在于空中航路的通畅。从这个出发点来看，秘鲁或者哥伦比亚似乎更合适一些。它们在太平洋沿岸，距离上与中国更近，海路与空路都相对便捷。并且其位于伊比利亚美洲的中部，加之其强大的美洲内部航空网络，从这里去往其他伊比利亚国家更方便快捷。巴西的圣保罗 - 里约区域也可以被考虑，虽然经水路可能会比秘鲁及哥伦比亚稍远，但其强大的空中枢纽功能以及与伊比利亚非洲国家的临近性，使得其作为平台的优势亦较明显。其次，需要考虑的是，这个区域应该是比较开放且国际化的，这样中国的文化可以更有效地进行传播。从这个角度出发，凭借圣保罗和利马的国际化能力，以及华人在其社会中的重要地位，这两个区域有其作

为澳门应主要发展平台的优势。从另一个角度而言，同样国际化程度较高的哥伦比亚，由于还未有诸多中国企业进入，澳门作为一个先入者亦会有先发优势。

五　小结

澳门与葡萄牙的历史联系，并不能直接将澳门转化为中国企业进入葡语国家的平台，还有很多其他因素需要被考虑。本文就此进行了相关的陈述。本文最后的两个探讨性的建议或许应该引起澳门社会的思考，特别是文中所提的以澳门为首的具有主观性的海外投资更能够促进澳门经济的多元化与可持续化发展。当然还有很多问题值得进行进一步的探讨，比如用何种方式对伊比利亚发展中国家进行海外投资？是通过澳门本地的公司还是利用私募基金或者主权基金的形式？澳门的中小企业如何从中获利？如何从这些投资中提升澳门社会的自身素质？这些问题也许应该在未来的研究与实践中被分析与考虑。

文化与教育篇

研究澳门文化的多元方法
——一种独特的文化认同

玛丽亚·安东尼娅·尼古劳·埃斯帕迪尼亚*

李雪雪 译

一些学者被邀请以澳门文化为主题撰写论文，他们可以根据自己的专业和研究兴趣撰写文章，但不是所有的人都可以给出一个肯定的答案，尽管他们之间都有着良好的愿望和兴趣。

“文化”包含许多议题，可以从不同的方面入手。可以说，澳门文化是许多文化浓缩成的一个集合体，或者说它是许多不同文化进行互动的结果。如同多样化的澳门景观——一面是狭窄的小巷和老房子，透过窗户仍然可以看到镶嵌在窗玻璃四周上的珍珠母贝，另一面则是现代摩天大楼、娱乐场、高级酒店和餐厅。澳门文化是什么？回答起来并不容易。我认为，所谓的澳门文化是在450年左右的时间里，不同民族的共存所造就的结果。这些民族学会了互相尊重，尽管他们之间也曾有过一些紧张时期。

这一部分的文章更多的是关于澳门的文化概念，也可以说是澳门的文化活动。

首先，需在此做一简短介绍，目的是使读者了解本章的内容梗概，并为读者提供一些精神食粮。我们认为，澳门是一个经济快速增长的城市，一个有文化韵味的城市，一个处于发展中的城市，以及一个有着光明未来前景的城市。

---

* 玛丽亚·安东尼娅·尼古劳·埃斯帕迪尼亚（Maria Antónia Nicolau Espadinha），奥地利萨尔茨堡大学罗曼语族和文化学博士，圣若瑟大学副校长，澳门大学荣誉教授。

各位学者的观点和建议会帮助读者了解澳门的过去、改善澳门的现在，并为澳门的将来做准备吗？

麦健智（José Sales Marques）的《21 世纪的澳门：教育方式的全球化》在非常全面地回顾澳门的历史以及那些形形色色的人物——传教士、学者、商人和军人（他们帮助澳门发展成今天的样子：一个现代化的城市，一个历史上长期致力于各层次，教育的城市）—— 之后，还指出，教育似乎一直是澳门的使命，无论是早期的圣保禄学院时代，还是学院、大学和研究中心数量不断增加的现在，澳门，作为中国认识和了解世界的窗口，一直对教育全球化寄予极高的关注。

赵仪文神父（Fr. Yves Camus，S. J.）的《澳门和耶稣会：透过历史棱镜的阅读》旨在通过历史的解读对澳门的发展历程做更细致的审视："从过去的一个渔村到现在的一个在世界舞台上发挥重要作用的城市。"就此而言，天主教的耶稣会自 16 世纪 40 年代成立以来，曾经发挥过重要作用。在这 168 年（1594 ~ 1762 年）间，直到澳门耶稣会被镇压之前，耶稣会不但在教育和文化方面，而且在城市的经济发展、政治发展和文化发展方面也发挥了主导性作用。此外，跨文化价值观也得到深化，并成为这座城市的一笔额外财富。

黄明同是广州的一名中国文化教授，他为读者提供了一篇关于澳门和岭南文化的文章，标题为《岭南文化与澳门的互动及其在文化交流中的独特优势》。他介绍了岭南文化的地理区域、起源和特点，并认为它是中国文化的一个非常重要的部分。岭南文化的三大重要发展阶段是知识上的宗教改革、明朝心学研究的创建，以及孙中山支持的现代运动。该文指出，澳门是发展和传播岭南文化的天然之地。

凯瑟琳·克雷登（Cathryn H. Clayton）的《重构澳门：向全球化未来的方向思考》，为我们提供了一个关于澳门近代历史（澳门回归前后）的透彻且令人愉悦的观点，即"澳门的有趣之处在于，其不同于民族国家、现代化范式和发展意识形态的标准和规范的特殊地位，以及我们如何认识澳门的过去和未来，在很大程度上取决于我们如何理解这一特殊地位的重要性"。

有三篇论文专门论述了国际关系：列奥诺·迪亚兹·德·希亚布拉（Leonor Diaz de Seabra）的《葡萄牙和菲律宾关系中的澳门》，何塞·玛丽亚·桑托斯·罗维拉（José María Santos Rovira）的《澳门，文化的桥

梁——澳门与拉丁美洲的历史联系》，以及霍志钊的《珠三角与拉美新兴市场国家的经贸合作——海内外澳门土生葡人的桥梁作用》。

希亚布拉的《葡萄牙和菲律宾关系中的澳门》一文不只是论述葡萄牙和菲律宾的关系。实际上，该文还对一些重要问题进行了论述，那就是葡萄牙人的航海大发现，以及试图统治远东贸易的野心。其说明了葡萄牙的发现以及一些人物的重要地位。这些人不仅试图建立外交和商业关系，还对认识新的国家、绘制地图、了解其他人民并对其传授自己的宗教，表示出关注。托梅·皮雷斯（Tomé Pires）在其著作《东方志》（*Suma Oriental*）中也提到吕宋人；另外一个葡萄牙人绘制出菲律宾的首批地图；斐迪南·麦哲伦（Ferdinand Magellan）同样是一个葡萄牙人，他首次把菲律宾群岛命名为圣拉萨鲁斯群岛……关于葡萄牙和菲律宾之间关系的建立，该文提供了一个简短但非常全面的历史全景，并展现了澳门在整个过程中发挥的重要作用，尤其是在当时，澳门贸易商停止抵制与菲律宾的贸易，并开始将马尼拉转变为一个重要的市场（或者说，成为中国的丝绸和美洲白银的贸易市场）。

罗维拉的文章《澳门，文化的桥梁——澳门与拉丁美洲的历史联系》论述了澳门和拉丁美洲之间400年之久的关系。该文论及葡萄牙人的海上贸易路线，以及葡萄牙人被允许定居在澳门的原因。澳门不仅是一个极佳的商业港口，还是基督宗教传教士进入中国的一个战略性大门。除沙勿略（Francisco Javier）或圣依纳爵·罗耀拉（Ignacio de Loyola）的宗教影响外，中国澳门与内地还受到了耶稣会和其他宗教团体的影响。中国的政治局势以及中国与葡萄牙外交关系的变化，引起了澳门角色的变化。葡萄牙对澳门管治的结束和澳门特别行政区的设立，将澳门地区转变为中国与葡萄牙语国家以及拉丁美洲国家之间的一个战略平台。罗维拉认为，澳门作为文化之间交流的桥梁，是具有光明前景的。

霍志钊的《珠三角与拉美新兴市场国家的经贸合作——海内外澳门土生葡人的桥梁作用》提出了一个有趣的观点，即在不远的将来，澳门居民和中国侨民会发挥重要的作用，而且他们本身就充当了通过他们进行交流的各文化之间的桥梁。

历史关系、政治关系、文化关系和商业关系都以语言作为沟通的主要手段。

除了是文化混合物的“产儿”，以及有着丰富的东西方文化交汇的城市，澳门曾经一直是而且现在也是一个多语言的城市。除两种官方语言——中文和葡萄牙语外，英语也发挥了重要的作用，尤其是在过去的两个世纪。然而，若更深入地探究澳门人口的多样性，我们会意识到许多其他语言的存在。事实上，我们可以发现目前的澳门人口来源竟有50多个国家。所有这些国家群体或民族群体都拥有他们自己的语言，而且我们可以认为，这一民族的多样性和语言的多样性不仅没有阻碍澳门的成长，反而有助于澳门的和谐发展和独特性的形成。

语言教学和学习提供了另外一个思考的话题，尤其是（但不只是）在多语言的社会和多语言教学方面。

杨秀玲的文章《认真落实优化澳门多语教学：同城化和国际化中传承和创新中外桥梁角色》论述了“澳门主权回归前后在语文和外语教学方面的各种努力，并同时指出因缺乏远见和视野所失去的大好机会”。该文认为，澳门应该让居民接受双语/多语教育，以便能够发挥其在地区事务和国际事务中独特的桥梁角色，以及继续充当文化交流、和平共处、和谐和人文理想的国际中心。

另外，克里斯蒂娜·阿瓜·梅尔（Cristina Agua-Mel）写了一篇题为《多语种应用：是敌是友?》的文章，为我们带来一种与众不同的反思。这一具有思辨精神的文章从整体上分析了多语制的优点和缺点，也特别针对澳门做出论述。该文概述了在双语教育和多语教育，以及母语（MT）和教学语言（MOI）研究中的一些重要发展。文章引用了周边地区和国家的实例，并参照澳门语言现状下的现有语言教育框架，试图找出可以遵循的模式或现有困难的解决方案。回顾现有问题的目的在于，帮助决策者和语言规划者以及学校，在如何解决澳门人对语言需求的变化性和多样性问题上，做出明智的决定。通过将教育改革置于澳门特别行政区立法会的具体需求和社会－政治框架中进行论述，该讨论希望能够帮助教育工作者根据学习者的具体的语言需要和需求，来决定哪些类型的语言教育计划是适当的。尽管关于澳门的语言教学可能存在一些过于负面的看法，如关于葡语教学和对葡萄牙语的兴趣，但此篇文章提供了一个非常有趣的观点。

崔维孝在他的文章《充分发挥澳门语言文化优势　打造国家培养葡语人才基地》中讨论了翻译者存在的重要性（利用澳门的语言优势，建立一个可以培养掌握葡萄牙语的人才的平台）。他主要探讨的是，政府在筹备这样一个必要的“精英团队”中的责任。这一活动由南光集团在澳门发起，

最近得到越来越多的中国高校的响应。

玛丽亚·西加拉（Maria Sigala）和巴勃罗·保卢耶尔（Pablo Paulullier）在《澳门的西班牙教学》一文中论述了内地和澳门的西班牙语教学史、该语言在当今世界的重要性，以及澳门增加西班牙语课程设置的原因——西班牙语国家的快速发展、澳门的地缘区位，以及澳门作为东西方桥梁的角色，使西班牙语变得日益重要起来。

阿根廷学者古斯塔沃·法雷斯（Gustavo Fares）为我们提供了一篇关于他称之为“拉美中国研究”（La*ch*ino Studies，一个研究拉丁美洲文化和中国文化的领域，意为拉丁美洲-中国研究）的有趣文章。他考察了当前中国对于拉丁美洲的兴趣浪潮，并得出结论称它可能会成为一个典范。为了表明中国对拉丁美洲地区的兴趣并不是一个完全的新现象，作者讨论了自15世纪起至今中国和拉丁美洲之间当代关系的历史渊源，并特别强调了三个国家：墨西哥、巴西和阿根廷。通过这种做法，作者呼吁人们重视澳门作为这两个地区的联系桥梁，在历史上所发挥的重要作用。

郑国强对电影业以及该行业对澳门的期望进行了思考。作者仔细考察了所有与电影业相关的行业，论述了澳门电影的文化特色和潜在重要性，并指出，互惠互利性的地区合作可以为本地电影提供更多发展机遇。举办中拉电影节的可行性也被纳入考虑议题。

当前的这些论文使我们能够对我们所认为的澳门文化的某些方面有一定的了解，但仍不能得出一个完美的形象。与任何不断经历变化的事物一样，对于世界上发展变化十分迅速的城市/地区之一，我们不能用短短的篇幅就对该城市/地区的文化妄下定论。虽然澳门的多语制继续加深并且多样化不断增加，但是仍然存在一些使它与众不同的独特之处。

最近一个旅游活动的宣传标语为“天下特色荟萃　澳门就是与别不同”。用这句话来形容澳门可以说是恰如其分的。

塞尔斯·洛佩斯（Sales Lopes）是一名澳门诗人和作家，他在一篇短篇小说的标题中创造了一个新词——“别巴之乡”（Terra de Lebab）。“别巴”（Lebab）反过来读是巴别“Babel”。巴别是一个神秘的城市，在这里人们开始说不同的语言，不再能够进行沟通。澳门是一个“别巴之乡”，尽管它存在很多不同的语言和文化，其社会存在和谐和理解，在这里成长着一种与众不同的文化。

葡萄牙和菲律宾关系中的澳门

列奥诺·迪亚兹·德·希亚布拉*
李雪雪 译

摘　要：葡萄牙与菲律宾通过澳门展开的双边关系由来已久，最早可追溯至16世纪末期。欧洲人托梅·皮雷斯（Tomé Pires）在其1512～1515年写于马六甲和印度的《东方志》（*Suma Oriental*）一书中最早记述了吕宋人的生活。而最早为今天的菲律宾群岛绘制地图的人也是葡萄牙人。欧洲最早记录该群岛部分区域的地图似乎是由葡萄牙人绘制的，收录在*Livro de Marinharia de João de Lisboa*（1560）中，曾被西班牙殖民者使用。而最早造访圣拉萨鲁斯（San Lazarus）群岛（麦哲伦对现在菲律宾的称呼）的葡萄牙人是斐迪南·麦哲伦（Ferdinand de Magellan），时间是1521年。尽管西班牙的腓力四世在1639年通过葡属果阿地区的总督表示，禁止澳门与马尼拉之间进行贸易；但是有史料能够证实，在18世纪，仍然有商船往来于澳门和马尼拉之间。通过"阿卡普尔科大帆船"，瓷器和丝绸被从澳门运往马尼拉，而大米被从马尼拉运来供澳门居民食用。交易中使用的货币是白银（澳门元）。

托梅·皮雷斯（Tomé Pires）在其著作《东方志》（*Suma Orierital*）（1512～1515年写于马六甲和印度）中写到吕宋人（Luzones）——吕宋岛上的居民

---

* 列奥诺·迪亚兹·德·希亚布拉（Leonor Diaz de Seabra），澳门大学人文学院博士。

（“Luzon”这一单词来源于“Liu-Sung”，意为“靠近大陆或内部的土地”，为中国人和日本人所使用）。他是第一个记述吕宋岛的人，也是第一个在马六甲进行贸易的欧洲人。在去过许多属于葡萄牙势力范围内的城市之后，托梅·皮雷斯于1511年来到东方。1512~1516年，托梅·皮雷斯居住在马六甲，其间又去过勃固（缅甸）、爪哇和苏门答腊。他是一个具有极大的好奇心的人，收集了很多有关东亚的土地、王国和民族的信息，并将其收录到《东方志》中①。他这样描写吕宋人（Luções）：“每年都有贸易船只驶往婆罗洲和马六甲，婆罗洲的商人也通常航行到吕宋岛购买黄金和食品，然后他们再在婆罗洲、马六甲和东南亚的其他岛屿将其出售。”他还说道：在这些岛上“定居着一群商人”，其中“有500人定居在马六甲附近的Minjam（现称为Dingding）”，他们是“一群技术纯熟并且勤奋的人［……］有些人是发挥着重要作用的优秀贸易商”②。

葡萄牙人不仅撰写了关于吕宋人的故事，也为后人绘制了菲律宾地图。欧洲关于这些岛屿的最古老的地图，似乎是由葡萄牙人绘制的。正如我们在*Livro de Marinharia de João de Lisboa*（1560）中看到的（见图1），西班牙在其殖民进程中利用了这些地图③。

1521年斐迪南·麦哲伦（Ferdinand de Magellan）到达圣拉萨鲁斯群岛，他是第一个抵达该群岛的葡萄牙人④。麦哲伦出生于葡萄牙北部，在经历过非洲和东亚的冒险生活之后，他认为追随哥伦布的想法，向西航行到达摩鹿加群岛和香料群岛是可行的。就像葡萄牙国王曼努埃尔一世（Manuel I）的姐夫、前任国王若昂二世（João II，1455—1495）拒绝了哥伦布的想法一样，在听证会之后，曼努埃尔一世拒绝对麦哲伦的这次航行进行资助⑤。

---

① Rui Manuel Loureiro, *O Manuscrito de Lisboa da "Suma Oriental" de Tomé Pires (Contribuição para uma Edição Crítica)*, Macau: Instituto Português do Oriente, 1996.

② Armando Cortesão ed., *A Suma Oriental de Tomé Pires e o Livro de Francisco Rodrigues*, Coimbra: Universidade de Coimbra, 1978, pp. 376 - 379.

③ José Manuel Garcia, *As Filipinas na Historiografia Portuguesa do Século XVI*, Porto: CEPESA, 2003, p. 42; Ivo Carneiro de Sousa, "As Molucas, as Filipinas e os 'Corredores' dos Mares do Sul da China na Cartografia Portuguesa entre 1537 e 1571: Representações Cruzadas de Interesses Divergentes?" *Revista de Cultura* (International Edition), n° 17, Janeiro 2006, pp. 119 - 132.

④ Benjamim Videira Pires, *Taprobana e Mais Além: Presenças de Portugal na Ásia*, Macau: Instituto Cultural de Macau, 1995, p. 219.

⑤ José Hermano Saraiva, *História Concisa de Portugal*, Lisboa: Publicações Europa-América, 1991, pp. 142 - 143.

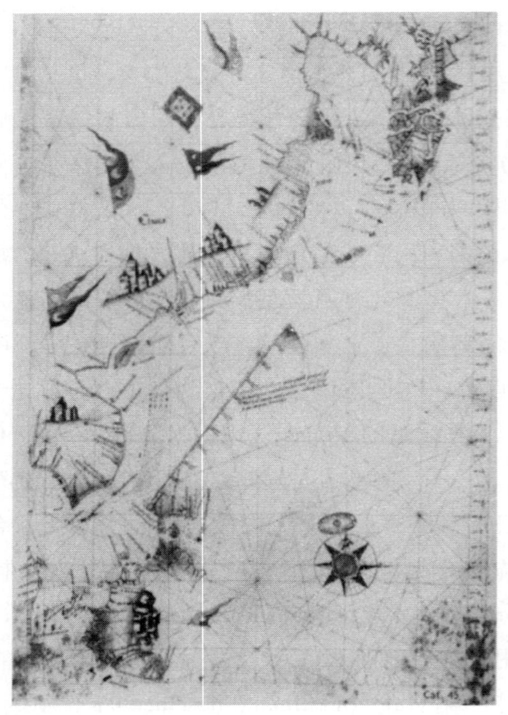

图 1　东南亚和菲律宾（匿名）

资料来源：*Livro de Marinharia de João de Lisboa*, 1560。

1511 年麦哲伦参与到对马六甲的征服活动中，1512 年在那里救了他的朋友弗朗西斯科·塞朗（Francisco Serrão）。当时塞朗遭遇海难，并被迫停靠在菲律宾南部的棉兰老岛。在这里他听说了北部的其他岛屿和那儿的居民。他写信给费迪南·麦哲伦，鼓励麦哲伦采取另外一条航线尝试这次航行。塞朗是德那第（位于摩鹿加群岛）的首领，他无疑在这里收集了很多信息①。在遭到国王曼努埃尔一世的拒绝后，麦哲伦在波尔图与葡萄牙天文学家鲁伊·法莱罗（Rui Faleiro）讨论了他的计划，并得到法莱罗的支持。随后，麦哲伦和法莱罗先后前往西班牙。通过迪奥古·巴博萨（Diogo Barbosa），也就是杜阿尔特·巴博萨（Duarte Barbosa，麦哲伦未来妻子的兄

① Benjamim Videira Pires, *A Viagem de Comércio Macau-Manila nos Séculos XVI a XIX*, Macau: Centro de Estudos Marítimos de Macau, 1987, pp. 6 – 7.

弟，也是麦哲伦环球航行中的部下，在航行中杜阿尔特·巴博萨还曾被迫代替麦哲伦对舰队进行了短暂的指挥，最终也死于菲律宾）的父亲，麦哲伦获得面见年轻的国王卡洛斯五世（Carlos V）的机会。麦哲伦成功地说服了国王和制图师，使他们相信向西航行是可行的。当曼努埃尔一世发现麦哲伦在西班牙，并准备探索通向印度的新航线时，指示其在西班牙的大使阿尔瓦罗·德科斯塔（Álvaro da Costa）对卡洛斯五世进行抗议，以麦哲伦和法莱罗是他的臣子为由，要求卡洛斯五世撤销麦哲伦和法莱罗的西班牙船队“总指挥”的职位。但是他的目的并没有达到。1519 年 9 月 20 日，麦哲伦指挥五艘船从西班牙的桑卢卡尔出发。在将近一年半之后（1521 年 3 月 17 日），麦哲伦的船队发现了群山矗立的萨马岛。由于自然原因以及西班牙船长与麦哲伦之间的不和（两个半岛国家之间的敌对关系造成的），这次航行遭遇了很多困难。完成这次环球航行的胡安·塞巴斯蒂安·埃尔卡诺（Juan Sebastián Del Cano）本人也对麦哲伦发起过叛乱，但麦哲伦最终原谅了他①。

圣拉萨鲁斯群岛（麦哲伦替未来的菲律宾所取的名字）的发现②，使葡萄牙和西班牙的关系更加恶化。麦哲伦和西班牙人知道这次航行违背了葡萄牙国王的意愿。他还发现，根据 1494 年的《托尔德西里亚斯条约》，菲律宾可能位于葡萄牙的势力范围之内。该条约通过一条在佛得角以西 370 里格处的假想的线将世界划分为两个区域，分界线以西为西班牙的势力范围，以东为葡萄牙的势力范围。因此，胡安·塞巴斯蒂安·埃尔卡诺在航行时，一路避免经过属于葡萄牙的港口和要塞，并最终成功地返回桑卢卡尔（西班牙）。在圣地亚哥（佛得角），麦哲伦船队隐瞒了自己的身份以及他们所做的事情，但之后麦哲伦指挥的“特立尼达号”被葡萄牙人抓获。1529 年 4 月 22 日（麦哲伦死后的第八年）《萨拉戈萨条约》签订，这一新的外交协议最终掌控了局势。根据该条约，葡萄牙要以 35 万达卡金币的高价从西班牙买回摩鹿加群岛，菲律宾则仍然由葡萄牙控制③。

---

① Richard Humble, *Fernão de Magalhães*, Ana Paula Silva transl., Porto: Edinter, 1992; Laurence Bergreen, *Fernão de Magalhães: para Além do Fim do Mundo, a Extraordinária Viagem de Circum-navegação*, Inês Castro transl., Chiado: Bertrand, 2005.

② António Galvão, *Tratado dos Descobrimentos*, Visconde de Lagoa ed., Porto: Livraria Civilização Editora, 1987, p. 120.

③ José Manuel Garcia, *As Filipinas na Historiografia Portuguesa do Século XVI*, Porto: CEPESA, 2003, pp. 8 - 9.

在这种国际形势下，菲律宾和葡萄牙逐渐被联系起来。此外，在宿务（Cebu）和麦克坦（Mactan）还矗立着有关麦哲伦之死的纪念碑。这些纪念碑告诉人们，当时勇敢的拉普拉普（Lapu-Lapu）首领及其手下，毫不犹豫地迎战麦哲伦这些装备精良的欧洲人，并最终将他们杀死。宿务市是同名岛屿——宿务岛——的首府，位于米沙鄢群岛，马尼拉以南578千米处，也是菲律宾最古老的一座城市。1521年，麦哲伦在首批居民受洗的地方竖起一个木制十字架。麦哲伦将“宿务的圣子”（Saint Niño）交给宿务酋长胡玛邦（Humabon）的妻子——她后来皈依天主教并改名为胡安娜夫人（Doña Juana）。1565年，在黎牙实比（Miguel Lopez de Legazpi）统治时期，在胡玛邦宫殿遗址中，人们再次发现“西班牙贵族”（Adelantado）的形象①。

在麦哲伦到达菲律宾之前，葡萄牙人就已经定居在摩鹿加群岛的特尔纳特和蒂多雷，在那里从事大量香料和木材贸易②。

尽管葡萄牙和西班牙长期处于敌对状态，马六甲、摩鹿加群岛和菲律宾之间的贸易往来仍被视为一种正常现象。

1542年，路易·洛佩斯·维拉罗伯斯（Ruy Lopez de Villalobos）带领由六艘船和200人组成的远征队，从墨西哥向棉兰老岛出发。维拉罗伯斯为纪念西班牙国王腓力二世将莱特岛（该岛属于当时名为波尼恩特岛的群岛的一部分）命名为菲律宾（Filipina），后来他又将附近所有的岛屿命名为菲律宾群岛。在占领棉兰老岛失败之后，维拉罗伯斯又在1544年年底前往摩鹿加群岛，但是由于无敌舰队的存在违背了《萨拉戈萨条约》，在这里他受到葡萄牙人恶劣的接待。1546年维拉罗伯斯在摩鹿加群岛上的安汶岛去世。该岛自1511年起归属于葡萄牙，曾由圣方济各·沙勿略（Saint Francisco Xavier）进行管理③。

西班牙的决定性征服始于1565年黎牙实比的远征④。黎牙实比于1565

---

① Alberto Caetano, *Descobrimento das Filipinas pelo Navegador Português Fernão de Magalhães*, Lisboa: Emp. do Ocidente, 1898.

② José Manuel Garcia, *As Filipinas na Historiografia Portuguesa do Século XVI*, Porto: CEPESA, 2003, p. 20.

③ Jr. Benito J. Legarda, *After the Galleons: Foreign Trade, Economic Change & Entrepreneurship in the Nineteenth-Century Philippines*, Manila: Ateneo de Manila University Press, pp. 14 – 15.

④ George Bryan de Souza, *A Sobrevivência do Império: Os Portugueses na China (1630 – 1754)*, Lisboa : Publicações D. Quixote, 1991, p. 84.

年4月登上宿务岛，发现了圣米格尔市，但是他避免与已定居在摩鹿加群岛的葡萄牙人发生冲突[①]。1568年，贡萨洛·佩雷拉（Gonçalo Pereira）船长指挥十艘船，在黎牙实比构筑防御工事之前展开队形，将其包围，并提出如果投降，他和他的部下就可以被遣送回国。黎牙实比“断然予以拒绝”。三个月以来，贡萨洛·佩雷拉试图通过饥饿威胁来战胜西班牙人[②]，但是他们挺了过来，贡萨洛·佩雷拉再次回到摩鹿加群岛，并最终在该岛被杀害。1570年，葡萄牙人又一次试图将西班牙人驱逐出菲律宾群岛，但黎牙实比已离开宿务岛前往班乃岛[③]。西班牙的领土扩张到莱特岛、民都洛岛和吕宋岛。1571年6月24日（仲夏节），黎牙实比在吕宋岛宣布马尼拉为首都。马尼拉地处一个战略性的位置，具有与其同名的马尼拉湾，并靠近帕西格河口[④]。

1570年，葡萄牙传教士戈里奥·冈萨维斯（Gregório Gonçalves，最早到达澳门的传教士之一）向西班牙驻里斯本的大使若昂·德·博尔雅（D. João de Borja）写了一封报告信。他这样描述吕宋岛：“它是一个巨大的岛屿”，有“许多海湾和优良的港口”，并补充说，“这是一个非常丰富的岛屿，有许多食物和产品（蜡、铜、蜂蜜、龟和许多金子）”，之后他又谈及该岛的“白人”和良好的地理位置——处于中国、日本和婆罗洲王国之间。然而，当时澳门已经垄断了日本的贸易[⑤]。与此同时，一方面，耶稣会为在中国、日本和东南亚进行福音传道，已在澳门设立基地。如此，澳门的商人和葡萄牙耶稣会期望掌握马拉尼与中国、日本之间有利可图的贸易。而另一方面，中国政府反对澳门与马尼拉进行任何交流[⑥]。

---

① Benjamim Videira Pires, *Taprobana e Mais Além: Presenças de Portugal na Ásia*, Macau: Instituto Cultural de Macau, 1995, p. 219.

② Benjamim Videira Pires, *Taprobana e Mais Além: Presenças de Portugal na Ásia*, Macau: Instituto Cultural de Macau, 1995, p. 223.

③ Benjamim Videira Pires, *Taprobana e Mais Além: Presenças de Portugal na Ásia*, Macau: Instituto Cultural de Macau, 1995, p. 224.

④ Jr. Benito J. Legarda, *After the Galleons: Foreign Trade, Economic Change & Entrepreneurship in de Nineteenth-Century Philippines*, Manila: Ateneo de Manila University Press, pp. 25 – 26; George Bryan de Souza, *A Sobrevivência do Império: Os Portugueses na China (1630 – 1754)*, Lisboa: Publicações D. Quixote, 1991, pp. 84 – 86.

⑤ Charles Boxer, *The Great Ship from Amacon*, Macau: Instituto Cultural-Centros de Estudos Marítimos de Macau, 1988.

⑥ Benjamim Videira Pires, *Taprobana e Mais Além: Presenças de Portugal na Ásia*, Macau: Instituto Cultural de Macau, 1995, pp. 224 – 225.

但是，随着马尼拉的发展，与中国进行直接贸易并在中国传福音，显然成为他们想要实现的两大抱负，特别是因为中国商人前往吕宋岛（和其他岛屿）（见图 2）进行贸易是由来已久的一种传统[①]。

然而，这种情况并没有阻止葡萄牙商人利用菲律宾贸易的企图，因为菲律宾已经形成一个新的市场，这一市场与美洲的西班牙帝国既有着地方性联系，又有着官方性联系。澳门商人由最初的反对转变为自愿和彼此欢迎的贸

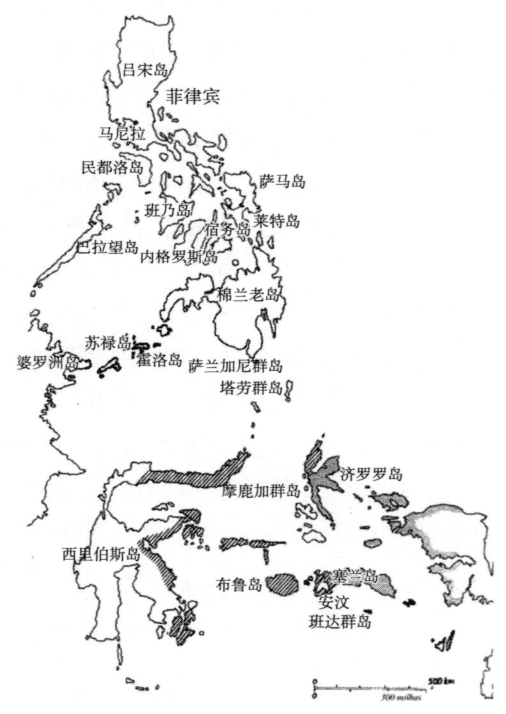

图 2　菲律宾和摩鹿加群岛

资料来源：George Bryan de Souza, *A Sobrevivência do Império*: *Os Portugueses na China* (*1630 - 1754*), Lisboa: Publicações D. Quixote, 1991, p. 85。

---

① Jr. Benito J. Legarda, *After the Galleons*: *Foreign Trade*, *Economic Change & Entrepreneurship in the Nineteenth-Century Philippines*, Manila: Ateneo de Manila University Press, pp. 34 - 37; George Bryan de Souza, *A Sobrevivência do Império*: *Os Portugueses na China* (*1630 - 1754*), Lisboa: Publicações D. Quixote, 1991, pp. 85 - 86.

易合作，这加强了伊比利亚贸易商之间的地方性联系，但是触怒了里斯本、果阿和马德里的中央政权。应该记住，到16世纪末，马尼拉已经成为白银货币的一个主要贸易中心，大量的白银从西班牙的殖民地（秘鲁和墨西哥）流出，并开始刺激对中国绢丝和奢侈品的不断需求，而这些商品的主要供应商就是澳门。因此，马尼拉成为在澳门的葡萄牙商人的一个日益重要的市场，这些商人无视各种禁令，出售广州丝绸换取美洲的白银，并控制了菲律宾的大部分贸易。这种专业化的贸易形式，在1639年日本实行闭关锁国政策时，对澳门发挥了非常重要的作用，使其成功地免于种种危机[①]。

马尼拉大帆船贸易利用了1565年安德雷斯·德·乌尔达内塔（Andres de Urdañeta）开辟的一条航道。这些船只在菲律宾的马尼拉和墨西哥的阿卡普尔科之间航行，每次行程历时四个月到七个月。除货物外，每艘船都载有大量的补给，以维持船上近1000名人员的生活。除其他贸易货物外，"马尼拉大帆船"运载的主要商品是白银和丝绸，因为这些商品在太平洋两岸都拥有繁荣的市场。西班牙从拉丁美洲得到大量的白银，来源地包括秘鲁的波托西和墨西哥的萨卡特卡斯。这些白银被运到阿卡普尔科，进而通过大帆船横跨太平洋被运往马尼拉（"马尼拉大帆船"），最终在马尼拉换取从中国市场运来的丝绸[②]。中国的丝绸流入互成一体的各个市场，并销往整个欧亚大陆，"传统的丝绸之路"[③] 成为其传播的一个主要路线。马尼拉大帆船贸易发端于一个对太平洋两岸均有利的时候，它将"对白银有着高需求的社会和有着丰富且廉价的白银的社会直接联系起来"[④]。西班牙人控制着拉丁美

① George Bryan de Souza, *A Sobrevivência do Império: Os Portugueses na China (1630 - 1754)*, Lisboa: Publicações D. Quixote, 1991, pp. 87 - 89.

② George Bryan de Souza, *A Sobrevivência do Império: Os Portugueses na China (1630 - 1754)*, Lisboa: Publicações D. Quixote, 1991, pp. 84 - 86.

③ "丝绸之路"是横跨亚欧大陆的、一系列相互联系的贸易路线，将中国、亚洲西部和地中海世界连接起来。这些路线在西方长期以来与奢侈品联系在一起，因为从古代一直到蒙古帝国的瓦解（约15世纪），它们就是欧洲获取丝绸的主要路线。在蒙古势力瓦解和黑死病疫情（黑死病使得哥伦布误以为通过向西航行可以到达中国）之后的萧条导致亚洲丝绸贸易近乎停止。马尼拉大帆船航线的开通（在不到200年之后），开辟了另外一条路线。丝绸通过这条"海上丝绸之路"可以再次进入欧洲市场。William D. Phillips, Carla Rahn Phillips, *The Worlds of Christopher Columbus*, New York: Cambridge University Press, 1992, p. 50.

④ J. H. Parry, *The Age of Reconnaissance: Discovery, Exploration and Settlement 1450 to 1650*, Berkeley: University of California Press, 1963, pp. 195 - 196.

洲利润丰厚的矿场，这使其拥有大量的白银，可以用来从中国获利。由于中国需要美洲的白银来扩充从日本输入的白银数量，而西班牙既寻求纺织物，又需要白银贸易产生的利润以维持全球帝国的地位，双方对每一种商品的需求，都有效地刺激了定期的跨太平洋航行和贸易。这些货物与中国的贵重商品一起流入菲律宾，换取白银，同时它们自身也构成一个市场[①]。

1580 年，由于老恩里克一世（Cardinal-King D. Henrique）的过世，葡萄牙王位被移交给与其有较为直接关系的继承人之一——西班牙国王腓力二世（1527—1598）。他是葡萄牙公主伊莎贝拉（Isabel，1503—1539，卡洛斯五世的妻子）的儿子，葡萄牙国王曼努埃尔一世的孙子。由于伊比利亚联盟（葡萄牙和西班牙形成的共主邦联）的存在，西班牙的敌人也成为葡萄牙的敌人。1588 年，在葡萄牙优良船只的积极参与下，腓力二世带领“无敌舰队”试图称霸英格兰，但最终失败了。然而，自 14 世纪以来，葡萄牙一直与英格兰保持着联盟关系，但现在情况完全相反，这与葡萄牙的外交传统相违背[②]。

葡萄牙帝国不得不面对的一个大敌是荷兰[③]。在大约 71 年（1598 ~ 1669 年）的时间里，葡萄牙人和荷兰人在巴西、安哥拉、圣多美和普林西比、莫桑比克、印度、锡兰、马六甲、澳门、摩鹿加群岛和东帝汶进行了大量战争。葡萄牙虽然控制了巴西、安哥拉和印度，但失去了东南亚的许多地方[④]。

数十年来，澳门作为一个简单的贸易仓库，没有建立任何防御工事，但后来为抵御荷兰的攻击，不得不沿着南湾（Praia Grande）在内港和其最高的山峰上筑起防御体系。1622 年 6 月 24 日荷兰攻击澳门时，除一开始就存在的烧灰炉（Bomparto）炮台之外，其他的炮台仍然在建造之中。但是荷兰最终惨败于葡萄牙手下，洛普·卡瓦略（Lopo Sarmento de Carvalho）带领的

---

① George Bryan de Souza, *A Sobrevivência do Império: Os Portugueses na China (1630 - 1754)*, Lisboa: Publicações D. Quixote, 1991, pp. 101 - 109.

② José Hermano Saraiva, *História Concisa de Portugal*, Lisboa: Publicações Europa-América, 1991, p. 202.

③ Benjamim Videira Pires, *Taprobana e mais Além: Presenças de Portugal na Ásia*, Macau: Instituto Cultural de Macau, 1995, p. 232.

④ José Hermano Saraiva, *História Concisa de Portugal*, Lisboa: Publicações Europa-América, 1991, pp. 203 - 204.

军队损失了330名士兵、500多支步枪、一门大炮和一艘军舰。尽管如此，荷兰的威胁仍旧持续了很多年①。

1621年，瓦兹·巴瓦洛（Diogo Vaz Bávaro）抵达马尼拉，并“通过他的勤奋”获得了六门大炮。他将大炮带到澳门，安放在新的防御工事之中。在贸易领域，腓力王室的决心“巩固了葡萄牙的地位，削弱了菲律宾和拉丁美洲的西班牙人的贸易野心”②。

很多来自不同地方的商人都居住在马尼拉。1606年，葡萄牙人甚至仿照里斯本的仁慈堂，在马尼拉建立了这个典型的葡萄牙机构③。

1604年五艘船从澳门驶向马尼拉，1605年两艘船从澳门驶向马尼拉，1606年一艘带有“日本的刺绣”的船从澳门驶向马尼拉，1612年七艘带有商品和奴隶的船从澳门驶向马尼拉，1620年五艘船从澳门驶向马尼拉④。

表1　葡萄牙、中国和日本抵达马尼拉的船只的数量（1577～1612年）

年份	中国	日本	葡萄牙
1577	9	1	
1578	9		
1580	19		2
1581	9		
1582	24		
1583			1
1584			2
1588	46		2
1591	21	1	

① Benjamim Videira Pires, *Taprobana e Mais Além: Presenças de Portugal na Ásia*, Macau: Instituto Cultural de Macau, 1995, p. 233.

② Benjamim Videira Pires, *Taprobana e Mais Além: Presenças de Portugal na Ásia*, Macau: Instituto Cultural de Macau, 1995, p. 227.

③ Jr. Benito J. Legarda, *After the Galleons: Foreign Trade, Economic Change & Entrepreneurship in the Nineteenth-Century Philippines*, Manila: Ateneo de Manila University Press, p. 44.

④ Benjamim Videira Pires, *Taprobana e Mais Além: Presenças de Portugal na Ásia*, Macau : Instituto Cultural de Macau, 1995, p. 235.

续表

年份	中国	日本	葡萄牙
1596	40	1	
1597	14	2	
1599	19	10	
1600	25	5	
1601	29	4	1
1602	18	3	
1603	16	1	
1604	15	6	5
1605	18	3	2
1606	26	3	1
1607	39	3	
1608	39		
1609	41	3	1
1610	41		1
1611	21		
1612	46		7
总数	584	46	25

资料来源：Chaunu，*Les Philippines*，AGI，Filipines，leg. 20e *B&R*，XI e XVIII，in George Bryan de Souza，*A Sobrevivência do Império*：*Os Portugueses na China*（*1630 – 1754*），Lisboa：Publicações D. Quixote，1991，p. 88。

据称，在 1621 年，澳门与马尼拉的货物贸易为该葡萄牙城市带来“60000 克鲁扎多的年收入”。事情的这种态势将会让人们产生“贸易必须被合法化”的想法，但是澳门的商人希望去马尼拉做贸易并从中获取利润，还希望西班牙人不要来中国，“因为在他们带来钱（白银和黄金的形式）之后，产品的价格（在广州和澳门）也会随之上升”①。

1624 年 4 月 17 日，果阿总督及其顾问拒绝了澳门参议院提出的正式允

① Benjamim Videira Pires，*Taprobana e Mais Além*：*Presenças de Portugal na Ásia*，Macau：Instituto Cultural de Macau，1995，p. 236；George Bryan de Souza，*A Sobrevivência do Império*：*Os Portugueses na China*（*1630 – 1754*），Lisboa：Publicações D. Quixote，1991，pp. 96 – 97.

许马尼拉贸易航行的申请，并决定现有的禁令应该被严格遵守。澳门总督和商人并没有重视这一决定，继续与马尼拉进行贸易，最终双方贸易的发展达到了前所未有的水平①。

1628 年，澳门从马尼拉之行中获利 40 000 xerafins（当时葡萄牙帝国所用的银圆），这为其支付了大部分的债务。1637～1639 年，澳门商人通过澳门到马尼拉的航线，每年向马尼拉输出三艘船的货物②。

表 2　抵达马尼拉的葡萄牙船只的数量（1620～1644 年）

年份	澳门出发	印度出发	年份	澳门出发	印度出发
1620	5	9	1636	1	1
1621	2		1637	3	1
1627	6	2	1638	3	0
1628	2	4	1639	3	1
1629	2	5	1640	3	0
1630	6	8	1641	2	0
1631	3	6	1642	1	0
1632	4	4	1643	0	0
1633	3	1	1644	1	0
1634	0	1	总数	54	44
1635	4	1			

注：印度出发包括从马六甲、果阿、科罗曼德和马拉巴尔港口出发的。

资料来源：Chaunu，*Les Philippines*，AGI，Filipinas，leg. 20 e *B&R*，XI e XVIII，in George Bryan de Souza，*A Sobrevivência do Império*：*Os Portugueses na China*（*1630 – 1754*），Lisboa：Publicações D. Quixote，1991，p. 97。

罔顾这些经济事实，1639 年西班牙国王腓力四世通过葡萄牙的果阿总督禁止了澳门与马尼拉的贸易。原因是什么？是为了防止马尼拉在交换中国和其他地方的货物，如万奴·卜加劳（Manuel Tavares Bocarro）在澳门制造的、出售给菲律宾的西班牙人的大炮时，耗尽从墨西哥输入的白银。菲律宾总督科奎拉（Hurtado de Corcuera）对这一命令给予了严肃对待。“为了不中

① Benjamim Videira Pires，*Taprobana e Mais Além*：*Presenças de Portugal na Ásia*，Macau：Instituto Cultural de Macau，1995，p. 237.

② Benjamim Videira Pires，*A Viagem de Comércio Macau-Manila nos Séculos XVI a XIX*，Macau：Centro de Estudos Marítimos de Macau，1987，p. 28.

断与中国人的（间接）贸易，我不会允许葡萄牙人来到这些岛屿的。我会即刻遵守这一法令的［……］”①。

1587 年 1 月 22 日，西班牙国王腓力二世建议葡属印度总督杜阿尔特·德·梅内塞斯（D. Duarte de Menezes）制止西班牙同中国和摩鹿加群岛，以及澳门的葡萄牙人与菲律宾之间的贸易。但是印度总督给予西班牙国王一个很现实的答复：考虑到与印度首都果阿的距离，贯彻该项决定是不可能的②。后来，葡属印度总督向马德里投诉，称一艘载有从墨西哥运来的白银的船抵达了澳门。为建立一定的平衡，至少这位总督曾请求西班牙国王允许澳门的船只在墨西哥得到放行，但他没有得到任何回复③。

1640 年布拉干萨王朝发动革命，葡萄牙恢复独立。在此之前葡萄牙和西班牙都处于一个王朝的统治之下。之后，两国又经历了 28 年的军事斗争和外交斗争，直到 1668 年两国才正式缔结和约。这期间，为对抗来自荷兰以及后来的大不列颠的攻击，菲律宾和澳门一直在军事领域和政治领域保持了合作④。

葡萄牙与西班牙的战争持续了 28 年，这期间，荷兰与这两个半岛国家进行了持续的战争。1641 年，马六甲被夺取，该城市的葡萄牙人被迫迁往望加锡。1651 年，该城市的天主教徒人数达到 3000 名。由于葡萄牙和西班牙之间的战争形势，澳门利用望加锡继续与马尼拉进行间接的贸易。这样一来，马尼拉每年从望加锡收到五艘船的货物。1668 年，在葡萄牙与西班牙恢复和平以后，澳门与马尼拉的直接贸易重新开通⑤。

1672 年，一艘澳门的船只抵达马尼拉港，随后的几年又有其他船只陆

---

① Benjamim Videira Pires, *A Viagem de Comércio Macau-Manila nos Séculos XVI a XIX*, Macau: Centro de Estudos Marítimos de Macau, 1987, pp. 29 – 30; AHM/LS/529: “Termos dos Conselhos Gerais do Leal Senado da Câmara de Macau (1630/06/04 a 1685/06/03)”.

② Benjamim Videira Pires, *Taprobana e Mais Além: Presenças de Portugal na Ásia*, Macau: Instituto Cultural de Macau, 1995, p. 228.

③ Benjamim Videira Pires, *A Viagem de Comércio Macau-Manila nos Séculos XVI a XIX*, Macau: Centro de Estudos Marítimos de Macau, 1987, p. 23.

④ Jr. Benito J. Legarda, *After the Galleons: Foreign Trade, Economic Change & Entrepreneurship in the Nineteenth-Century Philippines*, Manila: Ateneo de Manila University Press, p. 46.

⑤ Anders Ljungstedt, *Um Esboço Histórico dos Estabelecimentos dos Portugueses e da Igreja Católica Romana e das Missões na China & Descrição da Cidade de Cantão*, Macau: Leal Senado de Macau, 1999, p. 150.

续抵达[①]。例如，在 1695 年 11 月 25 日，安东尼奥·德·博扎尔特（D. António de Bozarte）船长指挥的一艘船从马尼拉驶入澳门港，为澳门贡献了 1000 比索的税收，“参议院接受了这笔钱，并告诉他其船上的白银可以与葡萄牙船只支付同样的税款，即 2%”[②]。

当时的人们这样写道：这一白银贸易“是澳门的支柱”。随着与日本的贸易的终止，“我们仅剩下马尼拉港，而日本又阻止葡萄牙商人进入该港口，但我们可以以另外一个借口去那里”[③]。

1696 年，澳门议事厅（市政厅）因公向马尼拉派去贝尔纳多·达·席尔瓦（Bernardo da Silva）船长的船，并按照总督的命令，要求他不能带传教士上船进入中国[④]。

1698 年，菲律宾总督福斯托·贡戈拉（Fausto Cruzat y Gongora）请求澳门批准从马尼拉派遣船只到澳门，并询问是否可以将税款（权利费）适当降低。对此，参议院予以批准[⑤]。

在 17 世纪下半叶，南亚和东南亚的国际贸易竞争变得更加激烈。东南亚的贸易路线局限在与小巽他群岛上某些地方进行交易，如利润丰厚的东帝汶檀香贸易。而在澳门的葡萄牙商人再次转向与马尼拉的直接贸易和定期贸易，与此同时，澳门还保持了对婆罗洲和马拉巴尔海岸的兴趣，并依靠中国（广州）增加其货物的品种。因此，在 17 世纪下半叶，随着亚洲市场上的国际竞争日益激烈，澳门的贸易表现出两大特点，一是设法与果阿疏远关系，二是寻求相关贸易的专业化，这对维持澳门经济发展、巩固葡萄牙贸易殖民者在中国的社会地位都是至关重要的[⑥]。

---

① Benjamim Videira Pires, *A Viagem de Comércio Macau-Manila nos Séculos XVI a XIX*, Macau: Centro de Estudos Marítimos de Macau, 1987, p. 35.

② Benjamim Videira Pires, *A Viagem de Comércio Macau-Manila nos Séculos XVI a XIX*, Macau: Centro de Estudos Marítimos de Macau, 1987, p. 39.

③ Benjamim Videira Pires, *A Viagem de Comércio Macau-Manila nos Séculos XVI a XIX*, Macau: Centro de Estudos Marítimos de Macau, 1987, p. 41.

④ Benjamim Videira Pires, *A Viagem de Comércio Macau-Manila nos Séculos XVI a XIX*, Macau: Centro de Estudos Marítimos de Macau, 1987, p. 41.

⑤ Benjamim Videira Pires, *A Viagem de Comércio Macau-Manila nos Séculos XVI a XIX*, Macau: Centro de Estudos Marítimos de Macau, 1987, p. 41.

⑥ Sanjay Subhramanyan, *O Império Asiático Português, 1500 - 1700: Uma História Política e Económica*, Lisboa, 1995, p. 292.

1717 年，中国康熙皇帝的一项命令由“广州总督亲自传达”到澳门市政厅，他规定澳门可以与中国的沿海五省和东洋进行贸易，但是不得与“南洋、巴达维亚（实际是雅加达）和马尼拉等地”进行贸易。而居住在北京的葡萄牙耶稣会传教士徐日升，成功地使澳门获准免受该法令的限制，因此，多年来澳门继续“垄断中国的外部贸易，尤其是与巴达维亚的贸易”[①]。

澳门、索洛和东帝汶受制于葡萄牙的果阿总督，也就是将命令传达给天主圣名之城（City of the Name of God）的人。因此，1722 年 5 月 14 日，这位总督“批准科斯梅·塞郎（Cosme Serrão）从马尼拉不经过澳门直接前往广州，并建议该城市当局不要阻碍而是要帮助他们”。当然，澳门市政厅试图违背总督的意愿，阻止科斯梅·塞郎“直接前往广州”，使其经过澳门。但这一尝试失败了[②]。

1723 年 11 月 1 日，“耶稣·玛利亚·何塞”（Jesus，Maria，José）号船抵达澳门，船上载有当选的宿务辅理主教——将要在宿务城任职的弗雷·塞巴斯蒂安·德·佛隆达（D. Frey Sebastian de Foronda）[③]。

在 18 世纪的前几十年，由于清朝禁止了中国在该地区的海上贸易，澳门和东南亚之间的贸易关系呈现出焕然一新的景象。因此，澳门也就成为中国和东南亚（其中包括最重要的菲律宾、马来半岛和暹罗）之间贸易流动的主要中介[④]。

澳门基本上依赖于海上贸易。虽然没有发展农业或工业，但澳门的中介功能为其创造出大量财富。然而，在 1735 ~ 1745 年，澳门损失了“（尤其是在海难中）超过 11 艘船”。经济形势非常严峻。人口中有 5212 名天主教徒、8000 名中国人，而作为第一批外来移民、出生于葡萄牙的葡萄牙人的数量仅为 90 名[⑤]。

---

① Benjamim Videira Pires, *A Viagem de Comércio Macau-Manila nos Séculos XVI a XIX*, Macau: Centro de Estudos Marítimos de Macau, 1987, pp. 45 – 46.

② Benjamim Videira Pires, *A Viagem de Comércio Macau-Manila nos Séculos XVI a XIX*, Macau: Centro de Estudos Marítimos de Macau, 1987, pp. 48 – 49.

③ Benjamim Videira Pires, *A Viagem de Comércio Macau-Manila nos Séculos XVI a XIX*, Macau: Centro de Estudos Marítimos de Macau, 1987, p. 49.

④ Cao Yunhua, "Relations between Macau and South-East Asia," in J. A. Berlie, ed., *Macao 2000*, Hong Kong: Oxford University Press, 1999, p. 184.

⑤ Cao Yunhua, "Relations between Macau and South-East Asia," in J. A. Berlie, ed., *Macao 2000*, Hong Kong: Oxford University Press, 1999, p. 55.

澳门船东的船只通过马尼拉、东帝汶、巴达维亚、马六甲、马德拉斯、加尔各答、果阿和苏拉特的航线进行航行。荷兰和英国的势力在广大东南亚地区的崛起促使葡萄牙国王若昂五世于1746年禁止任何外国人定居在澳门或在澳门进行贸易。但是若昂五世做出一个例外：从马尼拉航行来的船只可以自由地进行贸易，在缴付税款上享受同澳门船只一样的权利①。只载有大米的马尼拉船只可以免除某些税款②。

澳门向马尼拉运送瓷器和丝绸，马尼拉通过"阿卡普尔科大帆船"为澳门提供当地人需要的大米及白银货币。为巩固葡萄牙人的地位，1750年，澳门禁止向外国人出售澳门船只③。

表3　关于澳门－马尼拉航行的记录

年份	船只数量	船长
1747	一艘 balandra	José Molina
1748	一艘"S. Domingos"	Jerónimo Deyta
1750	一艘"S. Francisco Xavier"	Joaquim Lopes da Silva
1751	一艘 pataxo	De Sousa Martins
1752	一艘"Nuestra Señora de la Encarnación"	
1753	两艘	一名西班牙船长和一名印度船长
1755	一艘"Nuetra Señora de la Porteria"	D. José de Azevedo
1758	两艘："Espirito Santo y Santa Ana"和"San Francisco y las Animas del Purgatorio"	第一艘船：D. Joseph Maroto

资料来源："Registries of *Almojariffazgo* about the Navigation Macau-Manila (1747－1759)", in Benjamim Videira Pires, S. J., *A Viagem de Comércio Macau-Manila nos Séculos XVI a XIX*, Macau: Centro de Estudos Marítimos de Macau, 1987, p. 62。

① Anders Ljungstedt, *Um Esboço Histórico dos Estabelecimentos dos Portugueses e da Igreja Católica Romana e das Missões na China & Descrição da Cidade de Cantão*, Macau: Leal Senado de Macau, 1999, p. 150.

② Anders Ljungstedt, *Um Esboço Histórico dos Estabelecimentos dos Portugueses e da Igreja Católica Romana e das Missões na China & Descrição da Cidade de Cantão*, Macau: Leal Senado de Macau, 1999, p. 151.

③ Anders Ljungstedt, *Um Esboço Histórico dos Estabelecimentos dos Portugueses e da Igreja Católica Romana e das Missões na China & Descrição da Cidade de Cantão*, Macau: Leal Senado de Macau, 1999, p. 60.

1785年，除从马尼拉行驶来的船只外，所有与外国人的贸易都被禁止①。在1787年、1789年和1791年，均有船只从马尼拉抵达澳门②。

在18世纪末到19世纪初期，澳门总共有24艘船（其中2艘为“双桅战船”），也可能还有6艘其他船。这些船主要与暹罗、里斯本和巴西进行贸易③。

1565～1785年，也就是菲律宾皇家公司的建立得到批准后，马尼拉－阿卡普尔科航线上著名的“大帆船”贸易，确立了西班牙王室的垄断地位。尽管贸易活动似乎会扩大，但是西班牙在美洲殖民地（尤其是墨西哥）的独立，终止了这个几百年之久的传统。1815年，最后一艘“马尼拉大帆船”抵达马尼拉④。

总之，可以这样说，从16世纪直到19世纪初，澳门作为中国唯一的“自由港”，在中国和欧洲、拉丁美洲以及亚洲其他地方的联系中，发挥了重要的作用。在后期，葡萄牙和西班牙主导的“海上丝绸之路”，受到了其他西方列强的挑战。尽管葡萄牙和西班牙之前的竞争，对海上贸易产生了负面影响，但是澳门在促进对外贸易全球化的最初阶段起到了重要的作用，通过出售中国丝绸、瓷器、茶叶和手工艺品，换取墨西哥、秘鲁、日本的白银、亚洲的香料以及欧洲的制成品。该时期的菲律宾也成为贸易的重要枢纽，但相比而言，由于澳门背靠生产规模和市场规模更大的中国内地，并且充当着文化桥梁的角色（这一角色往往被现代历史学家所忽视），所以澳门扮演的角色更为重要。

在西方列强征服中国之后（从鸦片战争开始，直到第二次世界大战结

---

① Anders Ljungstedt, *Um Esboço Histórico dos Estabelecimentos dos Portugueses e da Igreja Católica Romana e das Missões na China & Descrição da Cidade de Cantão*, Macau: Leal Senado de Macau, 1999, p. 80.

② Anders Ljungstedt, *Um Esboço Histórico dos Estabelecimentos dos Portugueses e da Igreja Católica Romana e das Missões na China & Descrição da Cidade de Cantão*, Macau: Leal Senado de Macau, 1999, pp. 80－81.

③ Anders Ljungstedt, *Um Esboço Histórico dos Estabelecimentos dos Portugueses e da Igreja Católica Romana e das Missões na China & Descrição da Cidade de Cantão*, Macau: Leal Senado de Macau, 1999, p. 85; AHM/SCM/306: “Contratos de Risco do Mar da Administração da Santa Casa da Misericórdia,” (1763/11/20 a 1781/02/23).

④ Benito J. Legarda, Jr., *After the Galleons: Foreign Trade, Economic Change & Entrepreneurship in the Nineteenth-Century Philippines*, Manila: Ateneo de Manila University Press, p. 50.

束），澳门作为枢纽的重要作用大为减弱，其地位被香港、上海及中国沿海的其他港口所取代。尽管如此，即使是在两次世界大战和内战时期，澳门也始终保持着对外开放的态度。

在 21 世纪以及之后，澳门这一小的枢纽是否能够在不丢失其身份特性的前提下，继续生存并发展呢？这不仅是对历史学家提出的问题，更需要年青一代来回答。

参考文献

1. Laurence Bergreen, *Fernão de Magalhães: para Além do Fim do Mundo, a Extraordinária Viagem de Circum-navegação*, (Inês Castro transl.), Chiado: Betrand, 2005.
2. Charles Boxer, *The Great Ship from Amacon*, Macau: Instituto Cultural-Centros de Estudos Marítimos de Macau, 1988.
3. Alberto Caetano, *Descobrimento das Filipinas pelo Navegador Português Fernão de Magalhães*, Lisboa: Emp. do Ocidente, 1898.
4. Yunhua Cao, "Relations between Macau and South-East Asia," in J. A. Berlie, ed. , *Macao 2000*, Hong Kong: Oxford University Press, 1999.
5. António Galvão, *Tratado dos Descobrimentos*, Porto: Livraria Civilização Editora, 1987.
6. José Manuel Garcia, *As Filipinas na Historiografia Portuguesa do Século XVI*, Porto: CEPESA, 2003.
7. Richard Humble, *Fernão de Maggalhães*, Ana Paula Silva transl. , Porto: Edinter, 1992.
8. Jr. Benito J. Legarda, *After the Galleons: Foreign Trade, Economic Change & Entrepreneurship in the Nineteenth-Century Philippines*, Manila: Ateneo de Manila University Press.
9. Anders Ljungstedt, *Um Esboço Histórico dos Estabelecimentos dos Portugueses e da Igreja Católica Romana e das Missões na China & Descrição da Cidade de Cantão*, Macau: Leal Senado de Macau, 1999.
10. Rui Manuel Loureiro, *O Manuscrito de Lisboa da "Suma Oriental" de Tomé Pires (Contribuição para uma Edição Crítica)*, Macau : Instituto Português do Oriente, 1996.
11. J. H. Parry, *The Age of Reconnaissance*, London: University of California Press, 1963.
12. Jr. William D. Phillips and Carla Rahn Phillips, *The Worlds of Christopher Columbus*. New York: Cambridge University Press, 1992.
13. Benjamim Videira Pires, *Taprobana e Mais Além: Presenças de Portugal na Ásia*, Macau: Instituto Cultural de Macau, 1995.
14. Benjamim Videira Pires, *A Viagem de Comércio Macau-Manila nos Séculos XVI a XIX*, Macau: Centro de Estudos Marítimos de Macau, 1987.
15. Sanjay Subhramanyan, *O Império Asiático Português, 1500 – 1700: Uma História Política e*

Económica, Lisboa, 1995.

16. José Hermano Saraiva, *História Concisa de Portugal*, Lisboa: Publicações Europa-América, 1991.

17. Ivo Carneiro de Sousa, "As Molucas, as Filipinas e os 'Corredores' dos Mares do Sul da China na Cartografia Portuguesa entre 1537 e 1571: Representações Cruzadas de Interesses Divergentes?" *Revista de Cultura* (International Edition), n° 17, Janeiro 2006, pp. 119 - 132.

18. George Bryan de Souza, *A Sobrevivência do Império*: *Os Portugueses na China* (*1630 - 1754*), Lisboa : Publicações D. Quixote, 1991.

19. Armando Cortesão ed. , *A Suma Oriental de Tomé Pires e o Livro de Francisco Rodrigues*, Coimbra: Universidade de Coimbra, 1978.

20. AHM/SCM/306: "Contratos de risco do mar da Administração da Santa Casa da Misericórdia" (1763/11/20 a 1781/02/23).

21. AHM/LS/529: "Termos dos Conselhos Gerais do Leal Senado da Câmara de Macau" (1630/06/04 a 1685/06/03).

澳门和耶稣会：透过历史棱镜的阅读

赵仪文[*]

张　永 译

摘　要：利玛窦曾向他在中国的文人和官员朋友演示“三棱镜”，他们均惊讶于纯洁的白光背后竟然隐藏着如此美轮美奂的色彩。类似的，本文旨在通过历史的棱镜，对澳门的发展历程做一番更为细致的审视：它是如何从一个小渔村发展成在世界上举足轻重的大都市的。耶稣会作为天主教的一个教派，自16世纪40年代成立早期就在这方面表现出强大的影响力。这主要归功于圣保禄学院的成立，这是由耶稣会开办的院校，它在澳门延续了168年之久（1594～1762年），直到耶稣会受到压制才宣告解散。从那时起，该学院在学术和思想上的引领作用急转直下。本文首先对该历史阶段的基本状况做一番陈述，然后将焦点转向一些更加晦暗的色彩：提出一些探究性的问题。例如，葡萄牙“保教区”的守护者、葡萄牙的首相庞巴尔侯爵（Marquis of Pombal），为何要将“保教区”营造了268年（始于1494年的《托尔德西里亚斯条约》）的大好局面毁于一旦？最后，本文将对在争取政治影响力和经济富足的斗争中过度掺入跨文化价值观的做法所带来的风险进行反思。透过历史的“棱镜”，耶稣会士和澳门能够得到一些启示。

* 赵仪文（Yves Camus，S. J.），澳门利氏学社研究员。

在《耶稣会与天主教进入中国史》[①]（意大利语，*Della Entrata della Compagnia di Gesù e Christianità nella Cina*）一书中，利玛窦曾经15次提及向中国官员和朋友献上他称之为“三角形玻璃”或是玻璃棱镜（虽然外观上与水晶相似，但这些棱镜并非由水晶制成的）的礼物，这一举动给他和他的同伴带来了极大的帮助。下面引述第一次提及时的情形：

“当两位代表[②]拜见两广总督（总督府当时设于肇庆）时，他们献上了西洋钟和几块三棱镜，透过三棱镜，其他物品被折射得多姿多彩。对中国人来说，这绝对是新奇的事物，在此后很长一段时间里，中国人都相信这种其实很普通的玻璃是一种价值连城的宝石。总督对礼物的喜爱和对来访者的友善程度令人惊讶不已。”[③]

回到本文的主题，“澳门和耶稣会”对澳门的历史学家来说很熟悉，但是在本文开头花一些篇幅做出精确的阐释还是很有必要的。耶稣会在建立初期已经出现在了澳门（耶稣会于1540年在罗马正式建立），这与澳门小城开始登上历史舞台的进程几乎是同步的。换而言之，自利玛窦（1552～1610年）时期以来，关于“基督教远征中华帝国”（利玛窦札记的首位译者金尼阁如是称呼）的发展历程，开始涌现出越来越多的、以澳门为基础的文献记录。

时至今日，乃至在未来相当长的时间里，对于如何深入理解“基督教远征”这一概念，在耶稣会在华史中仍然留有很大的研究空间。就像利玛窦送给他朋友的棱镜将一束光衍射出一系列光谱带一样，我们必须通过分解，进行深入的分析。从这个意义上讲，本文所担忧的一个问题——即如果单纯强调“中国”层面的话，澳门在“远征”中的作用就可能面临着在历史的整个

---

① D'Elia, Pasquale M., *Storia dell' Introduzione del Cristianesimo in Cina/Scritta da Matteo Ricci S. I.*, Roma: La Libreria Dello Stato, 1942, 1949; *China in the Sixteenth Century: The Journals of Matthew Ricci, 1583 – 1610*, Louis J. Gallagher, S. J. translated from Latin by Louis J. Gallagher, New York: Random House, 1942, 1953; 利玛窦、金尼阁：《利玛窦中国札记》，何高济、王遵仲、李申译，广西师范大学出版社，2001。

② 他们是两位耶稣会士巴范济（Francisco Pasio）和罗明坚（Michele Ruggieri）。——引者注

③ D'Elia, Pasquale M., *Storia dell' Introduzione del Cristianesimo in Cina/Scritta da Matteo Ricci S. I.*, Roma: La Libreria Dello Stato, 1942, 1949, Parte I: Libri I-III, No. 219, p. 166, § 3; *China in the Sixteenth Century: The Journals of Matthew Ricci, 1583 – 1610*, Louis J. Gallagher, S. J. translated from Latin by Louis J. Gallagher, New York: Random House, 1942, 1953, pp. 138 – 139; 利玛窦、金尼阁：《利玛窦中国札记》，何高济、王遵仲、李申译，广西师范大学出版社，2001，第105页。

"光谱"中难以展现的风险——也就不显得那么牵强或多余了。20多年以来，在对基督教修会的历史研究中，学者经常会提到史学的"范式转换"这一概念。在这一学科的发展初期，关注的焦点集中在修会的人员、活动和制度；现在，焦点应该集中于对"基督教冲击"的接受①。然而，在《基督教在中国手册》（第一卷）第635～1800页如此长的篇幅内，只是将澳门看作一个"必要的通道"——或者流放之地，或者最糟糕的——"囚犯聚居地"等，除此以外，并没有过多地提到澳门，这不能不让人感到诧异②。

但"三角形玻璃"或者说"棱镜"，并不是放大镜！也就是说本文表达的内容是有限的：其范围包括在耶稣会抵达澳门的早期，在那段时期的历史和文化背景下，耶稣会士的活动。本文将澳门和耶稣会放入一个更广泛的历史视角，通过对过往事物的朴素解读和反思，或许更容易得出一些思考和体会。那么就让我们一起来试着感受一下吧。

一　历史背景

明王朝时期，中国面临着葡萄牙和西班牙的竞争（与葡萄牙、西班牙两国的"保教权"密切相关）。

我们对历史的"朴素解读"应该开始于耶稣会在澳门第一次正式"出场"之前。这个时期的西班牙并非对涉及跨文化碰撞的议题全无兴趣。为了使故事更加简明易懂，可以将那个时期的地缘政治环境看作类似于第二次世界大战之后我们称为"冷战"的时期（1947～1991年）：当时国家间存在着持续的政治冲突，陆上和海上军事局势紧张，特别是在跨越大西洋通往西非和南部非洲的商业航线上，以及绕过非洲通往南亚和东南亚的航线上，葡萄牙和西班牙之间存在着代理权冲突和激烈的竞争。两国都热衷于探索新的领地，将其划归本国所有之后开采新领地的自然资源。事实上，在克里斯多弗·哥伦布（Christopher Columbus）于1492年首次航海发现"新大陆"

---

① Nicolas Standaert ed., *Handbook of Christianity in China, Volume One: 635 - 1800*, London-Boston-Köln: Brill, 2001, p. ix; Jacques Gernet, *China and the Christian Impact: A Conflict of Cultures*, Cambridge University Press, 1985, p. 310；谢和耐：《中国与基督教：中西文化的首次撞击》，耿升译，上海古籍出版社，2003。

② 见 Nicolas Standaert ed., *Handbook of Christianity in China, Volume One: 635 - 1800*, London-Boston-Köln: Brill, 2001, p. 947，对澳门的31次简短提及。

回国两年之后，很多葡萄牙和西班牙到达的海域和地区都爆发了“经济冷战”。当时急需一项条约来缓和两国间的争端。

教皇亚历山大六世博尔吉亚（Pope Alexander VI Borgia）最后出面进行仲裁，为了防止持续的小规模冲突突然升级，葡萄牙和西班牙于1494年在西班牙的托尔德西里亚斯签订了一项条约。随着“佛得角群岛以西370里格子午线”（非洲西海岸以西）的划定，西方世界被划分为两个贸易和势力范围区域（见图1），葡萄牙拥有分界线以东区域，西班牙则占有了分界线以西区域。该协定为两国带来了巨大的经济优势，作为回报，西班牙和葡萄牙两国要为属本国世界区域内的基督教修会提供后勤支持及军事保护。

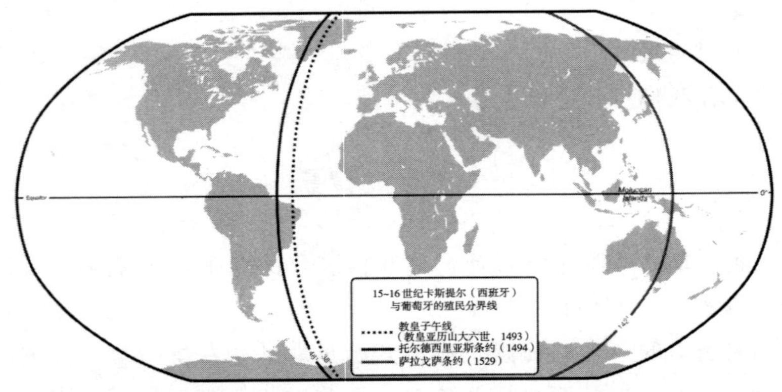

图1　卡斯提尔王国（现代西班牙的前身）和葡萄牙划分非基督教世界的分界线

注：1494年托尔德西里亚斯分界线（实线）和1529年萨拉戈萨本初子午线（虚线）。

资料来源：http：//en. wikipedia. org/wiki/Treaty of Tordesillas，最后访问日期：2010年12月8日。

广为人知的葡萄牙和西班牙的保教权（葡萄牙语，Padroado；西班牙语，Patronato）内容为“教皇赋予葡萄牙和西班牙王国在新开辟的领地管理全部宗教事务的特权和向罗马教廷提议新领地内教堂神职人员名单的权利”。这项协议确保两国国王都可以从本国教会收入中分一杯羹。作为交换，两国要向新占领的领地输送传教士，并为此目的，在当地支持修建宗教设施[①]。虽然有此

① 这句话基于 Luís Saraiva and Catherine Jami, *The Jesuits, the Padroado and East Asian Science (1552 - 1773)*, New Jersey: World Scientific, 2008, p. ix, note 1。

协定，但是在南美洲地区，甚至东南亚地区，两国间的局势依然紧张。从这些地缘政治条约之间产生的威胁，也贯穿了澳门后期的历史。

虽然西班牙和葡萄牙签订了《托尔德西里亚斯条约》将世界划分为两片探索和殖民区域：西部区域独属于西班牙，东部区域则归葡萄牙所有。但两国的王室当时都未对远在太平洋另一侧的探索和发现给予太多关注，然而，仅仅过了17年，其关注度陡然提高。

1511年，葡萄牙征服了亚洲贸易的商业中心马六甲，并从马六甲向摩鹿加群岛派遣了一支远征军，摩鹿加群岛以香料著称于世，而香料也是探险队此行的主要目的。1512年年初，葡萄牙在特尔纳特建立了要塞。不久以后，西班牙皇室发起了环球航行探险行动，并于1521年到达摩鹿加群岛，西班牙航海队由效力于西班牙的著名葡萄牙探险家麦哲伦（Fernão de Magalhães，西班牙语名字为Fernando de Magallanes或者Magellan，1480？—1521）率领，到达后，麦哲伦开始对摩鹿加群岛实行殖民统治。西班牙宣称，根据《托尔德西里亚斯条约》，摩鹿加群岛应该划归本国所有。如此一来，西班牙与已经在特尔纳特建立要塞的葡萄牙之间的冲突不可避免。经过一年的小规模冲突，西班牙人被打败，但是关于摩鹿加群岛的归属之争持续了将近十年之久。

为了解决这一争端，两国在1524年召开了一次双边会议，以厘定《托尔德西里亚斯条约》中的分界线的确切位置，这是将整个世界平均划分为两个半球的必要一步。每个代表团都包括三位天文学家、三位绘图师、三名领航员和三位数学家。虽然在巴达霍斯和埃尔沃斯召开了几次会议，但是由于缺乏更精确的经度计算方式，会议并未达成任何共识，每个代表团都认为该群岛属于本国的君主——葡萄牙的约翰三世（1502—1557）和西班牙的查理五世（1500—1558）。两位国王最后一致同意，两国暂停一切针对摩鹿加群岛的探索活动，直到双方就该群岛属于哪个半球达成共识。五年以后，即1529年，两国在西班牙的萨拉戈萨签订了一项新的条约，条约规定《托尔德西里亚斯条约》中标示的分界线继续有效，即位于摩鹿加群岛和今天的菲律宾以东297.5里格（约合1487千米）处。

八年前，即1521年，麦哲伦在这片群岛登陆时曾经宣布其属于西班牙国王查理五世。然而为了避免引起耗资巨大的战斗冲突，两国决定共同进行勘定，勘定结果为菲律宾群岛和摩鹿加群岛属于西班牙的势力范围，但是随后摩鹿加群岛被西班牙以35万达卡金币的价格卖给了葡萄牙，因为西班牙当时正在与法国交战，急需这笔金钱作为军费。事实上，这段历史具有十足的讽刺意味！后来的测量显示，经过对《托尔德西里亚斯条约》中分界线的精确定位，摩鹿加群岛和菲律宾群岛本就应该划归葡萄牙。这些外交和商业细节并未被掩盖起来，反而频繁地见于两国保教权的历史中，因为保教权的缘故，澳门和马尼拉在天主教在东亚的传播过程中扮演过重要角色，它们生动地反映了当时西班牙与葡萄牙在全球范围内的冲突关系。当第一支葡萄牙舰队于 1513 年到达珠江口的时候，两国间的紧张关系注定将在马尼拉和澳门之间来回碰撞。

嘉靖皇帝（1522～1567 年在位）和万历皇帝（1573～1620 年在位）在位时的明朝朝廷虽远在北京，但并非对世界范围内的紧张局势毫不知情：郑和（1371—1435）去世后，中国在很长一段时间内，为了应对来自北方和西部少数民族的压力，免受外界影响，断绝了和外界的联系，走私和海盗行为因此在海上兴起。这也是澳门历史重要性逐渐增强的环境之一。

二　地处两半球区域边缘的澳门（1580～1640 年）

值得注意的是，到达中国的第一艘葡萄牙舰船并不是在澳门登陆的，而是停泊在今天香港新界西海岸的一个小村庄——屯门。在那里，欧维士（Jorge Álvares）从 1513 年开始和中国进行贸易。四年后，即 1517 年，葡萄牙使者费尔南·佩雷斯·德·安德拉德（Fernão Peres de Andrade，？—1523）在托梅·皮雷斯（Tomé Pires，1465？—1524 或 1540）的陪同下与中国政府进行贸易协商。以防万一，葡萄牙在内伶仃岛修建了防御工事。当时在中国南部沿海，倭寇猖獗，以至于中国政府在 1547 年起禁止与日本进行直接贸易。1549 年耶稣会士方济各·沙勿略（Francis Xavier）启程去日本传教，但是并未在澳门停留①；1551 年回到果阿，几个月之后，作为葡萄牙使者，他再次启程向中国北京航行，但是在马六甲遇到重重困难，孤立无

① *Georg Schurhammer*, *Francis Xavier – His Life*, *His Times*, Volume I-IV, M. Joseph Costelloe translated, Rome: The Jesuit Historical Institute, 1973, 1977, 1980, 1982, Volume IV, p. 312, note 45: "[...] Tursellinus places Xavier's prophecy on Velho's death during this stay of Xavier in 1551, and in Macao instead of Sancian; but Macao was not founded by the Portuguese until 1557, and Xavier never entered it [...]."

援，陷入绝境，最终孤独地在上川岛去世，去世时年仅46岁，从那时起，他的一条手臂遗骸一直保存在澳门。

这就是1553年葡萄牙商人开始在澳门建立仓库时的大背景。仅仅两年之后，即1555年8月，葡萄牙耶稣会士贝唆尔·努内斯·巴雷托（Belchior Nunes Barreto，1519—1571）成为第一个在澳门登陆的传教士，在那里受到一个朋友的接待。为了加强对澳门半岛这一贸易前哨的控制，葡萄牙在1557年从中国租借了澳门。至于耶稣会，他们一直等到1565年才在这个小城市建立了第一个居住点和第一所教堂——圣安东尼教堂。很快他们就会迎来一位才干出众的领袖——贾尼路（Melchior Carneiro，1516—1583），他将对耶稣会在澳门这个小城市的发展做出突出贡献。

1543年，还是葡萄牙科英布拉大学学生的贾尼路①加入了耶稣会，经过八年的修行，他被任命为新建的埃武拉学院（1551～1553年）的首任院长。不久以后，他被选中并被任命为耶稣会里斯本教区的领导（1553年2～6月），然而，同年，他又陪同西蒙·罗德里格斯·德·阿泽维多（Simão Rodrigues de Azevedo，1510—1579）——耶稣会于1546年在葡萄牙建立的第一个教省的首任会长——前往罗马。为了宣示对该教省管辖权的合法性，西蒙·罗德里格斯·德·阿泽维多又被称为依纳爵·罗耀拉，耶稣会的创建者和第一任总会长。也正是在罗马逗留的那段时间，在葡萄牙国王约翰三世的建议下，贾尼路被教皇儒略三世（1487—1555）任命为助理主教，且享有继承另一位被任命为埃塞俄比亚牧首的耶稣会士——若奥·努涅斯·巴雷托（João Nunez Barreto）职位的权利。他们两人是出于对教皇的顺服，接受主教职位的第一批耶稣会士。依纳爵接受了教皇做出的选择，因为他知道他们未来的职责不会充满荣耀，而是会困难重重。1554年年底，35岁的贾尼路与其他12名耶稣会士一起，起航前往印度，于1555年4月1日到达。在果阿，贾尼路教授道德神学（1555～1556年）和教义神学（1558年），并在马拉巴尔海岸地区传教。他的主教祝圣礼于1562年在果阿举行。1566年，眼看着贾尼路不可能去埃塞

① 其他详细信息，见 Louis Pfister, S. J., *Notices Biographiques et Bibliographiques sur les Jésuites de l'ancienne Mission de Chine, 1552 - 1773*, 2 volumes, Shanghai: Imprimerie de la Mission Catholique, 1932 - 1934 [Variétés Sinologiques, Nos. 59 - 60], Notice No. 5 et Dehergne, *Répertoire des Jésuites de Chine de 1552 à 1800*, Roma: Institutum Historicum S. I., and Paris: Letouzey & Ané, 1973, p. 45。

俄比亚赴任，教皇庇护五世（Pius V）任命他为日本和中国的主教。于是贾尼路继续向东航行，并于1567年到达澳门，时年48岁。

作为第一位居住在尚在发展中的葡萄牙教区的主教，贾尼路被人铭记的首要原因并不是人们所期待的一般耶稣会士会取得的学术或科学成就，而是他的慈善创举。第一项善举是在1569年，到达澳门后不久，贾尼路就建立了澳门现存最古老的社会机构——“仁慈堂”（Santa Casa de Misericórdia），“刷白的新古典结构”的仁慈堂大楼也是议事亭前地最主要的建筑物之一。他的目的是为当地社区民众做一些慈善工作，并借此与当地民众建立持久、富有成效的联系①。

由于大多数居住在澳门的耶稣会士都经历过学习当地语言的困难，因此当葡萄牙水手、商人和官员在语言方面需要帮忙的时候，他们会很自然地伸出援助之手。可以这么说，在一些语言天赋出众的当地葡萄牙语翻译的协助下，仁慈堂有效地发挥了桥头堡的作用。与当地人建立的持久关系在社会上层取得了一些成效，其方式甚至有些意想不到：贾尼路主教因建立亚洲最早的两所西式医院获得赞誉。受麻风病、热带疾病或传染病折磨的当地患者得到医治。其中一所医院被命名为“圣拉匝禄医院”——出自《圣经》约翰福音（第11章）拉匝禄的复活这一典故——其所在区也被冠以相同的名字；另一所医院是“圣拉斐尔医院”，出自《圣经》旧约中人物托比特（Tobit）被神奇地治愈这一典故。通过这两所医院，贾尼路主教可能也开启了中西医医院之间关于诊断方法和药物疗法的沟通和交流。

不仅澳门的居民数量在增多，澳门这所城市的重要性也与日俱增，值得一提的是，有两例事件虽不相关，却足以反映这一趋势。第一例事件发生在1573年，中国政府高层决定在内地和澳门之间建立一堵城墙，虽然不像北方的长城那样显眼，但是其目的如出一辙：将南方的野蛮人隔离！第二例事件发生在1576年，教皇格里高利十三世（Pope Gregory XIII，1502—1585）决定建立天主教澳门教区，并任命贾尼路为主教。1581年，贾尼路主教经罗马教廷和耶稣会总会长艾弗拉尔·迈居里安（Everard Mercurian，1514—

① 关于从澳门早期开始建立的“慈善和宗教机构”这一主题，其他许多研究中都有描述，如César Guillén-Nuñez, *Macao's Church of Saint Paul: A Glimmer of the Baroque in China*, Hong Kong: Hong Kong University Press, Instituto Cultural do Governo da R. A. E. de Macau, 2009, p. 54 - 56。

1580）的同意，辞去主教职位，在耶稣会社区过着无职无权、简单的宗教生活。两年以后（1583 年），贾尼路去世，享年 64 岁，去世前，他正要启程去日本。不久后，澳门圣保罗教堂建成，他的遗体一直被保存于此。为了纪念他，他的头骨现在被陈列在不久前建立的仁慈堂博物馆内。

就在贾尼路去世几年之前，由于伊比利亚半岛的重要事件，世界范围内的地缘政治环境发生了戏剧性变化。1578 年，年轻的葡萄牙国王塞巴斯蒂安（Sebastian）在三王战役中战死，且死后无嗣。这一悲剧开始了为期两年的“王朝危机”，直到由里斯本贵族组成的委员会决定在保持王国独立性的前提下，由西班牙国王腓力二世（Philip II of Spain）（1527—1598）兼任葡萄牙国王。作为葡萄牙国王曼努埃尔一世（Manuel I）的外孙，腓力有权获得葡萄牙的王位：他向葡萄牙进军，并在阿尔坎塔拉战役中打败竞争对手（1580 年 8 月 25 日）。如此一来，他实现了他的先辈最初的野心——兼并整个伊比利亚半岛。这次“王朝联盟”将两大王室力量纳入一个主权之下，每一个王室管辖各自的殖民领地。这次历史学家口中的“伊比利亚联盟”只持续了 60 年（1580～1640 年），但是对全世界范围内包括澳门的许多历史事件的发展并非没有任何影响。

早在伊比利亚联盟建立以前，另一位重要的领导人物已经登上了亚洲舞台——那不勒斯人耶稣会士范礼安（Alessandro Valignano，1539—1606）。范礼安出生于意大利基耶蒂省一个显赫的家族，在帕多瓦大学出色地完成了法律学习。1562 年，23 岁的范礼安被指控在威尼斯（可能并没有证据）伤害了一名妇女，后被逮捕，罚以重款，并且被关押了几个月，最终在几位朋友的帮助下获释。三年以后，范礼安在罗马遇见几名耶稣会士，经过 1566 年一次彻底的信仰皈依，27 岁的范礼安加入耶稣会开始见习。在“科莱奇奥·罗马诺”大学（罗马大学），他学习哲学，帮助耶稣会团体举行一些简单的宗教忏悔仪式，并研究神学。1570 年，31 岁的他被任命为一名天主教神父。几个月后，因为见习生导师病重，他不得不接替这一职位，当时只有 18 岁的利玛窦正是这批见习生中的一员，他们后来在澳门再次相遇。

1573 年（澳门和中国内地之间城墙建成的这一年）7 月，贡萨尔沃·阿尔瓦雷斯（Gonçalvo Alvares）（1527？—1573）——东方耶稣会的视察员在从澳门前往日本航行途中死于海难。因此，仅仅加入耶稣会七年之后，34 岁的范礼安就被耶稣会总会长艾弗拉尔·迈居里安选派去接替贡萨尔沃·阿尔瓦雷斯，成为从非洲莫桑比克到日本这一广袤东方世界范围内所有耶稣会布道团的视察员（传教院院长或教省会长），这些布道团构成了耶稣会东印度教省，该教省建立于1549年，第一任省会长为方济各·沙勿略。这些新的传教责任已经跨越了葡萄牙和西班牙“保教权”的实质边界，但是这个任命不无道理，且取得了成效。

首先，作为耶稣会士在罗马大学学习期间，范礼安受到老师的赏识，同时得到作为同代人的两名才华横溢的年轻耶稣会士的尊重，这两名年轻的耶稣会士后来在欧洲文艺复兴运动和宗教改革中影响巨大。其中一位是来自德国的克里斯托佛·克拉乌（Christopher Clavius，1538—1612），后来成为一名数学家和天文学家，并且是现代公历改革的重要人物。他是欧洲天文学领域主要的权威之一，并且他编写的教材持续影响天文学教学50年之久，他编写的教材为欧洲通用，尤其受到传教士的信赖。另一位是意大利人罗伯特·贝拉米诺（Roberto Bellarmino，1542—1621），1599年，57岁的他成为一名天主教枢机主教。他关于教义的教导，关于争议的教学和对教义问答书的修订使他成为那个时期最有影响力的天主教枢机主教之一。范礼安与这二人的长期接触令他获益良多，对他未来在传教领域的工作帮助很大。

其次，任命一个那不勒斯的神父监管亚洲耶稣会布道团的发展在那个时期可能显得颇有争议。事实上，葡萄牙和西班牙在亚洲的保教权早已生效半个世纪。教会高层了解到1529年《萨拉戈萨条约》的签订，其动机有不纯洁因素（这一点已得到证实）之后，便渴望对此做出调整和整治。高层看重的主要不是他的国籍，而是他关于基督教信仰和实践的“本土化”想法，他的观点和前面提到的欧洲文艺复兴时期几位人文主义巨匠不谋而合。这一切可以解读为罗马教廷为了更加重视东方传教活动所做出的努力。

在总结范礼安的职责时，一位评论家曾这样写道：“作为视察员，检查并（如果需要的话）随时重组遍及印度、中国和日本的布道团结构，改进传教方式是他的责任。虽然当时他还很年轻，却被赋予很大的回旋余地和自由裁量权，受罗马总会长直接领导。他的大将之风因为他的身高倍增倍涨，足以‘在欧洲引人侧目，在日本引人围观’[①]。”根据上文勾勒出的背景——如果范礼安没有抵达澳门，那么耶稣会将来在这座城市的发展绝对不会如此辉煌。

---

① 福传在线词典，http：//dictionary. editme. com/Valignano，最后访问日期：2010年11月26日。

1573 年 9 月 20 日，这位年轻的教省会长离开罗马，前往葡萄牙首都里斯本，在那里，他花了一段时间，正式为耶稣会“东印度教省”取得了代理权。总部设于印度果阿的东印度教省之所以需要一项“代理权”的任命，是因为教省总部可以借此成为一个财政事务中心，以支持耶稣会传教事业。1574 年 3 月 21 日，他离开里斯本前往果阿，6 个月后，即 1574 年 9 月到达。

范礼安在印度驻留了四年，巡阅和整顿从方济各·沙勿略在 1542 年到达果阿后便开始发展起来的传教工作。作为一名视察员，他忙着访问、查看和改革耶稣会团体的工作。应该说，他在澳门和日本的视察与他力推的改革验证了他的直觉，这也正是他被派驻于此的目的。就像最近一位学者总结的一样：范礼安坚决地坚持了“一些策略”，这对耶稣会在日本和中国这样封闭的国家成功地进行传教活动很有必要：有必要精确地将经文中的教义翻译为当地语言；尊重当地文化和习俗；反对将传教活动与扩大商业利益和征服者的心态等同；努力培养当地的神职人员，确保等级秩序的建立。所有这些尝试不仅“新奇”，而且“有先见之明”①。

直到 1578 年，他才起航向东，前往日本。途中，他在澳门停留了一段时间。第一次在这座小城镇的停留时间不长，只有十个月（1578 年 9 月 6 日 ~1579 年 7 月 7 日）。贾尼路当时还没有退休，当地耶稣会士正忙着在以三座简陋教堂（圣拉匝禄教堂、圣安东尼教堂、圣劳伦斯教堂）为中心的三个牧区传播福音②。他们在 1572 年还开办了一所初级读写学校（教授拉丁语字母表，以便于能读懂和明白一些简单的葡萄牙语）。几年以后，一所中级学校建立，拉丁语也在授课范围之内③。但是当时澳门耶稣会士给范礼安留下的印象是令人失望并且沮丧的。

首先，从 23 年前贝唆尔·努内斯·巴雷托和费尔南·门德斯·平托

---

① Lawrence S. Cunningham, reviewing Andrew Ross, *A Vision Betrayed: The Jesuits in Japan and China, 1542 – 1742*, Maryknoll, New York: Orbis Books, 1994, in *Commonweal*, March 22, 1996.

② Cf. Domingos Mauricio Gomes dos Santos, "Macao, the First Western University in the Far East," in *Review of Culture* (English Edition) No. 21, *The Jesuits 1594 – 1994: Macao and China, East Meets West*, Macao: Instituto Cultural de Macau, 1994, pp. 5 – 25.

③ “学生人数增长迅速。在 1592 年，有 200 名学生，包括澳门居民的孩子，还有服侍他们的俘虏的孩子。” Domingos Mauricio Gomes dos Santos, "Macao, the First Western University in the Far East," in *Review of Culture* (English Edition) No. 21, *The Jesuits 1594 – 1994: Macao and China, East Meets West*, Macao: Instituto Cultural de Macau, 1994, p. 9.

(Fernão Mendes Pinto, 1515—1583) 首次抵达澳门开始，耶稣会曾多次尝试（有时有葡萄牙特使陪同，有时没有）朝见清朝皇帝并取得可以在中国旅行和定居的“票”或者说签证，但是无一次成功：因为不会讲汉语，所以他们的请求一直被驳回①。其次，为了更密切地与当地中国人接触而学习广东话的发音和阅读时遇到的困难给他们带来极大的沮丧。虽然他们在1565年左右建立了一个设备简陋的居民点，后来又加以扩建②，但是他们更迫切地希望解决葡萄牙社区的道德和精神需求。1562年的一份报告显示“澳门葡萄牙居民总数当时已经达到500人或600人”③，主要为水手、商人、官员、教职人员以及这些人员的家属（如有家属的话）。

范礼安投身于对当时情况的补救措施之中。虽然时间很短，只有几个月的时间，但是在澳门这个小城镇，他有很多机会理解简单的中国渔民家庭的人文素质，他们的生活条件和困难、支撑其传统的文化、他们生活中的主要节日，以及对明朝复杂统治的反对与支持。如果有必要，他的调查会比过去四年在印度果阿的见闻还要深入，这些观察结果使他相信，即使在“保教权”（作为视察员，范礼安并不主管菲律宾群岛的传教活动）的支持下，如果不能被他们渴望定居的这片土地的“文化结构”接纳，耶稣会无法在中国开展任何工作：关键是首先学会听说读写这里的语言，这样才能开启人们的心灵和思想，使其接受他们的价值理念。

因此，启程前往日本之前，他致信印度耶稣会分会长，请求派遣至少一位耶稣会神父到澳门——他在印度结识的一位很有天赋的朋友——贝尔纳迪诺·德·费拉里（Bernardino de Ferraris，1537—1584）。但是因为此人新任印度科钦牧区的神父，所以同样可以胜任此工作的法学博士罗明坚（Michele Ruggieri，1543—1584）被选中代替贝尔纳迪诺·德·费拉里。罗明

① Domingos Mauricio Gomes dos Santos, “Macao, the First Western University in the Far East,” in *Review of Culture* (English Edition) No. 21, *The Jesuits 1594 - 1994: Macao and China, East Meets West*, Macao: Instituto Cultural de Macau, 1994, p. 8.

② Domingos Mauricio Gomes dos Santos, “Macao, the First Western University in the Far East,” in *Review of Culture* (English Edition) No. 21, *The Jesuits 1594 - 1994: Macao and China, East Meets West*, Macao: Instituto Cultural de Macau, 1994, p. 8.

③ Domingos Mauricio Gomes dos Santos, “Macao, the First Western University in the Far East,” in *Review of Culture* (English Edition) No. 21, *The Jesuits 1594 - 1994: Macao and China, East Meets West*, Macao: Instituto Cultural de Macau, 1994, p. 5.

坚于1579年7月抵达澳门，几周之前，范礼安已经出发前往日本，出发前留下一些书面指示：不再给澳门新到任者分配任何工作，使其集中全部精力学习当地语言以及与语言相关事宜，以便为未来在中国开展传教工作做足准备。

没有任何拖延，罗明坚立即开始行动，尽管没有找到合适的老师和学习资料，他仍投身于分配给自己的任务之中：学习澳门当地用语。这项任务已是困难之至，但是很快他又发现，中国官方语言（官话或者说普通话）是与澳门本地话有区别的[①]。因为他很用心地学习中国礼仪，提高自己的普通话水平，后来在这方面对葡萄牙社区帮助很大，虽然一些成员无视他努力的价值，暗地里对此表示不屑。因为他意识到面临的工作如此繁重，所以他致信范礼安，解释了当时的情况并建议派遣他在印度结识并且尊重的意大利同胞利玛窦前来澳门，分担工作的重担。1580年，他的建议得到采纳，1582年7月，利玛窦抵达澳门，他与范礼安在罗马相识时还是一名见习修士。由于罗明坚与广州和肇庆官员的友好接触，两人都被授权进入中国内地并得以在肇庆逗留一段时间（当时肇庆为两广总督府所在地），这也为两人学习官话提供了更好的环境。正因如此，“1583年至1588年间，在没有任何学习资料的情况下，利玛窦和罗明坚开始编纂第一部欧洲语和汉语间的双语词典，即《葡汉词典》”[②]。

就像罗明坚和利玛窦永远地离开了澳门一样，他们在“基督教中国之征”的历史上也留下了永恒的足迹。同时，远在日本的范礼安已经开始贯彻他的传教政策，接下来的几年，该政策在澳门同样发展起来。

1581年，耶稣会日本教区被建立成一个副教省，管辖范围包括澳门，

---

① Yves Camus, *Jesuits' Journeys in Chinese Studies*, p. 3, http://www.riccimac.org/eng/features/index.htm，最后访问日期：2010年11月28日。赵仪文（Yves Camus），引用了一名耶稣会内中国方言学者的言论：“通过将利玛窦描述的官话和北方普通话进行发音和词汇方面的对比，我们能够证明明朝的官话或者说正式用语并非以北京方言为基础，非常有可能是基于被广泛接受的南方普通话或南部方言变体，具体地说就是南京及其周边地区使用的方言。” Yang Fu Mien, “Historical and Linguistic Introduction,” in Michele Ruggieri (1543 – 1607), Matteo Ricci (1552 – 1610), *Dicionário Português-Chinês*, Lisboa: Biblioteca Nacional Portugal; Macao: Instituto Português do Oriente; San Francisco: Ricci Institute for Chinese-Western Cultural History, University of San Francisco, 2001, pp. 208 – 209.

② Yves Camus, *Jesuits' Journeys in Chinese Studies*, p. 4, http://www.riccimac.org/eng/features/index.htm。“原稿曾经被遗失了很多年，被保存在罗马耶稣会档案馆，却无人知晓，后来偶然在1934年被耶稣会士历史学家德礼贤（Pasquale M. d'Elia, 1890—1963）发现，在2001年被重新制作出版。”

并从以印度果阿为行政中心的耶稣会东印度教省中分离出来。在日本，视察员继续监督贯彻已经在印度提出并在上文总结过的政策：掌握当地语言，尊重当地文化，抵制商业和征服心态，培训当地神职人员，确立等级秩序。耶稣会见习修士也会接收日本候选者。但是，他必须首先克服来自耶稣会日本会长弗朗西斯科·卡布拉尔（Francisco Cabral，1529—1609）的强有力反对，卡拉布尔的"传教方式与范礼安的传教指示截然相反"[①]。

范礼安后来写到，虽然布道团在弗朗西斯科·卡布拉尔任期内已经取得了一些重大进展，但是他使用的一般传教方式十分有限。除了语言和种族主义问题，一些耶稣会士，尤其是卡布拉尔，"视日本礼俗不正常，并常以贬抑的口吻相待。当我初到日本，我觉察到我们的耶稣会士（信众常追随首领）全无心认识日本礼俗，他们甚至在消闲时或其他情况中，仍不断揭日本人的疮疤及为此争辩，完全表达出他们比日本人优越，及对日本人的厌恶和失望之情。"在范礼安这位视察员的手记中，暗含着一条信念，即首领须对其信众的行为负责。因此，范礼安认为对日本人传教行为的失误是由卡布拉尔造成的。范礼安立即修补这些过失，并在可能的情况下，逐渐削弱卡布拉尔作为日本耶稣会会长的势力[②]。

除了这些内部难题，范礼安还想得到罗马教皇格里高利十三世和西班牙君主腓力二世（享有保教权的首脑）的传教经济支持：两年前，伊比利亚联盟开始时，他组织了第一次从日本到意大利、西班牙和葡萄牙的外交使团（1582～1590年），该使团由四名日本天主教徒男子和一名作为翻译的耶稣会牧师组成，这些人都受已经皈依天主教信仰的九州大名的保护和支持。

随后，麻烦接踵而至：范礼安1582年回到澳门，继而去果阿担任东印度教省的会长（1583～1587年），1585年教皇谕令传至日本——耶稣会在长崎的商业行为必须立即停止：实际情况是，控制长崎港口的地方大名大村纯忠（Ōmura Sumitada，1533—1587）在1580年接受天主教信仰，为表感恩，将港口（包括港口要塞）委托给耶稣会运营[③]，并授权他们收取日本白银和中国丝绸之间的贸易税，中国船只定期从澳门驶往日本。耶稣会布道团

---

① 福传在线词典，http：//dictionary. editme. com/Valignano，3a，最后访问日期：2010年11月26日。

② 福传在线词典，http：//dictionary. editme. com/Valignano，3a，最后访问日期：2010年11月26日。

③ "5. Mercantilism and the Port of Nagasaki" and "5. 1. Conflicts with Rome"，http：//wapedia. mobi/en/Alessandro_ Valignano，最后访问日期：2010年11月26日。

的发展一直严重依赖于此项财政支持，这也是维持教区、耶稣会社区、见习修士修行、神学院和出版印刷的主要经济来源。

随后不久，在1587年第二重打击接踵而至：由于日本对天主教的普遍兴趣与日俱增，天主教的金融地位愈来愈重要，出于担忧，丰臣秀吉（1537—1598）发布了一项法令，将所有耶稣会布道团从日本驱逐出去。幸运的是，这项法令并没有得到严格的实施。

再次被任命为视察员（1587～1596年）之后，在接下来的几年间，范礼安继续推行传教改革，往返于日本和澳门之间，在两地度过了极为重要的两年（1592～1594年）。他与长崎耶稣会士一起举行了一场极为重要的会议——耶稣会日本分会第二届副教省圣会。会议讨论的主题为在日本以外建立一所学院，旨在培养日本年轻一代的耶稣会士。因为即使在日本国内两大领主——德川家康（Tokugawa Ieyasu，1543—1616）和丰臣秀吉之间爆发内战（1584～1598年）的动荡环境下，耶稣会士的数量仍保持了平稳增长。在计划建设的这所学院内，在这样平和的环境里，这些年轻的耶稣会士“可以从与纯粹的天主教西方气息接触中获益，就像澳门葡萄牙式的环境——在那里可以学习语言、习俗和欧洲的举止礼仪……作为远东中心的澳门，是实现这一目标的绝佳地点”[①]。当日本教省的最新投资可以支持这项计划的时候，范礼安决定开始贯彻实施。

这个构思虽然最终被证明是成果卓著的，但它在实施过程中并不顺利：日本教省的前任会长弗朗西斯科·卡布拉尔是位“久经考验的、真正的日本事务专家”，但是视察员大人必须让别人将他取而代之，因为他担心该计划可能会成为“日本西方化的过程”[②]。范礼安知道如何应对这位强势的前任会长和他的反对意见，但是来自耶稣会果阿领导层的反对更为强烈，他们早在50年前（1542年）便成功建立了一所这样的学院。范礼安综合考虑了日本和中国的情况，他想到了两国之间的距离、在海上航行可能遇到的风

① Domingos Mauricio Gomes dos Santos, "Macao, the First Western Univevsity in the Far East," in *Review of Culture* (English Edition) No. 21, *The Jesuits 1594 - 1994*: *Macao and China*, *East Meets West*, Macao: Instituto Cultural de Macau, 1994, p. 9.

② Domingos Mauricio Gomes dos Santos, "Macao, the First Western Univevsity in the Far East," in *Review of Culture* (English Edition) No. 21, *The Jesuits 1594 - 1994*: *Macao and China*, *East Meets West*, Macao: Instituto Cultural de Macau, 1994, p. 10.

险、航行的延误、与印度世界的文化差异，因此在致耶稣会总会长阿夸维瓦（Claudio Aquaviva，1581—1645）的信中，范礼安一项一项反驳了果阿耶稣会领导层①对在澳门建立新的学院的15条反对意见，并促进其实现。为此目的，他启程前往澳门，于1952年10月底到达。

历史学家山度士（Domingos Mauricio Gomes dos Santos）描述道，“在天主圣母学院等待去往果阿的航船的时候，他与中国布道团的牧师交流了关于该项计划的想法，他们当时把持着澳门的管辖权。建立学院的倡议是悄悄完成的”②。这段话似乎暗示了当时耶稣会的处境：属于西班牙保教区的日本教区内的传教活动虽然面临上述重重困难，但是仍然搞得热火朝天。他们需要建立传教制度，一个意大利的视察员为此提出一项计划，为了实现这一计划，他不得不向当时处于伊比利亚联盟时期的一个葡萄牙保教区下的耶稣会团体求助，而该团体也正在为进入中国传教而煞费苦心。

幸运的是，就像山度士继而谈到的，“事实上，该布道团的领导，天主圣母学院牧区的神父孟三德（Fr. Duarte Sande，1585～1598年任职）当时正在考虑开工建设学院。当时的设备已经很紧张，甚至不能满足走读学生的需求……就像果阿的圣保禄学院在为全印度，甚至马六甲、摩鹿加群岛、东非和埃塞俄比亚服务一样，为什么不考虑为远东地区建立一所文化扩张中心呢”③？一个人如果了解到范礼安在日本和中国大力推广的传教政策和方法，也就是前面提到的“文化适应”，他肯定会好奇，这些传教政策和方法是否包含上文提到的“文化扩张”。但是，他在脑中构思这项计划的历史可以提供证据，消除这方面的一切质疑。

因此，没有任何拖延，这项计划得以具体实施。这篇文章的焦点并非探究这项计划建设实施的过程和阶段，因为各种专门研究已经关注过这些不同

① Domingos Mauricio Gomes dos Santos, “Macao, the First Western University in the Far East,” in *Review of Culture* (English Edition) No. 21, *The Jesuits 1594 - 1994: Macao and China, East Meets West*, Macao: Instituto Cultural de Macau, 1994, p. 10.

② Domingos Mauricio Gomes dos Santos, “Macao, the First Western University in the Far East,” in *Review of Culture* (English Edition) No. 21, *The Jesuits 1594 - 1994: Macao and China, East Meets West*, Macao: Instituto Cultural de Macau, 1994, p. 9.

③ Domingos Mauricio Gomes dos Santos, “Macao, the First Western University in the Far East,” in *Review of Culture* (English Edition) No. 21, *The Jesuits 1594 - 1994: Macao and China, East Meets West*, Macao: Instituto Cultural de Macau, 1994, p. 9.

的时期[①]，而是旨在回顾范礼安对于耶稣会传教的构想是如何在澳门而非日本得以实现的。其背后的历史原因是范礼安始终不曾预料到的，直到 1606 年他在澳门逝世。

三 澳门圣保禄学院

仁慈堂依然屹立在澳门正中心的位置，但这并不能影响圣保禄学院作为澳门耶稣会历史上最重要建筑的地位。尽管事实上，这所教堂的废墟几乎已消失殆尽，但是即使其地标性的前壁（大三巴牌坊）也未能幸免，它的建立和毁灭仍然会受到建筑与艺术史学者的持久关注。（这种无形的吸引力）就像一颗恒星消亡后形成的黑洞一样[②]。已有众多研究对其残壁呈现出的建筑和美学价值做出评论，相关研究也已相继出版。但是我们会集中精力，尝试探索它在东亚直接或间接扮演的跨文化、科学和宗教角色，1762 年，教堂的建造者——耶稣会士遭到澳门当局的驱逐和压迫，教堂也险些遭到破坏，尽管当时得以侥幸留存，但是在 1835 年，已成为营房的这座建筑还是消失在了烈火和硝烟中。

1592 年，当建造学院的计划进入具体实施阶段的时候，就像上文提到的，澳门的耶稣会士已经有了 20 年的初级和中级教学经验[③]。新建一所学院的首

① 参见 *Religion and Culture: An International Symposium Commemorating the Fourth Centenary of the University College of St. Paul, Macao, 28 November to 1 December 1994*, Editor John W. Witek, Co-ordinator Michel Reis, Macao: Instituto Cultural de Macau, University of San Francisco, Ricci Institute for Chinese-Western Cultural History, 1999, p. 398; Pinheiro Francisco Vizeu, Yagi Koji, Korenaga Miki (Tokyo Institute of Technology, Japan), "St. Paul's College Historical Role and Influence in the Development of Macao," *Journal of Asian Architecture Building Engineering*, Vol. 4, No. 1, 2005, pp. 43 – 50; César Guillén-Nuñez, *Macao's Church of Saint Paul: A Glimmer of the Baroque in China*, Hong Kong: Hong Kong University Press in conjunction with Instituto Cultural do Governo da R. A. E. de Macau, 2009, pp. xv, 178。

② 澳门圣保禄学院教堂的建设持续了 35 年，始于 1602 年，1637 年竣工。

③ 可参见 César Guillén-Nuñez, *Macao's Church of Saint Paul: A Glimmer of the Baroque in China*, Hong Kong: Hong Kong University Press in conjunction with Instituto Cultural do Governo da R. A. E. de Macau, 2009, p. 54 – 56; 或 *Religion and Culture: An International Symposium Commemorating the Fourth Centenary of the University College of St. Paul, Macao, 28 November to 1 December* 1994, Editor John W. Witek, Co-ordinator Michel Reis, Macao: Instituto Cultural de Macau, University of San Francisco, Ricci Institute for Chinese – Western Cultural History, 1999, p. 323: "该修会自 1572 年起便成立了一所学校，教授阅读、写作、算数和音乐。1584 年，有 12 名学生的语法课开课。"

要目的是对日本年轻耶稣会士进行知识和传教培训。丰臣秀吉在1587年颁布驱逐天主教徒的法令后，这些人必须逃亡日本国外，去更安全的地方栖身，在接受神职之前，他们将在这里提升自己的精神境界。在这一领域，范礼安通过在日本管理两所神学院积累了一些经验，这两所神学院是在一些破败的佛教寺庙基础上改建而成的，范礼安曾经专门为此制定过一些规范①。

这些规范的来源是什么呢？1573年，范礼安离开罗马的时候，耶稣会已经在中级和高级教育阶段取得了一些经验：1556年依纳爵·罗耀拉逝世之前，第一批学校已经建成。但是，除了在巴黎或其他地区院校的学习经历外，耶稣会教学初始阶段的经验根本无法和他们后来的教学经验相提并论。在葡萄牙的埃武拉和科英布拉的讨论接连导致对《耶稣会研究方法和研究体系》(*Ratio and Institutio Studiorum Societatis Jesu*) 这一纲要做出修订②。范礼安在1573年离开欧洲之前，可能从其他途经果阿或者澳门去日本的耶稣会士口中听说过这一重要文献。但是分散于欧洲不同地区的圣保禄学院的研究者，似乎并未给出任何范礼安曾经参与这一调查的提示。

同年，该学院开始授课，“1594年10月28日之前，学院开设了四门课程：一门阅读，一门写作，两门课程学生总数为250名男生。还有一门语法课，同年新增设了一门人文课程，除了外界学生，还有来自印度的七名耶稣

---

① “范礼安认为培育本土神职人员是必要的。1580年，他把有马的一间空置不久的佛教寺院改装成为初级神学院，22位年轻的日本青年在此接受准备程序，准备接受圣品。两年后，在安土亦开设另一间初级神学院，收录33名修生。”“因为范礼安强调文化适应，因此，原有的装饰保留不变。在其他地方成立的修院亦跟从此一做法。”参见 *The 1580 Principles for the Administration of Japanese Seminaries*，http：//wapedia. mobi/en/Alessandro_ Valignano，4，该处详细描述了神学院运营方式。

② “在阿夸维瓦（Claudius Acquaviva，1581—1614）的时代，耶稣会的教学方式得以最终出台。1584年，从不同国家和教省选拔出六名经验丰富的教师，他们被召集到罗马，在那里，他们用一年的时间，研究教学工作，审查高校教学规范，权衡著名耶稣会教育学者做出的评论和建议。1586年，该委员会起草的报告被送至不同的教省，每个教省都会有五名经验丰富的人士对该报告进行审查。这些人做出的评论、审查和建议被汇总，并起草出第二份计划，经过仔细修订，1591年被印刷出来，也就是 *The Ratio atque Institutio Studiorum*。关于这项计划的实际操作的报告再次被呈至罗马，1599年，最终计划出炉，即 *Ratio atque Institutio Studiorum Societatis Jesu*，经常被引用为‘课程计划’。为了制定一套实用的教育体系，耶稣会做出了最大的努力：针对理论和实践进行协商，从天主教各个教区搜集建议，采纳了所有建设性修改意见。‘课程计划’的制定不是某些个人的功劳，而是整个修会共同努力的结果。”新天主教在线百科，www. newadvent. org/cathen/12654a. htm，最后访问日期：2010年12月4日。

会男修士也在学习这门课程。另有一些来自果阿和日本的学生等待参与次年开设的第一期艺术课。除此之外，还有道德和神学课程"①。有人可能会认为，当时是使用葡语来为这些来自五湖四海、具有不同种族背景的男生和年青修士进行初级和中级教育的。

但是，范礼安在1594年11月启程前往果阿并于1597年4月回到澳门，就像在日本时一样，他很快着手为学院编写新的"规范"（Ordo）。当他在果阿的时候，他可能收到过一份1591年试行的"课程计划"的副本，因为他在新的"规范"中写道："因为这所学院现已成形并开始进行教学研究，可是缺少一套可供遵循的规程，而且由于在这里授课的教师和学习的学生来自不同的教省，带有不同的学院传统；［……］因此，除了所有"课程计划"规定的内容外（根据本学院教师和课程数量，所有内容都可付诸实践），我似乎必须再制定一些关于应如何在这里学习的说明。"② 而且，如同他在日本为神学院制定的规范，他仍然强调语言学习的必要性，即日语或汉语，且中级和高级教育阶段的学生必须学习拉丁语。

除了这些基本要求，其他具体规范可保留下来用于满足其他一些特殊需求。此外还有一个更为重要的问题不得不谈，那就是圣保禄学院后来对亚洲所产生的影响。

主要问题当然会涉及学院教学计划的课程安排，尤其是人文和科学两门课程，以及这两门课程间的平衡性格外受到关注。在一篇关于这些主题的重要文献中③，乌戈·巴尔迪尼（Ugo Baldini）教授首先做出一个理性的评价："这所学院的主要目的是成为培养日本传教士的基地，忽视这一事实可能会轻易

---

① Domingos Mauricio Gomes dos Santos, "Macao, the First Western University in the Far East," in *Review of Culture* (English Edition) No. 21, *The Jesuits 1594 - 1994: Macao and China, East Meets West*, Macao: Instituto Cultural de Macau, 1994, p. 12, quoting José Montanha, *Apparatos para a Historiado Bispado de Macao*, fol. 247.

② Domingos Mauricio Gomes dos Santos, "Macao, the First Western University in the Far East," in *Review of Culture* (English Edition) No. 21, *The Jesuits 1594 - 1994: Macao and China, East Meets West*, Macao: Instituto Cultural de Macau, 1994, p. 12, quoting José Montanha, *Apparatos para a Historiado Bispado de Macao*, fol. 277.

③ 乌戈·巴尔迪尼（Ugo Baldini）认为，"耶稣会在澳门建立的学院可作为欧洲、中国和日本教学传统的交汇点。一些对于研究现状的评论（主要涉及研究材料来源，16世纪至17世纪）"，可见 Luís Saraiva and Catherine Jami, *The Jesuits, the Padroado and East Asian Science (1552 - 1773)*, New Jersey: World Scientific, 2008, pp. 33 - 79。

地导致历史重构的系统性扭曲。"① 基于这一前提，为了顾及这所学院建校前50年的实际情况，他在评论"课程发展和教学项目"时非常谨慎（见表1）。

人文类学科，主要有哲学、道德神学和神学三门课程，科学类只有数学这门课程每堂课都专门张贴出授课的耶稣会教师和为数不多的学生姓名，在附表1中清晰可见，通常每年的学生数量不会超过10人。偶尔也可以看到数学和哲学在课程规划里联系到一起。这反映了约翰内斯·开普勒（Johannes Kepler）的意见，他写道："对外部世界的所有探索的主要目标是发现上帝赋予这个世界的和谐，且上帝用数学语言将此显示出来。"② 范礼安可能认识到了1566年版的"课程计划"中数学的重要性："关于数学：数学学者应该以此顺序教学：欧几里得（Euclid）的前六部著作、算数、萨可罗波斯科③的《天球论》、宇宙学、天文学、行星理论、阿方索星表、光学和计时。只有哲学二年级的学生可以听他的演讲，但是，如果天赋比较好的话，辩证法的学生也可参与该课程。"④

至于教学材料，大多数是由教师预先以拉丁文编写的教学提纲。这是教师授课的基础，由教师向学生口述，以备将来之用，学生可以自己拿来复习、记忆，在公众辩论中作为论据。这是"课程计划"建议采取的最为传统的方式，教学成果也最为明显。如今，大多数教学材料已经遗失，或者散落在欧洲不同档案馆的储藏室内，早已被人忽视，或者在动荡的历史岁月里就这样消失了。但是其他一些材料虽经历重重危机，还是保存了下来，那就是由于范礼安的"人文精神"，留存至今的印刷材料：他不是曾经自豪地谈

---

① Luís Saraiva and Catherine Jami, *The Jesuits, the Padroado and East Asian Science (1552 – 1773)*, New Jersey: World Scientific, 2008, p. 35.

② Gianni Criveller, "The Background of Matteo Ricci: The Shaping of his Intellectual and Scientific Endowment," in *Portrait of a Jesuit: Matteo Ricci*, Macao, Macao Ricci Institute, 2010, pp. 25 – 26, 转引自 Michela Fontana, *Matteo Ricci. Un Jesuita alla corte dei Ming*, Milan, Mundadori, 2005.

③ 沙科罗博斯科（John of Holywood, 1195—1256），又被称为 Johannes de Sacrobosco 或 Sacro Bosco，是一名学者、修士和天文学家，（可能是英格兰人，也有可能是爱尔兰人或苏格兰人），曾在巴黎大学任教，著有中世纪权威性天文学著作《天球论》。见维基百科，http: //en. wikipedia. org/wiki/Johannes_ de_ Sacrobosco，最后访问日期：2011年1月7日。

④ Gianni Criveller, "The Background of Matteo Ricci: The Shaping of his Intellectual and Scientific Endowment," in *Portrait of a Jesuit: Matteo Ricci*, Macao, Macao Ricci Institute, 2010, p. 26，转引自 Albert Van Helden, Elizabeth Burr, *The Galileo Project*, Houston: Rice University, http: //galileo. rice. edu. /gal/romano. html，最后访问日期：2008年10月3日。

表 1　澳门圣保禄学院的课程安排

截至 1650 年，澳门有文件证明的哲学和神学课程（1594 年以前，这些只是私人课程，只针对耶稣会士授课）和数学课程（年限，学生，教师姓名）。这份表格来自 *The Jesuits*, *the Padroado and East Asian Science*（*1552 - 1773*），edited by Luís saraiva and Catherine Jami，Singapore，Hackensack，New Jersey，World Scientific，2008，pp. 46，55，乌戈·巴尔迪尼，“作为数学传统汇集点的澳门耶稣会学院”。

哲学/神学课程		数学教师		在澳门停留的时间
		1578～1579	**罗明坚**	1579～1582
		1579～1580	罗明坚	
		1580～1581	罗明坚	
		1581～1582	罗明坚	
			佩德罗·哥玫斯（Pedro Gomez）	1581～1585
		1582～1583	罗明坚；佩德罗·哥玫斯；	
			利玛窦	1582～1583
1592～1593	神学；道德神学			
1595～1596	神学；哲学			
1596～1597	神学；道德神学			
		1597～1598	**龙华民（Nicola Longobardi）**	1597
			庞迪我（Diego Pantoja）	1597～1600
		1598～1599	庞迪我	
1601～1602	神学；哲学	1601～1602	**斯皮诺拉（Carlo Spinola）；穆齐奥·罗基（Muzio Rocchi）**	1601～1605
			弗朗西斯科·洛佩斯（Francisco Lopes）	?
1602～1603	神学；道德神学；哲学	1602～1603	穆齐奥·罗基；弗朗西斯科·洛佩斯	
1603～1604	神学；道德神学；哲学	1603～1604	穆齐奥·罗基；	
			熊三拔（Sabatino de Ursis）；	1603～1606
			弗朗西斯科·洛佩斯	
1604～1605	神学；哲学			
1604 年中国大陆教区从澳门（日本教省使徒培训中心）独立出来。				
		1605～1606	熊三拔；	
			钱德明（Manuel Dias Jr.）	1605～1611
			弗朗西斯科·洛佩斯	
		1606～1607	钱德明；弗朗西斯科·佩洛斯	
1607～1608	哲学	1607～1608	钱德明；弗朗西斯科·佩洛斯	
1608～1609	哲学；神学；道德神学	1608～1609	钱德明	
1609～1610	（神学）	1609～1610	钱德明	
1610～1611	神学；哲学；数学	1610～1611	**艾儒略（Giulio Aleni，教授数学）；**	1610～1612
			钱德明；	
			毕方济（Francesco Sambiasi）	1610～1613
1611～1612	数学	1611～1612	艾儒略；毕方济（其中之一教授数学）	
1612～1613	数学	1612～1613	艾儒略；毕方济（其中之一教授数学）	
1613～1614	数学			
1615～1616	数学；道德神学			

续表

哲学/神学课程		数学教师		在澳门停留的时间
1616～1617	道德神学（神学；哲学）	1616～1617	**Jan Wremann（Uremann）；**	1616～1620
			克里斯托福罗·博里（Cristoforo Borri）	?
1617～1618	道德神学；哲学；数学	1617～1618	Jan Wremann（数学老师）；克里斯托福罗·博里；钱德明；熊三拔	
		1618～1619	熊三拔；Jan Wremann；钱德明	
		1619～1620	**邓玉函（Johann Schreck）；**	1619～1921
			汤若望（Johann Adam Schall）；	1619～1627
1619～1620	关于“Livros Sinicos”的课程；道德神学		**Wenceslas Pantaleon Kirwitzer；**	1619～1627
			傅泛际（Francisco Furtado）；	1619～1625
			钱德明	
		1620～1621	邓玉函；汤若望；Wenceslas Pantaleon Kirwitzer；钱德明	
		1621～1622	汤若望；Wenceslas Pantaleon Kirwitzer	
		1622～1623	**罗雅谷（Giacorno Rho）**	1622～1624
1623～1624	道德神学	1623～1624	罗雅谷；克里斯托福罗·博里	
		1625～1626	Wenceslas Pantaleon Kirwitzer	
1624～1635	神学；道德神学；哲学			
		1638～1639	**乔瓦尼·安东尼奥·鲁比诺（Giovanni Antonio Rubino）**	1638
		1639～1640	乔瓦尼·安东尼奥·鲁比诺；艾儒略	
		1641～1642	（艾儒略?）	
		1642～1643	**卫匡国（Martino Martini）**	1642
1643～1644	神学；道德神学；哲学			
1645～1646	神学；道德神学；哲学	1645～1646	毕方济；（卜弥格?）；	
			穆尼各（Johannes Nikolaus Smogulecki）	1645～1646
		1646～1647	**卜弥格（Michal Boym）**	1649～1950
1647～1648	（无更高级课程）			
1649～1650	（无更高级课程）			

到过吗？在长崎，一部包含语法的日语词典经过13年（1590～1603年）的不懈编撰，内含词目达32798个，终于出版问世了[①]。为实现这一创举，在他的指示下，一台印刷机运抵日本，另一台于1595年运抵澳门，这台印刷

① http：//wapedia.mobi/en/Alessandro_Valignano，3.1. Language study，最后访问日期：2010年12月5日。

机的仿制品至今仍然陈列在澳门历史博物馆里。这台印刷机后来成为许多对牧师工作有益的教学材料、东西方经典译著和其他学术出版物的来源。

澳门圣保禄学院建校运营一年多之后，两项并不相关的重大事件影响了这所新建机构未来的命运。第一件大事是在1604年，耶稣会总部决定将中国内地教区从澳门教区独立出来，并任命利玛窦为中国教区的会长（澳门仍为日本教省之中心）。第二件大事发生在十年后的1614年，日本将军德川家康，下令将所有传教士逐出日本。这些传教士只能到澳门栖身。这也是对日本天主教徒残酷迫害的开端。从那时起，日本隔绝了一切外国影响，直到250多年后，1868年的明治维新才为日本开启了一个新的时代。

澳门圣保禄学院的主要目的是对日本年轻的耶稣会士和神学院学生进行属灵培训和知识传授，并促进修院的建设，这一主要目的也与它最初的发展方向契合——服务于流亡的年轻神职人员。由于它仍然处于葡萄牙保教区范围内，因此，它的重要性比以前作为进入中国的唯一门户时更加突出。这也是（见表1）它的持续性发展主要面向中国教区的原因。事实上，该学院大多数著名毕业生后来都成为重要的耶稣会中国教区传教士，其中大部分以前是数学教师——上文对“课程计划”的详细引述可以帮助理解这个词的丰富含义。在1615年，耶稣会总会长阿夸维瓦（Aquaviva）将中国教区提升为耶稣会中国副教省，独立于日本教省之外，日本教省仍以澳门为中心。

若将圣保禄学院建校前50年（1594～1644年），即满族征服中国并建立清朝以前毕业于该校的学生列举出来，将大大超出本文的叙述范围。横跨晚明和清初的时代，毕业人数众多，本文从中选出32人，或是因为他们在编辑研究工具书方面的学术工作，对中国古典文学的翻译，对这些文献的评注，在中国或是欧洲发表的学术论文，他们的科研特长，对中国皇室的贡献，或者是因为他们出色履行了被托付的耶稣会职责。本文所做列举是圣保禄学院富有成效的培训成果的例证。

这些人，包括那些全心投身于直接的传教活动的传教士，当他们到达学院时，平均年龄为30多岁，通常留在澳门两年至三年，然后便将其余或长或短的生命献给了中国（见表2）。这些人中有一人成为第一批中国籍的耶稣会士——吴历，字渔山（1682—1718）。他既是一位文学家，又是一位画家，跻身“清初六大家”之列。吴渔山在圣保禄学院花了七年时间成为一名耶稣会士之后，主持江南地区天主教区的工作，直至去世。他当时所处的时代，正值中国的“礼仪之争”。

表 2　中国教区耶稣会士在澳门停留的时间

在位皇帝	耶稣会士	生卒年限	在澳门停留的时间	在中国期间的年龄	成名原因
（明）万历 1573～1620 年	罗明坚	1543—1607	1579～1582 年	36～64 岁	《天主实录》
	佩德罗·哥玫斯（Pedro Gomez）	1535—1600	1581～1585 年	46～65 岁	耶稣会首任澳门副教省领导人（管辖日本和中国教区）
	利玛窦	1552—1610	1582～1583 年	30～58 岁	1588 年《中葡词典》；1593 年《中国四节》，将《四书》的部分内容译为拉丁文；《交友论》；《天主实义》
（明）泰昌 1620～1621 年	郭居静（Lazzaro Cattaneo）	1560—1640	1593 年	33～80 岁	以拉丁字母表顺序排列汉语词汇表，并标注汉语声韵；1594 年，创立圣保禄学院
	龙华民（Nicola Longobardi）	1565—1655	1597 年	32～90 岁	1610～1622 年，接替利玛窦担任中国教区领导人
	庞迪我（Diego Pantoja）	1571—1618	1597～1600 年	26～47 岁	音乐家、天文学家（修改历法）和地理学家（测量纬度）
	熊三拔（Sabatino de Ursis）	1575—1620	1603～1606 年	28～45 岁	天文学家和水利学家，向中国引入欧洲药典和蒸馏技术
	钱德明（Manuel Dias Jr.）	1574—1659	1605～1611 年	31～85 岁	《唐景教碑颂正诠》
	金尼阁（Nicolas Trigault）	1577—1628	1610 年	33～51 岁	《西儒耳目资》的助手；翻译《利玛窦中国札记》
	艾儒略（Giulio Aleni）	1582—1649	1610～1612 年	28～67 岁	在山西和福建传教，1641 年任中国教省副会长
（明）天启 1621～1628 年	曾德照（Álvaro de Semedo）	1585—1658	1616～1621 年	31～73 岁	1625 年在陕西西安发现景教石碑，1645～1650 年任中国教省副会长
	邓玉函（Johann Schreck）	1576—1630	1619～1621 年	43～54 岁	天文学家，在北京帮助改革历法；博物学者、收藏家，著有《印度的泼里尼乌斯》（*Plinius Indicus*）
	汤若望（Johann A. Schall）	1592—1666	1619～1627 年	27～74 岁	接替邓玉函继续修改历法；担任数学法庭主席；促进欧洲天文学的发展；1648 年担任北京修院长上，修建南堂（宣武门教堂）；精通汉语；天文学家、历史学家
	罗雅谷（Giacomo Rho）	1592—1638	1622～1624 年	30～46 岁	天文学家，与汤若望合作修改历法

续表

在位皇帝	耶稣会士	生卒年限	在澳门停留的时间	在中国期间的年龄	成名原因
（明）崇祯 1628～1644 年	郭纳爵（Ignacio da Costa）	1599—1666	1634 年	35～67 岁	翻译《大学》
	卫匡国（Martino Martini）	1614—1661	1642 年	28～47 岁	地理学家和历史学家，1658 年在慕尼黑发表《中国历史初编十卷，从人类诞生到基督降世的远方亚洲，或中华大帝国周邻记事》首版，1659 年在阿姆斯特朗发表第二版
（清）顺治 1644～1662 年	Johannes N. Smogulecki	1610—1656	1645～1646 年	35～46 岁	数学家，将对数引入中国
	卜弥格（Michael Boym）	1612—1659	1649～1650 年	37～47 岁	草药师，作《中国植物志》，担任南明出使欧洲的特使
	南怀仁（Ferdinand Verbiest）	1623—1688	1658 年	35～65 岁	改革历法的天文学家，重建北京观象台；著有《满语语法》《满语基础》，1674 年在北京出版《坤舆全图》
	柏应理（Philippe Couplet）	1622—1693	1659 年	37～71 岁	1687 年在巴黎发表《西文四书直解》，以拉丁文解释了中国哲学家孔子和汉语学习；编写《汉语语法》《汉语词典》
	殷铎泽（Prosper Intorcetta）	1625—1696	1659 年	34～71 岁	刻印并翻译《中庸》（译为《中国政治道德学》，讲述中国圣人孔子的生平），1667 年将《论语》翻译为《箴言集》。出版《中国文法》（*Grammatica linguae Sinensis*）；1700 年在巴黎出版《中国偶像崇拜的证据》（*Testimonium de Cultu Sinensi*, p. 318）
	思理格（Wolfgang Hertdrich）	1625—1684	1660～1662 年	35～59 岁	《文字考》
（清）康熙 1662～1723	徐日升（Tomás Pereira）	1645—1708	1672 年	27～63 岁	因杰出的音乐才华被召至北京，1648 年受康熙皇帝派遣，与张诚一起，赴尼布楚担任中俄代表团谈判翻译；音乐家、皇家观象台非正式长官
	张诚（Jean-François Gerbillon）	1654—1707	1687 年（经宁波前往）	33～53 岁	地理学家，《满洲鞑靼帝国新地图》（*Carte nouvelle de la Grande Tartarie*）

续表

在位皇帝	耶稣会士	生卒年限	在澳门停留的时间	在中国期间的年龄	成名原因
（清）雍正 1723～1736 年	李明（Louis Le Comte）	1655—1728	1687 年（经宁波前往）	32～73 岁	1696 年在巴黎出版《中国近事报道》
	白晋（Joachim Bouvet）	1656—1730	1687 年（经宁波前往）	31～74 岁	1697 年在巴黎出版《中国现状》
	巴多明（Dominique Parrenin）	1665—1741	1698 年（经广州前往）	33～76 岁	翻译《资治通鉴纲目前编》,《资治通鉴》为司马光（1019—1086）负责编写的中国通史,对统治者治国有全面的借鉴意义
	马若瑟（Henri M. de Prémare）	1666—1736	1698 年	32～70 岁	1728 年在广州出版《汉语札记》四卷,1831 年在马六甲出版,该书随后被翻译成英语（1847 年,广州）
	冯秉正（Joseph-Marie-Anne de Moyriac de Mailla）	1669—1748	1703 年	34～79 岁	将朱熹（1130—1086）的《资治通鉴纲目》翻译成法语
	宋君荣（Antoine Gaubil）	1689—1759	1722 年（经广州前往）	33～70 岁	1729 年在巴黎出版《中国天文学史》《中国天文学》;1739 年在巴黎出版《成吉思汗及蒙古史》;1791 年在巴黎出版《大唐史纲》及其附录《中国纪年论》;1765 年在巴黎出版《北京志》;1770 年在巴黎翻译并出版《书经》;1734 年翻译并出版《易经》《礼记》
（清）乾隆 1736～1796 年	汤执中（Pierre Noël Le Chéron d'Incarvill）	1706—1757	1740 年	34～51 岁	制作中国植物标本集,1752 年完成《法汉词典》的编著,全书 1362 页,二栏排
	钱德明	1718—1793	1750 年	31～74 岁	1788 年在巴黎出版《满蒙文法》;1789～1790 年在巴黎出版《满法词典》三卷;1781 年出版《满族语通用词典》《汉满蒙藏法五国文字字汇》

注：这些耶稣会士 1594 年以后开始在圣保禄学院学习。

较晚到达澳门的传教士之中，钱德明（1718—1793）是一位出色的天文学家，并且对中国历史、语言学、年代学、物理学、文学、数学和音乐都有深入的研究。他在中国居住长达42年，包括1775年之前耶稣会团体在北京最艰难的最后几年。事实上，教皇在1773年发布的解散天主教耶稣会的政令两年以后才到达北京，然后正式在中国公布和实施。后来，钱德明继续独自进行传教活动，进行学术研究并发表科学论文长达20多年，直至孤独地去世。

1762年，也就是葡萄牙首相庞巴尔侯爵将所有耶稣会士及耶稣会机构驱逐出葡萄牙本土和领地四年后，澳门的耶稣会即被废止。因此，耶稣会必须让其他布道人员接管他们在澳门的工作，首先是168年前建立的圣保禄学院，然后是建立于1623年的圣伊纳爵修院和为了培训被驱逐的日本和中国内地神职人员而于1728年建立的圣若瑟修院。现存的圣若瑟修院教堂近期经过修葺，恢复了原本壮丽的外貌，仍然被视为"重要的历史遗产建筑和澳门传教史的见证"，而且，这一巴洛克式建筑使"西方和当地元素通过建筑结构和装饰和谐地融合在一起"。这座建筑于1758年竣工，也正是在那一年，里斯本的庞巴尔侯爵将耶稣会士驱逐或监禁。在澳门，耶稣会曾一度活跃长达179年的时间。

经历过具有历史意义的重要增长和戏剧性的衰退后，举世闻名的地标性遗址——圣保禄学院及其教堂遗址仍得以保留。部分学院建筑后来被征用为军事基地，但1835年因为厨房失火，火势失控，整座学院的全部设施被全部烧毁。直到19世纪末，耶稣会士才重返澳门，进行新的尝试：耶稣会在1814年得以重新建立，但是直到1890年耶稣会才在主教不懈地请求下重新回到澳门。耶稣会在1728年建立的教区修院重新开始授课，后来又接受托付，负责该修院的管理工作。但是由于重新引发的葡萄牙和罗马教廷之间的政治紧张局势，他们在1910年再次被驱逐出澳门，随后迁至肇庆。葡萄牙政府当局在1913年重新对他们予以认可，但是限定他们只能在澳门教区辖下的中国内地工作。

当我们透过历史的棱镜，从事后的角度对发端于澳门这个舞台、由早期的几代耶稣会士演绎出来的复杂而卓有成效的跨文化碰撞进行审视时，我们可以通过折射出的一些光线，或者一些批判性的评论，来对过去的是非功过有一个更好的理解。

首先，值得一提的是，在罗马教廷的干预下，葡萄牙和西班牙签订了《托尔德西里亚斯条约》（1494 年）及《萨拉戈萨条约》（1529 年），将世界划分为分属两国的“保护区”，其推动力首先是重商主义者，传教士所起的作用远不如前者，这早已被随后的地缘政治事件证实。作为中国门户的澳门首先是因为它贸易前哨的地位而兴起的，几年以后，澳门开始和马尼拉展开竞争。澳门经历过几次国家间的军事竞争，不仅是葡萄牙和西班牙之间，荷兰[①]与英国也曾参与进来。

道里尔·爱尔登（Dauril Alden）[②] 深入研究之后得出结论，如果耶稣会没有充分利用“保教权”，那么澳门从活跃的传教事业中延续下来的跨文化交流作用可能也就没有那么重要。事实上，就像前面解释的，为了支持日本布道团的活动，范礼安制定的长崎和澳门之间的贸易计划可能成为丰臣秀吉反对天主教、对耶稣会士进行迫害的原因之一，而范礼安也正是因此才决定在澳门建立圣保禄学院。

据说这样一所机构是亚洲第一所西方式的大学（虽然果阿已在 1542 年建立了另一所学校）。澳门圣保禄学院在很多方面成为跨文化交流的中心，以下就是其中的一个方面。

在耶稣会的领导下，圣保禄学院运转达 168 年之久，直至耶稣会被废止，它一直受益于欧洲最先进的教学经验——为了满足日本和中国的传教需求，范礼安改编的“课程计划”中的规定可反映出这一点。665 名年轻的耶稣会士在这里接受过教育，其中大多数，404 人并非来自葡萄牙，而是来自大约 16 个不同的欧洲和东亚国家。所有人在进入中国内地之前都在这里完成了他们的培训[③]。其中大多数分散在中国的各个省份开展传教工作，共计达 222 年之久（1553～1775 年），只有少数人受聘于宫廷，成为“外国专家”——当今之中国经常这样称呼外来技术人员。通过这样一种多样化的途径，中国和欧洲的文化传统才得以相互交流，天主教才得以被介绍入中国。

---

① 在 1607 年、1622 年、1627 年，荷兰曾经多次袭击澳门。

② Dauril Alden, *The Making of an Enterprise: The Society of Jesus in Portugal, Its Empire, and Beyond 1540－1750*, Stanford, California: Stanford University Press, 1996.

③ Joseph Dehevgne S. J., *Répertoive des Jésuites de Chine de 1552 à 1800*, Roma: Institutum Historicum S. I.; Paris: Letouzey & Ané, 1973, pp. 397－407.

这种跨文化的交流并没有从它的地缘政治环境（上文已经谈到过）或是历史环境中获益。“哥白尼革命”①，天主教改革②和启蒙运动的时代深深地撼动了欧洲知识界，以至于“适应”外国文化被许多传教士视为一项有风险的宗教传播策略。另外，因为或好或坏的缘由（修会间的竞争同时夹杂着民族主义情感）欧洲被卷入了中国的“礼仪之争”。历史学家了解到，“礼仪之争”导致的“意志的冲突”③ 在接下来的几十年间将打破东西方之间的相互理解。他们也确信，文化影响一定要超出肤浅和狭隘的国际文化交流：它并非来自贸易或金融方面的成功，也不是出于军事实力的强大，而是深深植根于道德和精神层面的价值观及传统。

① 1543 年，哥白尼发表了他的著作《天体运行论》，阐述了日心说模型理论，这种模型花了 200 年时间才取代托勒密提出的地心说理论模型（来自维基百科）。

② 由天特会议发起（1545 ~ 1563 年，共经历三轮 25 场讨论）。

③ Edward J. Malatesta, S. J., “A Fatal Clash of Wills: The Condemnation of the Chinese Rites by the Papal Legate Carlo Tommaso Maillard de Tournon,” in David E. Mungello, *The Chinese Rites Controversy: Its History and Meaning*, Nettetal: Steyler Verlag, 1994, pp. 211 - 246.

澳门，文化的桥梁

——澳门与拉丁美洲的历史联系

何塞·玛丽亚·桑托斯·罗维拉*

范　蕾译

摘　要：本文梳理了澳门从16世纪葡萄牙管治时期至今的历史和国际关系。在这段时期内，澳门一直是连接中国和拉丁美洲两种不同文化的桥梁。在古代中国，澳门凭借其唯一开放的贸易港口的优势地位，成为令人羡慕和垂涎的飞地。拥有澳门，就意味着控制了中国与西方的繁荣贸易。在澳门历史上建立的所有对外关系中，与拉丁美洲的关系直至21世纪仍具有不可估量的重要性。

澳门与拉丁美洲之间的关系史长达四个多世纪。四个多世纪之前，澳门就是各文化间的桥梁。这座城市在政治、经济和文化方面都与西方世界有着千丝万缕的联系。我们要从澳门自身的发展历史中寻找产生这些联系的原因。

尽管曾经是葡萄牙几个世纪的管治地区，如今是特别行政区；但在16世纪之前，澳门与拉丁美洲的关系发展史和中国其他地区的历史是统一的。16世纪，由于澳门便利的地理位置，葡萄牙商人开始在澳门定居。此前几十年，具体地说在1510年和1511年，葡萄牙就已经先后在印度城市果阿和马六甲建立定居点。1513年，葡萄牙船只首次沿着果阿－马六甲（Goa－Malaca）传统商业线路来到中国沿岸，具体位置在上川岛。1552年，著名

* 何塞·玛丽亚·桑托斯·罗维拉（José María Santos Rovira），里斯本大学教授。

的西班牙传教士圣方济各·沙勿略（San Francisco Javier）在试图进入“中央帝国”传播天主教时在上川岛去世。在1517年之前，葡萄牙人就已经到达广州港，但没有获得在当地的永久定居权。在此后的几十年中，葡萄牙人只能暂时性地在广州进行贸易活动[①]。

1557年，葡萄牙人在澳门建立了他们在中国的第一个定居点。当时，澳门的居民全是祖籍广东和福建的渔民家庭。随着第一批葡萄牙商人的到来，澳门开始发展为城市。那时候，中国人称此地为“蚝镜”，葡萄牙人给它的殖民地起了个新名字——澳门。这个名字的真正来源不详。最近的研究说明，这个名字可以追溯至1555年。巴雷托（Baweto）这样写道[②]：

> 第一份提到澳门且出现“Amacau”这个词的葡萄牙文献是商人费尔南·门德斯·平托（Fernando Mendes Pinto）的一封信。平托是耶稣会的新成员。这封信是1555年12月20日写给果阿学院院长的。

要在澳门定居，葡萄牙人就要向中国政府纳税，当时称地租（*foro do chão*）。缴税的事实证明，虽然葡萄牙人获得了在澳门居住和经商的权利，但中国拥有对澳门的主权。中国政府允许葡萄牙人定居澳门的原因很多，这是历史学家经常讨论的主题。其中有个重要原因毋庸置疑，中国政府认为此举能够有效地缓解骚扰中国沿岸的海盗问题[③]。

1578年，经商权范围扩展至广州的相邻城市[④]。此后，由于澳门位于马六甲半岛和日本之间最活跃的商业线路上，同时临近西班牙在菲律宾群岛的殖民地，得天独厚的地理位置使得澳门成为整个地区经济发展最繁荣的城市。澳门是葡萄牙最好的商业飞地，通往多个亚洲港口的船只都经过此地。

---

① Valery M. Garrett, *Heaven is High, the Emperor Far Away: Merchants and Mandarins in Old Canton*, Oxford: Oxford University Press, 2002.

② Luís Filipe Barreto, *Macau: Poder e Saber. Séculos XVI e XVII*, Lisboa: Editorial Presença, 2006.

③ José Eugenio Borao, “La Colonia de Japoneses en Manila en el Marco de las Relaciones de Filipinas y Japón en los Siglos XVI y XVII,” en *Cuadernos CANELA*, nº 17, 2005, pp. 25 – 53.

④ Rayne Kruger, *All under Heaven: A Complete History of China*, Chichester, England: John Wiley & Sons, 2004.

同时，澳门还是所有中国商品的出口地。澳门的主要作用是中转港口。路易斯·达·伽马（Luis de Gama）写道[①]：

> 澳门的财富在海上，整个城市靠海为生。这里只有风和海带给它可靠的财富，没有这两样，就什么都没有了。

值得一提的是，在 16 世纪，中国是整个东亚文明的中心（日本和韩国的文字都源于中国汉字，可见中国的文化影响力）。中国文化的影响还遍及整个东南亚（令人垂涎的香料供应地）。因此，中国是 16 世纪亚洲最大的制造业和商业中心[②]。

澳门的价值不仅限于商业领域，它也是欧洲传教士进入中国传播基督宗教的入口。西班牙和葡萄牙传教士发挥了十分重要的作用，其中一部分已经载入这个古老的葡萄牙殖民地的史册。圣方济各·沙勿略是希望通过澳门向中国传播天主教的代表性人物。方济各会成员洛约拉（Fray Martín Ignacio de Loyola）于 1581 年成为第一任澳门－马六甲方济各会教区主教。此外，澳门的各类宗教团体的存在使得学校等教学机构的数量显著增加，教育体系极大完善，教育水平极大提高。里斯本宫廷充分肯定了澳门的价值。17 世纪，布拉干萨王朝授予澳门“最忠诚的天主圣名之城”的称号。

18 世纪，随着 1711 年英国东印度公司获准在邻近广州的城市定居，澳门丧失了唯一外国人定居点的地位[③]。但是欧洲大商船只能在每年 8 月到 9 月间停靠中国沿岸并于 12 月底或次年 1 月驶离，其余时间里商人们也可能继续留在澳门，因而兴建了色彩柔和的豪宅。葡萄牙殖民地因此而成为亚洲的欧洲之角[④]。

---

① Luís Filipe Barreto, *Macau: Poder e Saber. Séculos XVI e XVII*, Lisboa: Editorial Presença, 2006.

② Luís Filipe Barreto, *Macau: Poder e Saber. Séculos XVI e XVII*, Lisboa: Editorial Presença, 2006.

③ Frank Welsh, *A Borrowed Place: the History of Hong Kong*, New York: Kodansha International, 1993.

④ Valery M. Garrett, *Heaven is High, the Emperor Far Away: Merchants and Mandarins in Old Canton*, Oxford: Oxford University Press, 2002.

拿破仑战争期间（1802～1815 年），英国人两次企图占领澳门[①]。英国政府所谓的理由是担心法国侵袭葡萄牙的商业飞地，英国觉得有义务对澳门加以保护。1802 年英国人的第一次企图因葡萄牙人的艰苦抵抗而失败。1809 年英国人在第二次企图中短暂占领了澳门，但不久就迫于中国政府的压力而放弃。

随着第一次鸦片战争的爆发（1839～1841 年），澳门的地位发生了根本性改变。由于清朝实力日衰，葡萄牙政府决定停止上缴地租。1840 年，中国清朝军队试图攻占澳门，但葡萄牙军队在英国士兵和舰船的支持下击退了清军的进攻[②]。

1844 年，澳门和东帝汶同属"葡属印度"管辖。同年，澳门成为葡萄牙的"海外省"。1845 年，葡萄牙宣布澳门为"自由港"，驱逐那里的中国清朝官员和军队，并开始向中国居民征税。之后的 1851 年和 1864 年，澳葡政府先后占据了附近的氹仔岛（Taipa）和路环岛（Coloane），管理范围显著扩大。根据 1862 年 8 月 13 日签订的《天津条约》，澳门成为葡萄牙管治地区。1883 年，澳门和东帝汶再次成为果阿辖下的葡萄牙"海外省"。

在香港归属不列颠联合王国管治以前，澳门一直是中国唯一的国际性定居点。几个世纪以来，拉丁美洲与澳门的关系仅限于纯粹的商业关系。无数各种各样的商品在这里装上西班牙或葡萄牙商船，运至他们在新西班牙或巴西的拉美殖民地，然后转运至宗主国。商业运输不仅限于商品，还包括苦力。苦力指以极低成本雇用的中国工人。1845 年，西班牙君主颁布禁止向美洲殖民地运送黑奴的法令。之后，欧洲人把目标转移到中国，把中国当作廉价劳动力的来源地。在贩卖劳工的过程中，澳门成为雇用苦力的国际性商业中心。中国劳力运输从 1840 年持续至 1870 年。澳门讲英语的中国人以容易且迅速获得报酬为诱饵，招募福建、浙江、广东的同胞做苦力。据估计，在此期间有近 10 万劳工被贩卖到拉丁美洲[③]。1874 年，澳门殖民当局下令

---

① Peter Ward Fay, *The Opium War*: *1840 - 1842*, Chapel Hill: University of North Carolina Press, 1997.

② Peter Ward Fay, *The Opium War*: *1840 - 1842*, Chapel Hill: University of North Carolina Press, 1997.

③ VVAA, *Cuando Oriente llegó a América*: *Contribuciones de Inmigrantes Chinos*, *Japoneses y Coreanos*, Washington: Banco Interamericano de Desarrollo, 2004.
VVAA 为人名缩写。——译者注

禁止贩卖劳工，但非法运输仍然持续了好几年。

长久以来，澳门一直在中拉关系发展中扮演着非常重要的角色。主要原因是中国和拉美之间的大部分海上运输是通过澳门港实现的。同时，这个葡萄牙飞地也是西方国家商人、宗教人士和希望在中国设厂的所有人进入中国的大门。1805 年发生了一桩逸事。西班牙医生弗朗西斯科·哈维尔·巴尔米斯（Francisco Javier Balmis，1753—1819）在推广天花疫苗的长途跋涉中曾在澳门短暂停留，他亲笔写道："我很高兴成为把疫苗引入中国的第一人。"

在拉丁美洲还是西班牙和葡萄牙的殖民地时期，他们的对外关系与其相应的宗主国紧密联系。美洲殖民地独立运动开始后，这种情况发生了彻底改变。每个国家都开始独立建立自己的外交和经贸关系。巴西是所有拉美国家中最突出的国家。同为葡萄牙的管治地区，很多年来，巴西与澳门不仅拥有紧密的经济贸易联系，而且面临相似的政治形势。

19 世纪下半期，中国政府想从葡萄牙手中收回澳门治权。被称为"19 世纪中国与西班牙关系最佳见证人"① 的西班牙特命全权公使西尼巴尔多·德·马斯（Sinibaldo de Mas）在这件事上发挥了关键性作用。中国政府希望通过向葡萄牙提供经济补偿来收回对澳门的治权，但直接接触澳门殖民当局的数次尝试均以失败告终。为解决困境，中国政府决定寻求一位充分了解中国的外国人作为谈判代表，最后选中马斯公使。马斯公使多年在中国担任外交官，拥有庞大的关系网。马斯公使没能等到中葡签订协议就去世了，而澳门维持了葡萄牙管治地区的身份。但这件事充分说明了西班牙人在该地区发挥的重要作用，尽管有时这些作用是非官方的。

20 世纪，浩大的政治动荡波及澳门。第二次世界大战（1939～1945 年）初期，作为中国南部唯一的中立港口，澳门经历了短暂的经济繁荣。1943 年，日本人宣布这个葡萄牙管治地为"日本保护区"，但这种状态没有持续多久，并在 1945 年 8 月随着日本的战败而结束。澳门重新归属葡萄牙殖民政府管辖，1955 年恢复"海外省"身份。

---

① David Martínez Robles, *La Participación Española en el Proceso de Penetración Occidental en China: 1840 - 1870*, Tesis Doctoral: Universidad Pompeu Fabra, 2007, http://www.tdr.cesca.es/TESIS_UPF/AVAILABLE/TDX-0813107-162929//tdmr.pdf.

中国共产党执政给澳门带来骤变。与临近的英国管治地香港一样，很多人逃离中国内地寻求葡萄牙管治地的安全庇护，特别是在“文化大革命”期间。从 1966 年开始，来自中国各地成百上千的红卫兵试图武力进入澳门，最终被葡萄牙军队击退①。

1979 年，葡萄牙和中华人民共和国建立外交关系，双方一致承认澳门是“葡萄牙管辖下的中国领土”。次年，梅洛·伊芝迪（Melo Egidio）将军成为第一任正式访问中国内地的澳门总督。1984 年，与英国达成 1997 年移交香港的协议后，中国政府要求葡萄牙政府 1999 年移交澳门。葡萄牙政府希望推迟移交日期，但中国像敦促英国一样，坚决要求葡萄牙政府按时移交。1987 年 4 月 13 日，中葡签署《中华人民共和国政府和葡萄牙共和国政府关于澳门问题的联合声明》。

1999 年 12 月 20 日，葡萄牙对澳门长达四个世纪的管治终止，澳门回归中华人民共和国。自此，澳门的对外关系归属中央政府管辖。但是，澳门仍然与拉丁美洲保持着密切而成果丰富的文化联系。澳门加入了若干个致力于推进和发展文化联系的文化组织，或是建立以此为目标的文化机构，如澳门亚太拉美交流促进会（MAPEAL）等。

澳门是连接中国和拉丁美洲的桥梁。澳门与拉丁美洲深厚的历史渊源使其具有与整个美洲大陆国家建立和发展积极关系的独有优势。此外，澳门广纳四方来客的风格使其成为对外开放的城市。毋庸置疑，在接下来的几年内，随着遥远的东方与拉丁美洲之间更多的文化和人员交流渠道的开辟，两者之间既有的关系必将得到巩固和扩展。

参考文献

1. Luís Filipe Barreto, *Macau: Poder e Saber. Séculos XVI e XVII*, Lisboa: Editorial Presença, 2006.
2. José Eugenio Borao, “La Colonia de Japoneses en Manila en el Marco de las Relaciones de Filipinas y Japón en los Siglos XVI y XVII,” en *Cuadernos CANELA*, nº 17, 2005.

---

① Frank Welsh, *A Borrowed Place: The History of Hong Kong*, New York: Kodansha International, 1993.

3. Peter Ward Fay, *The Opium War: 1840 - 1842*, Chapel Hill: University of North Carolina Press, 1997.

4. Valery M. Garrett, *Heaven is High, the Emperor Far Away: Merchants and Mandarins in Old Canton*, Oxford: Oxford University Press, 2002.

5. Rayne Kruger, *All under Heaven: A Complete History of China*, Chichester, England: John Wiley & Sons, 2004.

6. David Martínez Robles, *La Participación Española en el Proceso de Penetración Occidental en China: 1840 - 1870, Tesis Doctoral, Universidad Pompeu Fabra*, 2007, http://www.tdr.cesca.es/TESIS_UPF/AVAILABLE/TDX-0813107-162929//tdmr.pdf.

7. VVAA, *Cuando Oriente llegó a América: Contribuciones de Inmigrantes Chinos, Japoneses y Coreanos*, Washington: Banco Interamericano de Desarrollo, 2004.

8. Frank Welsh, *A Borrowed Place: The History of Hong Kong*, New York: Kodansha International, 1993.

珠三角与拉美新兴市场国家的经贸合作

——海内外澳门土生葡人的桥梁作用

霍志钊*

摘　要：经历了400多年中葡文化的相互兼容和碰撞，澳门一直被认为极具中西文化交融特色，其中，澳门土生葡人扮演着非常重要的角色。土生葡人是澳门一个重要的人文特色，由于历史原因及其生活空间和环境的影响，这个主要由葡人与华人组合体形成的特殊族群具有有别于葡人亦有别于华人的思维概念和行事方式，形成了非常特殊的文化现象——土生文化。当下很多土生葡人已移居全球各地，但由于对澳门的情感归属，他们直接或间接地把澳门文化带至海外。因此，在珠三角与拉美新兴市场经贸合作中，海内外的澳门土生葡人扮演着十分重要的角色。

澳门是中葡历史、文化的交汇点，也是中国与葡语国家交流的纽带。一方面，澳门与葡语国家拥有相似的历史渊源；另一方面，回归后的澳门是中国的一个特别行政区。在和平与发展的新时代背景下，当年澳门与葡语国家的旧关系，已经演变成为中国与葡语国家的新关系。

1979年，中国与葡萄牙正式建立外交关系，葡萄牙宣布承认中国对澳门拥有主权。但400多年中葡文化交流的历史，使澳门与葡语国家间保持着

* 霍志钊，中山大学人类法学博士，澳门博彩股份有限公司文康社会事务部行政经理。

一种超越国界的紧密关系。在澳门回归前的 20 年中，澳葡政府以各种形式促进澳门与葡语国家的联系，推动澳门与葡语国家在文化、社会、教育、环境、旅游多方面的交流。1985 年，“葡语国家都市联盟”作为国际非营利组织在葡萄牙首都里斯本成立，澳门成为该组织成员。无论是回归前的 1997 年，还是回归后的 2001 年和 2007 年，该组织在澳门召开了第十三届、第十七届和第二十三届成员大会。1989 年，巴西总统佛朗哥提出成立葡萄牙语国家共同体（简称“葡语国家共同体”，Comunidade dos Países de Língua Portuguesa—CPLP）的建议，以此加强葡语国家的跨地区合作。1996 年 7 月 17 日，葡语国家共同体正式成立，由葡萄牙、巴西、佛得角、几内亚比绍、莫桑比克、安哥拉、圣多美和普林西比七国组成，总部设在葡萄牙首都里斯本。2002 年 7 月 31 日，东帝汶民主共和国成为共同体成员国。至此，葡语国家共同体国土面积达 1074.2 万平方千米，总人口约 2.5 亿。相似的文化和历史缘由，使得葡语国家间的文化成为一种天然的纽带，也使各国间保持着一种超越政府间的外交关系，更多的是以文化为纽带、以民间交流为平台的“天然”公共外交关系。

澳门与大部分葡语国家拥有相似的历史背景（都曾受葡萄牙的统治），回归后的澳门特区以中文和葡文两种语言作为官方语言，与“葡语国家”拥有共同特征（以葡文为官方语言）。因此，从广义角度上讲，澳门也属于以葡文为纽带的国家/地区关系网。

回归后，作为中国的特别行政区，作为中葡文化的交汇点，澳门与葡语国家的交流不仅代表澳门本身，而且还代表中国。而在此过程中，澳门特区政府也渐渐将澳门与葡语国家的交流合作转化为中国与葡语国家合作交流的基础。

葡语国家共同体横跨亚、欧、非、拉美，拥有 2.5 亿人口，在全球范围内代表一股多元的政治力量。葡语国家虽大多从 20 世纪 60 ~ 70 年代开始，已与中国建交，但双方在社会、经济、文化方面的交流合作并不多。

回归祖国后，“澳人治澳”的特区政府，积极传承了澳葡政府在澳门与葡语国家关系上的优势，借助与葡语国家在社会、经济、文化等方面的固有联系，凭借澳门丰富的葡语人才储备，通过一系列的社会、经济、文化交流活动，发挥了澳门作为中葡交流的枢纽作用，通过政府与民间相结合的方式，将中国与葡语国家紧密联系在一起。

一　中葡论坛在澳门

2003 年 10 月 12 日，由中国中央政府主办、澳门特区承办的第一届"中国－葡语国家经贸合作论坛"（澳门）（简称"中葡论坛"）在澳门举行。中国商务部与七个葡语国家部长级官员签署了《经贸合作行动纲领》，由此开辟了中国与葡语国家交流合作的新纪元。目前，中葡论坛成员为：安哥拉、巴西、佛得角、几内亚比绍、莫桑比克、葡萄牙、东帝汶、中国等。

澳门特区政府作为承办方，不仅为中葡论坛提供后勤保障和经费，而且广邀各国商界翘楚、商会领袖、国际组织代表，就加强贸易和投资领域的合作交换意见，协助中国与葡语国家的企业家进行商务合作洽谈等工作，为各国企业家创造商机。

在积极开展经贸合作的同时，中葡论坛先后在中国举办了经济管理、护理、媒体和旅游官员研修班及有关专业技术培训班，共有近 600 位葡语国家官员和技术人员到中国内地和澳门特区参加研修培训和访问。这促进了中方人员与葡语国家企业和官方人员的交流，使原本陌生的群体通过交流彼此了解，进而产生信任。

中葡论坛在促进中国与葡语国家间的贸易上收效颇快。2004 年中国与葡语国家贸易额达 182.7 亿美元，比论坛初创的 2003 年增长 65.7%。2005 年更达到 231.9 亿美元，同比增长 26.9%，首次突破 200 亿美元的规模。同时，中国在葡语国家也加大了投资力度。截至 2005 年年底，中国对葡语国家累计投资额近 1 亿美元。

与此同时，澳门先后与佛得角普拉亚、巴西圣保罗、安哥拉罗安达缔结友好城市关系，以此强化澳门作为中国与葡语国家交流枢纽的角色。

二　中葡融合：文化交流使者

历史赋予澳门中西融合的文化——既受中华传统文化的影响，又受葡萄牙欧洲文化的熏陶。经历了 400 多年的中葡文化交流，澳门也自然成为中国与葡萄牙及葡语国家文化交流活动组织者的最佳选择。

澳门一直被认为极具中西文化交融的特色，这与华人与葡人经过 400 多年的中葡文化互相碰撞相关。在这个发展过程中，澳门土生葡人扮演着非常重要的角色。

澳门土生葡人的存在是澳门地区一个重要的人文特色，他们是澳门历史发展过程中的一个特殊群体，其存在与发展，既是中西多元血统混合的结晶，也是中西文化结合的产物。由于历史的原因及其生活空间和环境的影响，这个主要由葡人与华人组合形成的特殊族群，具有有别于葡人亦有别于华人的思维概念和行事方式，形成了非常特别的文化现象——土生文化。

正如著名学者汤开建所说："四百余年的澳门历史，创造了东西方两种异质文化相互碰撞所导致的逆向交流而产生的一种具有重大历史意义的特殊区域文化——澳门文化。"① 事实上，16 世纪下半叶在澳门定居的葡萄牙人已经形成了一个相当复杂的人口群。这个人口群包括了整个亚洲南部海洋地区的各个民族——马来人、日本人、印度人、帝汶人，甚至非洲人。今日澳门的常住人口和非常住人口合计约 45 万人。在澳门的常住人口当中，有 96% 是华人，其余多为葡萄牙人和土生葡人。自澳门建埠以来，多元种族混居、东西文化交汇一直就是其主要的特点之一，而这一东西合璧的风貌则来源于澳门的历史积淀。

今日的澳门文化虽然已是中国这一大文化系统中不可分割的组成部分之一，但是其特有的历史积淀使得它在文化上有着别具一格的样貌。这一文化样貌异常丰富而多彩，其中既有时令年节、龙舟、天后、观音、关帝、粤菜等纯然中式的文化表征，也有西式葡萄牙风情的天主教堂、弥撒、圣诞、花地玛圣像巡游、葡萄牙菜、葡语葡文等西方文化元素。中西两种文化风貌同时并存于澳门的土地上，各安其所，相互交融。

不过就文化而论，澳门实际上还是存在着三条不同的主要文化线索的。这三条线索各有其特定的形成历史，也在历史过程中相互交融，它们更关系着澳门主要的三个族群。这三个族群——正如有的学者所归纳——"倘若我们从人口整体结构上将澳门文化归类的话，那就大致可以分为三大类，一是华人文化，二是葡萄牙文化，三是土生葡人（混血儿）文化"。今日研究澳门文化的学者都承认，葡萄牙人文化、华人文化以及土生葡人文化是澳门

① 汤开建：《澳门文化内涵浅析》，《广西民族学院学报》1996 年第 2 期，第 66 页。

文化发展史上的“三大文化支柱”。

就华人文化而言，由于华人从澳门开埠至今一直是澳门的人口主体，带有深刻中国汉民族文化传统烙印之华人传统民俗、佛教、道教以及民间宗教信仰在澳门时至今日也清晰可辨。而葡萄牙由于在回归之前一直是澳门的宗主国，其文化长久以来对澳门的影响也非常明显，这一点仅仅从今日澳门天主教教堂林立的事实上就可见一斑，天主教是葡萄牙之国教，葡萄牙在民主革命之前，素以欧洲天主教信仰最为狂热而著称。澳门之象征性标志——“大三巴牌坊”，便是昔日远东地区规模最大的天主教堂——圣保禄教堂和学院之遗址。圣保禄教堂和学院既是罗明坚、利玛窦、艾儒略等著名传教士进入中国与东亚传教的第一站，在16世纪末扩建升格为大学之后更是中国乃至东亚的第一所西式大学。如果说昔日的澳门曾是耶稣会士推动中西文化交流的东亚大本营的话，那么今日澳门的土地上依然随处可寻来自葡萄牙的天主教文化之濡染。加之葡萄牙长期作为澳门的宗主国，在管治澳门的同时也通过语言、宗教等方面将文化输入澳门。

不过，由于历史原因，生活在澳门的葡萄牙人并没有成为一个相对独立的社群①，所以相对华人文化这条线索而言，葡萄牙文化这条线索在族群相关性方面更多是通过澳门特有的一个族群——土生葡人而体现出来的。

有人曾经说过，没有了土生葡人和葡萄牙语言文化，澳门就不成其为澳门，只不过是珠海经济特区一个类似香洲、吉大、前山等区镇。也有人对记者说，土生葡人就是澳门的翻版。若从文化的角度讲，土生葡人是澳门作为不同文化交汇地的一个最典型范例。

正如澳门土生葡人研究之大家阿马罗等人所认为的：土生葡人与澳门的历史关系最为密切，他们独特的文化是东西两种文化“历时几个世纪对话

① 葡萄牙居住在澳门的人口数量一直有限，根据史料1630年在澳门的葡萄牙人不过1000人，而到18世纪中叶，从欧洲来到澳门的葡萄牙人仅90人。在葡萄牙殖民时期，欧洲来澳门的葡萄牙人多为行政官员和军人，这些人居住在澳门的时间受到任期或是驻防时间限制。真正定居澳门的葡萄牙人一直以来数量就非常有限，加上澳门历史上多次因经济衰退或战乱等原因造成人口迁移，某种意义上可以说居住在澳门的葡萄牙人并未构成一个像土生葡人那样有历史延续性的独特族群。具体可以参考汤开建《澳门文化内涵浅析》，《广西民族学院学报》1996年第2期，第66页；魏美昌：《澳门华人与土生葡人》，《广西大学学报》（哲学社会科学版）1998年第6期，第65~66页。

的产物”①。从这一点上来说，土生葡人的文化对于研究澳门文化而言具有非比寻常的意义，这不仅仅表现在：一方面，土生葡人自身是澳门历史的见证，其整个族群发展的历史过程几乎就是澳门开埠至今400多年历史过程的一个缩影；另一方面，土生葡人从体质、血缘乃至文化都是澳门中西文化交汇、多元文化并存的集中体现。换句话说，如果要理解澳门这一特殊的区域文化，那么土生葡人这一特殊族群便是一个非常重要的切入点。

澳门是一个洋溢着浓厚本土化宗教文化气氛的中国人文社会，虽然葡萄牙人到达澳门后不断试图传入基督宗教思想，中国文化体系内汉传佛教、道教和民间宗教却有着广泛的社会基础。按信仰人口而论，澳门信者最多的为汉传佛教，不过实际上澳门的不少庙宇是将道家、佛家的菩萨神灵一起供奉的，而尤以供奉观音、天后、关帝者最为普遍。同时，华人民间宗教的风水、看相算命和祖先崇拜对澳门人也存在着广泛的影响。某种意义上，虽然澳门在地理和文化上处于中国之边地，可是多种宗教信仰仍然可以在这块狭小的土地上和谐共处。

正如贾渊、陆凌梭所述：

> 虽然澳门人口绝大部分是华人，而行政精英则大多来自葡国，但土生葡人却在澳门起着核心作用。原因是三个主要族群当中土生葡人和澳门本身的历史关系最为密切……②

需要强调的是，土生葡人并不等于葡萄牙文化的东方代表，他们身上所体现和担当的文化特质虽然具有强烈的葡萄牙色彩，但并不能完全等同于葡萄牙文化。所以正是这种特殊性使得他们的文化恰恰构成了澳门文化第三条线索——土生葡人文化。事实上，在既往对澳门的研究中，包括历史学、社会学和人类学在内的多个人文、社会科学学科都对澳门的土生葡人进行过深入的研究。正如前文所述，诸多学科都将“土生葡人”作为澳门整体研究的一个重要组成部分，也是最具特色的部分之一。那么究竟土生葡人是一个

---

① 贾渊、陆凌梭：《台风之乡——澳门土生族群动态》，陈洁莹译，澳门文化司署，1995，第3页。

② 贾渊、陆凌梭：《台风之乡——澳门土生族群动态》，陈洁莹译，澳门文化司署，1995，第13页。

什么样的独特族群？这一族群在澳门历史背景下又具有什么样的文化特征？

据以往研究的统计，直至澳门回归前2～3年（1996～1998年），居住在澳门的土生葡人约有1.1万人[①]。葡文的“土生葡人”（Macaense）一词一般被土生葡人自称为“澳门土生人”或“本地之子”[②]，亦称为“土生”[③]。在历史上，土生葡人亦被习惯性地称为“东方葡人”，但土生葡人并非是按“东方葡人”字面意义理解的生活在东方的葡人后裔，相反澳门土生葡人血统来源复杂——土生葡人原指有葡萄牙血统、在澳门土生土长的人，事实上，土生葡人的含义及范围随着历史的发展而变化。15～16世纪，不少葡萄牙人与非洲、东南亚殖民地或印度果阿等亚裔妇女结婚。16世纪在澳门登陆的葡人，有不少携同非葡裔妻子一起来到澳门，他们的子女就是澳门最早的土生葡人。16世纪葡人侵占澳门后，在最初较长的一段时间里，被明清地方官员禁入华人居住的地方，因此较少与华人通婚。旧时土生世家（即最早定居澳门的一些土生上层家族）的通婚对象多为其他世家子女或是来澳葡人。澳门社会在19世纪之前甚至一度出现华人、葡人和土生葡人三个族群长期相互隔绝的情况[④]。直至19世纪末，土生葡人与华人通婚的情况才开始慢慢多起来。近数十年，土生葡人与华人通婚已很普遍。从目前的情况看，土生葡人大都有华人血统。一般而论，土生葡人是一个极为复杂的人种学概念。澳门土生葡人早期是葡萄牙人与印度人、马来西亚人及日本人[⑤]混血而成的，后期则是由葡萄牙人与中国人混血而成的，可以说是一个“种族混杂程度世所罕见”的种族[⑥]。在这一点上，可以说澳门特殊的历史

① 有关在澳土生葡人的数据，由于政府方面没有做过全面统计，因此我们只能通过一些日常的了解和观察，以及土生葡人在澳活动情况做出估计。土生葡人在回归后离澳的情况不太多，反之，在回归后重返澳门居停的也不少，这主要是因为大家都看到澳门的情况没有因为回归而变差，除了经济发展迅速之外，土生葡人在澳门的生活亦没有太大改变，所以笔者估计在澳土生葡人有约8000～10000人，这应该是比较正确的。

② 巴塔亚：《澳门语：历史与现状》，《文化杂志》第20期，澳门文化司署，1996，第98～99页。

③ 贾渊、陆凌梭：《台风之乡——澳门土生族群动态》，陈洁莹译，澳门文化司署，1995，第13页。

④ 安娜·玛里亚·阿马罗：《大地之子——土生葡人研究》，金国平译，澳门文化司署，1994，第12页。

⑤ 不过，土生葡人在起源上是否有华人血统这一问题在学界还存在普遍争议。

⑥ 汤开建：《澳门文化内涵浅析》，《广西民族学院学报》1996年第2期，第66页。

背景是造就土生葡人种族血缘混杂特征的主要原因。换句话说，土生葡人的欧亚混血特征也正是澳门中－西、欧－亚历史交汇的具体表现。

虽然在族群血缘方面澳门土生葡人的血统来源比较复杂，但其文化特征却表现出比较清晰的轨迹。从澳门管治时期乃至今日，土生葡人在文化特征和文化认同方面一直以葡萄牙文化为主导。这主要体现在：第一，澳门土生葡人由于往往有葡萄牙血统，土生家庭多以天主教为其唯一信仰，家庭生活的组织（围绕教堂的小区生活，参与弥撒礼；从出生到婚礼、丧礼，乃至日常礼仪和宗教节庆等）都以天主教为主要依据。第二，很长一段时间，土生葡人多以葡语为其主要语言，由于葡语是澳门葡萄牙殖民政府的官方语言，政府文件多使用葡语，土生葡人由于血统上的便利而得到葡萄牙政府在政策上的优惠，一般土生葡人在学校接受葡语教育后都可以进入葡萄牙殖民政府任中层政府公务员。这也使得土生葡人一直到回归前都保持着相对高于华人的社会地位。第三，土生葡人在饮食、生活习俗方面都具有比较明显的葡萄牙特征。可以说总体上，土生葡人在文化认同上偏向葡萄牙，这一点即使到了回归15年后的今天也没有发生非常巨大的转变。而今日澳门的土生葡人，他们中的大部分即使从未到过葡萄牙，不大了解葡萄牙的文化，却都拥有葡萄牙护照。回归前有华人血统的土生葡人也往往不愿认为自己是华人。他们送子女入葡文学校就读，接受葡式文化教育。

虽然土生葡人与葡萄牙文化之间有着非常密切的联系，在土生葡人的身上也非常容易看到葡萄牙认同的烙印；但是正如前文所述，土生葡人并不是葡萄牙文化的东方代表，他们是澳门历史的独特产物。土生葡人有别于单纯的葡萄牙人或华人，他们长期以来在澳门这个弹丸之地自成一体。这是因为澳门土生葡人是在中葡两种文化背景下成长起来的，他们的文化习俗兼具东西方特色。从语言来说，虽然葡语是他们的正式语言，但土生葡人自有其一种深受澳门当地方言影响的特殊葡语——“澳门语”或“土生葡语”（patoa），这是在葡语的基础上，吸收了马来语、果阿方言、西班牙语和近代英语的词汇而形成的一种语言，同时又受到了汉语的影响。不过就今日而言，土生葡人在日常生活中使用最多的不是土生葡语，而是粤语。土生葡人多数从小就在有华人的环境中成长，他们基本上都能讲一口流利的粤语。而同时精通葡语和粤语这项优势，恰恰成为土生葡人作为沟通葡萄牙

人与华人之间桥梁的重要砝码。可以说到回归为止，土生葡人在澳门社会能够保持其优势地位与其具备能够沟通葡萄牙人和华人两大社群这一能力有着密切的联系，这也使得他们在澳门的政治及社会生活中具有特殊的地位和作用。此外，土生葡人的文化虽然具有非常明显的葡萄牙特征，但是由于华人是澳门的主体人群，华人文化对土生葡人的影响同样体现在土生葡人自身的文化之中。正如有学者对这种兼具中西的双重文化特征进行的形象归纳：

> 既然他们是双重文化人，因此在语言、文学、习俗、信仰、艺术创作、建筑等都体现了两重性，体现了东西两种文化的交融，例如他们的土语“巴都瓦”就吸收了马来语、印度语和粤语的词汇及文法结构。同正宗的葡语有所不同。他们有葡语创作的文学作品，从诗歌、散文到小说，反映了葡、中两种意识和心态的交汇、碰撞和交融。他们信天主教，做礼拜，但也有不少人信奉妈祖和观音，家里摆着两个“神”也到庙里烧香。他们喜欢西洋古典音乐，也喜欢粤剧，甚至用葡语唱粤剧，他们画的画，以西洋的技巧来描绘中国的人和物，比一般洋人画得还要精彩，创造了独特的风格。他们的“土生菜”更是吸收了非洲、印度、马来和粤菜的特点，既适合洋人又适合亚洲人的口味[①]。

人类学者周大鸣对土生族群文化的预见，即“随着澳门和内地经济的整合以及1999年后政治上的整合……随着文化内涵化的加速，澳门将会出现一个产生于不同族群基础之上的新的族群——澳门族群。澳门族群将是以汉民族为主体，融合了澳门其他族群的‘多元一体结构’”[②]。当然周教授的观点并不是说土生族群的文化彻底被华人文化所“同化”，而是出现一种类似中国内地56个民族多元一体的格局，即每个族群依然有可能保持其相对独立的文化。在这一点上我们可以参考孙九霞的论点：“……土生葡人会保持自己独特的族群文化和族群认同，并继续发展。回归过程中，土生族群为

① 魏美昌：《澳门华人与土生葡人》，《广西大学学报》（哲学社会科学版）1998年第6期，第66页。

② 参考周大鸣：《澳门的族群》，《中国社会科学》1997年第5期，第159页。

达到对变迁的适应，而进行认同的选择，是认同在社会、文化变迁中的生动表达，这并不影响族群的续存。”

三 海外土生葡人访澳的定期聚会

回归后，面对这种很多土生葡人移民、四处离散的状况，一些土生葡人的核心人物开始考虑如何重新加强土生群体的凝聚力。2001 年，世界各地的几十位“澳门之家”的代表经过商定，决定每年 11 月 28 日左右在澳门召开“澳门土生葡人社群聚会”。届时数千土生葡人从世界各地来到这里，进行空前规模的交流，到现在已经成功地举办了四届。土生社群聚会虽然只限于一些上层代表，并不能普及土生葡人的中下层，但对凝聚世界各地的土生葡人还是起到了十分积极的作用。

在第一届聚会上，土生葡人律师戴明扬向从世界各地回来参加“土生葡人社群聚会”的来宾表示：

> 在此，我请你们传达一个信息给未出席这次聚会的人士，就是土生葡人社群在澳门仍旧同舟共济、和谐地生活着，在澳门的政治、社会、商业上仍受到高度重视①。

澳门特区政府对土生社群的聚会也非常支持，前行政长官何厚铧曾在公开场合表示：

> 澳门特别行政区成立以后，土生葡人继续以澳门为根，安居乐业、服务社会，更积极地参与特区的社会公共事务。土生葡人社群及其丰富的文化，在过去、现在和将来对澳门的发展都具有独特和重要的作用。……你们（土生葡人）在这里不是作客，而是回到了自己的家。这里有你们熟悉的语言、亲切的风物、浓厚的人情，其亲切感和吸引力

① 曾坤：《解读澳门活历史：土生葡人的故事》，参见 http：//www. people. com. cn/GB/shizheng/252/7104/7108/20011229/637988. html。

不在别处，正在于你们不可磨灭的记忆与情感中，永远留有澳门的一个位置①。

从世界各地海外土生葡人多年来返澳的活动中，我们可以体会到，尽管很多土生葡人离开澳门到世界各地定居，但他们的根，仍然紧紧贴在他们或他们先辈的出生地——澳门。他们对澳门的感情和归属感早已认定这是他们的故乡。正因为有着那份深厚的感情，所以他们直接或间接地把澳门的文化带到海外。因此，海内外的澳门土生葡人在珠三角与拉美新兴市场国家的经贸合作中，扮演着非常重要的角色，而且必定能发挥其桥梁的作用。

参考文献

1.《澳门年鉴 2005》，澳门特别行政区政府新闻局，2005。
2.〔葡〕安娜·玛里亚·阿马罗：《大地之子——澳门土生葡人研究》，金国平译，澳门文化司署，1993。
3.〔葡〕白妲丽：《澳门方言生僻词词典》，科英拉布大学出版社，1977。
4. 贾渊、陆凌梭：《台风之乡——澳门土生族群动态》，陈洁莹译，澳门文化司署，1995。
5. 魏美昌：《澳门华人与土生葡人》，《广西大学学报》1998 年第 6 期，第 64 ~ 67 页。
6. 周大鸣：《澳门的族群》，《中国社会科学》1997 年第 5 期，第 142 ~ 155 页。
7. 汤开建：《澳门文化内涵浅析》，《广西民族学院学报》1996 年第 2 期，第 66 ~ 70 页。

① 曾坤：《解读澳门活历史：土生葡人的故事》，参见 http://www.people.com.cn/GB/shizheng/252/7104/7108/20011229/637988.html。

重构澳门：向全球化未来的方向思考

凯瑟琳·克雷登*
李雪雪 译

摘　要：自澳门回归中国至今已有十五年了，澳门受葡萄牙统治的历史似乎成了一个遥远的记忆，对未来起不到什么作用了。不过，本文认为葡萄牙对澳门的统治仍然对这座城市的社会、文化和城市结构留下了深深的印记，至今仍然影响着澳门居民的日常生活。具体而言，对于在澳门的“体制”中一些通常被视为弱点的特征，那些被认为不利于澳门未来发展的方面，我们能否通过转换思路，将其变为优点，帮助澳门转型成为时代的先锋，为澳门、中国乃至世界谋划一个新的未来。例如，本文将对澳门当代社会的文化和社会这两个层面进行讨论：①受葡萄牙当局“放任式”政策的影响，澳门并没有被整合成一个平整而单一的“体制”，澳门各地涌现出大量的教育机构和民间团体，这反过来可以被营造为一个文化和经济的“栖息地”，使澳门成为一个地球村；②澳门“老城区”的遗迹，那些狭窄的街道、低矮的房屋和废弃的建筑，不应仅作为一项世界遗产，仅从旅游业的角度挖掘其价值，还可能作为一种实验形式，通过它来创立一种新的、可持续发展的城市社区。

在本文中我想对我在早期的澳门研究中（正是澳门政权移交之前的几

* 凯瑟琳·克雷登（Cathryn H. Clayton），夏威夷大学亚太研究学院亚洲研究系副教授。

年）提出的一系列观点，做出一个较为个人化的反思①：澳门的有趣之处在于，其不同于民族国家、现代化范式和发展意识形态的标准和规范的特殊地位，以及我们如何认识澳门的过去和未来，在很大程度上取决于我们如何理解这一特殊地位的重要性。

在许多观察家看来，20 世纪 90 年代后期的澳门及其政府是落后、效率低下、管理不善和腐败的代表。三合会公然在街头打斗。各级政府——从总督到最低级别的警官——均涉足腐败行为。经济对博彩业的过分依赖，使得整个城市极易受到全球经济波动（如 1997 年的亚洲金融危机）的影响；而且何鸿燊（Stanley Ho）独揽澳门的博彩经营权，使澳门博彩业对提高竞争或透明度的需求无动于衷。没有实质性的公立教育体制，澳门的私立学校则人员不足、资金短缺和经营不佳（另外一些名校则学费高昂）。一方面，在投机的驱使下，一些城市景观被过度建设；另一方面，政府对那些倾颓的、未修复的或已经修复却无实际用途的文物古迹进行过度分级，这使曾经一度“古雅”的城市景观受到不同程度的破坏。从这个角度来说，当时澳门获得“一个名不见经传、殖民性质的荒僻之处”这一声誉并非空穴来风，它是一汪停滞不前的死水，与无论是中国内地还是香港的现代化和全球化活力相距甚远。那些以这种方式看待澳门的人，认为澳门问题的根源是澳葡政府没有能力遵守全球认可的管理、问责和透明度的标准。从这个角度看，“50 年不变”政策听起来更像是一种威胁而不是承诺，这个城市及其政府所需要的是进一步接近新加坡、中国香港以及中国其他充满活力的全球化城市的制度和经验。

然而，从不同的角度来看，澳门不符合国家主权和资本主义发展国际标准的这一明显的事实，也正是其优势的来源。我当时经常听到中产阶层的居民说，与中国内地、香港地区或葡萄牙相比，20 世纪 90 年代的澳门是一个更适合过小康生活的地方。他们喜欢其缓慢的生活节奏，既有小城镇的亲切感，又有具有大都市韵味的餐馆和文化活动。他们认为，澳门比其相邻地区更具有“人情味”，给人温暖与体面的感受。在这里，各宗教的信徒安宁地生活在一起，甚至积极配合对方庆祝重要的节日。文化和种族的交叉混合不

① Cathryn Clayton, *Sovereignty at the Edge: Macau and the Question of Chineseness*, Cambridge, MA: Harvard University Asia Center, 2009.

只是在“当地出生的葡萄牙人”（被称为“土生葡人”）的日常生活中有明显体现，它也表现在该城市的美食和建筑之中。中国传统文化的某些形式在中国内地或香港已不复存在，但它们在澳门继续繁荣，并未受到激进的政治意识形态、现代化规划或所谓的资本主义超发展（hyperdevelopment）所造成的“创造性破坏”影响。澳门曾是欧洲工业化程度最低的国家之一的管治地区，这一历史身份保护其免受现代主义世界观所需要的转型和变革，并且使旧形式的政治组织、经济组织和社会组织延续下来。从这个角度来看，一些人认为，澳门似乎提供了另外一种也许比世界上较为发达的（或主流发展导向的）国家和地区更好的生活方式。

我作为一个外部观察者，对过渡时期的澳门的文化政治和认同产生兴趣的原因是，这是一个可以明确体现以上两种观点的阶段：澳门刚好处于民族国家规范的标准之外，同时又处在新自由主义的资本主义逻辑（这构成了我们称为“全球化”的进程）的边缘，这使我们特别容易看到，澳门整体上的这种特殊处境所带来的优势及相伴的问题。而且，澳门政权的即将移交迫切需要对澳门“体制”中的元素进行定义，以便将其保存下来作为澳门自主性的根基，同时又使关于如何解读澳门的特殊性的争论变得尤为迫切。

澳门政权移交中国政府已有十多年的时间，而且这座城市的“拉斯维加斯化”改变了其经济、景观和文化定位，澳门与葡萄牙牵绊的历史似乎已成为一个无论与现在还是未来都没有多大关系的遥远记忆。澳门与中国这个民族国家的一体化，无疑使它更密切地融入了中国的现代化、标准化模式之中；但是我认为，澳门作为一个特别行政区的身份意味着其“非标准”的地位——其作为一种例外的地位——被保存下来，甚至是得到加强（已被编入法律之中）。同样，虽然赌场经济的扩张更大程度地让澳门在全球化及其标准面前更加开放，但是其方式独特——均不符合（但也有所预示）新自由主义经济政策的标准，而且正是这些政策促使一些经济学家将整个全球经济贴上“赌场资本主义”的标签[①]。我认为，这两个因素——葡萄牙统治下建立的政治法律制度的延续和赌场经济的集约化——共同确保了，在葡萄牙统治澳门的衰落时期，我在澳葡政府统治的最后时期发现的体现澳门特殊性的某些方面继续影响当今澳门居民的日常生活。

① Susan Strange, *Casino Capitalism*, Oxford and New York: Blackwell, 1986.

它还涉及一些更广泛的问题，如我们对于“世界作为一个整体是如何通过全球化而被改变的”这个问题的思考方式。翁爱华（Aihwa Ong）和罗安清（Anna Tsing）等人类学家认为，特殊地位其实是当今全球经济运作的关键因素[①]。罗安清指出，尽管流行观点认为，全球化是一个同质化、标准化和合理化日益加深的进程，但是实际上，目前个人、企业和政府对财富的追求也同样依赖于多样化的扩散。全球经济的特有结构依赖于外包和“供应链”，这意味着多样性——文化多样性、环境多样性和监管多样性——完全植根于生产组织以及消费。事实上，有人认为“利用非标准的、非理性的和不受监管的‘利基’经济的优势，才是在全球范围内实现利润新高和繁荣的方法”，这种观点是新自由主义全球化的核心信条之一[②]。同样的，虽然我们习惯于这样一种现代主义视角，即认为“主观和感性体验”与经济的运作相关（例如，认为“工人”是指世界范围内那些人生观基本一致的一群人，他们是由他们在生产关系中的地位而非他们的主观经历和文化特性而界定的），但罗安清认为，事实上，全球经济在很大程度上（远远超出大多学者所想象的）依赖于恢复特殊历史、种族对立和各种既存差异，这些方面促使个人和群体去追逐某些发展道路，与此同时避开其他道路。她认为，全球经济在本质上不只是接纳例外情况的存在，而且实际上它因这些与其所谓的规则不符的例外情况而获得繁荣发展。

罗安清并不认为我们应当完全放开监管，通过任何必要的手段来追逐利益。一方面，她认为，大多数的“利基”经济能够繁荣，只是因为它们是处于一个更大的监管体系和标准体系下的；如若移除这一体系，这一特殊地位的结构优势也就消失了。但另一方面，更重要的是，在有些空间里形势并不理想。虽然通过多元化获利的原则被制定出来，例如，我们可能愿意拥抱来自少数族群的企业家及公平贸易的原则，但是在其他一些这样的空间里——想象一下越南的血汗工厂、印度尼西亚的非法伐木作业区，或是南美洲的金矿开采营地——人类和环境都在遭到剥削。然而罗安清认为，残暴和剥削不

---

① Aihwa Ong, *Neoliberalism as Exception: Mutations in Citizenship and Sovereignty*, Durham : Duke University Press, 2006; Anna Tsing, “Beyond Economic and Ecological Standardization,” *Australian Journal of Anthropology*, 2009, Vol. 20, pp. 347 - 368.

② Anna Tsing, “Beyond Economic and Ecological Standardization,” *Australian Journal of Anthropology*, 2009, Vol. 20, pp. 347 - 368.

是这些空间的决定性因素。界定这些空间的是其“对全球统一的国家标准和企业标准的拒绝”[①]——虽然这种拒绝可能是不幸和毁灭的原因，但是它也可以促进经济的健康发展，甚至提升一些个人和群体的心理幸福感，因为他们长期以来被现代化和发展经济学的更为标准的方法边缘化。因此，罗安清的观点是描述性的，而不是说明性的。她所主张的不是政策的改变，而是观点的改变——我们对于“世界究竟在发生什么”的理解方式的改变，从而改变我们将现在的问题以及未来可能产生的问题都概念化的思维方式。从罗安清的视角来看，全球化和发展不是一个我们已经知道结局的故事。无论好坏，多样性无处不在：那些长期以来被视为局外人、弱势群体和被边缘化的群体，结果可能是掌握着决定未来不同图景的关键因素。

在我看来，澳门在许多方面是罗安清所简述问题的一个很好的范例，虽然它还不至于成为现有供应链的范例，但从某种意义上讲，无论好坏，长期以来，这座城市及以其为中心的跨国经济，都是因澳门拒绝实行现行的规范和标准而得到蓬勃发展的。事实上，在 16 世纪初澳门的“黄金时代”，中国和日本实行闭关锁国政策（当时这两个国家都对其大部分臣民宣告对外贸易的不合法性），而澳门在很大程度上依赖其例外的地位，从而得以兴起。（事实上，澳门在 17 世纪下半叶的衰落与日本政策的改变——取消澳门的例外身份——具有密切联系。）随着对外贸易在中国的合法化，对外贸易逐渐被基于香港的英国“自由贸易”资本主义所主导，澳葡政府因而转向博彩、鸦片、苦力贸易和其他经济活动，而这些在当时都被视为非法的、不道德的，或是超越了中国内地或香港的合法经济活动范围。

但是 21 世纪的澳门同样也提供了一些范例。请允许我讲述一下当今澳门的文化和社会这两个方面。第一个范例，由于葡萄牙政府的自由放任政策，大量教育机构在澳门出现。在过渡时期，公共教育体系的多样性，是引起担心甚至惊恐的原因。许多教育研究者和官员发现，澳门的教学课程、考试、班级人数、学费、教师资质、工作条件或其他任何方面，几乎完全缺失国家控制和统一的标准。而这正是澳门与香港、内地，以及新加坡相比，教育质量堪忧的原因。很多学校聘用来自中国香港、台湾、内地，乃至英国和

---

① Anna Tsing, “Beyond Economic and Ecological Standardization,” *Australian Journal of Anthropology*, 2009, Vol. 20, pp. 347 –368.

葡萄牙的教师，并使用他们的教材。教学语言分广东话、葡文和英文，或这三种语言的不同搭配。这些学校由天主教会、新教教派、民间协会和慈善机构运作，受资助情况也各不相同。根据一项研究，这些学校的既定目的和目标也各不相同，如“培育精英，促进社会更好地运作”，甚至只是简单的“防止青少年在大街上滞留”①。根据大多数观察家的观点，补救这一切的方法就是制定更多的标准。然而澳门的各个学校已经习惯了“高度自治”，20世纪90年代后期，我与教育界的官员进行了交流，他们认为，这一目标——将所有这些学校聚集成为一个与大多数民族国家一样的集中化、标准化和单一化的教育体系——在短期甚至是中期内是不能实现的。因此，政府做出这样的回应，即制定一系列的改革措施，将公立学校和私立学校编织在一起，构成一个松散的联系网。在该联系网中，满足一定的行政标准和教育标准的学校可以根据其招生人数领取补贴。

在当时，这被视为一个政治需要。但是，如果我们不把这一渐进的方法看作一种失败（未能达到许多民族国家所认为的“正常”的标准化程度），而是将其视为它本身的一个重要目的，情况会怎样？如果我们把澳门各学校对中小学教育所使用的各种方法看作该体系最大的优点，这一体系如果正确运作，能否协助澳门成为一个国际化村落，使生活在这里的居民具有异常丰富的理解力，并与一些不同但有所交织的区域有着密切的联系？如若这样，它不仅可以使澳门的市民社会充满生机，还能够强化一些跨国联系网。凭借这些联系网，澳门曾经长期兴旺发达，而且它们也在今天对澳门的经济繁荣发挥着越来越重要的作用。从这个角度来看，政府的作用将不只是为了确保普遍的教育机会，以及教育的基本水平；它还将促进多样化在基础教育之外的所有教育层面的扩散。需要明确的是，这并不意味着简单地复制世界上许多民族国家所实施的多元文化政策（这些政策试图以某种方式对其人口的异质性施加统一和标准化要素）。因为澳门的目标不是将这些差异融入一个统一的意识形态以减少差异，而是强化这些差异、利用它们所创造的价值，并设法建立一种不依赖于一致性的共识。

① Peng Long Fong, "Complexity Theory and Macao's School Curriculum Management System," APERA Conference 2006, http://edisdat.ied.edu.hk/pubarch/b15907314/full_paper/SYMPO-000004_Fong%20Peng%20Long.pdf，最后访问日期：2011年5月6日。

第二个范例体现在建筑环境之中，该范例强调我们在重新构建对澳门潜力的了解时，“主观与感性”的重要性。澳门“老城区”的城市足迹——狭窄的街道，老化的楼宇和陈旧的基础设施——似乎已经完全消失于宏伟的建筑项目的灰尘和阴影之中。这些建筑项目，包括内港和外港以及路氹的开发，变换了澳门“繁华的外表”（strips）。最近的研究表明，这一从小型商贸经济向以赌场为主的经济的转变，不仅改变了游客的活动方式，还改变了当地人的活动方式。受此影响，城市中那些未被联合国教科文组织列入世界遗产范围内的传统核心区域正在受到破坏①。也许有人会说，这些变化代表城市变化的一个有机进程，毕竟澳门在过去几百年里已经发生了很多这样的变化，它们反映了各种形式的经济活动的兴衰，改善（或削弱）了其居民的生活，我们为什么要坚持那些已经不能满足目前需求的过时的城市规划形式呢？

这当然是视角的另外一个问题。城市变化从来都不是“有机”的，它通过有目的的人类行为而发生，通常在某种程度上是由城市规划者和设计师所引导的。在我看来，这是一个关于城市规划的目的和为谁服务的问题。在这里，我要再次提出：那些被视为不完善的事物反而可能会成为一种优势。虽然我不希望把一些最为破落和过于拥挤的城镇区域加以美化，但我必须要说，对于我来说，在澳门半岛的许多地方，城市生活的乐趣之一就是我所说的“为人而设”（human size）。城市规划的现代主义方法似乎是宣称越大越好：在中国和北美的很多（也许是大部分）发达城市，行走在街上的行人会感觉到自己的渺小和微不足道，面对那些代表现代性和进步的高耸的建筑物、需要几分钟的时间才能走完的宽阔街道和一不小心就可能会危及他们生命的疾驰的车辆，又感到不知所措（在檀香山，也就是我现在所居住的地方，每隔几周就有一位老人在过马路时被车辆撞伤致死的报道，而且事故通常发生在人行横道上。这一问题不是由粗心的司机或是鲁莽的行人造成的，而是由不合理的城市规划导致的——为车辆而不是行人做规划，在这里市区街道是八车道而且红灯数量极少）。在这个意义上，现代城市的生活经历可能会是非常不人道的，在许多现代城市，公共空间的建立是为了方便机器而

---

① Jeronimo Mejia, Lea Rüfenacht, Yick Ho Alvin Kung, "Macau's Formula," student project for ETH Studio Basel Contemporary City Institute, 2008, http: //www. studio - basel. com/Projects/Hong - Kong - 08/Student - Work/Macau - s - Formula. html，最后访问日期：2011 年 5 月 7 日。

不是人[①]。而在澳门老城区的许多地方，情况是相反的：身强力壮的行人是具有优势的一方，他们能够用三四大步跨越街道，从缓慢移动的车辆中穿梭过去。他们有与生俱来的一种信心，相信城市是为两条腿的人类建立的，而不是为四个轮子的车辆建立的[②]。因此，我认为，澳门后街小巷生活中最让人感到舒畅（我可以说是释放吗?）的方面，恰恰就是这些现代主义者所谴责的元素——街道狭窄、车流经常受到干扰以及没有足够的停车场。在这种生活中，没有驾驶车辆不会使我感到危险、威胁或是没有归宿感。在流动的城市生活中，车辆和行人是平等的参与者。而且我认为，这个油价格飙升、石油资源不断减少和对碳排放和全球变暖日益担忧的时代，正是我们去体会“为人而设”的城市潜在优势的合适时机。如今，前沿的城市规划者和交通设计师提出，我们迫切需要建设更加适宜居住、更环保、更具有社会可持续性的城市，通过构建紧凑的、适宜步行的空间，把汽车需求“设计出去”(design away，即通过更好的规划设计使人们不再需要汽车)。[③] 从这个角度看，澳门半岛可能算是地球上最前沿的城市之一了。

结　论

以上只是两个旨在说明如何将那些被视为劣势的澳门的“体制”特征，转变为澳门居民可以利用的优势。如果换一个角度来看，澳门居民可以利用这些不利于澳门发展的劣势，将其家乡转变为一个构想新未来的先锋——不只是为澳门，还是为了中国乃至全世界。这不算是一个新的观点，事实上在20世纪90年代就有人使用过这样的推理方法。我坦率地承认，我现在对这一观

---

① Timothy Papandreou 曾指出，在美国的许多城市，禁止无家可归的人在停车场露宿的法令意味着“车辆拥有栖身的权利而人类没有”，转引自 Keith Barry，“It's Time for Cities to Favor People, Not Cars,” *Wired. com*, Feb. 20, 2009, http://www.wired.com/autopia/2009/02/art-center-summ，最后访问日期：2011 年 5 月 6 日。

② 纽约、巴黎、阿姆斯特丹和其他几个城市的居民很快指出，他们家乡的情况也是如此。事实上，我并没有试图暗示，澳门在所有现代城市中是独一无二的，与其他地方的发展趋势一样，20 世纪的中国一直把城市设计成需要居民开车的形式。同样可以说，路氹城金光大道上的新建筑也是如此。

③ Keith Barry，“It's Time for Cities to Favor People, Not Cars,” *Wired. com*, Feb. 20, 2009, http://www.wired.com/autopia/2009/02/art-center-summ，最后访问日期：2011 年 5 月 6 日。

点的重申，与当时一样不切实际。但是在21世纪第一个十年里，澳门的特别地位面临挑战，飙升的GDP和澳门居民日益岌岌可危的幸福感和安全感之间的矛盾变得越来越深刻，在我看来，这是一个让我们重新审视观念的极好契机，相比于将整个城市推倒重建为新的模样，用新的头脑重新构想旧澳门或许更为有益。

为此，我认为罗安清关于多样性的讨论很有帮助：她不是欣喜地从多元文化的意义上谈论“多样性”，也不是从迎合更广泛的消费需求的战略经济的意义上对其进行讨论，而是从实用意义上认识到其价值：无论从哪个角度来看，多样性的价值都不是通过标准化和同质化达成的，而是通过不同差异的结合而被创造的。记住这个看似简单的观点，可能会使我们重新调整对澳门的看法，并重新修订我们关于澳门未来的可能性以及存在的问题的讨论。

不必把历史传承下来的多样性（种族、语言、空间、教育和建筑）看作一个在进一步坚持中国或全球现代性的单一和标准化的过程中必须克服的问题；相反，可以将澳门的多样性看作其作为一个通向很多地区、文化和民族（在拉丁世界及其他）的桥梁的价值基础，而且这一多样性在塑造全球未来的过程中将发挥越来越重要的作用。承认并依赖其多样性不会弱化澳门的“中国性”，毕竟长期以来，中国本身在吸收了大量的多样性元素之后，也没有丢失其中国性。相反，对其多样性遗产的利用，不但会充分开发澳门作为通向拉丁世界的桥梁的作用，而且会为澳门的人民、中国乃至世界创造意想不到的价值。

那么问题就会变成如何按照这一重构计划，以有利于改善澳门（以及其他地方）生活的方式行动？这里的矛盾无疑是，在应对多样性的过程中，人们往往会强加罗安清所指出的那种“我们需要走出去”的标准化的想法。但在这里，我也要指出，澳门的历史可以提供大量的关于如何以及如何不充分地利用其多样性和例外性的范例，几百年以来这一直是澳门最突出、最具争议性和最典型的特征。

参考文献

1. Keith Barry, “It’s Time for Cities to Favor People, Not Cars,” *Wired. com*, Feb. 20,

2009, http: //www. wired. com/autopia/2009/02/art - center - summ, 最后访问日期：2011 年 5 月 6 日。

2. Cathryn Clayton, *Sovereignty at the Edge*: *Macau and the Question of Chineseness*, Cambridge, MA: Harvard University Asia Center, 2009.
3. Peng Long Fong, "Complexity Theory and Macao's School Curriculum Management System," APERA Conference 2006, http: //edisdat. ied. edu. hk/pubarch/b15907314/full_ paper/SYMPO - 000004_ Fong% 20Peng% 20Long. pdf, 最后访问日期：2011 年 5 月 6 日。
4. Jeronimo Mejia, Lea Rüfenacht, Yick Ho Alvin Kung, "Macau's Formula," student project for ETH Studio Basel Contemporary City Institute, 2008, http: //www. studio - basel. com/Projects/Hong - Kong - 08/Student - Work/Macau - s - Formula. html, 最后访问日期：2011 年 5 月 7 日。
5. Aihwa Ong, *Neoliberalism as Exception*: *Mutations in Citizenship and Sovereignty*, Durham: Duke University Press, 2006.
6. Susan Strange, *Casino Capitalism*, Oxford and New York: Blackwell, 1986.
7. Anna Tsing, "Beyond Economic and Ecological Standardization," *Australian Journal of Anthropology*, 2009, Vol. 20, pp. 347 - 368.

21世纪的澳门：教育方式的全球化*

麦健智**
李雪雪 译

摘 要：澳门的历史可追溯至明朝。其多样性和独特性赋予该地区一种独特的韵味。本文旨在对经济的多元化课题进行研究，提出一套新的战略目标和政策，把澳门定位成一个教育中心，吸引那些希望接受纯正的西式教育的中国学生，以及那些希望了解中国的西方学生。在这里，他们能够置身于不同文化融为一体的环境中，选择他们喜欢的语种去学习，同时为自己进入西方或中国内地进行深造打下良好基础。澳门曾经承担过这个角色，而且是成功的。

一 引言

在2010年11月13日的中国－葡语国家经贸合作论坛（简称“中葡论坛”）第三届部长级会议开幕式上，中国总理温家宝宣布，中国将在2010～2013年“为论坛亚非与会国培训1500名官员及技术人员，并支持

* 本文为在科技基金会资助的“‘一国两制’方针的分析：澳门在中国与欧盟及葡语国家关系中的角色”项目（FCOMP－01－0124－FEDER－009198）中发表的文章。

** 麦健智（José Sales Marques），澳门欧洲研究学会（IEEM）主席。

澳门特区政府在澳门设立中葡论坛培训中心"[①]，他不仅重新提出该论坛的广泛目标，其中包括在人力资源和文化交流的能力建设领域的合作，远远超出了经贸合作和基础设施建设的范畴，还重申了历史上澳门作为东方和西方、中国和世界其他地方交流的平台所发挥的重要作用。此外，在他对澳门特别行政区进行第一次历史性的访问时，温总理在与澳门当地官员、社会精英和新闻媒体交流时，多次强调澳门的历史背景及其文化特性是21世纪全球化背景下该特别行政区的优势所在。"澳门在历史上是有教育传统、人才荟萃的地方。"[②] 在此背景下，通过在澳门建立一个培训中心，为来自亚洲和非洲葡语国家的论坛成员国（东帝汶、安哥拉、莫桑比克、几内亚比绍和佛得角）培训1500名官员及技术人员，这正是中央政府尊重澳门悠久的教育传统和精英传统的体现。几百年来，来自不同地区的人民汇集在澳门，并致力于与中国（和在中国）建立贸易往来和宗教、文化交流的桥梁，他们一直是全球化进程的参与者，并促进了世界各地的知识交流和相互理解。

我们现在必须要解决的问题是，中葡论坛树立的鼓舞人心的榜样是否会引起负责教育的当地大学、研究中心、学校以及官员的注意，使其制定政策并鼓励企业家将澳门作为国际教育中心的潜力转变为一个充满活力的现实。

二　借鉴历史——圣保禄学院的案例

葡萄牙在1555～1557年占领了澳门，在这之后的几十年里，澳门作为一个沿海港口城市经历了数十年的繁荣。这期间澳门垄断了中日贸易，是中国与欧洲之间经由果阿的海上贸易的一个关键参与者，并且充当了连接东南亚和远东贸易的桥梁。澳门从一个由"非常简陋的材料（灰泥和秸秆）"[③]

① 温家宝：《坚持多元合作，推动共同发展——在中葡论坛第三届部长级会议开幕式上的致辞》，2010年11月13日，澳门，http：//cpc. people. com. cn/GB/64093/64094/13205881. html。

② Wen Jiabao, *Macau* (Quarterly Review), December 2010, IV series - N. 21, 52 - 55。该文章引自葡萄牙语版本，Ed. Luis Ortet，GCS - Macau，in its original Portuguese copy "［…］Na história de Macau desde sempre houve a tradição de saber educar. Macau sempre foi um centro de elites"。

③ B. V. Pires, "Origins and Early History of Macau," in R. D. Cremer ed., *Macau City of Commerce and Culture*, H. K.: UEA Press, 1987, pp. 7 - 21.

建成的小房屋群落，发展成为一个大都市、一个“明朝时期跨文化交流的前沿阵地”[①]，人口也迅速增长到成千上万。虽然早期澳门人口数量的估计需要进一步的学术研究，但是到1576年教皇格里高利十三世[②]建立澳门主教区（该教区统辖了中国、日本和朝鲜地区的天主教事务）时，它已经是“一个非常大的定居地［……］设有三个教堂、一个为穷人设立的医院和一个仁慈堂［……］有5000多名天主教徒[③]”。随人口复杂性的增加，对更好的行政政治组织的需求也就随之而来。因此，1583年建立了代表商业－宗教精英阶层利益的“澳门议事会”[④]。

随着大量来自不同地区和不同职业的人的到来，澳门还成为一个多文化和跨文化的标志性地区。“明朝时期，澳门的跨文化功能基于其作为港口城市的地位，同时与它是中国海到大西洋地区范围内各地区和利益群体的根据地有关。”[⑤] 活跃的贸易和航海活动使澳门集多样性、流动性和开放性于一身，更兼大量以天主教传教士群体为主的智力资本（耶稣会在其中发挥了核心作用），这些都将澳门打造成一架知识的纺织机，在植物物种、航海技术、天文学、医学、工程学、军事装备和多语种口笔译等方面成果颇丰，并促进了东西方的理念与经验的相互传播，也把欧洲和美洲的植物和农作物引入中国（如花生、玉米、甘薯、烟草、番茄、番石榴、木瓜、豆瓣菜等）。澳门的城市风貌本身也为中国提供了新的城市形态和实践样本，2005年，在中央政府的建议之下，澳门历史城区被联合国教科文组织列入世界遗产名录。

确切地说，澳门作为精英教育中心的角色的开始与世界遗产遗址之一的大三巴牌坊或圣保禄教堂有关，或者更确切地说，其发源地以前在那儿附

---

① Luís Filipe Barreto, “Macao: An Intercultural Frontier in The Ming Period,” in Luis Saraiva ed., *History of Mathematical Sciences*, *Portugal and East Asia II*, Lisbon: EMAF－UL, 2001, pp. 1－22.

② Pope Gregory XIII edict, “Super Specula Militantis Ecclesiae,” January 23, 1576.

③ Gregório Gonçalves (1570) quoted by R. D. Cremer, “Macau's Place in the History of World Trade,” in *Macau City of Commerce and Culture*, H. K.: UEA Press, 1987, pp. 23－37.

④ 直到19世纪，实质上的澳葡政府一直具有强大的实力，其中包括外交，并被帝制中国所承认。几百年以来，澳门的制度发生了变化，在19世纪成为一个地方机构。最初权力掌握在葡萄牙王室手中，后来转移到总督。然而，作为一个连续存在的实体，它从1583～1999年，一直存在了416年之久。

⑤ Luís Filipe Barreto, “Macao: An Intercultural Frontier in The Ming Period,” in Luis Saraiva ed., *History of Mathematical Sciences*, *Portugal and East Asia II*, Lisbon: EMAF－UL, 2001, pp. 1－22.

近，而今却已不复存在了。这里所指的就是圣保禄学院，该学院于 1594 年"被升为大学。1597 年所安排的学士学位课程为神学和文科学科，如人文科学、希腊文和拉丁文、修辞学和哲学［……］还有一个东方语言学院、一个音乐学院（作曲和古典乐器）以及一个绘画学院"①。几位杰出的耶稣会教士和学者献身于未来教士和俗人修士的教育工作中，如该学院的创立者范礼安（Alessandro Valignano）②、罗明坚（Michelle Ruggieri）③、利玛窦（Mateus Ricci）、陆若翰（João Rodrigues）、汤若望（Johann Adam Schall von Bell）、南怀仁（Ferdinand Verbiest）、徐日升（Thomas Pereira）和傅作霖（Felix da Rocha），此外还有其他该学院的教学人员，他们中的一些人同时还是汉语学院的学生。那些耶稣会学者作为天文学家、数学家、艺术家，甚至外交官，供职于北京朝廷，因此而闻名于世。该学院是远东的第一所西式大学，其图书馆有"4000 多册藏书、珍贵的绘画、地图册和地图收藏以及一个印刷所"④。

作为中国沿海的一个港口城市，澳门在 16 ~ 17 世纪，也就是被称为澳门黄金时代的历史时期，逐渐形成了一个利益、需求和机遇的集合体，它为来自不同种族、学科和技艺背景的学者和技师提供了一个进行跨文化交流和教育的平台，并最终使澳门成为促进思想社会化和进行技术方法验证的理想场所。

然而，17 世纪中期左右发生的历史巨变，削弱了澳门的这一有利形势。中国的朝代变迁、澳门—日本和澳门—马尼拉贸易路线的封闭，以及马六甲落入荷兰人之手，对澳门的繁荣产生了巨大的冲击。对于逐步走向没落的明王朝，澳门一直持支持态度，清王朝自然对这块飞地的潜在威胁心怀戒备。资本主义生气勃勃的发展还导致了新的大国的出现，如英格兰和荷兰。17 世纪早期，一支荷兰舰队试图征服澳门，但最终在 1622 年与当地人的战役

① B. V. Pires, "Origins and Early History of Macau," in R. D. Cremer ed., *Macau City of Commerce and Culture*, H. K.: UEA Press, 1987, pp. 7 – 21.

② 1539 ~ 1606 年，那不勒斯人，到访中国和日本的耶稣会会士，1578 年第一次到访澳门。

③ B. V. Pires, "Origins and Early History of Macau," in R. D. Cremer ed., *Macau City of Commerce and Culture*, H. K.: UEA Press, 1987, pp. 7 – 21.

④ Mark Bray, Ramsey Koo, "Education and Society in Hong Kong and Macau: Comparative Perspectives on Continuity and Change," Comparative Education Research Centre, Google Books, pp. 113 – 115，最后访问日期：2011 年 10 月 2 日。

中被完全击败。荷兰军队不断集结在澳门附近、中国南海和澳门商人的传统海上航线上，对澳门这个城市的命运构成了一个持久的威胁和强大的阻碍。

另外，耶稣会因其在中国的工作而受到攻击。罗马天主教会的各层级指责其妥协于中国文化和信仰，并批评其主要关心精英群体。著名的中国礼仪之争使耶稣会与道明会和方济各会对立起来。后者指责耶稣会允许“中国天主教徒保持对祖先的尊重，将其作为一种与天主教信仰①相容的‘公民仪式’”，而在他们看来这属于异教。甚至康熙皇帝也被要求选定立场，最终他站在了耶稣会一方。然而，对于此种争议，罗马教廷教皇最终做出了反对宗教归化的裁决；皈依天主教的信徒被禁止参与祭祖仪式。鉴于之前的种种冲突，康熙的继位者雍正视天主教为异教并将其取缔。只有一些耶稣会士因其出众的科学知识而被允许留在北京。至于该学院本身的命运，它仅持续了几十年，直到 1759 年耶稣会被庞巴尔侯爵（Marquis of Pombal）取缔并驱逐出葡萄牙及其所有相关地区，1762 年澳门也对其进行了取缔。该学院、教堂以及圣约瑟教堂——1728 年就开始运作，但直到 1750 年才修建完成——被关闭或移交给其他宗教团体。至于圣保禄学院，它被转变为军事区域，后来在 1825 年的一场火灾中被毁。

从古至今，澳门长期作为一个具有国际影响力的教育中心，从中我们可以总结出如下经验结论：①在第一次全球化浪潮中，澳门独特的地理位置(尤其是作为一个成功的港口城市)，为这样一种事业的成功提供了基础条件；②对于在中国和日本的传教活动，耶稣会具有坚定的信念和灵活的策略，也就是尊重对方的文化，同时他们也需要使用当地语言进行沟通交流，连同其强大的智力资本和优秀的人才，如范礼安、罗明坚和利玛窦等，所有这些现实因素都为这样一种伟大事业的进行，提供了必要的“企业家精神”和“软件”；③当地个体商人中的精英阶层拥有强大的资金实力，同时他们还通过市政厅发挥着实质上的地方政府的行政职能。因此，他们可以在不受罗马教廷、葡萄牙或其他方面干涉的情况下，对这些“硬件”、院校以及教堂的建设提供有力支持。这对耶稣会的生存发展起到了至关重要的作用，特别是在耶稣会的活动并不完全符合葡萄牙王室或其在澳门的代表者——提督

① John King Fairbank, Merle Goldman, “China - A New History,” London : The Belknap Press of Harvard University Press, 2006, pp. 151 - 152.

及之后的总督的意志而遭受打击时。为回报其支持，大部分时候，澳门市政厅的成员可以称得上是那些待在北京帝王朝廷的著名耶稣会人士的非常重要的朋友。

三　从广州贸易体系到20世纪中期——文化交流和培训基地

从1757年广州贸易体系建立到1842年的《南京条约》，广州是中国唯一的对外贸易开放口岸。通商期（通常从10月持续到第二年3月）过后，外商不得在广州逗留，而且即使在广州逗留期间，他们也只能在所属的工厂区内活动，并且必须遵循严格的规则——“八项规则”（eight rules），其中就包括关于禁止外国女性进入工厂区的规定。因此，澳门就成为所有这些商人、领事馆职员、传教士、海员和冒险家的家眷的后勤中心，围绕广州贸易而流动。同时澳门还成为通商期之外，商船货物管理员及其外国员工的休闲之地。一些期刊[①]和文章对他们的生活方式进行了记叙，当时几位杰出的人物在澳门居住过或逗留过。其中有些人在后来成为自己领域里名噪一时的人物，如乔治·钱纳利（George Chinnery）[②]——当时最著名的画家、马礼逊（Robert Morrison）——第一位在中国的新教传教士、第一本《汉英词典》的作者和第一个将《圣经》译成英文的人，以及龙思泰（Anders Ljungsteadt）[③]——曾经担任瑞典东印度公司的商船货物管理员，他是他们

① 对 Harriet Low 之前的期刊及其评论的叙述，见 Rosmarie W. N. Lamas, “Everything in Style-Harriett Low's Macau,” Instituto Cultural RAEM and HKUP, 2006。

② 1774～1852年，出生于伦敦，生活于印度，之后来到中国南部，卒于澳门。他的作品囊括了丰富的绘画和雕塑，并在一些私人收藏馆和公共收藏馆中占有重要地位，即香港上海汇丰银行和澳门艺术博物馆。他的图纸和草图具有巨大的人类学价值。他有一些学生，其中最为有名的就是林官——中国贸易时期的一名著名中国画家。

③ 1759～1835年，生于林雪平，卒于澳门。1798年到达广州，并待在瑞士工厂担任瑞士东印度公司的货物管理员。1820年被任命为总领事。生命的最后20年致力于澳门历史的研究。其作品《早期澳门史：在华葡萄牙居留地简史，在华罗马天主教会及其布道团简史，广州概况》（*A Historical Sketch of the Portuguese Settlements in China: And of the Roman Catholic Church and Mission in China. A Supplementary Chapter, Description of the City of Canton*），长期以来是有关澳门历史的唯一重要作品（C. R. Boxer，被 Patrício Guterres in *Gazeta Macaense* 于1991年2月20日引用）。

国家在澳门的总领事（Counsel-General），是第一个对澳门的历史进行全面撰写的人，其作品至今还是澳门地区史学的重要参考之一。这些卓越的人物以及许多其他人物（为节约篇幅就不一一列出），为中国和西方之间的相互了解和建设性对话做出了重大贡献。澳门的马礼逊教堂和基督教坟场均被列入世界文化遗产，它们是那个时期的纪念物，同时也提醒我们，尽管天主教在澳门拥有强大的势力，但是通过澳门的联系，新教和其他基督信仰也找到了进入中国的途径。在澳门发表的很多出版物（包括葡萄牙语、汉语和英语）作为一个传播渠道，向中国传播西方观念和理想，同时使西方了解中国，从而使东西半球更好地了解彼此。

现在关于这些非葡萄牙的西方人在中国的贸易时期及其之后在教育方面的举措，没有什么文献记载。其中一个原因可能是对私人教师、短期讲堂或课程的采用，这些教育形式主要是由新教的传教士提供的。不过，也有关于面向在澳门及其周边的中国人开办学校的记载。例如，马礼逊学堂是由布朗（Rev. Samuel Robbins Brown）创办的，他是一名美国学生，毕业于耶鲁大学，并于1838年来到澳门。该学校招收了几名年轻聪明的中国学生，其中包括容闳——他也毕业于耶鲁大学，并在马萨诸塞州的斯普林菲尔德“为第一批赴美留学的120名中国学生建立了由其监督管理的总办事处”[①]。这些1872年去美国留学的青年学生，成为中国一些新的重要思想的来源。

对中国人来说，澳门成为了解世界的“窗口”。所谓的“海外中国文化（东西方文化的结合）一直在澳门发挥着重大的影响……此外，中国南方精英一直在汲取现代知识，并将这些知识从澳门逐渐传播到中国内地。其中许多人（有的去过国外，有的没有）自上世纪［19世纪］以来就成为中国现代化进程”[②] 中的先驱。康有为和梁启超利用澳门作为传播改良主义理想的总部。也正是在这里，晚清改革者郑观应撰写了关于中国经济以及如何拯救中国经济的著名作品——《盛世危言》。

当地葡萄牙社区和澳门社区中的共和党人和维新派，也对澳门改革主义理想的发展起到了一定的作用。他们当中有些人在葡萄牙民主革命中发挥了

---

① George Wei, “The American Presence in Macao,” *Review of Culture*, International Edition 29, Macau, 2009, pp. 7 - 15.

② Gary Ngai, “A posição de Macau na diáspora Chinesa,” *Política Internacional*, Vol. 1, Nº 14, Primavera-Verão 1997, pp. 32 - 42, Lisbon, 1997. 由作者从葡萄牙语翻译而来。

重要作用。几乎在同一时间，孙中山也在带领中国从封建帝制中解放出来。这时，澳门就成为很多遭受迫害的中国革命者的避难所，其中最著名的就是被称为共和国之父的孙中山本人。

与此同时，许多年轻的澳门人①离开澳门这座城市，尤其是在 1842 年香港正式成为英国的管治地之后，成为该岛的第一波外来定居者。这一运动一直持续到 20 世纪中后期②。同样的事情也发生在上海和广州。这些年轻人中的很多人在“澳门商学院”接受过教育。该学校是一所私立商学院，1878 年由澳门振兴学会（Associação Promotora para a Instrução dos Macaenses，以下简称 APIM）③ 创建，旨在为那些不能出国接受高质量教育的人提供教育。因为澳门当时的学校既不充足，又不能为这些青年提供进入澳门或亚洲其他地方的外国公司所需要的知识和技能，因为当时澳门的经济环境充满垄断和暗中交易，当地人的工作机会非常有限，而且现实经济生活已经掌握在中国精英的手中，他们并不需要葡萄牙职员或澳门本地的职员，只是在涉及一些与公共行政或司法相关的业务时，他们才偶尔需要一些中介的协助。书法、会计以及葡萄牙语、英语和汉语语言技能，都是 APIM 所提供课程的一部分。这就是澳门第一技术学校诞生的过程及原因。APIM 今天仍然活跃于教育行业，它在澳门开办了一个幼稚园——鲁弥士主教幼稚园，并且是葡萄牙语学校的创始合伙人，负责从小学到大学预科课程的教学。当时葡萄牙政府为重新构建宗教教育，颁布了一项全国性法令，命令从学校驱逐外籍教师，为了反抗这一法令，1871 年澳门精英创建 APIM。碰巧，澳门最好的学校圣若瑟修院的大多数讲师都是非葡萄牙语人。大多数澳门精英都反对这些措施，他们恳请葡萄牙总督和国王撤销这些措施，但无济于事。因此，APIM 得以创立，为这一公共问题提供私人解决方案。在创始人和原始成员的帮助下，APIM 筹集了启动教育项目的资金。该项目最初具有很大的抱负，希望成为一块能够吸引所有在远东的澳门人的磁石。然而，可能是由于

① 我们知道一些有关葡萄牙籍澳门人的情况，但对于在澳门出生的中国人（Macau Chinese）来说，情况也一定如此。

② 关于这一事件的更详尽叙述，见 Luís Andrade Sá，“The Boys from Macau，” Macau：Fundação Oriente（FO）& Instituto Cultural de Macau（ICM），1999 。

③ 关于 APIM 及其事迹的信息大多基于 João Guedes & José Silveira Machado，“Duas Instituições Macaenses”，Macau：APIM，1998。

资金不充足，且得不到政府的支持（包括对该项目的正式承认），或是因为商人、知识分子、公共管理者和专业人士不具备他们试图效仿的16~17世纪耶稣会的组织纪律和国际影响力，此外，当时的澳门不再繁荣，也不再像之前那样，处于世界联系网的中心地位，所以，APIM不得不接受不太满意的结果——因为在其创立后的前20年的时间里，学校所提供的教育仅限于入门水平。尽管APIM付出了一些努力，与圣若瑟修院和澳门市政厅进行了合作，并计划调整教学课程，引进一个更加宏伟的课程计划，但当地的冲突以及当时澳门管理不佳的状态，使得这些抱负未能实现。然而，那些迁移到香港的澳门青年，以及那些在20世纪40年代香港被日本占领期间避难于澳门的大多数人，都接受过一些正规教育，或是在澳门商业学校，或是在圣若瑟修院，或是在澳门学园（the Macau Lyceum）。在这些与澳门有联系的人中，部分人后来在香港成为著名的商人、管理者和公民，其中包括罗保爵士（Roger Lobo）①和沙利士（Arnaldo de Oliveira Sales）②。因此，可以这么说，澳门在19~20世纪，继续发挥着为日益全球化的世界培养人才的作用。这从澳门帮助香港建立其作为亚太地区的金融中心、制造业巨头和领先的服务型经济的事例中可以体现出来。

四　作为21世纪教育中心的澳门

在前面的章节中我们简要地探讨过，澳门是如何成为一个重要的滚动平台，为中国人和西方人提供关于对方文化的教育和培训，为他们生活于与之前不同的环境做准备，同时使他们能够更好地了解不同的文化和宗教。在历史上，圣保禄学院作为一种事业树立出一个杰出的榜样，它从一开始就是为了教授耶稣会如何在日本和中国运作，即通过学习语言，以及（最重要的是）理解、尊重并在某种程度上接纳他们的不同。这是一个成功的举措，

① 罗保爵士（Sir Rogerio Hyndman Lobo），佩德罗·罗保（Pedro Lobo）之子，20世纪的领军人物，一直是市政局、执行委员会和立法委员会的成员。1989~1997年，担任香港广播事务管理局的负责人。1982年获香港大学名誉法学博士学位。

② 沙利士，大紫荆勋贤，C. B. E.，JP（Arnaldo de Oliveira Sales），曾长期担任香港奥林匹克委员会主席和香港市政局主席。他是香港体育协会暨奥林匹克委员会的终身荣誉主席，并被香港浸会大学和澳门高等校际学院授予荣誉博士的称号。他获得大紫荆勋章，也是香港特别行政区政府颁授的最高勋章。

而其成功是以上所述各种因素的综合结果，同时，也因为它符合参与各方的利益：耶稣会在进行其使命的同时，平衡与罗马教会和北京朝廷的关系；澳门精英在北京有他们的“关系”，尽管澳门与葡萄牙之间的目的和动机并不完全一致，但是在需要时葡萄牙也可以像澳门精英一样使用这一沟通渠道；而且中国人确实从外国人那里获取了知识——不管是在数学、天文学、美术还是任何其他方面。这些知识通过那些传教士科学家传播，而中国人不会失去对知识传播的控制权，因为这些知识主要在闭合的圈子内流动。具有讽刺意味的是，正是教会内部的分歧对不同政体、文化和文明之间的复杂对话和合作模式造成了重大打击，我们无法确定，这一复杂模式在历经该时代发生的所有重大事件后，是否能够成功地幸存下来。在不同社会、文化和文明的关系中存在一定的区域性问题，它来源于地理、文化或心理上的距离，并受到它们的相对开放性或对立性、亲密性甚至是孤立性的影响，而被放大。在中国，中国与其他地方关系的亲密性、孤立性和集中性是明清时期的重要特点。在共和国革命之后，中国经历了一段相对开放的时期，但是中华人民共和国在成立伊始是一个较为封闭的国家。在邓小平的改革开放政策后，中国才开始发生变化，这一新的过渡阶段将中国逐渐转变为全球化世界中一个更加开放和一体化的经济体。但是中国社会仍旧比较封闭，中国的文化也远不为世人所知，尤其是在西方世界。世界对于中国越来越多地参与全球事务，仍然还存在太多的误解和偏见。中国与世界的对话以及世界与中国的对话，取得的成就仍旧较低。

如今，中国对大萧条以来最严重的金融危机的应对，加上达到两位数的持续高水平的经济增长，使得中国在平衡世界经济使其走出衰退方面起到了至关重要的作用。中国作为欧洲南部、非洲和南美洲地区（直到最近，中国还只是其遥远的邻居）一名活跃的参与者，其影响被世界各地感受到。中国的“和平发展”战略在一方面为亚洲地区的市场驱动的一体化增加了新的体制因素，如东盟 - 中国自由贸易协定；另一方面提高了对中国在该地区日益增长的军事实力的关注水平。当中国与主要的世界主体和地区主体之间存在这样的信任差距时，很明显存在重大的问题需要解决。当世界不同地区的人们对彼此的看法受到不信任和猜疑的影响时，必须采取一些措施来消除这些弊病。那么，现在该如何实现？

首先是通过知识。要加强相互了解，认识差异，研究彼此的过去和现在，通过旅游和交流项目，促进或年青或富有经验的学生和学者的交流。要在中国和其他地方创建一个可以自由交流的“知识社会”，让人们通过亲身体验学会尊重不同的文化和生活方式，甚至最终学会享受这些跨文化互动。

其次是相互信任的建立。信任的建立需要知识和合作性行动，通过共事，为环境、经济、教育、扶贫和世界和平，提供一个更好和更持续的解决方案。要赋予年青一代人相互信任、抛弃旧的偏见和不信任感而成长的权利和机会。

最后是更频繁和更有效的交流。要开放新渠道，以接触彼此的世界；要促进现代中国的文学、电影、媒体和艺术的传播。

这些都是非常具有挑战性的目标，需要时间、适应能力和正确的环境才能取得成功。凭借其历史遗产和多元文化，澳门可以为中国和世界之间的这一长期对话提供合适的环境。方法是，使澳门各高校参与这一整体的努力——推动该地区成为一个如前所述的致力于建设“知识社区”的国际教育中心。在横琴岛建立澳门大学的新校区，将会提供一些额外的资本，但是可能还不充足。澳门的每一个高等教育机构可以而且应该成为这个宏伟计划的一部分。它应该包括研究生院、研究机构以及精选的本科院。它应该成为一个模范中心（但不一定非要这样），而且应该在早期阶段得到澳门的政府或其机构（如澳门基金会）的资金支持，并由学术委员会和一名世界知名人物（最终是前联合国官员）共同进行协调，他们具有根据先决条件选择项目、课程和其他计划的权力，并且具有定性和定量的目标。然而，从长远来看，这一正在填补空白领域的计划的设立，可以吸引新的私人投资，以及中国内地甚至是国外对澳门地区高等教育的资助。原因是它的成功将会提高澳门高等教育（尤其是社会科学和人文领域）的地位，并与整个经济体制建立协同关系，因而也会有利于澳门特别行政区经济的多样化发展。

五　结论

2009 年 12 月 20 日澳门特别行政区庆祝了其回归祖国的第一个十年。作为一个城市和政治实体，澳门的存在可追溯到明朝时期。根据不同流变的历史思想，澳门始建于 1555 ~ 1557 年，是一个具有多元文化性 DNA 的城

市。其400多年的存在是一面象征着人类的美德和罪恶、成功和失败的丰富多彩的织锦，造就了各种各样的身份认同，它们混合在一起赋予了该地区一种独特感。

澳门特别行政区基本法记载了这一独特性，并将其称作澳门自己的“生活方式”，其中涉及了几个不同的方面，包括文化、宗教、法律和经济。过去几十年里，澳门经济增长的主要（自给自足式的）引擎——博彩业——得到认可，生存并繁荣起来，而这之前博彩业一直是自给自足式的。然而，自其半开放以来，澳门吸引到外资和技术，接触到世界上最大和经济增长最快的市场——中国内地市场，并且在“非典”（严重急性呼吸道综合征）爆发之初，中国政府决定放宽内地居民往来港澳通行证的发放，以此来拯救两个地区疲软的经济。其结果是：自2003年以来的大部分年份，澳门获得了10%以上的经济增长①，同时伴随着对整个经济体系的积极影响和消极影响。与许多其他类似的案例一样，非对称的经济结构的快速发展，导致了不平衡和不平等的深化。在平均收入增长背后隐藏的还有财富在极少数人手中的集中，以及那些与龙头行业如博彩业和旅游业没有交织的传统部门的边缘化。

因此，澳门经济结构的多样化变得越来越令人忧虑，同时其经济日益融入政治议程之中——这既是澳门特别行政区又是中国中央政府的愿望。尽管观察家和政治家总是强调并重申该地区的这种长期健康发展的需求，但是也会提及达到这一目标的障碍。澳门作为一个工业基地的竞争力已经过去很长时间了，而且当涉及服务业时，会出现缺乏人力资源这样的结构性弱点，更不必说对香港（在亚洲占主导地位的服务经济体）的长期依赖了。因此，澳门经济多元化不能、也不会从天而降，而是必须建立在该地区已有的资源之上，其所能提供的优势有四个方面：①其地缘经济的地位，澳门长期以来是世界上发展最快的经济体的一部分，并且通过更紧密经贸关系的安排（CEPA）、世界贸易组织（WTO）以及与之并存的中国内地和澳门之间的自由贸易协定，具备了经济发展的优先渠道；②其在“一国两制”方针下的

① 澳门的国内生产总值（GDP）从2002年的548亿澳门币增长到2009年的1655.8亿澳门币。实际年增长率为：2003年——13.3%；2004年——26.4%；2005年——8.3%；2006年——14.4%；2007年——14.7%；2008年——2.8%；2004年——1.5%。数据来源：http：//www.dsec.gov.mo/statistics/。

特别行政区身份；③作为世界上最大的而且仍在扩张的博彩基地（从收入角度来看）而拥有的经济发展机会；④几百年以来将中国融入世界或将世界融入中国的经验所造就的历史、文化和生活方式的独特融合。

本文的目的是提出澳门是国际教育的中心。它致力于丰富和维持中国与世界在高等教育层面的长期对话，以及一个专门“知识社区”的建立。这将提升澳门的地位，最终为该行业吸引更多的投资并促进经济多样化。再次强调，澳门能够在21世纪之初全球化的新阶段发挥其相应的作用！

参考文献

1. B. V. Pires, “Origins and Early History of Macau,” in R. D. Cremer ed., *Macau City of Commerce and Culture*, H. K.: UEA Press, 1987.
2. Luís Filipe Barreto, “Macao: An Intercultural Frontier in The Ming Period,” in Luis Saraiva ed., *History of Mathematical Sciences*, *Portugal and East Asia II*, Lisbon: EMAF - UL, 2001.
3. Pope Gregory XIII edict, “Super Specula Militantis Ecclesiae,” January 23, 1576.
4. According to Father Gregório Gonçalves (1570) quoted by R. D. Cremer “Macau's Place in the History of World Trade,” *Macau City of Commerce and Culture*, H. K.: UEA Press, 1987.
5. Mark Bray, Ramsey Koo, “Education and Society in Hong Kong and Macau: Comparative Perspectives on Continuity and Change,” Comparative Education Research Centre, Google Books, accessed in 10/2/2011.
6. John King Fairbank, Merle Goldman, “China - A New History,” London: The Belknap Press of Harvard University Press, 2006.
7. George Wei, “The American Presence in Macao,” Macau: Review of Culture, International Edition 29, 2009.

充分发挥澳门语言文化优势 打造国家培养葡语人才基地

崔维孝*

摘　要：2003 年“中国－葡语国家经贸合作论坛”创办以来，为满足国家对葡语人才日益增长的需求，内地开办葡语专业的大学从 2003 年的 3 所迅速增至 20 多所。澳门早在回归之前，就通过南光贸易公司为国家培养了大批葡语人才，在内地葡语专业大发展的当下，回到祖国怀抱的澳门特别行政区应该秉承历史赋予她的使命，发挥其在中国和葡语国家之间独特的平台作用，在为澳门培养中葡翻译人才的同时，亦应考虑如何继承当年南光贸易公司的传统，继续为国家培养更多葡语人才做出新的贡献。

一　中国培养葡语人才的历史回顾

中国葡语翻译人才的培养工作起步于 20 世纪 60 年代初期，根据澳门南光（集团）有限公司（本文统称“南光贸易公司”）从事葡语翻译工作近半个世纪的前辈梁自然女士的回忆：1961 年巴西副总统若奥·贝尔希奥·古拉特（João Belchior Marques Goulart）总统应邀访华，中国内地通晓葡语

* 崔维孝，澳门理工学院语言暨翻译高等学校教授，历史学博士、葡萄牙里斯本科学院文学外籍通讯院士。

的人寥寥无几。最后，外交部通过澳门南光贸易公司，邀请当时澳门《大众报》蔡凌霜社长到北京参加接待巴西代表团的工作。巴西副总统访华结束后，周恩来总理指示外交部和国家有关部门开始立刻着手为国家培养葡语翻译的工作[①]，并同时要求北京国际广播电台筹建葡语新闻频道，推动向葡语国家和地区宣传中国的工作。1960 年，国家在北京广播学院开设了葡萄牙语专业，但随着后来外国语院校的专业调整，北京广播学院的葡语专业于 1961 年并入当时隶属外交部的北京外国语学院。

1961 年 8 月，巴西副总统若奥·贝尔希奥·古拉特应邀率巴西贸易代表团对中国进行访问。若奥·古拉特是第一位访问中国的巴西国家领导人，也是第一位访问中国的南美洲国家领导人。8 月 18 日，中共中央主席毛泽东在杭州会见古拉特副总统。现在看来，在某种意义上可以讲，是巴西副总统若奥·古拉特的访华促进了中国葡语专业的发展。

（一）澳门南光贸易公司的贡献

20 世纪 60 年代，由于中国与巴西军政府和葡萄牙独裁政府没有正式的外交关系，很难聘请到外籍葡语教师和中国国际广播电台的葡语播音员。于是，中央政府一方面通过巴西共产党寻找葡语教师到北京外国语学院任教，另一方面通过澳门南光贸易公司在澳门寻找葡语人才。1960 年，南光贸易公司三位会葡语的职工刘青华、李锦纯和陈惠君三人临危受命赴京上任，刘青华被派到北京外国语学院担任葡语教员，协助开办葡语专业，李锦纯和陈惠君二人前往中国国际广播电台担任葡语编译，筹备葡语频道的开播工作[②]。

在北京外国语学院开办葡语专业的同时，为了能够尽快培养出国家所需要的第一批葡语翻译员，满足国家外事交往日益增长的需求，外交部还利用在葡萄牙人管治下的澳门特殊的语言环境，于 1959 年年底专门从广东省中山大学和天津南开大学英语系挑选了七名三年级在校优秀大学生，通过南光贸易公司安排他们到澳门学习葡语。这批大学生于 1963 年完成学业返回内

① 梁自然：《难忘的南光葡文班》，载《纪念南光创建屋十五周年征文集》，南光（集团）有限公司出版，2004，第 19 页。

② 梁自然：《难忘的南光葡文班》，载《纪念南光创建屋十五周年征文集》，南光（集团）有限公司出版，2004，第 19～20 页。

地后，在国家外事部门发挥了重要的作用，这是澳门南光贸易公司为国家培养的第一批葡语人才，也是中国的第一批葡语翻译员，目前他们都已经退休。这七名学员中的刘佐业，曾任职于外交部；刘振钊，曾任职于中国对外友好协会和新华社澳门分社；刘宝珍，曾任职于中国国际广播电台；赵岚，曾任职于中国国际旅行社；张宝生，曾任职于经贸部并担任外交部首任美大司司长及驻安哥拉大使；严明新，曾任职于外交部，后受聘于联合国翻译中心；余才俊，曾担任外交部政务参赞①。

在为外交部培养葡语翻译员的同时，从1960年开始南光贸易公司亦不失时机挑选本地爱国青年进行葡语培训，先后为澳门本地培养了多批葡语人才，其中1960年有罗进开、罗兆华（两人均出任过新华社澳门分社外事部副部长）、黄森恩和何妙霞（两人均为南光贸易公司职工）。1961年有张静（来自广州，南光贸易公司职工）、刘永成和梁自然（来自香港，南光贸易公司职工）。1962年有刘可玲，其后调往北京外文出版社。1968年南光贸易公司挑选本地四名中学生学习葡语，他们是赵燕芳（曾任中央政府驻澳门联络办公室法律部部长）、梁锦标（澳门中国旅行社副总经理）、陈少慧（中央政府驻澳门联络办公室干部）和黄北沾（前南光贸易公司职工）。1971年又有澳门本地和来自香港的九名学员参加葡语培训班，他们是罗进本（澳门中旅社副总经理），郑志强（澳门中国银行前副总经理，现任澳门立法会议员），刘本利（澳门回归后曾任澳门立法会议员，现为澳门特区政府政策研究室主任），谭晓林、苏丽镮、黄辅干、戴隆兴（前南光贸易公司职工），卢瑞安（香港中旅社副总经理）和杨昭永（香港中旅社高级职员）②。

1962年年底至1963年年初，内地有关部门通过南光贸易公司派遣第二批八位学员到澳门学习葡语，他们是蒋咸康、李淑廉、翁怡兰（两人曾任职外交部）、张宝宇（以上四人来自北京广播学院），濮方汉、夏国政（以上两人来自对外经济与贸易部），李文泉，张松齐（来自中共中央联络部）。蒋咸康学成之后曾任《光明日报》常驻葡萄牙、巴西记者，李淑廉和翁怡

① 梁自然：《难忘的南光葡文班》，载《纪念南光创建屋十五周年征文集》，南光（集团）有限公司出版，2004，第20～21页。

② 梁自然：《难忘的南光葡文班》，载《纪念南光创建屋十五周年征文集》，南光（集团）有限公司出版，2004，第21页。

兰两人后任职于外交部。

第三批来澳门学习的学员是外交部挑选的34名内地应届高中毕业生，他们于1964年暑假来到澳门学习葡语。他们在澳门一直学习到1967年2月，后因“文化大革命”而中断在澳门的学习，返回内地后各回原籍。“文化大革命”结束后，特别是葡萄牙1974年发生推翻独裁政权的“四二五”革命后，获得独立的非洲葡语国家陆续与中国建交，于是这批返回原籍的学生绝大部分被从各地召回北京，进入外交部、经贸部、新闻等涉外机构工作，经过培训之后被派往中国驻葡语国家的大使馆或驻外机构从事外事工作，原任巴西大使陈笃庆先生便是其中的佼佼者。

第四批来澳门的内地学员是1977年由外交部派出的北京外国语学院五名英语系的毕业生，他们是李向玉（原北京外国语学院葡语教师，现任澳门理工学院院长）、边春刚（现任职外交部，曾任中葡联合联络小组中方办公室主任、外交部驻澳门特派员公署办公室主任）、孙荣茂（现任职外交部，曾任驻巴西大使）、马荣（曾任职外交部）和王玉红（曾任职外交部）[①]。

第五批来澳门学习葡语的内地学员是1979年由国家对外经济贸易部派出的六名西班牙语干部，他们是李岩良、吕如海、任立潮（曾任职于澳门南光贸易公司）、冉春洋、唐晓明和张义森。第六批来澳学习葡语的学员系20世纪90年代沈阳外贸厅派出的六名外语干部，他们仅在澳门学习了三个月，便被派往巴西从事对外贸易工作[②]。

由于当时澳门处在葡萄牙人的管治下，南光贸易公司对来澳门学习的内地学员实行封闭的集中管理的模式，学员居住、生活和学习在一个非常封闭的空间。葡语教师是由南光贸易公司聘请的澳门本地有声望的友好人士，包括居澳的葡萄牙人、土生葡人教师和学者，他们当中有崔乐其先生（澳葡时期立法会议员，商人）、高美士先生（土生葡萄牙人，汉学家，葡文中学的汉语教师）、马义瑟（葡萄牙人，20世纪60年代曾任澳葡政府新闻旅游处长，后为澳门商业学校教师，70年代第一届澳门立法会议员）、科尔代

① 梁自然：《难忘的南光葡文班》，载《纪念南光创建屋十五周年征文集》，南光（集团）有限公司出版，2004，第21页。

② 梁自然：《难忘的南光葡文班》，载《纪念南光创建屋十五周年征文集》，南光（集团）有限公司出版，2004，第21页。

罗·伊沃（Cordeiro Ivo，土生葡人，商人）、塞拉（Serra，葡萄牙人，澳门葡文小学校长）、百雅德（土生葡人，商人）、亚马寮（葡萄牙人，教师，澳门贾梅士博物馆馆长）、甸尼斯（葡萄牙人，澳门利宵中学教师）以及菲文道先生（葡萄牙人，澳门葡文中学教师）。除此之外，曾任过澳葡管治时期教育厅厅长的杜默士先生、葡文《号角报》总编辑简盲德先生和曾任过澳葡政府华务司司长的许维安先生等也担任过中国学生学习葡语的义务导师①。

正是由于南光贸易公司的精心策划、缜密组织和认真实施国家培养葡语人才的计划，借助澳门友好土生葡人和居澳葡萄牙人的大力支持和帮助，来自内地的学生才有这样的学习机会。他们也非常珍惜这一机会，不怕困难，刻苦学习，相互帮助，圆满完成了国家交给他们学习葡语的任务，其中不少人后来都成为中国外交部、经贸部、新华社等国家机构的栋梁之材，在中国与葡语国家的政治、外交、经贸和文化交往中发挥了重要的作用，有些人还直接参与了澳门回归前十年过渡期的准备工作，为澳门顺利回归祖国做出了积极的贡献。而这一切成绩的取得首先应该归功于已逝的周恩来总理，归功于中央政府外交部和各涉外机构的合力策划和组织，同时亦归功于澳门南光贸易公司在特殊的环境中积极主动落实中央政府培养葡语人才的战略，先后培养了六批共计66位国家急需的葡语人才，他们中的许多人至今仍活跃在外交、外贸和其他涉外领域中。在中国培养葡语人才的历史上，澳门南光贸易公司的功绩留下了浓重的一笔。

（二）继续推行国内大学与外派留学生培养葡语人才的双重战略

根据北京外国语大学（原北京外国语学院）西葡语系葡语教研室主任赵鸿玲副教授2010年年底提供的数据，北京外国语大学自1961年开办葡语专业以来到2010年，培养葡语人才共计500多人。这一统计数字清晰地告诉我们，在过去近50年中，北京外国语大学平均每年仅培养出10位葡语人才，这个平均数无论是在当年还是在现今看来，是无法满足国家当时对葡语人才日益增长的需求的。所以在1964年和1965年，北京广播学院先后招收

① 梁自然：《难忘的南光葡文班》，载《纪念南光创建屋十五周年征文集》，南光（集团）有限公司出版，2004，第22页。

两批共计60多名葡语学生，但是后来因“文化大革命”而终止，这两批学生中后来只有少数人从事与葡语相关的工作，绝大多数人都改行了，现澳门理工学院原葡语教学暨研究委员会主席李长森教授就是其中的一员。

1974年4月25日，随着葡萄牙爆发的武装革命运动推翻了独裁政府，获得独立的非洲葡语国家纷纷和中国建立外交关系，外交部和多个涉外部门急需葡语翻译，这时国家的目光开始转向非洲葡语国家，于是自1976年，随着“文化大革命”的结束，中国恢复了中断的外派留学生出国学习的制度。1976年根据中国与莫桑比克签署的互派留学生的合作协议书，当时的国家教委开始从北京各大学挑选西班牙语毕业生，前往莫桑比克蒙德拉纳大学学习葡语。

1. 20世纪70年代赴莫桑比克的留学生

20世纪70年代，国内以北京外国语学院培养葡语人才为主，并同时借用澳门的特殊地位，辅助为内地涉外机构培养葡语人才。但是自1974年4月25日葡萄牙爆发推翻萨拉查独裁统治的革命后，非洲葡语国家通过多年反对葡萄牙殖民统治武装斗争，纷纷宣布独立。随着中国同独立后的非洲葡语国家外交关系的建立，对葡语翻译人才的需求越来越大，莫桑比克开始成为中国培养葡语翻译人才的一个选择。

1976～1978年，教育部先后派遣三批共27名留学生赴莫桑比克学习葡语。这批留学生都是西班牙语专业毕业分配单位以后，由教育部直接派遣到莫桑比克蒙德拉纳大学改学葡语。这些人回国后主要在外交部、经贸部、新华社、外文局、北京外国语大学等机构工作。中国商务部副部长陈健、驻葡萄牙大使张备三、驻几内亚比绍大使李宝均就是第二批学员。在这些学员中后来从事葡语教学的只有两人，一是北京外国语大学葡语教研室主任赵鸿玲，属于第一批学员；二是本文作者，属于第二批学员。

2. 20世纪80年代赴葡萄牙的留学生

1985年，国家从各地外语学校应届高中毕业生中选派10人赴葡萄牙留学（外交部2人，其余为新华社、文化部等部委），他们于里斯本大学学习三年后回国开始工作，外交部学员则进外交学院学习一年。

1986年，外交部从全国各地重点外语学校应届高中毕业生中选拔12人，直接赴葡萄牙科英布拉大学习三年，他们回国后进外交学院学习一年即开始工作。

1988 年，外交部从各地外语学校应届高中毕业生中选拔 10 人，直接赴葡萄牙科英布拉里大学习，归国后进外交学院学习一年后开始工作。

3. 20 世纪 90 年代在澳门学习的内地学生

1996 年 10 月，外交部从内地重点院校当年大三英语专业学生中挑选 16 名优秀学生（其中北京外国语大学 6 人、北京大学 6 人、人民大学 2 人、外交学院 2 人），派来澳门大学进行两年密集葡语学习，后派往里斯本新大学读暑期班。

1997 年，外交部又从当年大三英语学生中选派 12 名优秀学生，来澳门大学学习两年，后去里斯本新大学读暑期班。

另外，自 1998 年澳门大学与北京外国语大学开始合作办学以来，北京外国语大学三年级学生来澳学习一年，由澳门基金会提供奖学金，该计划延续至今。

（三）小结

从 1976 年中国开始向莫桑比克派遣学生，到 20 世纪 90 年代开始向葡萄牙和澳门派遣学生，前后一共八批学生，共计培养近百人，其中绝大部分都是为外交部培养的葡语翻译。如加上上文中提到 90 年代前内地到澳门学习葡语的 66 位学生及国家干部的话，总计超过 150 人。

不同年代，外出学习葡语的留学生的特点也不尽相同，20 世纪 60 年代以选派大学英语学生和国家在职外语翻译干部为主，70 年代以西班牙文改学葡文的大学毕业生为主，80～90 年代则以选派外语学校应届高中毕业生和在校英语专业大学生为主。

随着中国与巴西、安哥拉、莫桑比克、葡萄牙等的政治、经贸、文化等往来交流增多，以及中国国企和私营企业走向非洲葡语国家，中国国内对葡语翻译人才的需求呈现日益增长的趋势。

二　回归后澳门为内地培养葡语人才状况

澳门回归初期，由于澳门的大学不能到内地招生，除澳门大学继续与北京外国语大学合作，接受葡语学生来澳学习一年之外，澳门理工学院于 2000 年开始与内地大学合作办学，接受上海外国语大学葡语学生来澳门学习，2001 年接受北京广播学院学生来澳门学习一年。2002 年，教育部批准澳门的高等院校到内地招生后，澳门理工学院和澳门大学都开始招收内地学生来澳学习葡语。

（一）澳门理工学院接受内地学生情况

2000 年，澳门理工学院接受上海外国语大学葡语学生 16 人来澳学习一年。2001 年，澳门理工学院接受北京广播学院 15 人来澳门学习一年。2002 年与北京广播学院合作办学，学生大学一二年级来澳门学习，三四年级回内地学习，当年接受 22 名学生，2003 年接受 18 名学生。

2002 年，澳门理工学院开始自己招收内地学生，但是由于受到教师、住宿、外地学生名额等条件的限制，每年招收内地葡语学生仅 10 人。

2006 年，澳门理工学院与葡国 Leiria 理工学院开展合作办学，按照欧盟高等教育机构开展的 Erasmus Program 大学生交换模式，澳门理工学院学生大二和大三交流到葡萄牙学习两年，对方派葡萄牙学生来澳门学习中国语言文化两年，双方互惠互利，学生只需要交当地的学费，支付来回机票，接待一方提供食宿，非常受学生欢迎。目前，双方通过教师交流，对学生交流现状进行总结，争取不断改善教学环境，促进双方教学的共同发展和不断提高。

2009 年 5 月，国家汉办/孔子学院总部与澳门理工学院共建“国际汉语教师澳门培训中心”，到 2011 年，设立在语言翻译高等学校的该培训中心已经接受三批汉语教师来澳学习葡语，共计 49 人，其中 3 人为国家科技部干部。

自 2009 年 9 月起，澳门理工学院根据与北京大学签订的合作协议，接受 10 名北京大学葡语学生来澳门学习一年，澳门理工为他们提供奖学金。在此前，还为北京大学培养葡语教师一名。

（二）澳门大学接受内地学生情况

澳门大学继续执行 1998 年与北京外国语大学签订的合作协议书，接受三年级葡语学生来澳门学习一年，澳门基金会提供奖学金。

2002 年，澳门大学亦开始在内地招收葡语学生，每年一个班，人数在 20 人左右。后来，澳门大学开始与哈尔滨师范大学合作培养葡语人才，该大学学生在大学四年期间可有一个学期到澳门大学学习。

三　利用澳门语言文化优势
打造国家培养葡语人才基地

如何利用澳门得天独厚的历史、语言及文化资源，利用澳门优势，把澳门打造成中国培养葡语翻译人才的基地，是一个值得澳门特区政府和澳门高等教育机构进行深入研究的课题。我们可以从以下几个方面来看澳门在推广葡语方面所具备的有利条件。

（一）澳门学习葡语的有利条件

1999 年澳门回到祖国的怀抱，澳门与内地在各个领域的合作与发展进入了一个全新的时代。基本法确立了中文与葡文同为官方语言的原则，为中葡语文的推广提供了法律依据。行政当局和机构的双语运作，体现了中史政府和澳门特区政府对历史和现实的尊重，是葡语能够长久生存的一个重要保证。从历史、传统和现实角度分析，我们不难看出澳门的确是中国最具备条件、拥有得天独厚语言和文化资源去推广葡语教学的一个基地。主要有以下几个方面。

（1）为保证澳门公共行政的中葡双语运作，澳门特区政府自 2009 年与欧盟传译总局合作，推出中葡翻译暨传译培训计划，已经招收三批学员，为政府培养了一批高水平的中葡翻译人才。第四期的招生工作已经于 2012 年下半年展开。澳门理工学院也同欧盟传译总局合作，自 2010 年起连续四年利用暑期，为澳门本地高校和内地大学的青年葡语教师举办交替传译和同声传译培训课程，受到各方面的好评。来自中国外交部和商务部的葡语翻译员出席了第三、四届培训课程。

（2）澳门作为“中国－葡语国家经贸合作论坛”的常设地，经常举办国际性会议、研讨会和会展活动，不仅是葡语人才汇聚和交流的一个舞台，也为年青中葡译员和在校中葡翻译课程的学生提供了众多实习的机会。

（3）以葡语为母语的葡裔和土生葡人族群的存在，以及他们同政府机构的联系、同其他族群的往来，为葡语的传播提供有力的保障。

（4）澳门高等教育机构拥有一支较高质素的葡语和中葡双语教师队伍，特别是澳门理工学院为政府培养了许多合格的翻译人才。

（5）澳门的葡语广播电台、报纸、电视、杂志等的存在，提供接触和扩展葡语学习的环境。

（6）澳门高等教育机构与葡萄牙及其他葡语国家的联系，为学生外出交流学习提供了有力保障。

（二）我们的建议

2012年，中国－葡语国家经贸合作论坛第三次部长会议在澳门举行，中国政府与葡语国家领导人共同签署了第三次部长会议行动纲领，其中第十四条专门提到要“完善和加强培养澳门葡语人才”。鉴于此，我们特建议如下。

（1）澳门特区政府应加大对葡语教学的财政投入，加大对中葡翻译课程的支持，改善教学设施和环境，增加教师人数，扩大外地招生的人数，将澳门建成国家的葡语教学和培养葡语人才基地。

（2）政府应鼓励和支持本地优秀高中生报考中葡翻译专业，向他们提供特别的奖学金，因为回归后，随着澳门国际化进程的推进，报读中葡翻译课程的本地优秀学生日趋减少，只有政府加大财政支持的力度，才能吸引优秀的学生报考中葡翻译专业。

（3）澳门本地非高等教育应该强化中文的学习，提高学生的中文水平。欧盟翻译总司司长卡尔·约翰·略逻思（Karl Johan Lonnroth）曾经说过：“母语是多语言的核心，在努力推动外国语言学习的同时，一定要注意母语的重要性。”① 他强调：母语不仅是一个国家及其民族传统文化和价值的载体，也是所有其他语言学习的基础。“如果你连自己的母语都不能熟练使用的话，你肯定没有办法学习使用任何其他的语言。”② 因为母语在任何国家教育体系课程的设置中都占有核心的地位。为此，特建议澳门特区政府有必要强化澳门非高等教育机构的中文教学，制定统一的教学大纲，设定统一的标准，加强中文师资培训，才能从根本上解决这一问题。

（4）短期内为解决澳门中葡翻译人才不足的问题，建议澳门特区政府制定优秀葡语人才引进机制，对于在澳门高等院校学习中葡翻译课程四年的

① 卡尔·约翰·略逻思于2008年在上海世界翻译大会的讲话。

② 卡尔·约翰·略逻思于2008年在上海世界翻译大会的讲话。

优秀毕业生，经过相关的考核，有机构聘用的可以留澳门工作。

（5）善于利用澳门与葡萄牙长期以来形成的历史、文化和教育上的联系，特别是利用澳门的高等学院在葡语大学协会中的地位，加强与葡语国家大学的交流合作，为本地和内地来澳学习的葡语大学生提供到葡语国家学习或实习的机会，设立专门的奖学金或者给予赞助，使他们在大学期间至少有一个学期可以到葡语国家的大学进行交流学习。

（6）加强与内地开设葡语专业的外语院校的师资和学生的交流合作，利用澳门的语言文化优势，将澳门理工学院办成中国葡语教学的中心，支持和帮助内地外语院校，定期举办学术交流研讨会，使澳门特区为祖国的葡语教学发展做出新的贡献。

（7）加强澳门本地及内地在澳学习的大学生与葡萄牙大学生之间的交流，借用澳门的优势，为葡萄牙大学生举办中国语言文化暑期班，促进中葡大学生之间的相互了解和沟通。

（8）加强澳门理工学院与澳门大学之间的合作，发挥各自优势，互相补充。在澳门大学每年暑期举行大学生葡萄牙语言文化暑期班的同时，澳门理工学院开办葡语教师培训班，面向内地大学年青葡语教师，在改进他们的教学方法的基础上，不断提高他们的教学水平。

（9）澳门理工学院要继续办好“国际汉语教师澳门培训中心”，为赴葡语国家孔子学院工作的汉语教师提供优质的葡语教学，让他们学好葡语，为在海外传播汉语和中国文化做出贡献。

四　结论

从历史的角度，我们看到澳葡时代，南光贸易公司在艰苦的条件下为国家培养了多批葡语人才；1979 年中国与葡萄牙建立外交关系后，特别是 1987 年中葡两国签署有关澳门回归的《中葡联合声明》后，澳门又成为内地培训葡语人才的一个选择；1999 年 12 月底澳门回归祖国后，当澳门社会普遍不看好葡语的前景时，澳门理工学院毅然主动向内地大学开放，自 2000 年起先后同上海外国语大学、中国传媒大学（原北京广播学院）、北京大学合作办学，先后接受五批共 80 多名学生来澳门学习一年或二年，并为其中的优秀学生提供奖学金。

自2003年“中国－葡话国家经贸合作论坛”在澳门设立以来，由于中国内地对葡语人才的需求加大，开办葡语专业的大学越来越多。2006年由澳门理工学院倡议，第一届中国葡语教学暨翻译研讨会于澳门举行，2007年在上海外国语大学举行第二届研讨会，2009年又在澳门举行有关编写葡语教材的第三届研讨会。2011年北京外国语大学、澳门理工学院和澳门基金会，分别于澳门和北京两地，联合举行中国第一届葡萄牙语教学国际论坛暨北京外国语大学葡语专业创办50周年庆典，包括澳门在内的14所中国外语院校的葡语教师出席了此次论坛和庆典。

凭借多年在中葡教学和翻译领域的作为和所积累的经验，澳门理工学院利用自身的优势和澳门的有利条件，为推动中国葡语教学和研究工作做出了自己应有的贡献，进一步加强了同内地开设葡语专业大学及其教师队伍的紧密联系。我们相信，澳门特区政府有能力而且应该将澳门办成中国葡语教学的中心，澳门应该通过自身的高等教育机构，为国家做出自己更大的贡献，为内地和澳门培养更多优秀的葡语人才，真正发挥澳门在中国和葡语国家之间各个领域的平台作用。

澳门的西班牙语教学

玛丽亚·西加拉
巴勃罗·何塞·奥特吉·保卢耶尔*
范　蕾译

摘　要： 西班牙语是罗曼语种中使用人数最多、以其为官方语言或第二语言国家最多的语言。

在沟通时代，作为全球化的组成部分，伊比利亚美洲国家在社会、文化、教育、政治和经济领域的影响力显著增强。更重要的是，这种影响力的增强也体现在它们与亚洲国家特别是与中国的交流中。

为应对经济、政治和文化的挑战，加之西班牙语国家的持续发展，我们急需加深对西班牙语（卡斯蒂利亚语）的关注。中国内地的西班牙语热潮很快就传播至澳门，注册学习西班牙语课程的学生人数持续增多。

本文将简要回顾中国内地和澳门的卡斯蒂利亚语教学历史，还会描述中国学生的特征，并试图从学生的视角探究其预期和目标。

一　西班牙语在世界上的重要性

无论从使用人数还是作为官方语言的国家数量来看，西班牙语（卡斯蒂里亚语）都是使用最广泛的罗曼语种。西班牙语是 21 个国家的官方语

* 玛丽亚·西加拉（María Sigala），曾任澳门大学葡语系西班牙语讲师；巴勃罗·何塞·奥特吉·保卢耶尔（Pablo Jose Otegui Paulullier），First Down 有限公司常务董事。

言，全球共有 4 亿人以其为母语。西班牙语因而成为仅次于英语、汉语（普通话）、印度语的世界第四大语种。尽管影响西班牙语演变的因素非常多，在口语中不同国家的西班牙语发音和运用有所差别，但并不影响不同地区使用者之间相互理解。西班牙语不仅是 21 个国家的官方语言，还是联合国 6 种工作语言和很多重要的国际政治或经济组织的工作语言之一。很多专家比较乐观地预测，2030 年西班牙语将成为世界第二大语种，2045 年将成为世界第一大语种。2050 年西班牙语使用者将超过 5.3 亿，其中在美国约有 1 亿人。

西班牙语在世界上的重要性不仅体现在其使用人数的庞大，更体现在拉丁美洲在政治、经济和文化等各领域越来越大的影响力。西班牙语国家经济增长迅速，向世界传播和分享它们的商品、服务和文化，因此很多企业加强了与这些国家的贸易联系和文化交流。正因如此，掌握西班牙语已经成为企业聘用员工时的主要条件之一。

二　西班牙语在中国

即使西班牙语国家的迅速发展刚刚起步，中国学习西班牙语以最大限度满足经济利益的愿望十分急切，但西班牙语在中国并不是新生事物。西班牙语在中国的存在可以追溯到 1543 年。那一年，追随邻国葡萄牙的脚步，第一批西班牙人到达中国。但是，这些“探险者”没能站稳脚跟，也没有引起中国人对西班牙语及其文化的兴趣。

很多年以后，中国开始重新重视西班牙语及西语文化，中国的西班牙语教学开始有所发展。1952 年在北京举行了一次国际会议，很多西班牙语国家参会，这对西班牙语在中国的发展起到了巨大的推动作用。为了满足西班牙语参会国家的需要，中国用最短的时间组织了一批青年翻译接受西班牙语强化课程。此后不久，这些青年翻译成为中国最早的一批西班牙语教师。在此基础上，北京外国语大学的德西法语系正式设立西班牙语专业。

陆经生在题为《孔圣故乡的西班牙语》① 一文中简要记述了中国西班牙语教学的历史：

① 详见陆经生，*La Lengua de Cervantes en tierra de Gonfucio*，en Tinta China，nº 5，Pekín：Conserjeria de Educación de la Embajada de España en China，pp. 4 – 8，2010。

1952 年，北京外国语大学成立了中国第一个常规授课的西班牙语系，这是西班牙语教学纳入中国大学教育的里程碑。1954 年，北京的对外经济贸易大学也开设了西班牙语课程。

1960 年，随着中国与西班牙语国家文化和经济关系日益频繁，上海外国语大学、北京大学、首都师范大学、洛阳外国语学院设立西班牙语系，中国的西班牙语教学发展达到第一个高潮。70 年代，中国与很多西班牙语国家建立正式外交关系，建交国家从 1960 年的 1 个（古巴）增加到 1980 年的 13 个，西班牙语发展达到第二个高潮。开设西班牙语专业的大学达到 14 个，西班牙语教师数量从 1956 年的 11 人增加到 1983 年的 174 人。

20 世纪 70 年代末，由于中国处于两种经济模式的过渡时期，西班牙语发展极大倒退。1979 年全国只有 15 名学习西班牙语的学生。但这种状况没有持续很久。从 80 年代中期开始，改革开放成为中国政府的基本政策，西班牙语专业的学生数量逐渐回升。

从那时起，中国的西班牙语专业学生数量持续增加。选择西班牙语的原因不仅在于对西班牙语及其文化的兴趣，更因为在中国学生看来，掌握西班牙语在劳动力市场上意味着一种优势。产生这种印象的原因很多，包括西班牙语国家经济的快速增长、旅游业的兴起、中国越来越多的西班牙或西班牙语国家企业、2008 年奥运会和 2010 年上海世博会等有国际影响力的大事件，等等。这些都极大地推动了在中国的西班牙语教学，特别是 2005 年 4 月在中国设立的西班牙教育处和 2006 年 7 月在北京落成的塞万提斯学院，这两个机构是西班牙语言和文化最重要的推动者。

根据驻北京教育处提供的官方数据①，中国内地、香港、台湾和澳门的西班牙语教学状况如下：

· 45 所授予西班牙语本科、硕士和博士学位的大学；

· 21 所授予西班牙语文凭的大学；

① 在此诚挚感谢北京的西班牙驻华大使馆技术顾问卡罗琳娜·冈萨雷斯·诺尔斯（Carolina González Knowles）女士，为我们提供了开设西班牙语课程的大学、学校、私立教育中心的详尽名单。

·12 所开设西班牙语选修课的大学（包括澳门大学）；

·9 所开设西班牙语课程的中国学校，8 所开设西班牙语课程的国际学校；

·10 所开设西班牙语课程的私立教学中心；

·中国西班牙商会北京、上海和广东办事处开设商业西班牙语课程；

·14500 名通过不同方式学习西班牙语的学生；

·400 名中国或西班牙语国家的西班牙语教师。

从上述数据中可以看出，尽管根据教育部和科技部的信息，西班牙语不是大学入学考试科目①（如果是考试科目，人们对西班牙语的兴趣会更大），但无论目的为何，中国人对西班牙语表现出极大的兴趣。

三　西班牙语在澳门

积极应对西班牙语国家的不断发展所带来的经济、政治和文化方面的挑战，在澳门也很快出现了掌握更多种语言的必要性。澳门位于中国南部、香港西南方和珠江三角洲的中心地带。由于澳门所处的地理位置及其政治和文化地位，澳门一直在差异巨大、相距遥远的东（中国）西（葡萄牙）方文化中扮演着十分重要的桥梁角色。基于上述原因，加上西语国家与葡语国家的相似性，澳门对西班牙语的兴趣逐渐浓厚。

澳门的西班牙语教学起步于 2004 年，第一个开设西班牙语课程的大学是澳门大学。乌拉圭的巴勃罗·何塞·奥特吉·保卢耶尔教授是这样描述的：

> 5 月初，商贸系的一名教授在交谈中提到该系有兴趣开设外国语言课程。商贸系正在扩展期。根据与不同国家大学的合作协议，交换项目学生持续增加。同时，商贸系还很有兴趣开设国际贸易课程，这也是该系希望开设外国语言课程的原因之一。

---

① 更多信息请参考："El Mundo Estudia Español – China," en Redele, *Red Electrónica de Didáctica del Español como Lengua Extranjera*, España：Ministerio de Educación y Ciencia, 2009, pp. 11。

谈话中，这名教授以“法语联盟”作为范例。两年后，商贸系在澳门大学启动免费的法语课程。又一年后，鉴于学生兴趣日益浓厚，澳门大学决定把这门免费课程转为非选修课程，划归商贸系。

这似乎是一次绝好的机会。我很快编写了西班牙语学习指导、课程大纲、课程内容介绍、课程目标和评估方法。葡萄牙语系的一名同事对我说，要让大学同意开设语言课程，应当至少规划三个年级的教学。于是我又在原有的两年课程基础上编写了第三年的课程计划。

在与澳门大学有关负责人接触之前，我决定选择好上课使用的教材。我选中了由哥伦比亚大学语言项目负责人欧文·斯特恩（Irwin Stern）博士编写、Random House 出版社出版的课本。辅助教材是威廉姆斯·塔迪（William Tardy）编写、Glencoe－McGraw－Hill 出版社出版的《简易西班牙语阅读》。虽然这些书在澳门买不到，但在香港很容易买到。

乌拉圭驻北京大使馆给予我很大支持。在使馆的支持下，澳门大学开设了西班牙语课程。我一提出为工商管理学院学生开设免费西班牙语课程的提议，该系主任就同意了。在课程管理方面，工商管理学院的王玉仪小姐积极配合西班牙语课程的开展。

澳门大学的大部分课程都被安排在周一和周四或周二和周五。由于西班牙语是免费课程，为了避免与该系常规课程的时间冲突，我们决定在周三下午 14：00～17：00 上西班牙语课。2004 年 9 月 8 日，西班牙语课正式开班，第一堂课共有 26 名学生。学生从一开始就对西班牙语表现出极大的兴趣，因此第二个学期设置了更多课时，上课学生也更多。

当然我们也遇到了一个很大的问题。临近期中考试，学生出勤率明显下降。很多学生牺牲了上西班牙语课的时间，用来应付学位课程，因为西班牙语并不包括在他们的学习计划之中。因此，第二个学期结束时，必须转由当时的社会科学及人文学院负责西班牙语课程，以使西班牙语成为澳门大学的常规课程。

2005 年夏，我给当时的葡文系负责人玛丽亚·埃斯帕迪尼亚（Maria Espadinha）教授写了一封电子邮件。当时她正在参加一次葡萄牙语会议，但很快就回复了我，让我联系英文系负责人格伦·蒂默曼斯（Glenn Timmermans）教授。令我感到意外而高兴的是，蒂默曼斯教授很爽快地答应在社会科学系开设西班牙语课程。他在信的开头写道：我们一直在期待着你，……今晚我恰好要参加大学的学术理事会议，我会在会议上提出你的提议。当天晚上，我收到了蒂默曼斯教授的肯定答复。一星期后，大学理事会决定从下个学年开始西班牙语教学①。

从那时起，学生对学习西班牙语的兴趣日益增加。2006～2007 学年的第二学期，澳门大学聘用何塞·玛丽亚·桑托②·罗维拉（José María Santos Rovira）博士为西班牙语教师。罗维拉博士在广东外语外贸大学有多年西班牙语教学经历。一年后，又聘用比阿特丽斯·古铁雷斯（Beatriz Gutiérrez）博士为西班牙语教师。之后，西班牙语教学也做了调整，以适应欧洲统一标准的要求。这无疑大大推动了澳门的西班牙语教学。

如今，在葡萄牙语系负责人阿兰·巴克斯特（Alan Baxter）教授的大力支持和高度信任下，澳门大学已经拥有 3 名西班牙语教师和 3 个年级（西班牙语 1、2、3 级）将近 350 名学生③。完成三年级的学习后，学生可达到欧洲统一标准 A1 同等水平。很多学生考取香港城市大学每年组织两次的“塞万提斯学院对外西班牙语水平证书”。学生每学期上课 40 个学时，每周两次，每次一个半小时。

四　中国学生

每学期西班牙语一年级学生上课的第一天，我们都会遇到两种学生：一种学生学习西班牙语是因为外语是必选的选修课之一，他们学习西班牙语主要是为了获取学分；另一种学生学习西班牙语是因为对西班牙语国家

① 2005 年 6 月 27 日，蒂默曼斯教授写道：“今天，大学教务委员会同意开设西班牙语课（学术委员会上周通过）。因此，我们必须为新学期做好准备，9 月 5 日开始上课。”

② 此处疑为原文有误，应为 Santos，中文译名桑托斯。——译者注

③ 出于纯粹的统计目的，为了体现学习西班牙语学生数量的持续增长趋势，以下说明从 2005 年至今的西班牙语课程注册学生数量：2005/2006 学年 26 人，2006/2007 学年 115 人，2007/2008 学年 109 人，2008/2009 学年 226 人，2009/2010 学年 422 人，2010/2011 学年 639 人。

文化的浓厚兴趣和好奇心，他们知道西班牙语世界的歌手和电影，读过有关西班牙语世界文化的书，曾经去过那里旅行，他们认为学习西班牙语可以扩大自己的文化视野，扩宽就业领域。教师要努力通过有趣、活跃和丰富多彩的课堂，让这两种学生都真正对西班牙语和西班牙语国家的文化产生兴趣。

目前，中国的教学模式还比较传统，课堂上以教师为中心，以讲解语法和翻译为主要内容。传统模式的特点是：局限于纯粹和简单重复的封闭式练习，学生背诵长长的单词表和语法规则但不知如何应用，缺乏积极的课堂参与和思考。因此，如果教师使用交流式的教学方法，在上课的第一天就用西班牙语授课，要求学生发表见解，或让学生分组练习，学生会产生困惑，认为这个教师非常“奇怪”。

在学生眼里，教师是课堂上的主角，学生则被动地听教师上课，抄写板书，即使听不懂也不能说话或插言。他们认为，角色扮演和分组作业不是学习的一部分。在开始阶段，很多学生都需要适应教师的新教学方式。他们有些困惑，不太明白教师想要做什么，自己应该做什么，教师想要自己做什么。

课堂上的另一个问题是“丢脸”思想，即丢面子、受到嘲笑或暴露弱点。这种思想导致很多学生因为害怕犯错而被讥笑不敢开口或参与活动。但当学生逐渐意识到这种方式也能达到学习目的，甚至可以以一种很有意思的方式达到学习目的的时候，他们就不再是被动的接受者，成为学习过程的积极参与者，提高学习效率，享受上课过程，得到更多知识。他们变得敢于开口，有时甚至抱怨“今天我们说得太少”。他们不再害怕犯错，觉得犯错并不是什么严重的事情，认为错误是语言学习的窗口。他们意识到，说话才能够相互理解，说话是表达思想、情感和观点的方式。

因此，在澳门大学第一阶段的西班牙语课不是要教会学生语法、单词等学生不知道如何应用的新东西，而是首先要教会他们如何看待西班牙语，如何思考，如何学习，如何高效率地学习。一旦在第一学期达到了上述目的，学生就会更自觉、自信地投入学习，教学就能更容易、更高效地开展。

正像前文所说的，学生对西班牙语和西班牙语国家文化的兴趣越来越浓厚。但我们在工作中还是会遇到一些障碍。首先是与目标语言的距离，本地找不到西班牙语母语者，缺乏书籍、杂志、报纸、电影、DVD 等教学资料，缺少有资质的教师等问题都制约着西班牙语学生数量的增加。

作为希望传播和普及西班牙语国家的语言、文化和现状的西班牙语教师，我们每个月都会组织一次“西班牙语圆桌会”。这样，学生有机会在比课堂更轻松和随意的环境里讲西班牙语并相互交流。此外，我们每学期会组织“电影周”，学生表现出极大的兴趣和参与热情。澳门大学与一些西班牙语国家签订了学生交流和交换协议，但对很多学生而言，经济成本是个不小的问题。学校正在计划商谈一些奖学金，让学生可以在暑期去西班牙或拉美国家的大学学习语言和文化课程。考虑到澳门人对西班牙语的兴趣日益增加，我们还计划开设西班牙语辅修课程，这样学生可以花更多时间学习西班牙语，达到更高水平，更好地掌握这门语言。

西班牙语国家的发展，中国的崛起，澳门的地缘政治地位及其东西方桥梁作用，都使得西班牙语的重要性日益提升。必须利用这个机会传播西班牙语和西班牙语国家文化。虽然澳门很小，但这里能给的东西很多，能做的事情也很多！

五　结论

从20世纪最后25年开始，中国开始实施对外开放政策，现如今，这种政策产生的影响越来越明显，尤其是中国对其他国家的了解逐渐加深，与其他国家的关系明显改善。北京、上海、香港、澳门等城市已经成为举足轻重的交汇地。这些城市中的每一个都具有成为开放窗口的比较优势。它们本身就是开拓人与人关系的门户或桥梁。

澳门拥有连接东西方世界的500年历史，如今是唯一一个以葡萄牙语为正式语言、实行欧洲大陆法系的中国城市。它向伊比利亚半岛国家和与之有着共同社会文化和语言特征的拉美国家敞开大门，这也逐渐成为澳门越来越鲜明的城市特色。

随着中国的对外开放，世界也全面进入沟通时代。这个时代要求我们更迅速地加强个人、组织、国家之间的相互了解和合作。信息技术革命惠及每个人，特别是地理上相隔遥远的地区之间。从这种意义上说，基础设施、娱乐博彩业和教育领域的巨大投资将把澳门建设成更具有吸引力和活力的城市，更好地发挥拉丁美洲和中国之间的桥梁作用。

参考文献

1. AAVV, "El mundo estudia español – China," en REDELE, *Red Electrónica de Didáctica del Español como Lengua Extranjera*, España: Ministerio de Educación y Ciencia, 2009.
2. www. educacion. es/redele/elmundo/elmundo2009. shtml.
3. Arriaga Agrelo Nicolás, "China estudia español (I)," en *China Hoy*, Pekín: Agosto 2002.
4. Arriaga Agrelo Nicolás, " China estudia español (II)," en *China Hoy*, Pekín: Septiembre 2002.
5. Fisac Tatiana, "La situación del español en Asia – Pacífico," en Anuario del Instituto Cervantes, El español en el mundo, Madrid, 2000.
6. http: // cvc. cervantes. es/lengua/anuario/anuario_00/fisac/p02. htm.
7. Lu Jingsheng: "La lengua de Cervantes en tierra de Confucio", en *Tinta China*, n°5, pg. 4 – 8, Conserjería de Educación de la Embajada de España en China, Pekín, 2010.
8. Paredes Garrido José Antonio, " La enseñanza del español en China," en Notas Sectoriales, Oficina Económica y Comercial de la Embajada de España en Pekín, Pekín: junio 2004.
9. Sánchez Griñan Alberto, "Dificultades del enfoque comunicativo en China," en Actas del Primer Congreso Virtual E/LE, Mayo 2006.
10. Sánchez Ma José, "El Consejero de Educación en China reflexiona con nosotros," *entrevista en Iberdidac Boletín Informativo*, n° 40, Madrid, 2010.
11. http: //www. iberdidac. org.

多语种应用：是敌是友？

克里斯蒂娜·阿瓜－梅尔*
陈　亮　译

摘　要：有关双语和多语教学以及儿童发育的研究证明，儿童在早期阶段能够比较容易地习得2~3门语言，同时在其他方面也不会落后于单语言的同龄学生。因此，教育理论家开始质疑母语教学的益处，并逐渐接受旨在培养多语言能力人才的教学模式。在菲律宾、马来西亚和新加坡等东南亚国家以及中国香港地区，政府曾经公开推动旨在提高多语言能力的语言政策，这些政策也得到了学生家长的广泛支持，他们把多语言能力视为一项“加分”因素，认为有助于子女在将来的更好发展。

在澳门特别行政区，由于曾经受到葡萄牙人统治，目前仅有一小部分政府精英阶层还坚持运用多语言能力，教育系统已无法推动建立一个真正意义上的多语言社会。长此以往，澳门不仅会失去其竞争优势，无法成为一个国际经济和文化中心，而且会丧失建立包容、和谐的社会的良好机遇。

陈平认为：“在中国，语言并不是划分民族的必要标准。”① 在欧洲的民族国家（nation-states），语言常被用来帮助构建“想象的”共同体，但在中

* 克里斯蒂娜·阿瓜－梅尔（Cristina Agua－Mel），葡萄牙埃武拉大学研究员。

① Chen Ping, “China,” in Andrew Simpson ed., *Language and national identity in Asia*, Oxford: Oxford University Press, 2007, p. 148.

国却不同。在中国，书面语充当了将不同的民族语言统一起来的角色。克莱尔·克拉姆施（Claire Kramsch）指出，欧洲民族认同在传统上是围绕“一个国家=一种语言”这种典型模式构建的。但在中国，尽管人们互相听不懂各自的口语或方言，却都认同自己是中国人。中国汉字的书面语体系和书法艺术是形成中国民族意识的主要因素[①]。通用文字使相互听不懂的双方能通过书写相互了解，这促进了民族认同感的形成。

澳门，作为东方和西方、中国和世界相互交流的平台，她的一大特色就是跨文化交流和不同文化的共存。在中国内地，语言从来不会被认为是地区身份的象征。澳门却有一个非常有趣的社会现象，土生葡人（说汉语和葡萄牙的双语者）成为跨越两个单语社会之间鸿沟的桥梁，大大促进了不同社会间的经济互通和文化交往。今天，粤语是澳门社会交往的主导语言，葡萄牙语、英语和普通话则作为非主导语言相互竞争。在葡萄牙统治期间，葡萄牙裔居民和土生葡人说葡萄牙语。自从香港成为英国管治地以后，英语开始在澳门扮演越来越重要的角色，这种趋势一直持续到今天。从 1991 年开始，汉语成为澳门特别行政区的官方语言，人们对普通话的兴趣也增加了，在澳门越来越多学生学习普通话课程，选择到中国内地或台湾地区接受高等教育，以提高普通话的口语和写作水平。

钟宏亮（Thomas Chung）和田恒德（Henrik Tieben）曾对澳门实施自治的头十年做了一项研究，他们发现，随着新加坡赌场的开设以及中国台湾和更多的其他亚洲城市未来可能加入博彩业，澳门的博彩业很快将会面临激烈的地区竞争。因此，澳门需要实现经济多样化，而不只是依靠博彩业与旅游业。他们还指出，澳门的地区竞争优势在于同葡萄牙语系国家之间的联系[②]。如果澳门打算实现经济多样化，扩大其在珠江三角洲地区内外的影响，澳门特别行政区必须充分利用自身特有的历史、文化和语言优势，这些优势是中国香港和新加坡这些东南亚地区和国家所不具备的。

尽管澳门在亚洲博彩业的中心地位为其经济繁荣奠定了稳固的基础，但澳门应瞄准珠江三角洲地区以及整个中国的发展需要，走新的发展道路。金

① Claire Kramsch, *Language and Culture*, Oxford: Oxford University Press, 1998, p. 69.

② Thomas Chung and Hendrik Tieben, "Macao: Ten Years after the Handover," *Journal of Current Chinese Affairs*, 2009, pp. 8 - 13.

国平和吴志良认为，澳门不仅是沟通中国与西方的桥梁，也是中国人观察世界、开阔视野的“窗口”，对中国现代历史的发展起到了重要的作用①。澳门可以继续充当中国与西方之间的“窗口”或媒介，更重要的是，通过培育更加鲜明的历史、文化与语言特色，澳门可以增强中国与世界（即葡萄牙语系国家）在政治、经济方面的已经存在的友好关系，并通过这些葡萄牙语系国家进一步加强中国与拉丁美洲和非洲其他国家的经济交往。

在“中国－葡语国家经贸合作论坛”第三届部长级会议上，中国前总理温家宝倡议将澳门建设成为这些国家及其新兴经济的贸易与政治合作平台，强调需要能够熟练应用葡萄牙语和汉语的双语人才。将澳门大学迁往横琴岛的决定，清楚地表明中央政府将澳门作为澳门本地居民及其他地区的中国公民的教育中心的新定位。

澳门特区政府必须为澳门特别行政区在本地区以及全球政治经济体系中的地位与作用做全新定位，为澳门迎接未来的挑战做好准备。在中国各地，葡萄牙语已经成为一门非常热门的外语。与英语相比，葡萄牙语为学习者提供了更多更好的工作机会。但在澳门，学习葡萄牙语的人数在下降，葡萄牙语专业毕业生的能力经常受到质疑。尽管讲葡萄牙语的人十分缺乏，甚至难以满足澳门特区政府使用汉语和葡萄牙语作为工作语言的需要，澳门学生及其父母还是倾向于接受英语教育而不是葡萄牙语教育。因为在澳门的人力市场上，特别是赌场及其相关企业需要的是精通广东话、普通话和英语三门语言的人。

尽管英语也非常有用，但是它无法像葡萄牙语一样全面体现澳门的历史与文化特色。澳门特区政府应该通过更有效地推动汉语－葡萄牙语双语教育项目来促进葡萄牙语的普及。正如吉姆·库明斯（Jim Cummins）所说，教育者和政策制定者所面临的挑战是以国家的文化、语言和经济资源得到最有效利用为目的来塑造国家特色与认同。从国家本身的利益来看，浪费国家的语言资源是非常不明智的②。

本文概述了双语与多语教育、母语与教学语言研究的重要进展，分析了

① Jin Guoping and Wu Zhiliang, *Revistar os Primordios de Macau*, Instituto Português do Oriente, Fundação Oriente, 2007.

② Jim Cummins, “Bilingual Children's Mother Tongue: Why Is It Important for Education?” *Sprogforum*, 2001, pp. 15－20.

相邻地区与国家的有关案例，对照现有语言教育框架与澳门语言使用现状，力图找出可供参照的模式或者解决现有问题的办法。本文对当前问题的讨论立足于为政策制定者、语言教学规划者以及学校的决策提供理论支持，以更好地解决澳门居民不断变化的、多样的语言需要。本文的讨论密切联系澳门特别行政区教育改革的特殊需要，基于社会政治的分析框架，致力于帮助教育者根据各自语言教育需求和规定，确定适用的语言教育项目类型。

一　多语种应用

全球化将单语使用者和多语使用者的地位颠倒过来。曾经作为国家特色的单一语言已经不再时兴，越来越多拥有不同文化背景居民群体的国家正在向双语种或多语种共用的方向发展。今天，2/3 的人在工作、家庭、生活或休闲活动中说至少两种以上的语言①。双语种或多语种应用的崛起有很多因地而异的原因，其中包括经济原因（人们因经济原因而被迫迁移到别的国家或语言区）和政治决策（为了维护国家认同）等。例如，东帝汶之所以在其从印度尼西亚独立时选择葡萄牙语作为官方语言之一，就是出于政治而非语言或经济方面的考虑。又如，新加坡之所以决定在其说多种语言的马来裔、华裔和泰米尔裔居民中推广使用英语，其目的是实现政治统一、培养国家认同感。

双语种应用有很多种。自然双语（nature bilingualism）指儿童在家庭环境中就使用双语，或者在家使用一种语言，在其他大团体里使用另外一种语言。自愿双语（voluntary bilingualism）指人们出于政治、社会或经济原因迁居到另外一个地方并学习一门新语言。与此相反，法定双语（decreed bilingualism）是官方强制使用另一特定语言；而拟制双语（impersonal bilingualism）指一个国家或地区确定了一门语言为官方语言，但当地的公民或居民却很少说这种语言。

澳门有很多自愿双语和自然双语的例子，主要表现为从其他地方迁居到澳门的劳工所说的不同语种和汉语方言，特别是作为澳门特别行政区的基本

① Li Wei, "Dimension of bilingualism," in Li Wei ed., *The Bilingualism Reader*, 2nd edition, London: Routledge, 2007, p. 4.

社会交往语言的广东话。法定双语表现为澳门回归中国之后50年内，葡萄牙语作为官方语言的地位不变，但这并不意味着现实生活中会经常用到葡萄牙语，它更像是一种拟制双语，因为根据法律，澳门所有的官方文件（包括各种说明小册子、行政文书和档案）都必须用中文和葡萄牙文同时书写，尽管很少有居民能够理解或说葡萄牙语。尽管采取了各种措施来推动双语应用——或者说某种意义上的三语应用（无论是广东话/普通话+英语，还是广东话/普通话+葡萄牙语），澳门还远不算是一个成熟的双语社会。

在双语应用上，政府可以选择平等政策或者限制政策。即对两个或多个语言赋予平等的使用权，或对其中某个语言的使用施加限定。当局既可以采取语言宽容政策，允许人们任意使用自己觉得用得最舒服的一种语言，也可以像马来西亚和菲律宾一样积极地推动双语的应用。通常，政府喜欢采用宽容并鼓励的混合政策。鼓励性政策可以是公开的，如1979年新加坡政府就开展了“讲普通话运动”；也可以是隐蔽的，例如英国正在实施的母语读写社区计划（Mother Tongue Literacy Community Programmes）[①]。

澳门官方政策是对作为官方语言的汉语和葡萄牙语采取平等政策。政府并不曾公开要求葡萄牙语的使用，只将其用于官方文书和公共告示中。但政府通过公开支持葡萄牙语媒体来鼓励其使用并将其重要性提升到更高的地位。约翰·吉本斯（John Gibbons）和伊丽莎白·拉米雷斯（Elizabeth Ramirez）认为，出版一份少数族群语言的报纸是一个社会化现象，它能使人接触到该语言的更为正式的形式，从而扩大其声誉。他们相信，少数族群语言媒体的存在是推动双语应用的一个主要力量[②]。

澳门自创立起就是斯图尔特·霍尔（Stuart Hall）提出的所谓的“混合型文化”[③]，其居民不但要学习葡萄牙语，还要学习英语，而现在又多了普通话。贝磊（Mark Bray）和古鼎仪（Ramsey Koo）认为，葡萄牙语所被赋

---

① 参见 Raymonde Sneddon, “Learning in Three Languages in Home and Community,” Jean Conteh, Peter Martin and Leena Helavaara Roberson, eds., *Multilingual Learning: Stories from Schools and Communities in Britain*, Stroke on Trent: Trentham Books, 2007。

② John Gibbons and Elizabeth Ramirez, *Maintaining a Minority Language: A Case Study of Hispanic Teenagers*, Clevedon: Multilingual Matters, 2004, p. 5.

③ Stuart Hall, David Held and Tony McGrew, eds., *Modernity and its Futures*, Cambridge: Policy Press, Open University, 1992, p. 310.

予的重要性与其在澳门的实际使用似乎是不匹配的，甚至是自相矛盾的。他们通过研究发现，从19世纪开始，澳门人就把孩子送到英语学校去，以在香港获得更好的就业前途。澳门的市场力量也鼓励进行大规模的英语教育。此外，他们还提出，尽管几个世纪以来，葡萄牙语教育在殖民地时期长期被忽视，事实上也根本没有被作为地区性语言使用，而且国际上的使用范围也有限，但是澳葡政府利用其在澳门的最后十年，在教育系统中大力推广葡萄牙语。此外，澳门回归后50年内葡萄牙语仍享有官方语言的地位，这就将葡萄牙语的地位又提升了一层，远超过它应有的位置①。贝磊曾就澳门的教育系统问题写过数篇论文，他认为英语的影响比葡萄牙语的影响要大得多。贝磊承认，葡萄牙语确实将澳门与葡萄牙本土以及巴西、东帝汶和非洲的葡萄牙语国家联系在了一起，而这些联系正是澳门区别于香港、中国内地和世界其他地区的地方。他总结说，尽管葡萄牙语确实是澳门的特色之一，但它不太可能保持其重要性或者成为政府机构的一个主要特色②。这一观点得到了杨允中的赞同，他宣称："如果我们必须在英语和葡萄牙语中选择一个，那么我们会选择英语。"③

如安德鲁·穆迪（Andrew Moody）和杨明仪所证明的那样，尽管澳门珍视其西式建筑（主要是葡式建筑），澳门居民对于葡萄牙语却越来越冷淡。穆迪认为，无论在澳门的政府机构内部还是外部，尽管葡萄牙语获得"法定"地位，但英语却享有"实质"地位④。在1999年之后保持葡萄牙语的官方语言地位有两个效果：第一，这有助于鼓励许多说葡萄牙语的中层公务员继续留在其岗位上，从而保持了澳门特区政府的稳定性；第二，它阻碍了澳门特区政府从香港和中国内地更大的人力资源库中获得更胜任的人选出任公职。他认为，在政府机关中，会说葡萄牙语成为"本地人"担任公务

---

① Mark Bray and Ramsey Koo, "Postcolonial Patterns and Paradoxes: Language Education in Hong Kong and Macao," *Comparative Education*, 2004, 40 (2), p. 156.

② Mark Bray and Ramsey Koo, "Postcolonial Patterns and Paradoxes: Language Education in Hong Kong and Macao," *Comparative Education*, 2004, 40 (2), pp. 215 – 235.

③ Ieong Wan Chong, *Macau 2010: The Long Term Objectives and Development Strategies in 20 Years*, Macau: Macau Development Research Centre, Macau Association of Economic Sciences, 2000, chapter 6.5.1.

④ Andrew Moody, "Macau English: Status, Functions and Forms," *English Today*, 2008, 95 (3), p. 4.

员并且更能胜任广受青睐的政府高官职位的一个象征符号，仅从这个意义上说，葡萄牙语在公务员系统中依然是一门重要的语言①。

杨明仪通过一项针对澳门多语种教育所做的研究发现，人们普遍认为，葡萄牙语只限于在政府机关及与葡语国家有贸易往来的商业高层中使用，而在社交和教学方面是使用最少的语言，位于广东话和英语之后，而且其地位正被作为第三常用教学语言的普通话所取代。杨明仪还注意到，尽管英语中学的数量在增加，无论是父母还是学生自己都更愿意学习英语，但学生接触英语的场合还是仅局限于课堂②。

在多语种社会中，不同的语言有不同的适用场合，而最受青睐的语言往往是国际化的并在外贸中更有用的语言③。尽管葡萄牙语作为中国与葡萄牙语国家跨国贸易所使用的语言日渐重要，但是在澳门，葡萄牙语-汉语的双语应用仍然局限于一小群政府官员当中。杨明仪建议，应该让澳门特别行政区的居民认识到澳门所独有的这一语言优势，这样他们就能够理解“学习英语和两门官方语言”、应用多语种的重要性及其为个人带来的经济利益④。要想巩固澳门在珠江三角洲地区的作用并重建其作为拉丁共同体不可分割的一部分的地位，澳门应该重视其语言的多样性，尤其是其葡萄牙语言遗产。澳门特区政府有责任通过教育改革来鼓励多文化和多语种应用，以促成这一目标的实现。

二　多语种教育项目

不同民族来源的人们生活在一起，但往往不说同一种语言。这迫使政府开发官方教育项目以满足特定社会的沟通需要。术语“双语教育”指的是致力于提升语言能力的诸多教育项目。根据丽贝卡·弗里曼（Rebecca

---

① Andrew Moody, “Macau English: Status, Functions and Forms,” *English Today*, 2008, 95 (3), p. 7.

② Carissa Ming Yee Young, “Multilingual Education in Macau,” *International Journal of Multilingualism*, 2009, 6 (4), pp. 419 - 422.

③ Li Wei, “Dimension of Bilingualism,” in Li Wei ed., *The Bilingualism Reader*, 2nd edition, London: Routledge, 2007, p. 12.

④ Carissa Ming Yee Young, “Macao Student's Attitudes towards English: a post - 1999 Survey,” *World Englishes*, 2006, 25 (3/4), p. 490.

Freeman）的研究，在美国，大多数获得资助的双语项目将重点放在占据主导地位的英语上。上课的学生通常“英语水平有限”，这类课程则帮助他们尽快完成向全英文课程学习的过渡。少数族裔语言的学生被允许使用其母语，但直到学校认为他们有足够的英语能力才可以参加主流班级的课程[①]。但在加拿大，这一术语用来指致力于平等地促进法语和英语的使用，从而鼓励语言和文化多样性的教育项目，不过土著语言却被这些项目排除在外。就亚洲而言，双语教学可以在不同语言背景的人群之间通过鼓励英语应用以促进国家团结、获得更好的教育及应对全球化经济压力。双语教育也可以促进学生母语或传统语言（第一语言）的项目。

以新增方式［指在学生语言技能中增加一门新语言（第二语言）］开展双语教育的两个著名模式是浸入式模式或双向式浸入模式（有时亦称为“双向式双语”或“浸入式双语”）。根据林舜玲（Agnes S. L. Lam）的定义，浸入式模式指将以非主导性语言为第一语言的学习者放入只使用主导性语言的课堂。这一模式的逻辑是孩子越早运用对其教育成功所必不可少的目标语言，语言学习的效果越好。然而，当孩子被“扔进”目标语言中时，他们往往不是学会在其中“游泳”而是“沉没”其中[②]。双向式浸入（two-way immersion，TWI）项目把母语不同的两类人放到一个班上，以便他们互相学习。其目标是促进双语能力（通常是英语和另外一门语言）以及跨文化的正确态度。

在一些国家或地区，英语是学校之外广泛使用的交际语言，这些国家或地区的双语教育模式往往能取得较好的效果，原因是学习者在母语技能学习上能够获得充分的支持，同时，即使参加了学校浸入式语言课程，他们依然有机会提升英语技能。卡洛·本森（Carol Benson）注意到，这类浸入式语言课程在加拿大收到了更好的效果。在加拿大，英语和法语作为第一语言和第二语言相对来说都受人尊重，受过正规教育的父母能够在其孩子参加这类浸入式双语识字课程项目时提供帮助。本森还指出，在大多数发展中国家，

① Freeman Rebecca, “Reviewing the Research on Language Education Programs,” in Ofélia García and Colin Baker eds., Clevedon: Multilingual Matters, 2007, p. 4.

② Agnes S. L. Lam, “Bilingual or Multilingual Education in China: Policy and Learner Experience,” in Anwei Feng ed., *Bilingual Education in China: Practices, Policies and Concepts*. Toronto: Multilingual Matters Ltd, 2007, p. 16.

由于高度不均衡的权力关系以及这些国家很少有第二语言（英语）的母语使用者，纯粹的浸入式和双向式浸入两种方式都不太奏效[①]。

另一种值得关注的双语教育模式是为欧盟公务员子女学校定制的。这些学校的宗旨之一就是要在多文化交流上取得突破。这些欧盟学校位于六个不同的国家，从1958年就开始存在，据雨果·贝滕斯·贝尔德兹摩（Hugo Baetens Beardsmore）报告，这些学校在学业成绩、多语言能力和多文化意识提升等方面都获得了极佳的声誉。“欧盟学校模式”的目标是在开发多语言能力的同时提升学习者的第一语言能力，为此，采用了两门以上的语言作为日常教学语言（MoI）[②]。对每个学习者都采用两门以上的欧洲语言作为日常课程的授课语言，而这些授课语言也不一定是学习者的母语。学校还鼓励学生掌握第三门或第四门语言。

在这一多语言教育模式中，必须保护孩子各自独特的民族、文化和语言认同与特色，因而强化了第一语言教学的重要性作用。所有语言的待遇相同，学生必须学习一门第二语言，并达到能够阅读文章和参加考试的水平。随着孩子升入学校的高年级，更多课程采用外语（第二或第三语言）作为授课语言。即使在第二语言作为其他课程内容的讲授工具被学生掌握之后，第二语言依然作为贯穿整个课程体系的一门课程予以单独教学。从小学开始，公共课的教学就围绕为促进多文化融合目的而组建的小组展开；随着课程的深入，更多的课程教学围绕从不同小组中抽取学生来组成的混合小组展开。在期末考试中，所有的学生都要求参加内容性科目的考试，这些考试既包括笔试也包括口试，既使用其第一语言也使用第二语言，但第三语言和第四语言则单独作为一门课程来考试，不过，也可以根据个人的课程选择，根据科目内容，将第三或第四语言作为考试语言。无论学生是用第一语言还是第二语言参加考试，理论上说，考试标准是一致的[③]。

林舜玲提倡，在北京、上海、广州甚至香港等中国大城市里，推行类似

① Carol Benson, “The Importance of Mother Tongue-Based Schooling for Educational Quality,” *Commissioned Study for Education for All Global Monitoring Report* 2005, 2011, 2 (2), p. 14.

② Hugo Baetens Beardsmore ed., *European Models of Bilingual Education*, Bristol: Longdunn Press, 1993, p. 121.

③ Hugo Baetens Beardsmore ed., *European Models of Bilingual Education*, Bristol: Longdunn Press, 1993, p. 121 – 123.

于“欧盟学校模式”的教育体系。这些城市里，有足够的动机激励学生掌握多种语言，因为在那里他们学到每一门语言都大有用武之地[①]。练美儿（Angel M. Y. Lin）和文绮芬（Evelyn Y. F. Man）也认为，与加拿大浸入式法语学习模式相比，“欧盟学校模式”为培养第二语言能力提供了一个更为高效的方法。他们声称，该模式成功的关键因素在于学生群体的混合性或者说多种族与多文化特性。她们将欧盟学校模式成功的条件概括如下[②]。

（1）所有教师必须会讲双语，但他们只用母语教学，其他员工也必须会双语或多语。

（2）第二语言教学的前提是，该校有学生的母语是这门语言且这门语言从三年级开始作为教学语言使用。所有学生都遵循同一种转换模式，即先使用第一语言作为教学语言，进而过渡到使用第二语言作为教学语言。

（3）在小学，对第二语言的口语能力的重视超过书面能力，在中学则颠倒过来。小学的重点是基础词汇和句子结构。

（4）八年级之前，考试不重要。因此，低年级学生可以将精力放在语言与思维技能的培养上，而不是为了考试而学习（后者正是香港常见的情况）。

（5）第二语言的学习是在非强迫性环境下开展的，因为所有学生都必须在某种场合用到更弱势的第二语言。

（6）第一语言既是一门课程又是小学与中学阶段一些内容性课程的教学语言。

（7）第二语言的教学从无认知难度和情境嵌入式活动（例如，体育、音乐、欧盟时刻、缝纫与烹饪）逐渐过渡到有认知难度和少情境依赖式活动（例如：历史、地理和社会科学等）。

她们所强调的“欧盟学校模式”的成功关键——混合型或者说多民族多文化特性的学习环境是香港和澳门这样的地方所不具备的。但是，通过赋予第二语言真正的交际功能及其作为授课语言的特殊功能，使学生能够利用

---

① Agnes S. L. Lam, “Bilingual or Multilingual Education in China: Policy and Learner Experience,” in Anwei Feng ed., *Bilingual Education in China: Practices, Policies and Concepts*. Toronto: Multilingual Matters Ltd, 2007, p. 16.

② Angel M. Y. Lin and Evelyn Y. F. Man, *Billingual Education: Southeast Asian Perspectives*, Hong Kong: Hong Kong University Press, 2009, p. 27 – 28.

第二语言获得知识，提高学业成绩，其学习第二语言的积极性就会被“极大地激发出来”[①]。因此，在香港和澳门这样的地方，这一模式对于鼓励个人和社会真正地应用双语非常关键，因为这里的人们对第二语言的感受不够明显，或者说在这里第二语言的运用并无特别之处。恰如弗里曼所说，当学生必须将一门语言应用于有意义、有目的的社交和学习场合时，他们学习这门语言的效率才是最高的[②]。这不仅为语言学习提供了激励，同时也为语言学习者提供了一个有意义的环境，使他们将语言的形式与功能联系起来。

鉴于在这种特定的双语教育环境尤其需要方法创新，练美儿和文绮芬介绍了泰国 Sarasas Ektra 双语学校首创的“双轨浸入式教学”模式。这一模式采取双轨课程教学，即关键课程内容一方面用学生的母语教学，另一方面在学生的第二语言课程（英语）上，由另外的教师以精简版教学大纲和不同的组织方式将同一内容再平行地讲一遍。根据研究者的观察，在该校，第二语言的主课内容讲授被当作以课程内容为核心的学术英语（English for Academic Purposes，EAP）而不是作为浸入式教学课程来讲授，学生的接受度非常好。他们还指出，这一模式至少在该校的情境下是成功的，因为该校大多数学生都将进入大学继续其学业，而大学中的不少课程就是用英语讲授的。对这种双轨教学模式，学生并没有因为一些课程需要学“两遍”而感到厌烦，反而认为这种模式深化了他们的理解，提高了学习能力[③]。

要想为澳门寻求一种适用的语言教学模式，很重要的一点就是从其他不同教育环境中发展起来的模式中吸取经验教训。但我们在借鉴其他经验时要谨慎小心，要充分考虑东南亚地区双语教育的具体情况和需求，以及澳门特别行政区的独特性与需求。

三　捍卫多语种教育系统

Nadine Dutcher 指出，众所周知，大多数孩子以母语为载体开始接受教

---

① Angel M. Y. Lin and Evelyn Y. F. Man, *Billingual Education*: *Southeast Asian Perspectives*, Hong Kong: Hong Kong University Press, 2009, p. 29.

② Rebecca Freeman, “Reviewing the Research on Language Education Programs,” Ofélia García and Colin Baker eds., Clevedon: Multilingual Matters, 2007, p. 11.

③ Angel M. Y. Lin and Evelyn Y. F. Man, *Billingual Education*: *Southeast Asian Perspectives*, Hong Kong: Hong Kong University Press, 2009, p. 138.

育会有一个更好的起点，与用一门新语言来开始接受教育的孩子相比，他们表现出更多的自信，在后续的教育过程中通常有更好的表现。尽管如此，用母语教学也有其不利的一面。这些缺点包括母语教学可能会因教学资料缺乏、师资培训不足、课程设计不合理而导致效果不佳，也缺少来自政府、教师和父母的支持①。

父母往往倾向于让自己的孩子以一门应用更广泛的国际化语言（如英语）来接受教育。1997 年香港发生的一个有趣的例子正反映了这一倾向。陈绮文（Elaine Chan）指出，就在香港于 1997 年 7 月回归中华人民共和国之后不到两个月，香港特别行政区政府提出一系列指导方针，要求自 1998 年 9 月开始的那个学年起，从初一到初三，所有公立中学都必须采用汉语作为教学语言。之所以颁布这一政策，一是基于一个公认的观点：使用母语教学具有教学上的先天性优势，二是随着香港回归中国，汉语越来越重要。然而，对这一政策，香港的家长和学生表现出激烈的反对态度。他们声称，英语既是香港的一个象征也是一项文化资产。陈绮文认为，香港社会普遍认为学校将英语作为教学语言，更有利于提高学生的学术能力，这一事实表明英语在香港公民心目中的重要地位。陈绮文还认为，剥夺学生学习英语的机会，就是在剥夺其积累个人象征性资产（accumulative symbolic capital）的权利②。她得出的结论是，变更教学语言可以理解为企图改变香港人的集体认同（collective identity）③。

英国在双语研究和双语教学方面最顶尖的专家之一李嵬也探讨了在一个多语种国家将一门语言选定为教学语言所带来的重重问题。他认为，也许最好的策略是采用各民族语言作为教学语言，这样，不必等到孩子学会官方语言就可以开始学校教育了。但这一策略会损害建立国家认同的努力，也会限制孩子走向更广阔的世界。他指出，还没有科学证据表明，多语种国家与单一语种国家相比会在社会与经济方面处于明显的劣势。他认为，多语种应用无论在社会层面还是个人层面都可以成为一种重要的资源。他说："可以证明，对一个具备语

---

① Nadine Dutcher, "Promise and Perils of Mother Tongue Education," http://www.silinternational.org/asia/ldc/plenary_papers/nadine_dutcher.pdf, 22 October 2010.

② Elaine Chan, "Beyond Pedagogy: Language and Identity in Post-colonial Hong Kong," *British Journal of Sociology of Education*, 2002, 23 (2), p. 277.

③ Elaine Chan, "Beyond Pedagogy: Language and Identity in Post-colonial Hong Kong," *British Journal of Sociology of Education*, 2002, 23 (2), p. 283.

言多样性的国家而言，在国语或官方语言之外，保留不同族群的语言，是在维护国家统一的同时保持个体积极性的一个有效手段。”①该研究者接着讨论了双语或三语使用者所具备的潜在经济优势，指出随着全球化的发展，各国经济的相互依赖性和相互联系越来越紧密，能说两种以上语言的人有更高的雇佣价值。而且，他相信对双语或多语技能的需求还将持续增长。弗里曼也赞同双语能力是一项重要资产这一观点，他指出，与只能说一种语言的人相比，有机会发展双语技能的人能获得更多的认知和社交机会、个人经济利益②。

对多语种和多文化的进一步研究不断证明，这两者是有利的，无论对个人还是社会都有助益。对加拿大推行的法语浸入式教育的广泛研究清楚地表明，第二语言或外语浸入式教育项目能够让以英语为母语的人成为双语使用者，以两种语言提升学习成绩，并且未对其母语的语言能力和文字能力产生不良影响③。让－马克·德维利（Jean-Marc Dewaele）和扬·彼得·范·欧登欧文（Jan Pieter van Oudenhoven）研究了多语言/多文化对青少年人格的影响，他们认为：尽管文化适应的过程充满压力，但对不同语言/文化进行适应和接触的经验强化了孩子的文化移情（cultural empathy），培养了其开放心态。这一研究发现也证实了以前一些研究报告的一个结论：掌握的外语越多的人在不同的语言环境下经受的沟通焦虑越少④。安妮·弗朗（Aine Furlong）对创造性与双语/双文化之间的互动关系做了研究，指出：与说单一语言的人正好相反，双语使用者不但在完成语言任务方面有更好的表现，而且能更好地理解数量概念，也更擅长把握空间概念和解决问题⑤。安妮·弗朗总结道⑥：

---

① Li Wei, "Dimension of Bilingualism," in Li Wei ed., *The Bilingualism Reader*, 2nd edition, London: Routledge, 2007, p. 12.

② Rebecca Freeman, "Reviewing the Research on Language Education Programs," in Ofélia García and Colin Baker eds., Clevedon: Multilingual Matters, 2007, p. 9.

③ Rebecca Freeman, "Reviewing the Research on Language Education Programs," in Ofélia García and Colin Baker eds., Clevedon: Multilingual Matters, 2007.

④ Jean-Marc Dewaele and Jan Pieter van Oudenhoven, "The Effect of Multilingualism on Personality: no Pain Without Pain for Third Culture Kids?" *International Journal of Multilinguism*, 2008, 6 (4), pp. 443－456.

⑤ Aina Furlong, "The Relation of Pluralinguism/Culturalism to Creativity: a Matter of Perception," *International Journal of Multilingualism*, 2009, 6 (4), p. 350.

⑥ Aina Furlong, "The Relation of Pluralinguism/Culturalism to Creativity: a Matter of Perception," *International Journal of Multilingualism*, 2009, 6 (4), p. 366.

若一个政治经济制度想要产生更多有创造性的个人，它应该意识到：创造性表达在根本上取决于人们认知世界的宽度，而在这方面，没有什么能比语言教学更能开阔学习者的经验和认知领域的了。

政府倡导对移民群体进行同化并使之融入说单一语言的主流文化——这样的时代早已过去。各国都已经意识到，多语种不一定是一个需要解决的问题，并开始制定各种政策和教育计划来涵盖其不同的社会文化群体，容纳其差异性，促进各自的文化与语言发展。现在的问题不再是为什么要实施多语种而是如何实施多语种。

四　亚洲的多语种应用与教育

跨文化交流如今正处于“人类历史上的最高点”①，这就要求个人以及国家都要具备多语言和多文化的技能。对幸福生活的追求促使人们学习两种以上的语言，而今天，经济的发展已经完全融入全球性网络，也要求社会能有效地实施多语言和多文化的策略。一些亚洲国家（如缅甸、泰国和越南）明确强调了语言和文化多样性的重要，并在宪法中予以确认。

菲律宾和马来西亚也采用双语教育体制，实施教育改革，以此推动本国的社会与经济进步，促进国家团结，开展国家认同建设。据玛雅·凯姆拉尼·大卫（Maya Khemlani David）的研究，作为一个有着 18 种语言的多民族国家，菲律宾推行的双语教育政策始于 1974 年，修订于 1987 年。它将英语和菲律宾语（以他加禄语为基础）作为国家文书的官方语言，并用作教学语言。这一政策的目的是培养使用英语和菲律宾语的双语人口②。而在说 140 种语言的马来西亚，马来语于 1957 年被正式宣布为该国的国语，目的是促进国家团结。然而，母语是汉语和泰米尔语的人分别占总人口数 32%

① Jim Cummins, “Bilingual Children's Mother Tongue: Why Is It Important for Education?” *Sprogforum*, 2001, pp. 15 – 20.

② Maya Khemlani David, “Language Policies-Impact on Language Maintenance and Teaching Focus on Malaysia, Singapore and The Philippines,” in Tjeerd de Graaf, Nicolas Ostler and Reinier Salverda eds., *Endangered Languager and Language Learning*, Proceedings of the Foundation for Endangered Languages, Fryske Akademy and Mercator European Research Centre on Multilingualism and Language Learnig, Ⅻ, 2008, 24 – 27 (9), pp. 80 – 81.

和9%，这两种语言在华人和泰米尔人学校里继续被教授。2003年，政府出台了一项新的政策，规定必须采用英语教授教学和科学[①]。

对澳门而言，也许更有意思也更有借鉴意义的是新加坡的语言政策和教育改革。这个城市国家是公认的世界上运作最佳的经济体，而这一成功与新加坡政府在其族群多元化的人口中大力推行多语言应用是分不开的。经济合作与发展组织2010年发表了一份名为《教育领域强大的执行者与成功的改革者：美国可资借鉴的经验》的报告，讲述了新加坡从刚独立时尚未建立义务教育制度、高校毕业生与技工数量极少的状态发展为在国际学生评估计划（International Program for Student Evaluation，PISA）中稳居世界前列的历程。新加坡的国家教育体系被麦肯锡2007年发布的一份教师研究报告评为世界上效果最卓著的体系之一，并被《2007年全球商学院IMD世界竞争力年鉴》在“教育系统满足经济竞争需求”指标上评为世界第一。此外，在《泰晤士报高等教育副刊》2010年世界大学排名中，新加坡国立大学被评为全球第34名和亚洲第4名[②]。

根据这一报告，新加坡高素质的劳动大军是20世纪90年代以来精心实施的一系列政策的结果。新加坡政府决定采取综合举措来挑选、培训和培养教师与中小学校长，从而大大提升了教育产出的能力。由于缺乏其他资源，人力资源一直以来被视为这个城市国家最宝贵的资产，因而教育也被视为这个国家发展经济的关键。教育的责任是为新加坡的经济发展提供人力引擎，并在某种程度上将高素质人才变成新加坡的国家名片[③]。

与其他东南亚国家类似，新加坡的人口是由来自不同种族、文化和宗教信仰的移民社群组成的。新加坡75%的人口是华人，但其来自不同的地方，

---

① Maya Khemlani David, “Language Policies-Impact on Language Maintenance and Teaching Focus on Malaysia, Singapore and The Philippines,” in Tjeerd de Graaf, Nicolas Ostler and Reinier Salverda eds., *Endangered Languager and Language Learning*, Proceedings of the Foundation for Endangered Languages, Fryske Akademy and Mercator European Research Centre on Multilingualism and Language Learnig, Ⅻ, 2008, 24 - 27 (9), p. 79.

② OECD, “Shanghai and Hong Kong: Two Distinct Examples of Education Reform in China,” in *Lessons from PISA for the United States*, OCDE Publishings, 2011, DOI 10.1787/9789264096660 -5 - en, accessed on 3 January 2011.

③ OECD, “Shanghai and Hong Kong: Two Distinct Examples of Education Reform in China,” in *Lessons from PISA for the United States*, OCDE Publishings, 2011, DOI 10.1787/9789264096660 -5 - en, accessed on 3 January 2011.

因而所说的方言各不相同。在新加坡小小的660平方千米的土地上，人们说着20种不同的语言。自1965年独立以来，新加坡就意识到英语的重要性，他们不仅将之视为能带来全球社会经济附加值的工具，而且将其视为增进国家认同感的方法。贝磊（Mark Bray）把新加坡描述为典型的后殖民主义国家，决策者决定保留殖民语言并让其继续发挥主导作用——既作为团结全国的工具，又作为区别于相邻国家的标志：在这个城市国家，英语把不同种族和语言的社群团结到一起，并将新加坡与马来西亚及其他国家区别开来①。今天，英语已经成为新加坡各级教育的唯一的教学语言，而其余的官方语言（马来语、汉语和泰米尔语）则作为第二语言教授。新加坡政府鼓励人们成为母语和英语的双语使用者，目的是保障公民对自己族群及国家的认同，保护不同传统文化及其价值观。英语已经成为事实上的新加坡国语，被视为新加坡经济发展的可贵的知识与技术的主要源泉和进入国际化市场的捷径。

与澳门类似，在殖民统治时代新加坡教育系统的特色也是政府采取不干涉的态度。Jason Tan 解释，在19世纪的大部分时间里，英国殖民政府都奉行对教育最小化干预的政策，学校都是由基督教传教士和不同族群的富商创办和资助的②。在20世纪的头40年里，新加坡教育体系并不存在统一的、阐述清楚的指导政策。但政府于1946年推出了十年义务教育制度，其指导原则之一是提供汉语、马来语、泰米尔语和英语四种语言作为授课语言的、全民的、免费的小学教育，学童父母可任选其中一种。1955年，新加坡成立了由立法会所有党派代表组成的一个委员会，该委员会建议四种语言都应得到相同的重视。它还建议在小学开展双语教育，在中学开展三语教育。萨拉瓦南·戈皮纳坦（Saravanan Gopinathan）的研究表明，新加坡教育系统在20世纪50年代的特点之一是学校系统采用英语、汉语普通话、马来语和泰米尔语四种授课语言，处于族群和语言高度分化的状态中③。

---

① Bray Mark and Ramsey Koo, "Postcolonial Patterns and Paradoxes: Language Education in Hong Kong and Macao," *Comparative Education*, 2004, 40 (2), p. 219.

② Jason Tan, "Education and Colonial Transition in Singapore and Hong Kong: Comparisons and Contrasts," *Comparative Education*, 1997, 33 (2), pp. 303 - 312.

③ Saravanan Gopinathan, "Gopinathan, the State and Education Policy in Singapore," in Mark Bray and W. O. Lee eds, *Education and Political Transition: Themes and Experiences in East Asia*, 2nd edition, Hong Kong: Comparative Education Research Centre, University of Hong Kong, 2001, p. 25.

1960 年，在小学开始强制性要求学习两门语言（学生的母语和英语）。新加坡于 1963 年被迫从马来西亚分离出来之后，李光耀领导的人民行动党重申其支持建立多族群和多语言的社会，并继续致力于支持学校的双语教育。英语被当作重要的商业语言和跨族群交际语言，而学习母语（汉语、马来语和泰米尔语）被当作保护传统文化的关键。

独立后的新加坡政府认识到，国家的发展需要对教育强有力的支持，需要推行必要的教育改革，以创造新的教育机制，从而保证所有公民获得高水平的教育。Jason Tan 指出，通过在小学和中学采用统一的多民族教学大纲、创办族群混合的学校、为教师提供四种语言的标准化培训、在小学和中学进行统一的全国统考，长期以来困扰新加坡的不同族群和语言社区之间的社会和谐问题得到最终解决①。

戈皮纳坦指出，新加坡独立后，双语（或三语）被视为新加坡建立国家认同和区别于周边地区的自我认知的有机组成部分。她还记述了 1966 年原本已在小学实施了六年的双语政策是如何扩展到中学的。而到了 1983 年，当 90% 以上的学生都在英语学校就读时，新加坡政府宣布自 1987 年起所有学校都必须将英语用作主要的教学语言。她总结说，自新加坡独立以来，英语的地位一直在上升，而现在已经成为所有学校的主要教学语言。

戈皮纳坦对 20 世纪新加坡的教育改革进行了深入分析，强调指出新加坡政府在教育政策和实施策略制定上具有清晰的宗旨和目标。她特别指出，新加坡创建双语国家的政策把英语作为在语言层面上团结新加坡人、创建国际化知识型社会的媒介。她列举出实施这一政策的主要环境特点：作为一个城市国家，新加坡有一个闻名于世且名副其实的“强力、高效、清廉的政府”；在政府设定的目标框架内，信奉强有力的政治和社会经济制度，朝着共同的方向努力；高度关注政策实施的细节；为项目的实施提供充足的资源。此外，新加坡对于采纳国外的先进理念也持开放态度②。

戈皮纳坦提出，四大政治举措深刻地改变了其教育体系：1979 年引入

① Jason Tan, “Education and Colonial Transition in Singapore and Hong Kong: Comparisons and Contrasts,” *Comparative Education*, 1997, 33 (2), pp. 303 - 312.

② Saravanan Gopinathan, “Gopinathan, the State and Education Policy in Singapore,” in Mark Bray and W. O. Lee eds, *Education and Political Transition: Themes and Experiences in East Asia*, 2nd edition, Hong Kong: Comparative Education Research Centre, University of Hong Kong, 2001, p. 26.

了以学童能力水平为标准的分班制，从 1986 年起让学校独立运作，1981 年创建大量族群自助（教育）团体，1991 年确立十年普遍义务教育制度。20 世纪 90 年代无疑是新加坡教育改革的爆发期——从学前教育到大学入学标准和课程，新加坡对整个教育体系进行了全面反思。新加坡教育部将其对教育的愿景归纳为“思考型学校，学习型国家”，强调要开发孩子的全面素质，发挥不同学生所特有的各种天赋、能力、资质和技能。它理想中的学生应该具备语言能力、计算能力，会使用互联网，善于合作与协同，具备分析能力，能应用知识来解决问题，富有创造和创新性，具有冒险精神，既能独立工作又可以团队合作，终身学习。新加坡教育部认为，学校对实验、创新和不确定性应该有更高的容忍度，允许存在不确定性，甚至是超出预期的产出①。

独立后的新加坡迅速意识到加强对其多文化背景的人力资源的教育具有重要意义，认识到教育能够建立团结所有公民的身份认同，促进国家的经济发展，并据此采取切实行动。相比之下，澳门尚未充分利用其历史形成的多文化特征、采取必要措施改革教育体系。尽管澳门与新加坡有众多相似之处，如经济都比较发达、社会繁荣富足、学生规模较小，但澳门特别行政区的教育当局似乎还缺乏清晰的教育政策，尚未设计出能够满足该地区经济发展需要的教育改革计划。2011 年 1 月公布的《非高等教育发展十年规划（2011 ~ 2020）》没有提出明确的教育改革战略，亦未对如何解决高技能人力资源短缺的问题提出解决方案。此外，它没有明确鼓励使用葡萄牙语，而采取了推广普通话和“一门外语”的实验性双语政策②。

香港与澳门特别行政区的多文化与多语言环境对经济繁荣和社会发展具有重要作用。尽管两者在经济与社会上存在明显差异，这两个行政区具有相同的历史背景，对香港语言与教育政策的分析将有助于澳门特别行政区的教育当局创立自己的指导原则和教育计划。

Jason Tan 指出，由于家长认为孩子能够因为掌握英语而获得巨大的经

① Saravanan Gopinathan, “Gopinathan, the State and Education Policy in Singapore,” in Mark Bray and W. O. Lee eds, *Education and Political Transition*: *Themes and Experiences in East Asia*, 2nd edition, Hong Kong: Comparative Education Research Centre, University of Hong Kong, 2001, pp. 29 – 30.

② Região Administrativa Especial de Macau, “Planeamento para os Próximos Dez Anos para o desenvolvimento do Ensino Não Superior (2011 – 2020) (Texto para recolha de comentários),” accessed on 21 February 2011.

济利益，香港的学校教育正在逐步向以英语为教学语言的阶段过渡。但他亦指出，尽管许多学校声称用英语教学，但事实上是用广东话或者同时用广东话和英语进行教学。他相信，广东话未来仍将作为香港特色的一个重要象征，并将跟普通话一起作为官方场合的主要语言①。李楚成（David Chor Shing Li）指出，香港人的一个共识是熟练运用英语和汉语进行交流是保证香港经济繁荣和发展的一个重要因素。他认为，在政府、教育、商业和法律等领域，英语将完全压倒另外一种地位较高的语言——汉语书面语，而广东话将保持其作为香港全体华人的社交语言的地位②。

金斯利·博尔顿（Kingsley Bolton）认为，促使英语在现代香港社会广泛使用的最重要因素是20世纪70年代和80年代的教育改革。通过这次改革，原本只在精英学校使用的英语和双语教学开始转变为大众（或平民）双语教学。尽管这一教育体系还存在着很多问题，但为大部分孩子提供了在“英汉双语”中习得英语的机会。博尔顿也对1999年开始实施的综合性教育改革的主要阶段进行了划分：“动员阶段”，800名社区领袖受邀参加一个大型集会来表达他们的关切；“设计阶段”，向普通大众阐明最新社会变革及教育新目标的改革文件，并邀请他们进行评价。香港特别行政区教育统筹委员会开展了一系列的创新性咨询活动，其中一项调研考察了中小型企业的人力资源需求，并拜访了各大型专业团体以征集他们的意见③。

香港特别行政区教育统筹委员会在迈入21世纪的世纪之交发布了《终身学习，全人发展：香港教育系统改革建议》，香港课程开发咨议会起草了《学会学习：课程发展路向》的文件，确立了“教育改革必须满足迎接新世纪挑战的需要”的指导原则，提出了2001～2011年课程开发的总体方针。如前面提到的经济合作与开发组织的文件所述，后一份报告包含两个重要信息（教育的重点从“教”转变为“学”，注重学习过程而非简单的知识记

① Jason Tan, “Education and Colonial Transition in Singapore and Hong Kong: Comparisons and Contrasts,” *Comparative Education*, 1997, 33 (2), pp. 303－312.

② David Chor Shing Li, “The Functions and Status of English in Hong Kong: a post－1997 update,” in Kingsley Bolton and Han Yang eds., *Language and Society in Hong Kong*, Hong Kong: Open University of Hong Kong Press, 2008, p. 233.

③ Kingsley Bolton, “The Sociolinguistics of Hong Kong and the Space for Hong Kong English,” in Kingsley Bolton and Han Yang eds., *Language and Society in Hong Kong*, Hong Kong: Open University of Hong Kong Press, 2008, pp. 157－193.

诵），对香港特别行政区的教育体系产生了巨大的影响。

在教育改革和规划方面，澳门不仅落后于香港特别行政区，也落后于其他相邻国家和地区①。刘羡冰指出，澳门有两大教育目标：①将其公民培养为地球村的成员，使之具备在 21 世纪的挑战中独立竞争并生存的技能，②培育特别行政区的第一代建设者，他们既具备个人发展和生存的能力，同时也具有团结协作将澳门建设成一个成功的特别行政区的素质。刘羡冰还点明了当前国际教育改革的趋势，指出澳门必须做出快速反应，否则将遭受重大损失。他还提醒读者，《澳门特别行政区基本法》第 121 条明确规定，澳门特区政府被授权自由制定其教育政策②。

若不能以坚定的政治意志和坚决的行动来应对当前形势，将严重危害澳门特别行政区的繁荣，损害其在本地区的重要地位。澳门特别行政区必须立即着手增强学生的能力、使其能够迎接全球化、知识化、高技术、多文化社会的挑战，必须吸引这一过程中的所有利益相关者的参与，采取综合协调的改革方法来实现这一目标。

五　澳门的教育和改革

在葡萄牙统治时期，澳门教育体系的特点是奉行“不投资、不干涉”政策。单文经（Peter Shan Wen Jing）和杨秀玲（Sylvia Ieong Sao Leng）认为，葡萄牙当局的教育政策是“自由放任”（laissez - faire）或者说“放手不管”（non - commitment），其特征是永远将葡萄牙人社区的政治、经济、社会与文化利益作为第一优先，而极少关注为中国人社区服务的学校及其设施，直到 20 世纪 70 ~ 80 年代澳门才姗姗来迟地引入现代教育制度③。第一届澳门特别行政区政府在 21 世纪头十年中实施了旨在改进澳门教育制度的一系列改革措施。然而，澳门的小、中、大学教育的现状尚远远不能满足澳门的人力资源需求，无法对

① Lau Sin Peng, *A History of Education in Macau, 1995*, Sylvia S. L. leong and Victoria L. C. Lei trans., Macau: Faculty of Education, University of Macau, 2009, p. 44.

② Lau Sin Peng, *A History of Education in Macau, 1995*, Sylvia S. L. leong and Victoria L. C. Lei trans., Macau: Faculty of Education, University of Macau, 2009, pp. 41 - 44.

③ Shan Wen Jing and leong Sao Leng, "Post-Colonial Reflections on Education Development in Macau," Keynote Address Annual Conference of the Comparative Education Society of Hong Kong, University of Macau, 2009, 17 (1), p. 40.

其经济与社会发展做出更大的贡献。正如单文经和杨秀玲指出的那样，博彩业的人力资源需求对教育造成了巨大的压力。一方面，该行业需要大量受过高等教育的专业人士来填充中高层管理岗位；另一方面，该行业也诱使学生很早就从学校退学，因为他们可以轻松地在赌场找到做庄家的工作①。

中国中央政府计划将澳门特别行政区发展成为一个全国性的教育中心，同时扩大澳门在全球葡语国家的作用与影响力（中国 - 葡语国家经贸合作论坛，2010）。为了响应这一计划，澳门必须将其重心从博彩旅游业转向服务经济的创造上。尽管在自治的头十年里，澳门的教育部门发生了根本性的变革，澳门特别行政区依然缺少足够的人力资源，甚至无法满足政府实现最基本的“澳人治澳”原则的需求。

戈皮纳坦强调，关于教育政策及其实施策略，澳门特区政府要对任务与目标有清晰的认识，与此同时，青年一代也应认识到全球化学习和全球化雇佣的机会越来越多。她指出，澳门特区政府不仅要教育自己的公民，而且也致力于吸引全球人才来填补其技能短板②。新加坡教育制度的成功清楚地表明，教育改革需要政府的强力推动，无论是在政策制定阶段，还是在政策实施阶段——但或许更重要的是，需要全社会的参与，需要开放透明。

尽管很多人呼吁澳门应建立统一的学校体系③，但澳门绝大多数学校都是私营的，尽管它们依赖政府补贴，但由于长期的自治传统，他们经常不愿实施许多倡议中的变革措施。教育当局也倾向于发布含糊的指令，允许各学校对他们建议的改革有不同的理解和实施策略。

中央政府在一次全国教育方面的会议上发布了《国家中长期教育改革和发展规划纲要（2010～2020）》。在此之前，温家宝总理就强调指出

① Shan Wen Jing and leong Sao Leng, "Post-Colonial Reflections on Education Development in Macau," Keynote Address Annual Conference of the Comparative Education Society of Hong Kong, University of Macau, 2009, 17 (1), p. 41.

② Saravanan Gopinathan, "Globalization, the State and Education Policy in Singapore," in Mark Bray and W. O. Lee eds, *Education and Political Transition: Themes and Experiences in East Asia*, 2nd edition, Hong Kong: Comparative Education Research Centre, University of Hong Kong, 2001, pp. 25 - 30.

③ Shan Wen Jing and leong Sao Leng, "Post-Colonial Reflections on Education Development in Macau," Keynote Address Annual Conference of the Comparative Education Society of Hong Kong, University of Macau, 2009, 17 (1), p. 40.

地方政府必须摆脱旧观念和制度的束缚，探索教育发展的新方式。遗憾的是，澳门特别行政区政府发表于2010年年底、用于公众质询的《非高等教育发展十年规划（2011～2020年）》不但未能将国家教育改革的原则包括进去，而且未能引入推动澳门经济社会发展和强化澳门特别行政区多语言和多文化特点所必需的教育改革。该规划计划将国际化视角融入澳门教育体系①，同时改善教师队伍的工作条件，监控教育质量，鼓励课程改革和教学资源的开发②。该规划还建议，进一步推动澳门与中国内地的交流③，但没有提及为落实已公布的国家教育改革计划或致力于将中国建设为“人力资源强国”的《国家中长期教育和改革发展规划纲要（2010～2020年）》，澳门特别行政区将采取什么特定战略或进行哪些具体的教育体系改革。在一份名为《绘制基本实现教育现代化的宏伟蓝图》的文件中，教育专家徐京跃、张宗堂、吴晶、赵超解释说：“教育发展要适应经济社会发展对人才的需求”，并补充说“国民素质提高关键靠教育”④。澳门教育规划则未能强调，建设能够真正满足澳门所在的珠江三角洲地区以及更广泛的中国社会的人才需要的教育体系，与社会经济发展之间有什么关联。

澳门教育体系的改革也落后香港特别行政区十年。十年前，香港既已开始实施教育改革以全面适应其经济发展的需要。2005年，何泺生就已经指出，香港正在发展成为一个知识型经济社会，将需要众多知识丰富、态度开明的人来推动经济发展，建设一个繁荣幸福的社会，并迎接全球化带来的挑战。为了达到这一目的，香港需要开展大众教育，培养良好的公民素养，提升学习技能，强化迎接挑战的意志力。同时，也需要开展精英教育，培养出性格坚定、目光远大、胸襟开阔、道德高尚、知识丰富的专业人员和领导者。这些任务的完成有赖于在教育各阶段，包括小学、中学和大学的优秀师资。重要的是，应该尊重教师自治，应该允许教职员工自由地发挥其独创性。同样关键的是，教育体系不应阻止教师履行其专业职能，因为

① 《非高等教育发展十年规划（2011～2020）》2.2.5。

② 《非高等教育发展十年规划（2011～2020）》3.3～3.7。

③ 《非高等教育发展十年规划（2011～2020）》3.10.5。

④ 本条文献实为新华社长篇通讯《绘制基本实现教育现代化的宏伟蓝图——国家中长期教育改革和发展规划纲要诞生记》，作者为新华社记者徐京跃、张宗堂、吴晶、赵超。——译者注

过多的“管理主义”会带来教师的边缘化，从而让现有的教师队伍感到窒息和疏远，并且会使那些有志于从事教师职业的人踌躇不前。他还指出，教师在社会上受尊重程度的下降也降低了年轻人从事教师职业的热情，挫伤了教师队伍的士气，使得年轻教师仅仅是因为没有更好的出路才加入或继续待在这个行业里。何泺生的结论是：如果任由这一切发生，香港的未来就危险了①。

澳门特别行政区的经济发展和未来前景与何泺生描述香港的情形并无大异，因而澳门的教育需求也非常相似。近年来，澳门的教育体系里已经有很多老师为了更好的收入而改行去赌场及其相关产业工作。澳门《非高等教育发展十年规划（2011～2020年）》试图通过规定将学校至少70%的收入用于教职员工的收入和福利②，以及提倡尊师重教③来解决这一问题。若教师薪酬福利占学校收入70%的规定得以实施，可能会导致学校要求专职教师工作更长时间，同时兼任更多的行政和管理任务。而人们也怀疑政府是怎样落实规划中的“尊师重教”的——就在2010年夏天，澳门特区政府的教育主管部门教育暨青年局就试图将跟普通公务员差不多的绩效任务强压给教师，这说明它根本就没有理解教师队伍在职责和工作量上的特性和特点。

澳门特别行政区必须创设一个关于教育（特别是语言教育）在社会和经济中的作用的长远愿景。它必须让教育体系为经济发展的目标服务。现有的“放任自由”的教育政策必须以强有力的威权行动来代替，并且应该树立清晰的指导原则，并且应细致地监管这些原则在学校层面的实施，以确保这些原则为所有学校所采纳。教师培训和教学资源开发也是成功实施教学改革的关键之一。

精英价值观也应作为社会与经济发展的关键之一给予传播。政府保护公民在就业市场上的权益是可以理解的，但是要避免骄傲自满，一定程度的竞争也是必需的。时任教育暨青年局局长的苏朝晖博士在2011年1月17日的

---

① Lok Sang Ho, “Education reform in Hong Kong: What are the Lessons?” in Lok Sang Ho, Paul Morris and Yue-ping Chung eds., *Education Reform and the Quest for Excellence: The Hong Kong Story*, Hong Kong: Hong Kong University Press, 2005, pp. 221－222.

② 《非高等教育发展十年规划（2011～2020）》3.1.2。

③ 《非高等教育发展十年规划（2011～2020）》3.3.1。

一次电台采访节目中指出，澳门教育体系改革的问题不在于钱，而在于政府是否用心。苏朝晖博士认为，只有激情和奉献才能造就优秀，而这正是澳门青年一代所缺少的（“今日澳门”，2011 年 1 月 18 日）。随着中国“十二五”规划（2011～2015 年）的实施，中国计划进入人才开发的一个更高层次，澳门特别行政区的居民必须清醒地认识到，要想保持目前的经济增长和繁荣，就必须具备能够在新的全球化社会——政治框架下工作的高素质人才。对这一新框架而言，多文化软实力环境是其显著的特征，而多语言能力、独立思考能力和个人创造性是最基本的工具。澳门居民必须认识到，政府只能为当地居民设置一个保护性雇佣比例，但前提是他们能够胜任企业所提供的职位。随着经济的继续发展和国际竞争的加剧，对人们的受教育程度的要求会逐步提高，在澳门开业的私有企业也同样会对人才素质提出更高的要求。缺乏称职的本地员工会使当地的失业状况进一步恶化。除非澳门打算向那些产油国家学习，在全国公民中间重新分配国家财富，并聘用外国劳工来补充未满足的工作空缺——这些空缺岗位包括从清洁人员到大学教授的各个层次——否则，就必须采取重大的教育改革措施来保障澳门的经济与社会发展。

教育体系的改革不仅是直接相关者（如学校、学生、教育者和教育当局）的责任，也是其他政府机关以及整个社会的责任。只有每一个人都决心变革并且接受变革的逻辑，变革才能取得真正的成效。自上而下的改革一直以来尝试不断，但除非得到整个社会的理解与支持，否则很难真正推动。尽管上海市在 2009 年的国际学生评估项目（Programme for International Student Assessment，PISA）① 的阅读测试中表现突出，但其教育体系的质量依然远低于政府中的改革者设定的目标，其主要原因按顾泠沅的解释是：“学生学习成绩的提升主要是通过有组织的、结构化的、自上而下的改革取得的，其手段或者是通过考试或者是通过政策调整。”② 何泺生研究了近 30 年香港的教育改革，他得出结论：“改革要想成功，在采取自上而下的方法

① 国际学生评估项目（Programme for International Student Assessment，PISA）是一项由经济合作与发展组织（Organization for Economic Co－operation and Development，OECD）统筹的学生能力国际评估计划，主要对接近完成基础教育的 15 岁学生进行评估，测试学生能否掌握参与社会所需要的知识与技能。

② OECD，“Shanghai and Hong Kong：Two Distinct Examples of Education Reform in China，” in *Lessons from PISA for the United States*，OCDE Publishings，2011，DOI 10.1787/9789264096660－5－en，accessed on 3 January 2011.

的同时必须争取到整个教育体系各个组成部分对实施改革的支持。”[①]。他的观点获得了史蒂芬·伊万（Stephen Evans）等的赞同。后者相信致力于打造香港未来强有力的语言能力的所有改革倡议不但要在方法论上无懈可击，而且要获得全社会各个阶层的接纳[②]。其关键在于所有利益相关者都要全面理解和接受改革的目标。

政府要做的是为学校、学生以及最重要的是学生的家长提供充分的解释说明，同时推动关于改革利弊的讨论。从 20 世纪 70 年代开始，在邻近的香港就一直进行关于地区特色、语言使用和双语教育的全面性的公开大辩论。在澳门，也举行了多次全民性大会来讨论教育问题，开展了多次公开咨询活动来收集公众意见。然而，这些双边沟通活动仅发生在教育主管当局和一小群竭力维护自身利益的学校代表之间，并不能推动公开且具有广泛社会代表性的对话，以促进全社会对政府的教育目标的理解，因而难以促进变革和改革。

1979 年，新加坡总理李光耀发起了“讲普通话运动”，目的是创造一个讲普通话的环境，从而为在新加坡成功推动双语教育计划提供条件。新加坡最大的族群社区是华人后代，讲数种中国方言，这些方言差异很大，不能互通。这一运动的目的是简化这一语言环境，通过倡导使用通用口头语促进华裔新加坡人之间的理解。贝磊认为，发起这一运动的理由之一是“提升新加坡在大中华地区的竞争力”[③]。澳门特别行政区政府应学习这一案例，发起一场“学习葡萄牙语运动”，广泛向澳门民众宣传学习这一官方语言的好处，通过其给个人和社会带来的利益来促进中葡双语的使用，更重要的是，借此提升澳门特别行政区在葡语国家（特别是安哥拉、巴西等对中国经济发展与繁荣越来越重要的葡语合作伙伴）之间的竞争力。

此外，这一运动还能够启动澳门特色建设这一最急需的社会大讨论。发起一次以特色建设和语言使用为题的辩论不仅有助于弄清澳门社会的关注点

① Lok Sang Ho, “Education Reform in Hong Kong: What are the Lesson?” Lok Sang Ho, in Paul Morris and Yue-ping Chung eds. , *Education Reform and the Quest for Excellence: The Hong Kong Story*, Hong Kong: Hong Kong University Press, 2005, pp. 217 – 218.

② Stephen Evans, Podney Jones, Ruru S. Rusmin and Cheung Oi Ling, “Three Languages: One Future,” in Martha C. Pennington ed. , *Language: in Hong Kong at Century's End*, Hong Kong: Hong Kong University Press, 1998, p. 407.

③ Mark Bray and Pamsey Koo, “Postcolonial Patterns and Paradoxes: Language Education in Hong Kong and Macao,” *Comparative Education*, 2004, 40 (2), p. 235.

和需求点，而且能够发动所有居民的参与。澳门特别行政区多文化多语言特色的有关讨论一旦启动，当澳门居民意识到自己的语言特色对个人和社会都有增值作用时，草根阶层就能够更好地理解从而更好地接受后续的教育政策或教育改革。澳门特区政府就可以进入“动员阶段”吸引民众的参与，然后在后续的“设计与实施阶段”让所有利益相关者一起来践行其承诺。如柏利拉·莫·沙（Parilah Mohd Shah）和法兹雅·艾哈迈德（Fauziah Ahmad）所称，教育改革计划须精心设计并获得社会各阶层支持，教师、管理者、政策制定者、社会和政府须一起携手消除或减少实施过程中的障碍，只有这样，学生才有更大的成功可能性①。

最基本的是，澳门特别行政区的教育当局和利益相关者应反思其他国家和地区在教育领域的经验教训，像新加坡一样借鉴国外的成功经验。所有的这些做法都应该与澳门的特殊区情和要求以及实施条件相匹配。澳门特别行政区的繁荣和社会稳定，以及其融入珠江三角洲经济发展的定位、对提升中国对外交往的贡献，都严重依赖于多文化多语言社会的发展，而这一发展又必须借助包含多语言教育计划在内的教育体系的改革。

根据林舜玲对中国内地少数民族学习者的研究，一旦能稳定掌握两种语言（家乡话和普通话）之后，学生就能够更快地掌握第三门语言（英语）②。林舜玲的发现也得到了“欧盟学校模式”多语种教育所取得的成就的验证。因此，澳门多语种教育计划的第一步应该是培养广东话－普通话的双语能力。与“欧盟学校模式”相类似，在学生第一语言的文学能力培养的第一阶段，就可以同时以体育、音乐或“葡萄牙语时间”等非强制性认知活动和情境嵌入式活动的方式，非正式地引入葡萄牙语。其目标必须是培养语言与创造性能力、多文化与特色认同意识，而不是为了考试而学习。

林舜玲还发现，在外语未得到广泛应用的社会里，学习者要想取得好的结果，需要在课堂外自己做大量练习，特别是互动性的语言生产活动③。在

---

① Parilah Mohd Shah and Fauziah Ahmad, “A Comparative Account of the Bilingual Education Programs in Malaysia and the United States,” *GEMA Online Journal of Language Studies*, 2007, 7 (2), p. 74.

② Agnes S. L. Lam, *Language Education in China: Policy and Experience from 1949*, Hong Kong: Hong Kong University Press, 2005, p. 185 - 186.

③ Agnes S. L. Lam, *Language Education in China: Policy and Experience from 1949*, Hong Kong: Hong Kong Universtiy Press, 2005, p. 183 - 184.

倡导课堂外葡萄牙语应用上，政府可以通过创办和资助针对青年的期刊和报纸、电视节目、互联网论坛、博客和其他社交网站等方式，发挥积极作用。政府也可以采取更多的行动，如资助语言角、辩论社与辩论赛、文化与体育等使用葡萄牙语的活动，并将这些活动作为建设澳门特色与青年文化的协同战略的有机组成部分。

在实施多语种教育体系的第二阶段，可以将英语作为学生的第三语言引入。葡萄牙语和英语的语系树有很多共同的枝干，学生的葡萄牙语技能肯定有助于其对作为第三语言的英语的掌握，这种助力一方面体现在语言知识点上，另一方面体现在学习方法和技巧上。

澳门葡文学校正在寻求合作伙伴以便将其逐步建设成为使用葡萄牙语、英语和普通话的三语学校（《一所学校，三种语言》，“今日澳门”，2011 年 2 月 28 日）。但对于在澳门推广多语言的中长期规划而言，同样关键的是，像这样的项目应该有详尽的规划，并得到语言学习和多语言教育的研究者和实践者的大力支持和监督。

满足澳门中短期的多语言教育需求的重任落在了具有悠久的双语教育传统的葡萄牙语 - 中文学校身上。在这些学校，每周 2 ~5 小时的葡萄牙语教学应以密集的沉浸式课程替代，从而让学生能够逐步将葡萄牙语作为需要认知能力的有实质内容的课程的教学语言。也许，认真研究一下泰国 Sarasas Ektra 双语学校采用的双轨课程模式的成果是有益的，这有助于我们决定这一方法是否适应澳门的教育环境。本森提出，要判断一个双语模式是否适用于特定地区的条件、在大规模推广之前应投入何种类型的技术与教学资源以确保计划成功，一个有用的办法是实验教学，尤其是制订引导计划。澳门特别行政区政府应鼓励学术研究，创设和培育实验学校或者至少是实验班级，以测试不同多语言教学模式和从小学到大学的进一步教育改革的有效性与适用性。

应以符合学生对其未来学术与职业生涯预期的方式，清楚地说明在这些学校逐步引入中葡双语并将其真正作为教学语言，同时将英语作为外语教学的计划。多学习一门外语需要付出额外努力，这些努力应该为学生将来在澳门或澳门之外的进一步深造提供知识基础。应扩大学生交流与奖学金计划的范围，使之不仅包括本科和研究生阶段想去葡萄牙深造的大学生，而且应该包括中学的学生与老师。葡萄牙语 - 中文学校应该与葡萄牙以及其他葡萄牙语国家的学校建立伙伴关系，实行教职员工和学生交换，从而帮助构造一个课堂内外的双语环境。葡萄牙语－中文学校还应该聘用母语为葡萄牙语的教师讲授科学或数学等课程——香港特别行政区在1998年就在中学实施了“以英语为母语的英语教师计划”（NET Scheme），这一计划与其在20世纪90年代初实施的“外籍英语教师计划”（EET Scheme）一样，目标是在逐步将中文（粤语）变成教学语言的同时，保持和提高师生的英语水平①。

最后，同样重要的是，澳门大众和私立大学有责任为高水平的葡萄牙语教育和将葡萄牙语作为教学语言创造、培育条件。许多外国大学在招收来自外国的本科生和研究生时，都会提供一年过渡课程或预科课程，以确保所有的入学申请者都具备足够的学术能力和语言技能，能够满足其未来选修学位课程的需要。大学教育机构应对澳门社会的需要做出敏捷反应，提供一系列学位课程。这些学位课程应考虑澳门除了博彩业之外的长期经济发展趋势对私营和公共部门提出的人才需求，应将中央政府发布的全国和地区性发展纲要中所列明的政府治理、双边与多边关系、社会与经济合作、技术发展等多个趋势对人才提出的需要也考虑进去。

只有敞开怀抱，努力建设多文化特色并真正成为多语言社会（葡萄牙语、英语、广东话和普通话），澳门才能强化其竞争优势，将自己建设成为一个国际化的教育、文化和经济中心。更重要的是，澳门的多文化将有助于建设和培育一个富有包容性的和谐社会。

参考文献

1. “China's New National Education Plan: Aims to Build a Country with Rich Human Resources,” *Xinhua. net*, 30 July 2010, accessed on 29 January 2011.
2. “Dinheiro não traz facilidade: DSEJ diz que falta sinceridade e paixão para melhorar a educação,” *Hoje Macau*, 18 January 2011, p. 4.
3. “Uma escola, três línguas,” *Hoje Macau*, 28 February 2011.
4. Hugo Baetens Beardsmore ed., *European Models of Bilingual Education*, Bristol: Longdunn Press, 1993.
5. Carol Benson, “The importance of mother tongue-based schooling for educational

① Mark Bray and Ramsey Koo, “Postcolonial Patterns and Paradoxes: Language Eduation in Hong Kong and Macao,” *Comparative Education*, 2004, 40 (2), p. 226.

quality," *Commissioned Study for Education for All Global Monitoring Report* 2005, accessed on 2 February 2011.

6. Kingsley Bolton, "The Sociolinguistics of Hong Kong and the Space for Hong Kong English," Kingsley Bolton and Han Yang eds., *Language and Society in Hong Kong*, Hong Kong: Open University of Hong Kong Press, 2008, pp. 157 - 193.
7. Mark Bray and Ramsey Koo, "Language and Education," Mark Bray and Ramsey Koo eds., *Education and Society in Hong Kong and Macao: Comparative Perspectives on Continuity and Change, 1999*, Hong Kong: Comparative Research Centre, The University of Hong Kong/Kluwer Academic Publishers, 2004.
8. Bray Mark and Ramsey Koo, "Postcolonial Patterns and Paradoxes: Language Education in Hong Kong and Macao", *Comparative Education*, 2004, 40 (2), pp. 215 - 239.
9. Elaine Chan, "Beyond Pedagogy: Language and Identity in Post-colonial Hong Kong," *British Journal of Sociology of Education*, 2002, 23 (2), pp. 271 - 285.
10. Thomas Chung and Hendrik Tieben, "Macau: Ten Years after the Handover," *Journal of Current Chinese Affairs*, 2009, 38 (1), pp. 7 - 17.
11. Jim Cummins, "Bilingual Children's Mother Tongue: Why Is It Important for Education?" 2003, accessed on 4 December 2010.
12. Maya Khemlani David, "Language Policies-Impact on Language Maintenance and Teaching Focus on Malaysia, Singapore and The Philippines," Tjeerd de Graaf eds., Nicolas Ostler and Reinier Salverda. *Endangered Languages and Language Learning*, Proceedings of the Foundation for Endangered Languages XII, 24 - 27 September 2008 Fryske Akademy and Mercator European Research Centre on Multilingualism and Language Learning.
13. Jean-Marc Dewaele and Jan Pieter van Oudenhoven, "The Effect of Multilingualism on Personality: No Pain Without Pain for Third Culture Kids?" *International Journal of Multilinguism*, 2009, 6 (4), pp. 443 - 459.
14. Nadine Dutcher, "Promise and Perils of Mother Tongue Education," accessed on 22 October 2010.
15. Stephen Evans, Rodney Jones, Ruru S. Rusmin and Cheung Oi Ling, "Three Languages: One Future," Martha C. Pennington ed., *Language: in Hong Kong at Century's End*, Hong Kong: Hong Kong University Press, 1998, pp. 391 - 415.
16. Rebecca Freeman, "Reviewing the Research on Language Education Programs," Ofélia García and Colin Baker eds., Clevedon: Multilingual Matters, 2007, pp. 3 - 18.
17. Aine Furlong, "The Relation of Pluralinguism/Culturalism to Creativity: a Matter of Perception," *International Journal of Multilingualism*, 2009, 6 (4), pp. 343 - 368.
18. John Gibbons and Elizabeth Ramirez, *Maintaining a Minority Language: A Case Study of Hispanic Teenagers*, Clevedon: Multilingual Matters, 2004.
19. Saravanan Gopinathan, "Globalization, the State and Education Policy in Singapore," Mark Bray and W. O. Lee eds., *Education and Political Transition: Themes and*

Experiences in East Asia. 2nd edition. Hong Kong: Comparative Education Research Centre/University of Hong Kong, 2001, pp. 21 – 36.

20. Stuart Hall, David Held and Tony McGrew eds., *Modernity and its Futures*, Cambridge: Policy Press/Open University, 1992.
21. Ieong Wan Chong, *Macau 2010: the long term objectives and development strategies in 20 years*, Macau: Macau Development Research Centre, Macau Association of Economic Sciences, 2000.
22. Claire Kramsch, *Language and Culture*, Oxford: Oxford University Press, 1998.
23. Agnes S. L. Lam, "Bilingual or Multilingual Education in China: Policy and Learner Experience," Anwei Feng ed., *Bilingual Education in China: Practices, Policies and Concepts*, Toronto: Multilingual Matters Ltd, 2007, pp. 13 – 33.
24. Agnes S. L. Lam, *Language Education in China: Policy and Experience from 1949*, Hong Kong: Hong Kong University Press, 2005.
25. Lau Sin Peng, *A History of Education in Macau, 1995*, trans. by Sylvia S. L. Ieong and Victoria L. C. Lei, Macau: Faculty of Education, University of Macau, 2009.
26. David Chor Shing Li, "The Functions and Status of English in Hong Kong: a Post – 1997 Update," Kingsley Bolton and Han Yang eds., *Language and Society in Hong Kong*, Hong Kong: Open University of Hong Kong Press, 2008, pp. 194 – 240.
27. Li Wei, "Dimension of Bilingualism," Li Wei ed., *The Bilingualism Reader*, 2nd edition, London: Routledge, 2007, pp. 3 – 22.
28. Angel M. Y. Lin and Evelyn Y. F. Man, *Bilingual Education: Southeast Asian Perspectives*, Hong Kong: Hong Kong University Press, 2009.
29. Lok Sang Ho, "Education Reform in Hong Kong: What are the Lessons?" Lok Sang Ho, Paul Morris, Yue-ping Chung eds., *Education Reform and the Quest for Excellence: The Hong Kong Story*, Hong Kong: Hong Kong University Press, 2005, pp. 217 – 222.
30. Andrew Moody, "Macau English: Status, Functions and Forms," *English Today*, 2008, 95 (3), pp. 3 – 15.
31. Chen Ping, "China," Andrew Simpson ed., *Language and national identity in Asia*, Oxford: Oxford University Press, 2007, pp. 140 – 167..
32. Região Administrativa Especial de Macau, "Planeamento para os Próximos Dez Anos para o desenvolvimento do Ensino Não Superior (2011 – 2020) (Texto para recolha de comentários)," accessed on 21 February 2011.
33. Parilah Mohd Shah and Fauziah Ahmad, "A Comparative Account of the Bilingual Education Programs in Malaysia and the United States," *GEMA Online Journal of Language Studies*, 2007, 7 (2), pp. 63 – 77.
34. Shan Wen Jing and Ieong Sao Leng, "Post-Colonial Reflections on Education Development in Macau," Keynote Address Annual Conference of the Comparative Education Society of Hong Kong, University of Macau 17 January 2009, accessed on 20 March 2011.

35. Raymonde Sneddon, "Learning in Three Languages in Home and Community," Jean Conteh, Peter Martin, Leena Helavaara Roberson eds., *Multilingual Learning: Stories from Schools and Communities in Britain*, Stroke on Trent: Trentham Books, 2007, pp. 23 - 40.

36. Special Adminsitrative Region of Hong Kong Education Commission, "Learning to Learn - The Way Forward in Curriculum Development," accessed on 24 March 2011.

37. Jason Tan, "Education and Colonial Transition in Singapore and Hong Kong: comparisons and contrasts," *Comparative Education*, 1997, 33 (2), pp. 303 - 312.

38. Yue Xuying, Zhang Zongtang, Wu Jing, Zhao Chao, "A Blueprint for Educational Modernization: The Birth of the Outline of China's National Plan for Medium and Long-term Education Reform and Development," *Xinhua. net*, 30 July 2010, accessed on 29 January 2011.

39. Carissa Ming Yee Young, "Macao Student's Attitudes Towards English: A Post - 1999 Survey," *World Englishes*, 2006, 25 (3/4), pp. 479 - 490.

40. Carissa Ming Yee Young, "Multilingual Education in Macau," *International Journal of Multilingualism*, 2009, 6 (4), pp. 412 - 425.

认真落实优化澳门多语教学：在同城化和国际化中传承和创新中外桥梁角色

杨秀玲*

摘　要：因历史和地理的机缘，澳门创造了昔日的辉煌：她曾是培育双语和三语精英的摇篮；她目睹了自己作为中西文化桥梁的峥嵘岁月；她又是多元包容、和平和谐、孕育和坚持人文理想的典范。本文强调，语文和多语能力是国际旅游都会和度假胜地的人口应具备的重要素质，认为有必要回顾澳门主权回归前后在语文和外语教学方面的各种努力，并同时指出因缺乏远见和视野所失去的大好机会。本文作者坚信，澳门经过十年以龙头产业——博彩业为驱动的高速经济发展，现在正是时机励精图治，提升其人口素质，特别是青少年的语文和外语能力，认真落实优化澳门多语教学，使澳门在地区和国际事务发展中传承和创新其独特的桥梁角色，继续发挥其国际文化交流中心的作用，以避免在珠三角同城化和全球化的洪流中被边缘化。本文最后提出语文和外语教学中的几个具体问题，以及如何认真落实优化澳门多语教学。

一　序言：莲花宝地，昔日辉煌，前景亮丽

位于中国南部海滨的边陲小城澳门，到底是个什么地方？几百年来，众

* 杨秀玲，澳门大学教育学院客座学者。

多中西方文人墨客、历史学家、政治家，或定居，或避难，或路过，或考察，都为她所吸引，对她进行过研究并做了精彩动人的描述。

2010 年 11 月 15 ~ 16 日，国务院总理温家宝访问澳门，在与各界人士亲切会面中，温总理几次有感而发："澳门是有文化的！"[①] 因历史和地理的机缘，澳门创造了昔日的文化辉煌：她曾几度人才荟萃、星光熠熠；她曾是培育双语和三语精英的摇篮；她目睹了自己作为中西文化桥梁的峥嵘岁月；她更是华洋居住、中外人士友好相处，多元、多语、多方言，包容、和谐、孕育并坚持人文理想的典范。

前人大常务委员会副委员长、语言文字学家许嘉璐教授对温家宝总理的"澳门是有文化的！"做了精辟的诠释。许嘉璐教授在接受澳门大学颁授荣誉博士学位时，为澳门大学师生做了题为《经济全球化、文化多元化语境下的澳门》的演讲。许嘉璐教授除了讨论文化多元的内涵和澳门在其中应扮演的角色外，他还特别强调，澳门跟世界上任何被战争侵占的殖民地和强行推行殖民文化的情形不同，因为在澳门，中、葡双方都保留了各自的价值观、伦理观、世界观，都保持了各自特色，同时，各自特色中又融入了对方的有益成分，创造出第三种文化，这证明了中华民族的优秀文化能与其他异质文化和平相处。许嘉璐教授总结说：

> 温总理的言论已超越将文化解读为人类生活方式的泛论，而是高度关注澳门在几百年间创造独具特色的文化，对异质文化融合，为中国、为世界提供多元文化融合的范例、经验和启示……澳门的价值远超越廿九平方公里，超过珠三角的一亿人口，甚至超出中国，给予世界以重要启示……在未来经济全球化环境下，澳门的作用还将进一步壮大，凭着为祖国走向国际化提供南方的窗口与平台作用，澳门为中西文化相谐共长的典范，将为祖国繁盛发挥超越历史的作用[②]。

温家宝总理的感言，许嘉璐教授的诠释，言简意赅，一针见血地点出澳门的特殊性和其极具特色的文化，强调澳门昔日的辉煌和独特的历史，如今

① 《温总：澳门有文化》，《澳门日报》2010 年 11 月 15 日，A01 版。
② 《许嘉璐谈全球化下澳门的作用》，《澳门日报》2010 年 11 月 25 日，A03 版。

拥有的多语多元文化优势和大好机遇，澳门的国际性、开放性、人文性、和谐包容性，都显示其深厚文化积淀和无限潜质，这令人憧憬并让人期盼她为这个并不和谐、并不太平的世界，为饱受苦难、焦虑不安的人类，提供某些启示、范例，并做出新的、更深层的贡献，这一切，都预示着美好的未来，令人振奋，令人鼓舞，值得我们为实现这些无比崇高的理想而共同努力奋斗。

二　多语能力是国际旅游、娱乐和度假胜地人口应具备的素养

回归以来，澳门经济在博彩旅游业的积极带动下，已经开始向比较多元的层次发展，酒店业、金融业、会展业、餐饮等服务行业都有很好的发展，澳门正朝着“国际旅游都会”和“世界娱乐休闲度假胜地”这一定位发展。然而，在这个发展过程中，人力资源和人口素质远远跟不上，其中最突出的就是人口的语言和多语能力。虽然面对从内地来的、讲普通话的游客游刃有余，但无论是“国际旅游都会”，还是“世界娱乐休闲度假胜地”，其服务对象肯定是国际性的和世界性的，因此外语能力、多语能力，理所当然成为旅游娱乐和度假胜地人口应具备的核心素养。

综观许多成功的国际旅游城市和娱乐休闲度假胜地，整体人口的素质是比较好的，有比较强的外语，尤其是英语运用能力，能比较好地沟通，因而能提供比较高素质的服务。要把澳门打造为成功的、健康的、全面配套、多元发展、面向国际的旅游休闲中心，就要加速提高其本身的人口素质和软实力，为来自全球各地的游客和宾客提供世界一流的服务，包括博彩娱乐服务、酒店餐饮服务、休闲度假服务、金融银行服务、会展交流服务、零售手信服务等。以会展、论坛为例，各种会议、展览和其他交流活动都需要大量翻译人员，不仅汉语、英语、葡语翻译人员，还有西语、法语、俄语翻译人员，而且还有许多其他小语种翻译人员，而这些目前都是远远不够的！总是靠外援也不是好办法，一来不是长远之计，二来外援人员素质参差不齐，而且也未必了解澳门文化的内涵和奥妙。因此，全面提升澳门人口的素质，包括外语和多语的能力和素养，就成为迫在眉睫的任务。

本来，因历史和地理的机缘，澳门是拥有语言优势的。对于莲花宝地奇

特的语言现象和共生的语言景观，中外学者，包括澳门的语言学家和语文教师，如程祥徽①、刘羡冰②、张卓夫③、黄翊④等，从人类语言学、社会语言学、应用语言学等角度对澳门的语言状况进行了深入的观察、研究，也都曾做过生动的描述。

澳门除了“三文四语”（指中、英、葡三种语言文字，以及中、英、葡三语再加上本地通用的粤语方言）的使用和流通以外，还有来自世界各国游客、外籍人士以及外籍劳工所使用的其他外语。假如再更深入细致地观察和研究，我们还会发现，在澳门这个弹丸之地，还有更多更有趣的语言现象。例如，长期居住在澳门的约 5 万归侨，他们会因不同的场合，使用不同的语言。在家里或遇到同乡，他们会说家乡话或祖籍方言；在正式场合，他们就说粤语或普通话，或带有各种口音的粤语或普通话；有时，他们还继续使用原侨居地的语言——印度尼西亚语、缅甸语、他加禄语（菲律宾国语）等。澳门确实是一个精彩的、活生生的语言大汇点！

应该强调的是，多语是多元文化的载体，承载着丰厚的人类智慧和人文价值。学外语的目的不仅仅是实用，也不应把外语纯粹当作工具来学习和掌握。在全球化的大千世界，外语除了是生存所需要的工具，还是为了更好地学习、认识和尊重各种不同的语言和文化、各种不同的人文价值，从而开阔视野，培养和提升总体人文素质。

要发扬澳门多语的优势，就要与时俱进，开阔视野，不断提升澳门人的语文和多语能力，加强语言教学和研究。要充分重视基础教育中的语文教学和外语教学，不仅要开设粤语、普通话、英文和葡文课程，还要创造条件开设其他语种课程，重视高等教育中的外语教学与研究，先从有条件的院校开始，把语文和外语作为澳门特色课程来开设，广招各地、各国有志学生，为国际一流的旅游都会和休闲度假胜地培养和准备合格的多语人才，为人类之间更好地沟通、认识、理解从而拥抱多元、和谐相处、相互包容、共创美好的未来做出新的贡献。

---

① 程祥徽主编《澳门语言论集》，澳门社会科学学会，1992。

② 刘羡冰：《澳门双语精英与文化交流》，澳门基金会，1995。

③ 张卓夫：《澳门多语现象研究》，澳门写作学会，2001。

④ 黄翊、龙裕琛、邵朝阳等：《澳门：语言博物馆》，香港海峰出版社，1998。

三　多语教育：澳门回归祖国前后的努力

本人曾经对回归前的语文教学、语言学习做过一些初步研究，特别是对澳门中、英、葡三语的教学模式、问题和挑战做过一些探讨。回想 1999 年前夕，随着回归的脚步声愈来愈近，澳葡政府也加快葡语教学的推广，引进一些葡语人才，祈求在 1999 年之前的最后几年，毕其功于一役。虽然很难指望用几年的时间来成就过去几百年未成就的大业，可还是有一些成绩的。当年有些政府部门规定官员要学中文或葡文以成为双语人才，也为华人开葡文班，为葡人开设粤语和普通话班。有的政府部门星期一至星期六，每天上午 9～10 时用来学习语言，不少办公室变成语言教学课室。而晚间开设的各种形式的葡文班，也挤满了护士、医生、教师、警员及其他专业人士。上班前上课，午间工休也上课，晚饭前、晚饭后上课，更有“赴葡就读”“赴京就读”之类“浸入式”的课程。那阵子澳门人学语言还是挺拼搏的，成绩也是有目共睹的。如今不少在特区政府各部门担当重任的官员和骨干，就是当年重视语言教学，“赴葡就读”“赴京就读”课程培养和造就出来的精英人才。这些宝贵人才在特区的各个领域正在发挥越来越重要的作用，将来也必将有更广阔的用武之地，做出更多更大的贡献。

当然，回归前的澳门，语文教学和语言使用还是有很多问题的，当时人们最关注的“三化问题”，即“法律本地化”“公务员本地化”“中文官方化”，实质上都跟语言、语文地位、语文教学和多语现象有关，既涉及语言政策和语言规划的层面，也涉及具体的多语教学和使用的问题。例如，在基础教育中，虽然开设了公立和私立葡文学校，不少私立学校也因政府的鼓励和资助，利用澳门的有利条件开设了有特色的葡语课程，但始终成不了气候，收效甚微。英语的教学和使用也遇到重重困难。至于中文，就连最起码的中文官方地位也是“有名无实”。但是，澳门人努力进取，不断探索，并满怀期盼，希望回归后不仅问题可乘回归效应迎刃而解，而且在原有的多元、多语相互包容的基础上，创建更理想、更富有人文精神的语言环境。

弹指间，澳门已经回归十多年了。从某种意义来说，语言领域的变革已悄然发生。澳门的中文、英文教学和整个语言景观已经发生了变化。其中，也许普通话的推广最成功，不仅特区政府重视，学校重视，整个社会对学习普通话的态度也是积极、开放、进取的。“欢迎使用普通话”跟“欢迎使用人民币”相辅相成，还加一句“本店职员会说普通话”。从整体来看，澳门人学习、使用普通话的态度，对于普通话的政治、经济和商业价值的认知，以及普通话的运用沟通能力，也许都胜过香港人，这是香港人自己也承认的。至于基础教育中的中文教学，澳门本来就有良好的语文教学传统和很优秀的语文教师队伍，在这样的基础上，进步和成绩是显而易见的。

随着澳门的国际化和高等教育的飞速发展，英语教育的格局有了很大的改进。基础教育中的英语教师队伍也在成长、壮大，走上专业化发展的道路，由20世纪90年代初只有少数完成基本教师专业培训，到如今绝大多数都成为合格的专业教师，成为教师队伍中的骨干。教师教育、持续专业发展进修活动蔚然成风。特别是作为新生力量、本地培养的年轻教师，在前辈的扶持和精心栽培下，校长又给予支持、爱护和发挥所长的机会，表现得朝气蓬勃，敢于创新，使澳门的英语教学面貌有了很大的改观，英文教学水平普遍有明显的提高，一些优质学校悄然崛起。例如，在有些学校，英语原本是弱科或无望的科目，如今受到重视，成为学生力争获奖的科目；有些学校后来居上，在一些方面接近甚至赶上澳门的传统优质名校，外出参加各项英文比赛也能取得相当好的成绩；有些学校还有自己的英文小报。澳门学生以前只能参加两三种（即SAT、TOEFL，以及GRE）国际认可的英语测试，如今，可以自由参加多种多样的英语测试，除了TOEFL之外，还有NEWSAT、SAT II、SSAT、IELTS（雅思）、GCSE、BULATS（博思）、各种程度的剑桥考试，以及内地各种水平的外语测试。澳门也开始培育出自己本土的高等院校的教师和翻译人才，这是十分难能可贵的，应该珍惜、爱护并予以他们成长和发展的机会。澳门除了有自己的粤语、葡语和普通话新闻、电视节目以及广播等，也有了自己的英文电视新闻广播、英文日报（如*Macau Post Daily*；*Connecting*）且都很有澳门特色。语言学习、语文教育不是大张旗鼓、轰轰烈烈就能出成绩的。教师要不断提高自己的全面素养，满怀爱心和理想，脚踏实地，花心思做许多细致的工作，创新和改进教学和学生评估方法；学生要胸怀大志，认真钻研，刻苦学习；师生共同努力，才能教出高水平、学出好成绩，成为有真才实学的、真正有用的优秀人才。

今天的澳门，由于龙头产业的带动，我们每天不仅可以听到中、英、葡、西、法、俄、日、韩、越等各国语言，还能听到来自内地各省、区、市

游客带来的方言和少数民族语言，语言景观更加丰富多彩了。我们应该在原有的多元、和睦共处的基础上，发展共生的社会语言环境。因此，澳门无论因其固有的社会和历史特征，还是作为国际旅游城市的需要，都要保持和不断改善其共生的语言景观。语言文化是澳门的特色和优势，语言文化课程是澳门高等教育的强项。澳门应该继续为语言学者、学生提供生动活泼的语言实践、研习场地，为语言学家提供一个理想的研究园地。

四　从葡语的推广引出两个关键性的问题

说到澳门最有优势的葡语教学发展和使用现状，一般来看，似乎不容乐观。但令人颇感意外的是，几年前香港的报纸有这样一段报道：

> ……除了是赌业中心之外，澳门已成为中国的葡语中心，现今在澳门学习葡语的人数，比回归前还要多。澳门大学以葡语讲授葡萄牙法律，安哥拉、莫桑比克的学生来上课。此外，中文学校开设葡语班，选修学生多达五千人。前葡萄牙殖民地的学生，到澳门参加旅游、看护、翻译、工商管理的不绝如缕。澳门虽小，却因为历史原因，葡文在澳门生根，巴西商人到澳门营商，可听葡语电台、看葡语电视、读葡文报纸、吃葡国菜，好不惬意……另一葡语国家安哥拉最近拒绝了印度，改与中国签订石油合作协议，中国投桃报李，贷款二十亿美元给安哥拉兴建连接东西部的铁路。凡此种种，中国与葡语国家的经济和外交关系，日益密切，急需葡语人才。天造地设，澳门回归中国，正好为中国提供了最佳的葡语基地①。

如果这一报道全是事实，那真是十分鼓舞人心的！至少，我们终于看到了进步和积极的一面，看到一些努力的成果，也看到了未来的希望，从而发展方向更明确。

正如本文序言提到的，澳门特殊的历史和深厚的中西文化底蕴，赋予澳门葡语语言文化的优势。如果回归前由于种种因素的影响，特别是出于某些

① 乔菁华：《澳门成为中国葡语中心》，《明报》2004 年 10 月 27 日。

偏见和短视，澳门人没有很好地抓住这一历史契机，没有培养足够的真正认识和精通葡语的中葡双语人才，那么检视回归后，是不是澳门社会各个层面，特别是教育领域，对葡语的重视和推广就很足够、很好了呢？恐怕答案是否定的。

这个问题需要从几个方面来研究，但最重要的有两个方面：第一是语言政策和语言规划；第二就是教育领域，包括高等教育和非高等教育。

《澳门特别行政区基本法》第9条规定："澳门特别行政区的行政机关、立法机关和司法机关，除使用中文外，还可使用葡文，葡文也是正式语文。"《澳门特别行政区基本法》第121条规定："澳门特别行政区政府自行指定教育政策，包括教育体制和管理、教学语言、经费分配、考试制度、承认学历和学位等政策，推动教育的发展。"[①] 这为澳门的语文规划和政策留下很大发展空间。但严格来说，澳门无论回归前或回归后，从未制定语言政策和语言规划。正如语言学家程祥徽教授叹言："……至于如何针对这个多文多语的生态环境制定语文政策，进行语文教育、语文规划，澳门实在是乏善可陈。"[②]

诚然，制定语言政策和规划是很艰巨的工作，不是一蹴而就的。根据专注于美国语言政策和立法研究的克劳福德（James W. Crawford）所言，语言政策基本指：第一，政府通过立法、法庭判决、行政措施和其他手段对语言的正式介入，决定语言在公共范畴的使用；为满足国家迫切需要而优先发展语言能力；确定个人或群体学习、使用、维护语言的权利。第二，政府规范其本身的语言使用，其中包括保证清晰无误沟通的措施，人员的征聘和培训，确保程序运作畅通顺利，促进政治参与、扩大参与面，以及使各项公共服务、进程和文档传递畅通无阻[③]。

语言政策在世界各地各国的情况是很不相同的。一方面，有些国家和地区从来就没有制定过语言政策；而另一方面，有些国家和地区对官方语言、

① 1993年3月31日中华人民共和国第八届全国人民代表大会第一次会议通过《中华人民共和国澳门特别行政区基本法》。

② 程祥徽：《"双文四语"新说》，《澳门日报·新园地》2010年12月28日。

③ J. W. Crawford, *The English Only Movement*, 1997; *Language Policy*, 2000; *Language Rights*, 2000; *Language Legislation in the U. S. A.*, in *Issues in U. S. Language Policy*, 2003, http://ourworld.compuserve.com.

语言使用的场合以及使用范围等都有严格的规定，并以明文写进各种法律条文里。可以说，自从“巴别塔”以来，争论从未停止过。

根据周明朗等人所言，语言关乎“权力、身份、受教育与就业机会，尤其是情感和民族感情。五十多年来，中国推行的各项语言工程改变了中华大地的语言景观，影响到十多亿人口，包括少数民族”①。就拿占中国人口绝大多数的汉族人来说吧，家人、同乡、亲朋之间说的是“家乡话”，即各自家乡的方言；学习、工作都多用普通话；阅读、书写则用繁体、简体、汉语拼音文字。而众多的少数民族群体，既习本族语，也学汉语，前者为延续文化遗产和身份认同，后者为获得高素质教育和提高社会经济地位。有的学者认为“宪法赋予的语言权利在具体实施时走了样；落实语言政策的人也反省检讨有失策之误；少数民族的学者更从自己的亲身体验回顾所经历的种种挑战”②。

在中国台湾，使用哪一种拼音方案的争论也演变成所谓的“语言战争”③。其实早在1958年中国大陆就正式颁布了《汉语拼音方案》，在全国推广普通话方面很有成效；用《汉语拼音方案》教外国人学汉语也非常成功，因《汉语拼音方案》是以拉丁字母为基础，世界各国学习汉语的，也都采用这套拼音方案，学得既快捷又准确，很受欢迎。除了母语之外，学习另外一种语言或方言，要想学到正确的发音、说得字正腔圆，可能都需借助一套拼音方法。在《汉语拼音方案》之前，也曾经有过“注音符号”、“威翟式”（Wade-Giles System）、“耶鲁罗马拼音”（Yale Romanization），以及“国语罗马字”等，但还要数《汉语拼音方案》最简便、准确、实用而又易学。如今全球几乎所有说普通话、“国语”、“华语”或“中国话”的地方，都采用了《汉语拼音方案》。这就是为什么在2000年台湾推出一套“台湾通用拼音”（Taiwan Tongyong Pinyin）时，引起那么大的反响和争论。仔细比较《汉语拼音方案》和“台湾通用拼音”，发现近90%是相同的，孰优孰劣，本已显而易见，相信所有使用汉语的地区，包括台湾，采用《汉语

---

① Zhou Minglang & Sun Hongkai, eds., *Language Policy in the People's Republic of China: Theory and Practice Since 1949*, Springer, 2004, http://www.springeronline.com/sgw/cda/frontpage.

② Zhou Minglang & Sun Hongkai, eds., *Language Policy in the People's Republic of China: Theory and Practice Since 1949*, Springer, 2004, http://www.springeronline.com/sgw/cda/frontpage.

③ "Calls Grow for Use of Hanyu Pinyin," *Taipei Times*, 12 October 2000; "Tzeng Wants Language Policy Decided by Cabinet," *Taipei Times*, 11 October 2000, http://taiwanheadlines.gov.tw; "Taiwan Languages," http://www.etaiwannews.com/Taiwan_ Languages.

拼音方案》指日可待。

这一切都说明语言政策、语言规划、立法及落实的复杂性和敏感性。因为涉及权利、族群、归属感、身份认同、教育与就业机会、自由、平等、价值观等，是需要慎重处理的。制定语言政策、立法并将某一种语言或语种写进有关法律条文或档案，是否真能保证该语种就一定会推广得更好呢？其实，写进法律文件里不一定真能推广好，不写进法律文件里也不一定推广不好，澳门本身就是一个很有趣的例子。尽管《中葡联合声明》和《澳门特别行政区基本法》都明文规定葡文是正式官方语文，但在澳门，显然或因国际交往、升学就业影响，或因商业、社交活动实际需要，普通话和英语的“推广”似乎更成功。为了保持和发扬澳门的特色语言和文化，处于澳门官方语文地位的葡萄牙语亦要给予充分的重视和推广。

第二个关键是教育领域。一般来说，外语和多语教育主要是通过正规教育实施的，在澳门，就是通过正规的高等教育和非高等教育实施的。例如，澳门大学除了开设汉语、英语、葡语课程和翻译课程之外，还开设法语、德语、日语等课程，澳门大学法学院也开设汉语、英语、葡语法律课程。澳门理工学院开设中英和中葡翻译课程。澳门圣若瑟大学（前澳门高等校际学院）除了设有英语、葡语课程和汉语课程，还开设西班牙语、法语、俄语和日语课程。澳门科技大学通识教育部语言类课程包括英语、法语、葡语和德语。中西创新学院开设中文、英文旅游课程。澳门城市大学（前东亚大学）提供中文、英文本科生和研究生课程，还专设葡文学院。澳门旅游学院除了开设各层次的中、英旅游管理专业课程之外，也开设英语、汉语、日语和葡语等。

纵观澳门的高等教育，在课程设置和课程发展方面，对外语和多种语言多给予重视，并开设了翻译课程，培养翻译人才。当然，这些课程还是远远满足不了澳门目前的需要，更跟不上澳门将来作为“国际旅游都会”和“世界娱乐休闲度假胜地”的需要。还要开拓课程，增加语种，扩大招生，培养更多更优秀的外语和多语人才。

跟高等教育相比，澳门的非高等教育开设的语种似乎太少了。除了个别学校开设葡语或法语外，语言科目大都只开设中、英两科必修课。这种情况是急需改进的，因为对语言和外语的兴趣应该从小培养，早些开始外语教育是有其优越性的，语言和外语基础也应该在基础教育阶段打好。

要解决以上两个关键问题是很艰巨的，也不是短期内可以做到的，而且相信也会有新的问题接连出现。现在我们应该着手做的，就是要在普及的基础上提高，在量的基础上抓质。高素质的各种语言人才、出色的语言专才，是要假以时日培养的。求质、提高要比普及、求量艰巨得多，特别是在某些追逐名利、崇尚平庸的文化里，提高素质、追求卓越更是困难重重。但是，语言文化、多语多元文化，始终是澳门的特色优势，只要在现有的基础上努力工作，以极大的勇气和信心去探索，去研究，锲而不舍，就会越来越接近理想的目标。

五 小结：在同城化和全球化潮流中传承和创新澳门独特的桥梁角色

过去几百年来，澳门这个边陲小城，凭借其独一无二的历史文化，凭借其多语多元的文化优势，凭借其国际性、开放性、人文性、包容性、桥梁性以及和平和谐性，开创出一条独特的生存之道。

如今，澳门在区域化和全球化的浪潮中，借鉴历史，凭借自身独特的优势，也为自己开辟了以博彩旅游业为龙头的生存之路，传承和不断创新澳门独特的桥梁角色。

小小的澳门，不可贪大求全，要“趋利避害”，扬长避短，有所为，有所不为。正如许多有识之士所指出的，澳门有自己的生存之道，一个缺乏自然和人力资源的弹丸之地，一个边陲小城，“不可能样样俱全，人有我也要有，什么都要当中心，样样都要作重镇”。

发展澳门，教育为先，要发展特色课程，如语言历史文化，葡语、外语多语教学。还要发挥特色人文优势的课程，例如“负责任博彩”“防治病态赌徒”等，以便在博彩业兴隆和吃喝玩乐氛围里仍保青少年健康成长，还有微电子、中华医药学等。不用怕被边缘化，有些力所不及、不可为之的“边缘化”，就是为了集中力量发展和发挥我们的既有优势和可为之的特色强项。

如今，包括巴西在内的金砖国家和拉美新经济体的崛起，又为把澳门发展为葡语平台提供了新的契机，从而使澳门继续发挥其国际文化交流中心的作用，传承、扩大和创新其独特的中外桥梁角色。

澳门的多语文化是如此丰厚、如此绚丽多彩，也许正如暨南大学熊焰教授所言：

> ……有关澳门语言现象的研究蕴含着应用语言学及语言学多种理论甚至是基础理论突破的可能性，同样是澳门社会对于世界文明史的可能贡献。
>
> 如果说澳门学的建立可以丰富学术界对人类和谐发展可能性某种规律性的揭示，则澳门语言学的研究同样能在语言学范畴内作出这样的揭示①。

乘长风，破万里浪，澳门的未来，就是不断发挥她的独特优势，尤其是葡语和多语优势，通过加强普及多语教育，全面提高人口的语言素质，在同城化和全球化潮流中传承和不断创新她独特的中外桥梁作用。

参考书目

1. 程祥徽主编《澳门语言论集》，澳门社会科学学会，1992。
2. 黄翊、龙裕琛、邵朝阳等：《澳门：语言博物馆》，香港海峰出版社，1998。
3. 刘羡冰：《澳门双语精英与文化交流》，澳门基金会，1995。
4. 吴志良主编《东西方文化交流论文选集》，澳门基金会，1994。
5. 熊焰：《澳门语言学资源的学术意义》，《澳门研究》2010 年第 3 期。
6. 杨允中：《澳门 2020——未来 20 年远景目标与发展策略》，澳门发展策略研究中心、澳门经济学会，2000。
7. 杨秀玲：《莲花宝地共生的语言景观：策略、回顾与展望》，《澳门研究》2005 年第 2 期。
8. 周明朗等主编《中华人民共和国的语言政策——1949 年以来的理论与实践》，2004。
9. 张卓夫：《澳门多语现象研究》，澳门写作学会，2001。
10. 《中华人民共和国澳门特别行政区基本法》，1993 年 3 月 31 日中华人民共和国第八届全国人民代表大会第一次会议通过。
11. J. W. Crawford, *The English Only Movement*, 1997; *Language Policy*, 2000;

① 熊焰：《澳门语言学资源的学术意义》，《澳门研究》2010 年第 3 期，第 88 ~ 91 页。

Language Rights, 2000; *Language Legislation in the U. S. A.* , in *Issues in U. S. Language Policy*, 2003 , http: //ourworld. compuserve. com.

12. D. A. Kibbee, ed. , *Language Legislation and Linguistic Rights*, Amsterdam and Philadelphia: John Benjamins, 1998.
13. Zhou M. L. & Sun H. K. eds. , *Language Policy in the People's Republic of China: Theory and Practice Since 1949*, Springer, 2004, http: //www. springeronline. com/sgw/cda/frontpage.

澳门电影产业的展望与国际交流

郑国强*

摘　要：澳门是中国最早与世界发生碰撞，西学东渐、东学西传的关节点，本文首先回顾澳门历史的发展，随后分析如何利用澳门特区的宽松文化政策和中外电影合作机制，发挥澳门电影的文化特色和潜力，以促进粤港澳三地文化产业成长。

将澳门打造成为“世界旅游休闲中心”是国策，在影视产业方面，充分发挥澳门与中国内地、香港、台湾和拉丁语系国家的国际化网络、政策宽松和资金雄厚的因素，着意培养人才，共同打造电影制作、旅游景点、体验乐园、休闲产业一条产业群。

一　澳门电影产业的历史回顾

澳门历史深厚，是中西文化的基因库。历史渊源于500年前全球化的第一波，即西方所说的“大航海时代”，“中西方的伟大相遇”就在澳门这个珠江口小小的城市里发生。澳门是中国最早与世界发生碰撞，西学东渐、东学西传的关节点。

1. 澳门电影院经营80年

电影科技的最重要基础是摄影术，而摄影术传入中国的门户就在澳门。1844

* 郑国强，澳门影视传播协进会理事长。

年在澳门西湾由法国人拍摄的妈阁庙照片，是在中国土地上拍摄的第一张照片，至今原作与被拍摄实体同在，成为澳门历史城区世遗景点的最早实照。

1926 年，电影由西方传到澳门。望厦实业展览会上出现了专门的电影院，当时称为“影画场”，为澳门最早的电影院（见图 1）。1873 年完全建成的伯多禄五世剧院（澳门世遗景点之一），昔日为澳门葡萄牙人的大会堂和土生葡人聚会之地，亦成为澳门最早的电影放映场地。

图 1　1926 年望厦实业展览会上的“影画场”

2. 20 世纪 60 年代澳门电影院经营的高峰

电影曾经是澳门普罗大众的主要娱乐方式之一。由默片时代到宽银幕电影，都不乏投资者，20 世纪 60 年代，澳门电影放映事业达到一个高潮。早年的戏院规模很大，拥有逾千座位。从 20 世纪 70 ~90 年代开始，随着房地产业的兴旺，土地珍稀的澳门，拆卸电影院兴建大厦发展房地产成风。70 ~80 年代东方戏院、金城戏院、乐斯戏院、域多利戏院、丽都戏院、百老汇戏院都先后倒闭；到 21 世纪初，澳门又有九家电影院先后消失（见图 2）。

至今，只有永乐戏院、澳门大会堂及旅游塔剧院仍在运营中。

永乐戏院于 1952 年建成，过去以放映优秀的国产电影而声名大噪，近年归并《澳门日报》系统的文化传媒集团旗下，加建二院于二楼。

澳门大会堂由天主教澳门教区属下的教区社会传播中心管理，拥有一间大院、两间小院。

本澳近年結業戲院	
名　稱	結業日期
國　華	1987年08月01日
清　平	1992年08月21日
平　安	1993年02月01日
南　灣	1995年01月01日
麗　都	1995年05月19日
百樂門	1998年08月02日
栢　蕙	1998年09月01日
明　珠	1998年12月31日
回力UA	2002年12月31日

图 2　澳门 20 世纪 80 年代至 21 世纪初结业戏院

澳门旅游塔剧院属于与澳门经济同时成长起来的澳门博彩娱乐有限公司集团旗下，2001 年 12 月 19 日开幕。

澳门特区政府下属的文化中心 1999 年 3 月 19 日揭幕，由民政总署管理，2015 年 12 月转移至文化局，其中小剧院有座位 393 个，可以放映电影，并无商业运作。

综上所述，澳门已不存在独立经营的电影商。

3. 尊重知识产权为影业发展提供新基础

香港现时的戏院随着时代发展已变成迷你型，由两间至数间容纳百多人的迷你戏院组成，方便同时播放不同的电影；但澳门 20 世纪 80 年代一度兴起的单独小影院，没有周边的停车场、商场配套，难以成活。在家庭影院 DVD 设备普及的今天，要吸引观众进入电影院并不容易。国华戏院重建后成为商场中的小影院未能生存，栢蕙停车场中经营的电影院及北区新开发区的百乐门影院、明珠影院于 1998 年相继倒闭。

导致澳门电影院经营困难的一个客观原因就是 20 世纪 80 年代，澳门地下经营盗版的人到影院盗录 VCD 的行为一度十分猖獗，美国电影发行商“斩脚趾避沙虫”，不准旗下头轮大片在澳门上映，致使电影院吸引力大减。

在海关的大力打击下，盗版行业在澳门已基本消失，但后遗症至今仍在。

4. 澳门电影业发展回顾

澳门电影起步晚，发展慢，尽管个别电影人近20年来有意开发，但独木不成林，在种种制约下，一直难成气候。过去生产的几部澳门题材的影片都是和内地联合出品拍摄的。现时澳门独立电影制作开始兴起，但能引起市场效应的电影寥寥可数。

澳门作为世界文化遗产地（“澳门历史城区”2005年获得世遗殊荣）有很多特色建筑物，一直以来吸引不少外地电影业者来澳拍摄电影，其中主要是香港电影。早期在澳门取景拍摄的外国电影比较突出的是1952年拍成的黑白电影《澳门》，它是一部拍摄地点包括香港和澳门的美国电影（见图3）。拍摄监制者霍华德·休斯是个美国传奇人物。

图3　1952年在澳门拍摄的美国电影《澳门》

20 世纪 60 年代香港任剑辉、白雪仙主演的粤剧实景电影《李后主》在路环九澳海滩开拍。其他粤语片种，包括故事片、歌唱片在澳门实景拍摄的不计其数。正是这些电影记录下澳门 50～60 年代的社会面貌风情。在“文革”期间，70 年代香港左派电影公司曾来澳借助一片海滨水草地（今澳门马场所在）开拍港版《沙家浜》。

在香港电影低潮时期，何贤先生支持香港导演李瀚祥拍了《火烧圆明园》等两部电影，是澳门商界支持电影业的佳话。近年，港产片《蓝烟火》《险角》《伊莎贝拉》《濠江风云》《蝴蝶》《新哥传奇》《至尊无敌》《放·逐》《游龙戏凤》《扑克王》等先后来澳开拍取景。

在澳门本土制作方面，国内电影人蔡安安兄弟来澳定居后，1996 年拍摄的《大辫子的诱惑》《夜盗珍妃墓》是澳门回归前比较重要的作品。

2006 年，澳门旅游局支持澳珠两栖艺术人陈逸峰拍摄电影《濠情岁月》。影片讲述的是 20 世纪 40 年代第二次世界大战期间的澳门成为避难所的故事。特区政府支持电影拍摄，相信内地居民可以通过电影感受澳门的美丽风情和丰富历史背景，对澳门旅游有宣传推广作用。其后，2008 年陈逸峰开拍另一部澳门电影《情归何处》。

在独立实验性质制作方面，2004 年澳门第一部由真人真事改编的独立电影《黄金屋》拍成；2005 年，澳门创作人协会拍摄了首部作品《澳门·圣诞》；2008 年，澳门利民会（精神病复康者机构）拍摄了首部独立电影《横街窄巷》。其间，澳门第一部 DV 拍摄的独立电影《枪前窗后》，以及《钟意冇罪》《夜了又破晓》等实验性质的本土电影先后问世。

二　澳门电影的文化特色和潜力

1. 独特的文化魅力

利用澳门特区的宽松文化政策和中外电影合作机制，发掘这个宝库，有利于促进文化产业成长。到今天全球化第三波的时代，500 年中西交往的独特历史，提供了写成世界题材大片永不枯竭的源泉。如何利用电影解读澳门密码，说好澳门故事，从而为 21 世纪的两岸和谐、中华振兴、大国崛起提供借鉴，是对当代电影人的诱惑。

统称为华语电影的内地、香港、澳门、台湾的电影合作，如今已形成一

个整体的电影力量。内地与港台正通过更加密集的交流、合作，推动华语电影取得更大的发展。内地与港台的电影合作有着广阔的前景。许多港台的导演、编剧，正活跃在北京、上海、广州等地的电影创作市场中。前不久，海峡两岸电影节分别在台湾、上海和苏州举行。随着两岸沟通交流，对历史档案的解密，民族史识的渐趋一致，“渡尽劫波兄弟在”，中国近代史题材、两岸之间离合故事的电影，可能会是下一个中国电影的热点。大中华视野的电影作品，代表中华文明优秀文化电影的产生，无疑是当代中国电影人的重要使命！

2. 华南影业的昨天与明天

华南地区从来都是中国电影事业的重镇。当20世纪20～30年代新科技的电影拍摄机随着孙中山先生的革命事业运转足迹时，便留下华南影人记录中国由古老帝国走向共和民主革命事业艰难过程的历史珍贵镜头。十里洋场上海电影事业的发展，缺不得的是来自中山地区的郑君里、阮玲玉，因为华南地区有早上海开埠300年的历史、以澳门为接触点与海洋文明碰撞为核心的香山文化存在。“得风气之先，敢为天下先”是香山文化的内核，这个地区产生了写下《盛世危言》皇皇巨著、堪称“近代中国民主建言第一人”的郑观应先生；走出一个推翻帝制、创建共和的“革命先行者”孙中山先生；在澳门星光的夜空下，诞生了一位民族音乐家冼星海，在抗日救亡的大时代，这位号角手创作的抗战电影歌曲，激荡人心，鼓舞民族精神。

在华南地区，一代电影人在参与抗战救亡的大时代中成长，在20世纪40～50年代之交的历史时期云集香港，植根香港，发展以广府语言为基础的粤语片种。大量上海江浙地区电影文化工作者聚集香港，50～60年代与台湾电影工作者互动交流，拍摄大量的国语电影畅销海外，赢得海外华人电影市场，由此形成香港电影事业的雄厚基础。

华南电影在风云激荡的大时代，以昂扬的民族正气、伦理道德教化作用，借助香港这个与国际接轨的大都会大舞台，辐射东南亚海外华人地区，奠定了在中国电影事业中的地位。尤其在中国内地“文革”时代，思想禁锢，很难产生真正的作品，这个时期的香港电影与台湾电影延续了中国电影的香火。

由20世纪50年代澳门新花园吴公仪与陈克夫一场“吴陈比武”触发梁羽生、金庸创作武侠小说的热潮，在李小龙、洪金宝、成龙一代又一代的演绎下，化成中国功夫片的特殊片种，引领世界动作电影的潮流，可见华南影人的无限创意。

华南电影根深叶茂，有广东庞大的电影电视从业人员队伍，有与电影事业发达的日本、韩国、中国台湾电影交流合作的经验，有直接参与美国电影制作演出的电影人才，国际电影的视野广阔。近年来，香港的电影人与内地的电影行家合作，发挥了不少创意。在中国功夫片、动作片成功的基础上，配合历史题材、中国无垠土地无限风光的大场景，正在开启中国历史题材电影的恢宏时代。

三　澳门电影在加强地区合作中赢得发展机会

1. 开发“海上横店”，打造新平台

华南电影的主体空间，是经济发达的珠江三角洲地区发展文化创意产业的客观要求。珠三角地区的独特优势是，存在香港、澳门两个特别行政区，成为改革时代可以摸着过河的石头。随之有深圳、珠海两个经济特区，吃尽先行先试的好处。珠三角地区发展加工制造业、代工生产，经过30年发展，随着产业升级换代，成本上升，今天已到了不增添创意品牌价值、不发展文化产业无以为继的时候了！

在广东，南方广播影视传媒集团应对国家选定珠海作为中国第三个数字化影视制作基地的战略布局，将在靠近澳门的斗门地区开展一个投入资金高达50亿元人民币的庞大数码影视制作中心计划，希望与港澳地区展开多层次的广泛合作。

粤港澳三地文化产业合作空间很大，以香港的电影制作经验（配对世界金融中心的融资能力）、澳门中西交往500年的深度历史文化（配合世界文化遗产及全球第一的博彩业开发实力），充分利用珠海海阔天空、蓝天白云、众多海岛的优势，充分发挥“一国两制”可以两全其美的制度安排，打造“海上横店”，缔造珠海成为中国海洋题材电影制作中心及与澳门联手的世界休闲度假娱乐中心。

对华南电影人来说，可以充分用电影语言拍好我们地区发展的故事，把改革开放时代充满爱国热忱的地方先贤、社会精英配合国家发展新政，利用港澳地区的开放性和与国际接轨的优势，推动珠三角地区走上发展快车道的

故事。

随着 CEPA 一期一期的开放推动，港资进入中国内地电影市场，内地、香港电影制作融为一体已成为客观的现实。在这个市场形势下，重新提出华南电影这个命题是适时的，值得努力。过去的“两制”实践，只是“河水不犯井水”，忘记了“两制”之上，“一国”是大前提。自我设限，互不合作，优势难以发挥。《珠江三角洲地区改革发展规划纲要（2008～2020年）》的出台，开始突破一个地区内“两制”之间各自为政的旧框架，再创 21 世纪华南影业辉煌，正是时候！

借助港珠澳大桥的兴建连接珠江口东西岸的机会，港澳之间伶仃洋上的珠江口 100 多个海岛，有待开发。采取第三制度开发的模式，可以进一步开发伶仃洋海岛成为集电影制作新平台及旅游岛为一体的中国海洋题材电影基地——“海上横店”。将三倍于澳门面积的横琴处女地开发成为继天津新区、浦东新区之后的中国第三个新区，以配套澳门、香港开发文化产业。这个空间优势，配合澳门的历史优势、资金优势、国际尤其是拉丁语系地区的网络优势，有效组合港台及内地电影大市场，包括历史悠久的广东珠江电影制片厂南移发展的人才、经验优势，利用伶仃洋湾区的蓝天白云阳光海滩，集休闲产业的电影拍摄、旅游度假、海上乐园、外景的空间优势于一身，重塑维多利亚时期的香港实景、重建澳门大三巴牌坊的原貌圣保禄大教堂，发展成新观光点新片场，打造省港澳影视产业合作平台，发展中国文化原创的“环球片场”“迪士尼乐园”便不是一句空话。

2. 博彩业独大，澳门影院缺乏投资陷低潮

由于长期缺乏投资，澳门电影放映行业迄今并无数码电影放映设备，脱离了世界数码电影发展潮流，澳门观众无法在澳门欣赏轰动世界的 3D 电影《阿凡达》，要到珠海、中山、香港观看。这种落后状况，与澳门人均 GDP 35000 美元的经济发展水平绝不相称；这种落后状况，使中国电影基金会、中国电影家协会等建议澳门要大力发展电影产业，不要让澳门的电影业在中国现代电影格局中缺位。建议在发展会展业的同时，兴办国际电影节，增加澳门的国际知名度，推进澳门文化产业的多元发展。

近年来，随着澳门特区政府赌权开放，包括美资在内的国际博彩商大举进军澳门，享受中央政府扶助澳门经济发展的特殊政策包括自由行的实利，在澳门获得可观回报时，正需要澳门特区政府制定政策，要求这些享受澳门博彩业开放的大赢利者在协助澳门发展多元文化产业上有所作为。

今天澳门一级财团做的是政策资源最赚钱的博彩业生意，继而便是土地珍稀奇货可居的房地产生意。在博彩业一业独大的畸形产业生态下，澳门的影院业显得十分落后。对电影产业，政府未有政策支持。反之，以兴建影视城为名义实质只对房地产开发有兴趣的钻空子不良行为，未得到有效制止。尽管政府一再声言要开发文化产业，但缺乏相关政策支持，这对澳门电影产业成长十分不利。其实，现今参与澳门博彩业经营的有不少就是香港知名娱乐商，只要政府有政策支持，鼓励参与开发，要在短期内取得显著进步并不会十分困难。

看来，特区政府要来一番根本的政策调整，才能从根本上改变落后状况，在有利于落实构建澳门成为世界旅游休闲城市定位的同时，也给电影业投资者带来一个新的机会！

3. 回归十年澳门电影有新突破

中国电影基金会对澳门发展电影事业，长期给予推动和关注，连续七年先后与澳门文化局、澳门影视传播协进会合作举办“中国内地优秀电影展映”，四次合作举办影视发展论坛，希望推动澳门成为中国电影走向拉丁语系国家、走向世界的一个有效平台。简称“澳门影协”的澳门影视传播协进会作为一个专业组织，在与中国电影基金会长期合作的过程中，建立起战略性合作伙伴关系。

中国电影代表团团长、中国电影基金会主席李前宽2008年3月访问澳门基金会时指出，中国电影正在走向世界，中国电影基金会配合澳门特区政府适度多元的文化产业政策，支持澳门发展影视产业。他认为，澳门作为一个有400多年中西文化交融历史的特别行政区，并已定位成为对葡语地区合作的平台，大有潜力发展成为中国电影与拉丁语系地区电影文化交流合作的平台。澳门基金会也表示，愿意发挥影响力，与澳门合作，利用周边地区的优势，催生澳门电影业走向成熟，培养澳门电影业人才。

在澳门迎接回归十周年时期，澳门电影有新突破。多部澳门题材电影面世，包括由李前宽、萧桂云导演执导，描写人民音乐家冼星海少年故事的《星海》，这是澳门回归后筹拍的第一部水平较高的电影。这部电影开创了中国内地和港澳台电影人合作的先例。2010年，《星海》电影在美国夏威夷和洛杉矶举行的中美电影节和台湾的两岸电影展中大放光彩，显示出澳门题

材电影的独特魅力。

还有如澳门女作家廖子馨创作的《奥戈的故事》、蔡安安导演的数码电影《还有一个星期》、珠海电影人制作的《澳门 1949》等其他电影。尽管在市场化运作方面仍有待成熟，但澳门电影初试啼声，引起重视。《奥戈的故事》跨出国门到外国参展，证明深挖澳门故事，大有可为。

同一时期，亦是澳门电视作品生产旺季。由澳门特区政府与中央电视台联合摄制的八集大型电视纪录片《澳门十年》，配合回归十周年在中央电视台一套黄金时段播出。《澳门十年》，每集长五十分钟，采用高清晰度数字电视设备拍摄，并在英语、西班牙语、法语、阿拉伯语、俄语国际频道播出，以大覆盖、高频率、多语种向全球强势推出。由澳门基金会支持、珠海东望洋影业有限公司出品的 25 集电视连续剧《瑞莲》同期启播。该剧以澳门蛋家女瑞莲的一生为主线，凸显澳门人顽强向上的生活态度、不屈不挠的精神。

2010 年在江苏省江阴市举行的中国金鸡百花奖，历史上首次举办澳门题材电影展专场，标志着澳门在现代中国的电影事业中，已不再缺席。

四　澳门举办中华拉丁电影节的可行性研究

1. 构建电影科技合作平台

把澳门发展成为“世界旅游休闲中心”是国策。澳门的文化品牌，在珠三角地区合作的框架下，有做大做强的可能。在影视产业方面，充分发挥澳门国际化网络及视野广阔、政策宽松、资金雄厚的因素，只要加强与周边合作，着意培训人才，有更多的投入，就可以共同打造电影制作、旅游景点、体验乐园、休闲产业的产业群。

今天，世界电影科技的发展进入新的历史时期，以《阿凡达》为标志，全球 3D 电影热潮掀起，在中国热卖，带动商机无限。

国际数码电影科技发展商看中澳门特区的区位优势，有意将其打造成为 3D 电影的中外技术合作平台。由美资公司主办的首届“中国澳门国际数字电影节暨数字技术博览会”，2010 年 5 ~ 6 月在澳门举行，3D 电影技术领航人物、美资技术主管都来到澳门，表现出对中国电影技术市场的关注。澳门特区是否有机会成为中美电影技术合作交流的平台，同样受到国家广电总局的重视。中国电影基金会的领导及中国数码电影公司参与首届“中国澳门国际数字电影节暨数字技术博览会”，并达成了合作的共识。

2010 年 3 月，澳门影视传播协进会与澳门亚太拉美交流促进会合办了一个发展论坛，有 12 个驻京、港、澳的拉丁语系国家的代表及中国内地和港澳台电影界的代表参与，专门就如何利用澳门的中华文化与拉丁文化共融的历史文化优势，推进中拉电影文化合作，交换意见，澳门的平台作用受到更多拉丁语系国家的重视。会上大家提出将来在澳门举办“中华拉丁电影节”，做双向交流，双向评判，也可以组织工作坊，邀请各国各地的著名导演、演员等来澳讲解交流。随着中国经济实力增强，中国文化“走出去”，东方电影文化魅力日益吸引世界观众，中国电影节的品牌陆续在拉丁语系地区推开，同时，澳门的文化纽带也让内地观众有机会多欣赏拉丁电影，中拉交流合作的空间很大。

大家正在期待：当澳门特区政府的发展文化产业政策顺利推行，创造政策空间，鼓励澳门影院行业有新的投资者进入，以提升现代影院技术水平，及鼓励更多的创意产业包括影视产业人才成长之时，便是“中华拉丁电影节”在澳门举办的时机。澳门作为中国国家政策定为休闲产业的世界级城市，同时又是中国对葡语系国家合作论坛的常设地，作为影视产业的孵化器的本地电视台管理文化同时在整顿提升中。当各方面条件成熟时，澳门一定会显现出独特的影视文化魅力！

2. 多元化培养人才

随着国家政策鼓励澳门成为“世界旅游休闲中心”，作为一个旅游娱乐业的世界城市，澳门的演艺事业的发展具有一定空间，对演艺事业人才需求很大。民间团体及有关院校近年来致力于培养演艺人才，推动澳门的多元文化发展。2004 年澳门影视传播协进会为这个目标而成立，几家大专院校朝这个目标努力。我们期待随着文化产业的发展，更多资源投入，能够建立起文化会场，吸引专业人才。澳门大学社会科学及人文学院传播系 2007 年影视剧本创作课程，将学生剧本作品结集为《不日放映——新一代澳门影视剧本集》，年轻人期盼能延续热诚，将剧本制作成电影。

由中学抓起的努力亦在进行中，2010 年 4 月，创新中学校长崔宝峰、澳门才华学会主席玛莉亚（艺人肥妈），与“心在澳门”葡萄牙土风舞协会三单位签约，将以合作开办高中及公开课程的形式，培育影视、演艺及创意

文化产业的本土人才。合作计划将以校方原已开设的创意影视制作、现代演艺实务等职业高中课程为试点，为学生提供导师、器材及实习机会，并向毕业生提供职业辅导及介绍；并借出演艺舞台，引进香港或国际影艺界明星、导演、摄影师及灯光师来澳担任客座讲师，为澳门培育专业影视、演艺人才。合作伙伴将把香港工作室由拍摄至后期制作等一条龙模式搬至澳门，让澳门人士有机会学习先进技术，培育具竞争力的本地人才。

3. 建议推行电影剧本创作基地计划

电影作为第八艺术，核心就是讲故事，剧本是一剧之本。我们希望将来能够充分发掘澳门文化基因库，利用澳门的文化氛围，推行电影剧本创作基地计划，让编剧高手，从历史中找灵感，化成面向21世纪的灵光，继在银幕上打造澳门文化名人冼星海效应外，还要写好澳门的历史名人，如利玛窦、钱纳利、文天祥、郑观应、柯麟等人的故事。这样在澳门开展国际电影合作计划便大有空间。

崔世安行政长官领导的澳门新一届特区政府有意推动文化产业上一个台阶。对当地的文化产业推动者来说，希望特区政府提供相应的财政支持、空间支持，建议设立相应的影视产业发展基金，提供文化产业发展基地，重视影视人才培训，培育文化影视产业成长。更希望成立专门机构，统筹、指导、管理、扶助影视产业发展，产生与特区时代相称的有代表性的艺术作品，从而赶上中国电影黄金机遇期，在国家构建电影强国的进程中，让电影文化在沟通人类感情、加强世界不同文化背景的国家和地区互信的过程中，做出澳门特区应有的贡献。

三部当代拉丁美洲电影中的中国人

——一篇关于拉美-中国研究的文章

古斯塔沃·法雷斯*

李雪雪 译

摘　要：本文是关于"拉美-中国研究"的文章，该类研究希望通过将除欧洲和拉丁美洲本土以外的文化吸收进来，如具有共性的亚洲文化和具有个性的中国文化，以扩大拉美研究的范畴。为此目的，本文首先对拉美的中国热现象进行研究，通过对当前中拉关系的历史根源进行探讨，表明这并不是一个新的现象。本文进而强调澳门作为一个纽带，在两地关系史上所起到的重要作用。本文以三部描述中国支援拉美的当代文化作品作为例子——《最后的美丽》（*Biutiful*，墨西哥-西班牙，2010年）、《荡寇》（*Plastic City*，巴西，2008年）和《一丝偶然》（*Un Cuento Chino*，阿根廷-西班牙，2011年），讨论这三部当代拉美影片是如何刻画中国人的。这些影片使我们有机会研究拉美文化和中国文化在当今世界是如何相互影响的，以及澳门在两地关系之间曾经起到的并将继续起到的作用的范围。

安东尼奥·科尔内霍·波拉尔（Antonio Cornejo Polar）在1988年的一篇文章《混血与杂交：隐喻的风险》（*Mestizaje and Hibridity*：*The Risks of Metaphors*）中提醒读者，使用来自某些学科的隐喻（metaphor）来描述其他

* 古斯塔沃·法雷斯（Gustavo Fares），劳伦斯大学教授。

学科的特征是具有风险的。波拉尔特别指出，用生物领域的“杂交”和“混血”来描述拉丁美洲及其文化的特征，“盲目使用这些隐喻，而不注意它们的出处，也不管它们是否能够精确地描述新的研究领域”，导致的风险包括带来一种思想包袱，这种思想包袱可能会（也可能不会）适用于当前对象，也可能会在某种程度上歪曲我们正在描述的领域。使用“杂交”和“混血”来描述拉丁美洲的文化，会使拉丁美洲文化的研究简单及不费力，而复杂化“混血”的概念会使“混血”所引发的相同观念和等级差异观念明确化①。当这些观念更明显时，传统的“混血”概念表现出一种两极倾向——将拉丁美洲的许多不同的文化排除而不是包含在内。在墨西哥人何塞·巴斯孔塞洛斯（Jose Vasconcelos）的后革命时代著作中，以及在他提出新“宇宙种族”概念之后，拉丁美洲研究一直表现出这样一种倾向：在很大程度上，拉丁美洲的文化被归结为西班牙社会和土著社会之间相互作用的结果。后来的“奇卡诺运动”利用了这一观点，在“阿兹特兰精神计划”中宣称奇卡诺人（Chicano）是“一种混血的民族”，“有棕色文化的棕色民族”，并将奇卡诺人命名为“阿兹特兰”（Aztlán）。我在其他地方指出过（“定位”），“阿兹特兰”这一概念本身就颇具争议性，它被认为是要素主义的、父权制的和排他的。要了解除西班牙人和土著人以外的其他人对拉丁美洲社会所做的贡献，必须重新审视和拓宽传统的“混血”概念、“阿兹特兰精神计划”以及（很多时候）拉丁美洲研究领域。有些种族和族群已经在拉丁美洲历史上存在了千百年之久，我计划将其添加到该词的传统意义上。被输送到拉丁美洲的中国人不仅受到剥削，还遭遇各种限制和迫害。在土著人和欧洲人，甚至是黑人和欧洲人这类虚假的两分法之间，拉美中国人的经历作为具体而生动的标志，必须被纳入该地区的文化史。中国人作为某些种族之间的媒介，有时被称赞为“致力于民族建设的群体”，而在很多时候他们又遭受迫害，并因民族弊病而受到指责②。许

① Peter Wade, "Race & Nation in Latin America: An Anthropological View," in Nancy Applebaum, Anne Macpherson, Karin A. Rosemblatt eds., *Race & Nation in Modern Latin America*, Chapel Hill: The University of North Carolina Press, 2003, pp. 263 – 282.

② Gerardo Rénique, "Race, Region and Nation: Snora's Anti – Chinese Racism and México's Post-revolutionary Nationalism, 1920s – 1930s," in Nancy Applebaum, Anne Macpherson, and Karin A. Rosemblatt eds., *Race & Nation in Modern Latin America*, Chapel Hill: The University of North Carolina Press, 2003, pp. 211 – 236.

多拉丁美洲（也包括美国）的亚裔血统可以追溯到19世纪末到20世纪初首先在美洲定居并与当地人通婚的中国移民。在21世纪，有必要对这些亚裔人群在亚洲、拉丁美洲和美国之间的迁移做出说明。波拉尔（Gamejo Polar）的预见性言论为打开奇卡诺研究以及（我想补充上的）拉美-中国研究领域、重新调整长期以来在作家心中已根深蒂固的观念提供了机会。例如，查奥·罗梅罗（Chao Romero）对在墨西哥的中国人进行了研究，呼吁进行我正在研究的这个项目，并号召创造一个探索"混血"概念的思想空间。这不只是哥伦布发现美洲大陆之后土著人和欧洲人之间互动的结果，也是与其他不同群体（如在拉丁美洲与在美国的亚洲人）之间互动的结果。这一空间可能会像查奥·罗梅罗提议的那样被添加到目前的拉美研究规范之中，并被称为"'亚洲-拉美研究'，或是更为幽默的'中国-奇卡诺研究'"[①]。我想在这些合适的称谓之外加上"拉美-中国研究"这样的叫法，它同时结合了拉丁美洲研究、奇卡诺/拉丁美洲研究和亚洲-美洲研究。拉美-中国研究领域的学术目标是，研究从美洲大陆发现至今，亚裔拉美人和中裔奇卡诺人在美洲的历史以及他们为拉丁美洲的发展做出的贡献。除其他众多的主题外，该研究还会探究亚洲人民对拉丁美洲和奇卡诺/拉丁美洲文化所做出的贡献（这些贡献经常被人们所忽视），离散的亚裔拉丁美洲社会群体的生活以及他们返回其祖先原籍国的情况，他们适应新/旧社会的方式和程度，他们所使用的文化资源，以及因此而产生的文化效益和社会效益。此外，比较移民经历所引起并保留下来的集中民族主义和离散民族主义，一定会有些发现。在这一新的研究领域中，一些地区（如澳门）所扮演的角色也是非常重要的。这些地区因为它们的历史和历史遗产，以及500多年来作为美洲和亚洲之间的桥梁的角色，一直发挥着文化枢纽和民族枢纽的作用。作为对该研究的微薄贡献，本文分析了当前中国对拉丁美洲的兴趣，简要讨论了华人定居在拉丁美洲的情况，并研究了三部当代电影塑造这些华人的方式。希望本文能够为亚洲-拉美研究或拉美-中国研究的发展，略尽绵薄之力。

---

① Robert Chao Romero, *The Chinese in Mexico, 1882 - 1940*, Tucson: The University of Arizona Press, 2010, p. 197.

一　中国对拉丁美洲的兴趣及其在该地区的影响

中国需要进口资源以维持其经济增长，这一需求不仅增加了中国对供应商网络的需求，还促使其扩大寻找其他供应来源的范围。中国的这一追求，使其与拉丁美洲、非洲、中东和世界其他地区的经济互动和政治互动呈现出新的形式。虽然中国的其他全球行动是重要的，但是中国对拉丁美洲有格外浓厚的兴趣，是因为拉丁美洲的经济以出口为导向，能够为中国提供其经济持续增长所需要的广泛的原材料。中国的经济外交吸引了拉丁美洲精英的注意，这个地区长期以来受到全球资本外流的困扰。中国作为一个市场、投资来源或是潜在盟友，因此激发的期待可能会导致拉丁美洲地区的精英在与中国、美国和世界其他地区打交道时有不同的做法。尽管有些国家，如墨西哥，担心在国内市场和海外市场与中国制造业竞争，但是还有一些国家将中国视为抗衡美国在该地区的历史霸主地位的一种力量。中国最近对拉丁美洲所实施的举措包括，时任中国国家主席胡锦涛访问拉丁美洲，以及中国参与2004 年在智利首都圣地亚哥举办的亚太经济合作组织峰会等。胡锦涛的拉丁美洲之行访问了五个国家、签订了 39 项商业协议，并承诺未来十年在拉丁美洲地区投资 1000 亿美元。胡锦涛还访问了委内瑞拉和墨西哥，同时包括哥伦比亚总统阿尔瓦罗·乌里韦·贝莱斯（Álvaro Uribe Vélez）、秘鲁总统亚历杭德罗·托莱多（Alejandro Toledo）和玻利维亚总统埃沃·莫拉莱斯（Evo Morales）在内的许多拉美国家领导人也访问了中国，他们试图与中国签订贸易协定并寻求在中国的投资机会。在胡锦涛的访问之后，时任中国国家副主席曾庆红又进行了同样备受瞩目的访问，而且还参与了 2005 年的“中国－加勒比经贸合作论坛”。在理解中国对拉丁美洲的兴趣时，要考虑到中国新一代领导人的影响和拉丁美洲所发生的政治变化，这是很重要的。中国方面，在胡锦涛及其前任国家主席江泽民任职期间，中国的政治和经济都处于一种较为强大和稳定的状态，并在国际社会中发挥着日益重要的作用，不再纠结于与苏联相参照的意识形态定位问题。2001 年 9 月 11 日的恐怖主义袭击之后，拉丁美洲地区的政治变化增加了中国新一代领导人的信心。在“9·11”事件之后，美国的注意力和资源转向国内，专注于国家安全以及中东地区的问题。拉美国家的领导人认为，拉丁美洲地区的事务已不再是美国的当务之急。这就加深了他们对于自身地位的观念，即在众多国际事务的处理上，如伊拉克战争和移民政策，他们不会是被考虑的对象。与此同时，拉丁美洲地区内部的一系列选举使得左派政府开始掌权，如智利的里卡多·拉戈斯（Ricardo Lagos）、巴西的伊纳西奥·卢拉·达席尔瓦（Ignacio“Lula”de la Silva）和乌拉圭的塔瓦雷·巴斯克斯（Tabaré Vasquez）等务实的社会主义者，以及委内瑞拉的乌戈·查韦斯（Hugo Chávez）和玻利维亚的埃沃·莫拉莱斯（Evo Morales）等平民主义者。这些新一代的拉丁美洲领导人不太愿意接受“华盛顿共识”所代表的新自由主义经济传统，而更倾向于挖掘新类型的关系，即那些可以替代传统上美国对该地区的经济和政治主导的关系。对于他们来说，在一个日益全球化的经济环境下，地区性贸易集团（如南方共同市场）的创建，以及与非传统的经济伙伴（如中国、印度和欧盟）的关系的建立，为他们的国家提供了新的资本来源。不可否认的是，扩大与中国的经济互动，也会影响该地区的文化，如大众文化等。中国外交部的拉丁美洲和加勒比司司长杨万明曾在一篇文章（“China to Deepen Ties with Latin America”）中表示，中国的目标是通过在文化领域与拉丁美洲进行更为重要的合作，深化与该地区的关系①。杨万明表示，作为这一努力的一部分，中国已经在拉丁美洲开设32所孔子学院，双方还互派艺术团体，进行人民之间的交流，而且许多中国的书籍已被翻译成西班牙语并销售于拉丁美洲。中国的承诺——为拉丁美洲提供商业机会和文化机会——也促进了该地区中国人口的增加。这些人不仅包括商人，还包括游客和长期移民。这种人口趋势很可能会带来各种各样的文化影响，进而增强中国对拉丁美洲的影响，吸引公众的注意力。目前中国和拉丁美洲之间的关系在互惠互利的基础上得到深化，这是一个相对较新的发展阶段。如果这是一种事实，那么也可以认为，它不是一个新的现象，而是某个趋势的延续——这一趋势在过去将中国和拉丁美洲多次联系到一起，对双方的经济增长和文化表现形式产生了深远的影响。

16世纪西班牙帝国和葡萄牙帝国建立之后，中国人移民到美洲至今已有几百年的历史。西班牙帝国和葡萄牙帝国的扩张，连同因疾病和对当地

---

① “China to Deepen Ties with Latin America,” http://www.chinadaily.com.cn/china/2012diplomats/2012-01/17/content_14469266.htm，最后访问日期：2015年7月7日。

人口的剥削而造成的大批死亡，导致了对劳动力的需求。非洲奴隶和中国劳工的输入，成为解决这一需求的权宜之计。在随后的几百年，非洲、中国、西班牙、葡萄牙和美国参与到我们可以称为第一波现代全球化浪潮的发展之中。“马尼拉大帆船”，在西班牙语中亦称为“中国船”（Nao de China），是其最明显的标志。由中国、西班牙和葡萄牙率先发起的这一早期扩张，是当时仍处于分散状态的世界开始发生联系这一宏大叙事的部分篇章。在伊比利亚人之前区域网络就已经存在，中国人将其影响力延伸到其他地区，在某种程度上将各个文明中心彼此联系到一起。这些帝国的地区性发展和经济增长，又将这些区域网络彼此联系到一起。例如，伊斯兰世界和东亚之间的陆上丝绸之路和海上贸易路线，就是早期全球化的前身。中国将这些分散的网络联系在一起，例如，张骞、法显和玄奘等旅行家，以中国为中心，将早期东亚地区体系的范围扩展到印度洋、中亚和近东，以及西欧等周边地区。这些努力随着明朝时期郑和的伟大的海上远航（1405～1433年）而达到巅峰。虽然15世纪末西方列强崛起，明朝放弃建立海外帝国、中断海上远航，但这并没有造成中国在世界经济体系中主导地位的终结。恰恰相反，直到18世纪后期中国仍然是最具活力的生产中心和最大的市场。葡萄牙和西班牙在澳门和马尼拉设立永久贸易地之后，东方与西方之间的交往出现了一种以货币为核心的复杂的模式。由于16世纪明朝明确将白银作为其货币，大量白银形式的货币开始从拉丁美洲（和日本）流向中国和中国的贸易网络。300年来，西班牙和日本作为主要的白银供应商，成为中国铸造货币的主要原材料产地。中国使白银成为亚洲普遍接受的新型货币，这极大地促进了西班牙帝国的崛起。但是，1640年左右白银的贬值也决定了西班牙帝国衰落的开始①。

19世纪，在各种历史因素的共同作用下，中国南方社会的经济和政治陷入极大的不稳定状态，最终成为促使中国人口进行国际性迁移的推动因素。这些因素包括工业革命的到来，以及西班牙和葡萄牙的美洲殖民地的独立，造成对技术工人（如华商）和非技术工人（华工）的需求；而在南亚这些因素包括人口过剩、内乱和饥荒等。尽管中国人口迁移的主要去向是东南亚，

① Dennis Flynn and Arturo Galindez, "China and the Spanish Empire," *Revista de Historia Económica*, 1996, 14, pp. 309－338.

但还有相当多的人定居在东南亚之外的美洲，尤其是美国、墨西哥、秘鲁、古巴和加勒比地区[①]。被加利福尼亚淘金热，以及在铁路建设、工业和农业方面的就业机会所吸引，1848~1882年30多万名广东移民前往美国。1882年通过的"排华法案"严重限制了中国人移民到美国。在此之后，许多中国人把目光投向墨西哥和其他拉丁美洲国家，在这片新的土地上寻求经济机会，并将其作为规避排他性法律的途径。为达到这些目标，中国商人建立起一个复杂的跨国移民走私网络。该网络涉及来自中国、墨西哥、古巴以及美国很多城市的代表人物，他们为一个更广泛的中国"跨国商业轨道"的形成打下了基础。中国的企业家还在劳务承包、批发销售以及小规模的贸易中追求商业利益。推动这些事业的跨国体系和组织还催生了海外华人的某种"离散"民族主义（"diasporic" nationalism）[②]。它使中国移民因为自己祖国的文化而不是接纳移民国家的文化而团结在一起。因此，这就引起了移民国家对他们的怀疑——认为这些移民对其所移民的国家的命运漠不关心，并导致他们不能与当地人口融合在一起，从而刺激了当地的反华情绪和相关法律的出台。

太平洋两岸的西班牙殖民地之间的长期交流史，为墨西哥带来了约5万名亚洲移民。这些移民在马尼拉、菲律宾和阿卡普尔科之间来往，为西班牙在亚洲的殖民行动提供资金支持。在1820年墨西哥独立以后，移民活动仍旧频繁。1876~1910年，墨西哥政府为"增加国内白人的数量"和吸引资金，一直鼓励欧洲移民的到来。这一举措并不是墨西哥独有的。同样是在这几十年里，巴西、阿根廷和乌拉圭也设法鼓励欧洲移民的到来，以"优化"当地人口，吸引"理想型的"人种。但是墨西哥并没有取得与阿根廷一样的成功。例如，19世纪20年代到20世纪20年代之间，墨西哥深陷政治动荡和内战之中，国内也没有其他国家所拥有的吸引欧洲农民的广阔土地。因此，墨西哥政府决定允许中国劳工的输入，并于1893年与中国签署了友好通商条约。该条约给予中国移民与墨西哥国民同等的法律权利。中国人前往墨西哥主要有两个原因：经由墨西哥偷渡到美国和寻找就业机会。尽管这些中国人最初以合同工的身份被聘用，但是就经济而言，他们在食品和纺织品

① Walton Look Lai, Tan Chee - Beng eds., *The Chinese in Latin American and the Caribbean*, Boston: Brill, 2010.

② Adam McKeown, "Conceptualizing Chinese Diasporas, 1842 to 1949," *The Journal of Asian Studies*, May 1999, 58 (2), pp. 306 - 337.

等贸易中也取得了高度的成功。混合家庭的存在和中国群体的经济成功，导致了反亚洲情绪的出现。他们以民族主义言论为幌子，抱怨中国人的经济威胁，反对跨文化婚姻，认为中国移民会导致墨西哥民族和女性的毁灭。20世纪30年代，强烈的反华情绪（尤其是在索诺拉州和锡那罗亚州）使得中国－墨西哥家庭被驱逐出境。中国人不是广泛的恐华运动（sinophohic campaigns）的被动受害者，但排华运动最终还是取得了胜利。中国人被驱逐出去，或自愿离开索诺拉州。有些人迁往墨西哥国内较为友好的州和地区，如奇瓦瓦州和墨西哥城；有些人被迫非法越境进入美国；而其他人自愿回到中国，在广东省和澳门定居，成为该地区的一个族群。澳门对这些难民来说是一个比较有吸引力的地方，因为它拥有国际化的氛围，更愿意接受跨种族婚姻；葡萄牙的影响也使其在文化方面更接近拉丁美洲。20世纪初，澳门还成为各种难民的避难所，其当时的人口数量增加了一倍，达到15万人。澳门的天主教会成为这些人会面、联系回到墨西哥的人，以及寻求精神支持和经济支持的一个重要场所。中国人曾经是墨西哥的第二大移民群体，在墨西哥恐华运动的影响下，到1940年中国人的数量骤然降到5000人以下。

墨西哥与中国的关系开始于16世纪时西班牙帝国的扩张，而巴西对亚洲的迷恋开始于葡萄牙与中国建立直接联系的1511年。1535年，尽管没有争取到上岸的权利，但葡萄牙商人获得了在澳门港口停泊船只和开展贸易活动的权利。自那时起，关于亚裔种族和非裔种族相对于白人的差异的讨论，开始先后主导葡萄牙和巴西的移民政策。它们认为亚洲人（尤其是中国人）在种族等级上“高于”黑人。虽然葡萄牙帝国通过澳门与亚洲建立联系，但是这并没有导致中国人口向巴西的大规模迁移。在当时的巴西，甘蔗种植园主所需要的劳动力都是非洲奴隶。虽然有关中国移民的最早记录显示，在1810年有400名中国劳工根据临时合同进入巴西，但是在19世纪期间，巴西并没有像其他拉丁美洲国家（如秘鲁）或美国、中美洲和加勒比地区那样，引进大量的中国“苦力”。然而，随着反对奴隶制的法律变得更加严格，在里约热内卢州和圣保罗州，咖啡种植园的非洲劳动力在很大程度上被中国农民和日本农民所取代。在1850年巴西正式废除奴隶贸易之后，巴西政府开始鼓励欧洲（主要是自意大利和德国）劳动力的输入。与墨西哥的情况一样，当这些地区的移民没有大批来到巴西时，政府就转向亚洲移民。巴西的中国移民人口逐渐增多，但记录显示，到20世纪中叶整个巴西只有

1 万名中国移民[1]，而且这些移民与日本人一起被招募到农村工作。早期的亚洲移民，无论他们是中国人还是日本人，都保留了他们大部分的传统价值观和对祖国的依恋，而且绝大多数移民认为他们只是美洲的暂时访客，在一段相对短暂但又收入不错的滞留之后，就会回到自己的家乡。不只是第一代中国移民和日本移民才持有这种态度。在四个主要的接纳跨大西洋迁徙的移民的国家（美国、加拿大、阿根廷和巴西），移民返回其祖国的比例都相当高。随着 20 世纪的到来，与其当地的本国人一样，巴西的中国人和日本人也开始迁移到各个城市（主要是圣保罗）。在第二次世界大战之后，这一现象更为明显。从农村到城市、从皇帝的臣民到巴西的公民的过渡，就这样开始了。就在同一时间，由于墨西哥也发生了这种过渡，这些有着截然不同的风俗和外观的新移民终于引发了当地人的歧视和敌意。19 世纪到 20 世纪期间关于中国劳工的争论，深刻地影响着“种族划分”与“种族和民族认同问题”[2]。一些人认为亚洲人民具有经济优势，是黑人奴隶的替代品；而另外一些人认为他们是介于白人和黑人之间的一个中间种族，他们迟早都会去除巴西的非洲化特征，使其更接近白人国家。中国劳工的争论转化为政治领域的争论，一些强势群体希望增加中国移民的数量，而另外一些人希望将那些已经在他们国家的中国人驱逐出去。即使在今天也不可否认，这些群体的存在标志着巴西人不只是由白种人（白人或穆拉托人）构成的。他们迫使巴西将其具有中国血统和日本血统的人口纳入一个更广泛的概念，即关于“巴西人”在 21 世纪意味着什么的概念。

在 20 世纪的几波移民浪潮中，大批亚洲移民定居在阿根廷。他们大多居住在布宜诺斯艾利斯的亚裔社区，许多人目前拥有自己的生意，如纺织品、食品零售和自助式餐厅。人口数量较少的亚裔阿根廷人通常比较低调，得到占大多数的阿根廷社会的接受。他们主要经历了三波移民浪潮：第一波发生于 20 世纪初期，主要是来自冲绳县的少数日本移民；第二波移民主要

---

① Maria A. Benavides, “Chinese Immigrants in Sao Paulo, Brazil, and in Lima, Peru: Preliminary Case Studies,” *Essays on Ethnic Chinese Abroad*, vol. II, *Women, Political Participation and Area Studies*, in Tsun - wu Chang & Shi - yeoung Tang ed., Taipei: Overseas Chinese Association, 2002, pp. 355 - 376.

② Jeffrey Lesser, *Negotiating National Identity. Immigrants, Minorities, and the Struggle for Ethnicity in Brazil*, Durham: Duke UP, 1999, p. 38.

是来自韩国的企业家，他们于20世纪60年代定居在布宜诺斯艾利斯；第三波移民主要是中国的企业家，他们在20世纪90年代定居在布宜诺斯艾利斯。到20世纪90年代中期，亚裔阿根廷人已经是政治事务中的活跃分子。估计目前有18万亚裔阿根廷人，其中具有中国血统的有12万人，具有日本血统的有3.2万人，具有韩国血统的有2.5万人，以及0.2万具有老挝（Laosian）血统的人。

二　三部当代拉丁美洲电影中的中国人：《最后的美丽》、《荡寇》和《一丝偶然》

鉴于中国目前对拉丁美洲中国因素的兴趣，以及两地的历史关系，我认为研究当代拉丁美洲的文化产品如何反映两地货物交换、人口流动和思想交流的方式，是十分有趣的。如我们所看到的，墨西哥、巴西和阿根廷的华人群体，在这些国家的经济生活中具有重要历史意义；而在这些地区的经济及意识形态中的“中国效应”处于历史新高的今天，他们可能发挥着更大的作用。与16世纪时澳门等一些地区建立起亚洲和欧洲之间的联系相似，在不久的将来，这些华人很可能会进一步推动中国对拉丁美洲的新兴趣并加强与当地居民之间的联系。为反思电影塑造亚裔群体的方式，我建议研究近期的三部电影：《最后的美丽》（墨西哥-西班牙）、《荡寇》（巴西）和《一丝偶然》（阿根廷-西班牙）。它们将生活在西班牙语世界的华人描绘成非技术工人、新的企业家，或者新到该地区的群体。本文的分析将会说明，在文化方面，中国和中国人是如何对拉丁美洲发挥日益重要的影响的。这一重要性在这些电影中表现为两大主题：跨国网络的流行，它仍影响着生活在拉丁美洲的中国人的生活；拉丁美洲人接受他们之中的华人，以及与其进行沟通的方式。

1.《最后的美丽》（墨西哥-西班牙，2010年）

2008~2009年，墨西哥和西班牙两国在西班牙的巴塞罗那合作拍摄了《最后的美丽》。导演亚历杭德罗·冈萨雷斯·伊尼亚里图（Alejandro González Iñárritu）于1963年出生在墨西哥城。他的艺术风格受到了很多拉丁美洲作家的影响，如胡利奥·科尔塔萨（Julio Cortázar）和豪尔赫·路易斯·博尔赫斯（Jorge Luis Borges），他们喜欢非线性叙述，时而运用魔幻现实主义手法。在20世纪90年代，亚历杭德罗·冈萨雷斯·伊尼亚里图成立了Zeta Films制片公司。他的四部电影——《爱情是狗娘》（*Amores perros*，2000年）、《灵魂挽歌》（*21 Grams*，2003年）、《通天塔》（*Babel*，2006年）和《最后的美丽》（*Biutiful*，2010年）广受世界各地的好评，其中还获得12项奥斯卡提名。2010年，《最后的美丽》的男主角贾维尔·巴尔登（Javier Bardem）在戛纳电影节中获奥斯卡最佳男主角奖，同时该电影还获得奥斯卡最佳外语片奖提名，作为墨西哥的代表作出现在奥斯卡颁奖典礼中。

《最后的美丽》讲述了加泰罗尼亚人乌斯巴（Uxbal）的故事。身为一位处于现代巴塞罗那底层社会的父亲，他挣扎着调和父权、爱、灵性、罪恶、内疚和死亡。影片一开始呈现的是一对父女的手，观众能够听到两人在屏幕外说话。对话温柔而平静，伴随着两人的交谈，父亲将本来属于女儿母亲的戒指交给女儿。下一个镜头将我们带入树林中，地面覆盖着积雪，乌斯巴在跟一个年轻小伙子谈论海洋和动物。乌斯巴表现得幽默而友好，然后他们就分开了。除了乌斯巴的出现，这些画面之间没有逻辑或是视觉上的关联，观众需要积极地设法去理解其含义。开篇的叙述顺序预示出整个电影的结构，使观众意识到他们需要理解这个作品，故事不会按照时间顺序展开。然后，从线性叙述中走出，电影在各个场景中缓慢而清晰地转换，表现出影片主角的生活和挣扎。我们了解到，乌斯巴和他的亲爱但不可靠、鲁莽而又极端的妻子，有着一种混乱的关系。乌斯巴的妻子对他们的孩子的安全构成了威胁，因此两人分开住。我们还了解到，乌斯巴贩卖来自中国和非洲的非法移民劳动力。他帮这些移民获得工作，保护他们，使他们不被驱逐出境。他通过这种方式来勉强维持生计。此外，我们还知道，他被诊断患上晚期前列腺癌，但他试图向他的两个孩子隐瞒这一病情。我们说过，乌斯巴“帮助”的非法劳工群体来自非洲的塞内加尔和中国，我们在本文所要研究的就是中国的非法劳工。这些中国人是贫穷的工人，他们为了留在欧洲获得一个蓝领工作岗位而甘愿生活在恶劣的环境中。其中有一位名为莉莉（Lili）的中国妇女，她是乌斯巴家的保姆，在乌斯巴外出工作时负责为他照看孩子，给孩子做饭。我们看到巴塞罗那底层社会中充斥着非法劳工，每个人都像乌斯巴一样，为勉强糊口而努力，甚至不惜出售毒品以维持生计。乌斯巴的工作得到了一位对此视而不见的腐败警察的帮助，但是同时乌斯巴也被迫定期向警察行贿。这经常给他和这些移民带来不良的后果：每当这位警察不

能左右他的上级官员，不得不执行这些官员的指示时，或是当这位警察觉得乌斯巴给他的贿赂不够多时，他们就会遭受迫害和被关押入狱。然而，中国移民工作的血汗工厂不是由乌斯巴而是由其他中国人——一对（男性）恋人——控制的。他们管理着28名移民，出售其劳动力。乌斯巴具有与亡灵沟通的“天赋”——尽管不是片中所有角色对此都能接受——电影将此场面作为事实展现出来，穿插在日复一日的劳动与戏剧情节中。贝亚（Bea），是这部电影中乌斯巴在超自然元素领域或（用叙述性的语言来说）魔幻现实主义元素领域的导师。他鼓励乌斯巴使用他的天赋免费帮助别人。仿佛是为了强调乌斯巴对钱的需求，电影展示了他通过服务收取或至少是接受金钱报酬的场景。乌斯巴的这种能力在一幕有关中国劳工的戏剧性场景中再次出现。由于中国劳工生活和居住的“酒窖”（仓库）非常寒冷，为了使他们晚上暖和一些，出于善意，乌斯巴为这些可怜的中国人购买了暖气。但是取暖设备出现故障，除一人幸免外，所有的中国人都在半夜中毒而死。乌斯巴走进事故现场，看着这些遗体，为他们哀悼。在这部电影中的一个更为凄凉的场景中，乌斯巴“看到”了这些逝去的人，感觉他们像气球一样，高高地飘浮在仓库的屋顶上。中国老板决定把这些遗体弃置大海，但是它们又漂回岸边，最后一直漂浮到巴塞罗那市中心的巴塞罗那海滩上。影片结束时重现了我们在片头看到的场景——乌斯巴的疾病及其随后的死亡，因此有关这些移民以及他们死亡之后的故事（或再无故事）就被打断了。电影以这种方式结束了对故事的叙述，观众也直到这时才明白片中那些没有关联的镜头和叙述。

冈萨雷斯·伊尼亚里图的电影对中国人的刻画，表现出巴塞罗那的移民群体（尤其是移民工人）所处的恶劣生活环境。目睹生活在这样的环境中的中国公民，既印证也挑战了西方人固有的成见。说它证实了成见，是因为墨西哥（导演冈萨雷斯·伊尼亚里图的祖国）的工作条件与19世纪时作为非技术工人或苦力而出卖劳动力的中国移民所面对的工作环境相似。但是这一描述也挑战了当代人关于中国人（尤其是生活在中国的中国人）的成见，即认为中国人在数量和经济上对西方构成威胁。自20世纪80年代初，西方普遍将中国视为一个看似势不可挡的国家，认为她有着持续增长的经济，是世界的经济引擎，并且在2008年工业化国家的经济严重受挫以后，凭借其在拉丁美洲的影响力，帮助该地区度过了严重的经济低迷期，因此，可以把这个国家的成功理解为其国民的成功。该电影一方面的确刻画了那两个向乌斯巴及其同伙出售手下雇工劳动力的中国老板的成功形象；但另一方面也展现出中国非法移民所遭受的苦难和剥削，在剧中他们与非洲人一起承受最坏的命运。对于这些移民来说，他们似乎无法走出这种生活，生活条件极其糟糕，男女老幼一起睡在寒冷仓库席地而铺的床垫上，最终在睡眠之中死亡。换言之，电影告诉我们，他们无法摆脱贫困和剥削的循环，那些把他们的劳动力出卖给白人的中国同胞显然主导着这一循环。电影中两个中国老板成立的组织再现了我们之前探讨过的跨国网络，只不过该影片是以西班牙语世界为背景来塑造人物形象的。让人好奇的是，一个墨西哥电影制片人在讲述西班牙的非法劳工主题时，却没有选择去描述非法的拉美移民群体，而是选择了中国移民。无疑，电影制片人了解中国人在墨西哥的遭遇、反华法律以及20世纪上半叶中国人被强制驱逐和遣返的历史。当然，西班牙的墨西哥非法移民群体也被很好地刻画出来。或者，至少是欧元危机爆发时，“失业潮”（尤其是年轻人的失业）和经济紧缩措施迫使许多移民返回他们的原籍国。几乎是紧随其后，在拉丁美洲寻找工作的西班牙人也开始回国。这一情形显然与《最后的美丽》中的形势相反，但这种影片之外的背景与影片所隐含的东西正好形成了一种讽刺。也许看到中国人处于一个与墨西哥不同的背景中，能够使墨西哥观众觉得他们更具吸引力和更值得同情。因为他们被刻画为一群不幸的灵魂，他们为了生计而挣扎、被其他中国人剥削，是中国人之间相互剥削之循环的一部分。

2.《荡寇》（巴西，2008年）

香港导演余力为执导的《荡寇》也描写了中国人与自己的同胞和他们所移居国度的居民的互动方式，以及他们影响彼此的方式。余力为游览巴西的圣保罗之后，就爱上了这座城市，并决定拍一部关于该城市的电影。他主要关注了居住于此的亚洲居民及其后代，项目最终成为 *Plastic City*（原名为《荡寇》）。这部由巴西人、日本人与中国人合作的作品聚焦于圣保罗市的亚裔街区——自由街（Liberdade），讲述了在那里从事盗版服饰制造和销售的中国居民的故事。

影片一开始展现的是奥亚波基的一个丛林，画面中的一个标志告诉观众它是巴西国土开始的地方。这里因其土地纠纷而著称，电影将其描述为一个很多人热切地搜寻金子的地方。当时是1984年，可以在最初几个场景中看

到带有“秩序与进步”（Ordem e Progreso）宣言的巴西国旗。在这个场景中，我们看到一个亚洲男性被武装警卫所包围，几乎在一瞬间，该男子就从他们密集的子弹中逃脱出来。最初的这些场景采取了警匪片的结构，涉及暴力、色情、非法行为和腐败人物，为整个电影奠定了基调。一只白虎出现在这个充满暴力的丛林中，尽管白老虎并不存在，或者说在巴西不存在任何这种类型的老虎。这只老虎作为一个视觉叙述，会吸引更多的中国观众（而非巴西观众）的眼球。在电影结束时，这只老虎再次出现，以此画上一个象征性的圆圈，表示中国人和巴西的再次结合。在下一个镜头中，丛林与一个巨大的城市形成鲜明的对比。这座城市是南美洲最大的城市——圣保罗，并且是南美洲最大的亚裔社区（同时包含日本人和中国人）所在地。这一场景的时间是2008年，大约发生在开始场景之后的25年，具体地点是圣保罗的自由街（Liberdade），也就是亚裔聚集区。我们看到一个年轻的亚洲男子站在屋顶上朝下撒钱，仿佛是想给巴西人一种幸福安定的感觉，也仿佛是在炫耀他高高在上的权力。我们在开始的几个场景中也看到了这个男子，知道他的名字是野良（Yuda）。在影片中，他被刻画为一个富有、衣冠楚楚、在意自己外表的人。与他的个人慷慨形成对比的是，这个区域展现出的是一幅相当贫穷的画面。这里的绝大多数人来自亚洲，其中还有一位“美丽的皇后”，也就是野良的伴侣。电影向观众介绍了野良的生活和生意。他盗用知名服装的设计和品牌，从事服装的制造和销售。我们了解到，野良是一个地下产业的老板，他雇用中国和巴西的裁缝在极其恶劣的条件下工作，给他们准奴隶一样的待遇。在从事这种生意的亚洲人中，野良并不是唯一强大的一个，呈现在野良和观众面前的还有另外一个实力强大的企业家，其业务遍布美洲大陆，他是野良先生的竞争对手，人们称他为“台湾先生”。我觉得这样一种称呼强调了中国大陆的野良和台湾的“坏”人物之间的不同。这位台湾先生想要掌控整个零售业，并想取代野良在华裔群体的主导地位。野良的儿子麒麟（Kirin）是野良的得力助手，他看起来精明而堕落，也是一个对巴西及其人民有着深厚感情的中国人。他的情妇是一个妓女，她在麒麟的身上看到扭转自己命运、脱离“当前的生活”的最好机会。在电影中，“美国佬”对野良公司生产的假冒和盗版产品的流入进行了抵制。他们想要实施自己的版权法，将假冒商品赶出市场。这一在发达国家广为接受的倡议，在影片中被认为是一个糟糕的想法——因为它不仅会在整体上扰乱零售业，更会伤害其中涉及的民众，剥夺巴西穷人的主要收入来源和以低于市场价值购买贵重物品的机会。因此，盗版产业以民族主义话语的形式被表现出来，代表巴西人的真正利益，而法律的实施则被表现为“美国佬”想要推进的一种想法。为平息“外国佬”，一位看似在政府仍有影响力的巴西前腐败官员建议举行一场“活动”，他希望通过这场活动借助媒体告诉世界，巴西政府正在打击盗版，同时又确保所有的事情一如既往，并且野良的生意也会照常进行。这场“活动”说服了媒体使其相信巴西在严肃打击盗版行为，但同时也曝光了野良及其生意，最终导致野良被捕入狱。我们不知道，这位腐败的前政府官员是否有足够的影响力避免这种状况的发生，也不知道他是否已与台湾先生为伍，其实是在帮助台湾先生。不管怎样，野良的血汗工厂暂时关闭了。工厂再次开业时，野良的儿子麒麟正在与台湾先生会面，台湾先生提出让麒麟加入他的货物分销网络。台湾先生的假冒产品与野良和麒麟的有所不同，后者是使假冒商品商业化，而台湾先生是提供“真货”——既不是正宗的品牌，但也不是“假”的。麒麟这样解释台湾先生的生意：在完成合法制造商要求的订单之后，台湾先生的工厂就使用相同的材料、采用相同的品牌继续生产相同的商品，再以低于市场价的价格将其出售。台湾先生称，他的工厂已经遍布南半球，包括阿根廷、巴西和智利。但是他的商业策略似乎让麒麟在某种程度感到厌恶，出售“假冒货品”而赚取“真金白银”才是麒麟引以为豪的事情。麒麟对台湾先生的建议给予回击，他将自己的商品直接拿到街边，与台湾先生的购物商店进行竞争。但是，由于没有强大的军事势力或政治人物的保护，麒麟和野良开始失去他们强大的帝国。野良失去了对生意的掌控，并被当成犯人和国内最大的盗版产业商，最终锒铛入狱。厌倦了血雨腥风，有感于年华已逝，野良便离开了儿子，制造了自己死亡的假象，回到丛林，企图进行最后一搏结束他的罪犯生活。野良得到了当地人的接受，似乎开始了一种新的生活。不幸的是，这种新的生活又被打破了：一批武装暴徒出现在丛林，杀死了野良当地的朋友；麒麟在丛林中寻找野良，在最后一个场景中将其杀死。这似乎与电影的其他部分有些脱节。

《最后的美丽》以华裔群体的生活为中心，描述了他们作为新非法移民被其他中国人和西班牙人剥削的经历；而《荡寇》从劳工管理者的视角切入，描述了他们利用他人的劳动力使自己致富的经历。《荡寇》采取了警匪片的形式，以中国移民过去在巴西所面临的，而且现在仍然面临的历史现实

为主题。那个把野良、麒麟与台湾先生带到这个国家的国际网络被生动地表现出来。虽然与《最后的美丽》中对工人的描述不同，但是野良和麒麟所使用的劳工不仅有中国人还有巴西人，这些人在血汗工厂工作，制造假冒商品销往巴西市场。假冒/盗版产品的问题，不仅出现在当代巴西的有关知识产权和特许权的争论中，也存在于其他拉丁美洲国家和美国。然而，该电影试图将这一话语发挥得淋漓尽致：巴西的主权和经济福利因为全球资本主义而受到损害，而被刻画为民族英雄的野良和麒麟的生意，也因为受到美国利益的迫害而走向衰落，因而他们似乎也是全球资本主义的另一个受害者。可以将这种价值观的颠覆视为拉丁美洲的外国群体试图与当地居民融合并获得其认可而采取的方式。这些方式表现为接受当地的民族价值观，即使这些价值观是通过非法手段而推进的。

3.《一丝偶然》（阿根廷 – 西班牙，2011 年）

《一丝偶然》也描绘了中国移民在国外的生活，这部电影描述的国家是阿根廷。《最后的美丽》描述的是在巴塞罗那受剥削的非法中国移民，《荡寇》向我们展示的是由中国人操控的制造和分销假冒货物的经济网络，而《一丝偶然》则聚焦于一个到阿根廷去寻找他世上唯一的亲人的中国游客。

影片的英文名为 *Chinese Take-Away*（中式外卖），导演塞巴斯蒂安·波伦斯泽坦（Sebastián Borenzstein）是阿根廷电影和电视行业的一位重要人物。波伦斯泽坦自编自导的电影 *La Suerte está Echada*（2005 年）赢得了众多奖项。他还执导并参与编剧了《没有记忆》（*Sin Memoria*，狮门娱乐公司和 Televisa 集团），其中由墨西哥演员玛莎·希加瑞达（Martha Higareda）和伊米利奥·埃切瓦里（Emilio Echeverria）担任主演。两人还分别是《街头之王》（*Street Kings*）和《爱情是狗娘》（*Amores Perros*）的主演。《一丝偶然》是波伦斯泽坦的第三部纯剧情片（full-feature film）。该片由西班牙和阿根廷共同制作，并由里卡杜·达林（Ricardo Darín，奥斯卡获奖影片《谜一样的双眼》和奥斯卡提名影片《新娘的儿子》的主角）领衔主演。

电影片名为 *Un Cuento Chino*，该表达在西班牙口语中，尤其对于阿根廷人来说，可能有多种含义。从字面意义上可以将其理解为，“来自（或起源于）中国的一个故事”，但其更常见的意义是，一个“荒诞的故事”，即一个令人难以相信的故事，或是一种不太积极的意思——一场骗局。在英译版的片名 *Chinese Take-Away*（中式外卖）中，这些含义都已消失。而只有前者的含义，即“一个荒诞的故事”或“一个骗局”，最能准确地描述该电影的故事情节，以及两位主角罗伯托（Roberto）和中国人钱俊（Jun）的关系的发展。这部电影根据真实故事进行改编，开始的场景将我们带到一个田园般的中国风景中（屏幕上显示为福建）。钱俊和他的未婚妻待在一只船上，突然一头牛从湛蓝的天空中降落下来，砸死了钱俊的未婚妻，钱俊顿时陷入绝望之中。有趣的是，在开始的场景中所有人物都在讲普通话，但是无论他们相互说的是什么，都没有被翻译过来，也没有显示字幕，从而使观众无法理解。观看电影时这种不同寻常的感觉——电影中人物在讲话，但是我们不知道他们在讲什么——预示了罗伯托面对钱俊却无法跟他交流时的感觉。接下来的场景是上下颠倒的。我们能够看到罗伯托的家和他经营的生意，但是这些都位于屏幕的顶端，而且正面朝下。这种感觉反映了阿根廷人最初对中国的了解：中国恰好是位于世界另一端的对拓地。场景又旋转了 180 度，使观众能够正常观看了。这时呈现的是处于布宜诺斯艾利斯安静街头的一个五金店——“Roberto De Cesare”。店内，罗伯托在有条不紊地清点着螺钉。电影还展示了他每天的生活惯例：独自吃饭、看报纸，以及每晚 11 点整准时熄灯。他的例行习惯还包括，在玻璃橱窗中为去世的母亲堆放玻璃制礼物、每周六到查卡里塔为父母扫墓、努力清扫后院，以及周末坐在布宜诺斯艾利斯机场旁喝啤酒和看飞机着陆。我们后来得知，罗伯托是一名退伍军人，曾参加过 1982 年阿根廷和英国为争夺南大西洋上的群岛而进行的马尔维纳斯群岛战争，他的人生仿佛停滞在 20 年之前，就如同生活在战壕中一般。罗伯托经常收集世界各地的离奇新闻，并把它们贴到剪贴簿中。这是他的一种业余爱好，或者像他所说的那样，他这样做是为了证明生活就是这样无意义而又荒诞的。一天，罗伯托在机场看飞机降落时看到了钱俊——一名遭到抢劫被赶出出租车的中国男子。罗伯托对钱俊出手相救，但发现钱俊不懂西班牙语。钱俊让罗伯托看了他纹在胳膊上的正在寻找的大伯的地址。两人一起去了那个地方，却发现钱俊大伯住的那个地方三年前就已经被出售了。罗伯托和钱俊又去了警察局、中国使馆和布宜诺斯艾利斯的华人社区，但都没有找到钱俊的大伯。无奈之下，罗伯托决定将钱俊带回家，两人就这样住在一起，开始了一段艰难的关系。他们结识了共同的朋友——玛丽（Mari），玛丽深爱着罗伯托，同时她也是影片结尾时的一个重要人物。罗伯托并不知道他和钱俊因为悲惨和怪异的环境（如早在他们相识之前发生的有关失去、

爱情和家庭的事情）而联系在一起。“为什么是我?”罗伯托问道。为了找到这个问题的答案，罗伯托雇用了一个翻译，这样他就可以和钱俊分享他们彼此的生活故事。为了向钱俊证明生活是没有意义的，罗伯托向他展示了一个他从报纸上剪切下来的纸片，这个纸片上讲述了发生在中国的一则（荒诞）新闻——一头牛从天空中降落下来砸死了一个女人。在影片中一个极其令人心酸的时刻，钱俊告诉罗伯托那就是他的遭遇，也就是电影开篇时所讲述的故事。之后，罗伯托又向钱俊和观众讲述了 1982 年他在马尔维纳斯群岛战争中的艰难经历以及之后的生活。最终，罗伯托和钱俊得知钱俊的大伯在门多萨省，此时他们的内心都已发生某种改变。在离开之前，钱俊在罗伯托家后院墙上画了一头硕大的奶牛，将其作为礼物送给罗伯托。罗伯托把它当作与玛丽开始一段恋情和一种新生活的一个好兆头。影片在结束时也展现了牛的场景：玛丽正在她的靠近布宜诺斯艾利斯机场的农场中为她最喜欢的奶牛挤奶。电影片尾还插入了俄罗斯某电视新闻节目的一则真实报道，该报道与电影开篇介绍的故事相似——一头奶牛从天而降，并击沉一艘日本渔船。现实可能确实会比任何虚构的事情更加怪诞。对中国人和拉美人在沟通中存在的困难的描述，贯穿于整个电影；但是同时又让观众积极地认识到，不屈不挠和相互尊重能够带来深厚的情谊，来自世界不同地方的人虽然不能通过（口头）语言进行交流，但是他们也能够学会共同生活和相互扶持。

三　结论

在本篇文章中，我探索了“拉美 - 中国研究”这个相对未开发的领域，希望能够对其有所贡献。“混血种人”（mestizo）的隐含概念常常用来描述拉丁美洲文化，本文对与此相关的传统的单一观念和陈规进行了挑战，试图通过分析西班牙语世界中与中国和中国人相关的三部电影，来扩大研究的领域。为理解电影所描述的现实和该话题在拉美人眼中的重要性，我对中国目前对拉丁美洲的兴趣进行了研究，发现该兴趣可能会持续下去，并扩展到经济领域以外的更广范围，进而影响拉丁美洲国家的文化。为强调中国的这一兴趣并不完全是新兴的，我对 15 世纪至今，当代中国和拉丁美洲的关系的历史渊源进行了讨论。这一历史分析表明，几百年以来中国人建立了转移货币资本和人力资本的网络。这些网络在19世纪末20世纪初最终形成一个更广泛的中国“跨国商业网络”，涵盖了从中国到拉丁美洲、美国、加拿大和加勒比海等广泛地区。本文在分析过程中还关注了拉美人如何对待中国人，以及他们与身边的中国人交流的方式。本文研究的三部电影，借助这样或那样的方式，描述了中国企业家在转移资本和劳动力时所使用的跨国网络，它们以三种不同的方式为影片描述的受剥削的中国人的冒险和不幸提供了背景。《最后的美丽》所讲述的事件发生在巴塞罗那，但它以一个墨西哥导演的视角，探讨了处于边缘地位的中国群体作为非法劳动力受其他中国公民剥削的经历。故事中的老板似乎是跨国商业网络的受益者，他们将自己的中国同胞当作牲畜来使用，又最终将其丢弃。以巴西为背景的《荡寇》，讲述了中国老板在圣保罗的街头，利用其他中国人以及当地工人，使自己致富的故事。电影中的反面角色也是一名中国人（来自台湾），受其影响，华裔社区里人们的生活似乎被卷入了一种冲突之中——不仅是与其他中国人，还与巴西的暴徒及其腐败的政客。最后，《一丝偶然》也谈及了移民到拉丁美洲的中国人所面对的历史现实，这次是通过一位到阿根廷来寻找他世上最后一位亲人的游客的故事。这三部电影都还表达了另外一个主题，即中国人与当地人以直接或间接的渠道相互关联。在《最后的美丽》中，中国人与外部世界的互动是由主角西班牙人乌斯巴作为中介的；《荡寇》中的中国人能够顺利地与当地人互动，但被一名与腐败政客有着良好关系的台湾黑帮头目所破坏；而在《一丝偶然》中，钱俊和罗伯托的互动没有中介，因而起初非常艰难，直到一个足智多谋的华裔外卖小伙儿担任他们的临时翻译时，情况才有所改观。在这三部电影中，促成中国人和当地人进行沟通的媒介和环境是相同的：在一些情况下，它们像乌斯巴那样对中国人进行剥削，而另外一些情况下，它们带来的是一种坚实的关系——如《一丝偶然》中的外卖小伙和罗伯托所扮演的角色，向我们展示了中国人和拉美人彼此相识的不同方式，以及他们在该过程中为让所有的人实现更好的生活而做出的努力。这三部电影均证明了中国和中国人在拉丁美洲日益增长的重要性，以及拉丁美洲对于中国同样的重要性。这种经济与文化上的重要性的不断增加，无疑会促进中国和拉丁美洲之间的互动。澳门等一些地区是这一丰富的互动历史的见证者，也是未来文化交流的桥梁和门户，必将促进两地人民之间的相互了解。

参考文献

1. Maria A. Benavides, "Chinese Immigrants in Sao Paulo, Brazil, and in Lima, Peru: Preliminary Case Studies," *Essays on Ethnic Chinese Abroad*, vol. II, *Women, Political Participation and Area Studies*, in Tsun - wu Chang & Shi - yeoung Tang ed., Taipei: Overseas Chinese Association, 2002, pp. 355 - 376.
2. Robert Chao Romero, *The Chinese in Mexico, 1882 - 1940*, Tucson: The University of Arizona Press, 2010.
3. "China to Deepen Ties with Latin America," http://www.chinadaily.com.cn/china/2012diplomats/2012-01/17/content_14469266.htm，最后访问日期：2015 年 7 月 7 日。
4. Antonio Cornejo Polar, "Mestizaje e Hibridez: Los Riesgos de las Metáforas. Apuntes," *Revista de Crítica Literaria Latinoamericana*, Fall 1988, 24 (47), pp. 7 - 11.
5. *El Cine Latinoamericano*, http://recursos.cnice.mec.es/media/cine/bloque1/pag10.html，最后访问日期：2012 年 2 月 6 日。
6. Ellis R. Evan, *The New Chinese Engagement with Latin America: Understanding Its Dynamics and the Implications for the Region*, 2006, https://www6.miami.edu/hemispheric-policy/EllisTheNewChineseEngagementWithLatinAmerica030306.pdf，最后访问日期：2012 年 6 月 2 日。
7. Gustavo Fares, "Border Studies' Positionality," in *Nueva Revista de Lenguas Extranjeras*, Universidad Nacional de Cuyo, Mendoza, Argentina, 2010 (13), pp. 19 - 35.
8. Dennis Flynn and Arturo Galindez, "China and the Spanish Empire," *Revista de Historia Económica*, 1996, 14, pp. 309 - 338.
9. John King, *El Carrete Mágico. Una Historia del Cine Latinoamericano*, Bogotá: Tercer Mundo, 1994.
10. Walton Look Lai, Tan Chee - Beng eds., *The Chinese in Latin American and the Caribbean*, Boston: Brill, 2010.
11. Jeffrey Lesser, *Negotiating National Identity. Immigrants, Minorities, and the Struggle for Ethnicity in Brazil*, Durham: Duke UP, 1999.
12. Martínez Montes, Luis Francisco, "Spain and China in the Age of Globalization," http://www.theglobalist.com/printStoryId.aspx? StoryId=7815, http://chinasouthamerica.com/home/，最后访问日期：2012 年 6 月 2 日。
13. Rose Hum Lee, "The Chinese Abroad," *Phylon (1940 - 1956)*, 3rd Qtr., 1956, Vol. 17, No. 3, pp. 257 - 270.
14. Adam McKeown, "Conceptualizing Chinese Diasporas, 1842 to 1949," *The Journal of Asian Studies*, May 1999, 58 (2), pp. 306 - 337.
15. *Plastic City*, http://www.brffchina.com/news/chinese_plasticity_over_brazil/,

最后访问日期：2012 年 2 月 6 日。

16. Dudley L. Poston, Mei - YuYu, "The Distribution of the Overseas Chinese in the Contemporary World," *International Migration Review*, Autumn 1990, 24 (3), pp. 480 - 508.
17. Gerardo Rénique, "Race, Region and Nation: Snora's Anti - Chinese Racism and México's Postrevolutionary Nationalism, 1920s - 1930s," in Nancy Applebaum, Anne Macpherson, Karin A. Rosemblatt eds., *Race & Nation in Modern Latin America*, Chapel Hill: The University of North Carolina Press, 2003, pp. 211 - 236.
18. Ronald Skeldon, "The Last Half Century of Chinese Overseas (1945 - 1994): Comparative Perspectives," *International Migration Review*, Summer 1995, 29 (2), pp. 576 - 579.
19. May Paomay Tung, *Chinese Americans and Their Immigrant Parents: Conflict, Identity, and Values*, New York: The Hawirth Press, 2000.
20. *Un Cuento Chino*, http: //www. uncuentochino. com. ar/home. html，最后访问日期：2012 年 2 月 6 日。
21. Peter Wade, "Race & Nation in Latin America: An Anthropological View," in Applebaum, Nancy, Anne Macpherson, Karin A. Rosemblatt eds., *Race & Nation in Modern Latin America*, Chapel Hill: The University of North Carolina Press, 2003, pp. 263 - 282.

岭南文化与澳门的互动及其在文化交流中的独特优势

黄明同*

摘　要： 岭南文化是特定环境的产物，多元的地貌、绵延的海岸线、多元的思维、非一统的观念等，形成务实、重商、开放、兼容与创新的文化精神。其中的三位名人——实现宗教革新的慧能，明代心学开篇者陈献章，创立三民主义的孙中山，均谱写了中华文化辉煌篇章。

岭南文化与澳门长期互动：澳门开埠使广东社会文化发生急变，中西交融的澳门文化更彰显岭南文化特色，澳门文化培育出了一批岭南文化的精英。在当今全球化的国际大背景下，澳门应继续发挥岭南文化特有优势，既保存自身本色，又必须向外开放，吸取外来养分，并采取积极措施，从战略高度把澳门打造为对外的文化交流平台。

澳门，地属岭南，本为香山之南一悬海小岛，后因沙石冲积而与大陆相接。澳门文化，乃属岭南文化，二者关系密切。16 世纪中叶，葡萄牙强行租占，澳门开埠后成为中国南部对外交流的重要窗口、中外文化的交汇点。自此，澳门与岭南文化有着显著的互动效应。这种效应，在当今全球化大势下，极利于继续发挥澳门作为对外文化交流平台的功能。

---

* 黄明同，广东省社会科学院研究员。

一　中华百花园之奇葩——岭南文化

岭南文化，中华百花文化园中的奇葩，是别具特色的地域文化。它是原生态文化，也是中原文化、海洋文化与外来文化交汇的硕果。文化，是人类创造物的总称；人类在特定的地理环境与社会环境中创造文明，形成价值取向和文化精神。

（一）地理环境与文化理念

岭南，即五岭——越城、都庞、萌渚、骑田、大庾之南。在古代，处于边缘地带的岭南由于大山峻岭阻隔，北方的政治经济文化难以渗进，社会经济发展滞后。迄至唐宋，得益于梅岭通道拓宽，南北交通改善，经济有了发展。生活在“山高皇帝远”环境中的岭南人，普遍不关注主流社会，也稍缺失核心价值理念，存有非一统的观念、反传统性与叛逆性。

人的思想受地理环境与生活环境的制约。就地形而言，岭南从北向南是个斜坡，从高山到丘陵再到台地。地形地貌多样，河涌交错。地形多元的态势，使居住者产生多元的、非单一的思维习惯。岭南人自古即喜好多种经营，除了种稻谷外还爱种水果及各种经济作物。到岭南为官的外籍人士，深感岭之南北相异，刘恂撰写《岭表录异》记述岭南人在稻田养草鱼，鱼儿在田里吃掉杂草，既获稻谷丰收，又收肥美鲜鱼，展示了一举而多得的多元思维。岭南人讲求辩证饮食，如先汤后饭，无汤不成宴，这种饮食的基本模式，既可调节肠胃，又适应炎热气候需要，并且讲求营养均衡，滋补的菜肴与清热的饮料相辅相成，广东凉茶风靡，其中体现的还是多元的思维习惯。

岭南背山面海，拥有3000多千米的海岸线，海洋资源丰富，对外贸易起步早。据史料记载，早在汉代岭南的合浦（今属广西）、徐闻便是海上丝绸之路的始发港。考古发现越王墓中存有舶来品，即可佐证当年南越国与海外的密切交往。晋代之后，广州成为中国南部重要的通商口岸；清代，广州港曾一度独占对外贸易，成为中国唯一的口岸。对外交往，带来海洋文化的滋润，海洋的开阔，更使岭南人别具开放的胸怀与开放的理念。

（二）岭南文化之特点

岭南人的价值观，体现于别具特色的文化精神，具体可概括如下。

1. 务实性

得不到皇恩庇佑的岭南人，只能靠自身奋斗去获取实实在在的成果。生活上，不奢华，不刻意强求，富于个性，重情感，洒脱安逸，顺应自然。学术上，强调实用性，不太注重纯学理的探究。唐代，慧能从百姓实际出发，将印度禅宗的戒、定、慧三阶段坐禅，变革为“顿悟”，主张顿悟心中佛性而成佛，简化修炼方式以适应百姓。近代，康有为为营造维新舆论，撰写《孔子改制考》，“托古改制”，抬出百姓熟悉的圣人，给变法披上合法外衣；孙中山伦敦蒙难后，为解决社会问题而提出“民生主义”，构建“民有”“民治”“民享”的革命学说。

2. 重商性

“以农为本”是古代中国的基本国策，农业是立国之本。岭南虽注重农业，但不以农为唯一，而开展多种经营，商业活动向来活跃。早在秦代，番禺（今广州）已为岭南商都，是珍异特产的集散地。迄至明清时期，广州发展为“天然商国”，珠江三角洲农民则选择弃耒而从商，改肥美的农田为桑基和鱼塘，出现“桑基鱼塘”与“果基鱼塘”新生产模式，快步走上农业商品化之路，凸显岭南人的重商意识。

3. 开放性

开放性，既是漫长海岸线使然，同时也由务实和重商的意识所决定。为了广做生意，人们不管内商或外商，不管开铺或定居，只要有钱赚，来者不拒；为了减轻生产成本，则千方百计引进技术与设备，不管什么方式、什么渠道，来者不拒；对外来的语言、文化、习俗，只要有用也来者不拒。16 世纪中叶澳门开埠，开放性更为突出，由浅层面转向深层面，由世俗转向精英。在岭南出现多个借鉴西方的救国方略：洪仁玕发展资本主义经济纲领、容闳的教育救国方案、康有为的维新变法方案、郑观应的全方位改革方案、孙中山革命理论与建国方略等，都试图引进外国先进的政治经济体制以及科技文化来拯救国家和民族。孙中山的“兼收众长”，便是岭南文化开放性特点的概括。

4. 兼容性

开放带来兼容，兼容便是博采众长。岭南文化，是在本土原生文化的基础上，兼容中原文化、周边文化与海洋文化，近代则兼容欧美文化、日本文化等。在民间，生活习俗、饮食方式、娱乐活动、建筑风格、礼节与服饰等，均兼容中外而呈现多元态势。学术上，有较大影响力的学者，大都兼收并蓄：葛洪，兼容道教神仙方术与儒家纲常名教；陈献章，熔儒、道、释于一炉；康有为，融古今中外于一体；孙中山，因袭中国学术思想又撷取西方的事迹与学说。近代岭南人所创立的史学、人类学、民俗学、法学等，都是兼容西方文化的硕果。

5. 创新性

兼容不是机械地“大拼盘”，而要获得新质，正如孙中山所说，“兼收众长，益以新创”。敢为天下先，勇于进取，大胆开拓创新，便是岭南文化最为突出之特色。古代，岭南人进行多种经营，发展商业，敢于挑战“重农抑商”的国策；近代，岭南人大力拓展外贸，大胆吸取西方先进文化，挑战“锁国”政策。学术上，慧能敢冒生命危险，改革佛教而创禅宗南派；陈献章敢于冲破程朱理学藩篱，创明代心学开理学新派；康有为公然离经叛道，无视作为治国之本的古文经学，而作《新学伪经考》；孙中山无所畏惧，毅然走上武装革命之路，并创立既有民族特色又富于时代气息的革命学说，把中华文化从传统推向现代。创新，既是岭南文化特色，也是岭南文化发展的内在动力。

二　岭南文化与澳门之互动

澳门，自古属岭南香山管辖，其文化与岭南文化本为一体。开埠以来，曾一度为葡萄牙人管辖，现为中华人民共和国特别行政区，然而澳门与岭南文化始终保持着密切的互动关系。

（一）澳门开埠与广东社会之急变

澳门，毗连大陆，面临大洋，凭着“地利”优势，自古以来就是岭南对外贸易的窗口。据《澳门记略》所载，澳门曾成为各国商人进入中国进行商贸活动基地，也是全国各地商人集结地。

1. 澳门租占与西学东渐

迄至16世纪，西方国家经历文艺复兴和工业革命后，经济迅猛发展，快步走出中世纪。新兴资本主义国家亟须对外拓展市场，进行资本的原始积累。鸦片战争前，中国“并不‘落后’”，称得上“富甲天下”①，资料显示，“19世纪之前，中国比欧洲或亚洲的任何一个国家都要强大”，“1820年时，中国的GDP比欧洲和其衍生国的总和还要高出将近30%”②。西方国家，对占着世界生产总值大份的中国垂涎三尺。

16世纪中叶，葡萄牙的水兵，以晾晒衣服为由在澳门上了岸，继而强行租占澳门。自此，中西文化在此交汇，西方文化潮水般地涌进：1569年，葡萄牙人建立西式的社会福利机构——仁慈堂；同年，唐·卡尔内罗主教创办中国第一所西式教会医院——白马行医院；1582年，利玛窦开始在中国内地传教；1594年，利玛窦与罗明合作编撰历史上第一部中外对照字典——《葡华字典》；同年，亚洲第一所教会大学——圣保禄学院成立；1815~1823年，牧师马礼逊编成巨著式字典——《英华字典》；1860年，伯多禄五世在澳门成立中国国土上第一家西式剧院——岗顶剧院……

通过澳门，西方的宗教、文化、艺术、教育、科学技术等，在中国这片古老的土地上传播。西学东渐，势不可挡，由澳门而至广东，进而进入帝国的心脏地带，所向披靡。其中推动西方文化东进的主力军是传教士，利玛窦则成为“最具影响的杰出人物”。据考，利玛窦于1582年8月进入澳门，由广东，进入江西，再进南京，最后抵达京城北京。他带着礼品，疏通各种关系，虽也有挫折，但还是以手中的西画、洋地图、自鸣钟等“西洋奇物”，叩开了紫禁城门。

澳门开埠，给中国带来了双重效应：一方面，西方的新思想、新文化、新科技成就，让中国人大开眼界，为古老的中华文化注入新养分；另一方面，西方人是要“归化中国”，通过文化从根本上动摇中国的核心价值，摧毁中华民族之根，由此征服这远东大国。然而，正是在中国面临着双重挑战的形势下，与澳门紧密相连的广东，迎来了前所未有的快速发展。

---

① 朱维铮：《走出中世纪二集》，复旦大学出版社，2008，第10页。

② 麦迪森：《世界经济千年史》，北京大学出版社，2004，“中文版前言”。

2. 得风气之先，广东快步走出传统社会

由澳门传入的西方文化，首先惠及岭南，催生广东经济文化社会的新气象，令广东告别自然经济，步入全国先进行列。

其一，西方的科技文化，从澳门进来，催生了岭南新科技。

澳门开埠后的“西学东渐”，早期主要在教育、科技与出版业方面；之后，则相对集中于建筑、艺术、饮食与宗教等。西方科学技术传入中国之后，首先影响岭南。仅以西医为例，1569 年葡萄牙人卡内罗主教，在澳门创办仁慈会，下设圣拉斐尔医院和麻风病医院。1805 年葡萄牙商人许咸特将牛痘接种术传进澳门，同年英国医生皮尔逊在澳门接种牛痘，其著作《牛痘奇法》，在广州刊行。粤商邱熺在澳门经商接种牛痘有效，遂在家乡南海推广。1820 年传教士马礼逊与印度公司李文斯敦合作，在澳门开设西医诊所，拉开中国西医诊病的序幕。1827 年，传教士郭雷枢在澳门开办第一所眼科医院，次年在广州开办赠医所，为中国第一家西医医院。

沐浴了由澳门吹进的西学之风，岭南的近代科技文化如雨后春笋，领风气之先。仍以西医为例，1848 年，广州设立了金利埠医院；1866 年广州的博济医院创办附属医学校——华南医学堂，为中国第一所西医学校；1871 年香港成立东华医院，为中国第一所中西医院。之后，西医医院在岭南地区几乎遍地开花。西医手术、西医医学书籍、西医刊物、西医药房等，风靡岭南。西方先进医学，从理论到实践，给中国传统医学带来极大的震撼，既增添了岭南文化的新养分，使之富于时代气息，又使岭南人领略人类先进文化风采，感受先进科技带来的幸福。

其二，西方新的学制、课程与教学方法，从澳门传进，广东率先借鉴。

西方传教士，为“感化”中国人，常常从教育入手。传教士通过办西式学校，传播西方文化，灌输西方观念，也就翻开中国教育新的一页。岭南最早借鉴西方新学制、新课程与新的教学方法，进行教育改革走在全国前面。

岭南率先变革传统书院而兴办新学堂。为维新培育人才，康有为在广州创建万木草堂，拉开书院改革的序幕。19 世纪末 20 世纪初，岭南兴起改书院、办学堂热潮，1910 年广东改书院为学堂的即有 92 所，1909 年新型学校多达 1694 所。新学堂大都采用西方实用学科为主要课程，贯彻德、智、体全面

发展办学方针。民国年间，借鉴西方而制定的《学校系统改革案》，由国家颁布，在广州率先进行试点实施，岭南教育快速转型，同时也推进中国教育从传统向现代转型。

其三，澳门对外贸易激增，广东经济急速商品化。

澳门开埠，对科技、教育方面的推进，固然显著，然而更为深层的影响则在经济社会。

明万历年间，对外贸易机构——市舶司，曾一度移至澳门，外国贡商由澳门而进至广州。葡萄牙人租占澳门后，澳门成为“东方贸易的总枢纽”，开通了三大外贸航线，同时与岭南地区之间也形成贸易互动。一荣俱荣，在澳门大帆船贸易的辉煌时代，广州也迎来了贸易的黄金时代。明朝隆庆元年（1567）开始取消海禁，万历年初准允外国商船进入广州港。清康熙二十四年（1685），又宣布“开海贸易”，开放粤、闽、浙、江四海关；至乾隆二十二年（1757），清政府宣布关闭三关，仅保留粤海独口对外贸易，岭南的海上贸易有了长足发展，并催化了珠江三角洲商品经济的迅速发展，给岭南地区带来了连锁反应。

首先，在外贸中广丝、广绸销售量激增，于是广东珠江三角洲一带出现“弃肥田以为基”的现象。“基种桑，塘蓄鱼，桑屎饲鱼，两利俱全，十倍禾稼”，农业生产形成良性循环。据史料记载，明万历年间，南海九江乡基塘面积约占全部耕地面积的60%～70%。万历九年（1581），清丈田地山塘的情况显示，鱼塘快速增长，数量惊人，如南海48326亩、顺德40084亩、东莞32659亩，可见养鱼、植桑之风盛行。

16世纪以来，广东的生产与流通的内在机制，不断催生广东的商品经济，促进社会经济发展，以图1概括之。

1899年，两广总督谭钟麟奏文称，“（广东）工商两项，较他省为盛。近年风气大开，有以机器仿制洋货者，有以制土货专销外洋者，制作日精，行销日广”[①]。广货，以丝、丝织品、铁器、陶瓷为最，其中“广之线纱与牛郎绸、五丝、八丝、云缎、光缎，皆为岭外京华东西二洋所贵”。珠江三角洲地区，开始不再从自身需要安排耕织，而是着眼于是否“赢利”而进行生产，悄然告别中国几千年的自然经济。

① 《光绪朝东华录》卷四，第4301页。

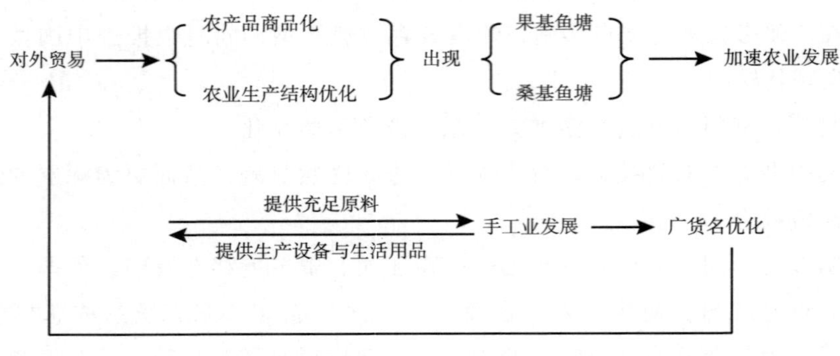

图 1

(二) 中西交融，澳门文化更彰显岭南文化特色

澳门开埠带来岭南经济文化社会的发展，同时也使澳门文化更显岭南文化的特色。在中西文化交汇中，澳门文化形成一个多元混合型文化。它是中华文化与拉丁文化，以及混生文化三者并存共生的文化体系。

1. 澳门文化，以中华传统文化为主体

400 多年来，中华文化一直是澳门文化的主体。由于主权与治权的分离，澳门始终没有离开祖国怀抱，而租占澳门的葡萄牙，也已走过兴盛时期，在澳难以形成强势统治，也没有逼迫华人采用葡语，以及接受拉丁文化，故居澳 95% 的华人，仍能传承中华民族文化。

澳门的华人仍说汉语，包括粤语、客家话、闽南话等。饮食习惯与节日习俗方面，处处可见人们穿着唐装，保留着中国的饮食习惯，做粤菜、潮菜、客家菜、川菜、淮扬菜、上海菜等，品尝着中国的风味菜肴。中国传统的春节、元宵节、土地诞、清明节、天后诞、浴佛节、端午节、中秋节、重阳节、冬至等，依然是澳门人的庆祝节日。在宗教信仰方面，中国传统的宗教佛教、道教、祖先崇拜，以及各种各样的民间信仰，一直在澳门得以保留；中国式的寺庙，如妈祖庙、莲峰庙、普济禅院（又名观音堂）、智心堂、功德林、药山禅院等，寺院林立，信徒众多，香火兴旺。在澳门处处可见中式建筑，以及岭南特色景观，连街道的命名也以中式街名居多。澳门丰厚的中华文化内涵，凸显着中国气派！

文化认同，维系着中国传统的文化氛围；民族的文化氛围，又培育着世代相传的民族文化心理与核心价值取向。因此，400 多年来澳门文化始终是具有欧陆文化特征的中华文化，是岭南文化系统中别具特色的一个类型。

2. 澳门文化，受到拉丁文化滋润

400 多年，澳门既维系了中华文化之根，又吸取了拉丁文化的养分。先后进入澳门的外国人，除葡萄牙人外，还有英国、法国、德国、西班牙、意大利、瑞士、日本、印度、越南、马来西亚、柬埔寨等国家的人，其中以拉丁语系国家的人居多。西方文化滋润了澳门，其中尤以拉丁文化的影响最大，澳门文化是中国传统文化与拉丁文化结合的典范。

西方文化的传入，从传教士的传教与办学开始，而传教士中尤以拉丁语系国籍者居多。据史料显示，1662 年，由澳门进入中国的耶稣会传教士，分别有葡萄牙籍者 167 人，意大利籍者 50 人，西班牙籍者 22 人和法国籍者 26 人。天主教和基督教的传入，使澳门人的宗教信仰有了多种选择。三巴寺、小三巴寺、望人寺、花王堂、顺风堂等，一批独具欧洲地中海式教堂的兴建，不仅丰富了澳门人的精神生活，而且营造了西式人文景观。每周一次的礼拜祈祷，以及别具一格的耶稣圣像出游，使澳门宗教活动更多姿多彩。教会学校，如远东第一所西式大学——圣保禄学院，开设了西方现代科学课程，一改中国的传统教学模式，为中国造就了精通西方文化的精英，拉开了中国教育改革的序幕。

拉丁文化对澳门的影响，从语言、宗教、科技文化，到习俗及日常生活的方方面面。清乾隆年间，曾先后在澳门为官的印光任、张汝霖所编撰的《澳门记略》，全面记述澳门开埠后拉丁文化所带来的价值理念：洋人“重女轻男，家政皆女子操之，及死女承其业”；男“不得有二色”；“婚姻不由媒妁，男女相悦则相偶”；“尤薄于送死”等。正是由于拉丁文化的滋润，澳门文化既保持民族特色，又富于时代气息，使中华文化能与世界接轨。

3. 澳门文化，凸显岭南文化特色

开埠以来的澳门文化，凸显了岭南文化的开放、兼容与创新的特色。对此，日本学者池田大作这样评述：“澳门从来就是一个各种思想相互兼容的社会，在澳门，葡萄牙人文主义和中国的宇宙观和谐相处，中西文化互相尊重，互相学习，澳门这种开放而并蓄的精神给予各国不同文化增添了光彩。”一名西方学者也说，澳门是“把不同事物融合起来的范例”，它“将地球西端的世界和远东世界的文明差异融合起来”，将西方“流浪者”的文明与中国极为“安定”的文明之间的差异融合起来。

澳门在对外开放中把存有差异的、不同地域不同国家的文化，融为一体，彼此和谐、融通、共存、共荣，而创造出以中华文化为主体、多元混合的新文化。这正是岭南文化开放性、兼容性、创新性特色的具体而鲜明的体现。事实正是如此：在澳门，处处可见地中海式、中国传统式，以及中西合璧的城市景观；在澳门，虽有官方语言，但在日常生活中，人们却各自操着家乡话；在澳门，教派林立、各行其道；在澳门，人们按照各自习俗而欢度节假日；在澳门，可以品尝不同风味的多国饮食。

澳门有一特有文化现象，便是土生葡人文化。土生葡人有葡萄牙国籍，并接受葡萄牙的教育与文化熏陶，保持着葡萄牙的生活习俗和思维方式；又接受中国文化影响，会说中文，在家中供奉观音，欣赏粤剧，甚至用葡语唱粤剧等。这更显澳门文化的多元性与混合性的特色。

4. 澳门文化，培育岭南文化精英

澳门开埠，岭南得风气之先，也领风气之先。近代以来，一批引领中国历史潮流的精英，大都出自广东，其中郑观应、容闳、康有为、梁启超、孙中山等人，都先后得到澳门文化的哺育。

郑观应，早期维新志士、实业家、教育家和思想家，主张学习西方，富国强兵，最先提出君主立宪思想，勾画出全方位的社会改革蓝图。郑观应与澳门有着密切关系，其家乡香山县雍陌乡，与澳门近在咫尺，他青年时代经常进出澳门，感受澳门的文化氛围；中年即在澳门建郑家大屋，置家居业；事业一度受挫后，在澳门过隐居生活，居澳期间完成巨著《盛世危言》。该书汇集其全面改革思想与蓝图，出版后产生振聋发聩的社会效应，曾对光绪皇帝有良多启示，还影响了几代中国人，直至当代毛泽东。

容闳，有“留学之父”美誉，是19世纪中国学习西方浪潮中的“倡导者、推动者、实施者”。7岁在澳门进入马礼逊学堂接受西式教育，之后的十余年间一直受到澳门开放、兼容文化精神的陶冶。18岁随传教士布朗赴美留学，拿到耶鲁大学学位。他提出教育救国的主张，决心“以西方之学术，灌输于中国”，以“使中国日趋于文明富强之境”；提出官派学生出洋留学建议，并带首批幼童30名赴美，有“铁路之父”之誉的詹天佑便是留学幼童之一员；借鉴美国的经验，向清政府呈上关于建银行、修铁路等陈条，希冀“实业兴国”；曾积极参与康有为领导的维新运动，支持并介入了孙中山领导的革命事业。

世纪伟人孙中山，与澳门的关系更为密切。12 岁随母亲到夏威夷探亲，在澳门登上海轮，开始了改变人生命运的远行，他“始见轮舟之奇，沧海之阔，自是有慕西学之心”。从香港西医院毕业后，他悬壶济世，“医人”生涯从澳门开始。孙中山在澳门用西方医术为病患者服务，把西方博爱精神及社会福利理路，践履于东方国土，铸造了从“医人”到“医国”的思想基础。多元文化氛围下的澳门，成为其早期活动基地与革命舞台：结交革命友人，宣传革命救国；向居澳的郑观应请教，接受先辈的教诲与影响；接受葡籍友人的帮助，其中葡人飞南第的帮助良多，如代他申请执照，刊登医疗广告及革命活动的评论，协助他逃亡海外，创议并组织庆祝武昌起义成功的集会等。

由上足见，澳门的多元社会和多元文化，培育了岭南精英，这又从另一侧面彰显了岭南文化与澳门之互动。

三　在澳门之双向文化交往中，发挥岭南文化特有之优势

400 多年的历程，充分展示澳门在中西文化交流中的地位与作用，也体现出澳门文化功能的发挥与岭南文化有着密切关系。当今，在全球化大背景下，有必要总结岭南文化与澳门互动的历史经验，从中寻找如何继续发挥岭南文化特有优势的方法，以及如何将澳门打造为文化交流平台的宝贵启示。

（一）历史经验，值得借鉴

文化发展，必须开放。现代系统理论告诫人们，任何事物都是系统，系统必须开放，系统的潜力与开放程度成正比例。任何文化都必须与外来文化进行交流，在与异质文化的碰撞、交流与融合中，吸取新的文化养分，从而得以创新，这便是人类文化发展的普遍规律。历史发展说明，“中西文化交流是人类文明中的一种必然现象，也是世界文化承传的一种方式”。诚然，在文化交流中，任何文化都需要保存自身特色，而不至于失去本民族文化之

根。400多年来，澳门文化正是循着自身逻辑而发展，历史经验说明，其生命力与功能便源于此。

文化交流，造就了以中华文化为主体的、多元的、混合型的澳门文化，使之更富于开放、兼容与创新的岭南文化特色，因而在对外文化交流中别具优势。正是这一优势，使澳门成为中外文化交流的平台。

400多年来，澳门作为文化交流的平台，具有双向功能：一方面，澳门开埠引发了“西学东渐”，拉丁文化进入中国，西方先进科学技术与新价值理念也引进中国；另一方面，澳门促使“东学西渐”，中华文化典籍由传教士传到西方，中国的辩证思维也由此启迪西方。据史料记载，一位曾经热衷于技术机械却担当起复归辩证思维使命的科学家——莱布尼茨，与传教士白晋有过密切联系，白晋曾为他提供《易经》等儒家经典。他看了白晋给的“八卦图”，发现中国八卦排列组合与他的“二进位制”恰恰相符。莱布尼茨通过与往返于澳门的传教士的沟通而了解中国，赞美甚至推崇中国文化。由此足见澳门在“东学西渐”中的作用，也足见中华文化确实是从澳门走向欧洲，走向世界的。当今，尽管澳门已经回归，但其作为文化交流平台之功能犹存。

（二）加强澳门文化交流平台，促使中华文化走向世界

为发挥岭南文化的独有优势，继续以澳门为对外文化交流的重要平台，有必要采取积极措施，发展建设澳门，以促使中华文化走向世界。

第一，澳门特区政府应从战略高度把澳门打造为对外文化交流平台。

澳门回归后，特区政府比较重视文化事业，从国内外引进大批文化精英，又扶持各项文化事业，频频召开国际性学术会议，开展各种方式的文化交流活动。然而，如何充分利用已有的优势，从战略的高度思考澳门的对外文化交流，特别是对拉丁语系国家的文化交流，尚缺乏全面的规划、具体的措施，以及切实可行的计划。

政府部门在政治、经济层面的工作十分必要，但文化方面也不可忽略。在社会生活中，文化不可或缺，人们固然要穿衣吃饭，也需建构精神家园，因而社会建设必须物质层面与精神层面并举，政府在营造硬实力之时，不可忽略打造软实力。自回归以来，澳门经济社会的发展引人瞩目，而软实力方面则有待加强。加强澳门对外文化交流活动，无疑有利于人的文化素质提

高，有利于促进中华文化走向世界。有鉴于此，特区政府应把对外文化交流提到战略高度，加强打造澳门文化交流平台，此乃当务之急，也不失为极好的发展契机。

第二，发挥岭南文化的兼容性，在政府统合下，建立相关机构，整合队伍，协力营造对外交流氛围。

澳门文化交流平台的打造，需两个积极性：政府牵头与民众参与。前者，除了做决策和给政策外，还须设立专门的办事机构；后者，应鼓励民众组建以进行文化研究和交流为宗旨的社团，整合各方力量，致力于澳门文化交流历史资料的发掘、研究、宣传，以及开展相关的交流活动。依靠媒体，大力造势，以营造文化交流的氛围。

第三，发挥岭南文化的开放性，利用澳门与拉丁语系国家存有关系的优势，既营造国际交流的大舞台，又有重点地进行对话与交流。

400 多年来，澳门与拉丁语系的国家有着密切的交往，今后的文化交流，是世界性的，也是以拉丁语系国家为重点的，这更有利于发挥已有的优势。目前，拉丁语系国家约有 30 个，占世界人口的 1/9，澳门与拉丁语系国家有着语言、宗教、文化的联系，是与这些国家有着密切联系的中国地区，因而可以充分发挥澳门作为与拉丁语系国家沟通桥梁的作用，在全面开展对外文化交流中，突出与拉丁语系国家的交流。还可利用现有的葡萄牙语 9 个地区文化论坛的平台，积极参加该论坛每年的活动，并争取承担论坛的主办工作。

第四，发挥岭南文化的务实性，把文化交流的各项工作落到实处。

务实，是岭南人的优良品格，也是岭南文化的突出特色。澳门开展世界文化交流活动，应从实事做起，事事落到实处，如下几项有实质意义的工作，应得到落实：制订培训计划，着力培养拉丁语系人才，组建开展交流的专业队伍；规划各种类型的国际学术会议及文化交流活动，营造文化交流大氛围；组织专题文化讲座，解读中外的经典著作；编辑规格不同、风格不同、读者群不同的作品，向国外输出；利用各种文艺形式，进行广泛的文化传播；组织对外的学术讲座与文艺演出；等等。

澳门创造了 400 多年的文化辉煌，也必将谱写出未来文化交流之非凡华章！

参考书目

1. 印光任、张汝霖：《澳门记略校注》，赵春晨校注，澳门文化司署，1992。
2. 章文钦：《澳门与中华历史文化》，澳门基金会，1995。
3. 刘圣宜、宋德华：《岭南近代对外文化交流史》，广东人民出版社，1996。
4. 邓开颂：《澳门历史》，澳门历史学会，1995。
5. 黄鸿剑：《剑海涛声》，《中山文史》第 45 辑。
6. 中国社会科学院、中国史学会等合编《“澳门历史与发展”学术研讨会论文》，1992。
7. 屈大均：《广东新语》，中华书局，1983。
8. 叶珊如、黄明同等：《商城广州》，广州出版社，1993。
9. 张磊、黄明同等：《岭南文化志》，上海人民出版社，1998。
10. 〔美〕孟德卫：《莱布尼兹与儒学》，张学智译，江苏人民出版社，1998。
11. 李燕、司徒纪尚：《澳门文化的多元性解析——兼与香港文化比较》，《热带地理》2001 年第 3 期。

法律篇

澳门在中国扮演的诸多角色：法律环境

伊格纳泽奥·卡斯特鲁齐*
张朋亮 译

一　21世纪的澳门及其法律环境

在1999年中国恢复对澳门行使主权前后，澳门发生了一场重要的争论，争论的焦点包括这片领土的未来，澳门在中国、在该地区以及在全球的定位问题，澳门在中国与西方世界之间，特别是中国与葡语国家以及拉丁世界之间发挥沟通桥梁作用的潜力等。澳门特区政府、澳门大学，以及澳门基金会、澳门利氏学社等机构，都在围绕这些战略课题，推动相关调查、研究和公共事务①。

* 伊格纳泽奥·卡斯特鲁齐（Ignazio Castellucci），意大利特伦托大学法学院教授。

① 见《澳门桥——通向拉丁美洲》（*Macau-Puente entre China y America Latina*），该文集是由澳门亚太拉美交流促进会（MAPEAL）在2006年编撰的，所收录的文章涉及国际关系、政治学、经济学、法学等领域；《即将迈入第三个千禧年的澳门》（*Macau on the Threshold of the Third Millennium*），是由澳门利氏学社赞助和编撰的，收录的主要是该学社及法国当代研究中心在2001年合办的利玛窦国际会议上发表的文章，此外也包括一些从经济学、政治学和国际关系的角度对澳门所作的研究；由澳门大学澳门研究中心发表于2004年的《"一国两制"与澳门特别行政区》（Ieong Wan Chong, Ieong Sao Leng et al., "*One Country, Two Systems*" *and the Macao SAR*）。2009年，澳门大学举办了一场关于澳门法律和全球问题的会议，大会的主题是"全球化背景下的澳门法律改革"。在过去的15年里，围绕与"一国两制"模式有关的法律、宪法和制度问题，在澳门和香港，以及各个大学和研究机构里，都举办了大量活动。其中的一大贡献当属论文集《一个国家，两种制度，三层法律秩序》（*One Country, Two Systems, Three Legal Orders*），由柏林海德堡的斯晋林格出版社于2007年出版，该论文集是由澳门基金会赞助，奥利维拉（J. Oliveira）和卡迪纳奥（P. Cardinal）编撰。

澳门独特的地位和历史，促成了1987年《中葡联合声明》的签署，使澳门得以（在21世纪，在一个全新的政治环境下，在50年的过渡期内）保留其在交接前的法律制度、经济制度和生活方式基本不变。根据《中华人民共和国宪法》第31条及《澳门特别行政区基本法》第2条，设立澳门特别行政区，澳门享有高度的自治权，这也是著名的“一国两制”原则的具体运用。

因此，就任何有关澳门未来的战略论述而言，一个重要问题就是，当过渡期结束后（即到2049年），也就是当中央政府对保持澳门在交接前的法律、经济、社会条件和生活方式基本不变的诺言兑现后，澳门将在中国居于何种地位①。

本文认为，在过渡期及之后，保持澳门的独特性，提升澳门为中国（或者说在中国）发挥某些作用的能力，是澳门的特殊地位得以长期为继的重要条件，这反过来也将进一步加强和发展其特异性。

反之，如果失去了文化遗产，澳门则难以保持和促进其在区域内的特殊作用及地位。

二　澳门法律的未来

众所周知，相对于可以进行直接对话的双方来说，一个调解的过程，或者说一个需要中间人的过程，往往需要支付额外的技术成本。不过，一个（文化的、经济的、法律的）调解有时候会取得事半功倍的效果：它会降低特定活动或程序的总体成本，它在某些情况下会使不可能成为可能，为所有的参与方带来益处——当然也包括调解者本身。

澳门拥有得天独厚的历史和地缘优势，在全球化的环境下，澳门能否保持其独特性和文化遗产，能否为广东和珠江三角洲其他地区，乃至整个中国与世界其他（至少部分）地区的交流发挥某种增值的调解作用，将关系到澳门的前途命运。澳门特别行政区要长久存续，就必须在这些方面制定相关战略。

从法律的角度讲，这一战略体现在保持和重视其独特的文化遗产和特殊的桥梁作用上，体现在维护其与中国和世界其他国家的对话能力上。这里所

① 《中葡联合声明》第2（12）条、《澳门特别行政区基本法》第5条。

谓的世界其他国家，不仅包括葡语国家，还包括整个拉丁世界，甚至还包括整个大陆法系世界。因此，应为澳门制定一个多层次、聚合式的发展战略。

澳门在中国与世界之间发挥调解的作用，需要澳门的法律制度至少在三个方面有所发展。

第一，提高澳门法律与中国内地法律的交互性。同时，对于澳门人来说，增进自身对中国政治、政策和经济的理解，增进对珠江三角洲经济的理解，有利于营造一个大型的、活跃的、融合程度越来越高的经济体系，把广东和作为经济特区的深圳和珠海，以及香港和澳门这两个特别行政区都包含在内。

第二，继续推动澳门大陆法制度的发展，从葡萄牙的法律根源出发，追赶整个大陆法世界（而不仅仅是葡语世界）法律的最新发展和研究前沿。

第三，改善澳门的法律环境，使其更加国际化。不仅要对澳门的立法进行改适，使其更加符合国际性文书形式，还应从整体上改善澳门的法律环境，例如，在法律专业人才的培养、继续教育和全球网络构建方面，在组织结构、人员和专业性上进行必要的能力建设，使澳门能够经受住全球性挑战，在一个全球性法律环境中发挥作用。

上文提到的这三个方面都是很有必要的：一方面，如果澳门的制度不能与时俱进，追赶大陆法传统和全球法学研究的前沿阵地，而只与中国内地法律体系和全球性法系（如普通法）打交道，最后只能成为香港的一个翻版，在中国与世界的对话中起不了太大作用，发挥不出特有的功能；另一方面，如果只与同样属于大陆法系的中国内地和葡萄牙法律传统打交道，澳门的作用也是比较有限的，即使对于中国与葡语国家的关系而言也是如此（例如，巴西就是与中国内地直接交易的）。

另外，中国台湾作为一个大陆法系区，拥有自成一体的总体框架和法制框架（如仲裁法和仲裁机构），而且与澳门相比，台湾在区域面积和人口数量上非常可观，它将很快成为中国与其他大陆法系地区之间经济交流的一个有效的沟通桥梁。

为澳门制定一个宽广而深远的战略，必然需要系统性的工作、针对性的措施和大量资源的投入。

对律师、法官、政府官员、立法议员进行最高层次的专业教育，自然是该战略的一个有力支撑。而在这一能力建设过程中，高等法学研究、高质量的教育机构将发挥着关键的作用。应当引入最新的教学和研究方法以及科研方法，而比较研究（从“法系”到跨国性和全球性问题等）和法经济学似乎是法学研究不可或缺的两条道路。

透过上述战略，中国的中央机构和澳门特别行政区的公共和私人机构应当能够看到中期和长期的益处，从而为该战略的实施配置合理的资源。

从理论的角度看，澳门的法律制度属于大陆法系，且带有浓厚的葡萄牙传统；不过，自1999年澳门回归以来，受到中国的价值观和法律模式的影响，它正在变得越来越混合化①。法律学者曾经对混合式法律管辖区②的历史及当代案例做了分析，并总结出一些共同特征：（其中）都存在两个不同的法律传统，较新的传统凌驾于较旧的传统之上；保留较旧的法律制度多用于调节个体之间的私权利关系，而新的公法、新的制度结构以及关于重大事务的立法（通常包括经济法的重要成分），往往产生于较近的、比较强势的法律传统；当地的法律界普遍认同或接受其法律制度的“混合性”；法律语言往往具有双语特征③。

此外也有研究发现，基于历史或政治的原因，多数法律体系都是通过与其他法律经验的混合和融合，才发展成现在的状态，实际上，甚至连单一的法律体系也有过一个混合的过程——这甚至包括英国的普通法④。

另外，“单一传统”的法律体系可能会越来越多地呈现出混合性（如意大利），甚至最终变成混合体（如以色列），当然也可能变成类似于荷兰或美国的情况。

混合体系既不是与生俱来的，也不是一成不变的，对于单一传统的体系来说也是如此。政治、经济和文化因素通常起着保持法律混合性的作用。

保持混合体系的混合性，从来不是由于“较强”体系的仁慈，而是一种复杂的力量平衡，迫使“较强”的方面保有“较弱”的方面⑤。

---

① I. Castellucci，“Legal Mixity in Hong Kong and Macau，” *McGill Law Journal*，Vol. 57，2012.

② 传统的“混合式”法律管辖区包括魁北克、苏格兰、路易斯安那、南非、菲律宾、以色列等。

③ 关于混合式法律管辖区，有一本重要著作是：Bernon V. Palmer，ed，*Mixed Jurisdictions Worldwide-the Third Family*，Cambridge：Cambridge University Press，2001.

④ Seán Patrick Donlan，“Remembering：Legal Hybridity and Legal History，” *Comparative Law Review*，2011，2，Issue 1，article 1. 0.

⑤ I. Castellucci，“Legal Mixity in Hong Kong and Macau，” *McGill Law Journal*，Vol. 57，2012. note 2.

对于澳门而言，在中长期（比如2049年之后）内有两种选择：保持现在的杂交状况，或者与内地实现基本一致。澳门当地的经济已经非常依赖于内地，社会和文化也变得越来越中国化。甚至连澳门币也更多地见于澳门本地，在澳门特别行政区之外已不为人所知，澳门币如今在珠海已经不太受欢迎了，甚至在澳门的赌场里也不再被接受。

香港也在向内地靠拢，而且它的中国魂也在逐步显现。但是，香港在经济、社会、法律特性和地位上仍然保持作为一个国际化城市的形象，这使香港的独特性能够在可预见的将来得到维持，这对香港和中国都是有利的。

随着台湾在诸多方面与大陆走得更近，虽然“一个国家”模式的两岸关系可能还无法被所有人接受，但其经济越发呈现“两种（关系紧密的）制度”的特点。而澳门有可能融入中国内地，仅仅突出“一个国家”的特点。

如果这种情况仅发生在社会和经济层面，那么在不远的将来，人们不免要问这样一个问题：到2047年或2049年，现在的两个特别行政区是否都能维持现状①？

经过一段或长或短的时间后，澳门的独特性（包括其法律制度）能否维持？从澳门地区和整个中国的利益考虑，确实也应当保存。

为达到此种目的，我们应采取相应策略，包括维护澳门的文化遗产、经济内生动力、法律特性，同时加强澳门向中国内地融合的进程。

实际上，维护澳门的独特性，对澳门和中国都是有好处的。

单从法律的角度讲，澳门特别行政区的法律制度很可能会保持这种受中国影响的制度环境和政治环境，同时也在私权利方面保留其民法环境。我们不应把后者视为葡萄牙的遗留物（就像澳门币一样），认为它在日新月异的中国和全球化国际环境下已经变得过时了；相反，和其他先进的大陆法系一样，它是可以持续进化的，从而能够应对不断变化的挑

① J. P. Cabestan于2001年12月在澳门利氏学社做了一个主题演讲，标题是：“Macau still exists! But will it survive?”见《即将迈入第三个千禧年的澳门》，澳门利氏学社，2001，第5页；大会的供稿人很多都是从社会、文化、经济和法律的角度对澳门及其所处环境进行分析，并围绕这一中心议题提出了非常有意思的分析和预测，同时也为澳门的发展道路敲响了警钟：例如，见R. Edmonds, “Macau in the Zhu (Pearl) River Delta and Beyond,” p. 185。

战。

这将使澳门能够发挥若干重要作用，使自身和内地受益，进而提升保持澳门特别行政区独特性和特殊地位的利益需求。

澳门，作为一个商业城市，可以为中国发挥桥梁以下作用。

第一，澳门的拉中遗产是其独特性的重要元素，也是澳门在中国与拉丁世界以及大陆法系世界之间发挥桥梁作用的一个重要部分。澳门的法律制度和法律专业人士对法律和语言都非常精通，这种双重能力应当得到重视、保护和强化。香港特别行政区也有它自己的独特性，其在中国与英美世界和普通法系世界之间发挥着很好的桥梁作用。

第二，澳门在经济上与广东、珠江三角洲以及整个中国地区的融合程度越来越高。因此，对于既没有太多人口和陆地，也没有太大的工业产能的澳门而言，这意味着它仍然能在尖端商务和专业服务方面占有一席之地，保持其市场经济和法律基础长期发挥作用，作为中国内地经济参与者与区域乃至世界交往的平台。

第三，特别是凭借澳门所具有的葡萄牙传统，可以同世界上一些重要的经济大国（如巴西）发展关系；同时，如果果阿地区能够发挥同样的桥梁作用，那么在一定程度上还可以发展与印度的关系。除了这两个金砖国家外，澳门还可以充分利用其得天独厚的地缘历史区位，发展与其他葡语国家的关系，其中自然包括葡萄牙，以及其他一些具有很大潜力的国家，如安哥拉和莫桑比克等；此外还有整个拉丁世界，特别是那些在民法和商法上与澳门并无二致的国家（西班牙和拉丁美洲国家，意大利及其他）[①]。

第四，澳门在专业技术领域，仍然有一个重要方面有待开发，那就是中国与拉丁世界经济关系所遵循的替代性争端解决机制（Alternative Dispute Resolution，ADR）。

澳门之所以不能像香港或新加坡那样，成为一个仲裁中心，其原因未必是澳门的立法缺陷。1958 年《承认及执行外国仲裁裁决公约》即是澳门法律体系的一部分，联合国国际贸易法委员会关于仲裁的模范法也被引入澳门

---

① 见《澳门桥——通向拉丁美洲》第 1 卷中的几篇文稿，探讨的是中国和珠江三角洲地区，凭借澳门的桥梁作用，与最重要的拉美国家以及南方共同市场（Mercosur）之间的关系。

的仲裁法中（第29/96/M 号法令）[①]。当然，立法机构应当掌握最新的发展情况，不断完善仲裁法，例如，持续跟踪联合国国际贸易法委员会《国际商事仲裁示范法》（2006 年进行改革）的修正，香港特别行政区即是这么做的。同时，应不断完善相关合作协议和机制，促进中国内地、香港和台湾的裁决能够得到相互承认和执行。

那些当地的民法专业人士可以担任仲裁员，也可以为涉及中国和拉丁世界或大陆法系世界的当事人的商业关系或商事纠纷担任律师，但其能力仍然有待进一步提高。同样需要改善的还有当地的法律传统，要建立坚强而独立的法庭，能够依据国际标准对仲裁裁决进行审查。

在这些方面，香港远远走在前面；台湾在仲裁方面也会对两个特别行政区构成强有力的竞争，特别是对于澳门——这个桥梁式的管辖区，以及作为中国同其他大陆法系国家之间的法律服务和仲裁中心——来说尤其如此。

作为一个商业城市，澳门的兴旺发达是与其法律基础、法院、政府官员和法律专业人士的优良素质和持续进步密不可分的。

第五，澳门过小的面积并不会在这方面造成太大影响：世界上有非常成功的微型管辖区——它们都拥有自己独特的历史特色和独立出众之处，如圣马力诺、安道尔和新加坡；也有在各自的所属国中保持多样性的地区，如英国的马恩岛、海峡群岛、直布罗陀以及其他海外领地，美属维尔京群岛，一些法国的海外领地，西班牙的休达和梅利利亚。

实际上，那些国家有时候也会建立和维护特别区域，包括亚洲国家在内，以从这种特殊的法律制度中受益（例如，马来西亚的纳闽；朝鲜也在中国香港和澳门案例的基础上，积极探索建立一些特别行政区，如新义州和开城）。

另外，澳门作为中国内地与外界的试验室，可以率先引入、发展和试验一些对内地法律体系发展有价值的、先进的民法概念、语言和模式。

澳门的民法传统将成为一个有用的资源，为中国的司法改革挖掘新的法律概念和术语，从民法世界中引申出新的概念和术语，然后经过澳门法律的

① C. Antunes Pires, A. Abreu Dantas, *Justiça Arbitral em Macau*, Macau: Centro de Formação Jurídica e Judiciária, 2010.

官方译文得到汉化，形成双语的法律专业和法律学术，并运用到中西方混合环境的实践中去。将内地法律同澳门法律进行比较，将有利于双方的共同完善[①]。当然，对于香港而言也是如此。与全球性问题相关的法律英语，以普通法的法律模式为特色，也正被翻译和引入内地的法律文化、学术、判例法、立法和实践。两个特别行政区虽然具有各自的特色和混合环境，但仍然能够为整个中华人民共和国在新型经济、社会、制度、法律模式的发展方面发挥实验室的作用，也就是先在两地进行测试，然后引入中国内地[②]。

这种"桥梁"作用还可以从另一方面得到体现：探索中国式的社会经济法律模式，然后将其引入澳门及其法律制度中，进而向其他正致力于实现法律制度现代化的法律管辖区传递。这种以传统的大陆法元素和社会主义元素为特色的立法模式（如物权法[③]）是非常值得探究的，通过促进澳门与带有拉丁传统的大陆法系发展中国家，如拉美或非洲国家的合作和交流，造福澳门、珠江三角洲地区和整个中国。

参考香港特别行政区的情况，我们可以对澳门法律制度的另一个"实验室"或"测试"功能进行考察，因为与香港相比，澳门的法律制度和社会与中国内地更为接近，其中就包括澳门在国家安全（《澳门基本法》第23条）方面的立法问题。虽然这一问题困扰香港数年之久，但（该条款）在2009年被引入澳门时并未遇到太大阻力。

从更宽广的角度来看，澳门可以为台湾问题的解决提供有益的实验环境，因为台湾也属于大陆法系。

第六，以博彩业为支撑的澳门经济可以作为一个实验室，尤其是对与洗钱活动以及其他破坏经济可持续发展的犯罪活动，甚至包括危害国家和国际

---

① 例如，见澳门大学在2009年12月组织召开的第二届全球化背景下之澳门法律改革国际研讨会，其中有很多文章都旨在通过在民法框架下对中国内地法和澳门法进行对比分析，来实现两者的共同发展。

② I. Castellucci, "Mixity in the Legal Systems of Hong Kong and Macau," *McGill Law Journal*, 2011, 57 (3)，关于语言的问题，见 A. Lee, "Language and the Law in Hong Kong: From English to Chinese," *Current Issues in Language and Society*, 1996, 3, p. 156。

③ Wei Dan and Orquidea Massarongo, *Contribuções Jurídicas sobre a União de Facto e Direitos sobre a terra em Macau e Moçambique*, University of Macau, 2011。该文集的第二部分专门论述物权法，对土地法的不同方面进行了深入探讨（如澳门和莫桑比克），对该管辖区内的所有土地上的财产进行了详细描述。

安全与稳定的活动相关的法律和政策进行测试。此外，澳门也可以为中国与世界其他地区在相关重要领域的合作发挥沟通桥梁作用。

三　在司法建设、治理和改革方面的高等比较法研究

要维护和发展澳门的法律制度，强化其应对当前形势和迎接未来挑战的能力，就必须推动澳门区域内的法学研究。

实际上，仍然有不少人认为“比较法”是一个特殊的（且对实践用处不大的）法学领域，认为它不过是在几个“法系”之间找差异。人们对该研究的理解也是老生常谈：大陆法有法典，普通法有判例，中华法无法治，等等。

不过，还是有很多法律学者承认，在高等法学研究和法学发展中，在全世界所有的法学领域，比较研究是最具基础性的和成果最丰硕的研究方法之一。比较法不仅对单纯的法学研究有帮助，而且也有助于一些需要法律实践知识的领域，如政治学、大政方针、社会治理、法律和制度构建等。

如今全球的高等法学研究变得更加复杂，使人们能够对其他法律体系有更深刻的认识，如法律文化的交互现象，法律体系、语言和思想的差异性，法律与经济、法学与经济学，跨国性和全球性问题，复杂的超国家环境或多区域环境治理，不同法律体系和管辖区之间的法律和司法合作等。

在过去近十年来，澳门积极推进了比较法的研究和教学工作，我们应当利用相关机构和资源，推动它长足发展，促使中国、亚太地区及全世界的研究机构之间深入合作，形成合力。新加坡国立大学及其世界级的法学研究活动就可以作为这方面的一个模范。

澳门已经显示出一定的研究实力，例如十几年前葡汉法律词典的出版，以及澳门大学的双语法学期刊的推出（在大中华区即使不是唯一的，也是少有的）。所有这些活动都应得到进一步推动。

高等法学研究将提升法律制度、法律从业人员以及澳门立法的质量，促进澳门与内地和香港在法律领域建立更好的相互联系和合作，当然，至于是否应该或者在多大程度上把这种合作推广到其他管辖区的不同领域（如税法领域），是一个政策性的问题。

四 关于本书法律篇

本书法律篇旨在从法律的角度出发，为澳门在世界图景中找准定位，使其为中国的对外关系发挥某些特殊的、具有附加价值的功能。这部分主要讨论澳门的法律制度和法律环境、澳门在法律世界中的地位和进化发展等问题。

这些文章的评论是在葡萄牙管治结束、中国恢复对澳门行使主权以及“一国两制”方针实施十多年之后做出的，每篇文章都旨在强调各个法律领域中比较法知识和高等法学研究对于作为国际化都市的澳门的社会、经济和文化发展所具有的积极作用。

尹思哲（Manuel Trigo）在法律篇的开篇对澳门的法制史和葡萄牙渊源进行回顾，并对澳门在法律改革与法律队伍建设中可以发挥的作用进行了探讨。

本篇中的一些文章讨论的是澳门特别行政区在中国和珠江三角洲地区与葡语世界和拉丁世界的关系中可能扮演的某些重要角色，以及它的混合特色和共同使用性。

庄少绒、奥古斯图·特谢拉·加西亚（Augusto Teixeira Garcia）的文章探讨的都是这一问题。这两篇文章是从广义上出发，即分别从中国的角度、从葡萄牙的角度、从另一个但也非常重要的葡语国家（如巴西）的角度和从国际法的角度对此进行讨论的。

蒂阿姆（Alioune Badara Thiam）和文远达（Salvatore Mancuso）合撰的文章和张礼洪的论文讨论的则是比较法的分析问题：前者是对比较法的教育和研究做的综合讨论，而后者是对澳门的比较法，或者说与澳门相关的比较法如何对中华人民共和国的法律发展有所助益或至少提供一些有益的建议进行论述：大陆法在中华法系的巨大影响力自然使澳门成为开展社会法律实验的理想场所，进而推广到中国内地。正如中华人民共和国以罗马法为部分基础在2007年制定了《物权法》一样，澳门的法律制度和法律环境也可以作为中国的实验室，对大陆法在中国条件下的运用情况进行观察，或者用以进一步完善其法律改革，正如张礼洪在其文章中所指出的物权领域，或大陆法对中国内地的法律制度具有影响的

任何其他领域。

路易斯·佩沙尼亚（Luis Pessanha）和特雷莎·阿布盖尔格－索萨（Teresa Albuquerque Sousa）的文章则是站在一个更加宽泛的视角：他们突破了围绕中国和葡语国家之间的讨论，从全球性的维度对澳门法律制度的各个环节进行分析。

这种基于博彩业的经济环境和行政区内大量的外来人员流动，使澳门的经济和社会结构变得异常独特，而且也使洗钱、税收和贩卖人口问题变得十分突出，这些问题不论是对澳门的内部管理来说，还是对地区和全球关切来说，都是非常重要的。

即便澳门的面积小，巨额的现金和其他金融资源都会通过澳门特别行政区进行运作。与不受限的全球性现金流动相关的洗钱及其他非法金融活动，包括为非法活动如恐怖主义提供资金支持等，已经成为一个非常敏感的问题。

大量游客来澳门休闲观光，也有部分人来澳门为前者提供各种服务，其中就包括一些非法服务。因此，澳门特别行政区在洗钱、税收和贩卖人口方面的法律对于海外经济和金融运作、国际有组织犯罪，甚至国家安全（例如，恐怖主义组织越来越需要资金来开展活动）、妇女和未成年人保护、人权保护而言都具有深远的影响和意义。

当然，“友好的”税法和低级别的现金流管制措施对于世界上若干微型管辖区的财富积累也具有重要作用。实际上，其中有很多地区都对外部财富提供具有吸引力的政策措施，包括税收减免或非常优惠的税收政策、银行业秘密法，以及政府间和税务机关对司法合作相关国际标准的低层次遵守等。不过，澳门作为一个商业聚集地，能否持续取得成功并与中国内地加深融合，取决于它是否具有一套平衡的税收制度和反洗钱法规，能否与中国内地保持高层次的合作关系，从而缓解吸引外资与打击非法金融活动之间的矛盾。

澳门特殊的条件使其成为研究和建立法律模式来治理税收、安全、洗钱、贩卖人口及其他问题的理想场所；或许也可以使澳门成为在这些领域开展比较法研究的理想场所，成为世界性研究网络的一个重要组成部分，共同开创具有世界水准和输出能力的研究成果。

这也将促使澳门的政府机构和研究机构积极参与制定关于洗钱、安全、贩卖人口方面的国际立法标准，从而提升澳门特别行政区和中国内地的国际声望。

中国是一个全球大国，迫切希望参与到对国际关系和国际政治具有重要影响的地区的全球管控之中。不过，对于中国来说，以一种与中国整体的经济、政治和外交重要性相称的身份、重要性和声望参与其中，不仅是一种迫切需求，更是义不容辞的。

为了提升澳门特别行政区的全球能力，澳门的政府、机构和经济团体需要向一般比较法、法律与经济、国际私法、仲裁和替代性争端解决机制（ADR）、国际司法合作以及澳门与香港和中国内地间的司法合作等领域投入更多的关注和资源，以促进相关研究。

总之，澳门独特的历史、地位和混合文化遗产，将使其成为在国际层面上发展中西以及全球法学研究的理想场地。

这无疑是一个巨大挑战，对于澳门来说，只有坚定的信念才能取胜。当然也需要有战略眼光，需要澳门的研究和教学机构拿出相应的资源和方案，推动和发展具有世界水准的高级法学研究。

这种发展反过来也将为澳门保持其在中国的特殊地位起到积极作用，使澳门和中国内地变得更加繁荣富强。

我们希望本书能够为这种战略的制定和实施做出贡献，也希望有更多的有识之士能够像澳门基金会的领导者以及本书的支持者那样，投身到澳门未来的发展事业之中。

澳门的作用——法律改革与法律队伍建设

尹思哲[*]

周志伟 译

摘　要：澳门的民法在为中国澳门居民、内地公民以及葡语国家公民之间的人际关系和财产关系建立和巩固一个法律平台方面发挥着重要作用。该平台有助于为澳门、珠江三角洲和葡语国家乃至其他拉丁国家之间的商贸关系提供一个良好的法律环境。

本文将聚焦作为私有经济关系领域中债务相关法律的发展及其贡献，包括一般意义上的债、债的来源、合同之债和非合同之债（如预备性合同或民事责任等其他情况），及其在澳门近期的法律实践中、在立法和判例法中的相关发展。

从中国澳门和内地的利益角度出发，澳门以民法为基础的法律体系必须同其他法律体系进行竞争，从而提升自己，凭借自身的比较优势，成为一个替代性的或可供选择的法律体系。

在中国与葡语国家的关系之中，澳门发挥着何种作用？又面临哪些挑战？其法律又能否促进这种作用的发挥？这种作用是否会由于法律改革的滞后而受到限制，而且法律改革是否会受限于双语法律人员（也就是说，那些掌握汉语和葡萄牙语这两种澳门官方语言的法律人员）的不足？谁来考

* 尹思哲（Manuel Trigo），澳门大学法学院教授。

虑这些问题并应对这些挑战?

我们接受所面临的挑战并且试图回答这些问题。我们可以简单地逐一回应上述的问题：发挥着重要的作用；是的；应由政府和学术界相关机构或专业的法律人才来做出回应。但这些回答明显不够，等于没有做出回答。

我们可以经过仔细的讨论、辩论后再做出最终的答复，从法律、特区利益以及中国国家利益的角度回答这些问题。

一　澳门在中国与葡语国家的关系中发挥着何种作用?

从第一个问题出发，我们必须将分析的范围确定在更重要的关系的核心位置，从我们自己的视角，不论是从历史的视角还是从现实出发，根据当前经济、社会、文化、语言和法律的因素，来回答澳门在中国与葡语国家关系中的作用，并将此延伸至与其他方面的关系，尤其是与拉美国家的关系。

让我们从 1987 年 4 月 13 日签署的中葡两国政府就澳门问题发表的联合声明说起，该声明有中、葡两个版本，它们具有相同的效力①。

该联合声明称：

> 中华人民共和国政府和葡萄牙共和国政府满意地回顾了两国建交以来两国政府和两国人民之间的友好关系的发展，一致认为，由两国政府通过谈判妥善解决历史遗留下来的澳门问题，有利于澳门的经济发展和社会稳定，并有助于进一步加强两国之间的友好合作关系，为此，经过两国政府代表团的会谈，同意声明如下：
>
> 一、中华人民共和国政府和葡萄牙共和国政府声明：澳门地区（包括澳门半岛、氹仔岛和路环岛，以下称澳门）是中国领土，中华人民共和国政府将于一九九九年十二月二十日对澳门恢复行使主权。
>
> 二、中华人民共和国政府声明，中华人民共和国根据“一个国家，两种制度”的方针，对澳门执行如下的基本政策：

① 《中华人民共和国政府和葡萄牙共和国政府关于澳门问题的联合声明》签订于 1987 年 4 月 13 日，公布于《澳门政府公报》1988 年 6 月 7 日第 23 期，副刊第 3 期，http://bo.io.gov.mo/bo/i/88/23/dc/cn/default.asp。

（一）根据中华人民共和国宪法第三十一条的规定，中华人民共和国对澳门恢复行使主权时，设立中华人民共和国澳门特别行政区。

……

（十二）上述基本政策和本联合声明附件一所作的具体说明，将由中华人民共和国全国人民代表大会以中华人民共和国澳门特别行政区基本法规定，并在五十年内不变。

三、中华人民共和国政府和葡萄牙共和国政府声明：自本联合声明生效之日起至一九九九年十二月十九日止的过渡时期内，葡萄牙共和国政府负责澳门的行政管理。葡萄牙共和国政府将继续促进澳门的经济发展和保持其社会稳定，对此，中华人民共和国政府将给予合作。

这样，中葡双方和国际社会都认可这个过渡期和行政权力交接是基于共识的，这为国际社会提供了一个解决双边关系问题的成功案例。

《澳门基本法》[①] 在"序言"中的表述也为我们提供了一个历史和政治的视角，"澳门，包括澳门半岛、氹仔岛和路环岛，自古以来就是中国的领土，十六世纪中叶以后被葡萄牙逐步占领。1987 年 4 月 13 日，中葡两国政府签署了关于澳门问题的联合声明，确认中华人民共和国政府于 1999 年 12 月 20 日恢复对澳门行使主权，从而实现了长期以来中国人民收回澳门的共同愿望"[②]。

随着澳门回归祖国，实现了它与中国人民大家庭的统一和团结，正因为

---

① 《中华人民共和国澳门特别行政区基本法》在 1993 年 3 月 31 日第八届全国人民代表大会第一次会议上通过，由 1993 年 3 月 31 日中华人民共和国主席令第 3 号公布，自 1999 年 12 月 20 日开始实施，并公布于《澳门特别行政区政府公报》1999 年 12 月 20 日第 1 期，第一组，http：//bo. io. gov. mo/bo/i/1999/leibasica/index_ cn. asp。

② "序言"中的其他内容如下：

为了维护国家的统一和领土完整，有利于澳门的社会稳定和经济发展，考虑到澳门的历史和现实情况，国家决定，在对澳门恢复行使主权时，根据中华人民共和国宪法第三十一条的规定，设立澳门特别行政区，并按照"一个国家，两种制度"的方针，不在澳门实行社会主义的制度和政策。国家对澳门的基本方针政策，已由中国政府在中葡联合声明中予以阐明。

根据中华人民共和国宪法，全国人民代表大会特制定中华人民共和国澳门基本法，规定澳门实行的制度，以保障国家对澳门的基本方针政策的实施。

如此，我们可以将“澳门回归”形容为“孩子回家”，也有人将其形容为“浪子回头”，或者更简单称为“回归”。

澳门自古以来就是中国领土不可分割的一部分，就好比是中国南部的一个侯国，珠江三角洲的一位王子，虽然在南海、西海和东海上漂泊，但从未离开过故土，从未忘记自己的家，在几个世纪里迎来送往众多航海家，建立了友谊的纽带。尽管被另一个家庭收养，但是已经到了回到自己出生的家园（并且始终与自己家园保持着联系）的时候，它为出生的和收养的这两个家庭、两国人民以及与葡语国家的兄弟姐妹之间的友谊与合作做出了贡献。

所有人都希望它好好的，因为澳门是中国大地的儿子，澳门人民是中华民族大家庭的一员，澳门是国家的组成部分。它被看作一座花园、一株花苗、一朵莲花；正如在澳门特区区徽和区旗上，莲花代表澳门。因为，无论在过去还是未来，澳门与中国内地连接着同一片大海，澳门与内地人民和地区相连，只是在有些方面较近，而在另一些方面较远而已。

游子从未忘却亲生家庭的教导，同时在寄养家庭中成长并增长智慧，如今带着厚礼和财富回归家中。在“一国两制”的原则下，澳门享有高度的自治权、立法权、本地化的居民、两种官方语言（中文与葡萄牙语）、独有的区旗和徽章①。

从政治和法律的角度来看，澳门是中华人民共和国的一个行政特区，根据《澳门基本法》，在“一国两制”的框架内，澳门被赋予了高度的自治权、行政管理权、立法权、独立的司法权（包括终审权）。另外，根据《澳门基本法》的第1~11条，澳门享有独立的经济、社会、法律和司法体制，拥有中文和葡萄牙语两种官方语言。第5条规定，澳门特别行政区不实行社会主义的制度和政策，保持原有的资本主义制度和生活方式，50年不变。

根据《澳门基本法》，澳门法律体系的整合和延续得到了保障②。在中国这样的一个多种法律体制共存的国家中，澳门的法律体系来源于葡萄

① 关于这一点，《澳门基本法》第10条规定：澳门特别行政区的区旗是绘有五星、莲花、大桥、海水图案的绿色旗帜。澳门特别行政区的区徽，中间是五星、莲花、大桥、海水，周围写有“中华人民共和国澳门特别行政区”和葡文“澳门”。

② 《回归法》于1999年12月20日经由第1/1999号法律通过，http://bo.io.gov.mo/bo/i/1999/01/lei01_cn.asp。

牙，与葡语国家法律的渊源一致，属于民法或者说是罗马-日耳曼体系[①]。

进入21世纪，在完成澳门行政权力的平稳交接、回归祖国并建立特别行政区之后，中央政府负责处理澳门对外事务（参阅《澳门基本法》第13条），中央人民政府授权澳门特别行政区发挥相关作用。

随后，2003年在中央政府的倡议下成立了“中国-葡语国家经贸合作论坛”，简称为“澳门论坛”[②]。与之对应，签署了《内地与澳门关于建立更紧密经贸关系的安排》[③] 以及包括澳门在内的《泛珠三角区域合作框架协议》[④]。这样一来，在中华民族大家庭内部关系中，以及中国与葡语国家、其他地区的对外关系中，中国中央政府赋予澳门一个特殊的位置。在葡语世界中，澳门的角色被称为中国与葡语国家经贸关系[⑤]的平台和桥梁，这一点

---

① 正如笔者曾以共同语言及共同源头之法律来尝试论证的，参见“O Direito Civil de Macau no Contexto das Relações entre a China e os Países de Língua Portuguesa,” in *Revista de Direito, Cidadania e Desenvolvimento* - XIX Encontro da Associação das Universidades de Língua Portuguesa, Luanda, Angola, 2009, pp. 35 e ss。

② “澳门论坛”成立于2003年10月13日在澳门召开的部长级会议，该次会议签署了《经贸合作行动纲领》。该论坛旨在加强中国与葡语国家之间的经贸交流与合作，发挥澳门深化中国与葡语国家之间经济联系的平台作用，参见 http://www.forumchinaplp.org.mo/pt/aboutus.asp。

随着“澳门论坛”的设立，澳门开始在中国与葡语国家及葡语系社群关系中扮演角色。根据 Adriano Moreira 的说法，“澳门论坛”就是中央在澳门特区政府里的代表，负责制定与葡语国家相关的政策，为葡萄牙文化遗产提供协助，参见“China na África,” *Tribuna de Macau*, 30 de Agosto de 2008，以及“Delogando no Governo de Macau (na imagem) a Responsabilidade de Desenvolver uma Política Apropriada,” *Política da Imagem*, 5 de Dezembro。

③ 为了促进内地与澳门特别行政区（后称“双方”）的共同繁荣与发展，加强双方及其与其他国家和地区的经贸联系，双方决定签署《内地与澳门关于建立更紧密经贸关系的安排》（后称《安排》）。根据序言，《安排》于2003年12月26日由第28/2003号行政长官公告公布。该《安排》的英文缩写为 CEPA，详情见 CEPA 网站（www.cepa.gov.mo）。根据 Wei Dan, *Globalização*, citado, p. 254，这是针对香港、澳门两个特别行政区的制度安排，体现了一个主权国家内的地区主义，是世界贸易体系的一种组织形式，也是中国为确保其基本和核心利益所采取的一种战略（Wei Dan, *Globalização*, citado, p. 399）。

④ 2004年6月3日，《泛珠三角区域合作框架协议》在广东签署后，区域合作正式启动。“泛珠三角区域包括福建、江西、湖南、广东、广西、海南、四川、贵州、云南九个省区和香港、澳门两个特别行政区（简称：‘9+2’）。”这一区域的面积占全国的1/5，人口占全国的1/3，经济总量超过全国的1/3（不含港澳），参见 http://www.economia.gov.mo/web/DSE/public? -nfpb=true&_ pagelabel=Pg_ EETR_ 9_ 2_ S&locale=pt_ PT。

⑤ Luísa Bragança Jalles 早已预见了这一点，参见 Luísa Bragança Jalles，“O Papel da Futura Região Administrativa Especial de Macau no Contexto das Relações entre a RPC e os Países Lusófonos,” *Revista Administração*, n.° 42, 1998, pp. 1053 e ss。

得到了 2006 年"澳门论坛"部长级会议①所有参会国的一致认可。

葡语作为澳门的通用语言，不仅是一种行政管理和法律上的语言，因此在 1999 年之前或直到某一时期曾受到保护或者引发争议②，它也是澳门与葡语国家的通用语言。但如今，它成为一种开展经贸合作的商业语言。

葡语成为澳门、中国内地以及葡语国家关系中的共同财富，其中自然包括中国与安哥拉和中国与巴西。同为"金砖国家"，中巴两国的双边关系以及它们各自在国际关系中的地位越来越重要。如今，葡语同样是贸易往来和国际合作的通用语言。

不过，葡语是唯一通用语言的说法不完全正确。事实上，对葡语国家、中国澳门和内地而言，通用语言至少有两种，即中文和葡文。

而 2010 年的"澳门论坛"重申了合作的目标和培训的重要性，与会代表尤其"强调了中文和葡文教学以及加强政府主管部门的工作人员的持续进修的重要性，以满足密切与发展经贸关系的需求"，同意研究在"澳门论坛""成员国扩大孔子学院的教学网络"事宜，强调葡语作为促进"澳门论坛"成员国整合的重要性，并承诺研究促进葡语教学的特别机制，鼓励成员国的高等院校推动

---

① 2006 年 9 月 14 ~ 15 日在澳门举行的第二届部长级会议，中国及安哥拉、巴西、佛得角、几内亚比绍、莫桑比克、葡萄牙和东帝汶这几个葡语国家的经贸部长出席会议，通过了《经贸合作行动纲要（2007 ~ 2009）》，并确定了于 2009 年在中国澳门特别行政区举行"澳门论坛"第三届部长级会议。

"不应忽略的是每一方都有各自的利益"，而中国除了"积极参与国际事务并在各领域确保国际秩序"，其基本利益还包括"实现经济持续、稳定合理的增长，减少经济风险"，其核心利益包括"增加国内稀缺资源和产品的进口，吸收国外资本并引进国外先进科技"。（魏丹，《全球化》（*Globalização*），第 216、399 页。）

莫赛·费尔南德斯在澳门大学举办的第一届"国际跨学科澳门研究会议：东西方的跨文化交流"关于澳门作为葡语国家的中国平台这一主题上，表示"涉及的是国家利益。安哥拉和巴西是两个重要的参与者，这两个国家并不需要透过'论坛'获得什么，而中国需要从这两个国家取得原材料"。所以论坛的作用有限，"只是对小国家才有益处"，对于葡萄牙也是"可以增强其对于中国存在感所需的工具"。另一方面，"中国尝试了解其在东帝汶发展的可能性以及通过论坛在那里发挥更大的影响力以对抗澳大利亚"。上述发言刊登于"Última, Fórum de limitações," *Hoje Macau*, 27 de Maio。

② 关于这一点可参见笔者的另一篇文章：Manuel Trigo, "Por um Lugar para Macau," in *Colóquio de Direito Internacional Comunidade dos Países de Língua Portuguesa*, Almedina, 2003（该文修改后以中葡双语形式发表在《行政》杂志第 40 期，1998 年），尤其是第 128 ~ 130 页；另外可参见 Eduardo Cabrita 的文章，该文发表在 *Colóquio de O Lugar (ou não Lugar) de Macau na CPLP e no Mundo*, pp. 119 - 123。

葡语教学[①]。强调葡语作为促进“澳门论坛”成员国整合手段的重要性院校的说法不是没有道理的。

该届“澳门论坛”之后，中国的葡语学习和葡语国家的中文学习都得到了加强[②]。

澳门特区政府随之制定并实施了国内区域合作、国际区域合作以及国际地域合作的政策，例如“为中国和葡语国家的经贸合作提供服务的平台”，以及“继续与泛珠江三角洲地区省份以及中国内地省份共同开发葡语国家、欧盟，甚至拉丁语国家的市场”，这也被写进了澳门行政长官2012年度施政报告[③]。

总之，借着国家“十二五”规划和《珠江三角洲地区改革发展规划纲要（2008~2020年）》所提供的重大机遇，并根据澳门实际发展的需要，我们将进一步巩固和发挥优势，积极打造世界旅游休闲中心和建设中国与葡语国家商贸合作服务平台，主动参与区域合作，加快经济适度多元步伐，促进区域和特区的共同发展[④]。

---

① “澳门论坛”第三届部长级会议《经贸合作行动纲要（2010~2013）》中第7项“教育与人力资源合作”中的第10~12条，参见http：//www.forumchinaplp.org.mo/pt/notice.php？a=20101123_01。

② 参见相关报道“Em Portugal，O Interesse pelo Chinês Aumenta entre os Empresários，” *Tribuna de Macau*，de 13 de Janeiro de 2012，http：//www.jtm.com.mo/view.asp？dT=394607003；“Vai Nascer Plataforma para Português na China，”及“Criado Centro Lusófono em Pequim，” *Tribuna de Macau*，de 17 de Janeiro，http：//www.jtm.com.mo/view.asp？dT=394803008；“A China Quer Mais Português e UIBE Abre Novo Centro，” no *Ponto Final*，do 13 de Janeiro；“IPM Quer Criar Centro de Língua Portuguesa，para Aproveitar Melhor o papel de Macau como Plataforma entre a China e os Países Lusófonos，” *Tribuna de Macau*，de 1 de Março de 2012，http：//www.jtm.com.mo/view.asp？dT=397703012。

③ 《2010年财政年度施政方针》，第23~24页。

④ 《澳门特别行政区2012年财政年度施政报告》，第20~21页。其中，“深化区域合作，争取互利共赢”部分提出：

《粤澳合作框架协议》的签署，标志着粤澳两地进入了全方位合作的新阶段。在新的一年，特区政府将充分发挥跟进机制的作用，加大项目落实力度。为配合横琴创新政策的落实，特区政府将加大参与横琴开发，尤其是建设粤澳合作产业园的力度。在国家和世界卫生组织的支持下，我们将全力筹建粤澳合作中医药科技产业园。同时，我们也加紧推动园区内其他产业的有序发展。在穗澳合作方面，我们将充分利用南沙CEPA先行先试综合示范区这一重要平台。此外，我们还将透过重点项目的创新突破，加强与深圳以及珠三角其他城市的紧密合作。

在国家的大力支持下，澳门正在努力发挥“中国与葡语国家商贸合作服务平台”的功能。我们将透过办好本地品牌经贸展会、参与内地东中西部重点经贸活动、组织澳门与内地企业携手考察葡语系国家等一系列安排，提升“请进来、走出去”政策的成效，继续与泛珠兄弟省区，以及内地其他省区，联手拓展葡语系国家、欧盟，以至拉丁语系国家的市场。

二　澳门的作用及挑战是什么？这种作用能否通过澳门法律得到促进？

正如一般论文的结论所言，在中国和葡语国家之间的关系中，澳门的角色是中国与葡语国家经贸的平台和桥梁，而其挑战是如何确立及发挥这种角色。毫无疑问，口头和书面的葡萄牙语法律有助于巩固澳门的优势地位，并在中国和葡语国家之间的合作关系中发挥作用①。

实际上，这是一个学术的、语言的和法律的挑战，或者说是我们尚不知如何回应的一个挑战，它们取决于一个挑战和一个政治角色。

正如此前所言，在中国和葡语国家的关系中，葡语国家自身能发挥足够的作用。尽管如此，它们仍赞同由中国提出的"澳门角色"的主张，因为这符合葡萄牙在历史承诺以及《中葡联合声明》方面的利益，同样也有助于葡语国家实现经贸合作以及促进各自国家人民的发展、进步和福利②。澳

① 正如我们在以下文章中说明的：*Língua Comum e Direito de Matriz Comum*：*O Direito Civil de Macau no Contexto das Relações entre a China e os Países de Língua Portuguesa*，*cit.*，5，具体细节参阅该文章。同时，我们也根据《澳门基本法》中第9条"葡萄牙语为官方语言"，参考了1999年12月13日确定的"两种官方语言地位"和"葡萄牙语拼写标准"，两者分别由第101/99/M号法令和第103/99/M号法令通过，葡语国家采用的新《葡语拼写规范》将在适当的时候应用于澳门。

② 要很好地理解每个葡语国家（比如葡萄牙）的双边关系，应从葡语国家多元的环境着手，除了上述历史因素外，还要发掘其长远价值，寻求葡语国家与中国之间的双边和多边伙伴关系。记得雅伊梅·伽马（Jaime Gama，葡萄牙议会议长）在《中国"重视"葡萄牙在葡语国家共同体和欧盟中的作用》中所言，"葡萄牙在中国被视为一个对话者，中国与之建立了全球战略伙伴关系，并希望将关系提升至更高的政治和机制层面"，与此同时，"对北京而言，世界也是由多语言空间构成的，双方存在共同利益和优势"。在该文中，雅伊梅·伽马议长还表示，"中国重视葡萄牙"，由于其在葡语世界的地位、"在欧盟中的活跃性"以及澳门转型过程的"成功"。另外，维达里诺·卡纳斯（Vitalino Canas）指出，"通过澳门，葡萄牙与中国能够继续保持重要的伙伴关系，并将合作的议题提升至全球层面"。维达里诺·卡纳斯主张中葡"全球战略伙伴关系"（附：社会党议员维达里诺·卡纳斯提出建立中葡"全球战略伙伴"，更确切地说，是中国与葡语国家建立此种关系。他还表示，中国的崛起"不应该被看成一种威胁或不稳定因素"）。以上两篇文章于2009年5月7日发表在《澳门论坛报》上，当时两位在庆祝澳门回归10周年以及中葡建交30周年之际访问中国。从近期的发展，特别是2011年中国国有企业在葡萄牙的投资中，可以看到澳门在中葡关系中发挥着核心作用，参见《今日澳门》，http：//hojemacau. com. mo/? p = 30214。中葡友好议会团主席维塔里诺·卡纳斯认为，澳门在深化中国与葡萄牙关系中具有"不可替代"的（转下页注）

门的回归使得中国拥有许多比较优势，比如，澳门的优势地位、葡萄牙语在双边和国际关系中更广泛的运用、了解葡语国家法律的途径；但中国内地仍然并将一直需要学习葡语和研究葡语国家的法律，而澳门则需要学习中文和中国内地的法律。

因此，葡语国家在扩大语言和法律的共同空间方面的挑战是，通过对中文和中国法律的学习，尤其是对澳门葡文（作为官方语言）法律的研究，从而了解和掌握中文和中国法律。

按常理来看，由于共同的语言和同源的法律，澳门是合作的最佳切入点。

澳门的优势包括促进了解的历史和现实的可能性，以及基于共同的语言和同源的法律所建立起来的信任，这些都是实现中国和葡语国家经贸合作的途径。

这正是澳门特别行政区的行政长官在与葡语国家共同体的交流时所强调的："作为中国内地和葡语国家经济和贸易的桥梁，澳门的优势在于采用了与欧洲大陆类似的法律与行政架构，这有利于密切葡语国家市场和中国内地市场之间的贸易往来。中文和葡文都是澳门的官方语言……这些事实表明，澳门拥有绝佳的条件参与到国际合作之中，尤其是在促进中国内地和葡语国家之间的经贸联系方面。"① 澳门及其政府将继续致力于"在中国与葡语国家之间充分发挥经贸平台的功能"②。

从澳门的视角来看，一方面，澳门的法律和葡语国家的法律是同源的；另一方面，尽管在"一国两制"的原则之下，但随着澳门回归祖国，澳门的法律和中国的法律也将逐步协调。

共同语言指的是，作为澳门的官方语言，葡萄牙语是澳门和葡语国家之

（接上页注②）角色。维塔里诺·卡纳斯对葡萄牙新闻社表示，"我们必须理解这种作用，并且随着中国国企的一些重要决定，这种角色在中国与葡萄牙之间已经具体化，很明显，它会随着澳门的参与而强化"。

中葡友好议会团主席认为，中国在葡萄牙的投资以及中葡关系的强化主要通过两国政府的直接推动，"缺乏澳门的积极参与"，但是它具有"在这种关系中发挥旋转门作用"的优势。针对该研究及中葡关系展望，参见 Luís Monteiro, *Portugal e a China*: *Uma Relação com Futuro*, Almedina, 2011。

① 这一点也可参见 Jorge Rangel, "Macau e os Países de Língua Portuguesa," *Jornal a Tribuna de Macau*, 3 de Novembro de 2008。

② 正如澳门特别行政区行政长官在《2009 年财政年度施政方针》中提出的，载《澳门立法会会刊》第一组，2008 年 11 月 11 日，第 5 页，http：//www. al. gov. mo/diario/pdiario_ main. htm。

间的共同语言，而中文是澳门和中国内地之间的共同语言。

这些优势并非永远都存在。澳门的挑战是如何在中国与葡语国家的关系中发挥这种平台和桥梁的角色，这涉及各个层次，也包括许多困难①。

关于高素质人力资源的培养，我们尤其想强调的是，在语言学和法律领域，挑战在于如何使澳门成为在中文、葡语，葡语国家法律和中国法律，经济、社会与文化关系，中国澳门、内地和葡语国家法律的双语研究等方面的培训、研究和调查中心，以及作为一个着眼于经贸合作的服务中心②，等等。

2006年的“澳门论坛”就曾提到中文和葡萄牙语的培训③。我们还可以考虑服务的提供，尤其在法律、培训、人员往来和志愿者等服务，而不只是法律服务。

澳门再一次拥有了发挥角色、作用的机会。在1999年之前，澳门只是从长远的角度考虑自身的生存与发展，而现在则是着眼于中国利益中的澳门的生存与发展。这给予澳门的更大利益，并符合中国的国家利益。

关于法律领域的培训，其战略意义相当重要，既是因为澳门对优秀的法律方面的中葡双语人才有着持续的需要，也是为了增加中国与葡语国家之间合作的活力，发挥澳门自身的作用，同时确立自己在国内、区

---

① “澳门论坛”第三届部长会议于2010年11月召开，但是困难出现在与运作相关的问题上。正如《号角报》在2009年5月22日报道的“中国－葡语国家经贸合作论坛尚有任务需完成”，《澳门论坛报》也在2009年6月5日称“澳门论坛部长会议不应再在今年举行”（根据《澳门论坛报》确认，“澳门论坛”第三届部长会议取消原定在2009年举行的计划。由于在将近一年的时间里没有秘书长，该机制等待北京的决策）。

参见 *Região Administrativa Especial de Macau - Cinco Anos*, Instituto do Oriente, 2004, p. 213；*Macau como Plataforma de Ligação da China com os Países Africanos de Língua Oficial Portuguesa*, pp. 213，222。

② Leonel Alves, “Um País Forte, Duas Regiões Reforçadas; Leonel Alves e a língua Portuguesa na CCPPC,” *Tai Chung Pou* (em Português), http://taichungpou.blogspot.com/2008/03/um-pas-forte-duas-regies-reforadas.html; na *Revista Macau*, Junho, 2009, IV Série, n.º 15; *Macau nas “Duas Reuniões”*, pp. 38 e 39。2012年，同样的话题亦被提及，参见“Delegados da RAEM Levaram Propostas a Pequim, Turismo, Fronteiras e Língua Portuguesa,” *Tribuna de Macau*, de 5 de Março de 2012。

③ 在“澳门论坛”《经贸合作行动纲领（2007～2009）》中的第7项“人力资源合作”中的第4点指出：“为便于培训进一步扩大经贸合作所必需的各类人才，强调论坛必须采取积极措施，在设施、师资等方面提供便利条件，在成员国内推广汉语和葡萄牙语的教学活动。”

域以及国际上的地位。至少，澳门可称为中国和葡语国家法律研究的中心[①]。

2010年的“澳门论坛”开始强调“赞赏并肯定澳门不断加强中国与葡语国家经贸关系中的服务平台作用和论坛与会国之间的联系桥梁作用”，以及重申“希望澳门继续积极发挥其作为中国和葡语国家经贸合作平台的作用”[②]，同时强调在培训方面要建立一个“澳门论坛”培训中心，另外要开展高等教育领域的合作。

---

① 这让人联想到欧安利和沈振耀，《句号报》2008年11月2日发表的“Sistema judiciário domina debate na Assembleia, Leonel Alves põe o dedo na ferida”，以及2008年12月2日发表的“Ensino do Direito questionado na AL”两篇文章中引述了上述两人的言论；或者2008年司法年度开幕式上岑浩辉的发言（http：//www. court. mo/p/pdefault. htm）、何超明的发言（http：//www. mp. gov. mo/pt/int/2008 - 10 - 22p/htm）以及华年达的发言（http：//www. informac. gov. mo/aam/portuguese/DAJ2008_ PT. pdf）。2011年司法年度开幕式上有同样观点的表述。

② 如《经贸合作行动纲领（2010～2013）》“序言”和第14项所言。“澳门平台作用”让我感兴趣的是该部分的最后两段：

14.3，继续促进和鼓励澳门参与并加强对葡语国家人力资源培训的努力，肯定澳门为论坛开展语言、贸易、旅游、金融、行政及企业管理等领域的人力培训所予以的支持。

14.4，为完善和加强培养澳门葡语人才，鼓励为澳门毕业生和专业人士到葡语国家实习提供机会。

关于在澳门大学成立的“澳门论坛”培训中心和论坛成员国在高等教育领域的合作，参见 *Centro de Formação do Fórum de Cooperação Económica e Comercial entre a China e os Países de Língua Portuguesa Começou a Funcionar*，http：//www. macauhub. com. mo/pt/2011/03/30/centro - de - formacao - do - forum - de - cooperacao - economica - e - comercial - entre - a - china - e - os - paises - de - lingua - comecou - a - funcionar。

7.6，赞赏澳门特区政府提供资金和后勤保障，支持在澳门设立中葡论坛培训中心。

7.7，赞赏中国愿意在论坛框架内，加强与葡语国家在高等教育领域的合作。根据与会国需求，相互酌情增加奖学金名额。

“运作问题”涉及以下部分：

15 后续机制

15.1 积极评价论坛常设秘书处在落实2006年《行动纲领》、实施与会国确定的活动所予以的后勤和财政保障中所发挥的作用，强调需要继续推进和完善这一包括各国联络员网络在内的协调机制。

15.2 为有效落实第三届部长级会议采取的行动，常设秘书处应优先通过驻华使馆与各国联络员沟通，需要继续完善论坛常设秘书处的组织机构与职能，建议赋予常设秘书处在澳门特别行政区的法理地位。

三　法律改革的滞后是否影响澳门的作用发挥？法律改革是否受限于双语法律培训的不足？

当然是会的，正如我们从前述内容可以预见到的一样。但是，有必要回答下面几个问题。我们提到的法律改革指的是什么？法律改革是否存在滞后？双语法律培训又是指什么？

由于传承的特性，法律或者法律体制是一个处在不断历史重建中的复杂体系[①]。因为时间改变了，想法也改变了，法律的本质要求持续性的改革，以满足社会、文化、经济、政治和价值的需要。

然而，在不影响某一意识形态、某一发展道路、某一或者某些基本政策、某一政治制度或体系、某一法律制度或体系的前提下，有组织的社会倾向于建立一部基本法、一部宪法，而国际社会在双边和多边的国际关系中也致力于确立协议、声明和国际公约，它们自身有着相同的历史传承性。对于澳门，《中华人民共和国宪法》《澳门基本法》《中葡联合声明》和其他适用于澳门的国际法亦是如此。

关于澳门的政治法律背景，简短地说，一方面，随着回归祖国以及由此产生的政治、社会和经济生活的发展，出于政治的需要，澳门经历了一个法律改革的过程，比如与《澳门基本法》的统一[②]、协调或匹配，形式上的校订与改革，《澳门基本法》的适应与发展，例如针对危害国家安全罪的立法。另一方面，除了始终存在广泛的政治需求，法律改革也应经济发展的需要而开展，比如博彩业的开放，商业和税务的改革，打击洗钱，贩卖人口和恐怖主义，调节居民和非居民的劳动关系。同时，它也受到社会、技术发展的驱动，比如打击信息犯罪、隐私信息保护。总之，尤其是在对基本权利保护中的基

---

① 要理解这种司法体系，可参见 António Castanheira Neves, *A Unidade do Sistema Jurídico: o Seu Problema e o Seu Sentido*, Coimbra, 1979; Fernando José Bronze, *Lições de Introdução ao Direito*, 2ª Edição, Coimbra Editora, 2010, p. 606; J. Baptista Machado, *Introdução ao Direito e ao Discurso Legitimador*, Almedina, Coimbra, 1987, p. 121; A. Santos Justo, *Introdução ao Estudo do Direito*, 4ª Edição, Coimbra Editora, 2009, p. 229。

② 事实上，澳门的回归符合中华人民共和国的目标与利益，在澳门回归的过程中，于1999年12月20日通过的《回归法》，是依据《澳门基本法》所做出的评估手段，正如我们先前所提及的，它亦是进一步确定及逐步适应澳门法律制度改革的必需过程。

本价值观保护方面，对保护与社会基本价值观相悖的情况进行调整，特别是在刑事和刑事诉讼以及法律管理方面[①]。

不过其他国家和地区在这些大多数事务上都进行了改革和立法，但澳门由于其政治法律制度以及区域发展所要求的调整便能不受此限吗？从香港和台湾到中国内地、葡萄牙或者欧盟也都如此吗？某些调整可能正是国际关系的体现，另一些则反映了全球趋势。

改革正在以可能的节奏开展，但是否仍然存在滞后的情况？比如在对法律体系的预期和了解程度、紧急程度、自我协调的能力、对法律改革而非善治的重视程度、经济与社会总体发展的差距反映到法律和公正层面的难易程度，或者即使存在政治较量的考虑是否仍然将社会整体架构中法律体系作为重中之重等方面。

此外，持续的调整措施、激进及具有体制性的改革局面，将会不断地对法律的理解、同质化及确切性制造困难，亦可能引起社会的不稳定，更可能会传递以下信息：一切皆是可变及相对的；法律或法律政策并不稳定；欠缺法治；法律制度正处于变革进程之中。但法律制度处于变革过程中并不是现在发生的，而只是正常过程中的改革；亦并不是一种政治转变，仅仅是一种正常的发展。

根据社会的合理预期及具体实施而做出的政策选择并不意味着在具体的法律改革中不能存在某些滞后。这可以通过对政府所采取和实施的行动（尤其是立法行动）选择进行评估[②]。

为了回答这个问题，我们应该在澳门的政治和体制背景中寻找答案。在一个 1999 年才建立的中国特别行政区，很多因素应该被考虑进去，从决策的政治经验、人力资源的可用性到人才聘用的政策指引，同样地，从政策选择到法律领域的人力资源培训也应被考虑进去。

---

① 参见立法会自 1999 年 12 月 19 日以来通过的法律，包括 2012 年通过的《公共地方录像监视法律制度》（http：//www. al. gov. mo/lei/leis/po/plei. htm），以及一些讨论中的提案和法律提案，如《规范进入娱乐场和在场内工作及博彩的条件》、《旧区重整法律制度》和《司法原则的一般规定》（http：//www. al. gov. mo/Po/po_ main. htm）。在《2012 年财政年度施政方针》关于司法的章节中，可以看到与《司法诉讼法典》修订和与食品安全相关的行政和司法提案内容，参见第 46 页和 198 页（http：//www. al. gov. mo/lei/leis/po/plei. htm）。

② 将政府施政纲领与施政报告相对照，比如，之前提到的《2012 年财政年度施政方针》。

在这里，不能忽视人力资源可用性的重要性，尤其是双语法律人才，也就是指那些精通中文和葡萄牙语这两种澳门官方语言的本地双语和合格法律人才，也不排除从其他途径选用优秀双语法律人才，总之是合格的法律人才，不取决于其来源途径、母语和所精通的语言，但至少要精通两种官方语言的其中一种。

根据法律的特性，法律改革或法律系统重建是处在不断演进之中的。1999 年 12 月之前[①]，澳门的确处于一个转型期，回归之后，则处在对新法律和宪法体制的适应阶段。在这期间，为适应这个法律体系，澳门实施了特殊的法律改革政策，但某些部分与其他地区、国家以及国际社会是一致的。但是，总而言之，改革是基于社会和经济体系延续、澳门的生存方式以及"一国两制"原则（《澳门基本法》第 1 ~ 11 条）而展开的。

《澳门基本法》没有明确规定 50 年为过渡期，这 50 年是一个国家对特区基本政策的延续期，而不是向国家体制的过渡期。

基本政策的延续与法律体系的发展和重建是一致的，两者并不冲突，如同资本主义体制的做法（社会主义体制在其效力范围内同样如此）。作为立法和政治规划，在我们所言的法律改革中，《澳门基本法》确定了开放指数，我们称之为实现经济、社会和法律发展的开放指数[②]。

然而，除了接受调整的程度，还提到了历史性、纲领性以及前瞻性的传承，在这个过程中，国家和两种共存制度的发展将是历史决定性的，保证对两种制度的尊重，同时也是国家的第二种制度，即《澳门基本法》中所明确的资本主义制度和生活方式、自治权、基本权利的保障、澳门民众社会自己的法律和司法体系（《澳门基本法》第 1 ~ 11 条）。

因此，法律改革不能简单地理解成绝对、快速地融入社会主义体系及其法律体系，其法律系统并不会在 10 年、20 年或 30 年内消失和被吞并，而且这与《澳门基本法》和《中华人民共和国宪法》在法律上是相违背的，不符合国家为澳门制定的基本方针政策，因此不具有政治合

---

① 我们可以讨论是否存在 1999 年之后的过渡期，在 1993 年 12 月《法律杂志》中，《过渡期与〈中华人民共和国澳门特别行政区基本法〉的提起生效》一文做出过有关讨论。

② 比如在第五章经济部分，我们在以下研究中同样有所分析：*Uma Perspectiva da Localização versus Continuidade na Universidade de Macau*, Boletim da Faculdade de Direito da Universidade de Macau, BFDUM, n. °1, 1997。

法性。

然而，一篇关于中国在全球政治中心利益的分析文章认为，澳门实施的基本政策的延续是与中国的国家利益相违背的。

为什么一条处于安全状态，且朝着有前途的方向和未来航行中的崭新船只一定会走入死胡同？为什么要将一个特别的地区变成一个不特别的地区？这种源于葡萄牙的具有大陆法渊源的且有中国特色的中葡双语法律体系已成为独特的法律遗产，为什么一定要清除或切断这个被中国特别行政区采用并实施的法律体系？

为什么一定要让这个推动全球经贸、政治合作且符合中国国家利益的法律平台消失？

在这一领域，根据对物质和非物质遗产的认识，鉴于对一个具有活力的法律体系的理解，它自然是符合国家利益的澳门遗产①。

对于一个像澳门这样的地区，中央的政策如此清晰，奇怪的是，接受既有道路，却前进得如此困难。一些相关机构和利益群体的想法及做法所表现出来的冲突和矛盾，可能会导致因为少数利益而损害已确定的基本政策，损害地区利益以及国家的根本利益的状况发生。

不了解或忽视国家和地区的基本法律和政策，以微小的私利优先而损害共同的国家和地区利益②，这会让澳门在中国和国际社会面前丧失信誉，显示其不具备自治的能力，从而迫使中国采取补充性或者挽救性措施，比如为配合与葡语国家合作的需要，在不影响其正当理由的前提下，增加葡语方面的培训，并最终很快涉及澳门和葡语国家的法律培训。

但是，既然澳门拥有和葡语国家共同的语言和同源的制度，它能够成为一个语言和法律的培训中心，这不仅能满足特别行政区的需要，也能满足中国的需要，以及中国与葡语国家在法律合作和文化交流方面的需要，那为什么澳门不能胜任呢？

---

① 在不妨碍相关性的前提下，可以将“鱼行醉龙节”一起升级为澳门非物质文化遗产和国家非物质文化遗产（http://www.macaumuseum.gov.mo/w3PORT/w3MMsource/HeritageFishDragonC.aspx）。正如《文化遗产保护法咨询文本》（http://www.macauheritage.net/mhlaw/DefaultP.aspx）所公布的，2005年7月澳门历史城区——中国现存最古老和完整的欧洲建筑遗产——被联合国教科文组织收入《世界遗产名录》。

② 如中国的格言警句“捡了芝麻丢了西瓜”或者“南辕北辙”，出处分别为：*Cem Provérbios Chineses*, Instituto Cultural de Macau e Fundação Oriente, 1994, pp. 191 - 192。

这个问题值得深思，不要将眼光局限在一个地区之内，而要扩大到地区之外、国家及其利益的层面。

这个问题不只是澳门的一个问题，也是特别行政区和国家的问题。因此，我相信，根据中国为特别行政区制定的基本政策和法律，这个问题不仅值得澳门人民思考，也值得中国人民、特别行政区和整个国家思考。

在拉丁美洲，中国拥有巴西这个主要经济伙伴。在非洲，安哥拉同样也是主要的经济伙伴之一。莫桑比克、佛得角和几内亚比绍这些非洲国家也是重要的伙伴，它们作为一个整体也是中国在非洲的主要伙伴之一。中国与东帝汶在合作上也有着巨大的兴趣。中国与欧洲的葡萄牙具有特殊的合作和友谊关系，并且与葡萄牙的经济关系正处在上升阶段。中国的统一以及中国和澳门的长期发展对国家利益而言是非常重要且极为关键的。

四　谁考虑这些问题又应对这些挑战？

我们用另一个问题来回答最后这个问题。确定与澳门法律系统相关的国家利益不重要吗？也就是说，澳门作为合作的法律平台并不重要吗？

解决澳门问题之后，就不再存在合法性较低的问题，正如我们最初看到的主权因素。毫无疑问，澳门的法律源自葡萄牙，后经中国及澳门人民进一步发展。至于人力资源的短缺，没有什么是培训不能满足的，只要它们建立在坚实的基础之上，没有偏见和限制，因为这是一个临时性欠缺的问题。

然而，虽然是一个临时性的欠缺，但仍然是一种特别的需要，法律培训仍然是一件长远的事情，在整个资源战略上都具有长久性。

如果法律改革和法律培训一直是政府施政[①]的重点，虽然确实一直都有需求，但法律改革和法律培训对促进合作的价值就显得不那么明显了，至少

---

① 《2012 年财政年度施政方针》中尽管有诸如“司法体系建设”、“立法程序”和“司法领域人才培养”等不同提法，但报告强调：“特区政府大力推动《澳门基本法》的宣传与培训工作，深化普法教育，增强识法、守法、护法意识。同时加强法制化建设，根据既定的立法计划，全力推进法律清理和适应化的工作，优先跟进涉及经济发展、民政民生重大法典和主要法规的草拟修订，并进一步加强立法计划的协调与统筹，继续全力配合立法会的法案审议工作。特区政府将就修改《司法组织纲要法》征询意见，加强司法机关的软硬件建设，培训所需的司法人才，进一步完善司法机关的运作。”参见《2012 年财政年度施政方针》第 26 页。

在面对当下资源不足的情况下没有体现出来。不过必须时刻牢记法律改革和培训在合作中的重要性和必需性，考虑到政治、经贸合作不断扩展到更多领域，不能忽视法律领域的合作，更不能认为法律系统是可有可无的。

法律培训有着特殊的重要性，应当从澳门的宪法框架和政治合法性的角度看待缺乏培训这个问题，尤其是法律培训和双语法律专家培训。不能以有其他解决方案、双语和双语培训没有统一标准为理由进行拖延，或者将培训取消，也不能以此为理由回避法律培训以及双语法律专家培训相关方面的政策制定。

我们对法律培训的有关政策和措施没有任何偏见，虽然没有关于澳门过渡期后期已启动的可行方案的重要论述，我们还是想公开表达以前只能在澳门大学法学院有限的圈子内表达过的一个观点。也许能找到许多理由证明这个观点不可行或者具有革命性①，是乌托邦式的幻想，但我们仍然想表达出来，作为未来的一种可能，至少我们都能看清这其中蕴含的挑战，可能有人会被这个观点或者其中的一些论述所启发和鼓舞，努力推动这一进程。

我们的观点是：创造一种双语法律专家培训的新模式，开设一个中葡双语的关于澳门法律的国际课程（中文和葡文）②，颁发法律、中文（葡文）双学位的学历，该课程针对澳门和内地的学生（包括香港和台湾）和来自葡语国家以及拉丁语系国家（特别是西语国家）的学生。或者，在现有的葡文和中文课程的基础上，附加一门统一的简化的法律课程，法律课程自主开展，与语言课程同步进行，同样授予双学位。这种模式在开展一些年之后能够把澳门打造成一个国家法律研究中心。如果成为中文和葡文在法律方面唯一的交汇点，那么澳门自然是开展全球法律培训的理想选择。

---

① 这是时任澳门大学法学院院长曾令良在给我们的电子邮件中所说的话。尤其想到他在法学院的演讲（发表在第 24 期的 *BFDUM*，第 283 页和第 284 页），我们对他非常敬佩。

② 考虑到澳门大学法学院（并且也只有它）已有中文和葡萄牙语本科、硕士和博士课程，也具有英文硕士和博士课程，但可以再前进一步，开设中葡双语本科课程，并与现有课程以及改制后的课程相结合，从而形成一种可操作的、战略性和国际化的课程。关于现行课程，参阅 *UM Academic Calendar*, *2011 – 2012*, Universidade de Macau, pp. 333 – 389 以及澳门大学法学院网站（http：//www. umac. mo/fll/）。

除了上述设想之外，我们还可以做出如下总结[①]：澳门需要更加认真地对待国家为其制定的政策，重视中文和葡语语言和法律方面的培训、研究和调查，维护澳门的地区利益和中国的国家利益[②]。

澳门被称为“小巨龙”，为了名副其实，必须要继续壮大自身。

---

① Como em Língua Comum e Direito de Matriz Comum：O Direito Civil de Macau no Contexto das Relações entre a China e os Países de Língua Portuguesa，cit.，pp. 51 e 52.

② 关于澳门司法培训，可参见 Vitalino Canas，*Ensinar a Descoberta sobre o Ensino do Direitoem Macau*，O Direito，Outubro de 1994；Manuel Trigo，*A Formação Especializada de Juristasem Macau*，*RJM*，№. 2，1995，pp. 41 e ss；*Experiência da Transição Jurídicaem Macau*，VII，Encontro da Associação das Universidades de Língua Portuguesa Presença de Macau，citado，1997，pp. 95 e ss（perante o que，passado já algum tempo，não deixaria de ser interessante voltar ao tema empróxima oportunidade em face da experiência posterior e das perspectivas para o futuro）；Vong Hin Fai，*A Formação de Direitoem Língua Chinesaem Macau*，VII，Encontro，acabado de citar，pp. 115 e ss；António Hespanha，*Legal Education in Macau*，in Sam Chan Io，*Formação Jurídica - Experiência e Perspectivas*，*BFDUM*，№. 5，respectivamente，pp. 141 e ss e pp. 173 e ss（Boletim onde se publicam as comunicações apresentadas já em 1995 no Seminário sobre Formação e Carreiras Jurídicas em Macau，e onde se inclui Formação Jurídicaem Macau，pp. 145 e ss，da nossa autoria）；Júlia，Chio In Fong，*A Transição de Macau*，Intercâmbio Jus Profissional com o Interior da China，1999；Liu Gaolong，*A Formação Jurídica na Universidade de Macau e os seus Desafios*，*BFDUM*，№. 22，pp. 57 e ss（Boletim onde se publicam as comunicações apresentadas sobre a Formação Jurídica da Conferência Internacional sobre Formação Jurídica e Direito do Comércio Internacional no Contexto das Relações da China com os Países de Língua Portuguesa）；Tong Io Cheng，*Legal Education with Macau Caracteristics*，in Maria Antónia Espadinha ed.，*Law and Social Sciences*，*Proceedings of First Seminar*，University of Macau，2009。

关于司法培训，还可参考一些即将发表的相关研究：Zhang Lingliang，*Legal Education in Mainland China：A General Perspective*，Law and Social Sciences，Universidade de Macau，pp. 149 e ss；Tong Io Cheng，“Legal Transplants and The On - going Formation of Macau Legal Culture，” in *18th World Congress of Comparative Law Macau Regional Reports*，Macau，2010，pp. 14 e ss（e *Isaidat Law Review*，Volume 1，Issue 2；*Special Issue - Legal Culture and Legal Transplants*，2011，pp. 619 - 675）；Wei Dan，*A Importância e a Premência da Criação de uma Nova Disciplina de Direito Chinêsnas Universidades dos Países de Língua Portuguesa*，in *A China*，*Macau e os Países de Língua Portuguesa*，*XX Encontro da Associação ds Universidades de Língua Portuguesa*，Volume II，pp. 513 e ss。

澳门在葡语国家范围内的比较法研究

阿里奥涅·巴达拉·蒂阿姆　文远达[*]
张朋亮 译

摘　要： 针对澳门的状况及其与外国的合作情况，本文旨在论述比较法研究对澳门的支持作用，以及如何促进澳门与外国特别是与葡语国家之间的关系。此外，本文将对澳门的比较法研究的现实价值和重要意义进行探讨，并对澳门在比较法方面的经验及其对世界各葡语国家的启示进行考察。本文最后将对澳门发展比较法的现实相关性进行思考。

一　引言

“从最广泛的意义上讲，法是源于事物本性的必然关系。因而一切存在都各有其法。”① 法相互之间可以做适当的区分，这就为比较法研究的必要性奠定了基础。比较法包括对各种法律体系的功能理解的研究。通过对影响法律适用的“法律共振峰”（legal formants）的分析，我们可以对法律的实

* 阿里奥涅·巴达拉·蒂阿姆（Alioune Badara Thiam），澳门大学法学院博士；文远达（Salvatore Mancuso），澳门大学比较法学教授。

① Montesquieu, *The Spirit of Law*, London: G. Bell & Sons, Ltd., 1914, （Ⅰ）at 1，另见于 http://www.constitution.org/cm/sol.txt，最后访问日期：2011 年 4 月 4 日。

际适用情况以及法律与人们日常生活的相关性进行解读①。我们还要引用勒内·达维德（Rene David）的经典评论："比较法还可以促进区域合作计划或合作组织中不同国家之间的相互理解。"② 它在某种程度上还可以作为一种工具,用来对不同的法律进行协调，对法律的跨境融合的可行性进行评估③。

鉴于澳门本地以及澳门与外国的合作状况，本文希望能为阐明比较法研究对澳门的支持作用，以及比较法研究对澳门与外国（特别是葡语国家）之间关系的促进作用尽一份绵薄之力；同时也对澳门比较法发展的深入原因进行了如下探索：对澳门比较法研究的当代评估和重要性进行论证，对澳门比较法的经验以及对葡语国家的启示进行考察。文章最后对澳门比较法发展的现实相关性做了思考。

二　澳门比较法的当代评估和重要性

"一国两制"方针提出于20世纪80年代早期，后经1987年4月《中葡联合声明》依据《中华人民共和国宪法》④ 第31条付诸实施。澳门法在很大程度上保留了葡萄牙法律的基本特色，从而也保留了部分大陆法系传统。此外，它还受到其他诸多方面的影响，包括《澳门基本法》附件三所述的全国性法律以及（考虑到《澳门基本法》的制定仿照了《香港基本法》⑤）普通法的某些细微方面。《澳门商法典》中还包含某些明显属于

---

① Rodolfo Sacco: "Legal Formants: A Dynamic Approach to Comparative Law," *The American Journal of Comparative Law*, Vol. 3. 39, 1991, (Ⅰ) p. 1; (Ⅱ) p. 343.

② Rene David, John E. C. Brierley, *Major Legal System in the World Today*, London: Stevens & Sons, 1985, p. 9.

③ Veronique Robert, Laurence Usunier, *Du Bon Usage du Droit Comparé*, in Mireille Delmas-Marty (dir), *Critique de L'intégration Normative*, Paris: PUF, 2004, p. 227.

④ 《中华人民共和国宪法》（1982年），1982年12月4日由第五届全国人民代表大会审议通过，最新修改于2004年3月14日；全文见 http://www.usconstitution.net/china.html，最后访问日期：2011年4月14日。

⑤ Frances M. Luke, "The Imminent Threat to China's Intervention in Macau's Autonomy: Using Hong Kong's Past to Secure Macau's Future," *American University International Law Review*, Vol. 15, Issue 3, 2000, p. 730，另见 http://www.auilr.org/pdf/15/15-3-5.pdf，最后访问日期：2011年4月14日。

普通法创立的规则，从中也能看到一些深层影响①。

由于各法之间的关联性，以及法律共振峰的多样性（在同一法律体系下往往并不一致），对不同法系进行横向的比较法研究和运用就显得势在必行。随着澳门越来越国际化，文化和语言越来越多元化，许多法学家和执法者发现自己所研究和适用的原则和规则往往源于不同的法律传统。

因此，随着法律不断地进化和吸收新的原则，比较法学者的首要任务就是为当代法律外观确立研究的方法论和基本问题。

就此而言，澳门的比较法研究情况值得一提。

在院校层面，澳门大学的贡献是有目共睹的，学校将比较法学纳入学士和硕士研究生培养计划；此外，比较法也是澳门科技大学法学学士（LLB）的一门课程。

澳门比较法学会最近还成为国际比较法学会澳门区的代表。

从原则上讲，比较法在澳门法院所作判决中也得到了一定程度的运用：通过对澳门特区终审法院 2002 年至 2011 年 3 月 31 日期间所作判决的查证，在该机构做出的 387 份判决中，有 205 份（即 53%）判决可以被认为采用了比较法的理论方法②。

从某种层面上讲，澳门以比较法研究作为一个工具，对不同法律之间实现调和的可行性进行评估。长此以往，中国在对不同法律体系的协调方面将成为各个发展中国家的典范。不过，比较法的新领域仍然有待探索。

三　比较法的新领域：澳门的经验

本节旨在探讨在澳门发展与外国特别是与葡语国家的关系中，比较法所处的地位以及澳门比较法学者所发挥的作用。

依据《澳门基本法》第 136 条之规定，澳门可以以“中国澳门”的名

① 例如，有关“浮动担保”的规定。

② 关于此问题更多详细内容，见 Salvatore Mancuso，《比较法在澳门法院的运用》，论文发表在 2011 年 1 月 20～21 日在澳门举办的“关于法律及公民权利的第三轮系列研讨会”上，同时还发表在了该研讨会的会刊上。

义与其他国家和地区以及相关国际组织在适当领域（包括经济、贸易、金融、航运、通信、旅游、文化、科学和体育运动等领域）建立联系、签署和执行相关协定。自1999年澳门回归中国以来，作为世界上仅有的以中文和葡萄牙语为官方语言的地区，澳门已经成为中国与葡语世界这两大发展中消费集团之间沟通的桥梁。这涉及多学科的视角、人口的迁移、法律思想和法律机构（的融合），这些都需要利用比较法加以解决，以实现求同存异。它还对这种融合的可行性进行评估，对不同的法律和政策进行区分，以实现国家之间更好的共存与交流。

从这个意义上讲，比较法作为认识和理解外国法的工具，有助于揭示世界的多样性。除了证明比较法的适用性以外，澳门的经验还通过多种途径向外传输。其中一个鲜明的例子就是，其他葡语国家的学生纷纷到澳门进行学习，通过对比较法的学习，将这一领域的大量知识带回各自的国家。

澳门大学还与其他的大学和高等教育机构进行合作，与33个国家的192所大学和教育机构建立合作关系，与所有葡语国家的高等教育机构签署了合作协议①。由澳门大学一位教授编写的法律教科书也被其他葡语国家的大学用作教学手册②。比较法学也是澳门以及莫桑比克的爱德华多·蒙德拉内大学（UEM）法学学士和硕士的学习内容：得益于澳门大学在非洲法律方面的研究，以及两所大学现有合作项目取得的广泛成果，在比较法领域有望建立更加深入的合作关系。此外，基于对上述合作协议的实施，双方也将发表共同的出版物。

在经济方面，澳门已经与多数葡语国家签订了合作协议，基于语言文化和历史的相似性，双方关系十分紧密。实际上，自2003年以来，中国与葡语国家（巴西、葡萄牙、安哥拉、莫桑比克、佛得角、几内亚比绍、圣多美和普林西比以及东帝汶）的贸易量增长了七倍③。可以说澳门在其中发挥了关键作用。澳门的商人和官方使团参与了十几场展销会、研讨会、会谈和网络会议，旨在促进中国与葡语国家的经济关系发展。在中国商务部的支持

① 见 http://www.umac.mo/links_academic.html，最后访问日期：2010年12月13日。

② Candida Antunes Pires, *Lições de Processo Civil I*, 2005.

③ José Carlos Matias, "Macau, China and the Portuguese Speaking Countries," *Inside / Outside: 60 Years of Chinese Politics*, Hong Kong Political Science Association 2009 Conference, p. 23, 见 http://www.aciml.org.mo/eng/about/_us.htm，最后访问日期：2011年4月4日。

下，澳门在这一系列交流活动中发挥了核心作用。中国政府决定澳门不仅负责主持中国－葡语国家经贸合作论坛的部长级会议，同时还作为其常设秘书处所在处①。中国国务院总理温家宝在2010年视察澳门特别行政区时，重申了澳门在促进中国与葡语国家经贸关系发展中发挥的平台作用。所采取的六项措施传达了这样一个意愿，即为论坛的亚洲和非洲成员国培训1500名公务人员和技术人员，支持澳门特区政府在论坛下设立地方培训中心。

最后但同样重要的是，一个名为国际葡语市场企业商会（ACIML）的组织，致力于促进澳门与葡语国家之间传统商贸关系的发展，支持澳门特别行政区政府为中国与葡语国家的经济合作建立服务平台②。

那么比较法在所有这些合作中又发挥了怎样的作用呢？上述交往涉及法律现象的影响作用，必须对其内容和外延做充分的解读。澳门与葡语国家富有成效的合作关系便是植根于法律和语言这一基础之上的。拥有多重关系的国家会受到多重法律的界定，（不同法律）之间会互相影响。这就需要运用解读和比较的基本方法，来确定各种权限的分布。因此，比较法研究毫无疑问将促进交流双方实现更好的相互理解。它还可以作为一种参照，对这种多样化的合作进行评估、执行和大力推动，实现和谐发展。我们已经迈出了一大步，但还有很长的路要走。那么，又该如何深入推进呢？

四　澳门比较法发展的现实相关性

比较法研究对澳门法律制度的发展具有十分重要的基础性作用。比较法的传统目标包括建立和完善本地化的法律、构建教学手段和协调机制。

由于澳门需要起到模范作用，作为中国与葡语国家的沟通平台，因此我们需要特别强调比较法作为完善本地法律和法律协调的工具作用。“所谓模范，就是取得领导地位，能够为其他法律制度提供参照的规则。换句话说，只有当一地的经验能够起到示范作用，因其良好表现而为不同的法律制度所

① José Carlos Matias, “Macau, China and the Portuguese Speaking Countries,” *Inside / Outside: 60 Years of Chinese Politics*, Hong Kong Political Science Association 2009 Conference, p. 5，见 http://www.aciml.org.mo/eng/about/_ us.htm，最后访问日期：2011年4月4日。

② 更多信息见 http://www.aciml.org.mo/eng/about_ us.htm，最后访问日期2011年4月11日。

知时，我们才能称之为‘模范’［……］。总之，模范的确立有赖于两大因素，一是经验在效率方面表现突出，二是经验能够在其他国家和法律体系中流转。”① 在澳门的具体情况下，比较法能够对其法律体系的效率起到促进作用，并且通过它的功用方法和对法律移植的兼容性评估能力，在其他国家得到运用。

比较法方面的其他发现证实了我们的观点。实际上，“有人认为，从理论上讲，在一国的司法体系背后，都存在可移植的共同点或普遍原则，有待于人们探索和发现。也有人认为，不同的法律规范或某些法律规范的缺失不过是地方（规范）偏离于普遍法律原则的表现，这种普遍原则尚未被完全发现或意识到”②。

因此，对于澳门的比较法学者和法律专家来说，寻找和评估这些普遍原则的相关性就显得十分重要；至少前述因素有助于提高澳门的司法水平，推动更好的合作，使其胜任作为中拉关系平台的这一角色。鉴于此，澳门应当继续发挥其平台作用，进一步促进比较法研究的发展，促进（外部）更好地理解其多样化法律体系。

比较法可以揭示地方职责与地方规范性解决方式之间的关联，以更好地应对地方性挑战。在全球互动十分活跃的今天，考虑到澳门的独特之处，我们应当对一般的国际标准之间的关联有足够重视。因此，通过对比较法研究的充分运用，澳门有望占据有利地位，促进法律体系的完善，满足社会需求，同时更好地发挥其在中国与其他葡语（法律）界之间的枢纽作用。

---

① Giancarlo Rolla, “The Development of Asymmetric Regionalism and the Principle of Autonomy in the New Constitutional Approach: a Comparative Study,” 见 http://www.crdc.unige.it/docs/articles/rolla6.pdf，第 15 页，最后访问日期：2011 年 4 月 14 日。

② Peter-Christian Müller-Graff, “Modern Comparative Law: the Forces Behind and the Challenges Ahead in the Age of Transnational Harmonization,” in Antonina Bakardjieva Engelbrekt and Joakim Nergelius, eds., *New Directions in Comparative Law*, USA: Edward Elgar Publishing Limited, 2009, p. 263.

澳门法律对其作为中国与拉丁语系国家经贸合作平台的影响

庄少绒*

摘　要： 本文考察的是中国与拉丁语系国家之间的经济合作。本文简要描述了澳门作为一个经济合作平台所具有的优势，包括澳门所具有的葡萄牙传统，澳门与拉丁语系国家的经济和文化融合，以及在《澳门基本法》的保证下（通过多个国际公约）建立起来的法律体系。由于澳门法与拉丁语系国家的法律十分接近，因此本文认为这非常有利于中国与这些国家开展经济合作。不过，本文也指出，由于一些历史的原因，这种法律文化并未受到澳门市民的完全认同。

一　澳门作为中国内地与拉丁语系国家经贸合作平台的优势

文化背景对经济发展、经济合作的重要性早已得到公认。澳门是中葡文化的交汇点，与拉丁语系国家间具有天然的语言、文化、宗教等联系。早在16世纪澳门就已成为联系亚洲和欧洲、非洲、美洲的重要贸易商埠和东西方文化交流中心，澳门与葡语国家，甚至拉丁语系国家（共80多个国家），都建立和保持了传统的经济文化联系。澳门回归祖国后，在文化、语言、

* 庄少绒，广东外语外贸大学副教授。

法律和政制等方面仍然保持了东西兼容的特点。目前，澳门有1万多名葡萄牙后裔居民，还有10万名华人持有葡萄牙旅行证件，不少人会中葡双语，也不乏懂西班牙语、意大利语、法语和英语，并且了解欧洲和拉丁语系国家文化、法律、行政制度、商贸条例的人才。同时，澳门还是葡萄牙语国家共同体（简称“葡语国家共同体”，Comunidade dos Países de Língua Portuguesa——CPLP）的成员，葡语系国家共同体成员包括巴西、佛得角、几内亚比绍、莫桑比克、安哥拉、圣多美和普林西比、东帝汶民主共和国等，共同体国土面积超过1000万平方千米，横跨亚、欧、非、拉美，总人口约2.5亿。澳门与葡语国家共同体中的各成员国具有相似的语言（目前葡文与中文都是澳门的官方语言）和文化的缘由，使得澳门与各葡语系国家间产生了一种超越政府间的外交关系，形成了以文化为纽带、以民间交流为平台的“天然”公共外交关系。

澳门的上述特点使其成为中国与上述国家地区联系最密切的地区。澳门借助与拉丁语系国家在经济、社会、文化等方面的固有联系，逐渐将澳门与拉丁语系国家的交流合作转化为中国与拉丁语系国家的合作。

澳门作为中国的一个特别行政区，其与内地各方面的关系都非常密切，在CEPA框架下，澳门与内地，特别是泛珠三角地区的经贸关系越来越紧密。澳门本地生产的绝大多数产品零关税进入内地，同时CEPA贸易投资便利化措施简化了澳门本地产品进入内地市场的程序。在CEPA框架下，澳门吸引了寻求合作、试图开拓中国市场或吸引中国投资的外资，它们将澳门作为跳板，目的是使其产品顺利进入内地市场。

总之，澳门在全球经济一体化、“泛珠三角”协作的背景下，作为中国与拉丁语系国家区域中小企业经贸合作平台的优势明显。

二　澳门法律业及其对澳门作为中国内地和拉丁语系国家经贸合作的影响

（1）澳门的法律体系以基本法为依据并包括原有制定法与本地化法律，基本法具有宪法性法典的地位，有利于澳门法律与内地法律的衔接。

回归后，澳门法律体系的组成有两大部分：部分的全国性法律和澳门本地的法律。能够在澳门实施的部分全国性法律，包括《中华人民共和国澳

门特别行政区基本法》（以下简称《澳门基本法》）、《中华人民共和国澳门特别行政区驻军法》、由基本法附件三规定的在澳门实施的全国性法律等，以及在国家宣布战争状态或澳门进入紧急状态时，由中央人民政府发布命令在澳门实施的法律，也包括全国人大常委会就基本法在澳门实施的有关解释。澳门的本地法律包括能继续在特别行政区适用的澳门原有的法律和其他规范性文件，以及澳门立法会制定的法律。

澳门本地法律由葡萄牙法律、葡萄牙为澳门制定的法律、澳门本身立法机构制定的法律三大部分构成。葡萄牙法律在澳门延伸适用的法律主要是民法国家惯常所称的五大法典，即《葡萄牙民法典》《葡萄牙刑法典》《葡萄牙商法典》《葡萄牙刑事诉讼法典》《葡萄牙民事诉讼法典》。此外还有一些小法典，如《民事登记法典》《物业登记法典》《殖民地税收法典》《农业劳动法典》《军事司法法典》等。葡萄牙为澳门制定的法律，如《澳门组织章程》《澳门司法组织纲要法》等。澳门地区本身管理机关制定的法律，如《出版法》等。

《澳门基本法》是全面体现“一国两制”方针的全国基本法律，也是澳门特别行政区实行高度自治的根本法典。从性质上讲，具有宪法性法典的地位，澳门特别行政区的制度和政策，包括行政、立法和司法制度，均以基本法为依据；澳门实施的任何法律、法令、行政法规和其他规章都不得与基本法相抵触。这也是澳门今后法律修订的基本原则。基本法确定“予以保留”的“澳门原有法律”，即指由澳葡立法会制定的法律。澳门回归后，原有法律是否保留，视其是与基本法相抵触或是与基本法相衔接。对适合于澳门的葡萄牙法律如何转化为本地法律，根据《中葡联合声明》的精神，由澳门立法机关按照立法程序，将适合于澳门的葡萄牙法律从形式上转为本地法律，同时又要求在内容上结合本地政治、经济的实际进行修订。据统计，澳门约有 250 项葡萄牙法例需要本地化。澳门的五大法典——《刑法典》《刑事诉讼法典》《民法典》《民事诉讼法典》《商法典》在回归前夕，均实现了本地化。

澳门修改法律时注意与内地法律的衔接。澳门在修改《商法典》的第 16/2009 号法律中引入扩大书面方式的规定，明确在《商法典》中允许以电子文件及电邮方式替代传统书面方式做成文件及股东会的召集通知书，并规定可通过公司网页让股东查阅公司的文件。这规范配合内地 2004 年 8 月 28 日第十届全国人民代表大会常务委员会第十一次会议通过的《中华人民共和国电子签名法》，有助于两地股东通过电邮互传信息及召集股东会议，保障非澳门居民的内地股东查阅公司的簿册。修改后还确定法人机关的会议得以电视会议方式或其他类似方式同时在不同地方进行，并适用于公司各机关所举行的会议。这一规定既提升公司运营上的决策效率，亦方便内地及不同地区的投资者对设在澳门的公司进行监控。

这次修改明确法人可以设立一人公司，自然人只能设立一个一人有限公司，与中国内地《公司法》允许法人设立一人有限公司的规定衔接。修改前的澳门商事法律制度只容许自然人设立一人有限公司，除离岸公司外，禁止法人设立一人有限公司，而且未明确规定自然人可以设立多少家一人有限公司。

（2）澳门的法律具有大陆法系的法律传统，以制定法为法律的基本渊源，不存在判例法体系，这与中国内地也是以制定法、法典为基本法律渊源，具有大陆法系法律传统的特点，具有许多相同之处，为澳门与内地法律制度的融合奠定了良好基础。

按照法的源流关系、历史传统和形式的特点，中国内地的法律在法律传统上属于大陆法系。澳门法律制度由于历史原因而打上了葡萄牙的烙印，无论法律制度还是学说理论皆以葡萄牙为基础。作为欧洲国家，葡萄牙的法律追随大陆法系传统，它凭借着管理澳门的政治力量很快把它移植到澳门来，把它作为澳门的法制基础。澳门的法律，不论是葡萄牙主权机关制定的，还是澳门本地立法机关制定的；不论是宪法性法律，还是一般法律、法令；不论是实体法，还是程序法，都是由立法机关按法定程序制定，以条文形式公布实施的。判例原则上不作为法律渊源，没有法律效力。不像英美法系国家以判例法作为法律的渊源，如香港即承袭英国的法制，属于判例法。除了主要法律如刑法、民法、商法、刑事诉讼法、民事诉讼法都被编纂为系统的、完整的法典外，在司法制度、诉讼程序方面，澳门法律也承袭葡萄牙的做法，如法官在诉讼中处于主导地位、遵循无罪推定原则、刑事案件中的侦讯由法官负责等。

因而在葡萄牙法律基础上形成的澳门法律制度属于大陆法系的法律传统，与中国内地法律制度有许多共通之处。

（3）对于华人占绝大多数的澳门居民来说，对法律的认同程度低，法律对澳门社会的实际影响有限，这有利于内地与澳门法律文化融合。

从葡萄牙管理澳门开始至今，澳门始终并行着两种截然不同的法律制度

和两种法律文化因素——中国的和葡萄牙的。这就是说在葡萄牙法制形式的框架下同时并行着澳门当地华人的习惯法，在澳门的中国居民一直以来都生活在葡萄牙法律以外。原因有以下五点。①中国籍居民对葡萄牙统治者的不信任以至敌视，导致他们对澳门外来葡萄牙法律的不信任以至敌视。②中国籍居民普遍不懂葡文，无从了解葡文表述的法律。澳门居民以中文为母语者占 96.6%，以葡文为母语者占 3%。葡文因为葡萄牙人对澳门的管理事实上成了澳门唯一的官方语文。1976 年以前澳门实施的法律，大多由葡萄牙主权机关制定，这些法律全部以葡文表述，并无中文版本。这导致相当多的澳门居民对于澳门法律，尤其是源自葡萄牙的法律根本不了解，不利于澳门中国籍居民掌握法律内容，也不利于法律的实施。③长期以来只由葡萄牙人担任法官、律师，且只以葡文进行庭审的做法，亦降低了澳门居民对诉讼的信任程度。④1993 年高等法院成立以前，澳门只有初审法院，对初审法院判决不服，只能向里斯本法院上诉，由于路途遥远，加上语言隔阂，上诉所费金钱甚巨，所耗时间甚多，非普通当事人所能承受。澳门居民由此亦不敢轻言诉讼。⑤澳门实施的葡萄牙法律，由葡萄牙主权机关根据葡萄牙本国的具体情况制定，除专门为澳门制定的法律外，制定时并没有考虑澳门的实际，与澳门社会脱节，不能满足澳门居民的需要。

由于澳门法制与社会长期存在深刻隔阂，华人遇有纠纷，罕有求助于法院者，当中的大部分纠纷通过社团或街坊会解决。这种社会解决纠纷方式深受中国社会传统非讼习俗的影响，使得华人的风俗习惯长期支配澳门华人社会的秩序和生活，成为规范和调整人们相互关系的准则。而这种共同存在于粤澳两地的华人风俗习惯有利于粤澳两地的经济合作，便于人员的直接交往，容易产生认同感，可以大大减少文化差异。儒家伦理同样深植于澳门，这为内地与澳门法律文化融合提供了一个相通的民族心理。

（4）法律沿袭葡萄牙法律，对了解其他拉丁语系尤其是葡语系国家法律有利。

澳门重要法律几乎都来自葡萄牙，即使是因应澳门主权回归而正在进行的法律本地化，亦不能脱离原有法律中固有的葡萄牙法律传统。《澳门基本法》第 8 条规定："澳门原有的法律、法令、行政法规和其他规范性文件，除同本法相抵触或经澳门特别行政区的立法机关或其他有关机关依照法定程序作出修改者外，予以保留。"这表明，澳门回归祖国后原有法律基本体系不变，且法律采用的语文——葡文继续沿用。

可见，澳门主权的回归只是从法律上切断澳门法律与葡萄牙法律的联系，并不意味着对澳门现行法律的全盘否定。相反，澳门现行法律中源自葡萄牙的法律，经过法律本地化，大部分成为特别行政区的法律，继续发挥作用。澳门法律对葡萄牙法律文化、法律传统和法律理论的承继关系是无法切断的。如《澳门基本法》中特别对于居民权益的保障，融入了葡萄牙宪法及国际人权公约的色彩；澳门商事法律的基本法《商法典》虽说是法律本地化的成果，但基于澳门法制的沿革及法典草案起草人的个人背景，该法典仍保留着浓厚的《葡萄牙商法典》及《公司法典》的影子。由于欧盟的《公司法指令》影响着各成员国的公司立法，欧盟理事会的《公司法指令》已经涉及公司法的方方面面。澳门在修订《商法典》的过程中，亦对中国内地、香港、台湾以及欧盟、英国、葡萄牙等地的商事法例进行了比较法研究，为修订工作及建议的解决方案提供坚实而客观的依据。通过澳门这些法律，可了解其他拉丁语系尤其是葡语系国家法律。

（5）澳门加入 GATT/WTO 和《澳门基本法》实行的“一国两制”，为其法律秩序输入了某些国际认同的价值和原则，使其法律具有安定性和确切性，有利于澳门与 WTO 成员的经贸往来，更有利于进一步加强与中国内地的经贸合作。

澳门作为 WTO 的成员，为其发展经济合作提供了国际法上的法律框架，而“一国两制”和《澳门基本法》则为澳门经济合作提供了国内法上的法律依据。在 WTO 框架下发展澳门同内地、香港和台湾的经贸关系，可通过建立“中国自由贸易区”的途径，即内地与三个单独关税区台湾、香港、澳门之间组成一个对内相互取消关税和其他贸易限制，对外仍保留各自独立贸易政策的经贸机制。《澳门基本法》实施的“一国两制”以及保持澳门长期坚持自由贸易传统的规定，为澳门经济政策提供了可预见的未来。澳门特区政府成立后，澳门一直维持着被国际社会认同的自由、开放、公平和法治的市场环境。WTO 在 2001 年 3 月对澳门进行了贸易政策审议（Trade Policy Review），肯定澳门遵守了世界贸易组织的规则，仍然是世界上贸易和投资政策最自由开放的地区之一，回归并没有从实质上影响到澳门的自由贸易以及和贸易有关的政策。澳门在贸易上继续奉行自由港政策，货物、资金、外汇、人员进出自由，并参加了 50 多个国际组织。目前，澳门与世界

上120多个国家和地区有经贸往来，特别是与欧盟及葡语系国家有着传统和特殊的经贸联系。

三　改进解决中国内地与澳门法律的冲突，促进澳门与内地经贸合作

在“一国两制”下，澳门和内地分别为相对独立的法域，因而，各法域之间的法律冲突不可避免。基于澳门法域与内地法域具有不同的政制、经济、法制背景，“一国两制”下的我国区际法律冲突具有相当的特殊性：不同的社会制度即资本主义制度与社会主义制度；不同的经济贸易管制区即两地的财政、税收、货币金融制度独自运行；不同的法律体系即两地法律体系构成不同，澳门有权在高度自治范围内自行立法等。

（1）适用法律问题的解决。

两地民商事纠纷适用哪地的法律，目前可行的解决办法是类推适用各自现行的国际私法规则，这是因为两地国际私法规则至少都是在总结多年实践的基础上制定的，是比较成熟的规范，而且其中多数规则都反映了国际上的习惯做法。但类推适用国际私法规则的做法也只能是权宜之计，不能长期用来解决两地法律冲突。

制定两地间统一的区际冲突法是解决两地法律冲突较理想和可行的办法。它能使各法域的法院对同一案件的审理做出相同的判决结果，从而从根本上消除“选购”法院的现象。虽然，两个地区之间由于历史的原因隔绝多年，相互之间还缺乏足够的信任和了解，制定统一的冲突法会有相当大的难度。但是，两地法律冲突毕竟是一个主权国家中的两个法域的法律冲突，不存在根本利益的冲突。所以，经过双方的努力，最终实现两个法域的冲突法的统一不是不可能的。

另外，两地也可以共同参加某些关于冲突法的国际公约，然后作为同一个公约的缔约方，共同遵守公约中有关冲突规则的规定。

（2）在程序法方面，通过相互认可和执行双方法院或仲裁机构的判决解决两地企业在相互经营交往中可能发生的贸易纠纷。

当事人向法院提起民事诉讼或协议以仲裁方式解决贸易纠纷的法院判决或仲裁裁决，都需要败诉方或仲裁裁决中负义务的当事人自愿履行，这就需要两地相互认可和执行法院的判决和仲裁裁决。2006年2月28日，内地最

高人民法院与澳门特别行政区政府签署了《内地与澳门特别行政区关于相互认可和执行民商事判决的安排》，已于当年4月1日生效。《内地与澳门特别行政区关于相互认可和执行民商事判决的安排》第三条第一款规定："一方法院作出的具给付内容的生效判决，当事人可以向对于有管辖权的法院申请认可和执行。"如向内地法院申请认可和执行澳门法院做出的判决，则有权受理该申请的法院为被申请人住所地、经常居住地或者财产所在地的中级人民法院。两个或者两个以上中级人民法院均有管辖权的，申请人应当选择向其中一个中级人民法院提出申请。如向澳门法院申请认可和执行内地法院做出的判决，则根据第四条第一款："澳门特别行政区有权受理认可判决申请的法院为中级法院，有权执行的法院为初级法院。"

2007年10月30日内地最高人民法院与澳门特别行政区政府签署《关于内地与澳门特别行政区相互认可和执行仲裁裁决的安排》，于2008年1月1日起实施。《关于内地与澳门特别行政区相互认可和执行仲裁裁决的安排》第一条后部分规定："澳门特别行政区法院认可和执行内地仲裁机构依据《中华人民共和国仲裁法》在内地作出的民商事仲裁裁决，适用本安排。"然而，对于当事人协议内地仲裁机构不采用《中华人民共和国仲裁法》做出的仲裁裁决，依字面解释就不能根据《关于内地与澳门特别行政区相互认可和执行仲裁裁决的安排》在澳门获得认可和执行，而是提请根据《民事诉讼法典》所规定的审查及确认内地仲裁机构做出的裁决程序。

（3）在统一实体法方面，两地可在制定或修订有关法规时尽量向多数国家所接受的国际条约或惯例靠拢，逐步获得实体法方面的实质性协调或统一；可能的话，可直接援用两地共同参加的有关实体法公约的有关规定解决民商事纠纷。

制定全面的统一实体法、从根本上避免和消除两地在民商方面的法律冲突似乎是不可能的，也是不足取的，至少在相当长的一段时间内是这样。在制定或修订有关法规时应尽量向多数国家所接受的国际条约或惯例靠拢，以逐步获得实质上的协调甚至统一，从而避免两地法律冲突的发生。随着国际经济贸易的发展，国际社会已逐步形成了一套比较完善的国际经济贸易法律体系，出现了不少为多数国家所接受的国际经济贸易条约和国际贸易惯例，如《联合国国际货物销售合同公约》《统一提单的若干法律规则的国际公

约》《国际贸易术语解释通则》《跟单信用统一惯例》等。对于其中的有些条约和惯例，两个法域可能由于某种原因不能马上参加或者全面接受，但是，两个法域可在制定或修订有关法规时尽量向上述条约或惯例靠拢，一方面有利于本地对外经济发展，另一方面也能使得两个法域在实体法方面逐步获得实质上的协调甚至统一，从而避免两地法律冲突的发生。

在可能的情况下，两地可共同参加某个有关实体法公约，在两地之间如果发生了条约范围内的民商纠纷也就可以直接援用条约中的有关规定加以解决。目前，中华人民共和国已经参加且同时在澳门亦有效的国际条约就有《保护文学和艺术作品伯尔尼公约》《关于向外国送达民事或商事司法文书和司法外文书公约》等，这就表示现在两地区就上述两个公约规定的事项达成了统一。不过，通过这一方式只能就某个方面的实体法获得协调或统一，要想获得全面统一还需要一个漫长的过程。

参考文献

1. 邓卫平：《论澳门法律的特征》，《中山大学学报》（社会科学版）1999 年第 6 期第 39 卷。
2. 米健等：《澳门法律》，澳门基金会，1994 年 8 月。
3. 冯心明：《澳门现行法律制度的基本特点及其存在问题》，《华南师范大学学报》（社会科学版）1999 年第 3 期。
4. 刘太刚：《有关澳门基本法的几个问题及澳门法制实践所作的解答》，《环球法律评论》2004 年春季号。

拉丁、拉丁法系与澳门法律

——兼论澳门作为拉丁法系交流中心的可能性

唐晓晴　梁静姮　何张龙*

摘　要： 拉丁法系是大陆法系最重要的分支，而澳门又是拉丁法系的一员。本文将对拉丁法系进行概述，从几个方面阐述澳门作为拉丁法系交流中心的优势，分析澳门作为拉丁法系交流中心的可能性。

一　楔子

在尼采的眼中，罗马帝国是“有史以来在最困难条件下获得的最雄伟的组织形式，与这种形式相比，此前或此后的所有组织都不过是些片段、补丁和半吊子”。“这种组织强大到足以经受糟糕的皇帝而不被毁坏；个人的偶然事件与这种组织无关”①。

维系这一组织的是一种强力意志，但是即使再雄伟的组织也难免衰败。于是，布尔热（Bourget）曾以晚期罗马帝国的堕落社会来展示“拉丁式颓废”（la décadence latine）：“这个社会缺乏生育能力，低出生率，没有战斗

* 唐晓晴，澳门大学法学院院长；梁静姮，澳门大学法学硕士；何张龙，台湾大学工商管理学士。

① 博尔比（Apud Mark Boulby）：《尼采与拉丁世纪末》，载奥费洛赫蒂等编《尼采与古典传统》，田立年译，华东师范大学出版社，2007，第370页。

意志，屈服于享乐、神经刺激、艺术玩票和怀疑主义。”①

问题是，难道颓废不比野蛮更可喜吗？现代的拉丁之风难道不意志与颓废、文明与野蛮、秩序与混乱的对立统一吗？

尽管帝国的荣光早已消散，但是鹰与狼的后代绝不甘心隐于祖辈遗留的巢穴内。乌云稍退，即见苍鹰化身为巨鲸，征服大海，群狼露出獠牙，席卷大地。于是，单调的罗马凯旋曲幻化成寂静中激荡的西班牙吉他与深邃的葡萄牙怨曲，转眼又催生出醉人的桑巴与探戈；纪律森严的罗马军团也变成了主宰绿茵战场的黄衣战士。

只是，曾经贯上罗马之名的法还有一丝拉丁之风吗？

二　拉丁与拉丁法系

（一）拉丁人

本文所探讨的命题，或者更直接说所倡导的建议（澳门作为拉丁法系交流中心的可能性），是以拉丁或拉丁法文化的认同作为前提的，所以文章必须先对此两个概念做进一步的说明。

“拉丁”（Latin）曾经是一个种族的名字，可是这个种族早就不再独立存在了。关于拉丁人的起源，在当前的历史学界没有定论。一般认为，约在公元前 10 世纪，拉丁人形成于阿尔巴山区（Alban Hills），后来生活于亚平宁半岛，该半岛现为意大利国土的主要部分。有一种假说认为，拉丁人是由大约公元前 2000 年以后陆续迁居到亚平宁半岛的印欧部族融合并分化而成的。到现在为止，考古学家发现的最早的拉丁文化可上溯至公元前 9 ~ 前 7 世纪，其特征与邻近地区其他古老文化（如 Etruria，Villanovan）相似，而他们的语言拉丁语属印欧语系。

公元前 8 世纪，拉丁人的原始氏族公社趋向解体，拉丁人的生活区域向西北方扩展到特韦雷河，部分拉丁人与萨宾人（Sabines）共同创建了罗马城邦（位于特韦雷河东南沿岸，阿尔巴诺湖西北方）。据传说，约于公元前

① 博尔比（Apud Mark Boulby）：《尼采与拉丁世纪末》，载奥费洛赫蒂等编《尼采与古典传统》，田立年译，华东师范大学出版社，2007，第 365 页。

7 世纪，为了对抗外族，以阿尔巴山区的朱庇特庙为中心，拉丁人的约 30 个部落结成同盟［称为“拉丁同盟”（Latin League）］，而他们生活的地区则被称为拉丁姆（Latium）。公元前 7 ~ 前 6 世纪，拉丁姆被埃特茹瑞亚人统治，受埃特茹瑞亚人的文化和亚平宁半岛南部的希腊人文化影响。这个时期，罗马城邦发展成为超越邻近城市的大城市。公元前 4 世纪，罗马城邦开始凌驾于拉丁同盟的各城市之上。公元前 358 年，罗马城邦与拉丁同盟缔结一项平等条约，双方轮流推举共同的统帅。此后，拉丁同盟与罗马城邦的实力差距继续增大。前 340 年，罗马城邦与拉丁同盟之间爆发战争：这场战争持续到前 337 年，其结果是拉丁人战败，拉丁同盟被解散。罗马人推行法令，限制或取缔各拉丁人城市的自治权。当罗马人已完全控制拉丁姆后，拉丁人就隐没在罗马之内，失去了它自身的独立身份。可是，罗马城邦本来就是由拉丁人建立的，强大以后的罗马依然保留拉丁人的语言和文化，因此不管如何理解拉丁人与罗马的关系，拉丁文化都没有因罗马的强大而消失。

更重要的是，在罗马帝国历史的发展进程中，罗马人对待战败者的同化理念，让其人口的社会构成时刻都在变动，而这些变动对于罗马帝国的繁荣又起着十分重要的作用。在农业方面，吸纳大量劳动力的庄园经济乘势而起，自由公民的小土地经营方式受到冲击。一批来自南意、北非和东方等地、具有高度文化技术的人取代了原来的罗马农民，成为农业劳动力的新源泉，先进的生产技术也由他们传入罗马。在商业方面，由于征服，地中海变成罗马帝国的“内湖”，商人可以穿梭于地中海的各地区之间，航行在海上和内陆河道，频繁进行贸易活动①。在文化生活方面也不例外，如希腊人等文明程度较高的民族在被征服的过程中也为罗马人以拉丁文化为主体的社会带来更丰富的元素。

罗马帝国不断扩展的版图，让拉丁文化的传播范围越来越广。到公元 2 世纪初，罗马的扩张达到了顶点，东起幼发拉底河和黑海南岸、西岸，西至不列颠岛，北至多瑙河以北即今天的罗马尼亚和莱茵河流域，南至北非、尼

① 以上关于拉丁与罗马起源的内容主要源自 Giuseppe Grosso《罗马法史》，黄风译，中国政法大学出版社，1994，第 21 页以下；盐野七生：《罗马不是一天造成的》，徐幸娟译，三民书局，2001，第 20 ~ 35 页。而对于罗马社会与经济的分析则引自左芙蓉《人口社会构成的变化与早期罗马帝国的经济繁荣》，《首都师范大学学报》（社会科学版）第 1998 年第 1 期，总第 120 期。

罗河中下游，濒临印度洋、大西洋两个大洋。

罗马帝国灭亡以后，拉丁文化却并没有随之而逝。自中世纪以来，拉丁文化一直处于一个新的融合期。它在罗马帝国的余晖护荫之下，继续发展。正如本文楔子所引的尼采名言一样，以后的这些添加都只是些修修补补。中世纪除了在小亚细亚和希腊的东罗马帝国外，还有公元800年法兰克君主查理大帝建立的加洛林王朝的罗马帝国、10世纪德意志君主奥托一世建立的神圣罗马帝国。

不久后的12世纪，原来处于罗马疆域以外的地区（拉丁欧洲）却出现一批规模相当、文化相仿的国家：法国、卡斯蒂尔－里昂、阿拉贡－加泰罗尼亚、纳瓦尔、葡萄牙、安达卢西亚等[①]。

再后来，突厥人在小亚细亚建立了鲁姆苏丹国即罗马伊斯兰王国，13世纪十字军东侵拜占庭的巴尔干、希腊地区并建立了拉丁帝国。法国君主腓力二世的尊号为奥古斯都、俄国沙皇的“沙”出自凯撒大帝的“撒”；中世纪和近代的德国皇帝、近代的奥匈皇帝均称“Kaiser”，也都源自“凯撒”；甚至近代的拿破仑还把他的儿子和继承人封为“罗马之王”。所以以上国家也使用并鼓励使用拉丁文化习俗，并对其进行传播和发展。拉丁文化在传播的过程中，在欧洲也越发具有代表性，意大利、法国、西班牙、葡萄牙、罗马尼亚等罗曼语族的大、中语种，甚至英国、德国、荷兰、瑞典等日耳曼语族的大、中语种都继承了大量的拉丁词汇[②]。拉丁文化使欧洲更团结，甚至可以说，拉丁文化是今天欧共体的一种凝聚剂和联系的纽带。

因为拉丁文化的普及，现代广义的拉丁人，已经被用来表示来自欧洲南部的民族，其语言属于印欧系罗马语族，主要包括意大利、法国、西班牙、葡萄牙等民族，当然也包含了地理大发现后的一段时期，从这些地区移居拉丁美洲的欧洲人与当地人融合前或融合后建立的、传承欧洲拉丁文化的国家。

（二）拉丁法系

一位对于罗马历史和文化有深入研究的日本女作家曾将犹太人、希腊人

① 托马斯·埃特曼（Thomas Ertman）：《利维坦的诞生——中世纪及现代早期欧洲的国家与政权建设》，郭台辉译，上海世纪出版集团，2010，第63页。

② 本段落关于罗马文化在中世纪的扩张主要参考李兵《论拉丁语的兴衰》，《西南民族学院学报（哲学社会科学版）》1997年6月总第18卷第3期。

与罗马人做如下对比："犹太人借由宗教匡正人类的行为，希腊人选择以哲学来做规范，罗马人则用法律约束人民；由此可以清楚地看出这三个民族不同的特质。"[①] 并总结认为："宗教无法规范不具共同信仰的信徒，但是，法律却可以约束具有不同价值观的人；因此对不具任何共通条件的人而言，法律有其存在的必要性。"[②]

本来，当今世上两个主要法系的法律均源自罗马法，而作为"法"文化源头的罗马法并不张扬其原始拉丁特征，因而在大陆法系之内再区分拉丁法系（族）似乎没有什么理由。著名的比较法学家勒奈·大卫（René David）更指出，现代欧洲所谓拉丁国家（西、葡、意、法）的法律虽然有其相似之处，可是各成员之间的差别可能并不比其任一者与德国法之差别少，因而对"拉丁法系"的划分抱有一定的怀疑态度[③]。然而，包括本文作者[④]在内的很多学者都察觉到，"拉丁法系"与"德意志法系"的区分一开始就有两者较劲的意思，而且即使纯粹从法律技术的角度，将现代西方法律体系区分为大陆法系与英美法系[⑤]，而在大陆法系之内又有"拉丁法系"与

① 盐野七生：《罗马不是一天造成的》，徐幸娟译，三民书局，2001，第31页。

② 盐野七生：《罗马不是一天造成的》，徐幸娟译，三民书局，2001，第31页。

③ 参看 René David, *Os Grandes Sistemas do Direito Contemporaneo*, Tradução por Hermínio A. Carvalho, Martins Fontes, 2002, pp. 73 - 74。

④ 唐晓晴：《拉丁法系视野下的物权念及物权与对人权（债权）的区分》，载《私法》第16卷，华中科技大学出版社，2010，第93页。

⑤ 关于大陆法系与英美法系的区分，K·茨威格特（Konrad Zweigert）、H·克茨（Hein Kötz）指出："这些样式要素是同人的形象一致的。大陆人的形象，由于历史的，首先是精神史的原因，同英国有别。大陆人——只要允许进行此种概括——都喜爱作计画，进行事前的规划，从而在法律方面拟定抽象性的规范或者体系。他使先验的观念走向生活并且拥有广泛的演绎才能。而英国人却是'即席创作'的。他只是在生活要求自己作出一项直接的判断时，才开始判断。用梅特兰（Maitland）的话说，英国人是经验主义者，只有被体验过的经验才算数。因此理论上的先验论，从而还有抽象的规范，对他没有什么力量。也许是来自海员生活，英国人确信生活的航程毕竟完全不同于计画的遇见。这种确信使得他认为：同制定法对立的案例法对英国人是适宜的类型。但是人们在最近期间可以觉察到，普通法与大陆法之间在这里正在接近。在大陆上，制定法的优先地位和把判决看作技术性的自动制作的谬见正在衰退，人们确信制定法不过是一种可以广泛解释的概括性的基本观点的表现，并且确信法院实务以持续的判例形态成为一种独立的法源。另一方面，在英美法方面，由于当前出现大规模的问题不可避免地产生的计画化，趋向抽象的规范——当然它的解释方法由于存在上述的样式差异的重大残余而有所不同。"参看 K·茨威格特（Konrad Zweigert）、H·克茨（Hein Kötz）《比较法总论》，潘汉典、米健、高鸿钧、贺卫方译，法律出版社，2003，第110页。

“德意志法系”之分，也不是没有道理的（例如我国一些学者也曾指出，“拉丁法系”的民法典一般没有采纳由潘德克顿法学发展成熟的总则①、物权行为等概念）。这两个层次的区分在当代德国比较法学家K·茨威格特（Konrad Zweigert）、H·克茨（Hein Kötz）的作品里就得到很好的说明。

在更深入地论述相关法系的区分标准之前，本文还需要对文中一些相同概念所使用的不同术语做一些说明。本文所指的拉丁法系或法族无疑也就是一些学者所指的罗马法系或法国法系。本文采用“拉丁法系”这一指称主要是基于以下意义：

（1）之所以不称为“罗马法系”，是因为罗马法是现代西方各法系的共同渊源，很难说法国法比德国法更“罗马”，又或者大陆法系比英美法系更罗马；

（2）不采用“法国法系”的指称是因为它的民族色彩太浓，考虑到该法系的覆盖面以及象征意义，似乎不宜直接将一个现存的国家的名称作为法系的名称，尽管此一法系的诞生与法国法有密切关系；

（3）“拉丁法系”的称谓与拉丁国家与拉丁语系对应，其指称范围争议不大。

关于大陆法系之内区分“德意志法系”与“拉丁法系”（该两位作者的表述为“日耳曼法系”和“罗马法系”），K·茨威格特（Konrad Zweigert）、H·克茨（Hein Kötz）指出：“回顾一个现代法律秩序的历史发展是这种样式形成的一个要素，这是自明之理。普通法也许是最清楚的例子。但是将那些渊源于罗马法和日耳曼法的欧洲大陆法律秩序加以分类的时候，这就存在问题了：是否应当将它们全部归入一个法系（除了无可争辩地具有独自性的斯堪的纳维亚法律外）？抑或应当组成一个日耳曼法系（包括德、奥、瑞士和其他一些子法）以及一个罗马法系（包括法、西、葡和南美各国）？……这里要考察的各个法律秩序之间的关系有两个属于这种后来出现的重大事件：一件是法国民法典在世界上引起的继受‘法国民法典的’运动，而德、奥、瑞士没有参加；另一种是19世纪德语国家，在‘学说汇编’学派学者影响下使用极端清晰明确的法律概念，出现了高度形式的法律技术。而这种法律技术，在具有自己的主要是政治、法庭的司法文化的法国，没有获得广泛的赞同。而且在那里更没有——如同在德国那样——作为

① 徐国栋：《民法总论》，高等教育出版社，2007，第9页。

全面编纂法典的基础。”① 最后，此两位德国比较法学者更以“抽象物权契约”理论作为德意志法系的特征②，将德意志法系与大陆法系的其他家族成员区别开来。这种观点隐隐然表露出德意志法学家对其法律科学的自豪感，可是也可能是因为这种孤芳自赏的态度有意无意地加强了拉丁法系（族）的整合意识。

实际上，从传播数目来看，拉丁法系的影响比德意志法系更大。法国《民法典》所建立的范式被欧洲、亚洲、非洲与拉丁美洲的一系列国家所采纳（当中包括欧洲的西班牙、葡萄牙，美洲的智利、阿根廷、玻利维亚、海地、哥斯达黎加、魁北克、多米尼加、哥伦比亚、巴拿马、萨尔瓦多、厄瓜多尔、尼加拉瓜、洪都拉斯、巴拉圭、墨西哥、秘鲁、乌拉圭、巴西，亚洲的日本、中国澳门，非洲的安哥拉、莫桑比克、几内亚比绍等）③，可以说没有任何一部现代立法能像法国《民法典》一样，产生如此巨大的国际影响力。有人可能会认为，进入20世纪以后，法国法学的影响逐渐被德国法学所取代，这一论断也可以是正确的，但是法国法学与德国法学发生影响的方式却完全不同。法国法学主要是通过法国《民法典》的自愿或强制继受而产生影响的，而德国法学则更多是通过学说理论而产生影响的④。所以，大陆法系大部分国家在编制体例上均倾向于法国《民法典》，模仿德国《民法典》的立法例只有寥寥可数的几个例子。在20世纪以后，则不管立法体例是法国模式还是德国模式，德国的法学理论均无一例外地渗透到包括法国本土以及其他受其法律影响的大陆法系国家。由此可见，拉丁法系与德意志法系在制度与法学理论上并不是完全泾渭分明的。他们有共同的源头，而且在发展上也

① K·茨威格特（Konrad Zweigert）、H·克茨（Hein Kötz）：《比较法总论》，潘汉典、米健、高鸿钧、贺卫方译，法律出版社，2003，第108页。

② K·茨威格特（Konrad Zweigert）、H·克茨（Hein Kötz）：《抽象物权契约理论——德意志法系的特征》，孙宪忠译，载《论物权法》（原载《外国法译丛》1995年第4期），法律出版社，2001，第649页以下。

③ A. Santos Justo, “O Código de Napoleão e O Direito Ibero-Americano,” *BFD*, 71, 1995, pp. 84-86; Paulo Henrique, “A Influencia Internacional do Direito Português,” in *Boletim da Faculdade de Direito da Universidade de Macau*, No. 19, 2005, p. 231 ss.

④ Ugo Mattei, “Why the Wind Changed: Intellectual Leadership in Western Law,” in *The American Journal of Comparative Law*, Vol. 42, pp. 202-203.

有互相渗透（当然在20世纪中期后，德意志法学理论渗入拉丁法系的情况更多）[①]。有学者认为，在一些立法例中重复地继受拉丁法系与德意志法系会造成逻辑混乱[②]。然而，实际的情况是，所有拉丁法系国家以德意志法系的理论与概念解释其源于法国《民法典》的体系都有一定的困难；同样的，从20世纪末期开始，德意志法系不也面临以英美法，尤其是分析法学解释其原有的学说汇编体系所带来的困难吗？实际上，当这个情况出现的时候，概念上比较粗疏的法国民法在面对这些新制度的时候，似乎比德国民法更有灵活性[③]。另外，由于语言的相似，拉丁各国的法学文献根本无须翻译即能互相沟通，所以各成员之间的法学理论与司法见解的交流也更为便捷。

由于各国语言相通、宗教相似、地域接近，而且法律文化也接近，因此曾经有学者主张建立拉丁美洲的统一私法制度。但是此一设想终归难以实现。有葡萄牙学者指出，虽然拉丁美洲各国的法律有如此相似性，但由于社会结构、经济、政治环境以及历史传统的差异[④]，要达到统一不仅有很大的难度，而且不一定是最好的解决方案。

虽然拉丁各国法律制度差异很大，可是如果无法抽象出一些共同特征，则难以称为一个法系。然而，若要找出一个或两个拉丁法系必然具有的特征也不容易。实际的情况是，就像维特根斯坦的家族相似理论一样，其中一些成员共同享有甲特征和乙特征加其他特征，另一些成员则享有乙特征与丙特征加其他特征，但各个成员看起来都像家族成员一样。以下兹列举一些一般用作识别拉丁法系成员的特征：

---

① 唐晓晴：《拉丁法系视野下的物权念及物权与对人权（债权）的区分》，载《私法》第16卷，华中科技大学出版社，2010，第96页。

② 持这种意见的代表人物包括大陆的孙宪忠教授与台湾的苏永钦教授。前者对物权行为理论的强烈主张使分别继受罗马法古典模式与后古典模式而形成的德意志法系与拉丁法系所有权转移观念的争论一下子席卷中华大地（参见孙宪忠《物权行为理论探源及其意义》，载《论物权法》，法律出版社，2001，第151页）；而后者则曾经多次在不同场合以日本法为批判对象，企图论证重复继受法国法与德国法带来的解释上的混乱（参见苏永钦《物法行为的独立性与相关问题》，载苏永钦主编《民法物权争议问题研究》，五南图书出版公司，1999，第29页；苏永钦：《民法制度的移植》，《中德私法研究》2006年第一卷；苏永钦：《民事立法与公私法的接轨》，北京大学出版社，2005，第23页）。

③ 例如，法国法在对待知识产权、信托等一些受英美法传统影响更多的新制度时所表现出的弹性。

④ A. Santos Justo, "O Código de Napoleão e O Direito Ibero-Americano," *BFD*, 71 , 1995, p. 90.

（1）源于罗马法的个人主义色彩强于源于日耳曼法的团体主义色彩；

（2）理性自然法的传统多于潘德克顿[①]的传统；

（3）民法典不设总则[②]；

（4）同一性原则与预约合同结合的所有权转移制度（假若物权行为理论可被视为德意志法系的特征的话，则拉丁法系的最主要特征可能就是上述同一性原则与预约合同）[③]；

（5）广义的合同概念（同一个合同概念贯穿债法、物法与亲属法）；

（6）物的概念不限于有体物；

（7）以主观说为基础的占有制度。

（三）澳门法作为拉丁法系的一员

现今澳门社会的人口构成主要是华人，可是基于历史和政治等因素，澳门的法律体系属于拉丁法系，这基本上是没有疑义的。对此，唐晓晴已经在很多场合多次进行论述[④]，在此不必再赘述。实际上，按照上文所介绍的区别德意志法系与拉丁法系的标准，一下就可以判别澳门属于拉丁法系。

中央政府尊重澳门的历史和社会传统，以《澳门特别行政区基本法》做出庄严的保证，因此这样一个具有鲜明特征的法律体系将会而且也应该长期稳定地存在（因为这样对澳门社会的稳定发展，甚至我们整个国家的发展策略都是最有好处的）。

---

① 赖因哈德·齐默尔曼（Reinhard Zimmermann）：《罗马法、当代法与欧洲法现今的民法传统》，常鹏翱译，北京大学出版社，2009，第11～16页。

② 徐国栋：《民法总论》，高等教育出版社，2007，第9页。

③ 关于预约合同制度以及同一性原则在拉丁国家的应用情况，参看唐晓晴《预约合同法律制度研究》，澳门大学，2004。

④ 参看唐晓晴《澳门民法》，载《澳门法律新论》，澳门基金会，2005，第188页；Tong Io Cheng, *Macau Contracts – International Encyclopaedia of Laws*, Wolters Kluwer, 2009, pp. 20 – 21; and implicitly, in the paper "Law of Things in the Macau Civil Code: An Extension of the Romano-Germanic System Built Upon the Classical Concept of Ownership," in *One Country, Two Systems, Three Legal Orders-Perspectives of Evolution*, Springer, 2009, pp. 53 – 54, 67 – 69；《葡萄牙民法典》，唐晓晴等译，北京大学出版社，2009，简介页。

三 澳门作为拉丁法系交流中心的可能性

（一）澳门作为欧亚拉非交流中心的历史底蕴

对于作为欧亚拉非的政治、经济、文化交流中心的这一角色，澳门从来不陌生。可以说，澳门的开埠本身就是与此有关的。在古代，中国生产的大量瓷器和丝绸一直艰难地经陆路转运到欧洲。但是自葡萄牙人的大发现从海路连接起欧洲与其他几个大陆以后，海上航路成了国际贸易交流的新通道。在中国与葡萄牙之间（实际上也是明代中国与整个欧洲社会之间），澳门是双方接触的第一道桥梁。从16世纪澳门开埠以来，西方的传教士从这里进入中国，中国的货物甚至人力资源也经澳门转运到欧洲与拉美。中国对白银的需求以及外国对中国的丝绸和瓷器的需求引发了巨大的商机[①]，吸引了葡萄牙与西班牙的海上冒险家穿梭于欧美亚非之间，因缘际遇之下，澳门早在16世纪就已成为联系亚洲和欧洲、非洲、美洲的贸易枢纽。中国是当时经济领先的大国，丝绸、瓷器、茶叶等丰富物产经由澳门大量运往国际市场。在几个世纪的漫长年代中，澳门也是东西方文化交流中心。

联合国教科文组织顾问杜鲁斯特曾指出："澳门有特别的历史和文化，有欧洲的，也有中国的，甚至拉丁的。这使澳门成为丰富的文化都会。澳门同时也是一个贸易中心，这种既是文化中心又是贸易中心的情况，在亚洲相当少见。澳门这种独特的多元化，对中国和欧洲都有重要影响。全球很多国家的文化遗产曾经或现在都出现了现代危机，而澳门虽是个小城，却能保存文化遗产，并使澳门繁荣起来，带动经济发展，对澳门整体也有好处。"[②]

（二）全球化环境下的现代澳门可能发挥的桥梁功能

19世纪中叶，由于港口淤积等原因，澳门国际商埠的地位被香港所取

① Cfr. Dennis O. Flynn and Arturo Giráldez, *China and the Birth of Globalization in the 16th Century*, Ashgate Variorum, 2010, pp. 217 – 218.

② Wang Wuyi, "Small Macao Consolidates Relations with Big Europe," *GC-comm*, 2003.3, Germany，转引自崔明芬《澳门高校深厚独特的语言优势》，《九鼎月刊》2008年7月第9期。

代，主要依靠博彩旅游业维持经济。20 世纪以来，经济全球化的进程不断加快，经过各国的努力以及不同层次的国际法框架下，世界各国基本上已经可以实现自由贸易。受限于地理环境、资源、经济结构等原因，澳门已不可能回到 16 世纪再次成为贯通中国与外部世界的贸易窗口，换言之，澳门再没有条件成为货物交流的国际中转站。

今天，更为现实的定位是将精力集中在人的交往和文化交往上，澳门对于很多亚洲城市而言，确实是一个小地方，即使经过了 100 多年的填海与移民，澳门的面积仅约 30 平方千米，而人口也才约 60 万，可能只相当于亚洲某些国家的千分之一，甚至万分之一。但就是这样的小澳门，却蕴藏着亚洲其他地区难以媲美的深厚独特的文化底蕴和人文环境。

就文化交流而言，澳门的标志大三巴牌坊，就是亚洲第一所西式大学——圣保禄书院的遗址。从 1594 年圣保禄书院创办至今，澳门作为东西方交往、交流和交易的小城，已经有 400 多年历史。在澳门，我们随处可见中西文化交流和融汇的印记，如中西合璧的建筑物、艺术品，具有中西特色的美食，乃至澳门人的生活习惯观念等。而土生葡人作为一个最具中西文化交流特点的族群，在澳门生活了几个世纪，这也是澳门中西文化交流的“人类学”见证。

20 世纪末，受到中国改革开放后经济蓬勃发展的影响，欧盟积极拓展连接中国的渠道。澳门由于本身特殊的人文及历史背景，成为欧盟与中国交流之切入点的理想选择。1992 年欧盟与澳门签订了于 1993 年生效的《欧盟澳门贸易和合作协议》，成立由双方代表组成之联合委员会，规定至少每年召开一次会议，会议轮流在布鲁塞尔及澳门举行。双方可在工业、投资、科学及技术、能源、信息、培训等多领域内进行合作。另外，欧盟在澳门设立亚洲地区的第一所欧洲信息中心，名为澳门欧洲信息中心（Euro-Info Centre，Macau），主要向澳门、内地及其他亚洲地区的中小企业提供欧盟信息服务。该中心于 1999 年 1 月被欧盟的亚洲投资秘书处认可为亚洲投资信息收发站（Asia-Invest Antenna），负责协助秘书处向澳门及内地的商业中介团体推广亚洲投资计划（Asia-Invest Programme）。除此以外，“尤里卡－亚洲计划”（Eureka Meets Asia Event）、澳门欧洲研究学会等重要项目的设立，都证明以及巩固了澳门作为中国与欧盟的中介桥梁的地位。回归后的澳门还先后与几乎所有的欧洲国家签署了互免签证协议。

另外，欧盟与澳门高校之间还达成了多个合作协议，开展了诸多合作计划。

另外，拉丁美洲各国近年来也在社会、商业和政治等各方面对中国产生了莫大的交流兴趣，其中澳门也担当了重要的角色。在 2003 ~ 2004 年，中国与拉丁美洲国家之间的关系发生了急剧的变化，2005 年 11 月，智利成为第一个与中国签订自由贸易协议的美洲国家。自此以后，中国与拉丁美洲国家的关系越见亲密。然而，在这些事件发生之前，中国和葡语国家的交往是通过澳门进行的①，由此不难想象澳门在推动上述合作中所扮演的桥梁角色。2005 年 4 月，澳门亚太拉美交流促进会在澳门特别行政区政府的支持下正式成立，来自北京和拉美的学者共同参与了该会的工作会议，为继续促进与研究澳门在中国、亚太地区与拉丁美洲间的中介功能做出努力。

在法律领域，澳门大学开办了英语授课的欧盟法硕士课程，而且还拥有 Jean Monet 席位；同时又一直与葡萄牙及其他部分葡语国家展开学术交流，近年已取得较有影响力的成果。

实际上，国家领导人对澳门的定位有非常透彻的认识，并且一直在该定位下寻求让澳门持续发展和发挥影响力的机会。“中国 - 葡语国家经贸合作论坛”就是由中国中央政府发起的国际经贸论坛，该论坛成立于 2003 年，由中国以及安哥拉、巴西、佛得角、几内亚比绍、莫桑比克、葡萄牙、东帝汶等葡语国家共同组成，以与会各国的经济合作及发展为主题。其宗旨除加强中国与葡语国家间的经贸交流与合作外，更旨在发挥澳门联系中国与葡语国家的平台角色，深化彼此间的全面合作。

中国国务院总理温家宝及多个葡语国家的政府代表团来澳参加“中国 - 葡语国家经贸合作论坛”第三届部长级会议时，肯定了澳门有效地推动了中国与葡语国家之间的交流合作，认为澳门将来定能充分发挥其合作平台的作用。温总理更指出，澳门拥有东西交融的文化、完善的基建、开放的商业环境、大量中葡双语专业人才等，这些都是联系中国和葡语国家的独特优势，希望与会各国能够继续利用好这个平台，推动更紧密的经贸合作关系，使澳门能成为中国与葡语国家经贸往来和友好合作的桥梁。

---

① 鲁本 · J. 德奥约斯（Ruben J. de Hoyos）：《澳门：桥梁和自身特性的构建者》，载张宝宇主编《澳门桥——通向拉丁美洲》，澳门亚太拉美交流促进会，2006，第 32 ~ 33 页。

回顾论坛成立以来的成绩，在经贸合作方面，中国与葡语国家已实现了双向投资快速增长。2003 年论坛成立时，中国与葡语国家的贸易额刚过 100 亿美元，2008 年已达 770 亿美元，提前一年实现贸易额突破 500 亿美元的目标。2012 年前三季度，双方贸易额达 682 亿美元，同比增长 57%。另外，截至 2011 年年底，葡语国家已在华设立 700 多家企业，对华投资累计金额超过 5 亿美元。中国对葡语国家的投资方兴未艾，累计金额超过 10 亿美元。双方投资的增加，带来了各自需要的适用技术，支持了对方的经济建设，改善了当地居民的生活。一些葡语国家企业来澳门投资办厂，进口巴西、东帝汶的咖啡，加工后借助 CEPA 的优惠政策进入中国内地市场，获得了丰厚回报。截至目前，中国为葡语国家举办了 200 多期各类研修班，培训了 2100 多名官员和技术人员，其中近三年培训 1400 多人，超额完成中葡论坛第二届部长级会议确定的目标。

温家宝总理更于“中国 – 葡语国家经贸合作论坛”第三届部长级会议上宣布，中国政府计划于 2010 ~ 2013 年采取六项措施帮助欠发达葡语国家加快发展、摆脱贫困。包括：

（1）中国内地和澳门的金融机构将发起设立规模为 10 亿美元的中葡合作发展基金以促进中国与葡语国家间的金融合作；

（2）在双边框架内向中葡论坛的亚非与会国提供 16 亿元人民币的优惠贷款；

（3）对每个参与论坛的亚非国家的一个双方农业合作项目提供物资设备、技术人才等方面的支持；

（4）为参与论坛的亚非国家培训 1500 名官员和技术人员，并支持澳门特别行政区政府在澳门设立中葡论坛培训中心；

（5）向参与论坛的亚非国家提供为期 1 年的 1000 个来华留学生政府奖学金名额；

（6）向参与论坛的亚非国家的现有医疗机构各提供价值 1000 万元人民币的医疗设备及器械。

实践证明，“中葡论坛”既是合作的桥梁，也是友谊的桥梁。它不但给双方带来了实实在在的经济利益，而且拉近了中国与葡语国家的距离，加深了双方人民的友谊，密切了国家间的友好关系。中国与葡语国家经贸合作之所以能够蓬勃发展，根本在于中国与葡语国家之间的经济互补性强，发展相互经贸关系符合双方的根本利益，而澳门在其中正扮演了拉近双方关系、促成合作发展的重要角色[①]。

（三）作为文化现象的法文化在澳门交流的可能性

在中国与欧洲、中国与拉丁世界、中国与非洲的政治、经济与文化的交流上，国家已经为澳门的角色定位创造了绝好的条件。然而无论有再好的条件，澳门人也必须积极进取才有可能扮演好自己的角色，进而取得成功。

在近年展开的各项文化交流上，法律文化的交流可能是其中比较弱的一环。然而正是在法律这个环节，澳门最有可能发挥交流中心的作用：澳门与葡语国家拥有近乎相同的法典，与欧盟大部分国家同属一个法系，这使得法律概念与法律语言的沟通特别容易。然而，无论是任何领域的交流与沟通，都有一个定位与方法的问题。在短期之内，澳门即使有更丰富的财力也难以发展成向世界输出法律知识的中心。毕竟在这么长的文明史上，能成功做到这一点的文明也只有罗马、德国、法国、英国、美国数国而已，而且这些国家的成功还有很多是建立在学术以外的其他因素上的。因而，对澳门而言更为务实的定位应该是：知识、经验的交流与信息分享的中心。假如能够先做好这一步，将来的发展甚至可能超出我们的预期。

① 《温总勉澳发挥平台作用》《温总指发展经贸符中国葡语国利益》，《澳门日报》2010 年 11 月 14 日。

澳门及其在葡语国家的影响：法律和其他方面

奥古斯图·特谢拉·加西亚*

张朋亮 译

摘　要：本文将对澳门法律在原葡属殖民地国家的影响进行研究。众所周知，澳门一直以来都是原葡属殖民地人员的庇护所。随着葡属印度的垮台，澳门接纳了许多不想回葡萄牙或找不到归属的人。之后随着非洲葡语国家纷纷独立，澳门又接纳了来自这些国家的许多人员。因此澳门总是被视为这些人的庇护所。一方面，在20世纪90年代初，随着澳门大学法学院的成立，澳门迎来了大批来自这些国家的学生，他们在这里学习澳门法律，然后又回到自己的祖国。另一方面，澳门在20世纪90年代末进行的法制改革，也成为这些国家竞相效仿的对象。因此，本文将对这些国家在近期的发展状况进行概括，然后对澳门法律从中做出的直接或间接贡献进行总结。此外，考虑到澳门和这些国家拥有相同的法律文化和语言，澳门同这些国家之间的关系对中国而言就显得极其重要，因为这些国家都是中国在非洲的投资对象。本文认为，中国将从这种特殊的关系中受益，这不仅体现在这种关系所带来的感情维系上，还在于澳门能够在中国法律专业人士的培养方面发挥重要作用，这种培养既包括法律事务层面，也包括语言运用层面。

* 奥古斯图·特谢拉·加西亚（Augusto Teixeira Garcia），澳门大学法学院客座副教授。

本文将探讨澳门对原葡属殖民地的影响，以及澳门和葡语国家能够从中取得的积极成果，并探讨这种影响与整个中国之间的关联。

我们都知道，澳门在很长的时间里都作为原葡属殖民地人员的庇护所。1961 年，葡属印度垮台，澳门接纳了很多不想回葡萄牙或找不到归属的人。后来随着葡语非洲国家纷纷宣布独立，澳门又接纳了许多来自这些国家的人。因此可以说，澳门长期以来都被来自这些国家的人员视为庇护所和开展新生活的地方。

同样的情况也存在于澳门社会之中，由于种种原因（经商），特别是在困难时期，很多澳门人迁往原葡属殖民地，如巴西。因此，在葡属殖民地与澳门之间，总是有一种双向的人员流动形式。这一事实使各个社会之间建立了紧密的关系，并一直延续到今天。

澳门与原葡属印度（果阿、达曼－第乌）的关系在各个领域都十分明显，特别是在司法领域，这也是我们在本文中将要进行论述的。实际上，葡萄牙为（远东）这一带葡属殖民地设置的上诉法院就位于果阿。这就意味着，澳门法院的判决当时是受果阿的上诉法院管辖的，因此这两个城市之间具有不同寻常的联系。随着葡属印度的垮台，上诉法院迁往了莫桑比克的洛伦索－马尔克斯（即现在的马普托），从而又加深了澳门同这块原葡属殖民地的关系。直到莫桑比克宣布独立，澳门的上诉法院才迁至葡萄牙首都里斯本。

这当然是可行的，因为当时它们的法律制度是相同的。这种情况一直持续到 1975 年，也就是葡属殖民地最终赢得独立的时候。但是，作为原葡属殖民地，它们都采用了相同的法律制度。

实际上，葡萄牙将国内的所有基本法都延展到了其原有的殖民地上，但出于政治考虑，这些殖民地并未被视为殖民地，而是作为葡萄牙的海外省份，殖民地的法律必须与葡萄牙在欧洲本土地区的，即所谓的“大都会”的法律相同。因此，葡萄牙所有的主要法律都在各个殖民地得到实施。虽然澳门并未被视为葡萄牙的殖民地，而只是一块受葡萄牙管辖的中国领土，但直到 1999 年 12 月 20 日，随着对澳门的管辖权被移交给中华人民共和国，这一情况才终告结束。

独立后，这些国家纷纷制定了自己的法律，之前共同采用的法律制度渐渐被遗弃。由于各个国家都遵循各自的独立路线，进而给各自的法律制度带来种种变化，使它们与葡萄牙法律的关系进一步疏远了。同样发生变化的还有葡萄牙自身的生活，其法律体系不断被引入新的变化，特别是在葡萄牙加入欧洲经济共同体（EEC），也就是现在的欧盟后，变化更加剧烈。不过，在那一时期，民法和商法已经被引入了某些基础性变化：第一是1977年对《民法典》的修订，使法律同新《宪法》相适应；第二是1986年生效的《公司法》。这些变化使葡萄牙的法律制度同原葡属殖民地的法律制度之间的差异进一步扩大。对于澳门来说，虽然管辖权在1999年才被移交给中华人民共和国，但当时那些被引入葡萄牙的相关法律变化尚未完全被引入澳门。举例而言，虽然1977年《民法典》的修订版在澳门生效，但后来的《公司法》并未在澳门生效，直到1999年制定《商法典》的时候，才对《公司法》做了更新。

在这些原葡属殖民地中，变化最激进的莫过于被印度尼西亚占领后的东帝汶了。也就是说，东帝汶原有的法律变成印度尼西亚的法律，同样重要的变化是，其语言也换成了印尼语，除一些反对派成员（葡语知识是必修课，作为独立的象征）和老一辈人仍然讲葡萄牙语以外，葡萄牙语在东帝汶几乎销声匿迹了。新生代的人并没有很好地掌握葡萄牙语。不过，自从东帝汶独立以来，情况又有了新的变化，葡萄牙语被再次引入，年青一代也开始学习。

语言是非常重要的，从符号的角度讲，语言是我们理解事物的共同基础；此外，语言还是一种思维模式，它把讲葡萄牙语的人联系起来成为一个整体，这个整体所分享的不仅是同一门语言，还包括类似的价值观。这些特征、语言和文化价值观，使葡语国家共同体（CPLP）的组建成为可能。该共同体的成员包括葡萄牙、安哥拉、几内亚比绍、圣多美和普林西比、莫桑比克、佛得角、巴西和东帝汶，此外还有作为观察员的赤道几内亚、塞内加尔和毛里求斯。赤道几内亚正在办理转为正式成员的相关程序。葡语国家共同体拥有24000万人口，成员遍布全球，它们都具有文化相似性和历史交集。

通过查看世界地图我们可以发现，葡语国家遍布全球各个大洲，这使葡萄牙语成为世界上使用最为广泛的语言之一。但与此同时，还有一个方面并未引起人们太多注意，但也非常重要，那就是法律制度的大同小异。我之所以强调这方面，是因为在我看来，由于澳门在这两方面与其他葡语国家具有一致性，它可以成为推动中国与这些国家开展互惠合作的重要动力。更不必说巴西了，它本身就是中国的一个好伙伴，而且作为金砖国家之一，巴西早

晚（最可能是早）会在世界舞台上扮演重要角色。

如果我们再考虑一下中国的对非政策，我们就会明白，在这种特殊的关系以及澳门所处的地位中，我们将大有作为。

目前，中国在非洲是一个重要角色，并且很可能将取代欧洲和美国的传统地位，成为主要的投资人。实际上，中国对非洲的投资正在稳步增长，近年来的年增长率更是达到30%～40%，2015年1月至10月期间，中非贸易额达1476亿美元[①]。

中国在对非贸易和投资方面采取积极主动的政策，使双边贸易和合作得到迅猛发展。中国把从非洲欠发达国家免关税进口货物的种类增加到了450多种。此外，中国还设立了10亿美元的中非发展特别基金，通过为那些希望在基础设施、农业和机械领域投资的公司提供资金支持，鼓励经济的进一步发展。该基金的目标规模是增加到50亿美元，这足以显示中国对非洲未来经济增长潜力的信心。

中国对非的部分投资进入了以安哥拉为主的一些葡语国家。

作为中国与葡语国家合作战略的一个组成部分，2003年“中国－葡语国家经贸合作论坛”在澳门成立。

这些国家很多都拥有丰富的自然资源（如巴西、安哥拉、莫桑比克、圣多美和普林西比），有些是地广人稀的大国（如安哥拉、莫桑比克），但多数缺乏技术人才，有的在经历了长年战争和饥荒后，正在进行重建工作（如安哥拉、莫桑比克、几内亚比绍）。这也就意味着还有很大的合作空间，合作不仅是可能的，也是具有很大的现实需求的，这既为中国对外投资创造了机会，也为中国提升国际影响力提供了舞台。正如我们所看到的那样，中国正在最大限度地利用这些机会，但它仍然有提升的空间，这也是澳门得以发挥自身优势的地方。

澳门与其他葡语国家具有相同的语言（葡萄牙语是澳门的官方语言，其重要性已经得到中国高层官员，特别是温家宝总理的重申）和法律制度。在本文作者看来，语言和法律是最具基础性的两个方面，在此基础上澳门和这些国家能够达成真正的合作，结成富有成效的合作关系。

---

① 《2015年商务工作年终综述之十二：扬帆破浪　中非经贸合作再启新征程》，中华人民共和国商务部。

正如我们此前指出的，一些葡语国家缺乏技术人才，这既表现在公共领域，也表现在私营领域。对于其中多数国家而言，培养合格人才是必由之路。葡萄牙和巴西正在做大量工作，以支持各自国家民众的能力习得（能力培训），而澳门恰恰可以在这方面提供帮助。温家宝总理也曾高度评价了澳门作为推动中国和葡语国家之间贸易与合作的平台所发挥的积极作用。

此外，对于非洲葡语国家而言，争取独立的过程异常艰辛，正如我们已经指出的，由于内战和饥荒，经济一度陷于停滞。但是反过来讲，当它们看到澳门时，它们仿佛看到了自己的梦想：澳门作为中国的一个特别行政区，经济高度繁荣，不受战乱和饥荒等问题的困扰。因此，这些国家自然希望同澳门建立紧密和稳固的关系。而反映在法律层面上，这一趋势导致这些国家在进行司法改革时，纷纷效仿澳门，把澳门在20世纪90年代晚期的司法改革作为自己司法改革的模范（如莫桑比克、东帝汶）。

因此，澳门具备所有的条件，因而能够在这些国家的发展中扮演重要角色，这既包括促进对这些国家各个领域的投资，也包括为其培训合格人才，使这些人才承担起带领人民走向繁荣富强的重任。

这种培训可以从语言和法律两方面入手。澳门大学法学院提供一个五年制的法学学位，是用葡萄牙语授课的。因此对于来自这些国家的学生来说，语言这一大障碍就不再是问题了。实际上，除了葡萄牙语和克里奥尔语，也就是他们的本土语外，这些国家的学生还因各自所处地理位置的不同，具有其他语言的一些知识。来自安哥拉、圣多美和普林西比、佛得角和几内亚比绍的学生，法语就比英语讲得好。而与之相反，来自莫桑比克的学生的英语讲得更好。但由于在大学里，有些课程是用英语授课的，他们可以借以提高自己的英语水平。此外，还可以对他们进行普通话训练，以备将来可以在他们的家乡同来自中国的投资者进行更加有效的交流。这些执行起来并不困难，因为法律课是在晚上，语言课是在白天。

他们所面临的困难主要是教育背景比较差，基础知识的起点比较低。澳门大学越来越强调通识教育的重要性，正在制订相关课程以弥补这一缺陷。通过对这些课程的学习，他们能够增长知识、开阔视野。

其中有些方面已经实施了数年之久。在20世纪90年代初期，随着法学院的建立，澳门迎接了许多来自非洲葡语国家的学生，他们在这里学习澳门

法律，然后返回自己的祖国。其中有些人已经开始在自己国家的政府部门担任要职。正是由于澳门的法律体系和他们祖国的法律体系具有一定的相似性，这种教育模式才会成为可能。

同时，来自澳门和内地的学生也可以通过在法学院的学习，特别是通过接受葡萄牙语方面的培训，在葡语国家熟练地处理法律事务。

由于各个领域对人才的需求都很旺盛，因此法学院并不是在唱独角戏。葡萄牙也有针对法官和公诉人的培训，澳门还有一个法律和司法培训中心（CFJJ），用以培养法官、公诉人以及法院行政人员。因此澳门既可以对地方法官进行培训，也可以对法院公务员进行培训。

因此，其他学院也能够在这种合作关系中扮演重要角色。公共服务领域就是合格人才比较匮乏的领域之一。对于这些国家而言，公务员培训是重中之重。社会科学与人文学院有一个公共管理课程，旨在在此方面培养合格的公务员。但前提是对这些学生的语言教育和专业知识教育能够满足这种需求；如果不行的话，可以先在第一学年对其进行语言能力教育，在第二学年进行专业教育。此外，还可以通过设置专门课程来满足特定的需求。

在同葡语国家开展合作的过程中，澳门及其教育机构必将起到重要作用。

拉丁模式对于中国内地民法学的意义

薛　军*

摘　要： 本文首先对中国自晚清以来的民法传统做一个全面而简洁的阐述；其次，基于在中国法制史方面的牢固基础，以及对民法和罗马法的深刻认识，本文对过去一个世纪以来的各种法律演进路线进行了总结，并对德国法学在现代中国最终占据的主导地位进行了批判性的评价。

在此背景下，本文对具有拉丁背景的学者的贡献进行了阐述，并呼吁人们对拉丁法学给予更多关注，指出了其对中国法学未来发展的重要意义。

在总结部分，本文指出澳门作为与拉丁国家交流的一扇窗户所具有的重要的现实意义，并将其与美国路易斯安那州的图兰大学所发挥的重要作用进行了比较。

一　清末法治变革以来中国民法的理论传统

2011 年是辛亥革命 100 周年，也是中国历史中第一部现代意义上的民法典草案《大清民律草案》编纂完成 100 周年。虽然因为辛亥革命的爆发、清政府的垮台，这一法律草案没有机会正式颁布施行，但它对后来中国民法

* 　薛军，北京大学法学院副院长、教授、博士生导师，法学博士。

学的发展却具有深远的历史影响。具体说来，正是这一草案的编纂，明确了中国民法在日后将主要借鉴以罗马法为历史基础的大陆法系（也叫作罗马法系）的民法的概念术语、体系结构以及基本理论。在清末法治变革过程中，中国为何选择借鉴大陆法系，而非普通法系，中国法学界一直在进行探讨[①]。鉴于本文的主要目的并非对这一问题进行分析，故略过不论。但需要强调的是，即使论证了大陆法系以法典法（codified law）的形态存在的法律规范，是一种比较容易进行跨文化的法律移植的法律形态，因此在与普通法系的竞争中能够得以胜出，也仍然不能否认中国的近邻日本的法制变革经验对当时中国所做出的选择的关键影响。因为在大陆法系之中，仍然存在德国法模式与法国法模式，二者都采取了法典法的形态，因此从理论上来说，都是中国变法者的备选项。而中国之所以在这二者之中，从一开始就选择了把德国法模式作为借鉴的主要对象，主要还是受到日本的影响[②]。

日本在明治维新之后推进法制变革。按照计划，日本聘请法国学者布瓦松纳德编纂民法典。如果他编纂的日本民法草案能够得以及时颁布施行，可以预计，这将是一个完全借鉴法国模式的民法典。但此公工作进度比较缓慢（或许是因为他认真严谨，也可能是工作上的拖拉），导致在他完成民法草案的时候，日本国内针对颁布一部西式的民法典的社会舆论已经出现了高度分化，由此爆发了关于该法典草案的“立行派”与“缓行派”的争论。“缓行派”在论战中的最终胜出，标志着法国民法模式在日本失去了获得影响的历史机遇。而恰恰在那一时期编纂完成的《德国民法典》，借助于潘德克顿学派的强大学术影响力，在日本新民法典草案的编制中占据主导地位。1898年颁布的《日本民法典》也因此主要遵循了德国模式[③]。这一具有某种程度的偶然性的历史事件，决定性地影响了德国模式在东北亚地区的影响力。当10多年后，清朝政府推进法制变革，修订法律馆聘请日本人松冈义正帮助起草《大清民律草案》时，中国仿效日本，主要借鉴德国模式，基

① 邓峰：《清末变法的法律经济学解释：为什么中国选择了大陆法?》，《中外法学》2009年第2期。

② 关于清末法制变革中的民法法典化的一般论述，参见张生《中国近代民法法典化研究》，中国政法大学出版社，2004。

③ 关于日本法制现代化的论述，参见〔日〕我妻荣《新订民法总则》，于敏译，中国法制出版社，2008，第8~9页。

本上已经没有任何悬念。事实上，从该草案的基本结构角度，就可以看到日本和德国的直接影响。该草案分为五编，分别是总则、债权、物权、亲属和继承。这一结构与德国民法典的结构完全相同。

先驱者一旦迈出了第一步，后来者的路径依赖效应也就会格外明显。1916 年民国政府再次尝试编纂民法典的时候，借鉴德国模式已经成为毋庸置疑、无须讨论的前提。1926 年编成的第二次民律草案，基本上沿袭了先前的草案。这一法典草案同样没有正式颁布施行，但在实践中，它所确定的规则，已经被各级法院作为法理而加以援用。这种援用，进一步巩固了德国模式在中国的影响。1929 ~ 1931 年由国民政府主导编纂的民法典，仍然完全沿袭先前的选择。由于这一法典是第一部获得正式颁布施行的、仿效德国模式的民法典，所以德国模式对中国民法的影响也因此得到正式确认。这一法典在 1949 年之后，仍然施行于我国台湾地区，直到今天。虽然其间经历了多次修改，但是基本概念体系和结构上的“德国色彩”仍然清晰可见。

1949 年成立的中华人民共和国，因为意识形态的缘故，废除了国民党政府的六法全书。在法律体系的建构上，新中国面临一个重要的选择，我们的历史也存在另外一种可能性，但命运仍然青睐德国模式。当时中国的法制建设的思路，主要是仿效苏联。但苏联的民法体系的基本模式，同样受到德国模式的影响。虽然在 19 世纪早期之前，俄罗斯的法律体制主要受到法国模式的影响；但从 19 世纪中期以后，由于德国潘德克顿学派的强大的学术影响力，俄罗斯的法律体制逐渐转向借鉴德国模式。作为这种影响的体现，在沙皇俄国时代末期，十月革命之前起草的民法典草案，基本上借鉴了德国模式①。同样由于路径依赖的因素，1922 年的《苏俄民法典》，虽然是一部社会主义民法典，但是概念体系仍然是德国式的；1964 年的《苏维埃民事立法纲要》同样如此。当时中国大陆的立法，完全仿效苏联，但是却通过苏联，仍然处于德国模式的影响之下。20 世纪 60 年代之后，直到 1986 年《民法通则》的颁布，历次民法草案基本上都呈现出这样的特征。而作为现行法的《民法通则》，虽然在体例结构上有一些创新（例如把民事责任作为一个独立的制度单元加以规定），但是在基本术语体系，特别是在总则式的

① 徐国栋：《东欧剧变后前苏联集团国家的民商法典和民商立法》，载梁慧星主编《民商法论丛》（第 14 卷），法律出版社，2000，第 192 页。

立法结构、采纳法律行为概念作为立法概念等问题上，仍然凸显出鲜明的德国模式的影子①。

20 世纪 80 年中期以后，随着台湾海峡两岸法学交流的拓展，中国台湾地区的民法学开始对中国大陆的民事立法和理论产生重大影响。这种影响基本上是对在社会主义意识形态环境之下成长起来的大陆民法学者所进行的德国模式的“补课”。台湾地区的民法学研究成果，由于不存在任何语言文字阻碍，所以首先得到关注。20 世纪 90 年代以后，留学日本、主要借助日文法学文献进行研究的大陆民法学者开始产生重要影响。但日文法学文献，基本上可以认为是关于德国民法理论的二手文献资料。出于对第一手的德文法学文献资料的需求，从 90 年代后期开始，中国大陆民法学者掀起留学德国的热潮。时至今日，中国大陆的民法学界已经完成对德国模式的来源地的“无缝对接”，两国民法学术交流极其频繁，大量的德文民法著作（包括教材、重要的专著）被翻译为汉语，成为中国民法学界的基本读物和学术论文的主要参考来源②。中国的民事立法者在重要的立法中，经常邀请德国民法学者来中国，采取一问一答的方式，就中国民事立法中存在的疑难问题，让德国学者直接作答，给出具体的方略。德国学者直接成为中国民事立法的顾问和智囊，德国模式对中国民法的影响，由此达到了顶点。

相比之下，包括法国、意大利、西班牙、葡萄牙在内的拉丁语系国家的民法理论在中国大陆基本上处于失语状态。无论就对立法的影响力而言，还是就基本的法学文献的介绍、翻译而言，都无法与德国模式同日而语。而这种现象并非现在才出现的，而且也并非只针对大陆法系中的法国模式。事实上，从中国民法最初选择德国模式的那一时刻开始，非德国模式就基本上被排除出中国民法学的关注范围之外。对其他模式的了解，通常只限于比较法意义上的一般了解，其具体的内容基本不为中国民法学界所了解。即使有个别学者对法国法曾经有所撰述，但是仍然无法将其撰述与中国民法学的主流理论进行有效的对接，因此这样的著述，也无法对中国民法的立法和理论产生直接的影响，最多是作为一种纯粹的外国法的知识而存在。

---

① 梁慧星：《民法总论》（第 3 版），法律出版社，2007，第 20 ~ 23 页。

② 这方面最重要的系列出版物就是由米健教授主持的“当代德国法学名著”翻译系列。这一系列，对于在中国推广德国民法理论具有巨大的影响。

概言之，自清末法制变革以来，中国民法学一直处于德国模式的强大影响之下。由于最初的选择所导致的路径依赖，中国民法学一直不能拓展自己的视野，对非德国模式展开研究，也没有能力、信心和意愿在民事立法中反思德国模式的缺陷，吸收非德国模式的立法和实践中的智慧。

二　德国模式在中国民法学占据主导地位可能导致的缺陷

在讨论这一问题之前，首先需要说明的是为什么中国大陆的民法学，不应该也不可能走类似于日本民法学和我国台湾地区民法学的“依附式”的学术发展路径。所谓“依附式”的发展路径，是指基本上放弃形成和发展自己独立的学术理论的追求，持续地、全方位地从学术“宗主国”引入立法、司法、学理思想。依附式的学术发展路径的基本特征包括：民法学术人才基本上在德国接受学术培训（主要是攻读法学博士学位）；专著、论文之类的民法学术论著，基本上依托于德语民法文献；对德语学术文献的援用被认为更加正宗，具有某种不言而喻的正当性；民法学界讨论的问题、讨论问题的方式都是德国式的，各种学术观点的取舍基本上依托于德国的标准；德国法院通过裁判表达出来的观点，被认为具有一种天然的权威，享有类似于本国法院所做出的裁判所具有的正当性；在针对具体条文形成法律解释论的观点的时候，基本上采取德国主流见解，民法解释学紧密跟随德国民法学发展的动向；在学术讨论中，原则上把德国式的民法学理体系作为一个不需要反思的前提接受下来，作为讨论的前提；诸如此类。

“依附式”的学理发展路径，从某种意义上来说是一种高效、低成本的发展路径。它可以完整、全面地移植某一个法治成熟国家（例如德国）所积累和发展的法治经验，无须自己付出代价去摸索建立自己的民法理论形态，并且这样的移植是一个持续的可以无限进行下去的过程。依附国的民法学界所需要做的就是持续地培养精通德语，能够比较好地阅读和利用德语民法学术文献和判例资料的民法专家。培养这样的专家最方便的方法是将青年法学学生送到德国留学，待他们留学回国后，到教学和司法工作的岗位之上去工作。

不能说这样的依附式的学理发展路径就是一种不好的、存在重大缺陷的发展模式。其实对于绝大多数法治发展“后进”国家来说，这几乎是一种必然的，而且是合理的选择。但是，这样的模式对于中国来说却不太合适。

换言之，中国民法学的发展，不能走“依附式”的发展路径。虽然到目前为止，而且在可以预见的将来一段时间内，德国模式仍然会是一种在中国占据主导地位的模式，但是中国民法学不能也不应该长期地依附于德国民法学理，而必须发展出一套自己的学理模式，理由如下。

首先，中国是一个存在巨大的内部差异的地域辽阔的大国。无论从民族构成以及社会政治经济发展水平而言，中国都不是一个具有高度的内部同质性的国度。因此中国必须要探索适合于中国具体情况的民法理论模式。德国的民法理论模式毫无疑问是一种优秀的、值得高度关注的模式，但是中国不可能以德国人的思考来代替我们应该进行的思考。需要注意的是，这里不是在鼓吹一种庸俗的“国情”论调。这种论调往往以中国具有自己的特殊国情为理由拒绝借鉴域外法的宝贵经验。我在这里强调的是，我们不能把自己“深度绑定”在西方某一个国家（具体来说就是德国）的学理传统之上，以至于让这个国家的学者代替我们来思考，而我们乐得“搭便车”。不是不想“搭便车”，而是不能“搭便车”。大国的治理（其中也包括法律的治理）无论如何与小国的治理是存在重大差别的。后者所总结形成的经验，是否可以适用于前者，必须要经过进一步的检验，而这样的检验必须由大国的学者根据具体的情况来研究和甄别。德国放在欧洲的环境中算是一个比较大的国家，但与中国相比，它还是一个地域比较小的国家，一个在各方面都比较同质化，因此也就相对“简单”的国家。德国的经验显然不可能涵盖和处理哪怕是大部分的中国问题。不是说德国的经验不够先进，而恰恰是因为也许它过于先进，所以拿来处理中国这样一个地区发展不平衡的国家的问题，并不合适。因此，即使我们关注德国模式，也仍然要有自己的思考，要考虑它是否适合解决中国的问题。而强调我们必须有自己的思考，就意味着我们必须发展出自己的一套理论框架。只有发展出自己的理论框架，我们才能够避免依托于德国的理论框架去讨论德国方案，也才可以得到自己的判断。

其次，中国民法学界发展出自己的一套理论模式也是获得学术自立的必要前提，也是中国民法学发展必须面临的历史任务。虽然依附式的学术发展路径是许多国家的选择，但是对于中国这样一个具有自己独立的文化传统，以及有文化价值创造的历史使命的国度而言，学术自立是一个最基本的要求。这不是一种狂妄的心态。虽然就目前现状而言，中国民法学的发展，问题多多，甚至还没有及格，属于小儿科；但无论如何，作为一个内嵌于中国社会政治文化思想的整体之中的一部分，形成一个体现了中国人自己的思考，表现出中国人的生命体验和价值追求的中国民法学理论体系，却是必然的历史命运。这不仅仅取决于中国经济的快速发展以及国际地位的提高，虽然经济同样是一个不可忽略的因素，但不是一个决定性的因素。日本的经济再发达，它也不可能成为一个具有持续的全球文化影响力的国家。北欧国家再发达，人们也不可能期待它们会产生一种可以称得上是范式的文化模式。而中国即使积贫积弱，也从来没有失去其作为一个具有独立的文化模式的国度所具有的全球影响力。事实上，一个国家在世界文化格局中所享有的地位、承担的使命，主要取决于历史传统因素。而中国在传统上就是一个具有强大的文化影响力的国度，在很长一段时期内也一直是一个文化思想和社会生活模式的输出国。虽然在过去的150多年中，中国处于落后挨打的地位，也因此而产生了意在救亡图存的文化革新运动；但是中国文化独立自主的命脉却一直得以维系。即使在最黯淡的时代之中，中国都维持着其文化系统的独立性，很难想象，在中国实现了经济层面上的重新崛起之后，反而会愿意沦落为一个西方文化的附庸。并且前面已经论述过，即使不考虑学术自主性的追求，依附式的学理发展路径也不适合中国。

追求中国民法的学术自立，绝不是试图闭关自守，与外界绝缘。在这个日益全球化的时代，闭门造车注定是行不通的。但值得注意的是，保持中国民法学术的开放性，应该追求的是一种海纳百川的情怀，而不应该是把某个西方国家（比如德国）的学理奉为正朔，亦步亦趋。唯德国马首是瞻是另外一种形式的封闭，甚至是一种双重的、更加有害的封闭。一方面，它对于中国的现实经验视而不见，一头拜倒在某一个洋师父的脚下；另一方面，它又对除德国之外的其他域外法治思想和经验视而不见，因此视野狭窄。

前文已经论述，由于历史的原因，德国民法模式在中国一直占据主导的影响地位，在中国民法学术中也拥有某种未被言明的学派“正宗”地位。但到目前为止，德国模式的影响主要还是表现为民事立法的基本结构方面的影响。随着中国大规模民事立法活动（也就是中国民法典的编纂）的基本结束，中国民法理论体系已经开始逐渐进入更加实质性的体系锻造、制度建构和理念整合的阶段。中国民法理论的发展正处于一个重要的“节点”。但民法学界在这一时刻，却表现出一些试图走向“依附式”的学术发展路径的趋势。最近几年，德国民法学术在中国民法学术话语体系中的主导性地位

日益强化。民法学者的民法著作和论文，越来越表现出“拼德文资料”的习气。一些名义上研究中国民法问题的论文，实质上成为德语文献中的不同学说之间如何选择的研究。而在解释论建构上，即使一些根本没有德国来源背景的规范，也仍然要牵强地将其纳入德国解释论体系之中去。仿佛不跟着德国人的思路走，就必然是错误的选择一样。

不仅如此，德国化的学者甚至还对民法学界一些关注非德国模式的学者的学术努力的价值提出批评，认为中国大陆的民法学说最好如同台湾地区那样，专注于引入德国的学说体系，不能进行所谓的“混合继受”，否则会导致体系紊乱。还有学者认为，中国民法学借鉴的外来学理的多元化是一种新的形式的“八国联军”，多元化只会导致更多的混乱①。按照这种观点，中国大陆民法学界目前最迫切需要做的就是牢牢绑定德国模式，进行更加全方位的、整体的，包括立法、司法和学理各个层面上的仿效。这样做的好处是，不会发生体系上的混乱，而且可以拿来就用，而且我们自己也还用不着费心费力地去思考。把学术思想的任务外包给德国人，我们只需老老实实地做学生就可以。我们的不自信几乎到了“中国民法学者一思考，德国民法学者就发笑”的地步。

但这是一种可欲的状态吗？所谓的单一继受和混合继受，以及后者可能导致的所谓体系混乱效应，其实完全是站在一个文化思想依附者的角度来考虑问题的：我们最好接受一个主子的指示，这样事情会简单一些；如果我们有多个主子，那么面对不同主子的不同的甚至是相互矛盾的指示，我们就会无所适从，就会拿不定主意。但问题在于，中国民法学理现在需要考虑的并不是选择谁来做我们的学理的“主人”的问题，而是要努力构建自主的独立的知识理论体系。因此任何意义上的“深度绑定”，都会阻碍我们自主建构的努力。这并不是说我们要拒绝来自德国民法学界的智慧，而是说，我们必须带着自己的思考去面对自己的经验和域外的任何经验。任何来源的学理，都必须经过我们的严格审视、充分的讨论，任何外国的学理，不能也不应该在中国民法学界的视域中享有某种不言而喻、类似于宗主国那样的正当

① 对相关问题的深入讨论可参见苏永钦《民法的积累、选择与创新》，《比较法研究》2006 年第 2 期。在这篇讨论稿中，苏永钦教授作为一个台湾民法学者表达了一种可贵的开放和自主思考的品质。

性。如果不能摆脱这一思维习性，独立的中国民法学理的建构，就会被继续推迟，中国民法学事实上的从属性的地位也不会改变。如果我们不能对目前存在的德国模式的主导影响加以恰当的定位和引导，它会加速引导我们走向一种依附式的学术发展道路。而且这样的发展路径有一种自我强化的效应：一旦这一进程开始，它会从学理进路的德国化，发展到民法学术话语的德国化、解释论结构和细节的德国化、民法人才培训的德国化、民事司法观念的德国化。最终也许中国民法理论不过是以汉语表述的“德国法学的中国运用”而已。

三 拉丁模式对于中国内地民法学的价值

要摆脱中国民法学理依附式发展路径，就必须打破上文提到的所谓的“单一继受”模式。其实，在这里用“继受”的概念并不合适。因为中国民法学自主知识体系的建构不可能建立在单纯继受的基础之上。准确的表述应该是，中国民法学理应该向所有的法治经验、所有的民法思维和理论体系开放。不把任何一种模式看作天然正宗，而视它们为平等的、可以作为启发中国民法学理建构的知识来源。这些来源包括德国民法学知识，但绝对不限于德国民法学知识体系。宽阔的针对域外民法知识的海纳百川的视域，加上关注自身的、具体的、客观的条件，配之以创造性的思考，这才是中国民法学建构自己的知识体系的基础和前提。基于本文的论题，这里集中讨论如何扩展中国民法学的域外知识视野的问题。

说起来容易做起来难。在很多情况下，我们之所以只关注德国模式，并非因为我们经过比较之后发现它最好，而是因为我们只拥有了解它的最便捷的途径。相比之下，了解其他法域的知识更加困难。比如说，由于德国民法的影响在传统上更加强大，因此翻译为中文的德国民法著作也更多，因此即使不懂德文，也可以“很德国”。相比之下，试图去了解法国法，如果不懂法语，就没有这么方便了。也许还有学术研究中的成本收益方面的考虑。用德国民法的行话在德国民法学设定的框架之下讨论问题，因为更多的人熟悉这样的论文模式，所以其论文也会更加容易获得发表，诸如此类。因此也不能一谓批评中国民法学界“哈德”太甚。事实上，人们总是更加愿意谈论他们更加熟悉的东西。从这个意义上来说，德国模式在中国的影响，的确是

一个历史的产物，而不是刻意选择的产物。人们不讨论非德国的东西，不是因为这些东西被甄别为不好，而只是因为我们不了解它们。但正因为如此，中国民法学界更加有必要付出相当的代价去打破历史流传下来的这一存在偏颇的知识格局，而不是去强化这一知识格局，以至于让它成为我们天生的桎梏。要做到这一点，本文认为同样属于大陆法系的拉丁民法模式值得关注。

这里所谓的拉丁民法模式，主要是指欧洲属于拉丁语系的国家（法国、意大利、西班牙、葡萄牙）以及受到其影响的拉丁美洲国家的民法理论思想和体系。在标准的比较私法教科书中，都会提到在大陆法系之中，存在两个主要的分支，即日尔曼法系分支和拉丁法系分支。前者主要是以德国为主，同时包括瑞士、奥地利以及最新的荷兰民法；后者则是指法国以及受到法国影响的拉丁语系国家的民法理论体系。虽然拉丁模式是一种在世界范围内都具有重要影响的民法理论模式，但是中国民法学界对这种民法模式的了解却极其有限，甚至可以说是一无所知。当然这样的模式对中国民法的发展也几乎没有产生任何影响。中国民法理论视野上的这一局限，导致学界在讨论许多问题的时候，把德国的民法理论所提供的思路看作唯一的可能，由此强化了对德国学理的依赖。所以，从这个角度来看，强化对拉丁民法模式的认识和研究，将有助于中国民法学界尽快走出一种除德国之外别无选择的理论上的局促境地。我们只有真正认识到存在多元的丰富的民法思想和对类似问题的不同的处理思路，我们才可以做出有意义的比较和甄别，才可以启发我们的心智。如果中国民法学界仍然只是把自己的注意力集中在德国民法学理之上，我们就很难跳出德国学理的框架来自主地思考问题。只有在比较之中，我们也才可能真正全面地更加辩证地看待德国民法理论模式的优点和缺点，也才能够真正理解德国民法理论的特点。而要做到这一点，拉丁民法模式是一个重要的必不可少的对照和参照系。

本文认为，在以下几个方面，拉丁语系国家的民法理论模式对于中国民法学具有重要的知识意义。这样的知识意义不意味着中国民法学必须舍弃德国民法理论模式，而去“改宗”拉丁民法模式，而是通过视野的拓宽，实现真正意义上的放眼世界，为我所用。

首先，通过了解拉丁语系国家的民法理论，可以比较清晰地了解同样从罗马法这一历史基础发展下来的现代大陆法系内部存在真实的多元性。只有在这一多元性的背景之下，才可以去评价各种模式的特点、优点和缺点。例如，通过对拉丁模式，尤其是法国、意大利、西班牙以及大多数拉丁美洲国家的民法基本体系的了解，可以知道，德国式的以宏观的法律行为为核心的“总则－分则”立法结构，其实是一种受到德国独特的法律思维影响的特殊时代的产物，它并不具有很强的普适性。在德国民法模式的对外传播中，这种立法模式是“退货率”最高的部分（苏永钦教授语）。既然有这样的情况，那么在构建中国民法立法体系的过程中，我们是否需要更加慎重，是继续照着德国的葫芦画瓢，还是考虑也要退货，这就是一个需要认真研究的问题了。而要研究这一问题，拉丁民法模式可以提供很多值得关注的思路。例如，针对德国的法律行为的立法模式，《意大利民法典》针对双方行为，也就是契约，制定了详细的规则，然后通过准用的方式适用于具有财产内容的单方行为。深入了解拉丁模式之后，有些似是而非的说法也不会再有市场，比如认为把立法上是否规定法律行为与是否承认私人自治联系起来。通过研究拉丁民法模式，就可以发现，其实法律行为概念更多的是一种法律概念工具，是否采用与是否认可私人自治根本没有联系。大多数拉丁语系国家的民法模式，都没有在立法层面上采纳法律行为，这丝毫不意味着他们不认可私人自治作为民法的基本原则①。

从这个意义上来说，在中国民法知识体系中，增加拉丁民法理论模式的知识，不仅不会造成所谓的混合继受，导致体系混乱，反而会使得我们拥有更为开阔的视野，能够超越德国模式提供的既有思维框架来看问题。也只有这样，我们才有可能超越德国模式。

其次，研究和了解拉丁模式可以使得中国民法学界更加准确地了解德国民法模式的特点。“不识庐山真面目，只缘身在此山中。”在很多时候，在缺乏一个可以用来对比的参照系的情况之下，我们其实并没有理解德国模式所提供的某些制度安排的真正内涵。举例来说，就合同法体系而言，德国模式是一种排除了“原因”（causa）要素的合意主义的合同法理论体系，在这一点上它与法国法和意大利法都存在重要的差别。如果我们不能对原因理论在法国法、意大利法上的功能、内涵的变化有深入地了解，我们也不可能深入理解德国模式的内涵。而事实上，德国法上的不当得利制度中仍然存在

① 薛军：《法律行为理论：影响民法典立法模式的重要因素》，《法商研究》2006 年第 3 期。

“原因”要素。那么为什么德国法试图用统一的不当得利之诉来解决无正当性根据的加利行为，而拉丁民法模式为什么要将原因作为合同效力的控制性范畴，二者这样做的区别的基础究竟在哪里？中国民法学界只有深入了解拉丁模式，才可以透彻理解德国民法模式的优点[①]。另外一个例子就是德国民法中存在的物权行为理论。中国民法学界在讨论这个问题上倾注了洪流般的墨水，但是到现在为止仍然没有取得很多实质性的进展。如果能够把拉丁民法模式中在各种情况下，如何处理所有权转移问题，如何把合同行为与物权变动结合起来的做法，进行细致的分析，将其与德国的做法进行比较，那么德国模式的优点和缺点将得到更加清晰的说明，我们也由此获得了更加丰富的认识。可惜的是，由于对拉丁民法模式的知识匮乏，中国民法学界难以站在一个制高点上进行一种全景的考察，导致相关的讨论一直在低水平之上重复，充满了想当然的错误。

因此，呼吁中国民法学界增加对拉丁民法模式的了解和研究，根本上与对于德国民法模式的研究并不矛盾。那些觉得中国既然跟着德国走，因此就不必关注德国之外的东西的观点，实在是过于狭隘了。只有一种全面的、丰富的、多元化的知识背景，才可以确保中国民法学界摆脱一个无反思意识的知识依赖，也才可以让中国民法学界培养起自主思考、自己鉴别、自己选择的信心和能力。从这个意义上来说，拉丁民法模式进入中国民法学界将具有重要的意义。

再次，即使不是为了超越德国模式，也不是基于比较法的考虑，只是为了更好地了解认识德国模式，学习和研究拉丁民法模式也具有其独立的知识价值。每个民族都产生自己的智慧。中国民法学界没有必要，也不应该只关注某一个西方国家的经验。此外，西方国家的法学知识体系也处于不断的互动性质的发展和完善之中。《德国民法典》之后的欧洲国家的民法典编纂，也是在接受和批判的过程中扬弃和发展着德国民法模式。拉丁民法模式中包含着大量的对于德国模式的反思和重构。对于这些思考，中国民法学界毫无疑问必须予以关注。例如，德国式的比较封闭的侵权行为一般条款，在适用中表现出许多问题。后续的拉丁民法模式在这一问题上就有许多革新的尝

① 徐涤宇：《原因理论研究》，中国政法大学出版社，2005；薛军：《民法的两种伦理正当性的模式》，《比较法研究》2007 年第 3 期。

试。例如意大利法就试图在法国过于宽泛的一般条款与德国过于狭窄的类型化模式之间寻求一种稳妥的中间道路①。如果对这些尝试不加以关注，还是抱着德国模式不放，只能说明我们还没有勇气自己去独立地思考。相关的例子可以举出很多。只要中国民法学界愿意去挖掘，我们的知识视野可以很开阔。我们的思考也将会提升到更高的层次，而不是如同一个小跟班一样鹦鹉学舌。

最后，即使不是出于任何服务于中国民法知识体系之建构的学理考虑，中国民法学界研究和了解拉丁民法模式也具有重要的实践性的价值。法语国家、西班牙语国家、葡萄牙语国家，其中很多分布在拉丁美洲（其中有诸如巴西、阿根廷、委内瑞拉、智利等重要的国家）、非洲。与这些国家进行贸易往来、文化交流，都要求我们去研究了解这些国家的民法基本制度。中国民法学界在这一方面也应该表现出大国学者所应该具有的气度。如果还是抱着一种复制抄袭别人制度的目的，只关注某个国家的民法制度，还为自己的从一而终提供种种理论上的说辞，这只能说明我们的学者在心理上还没有断奶，还是极度不自信。面对西方的学理，如果不把一种仰视的“学习”（learn）的心态，转变为一种平视的“研究”（study）的心态，中国民法学就很难迎来其成熟自立的那一天。

四　澳门作为拉丁世界在中国的知识窗口的重要意义

前面从各个角度分析了拉丁民法模式对于中国民法知识体系的重要意义。这样的意义既有理论层面上的，也有实务层面上的。需要再次强调的是，本文并非主张中国民法学界要改换门庭。拉丁民法模式不可能也不应该成为我们的一个新的依附对象。中国民法学界的时代追求应该是建构独立自主的中国民法学科知识体系。在这样的过程中，应该拓展视野，放眼世界，为我所用。

最近几年来，已经有一些中国民法学者开始关注拉丁民法理论，并且将其作为理论思考的重要参考依据。以厦门大学徐国栋教授为主的学术团体，

① 布斯奈里（Francesco D. Busnelli）：《意大利私法体系之概观》，薛军译，《中外法学》2004年第6期。

在引入意大利民法学理以及拉丁美洲民法方面做了很多开创性的工作。一些重要的民法典，例如《巴西新民法典》《智利民法典》《阿根廷民法典》都已经被译为中文[①]。澳门大学的唐晓晴教授将《葡萄牙民法典》翻译为汉语[②]，这也是一项重要的学术贡献。但就目前的整体情况而言，中国民法学界在对拉丁民法模式的知识引入上还有许多工作要做。而目前最大的困难还在于德国民法理论体系的话语模式在国内过于强势，而拉丁民法理论方面的人才相对比较匮乏，无法融入主流学术话语体系之中去。

而在这一方面，澳门作为一个非常特殊的、受到拉丁语系国家葡萄牙的法律文化深刻影响的特别行政区，可以发挥很大的建设性的作用。以澳门的高等教育机构中的民法学研究人员为主体，依托于大学的学术建制，建立实力强大的拉丁民法理论研究中心，与国内研究法国法、意大利法以及拉丁美洲法的学者联合起来，实现资源共享，人员流动，组建一个具有强大影响力的拉丁民法理论研究团队，这样可以逐渐扩大中国民法学界中关注拉丁民法理论学派的学术影响力，从而逐渐改变中国民法学界的既有知识格局。

澳门作为一个特别行政区，虽然面积很小，但是可以承担一些非常重要的政治、经济、文化方面的使命。在这一方面，澳门地区的民法学研究同样承担着特别的使命。澳门大学作为中国面对葡语世界的窗口，可以也应该成为中国与诸如葡萄牙、巴西等葡语国家大学的民法学术交流的窗口。澳门大学所发挥的这种角色，恰如香港大学法学院对于中国与英美法世界交流的过程中所发挥的作用一样。由于特殊的历史原因而产生的澳门特别行政区，是中国与拉丁世界交流的一个窗口与桥梁。重要的是，这不是一种虚拟的观念上的比拟，而是实实在在的历史性的存在。由于澳门特别行政区享有司法审判上的独立性，澳门作为具有鲜明的拉丁法系色彩的司法管辖区将把体制上的、法制上的因素维持下去。这一点不会因为澳门回归祖国而有所改变，就如同美国的普通法世界中的路易斯安那州一样。想一想，路易斯安那州的图兰大学（Tulane University）法学院在普通法世界中引入大陆法系的知识上

① 徐涤宇教授翻译了《智利民法典》《阿根廷民法典》，齐云博士翻译了《巴西新民法典》，另外费安玲教授、丁枚教授翻译了《意大利民法典》。

② 《葡萄牙民法典》，唐晓晴等译，北京大学出版社，2009。值得指出的是，葡萄牙民法以及巴西民法是一种试图融合德国民法模式与拉丁民法模式的尝试，因此尤其值得关注。

发挥了多么大的贡献，也就可以期待澳门大学以及其他位于澳门的大学的法学院可以发挥类似的重要作用！完全可以考虑在澳门创办拉丁民法杂志，出版拉丁民法研究系列丛书，组织编译拉丁民法经典著作译丛，建立拉丁语系民法研究文献中心等诸如此类的工作。

还需要强调的是，最近一段时期以来，中央政府对澳门可以发挥的特殊地缘政治作用日益重视。以澳门为中介，推动中国与葡语国家的经贸交流，已经成为中央的决策。既然政治决策层面都有这样的远见卓识，那么澳门的法学界，特别是民法学界更加需要把握这样的发展机遇，给自己以恰当的定位。并且随着中国民法学界人才队伍的发展壮大，可以期待会出现一个具有相当实力的拉丁民法理论研究团队。澳门地区的民法研究者完全可以在这样的团队中发挥一个组织者、协调者、引领者的作用。

《澳门民法典》对完善中国内地物权法律制度的借鉴价值

张礼洪*

摘　要：本文聚焦于一个特殊话题——对中国物权法的完善以及《澳门民法典》在这方面具有的重要意义。本文作者在中国民法和拉丁法律文化方面都具有深厚的基础，经过比较发现，目前内地的《物权法》是不完善的。本文对这一法律的评论绝不是天马行空般抽象的，而是经过严谨的阐释，详细地指出了上述法律文本中哪些条款是不完善的，并将其与《澳门民法典》中的平行条文进行比较。

通过介绍《澳门民法典》在物权法方面的一些好的经验，本文得出结论，认为澳门可以作为一扇窗口，供中国吸收其他民法国家的各种有益经验。

一　前言

从 1822 年开始由葡萄牙管治到 1999 年回归中国，在这 177 年的管治时期里，澳门发展出了独特的法律制度。这套法律制度尽管主要以葡萄牙法律为主体，但是，结合自身的发展需要和利用作为中西方法律文化交流窗口的

* 张礼洪，意大利罗马第一大学（University of Rome “La Sapienza”）法学博士，华东政法大学民法学教授，中国民法学研究会副秘书长。

独特优势，澳门法律已经在一定程度上自成体系。

澳门民法是葡萄牙民法在亚洲地区的延伸，由于法律（特别是民法解释学）固有的客观科学性和历史承续性，现行的葡萄牙民法学说和司法判例毫无疑问对澳门民法的实施起直接指导作用，这使得中国内地可以通过学习澳门民法迅速有效地了解学习欧洲大陆法系民法的先进制度和理论。就民事法律制度而言，澳门民法对中国内地民法科学建构具有重大意义。

1999 年颁布的《澳门民法典》主要内容几乎全盘来源于 1966 年的《葡萄牙民法典》，因此，澳门回归中国后，葡萄牙民法学界和司法界对《葡萄牙民法典》的解释、实施和发展，对澳门民法的解释和实施起不可忽视的、必然的指导作用。相对于中国内地民法学现行的理论研究水平，基于其长期的历史沉淀和意大利、法国民法对其的巨大影响，葡萄牙民法体系科学性和民法学研究水平保持不可争议的先进性。中国内地民法和葡萄牙民法均属大陆法系，均以罗马法为基础，在法律制度建构和术语的使用方面都具有不可争议的相同性，这种共同的历史基础，使得中国民法学界可以通过学习澳门民法进而获取葡萄牙民法和欧洲大陆民法的先进制度和理论，并且可以通过澳门这块试验田，检验来自欧洲大陆的法律制度和理论是否与中华固有法律文化相符合，通过检验后的这些民事法律制度可以考虑进一步在中国内地有效地实施。此外，中文和葡萄牙文同为澳门的官方语言，这使得相对于学习其他大陆法系国家法律而言，中国内地民法通过学习澳门民法而获取欧洲大陆民法的最新发展变得更为迅速、有效和深刻。

中国目前的民事法律制度还处于尚未完全成型的发展阶段。众所周知，中国还没有完成制定民法典的宏伟目标。目前中国的民法制度是一个以 1986 年颁布的《民法通则》为核心，众多民事单行法（如 1981 年《婚姻法》、1999 年《合同法》、2007 年《物权法》、2009 年《民事侵权责任法》）为主体，辅以最高法院和各省高级法院的司法解释及案例指导制度的独特法律制度。社会主义法律体系只是初步成型，离健全的社会主义法律制度的建立还差距很远。在本文作者看来，就科学的民事法律制度的建立而言，当前最重要的、最紧迫的是科学的民法学理论体系的建立，而非制定民法典。只有在成熟、先进的民法学体系的指导之下，才可能建立健全和科学的中国民事法律制度①。在中国民法发展的这样一个重要的历史发展时期，学习以先进和成熟的葡萄牙民法为依托的澳门民法，特别是其先进的民法理论和体系，对中国科学民事法律制度的建立毫无疑问具有重大的现实意义。

二　中国物权制度存在的主要问题和《澳门民法典》的主要借鉴价值

中国内地对一些重要的传统大陆法系民法的物权制度，如先占、添附、地上权、时效取得、用益权等缺乏相应的规定。中国学界已对引入这些制度的正当性多有讨论和论述，毫无疑问，《澳门民法典》的相关规定可以为引入中国内地物权立法中欠缺的这些制度提供有益的参考。这些问题不构成本文研究的对象。本文主要从物权体系设计和理论构建方面分析中国内地现有的物权制度存在的重大缺陷，研究《澳门民法典》对这些问题的解决可提供的借鉴价值。

中国内地目前的物权制度在体系设计和指导观念上存在以下三个方面的问题：①强调以所有制形式不同来设计物权制度；②突出强调所有权的归属，忽视占有的法律保护；③对物权无因性理论存在模糊认识，在物权变动中过分强调动产交付主义和不动产登记，忽视合意主义的重要性。本文认为，《澳门民法典》的相关规定对这些问题的解决极具借鉴价值②，可以遵循如下思路来解决这些问题。

1. 物权制度的设计思维应从以所有制归属为主线转移到以考虑行为人主观是否善意为主线

受意识形态的影响，中国内地物权制度一贯长期坚持以所有制的不同，

① 张礼洪：《民法典的分解现象和中国民法典的制定》，《法学》2006 年第 12 期。

② 澳门物权制度主要包括两个部分，一是《澳门民法典》，二是以《澳门土地法》（即第 6/80/M 号法例）为核心的一系列关于土地管理的行政法规。澳门土地管理制度多借鉴欧洲大陆法系国家经验，也非常具有特色，但本文主要研究《澳门民法典》规定的物权制度，对澳门土地的行政管理制度不做过多论述。关于澳门物权制度和《澳门民法典》分离的状况，可参见 L. M. Urbano，“O Sistema Juridico-dominal de Macau,” *Repertório do Direito de Macau*（葡文版），澳门大学，2007，第 491 页以下；唐晓晴：《澳门分层所有权制度论略》，载 *Repertório do Direito de Macau*（葡文版），澳门大学，2007，第 509 ~ 510 页。

将所有权分为国家所有权、集体所有权和私人所有权，尤其强调对国家所有权的保护。

“国家财产属于全民所有”（1986 年《民法通则》第 73 条）。2007 年的《物权法》进一步详尽规定了国家所有权的对象，基本原则是法律规定属于国家所有的财产均属国家所有。具体而言，它们分别是：矿藏、水流、海域（《民法通则》第 46 条）；城市的土地和法律规定属于国家所有的农村和城市郊区的土地（《民法通则》第 47 条）；森林、山岭、草原、荒地、滩涂等自然资源，除非法律规定属于集体所有的，均属国家所有（《民法通则》第 48 条）；法律规定属于国家所有的野生动植物资源（《民法通则》第 49 条）；无线电频谱资源（《民法通则》第 50 条）；法律规定属于国家所有的文物（《民法通则》第 51 条）；国防资产（《民法通则》第 52 条）；依照法律规定为国家所有的铁路、公路、电力设施、电信设施和油气管道等基础设施（《民法通则》第 53 条）。此外，自发布招领公告之日起六个月内无人认领的遗失物等一切无主财产均归国家所有（《民法通则》第 113 条）。

根据《民法通则》第 73 条和《物权法》第 58 条的规定，集体所有的不动产和动产包括：①法律规定属于集体所有的土地、森林、山岭、草原、荒地、滩涂；②集体所有的建筑物、生产设施、农田水利设施；③集体所有的教育、科学、文化、卫生、体育等设施；④集体所有的其他不动产和动产。

根据《民法通则》第 75 条和《物权法》第 64 ~ 65 条，私人所有权的范围为国家法律允许私人所有的合法的收入、房屋、生活用品、生产工具、原材料等不动产和动产。

尽管《物权法》确立了所谓的国家所有权、集体所有权和私人所有权平等保护的原则，其第 4 条规定，“国家、集体、私人的物权和其他权利人的物权受法律保护，任何单位和个人不得侵犯”，并且在中国内地的立法中一贯强调无论所有权归属于谁，合法所有权均受法律保护，禁止任何单位和个人侵占、哄抢、私分、破坏（《民法通则》第 73 ~ 75 条，《物权法》第 56 条、第 63 条、第 66 条）。但是，国家所有权在中国内地立法中，不可否认地享有较为特殊的法律保护，这不仅体现在根据国际惯例国家可以征收和征用属于集体和个人的财产（见《物权法》第 42 条和第 44 条，因此，在理论上，国家所有权的范围在满足法律规定条件的情况下，可以扩大到任何中国内地任何一个财产），以及立法中只有国家所有权被称为“神圣不可侵犯”（《民法通则》第 73 条和《宪法》第

12条)。在中国内地，国家所有权的特殊保护表现在以下几个方面。

第一，属国家所有权的财产所产生的利益归国家所有，但是如果国家财产造成了他人损害，在绝大多数情况下，均由受害人自行承担。在大多数情况下，国家作为法律主体不因其为所有权人而对归其所有的财产造成的损失给予赔偿。比如，国有动植物资源造成他人损害国家从未给以赔偿；中国的土地、水、海域等自然资源造成他人损害，如果作为使用这些自然资源的使用人有过失则由这些使用人承担赔偿责任，如果他们没有过失，尽管这些自然资源为国家所有，但是国家作为法律主体不会由于其为所有权人而承担赔偿责任①。

第二，中国内地没有规定先占制度，根据《物权法》《民法通则》《民事诉讼法》的规定，一切无主物（包括无人认领的遗失物）或者无人继承的财产均归国家所有。在立法上，除国家以外的其他任何法律主体均不可以取得这些财产。（在实际生活中，却不是如此。国家从未主张垃圾为其所有，而是私人实行垃圾先占制度。在司法实践中，抛弃物也实行先占制度。）而且，即便国家取得了这些无主财产的所有权，对无主财产造成他人的损害，也不因为其为所有权人而承担赔偿责任。

第三，国有资源的物权变动较为简便，无须登记。与集体所有和私人所有的不动产不同，依法属于国家所有的自然资源，所有权可以不登记。国有自然资源的物权变动无须登记也可以发生效力（《物权法》第9条）。

第四，在刑事制度上，国家财产享有特别的保护。中国《刑法》第270条规定了非法侵占罪。根据该规定，所谓非法侵占罪是指以非法占有为目的，将他人交给自己保管的财物、遗忘物或者埋藏物非法占为己有，数额较大，拒不交还的行为。但是，在司法实践中，如果被侵占的是国家财产或者国有控股的企业的财产，该侵占罪较易被认定，刑罚也较重。著名的许霆案就是个典型的例子，该案表明个人由于取款机故障侵占国有银行财物数额巨大将被认定为侵占罪并被处以刑罚②。但是，在多次发生的国有银行收取

① 2010年4月29日修改了1994年颁布的《国家赔偿法》，但是，新修改的《国家赔偿法》也没有规定国家应由于其为所有权人就国家财产对他人造成的损害承担赔偿责任。

② 许霆于2006年4月21日因ATM故障，利用余款仅仅为176.94元的银行卡在ATM机上取款174000元。一审被判无期徒刑，二审发回重审后以盗窃罪改判为有期徒刑五年。该案在中国内地广受学者关注。关于该案件刑法角度分析最为全面和深入的应属陈兴良《利用柜员机故障恶意取款行为之定性研究》，《中外法学》2009年第1期。

了储户的存款，不慎造成该存款丢失（如由于网上银行安全系统出故障）或者少存钱款的情况下，国有银行或国有银行的负责人却从未承担过刑事责任。

第五，较集体和私人财产而言，对国有财产的处分（无论是债权处分还是物权处分）受到严格的法律限制。中国内地法律限制国有产权的转让，如根据2004年颁布的《企业国有产权转让管理暂行办法》第8条和第32条，企业国有产权的转让应依据法定程序经过国有资产管理机构或批准机构的事先批准；未经批准，有关国有产权的处分行为（特别有关此类产权的转让合同）无效。再比如，根据1986年颁布和2004年修改的《土地管理法》和最高法院2005年颁布的《关于审理涉及国有土地使用权合同纠纷案件适用法律问题的解释》的规定，土地所有权不得转让，国有土地使用权出让和转让必须依照法定程序进行，必须订立书面合同，而且土地使用权在登记时才设立。此外，《物权法》第184条规定不得在土地所有权，以及学校、幼儿园、医院等以公益为目的的事业单位、社会团体的教育设施、医疗卫生设施和其他社会公益设施上设立抵押权。

第六，中国内地物权制度侧重保护公有制所有权（包括国有所有权和集体所有权）还清楚地表现在《物权法》对用益物权体系的设计上。《物权法》规定了四类用益物权，即土地承包经营权、建设用地使用权、宅基地使用权和地役权。这四类用益物权中，前三类涉及国有或者集体土地所有权的使用，并且如果欲设立地役权的土地上已经设立了土地承包经营权或者建设用地使用权，地役权的设立应经土地承包经营权人、建设用地使用权人同意，而且必须与后两者一起转让和抵押（《物权法》第162～168条）。需要指出的是，在司法实践中，地役权使用极少，经常被征收、征用或者相邻关系替代。在用益物权制度设计上没有采用传统民法的用益权概念、使用权或者居住权制度，由于实行物权法定原则，中国内地的物权制度几乎没有给在私人不动产上设立用益物权留下任何空间。

综上所述，目前中国内地的物权制度基本上是围绕公有制的所有权保护和利用来设计的，没有也不可能对日渐增长的私人所有权及其利用给予如同国有所有权的同等保护。可以说，中国目前以保护公有制所有权为核心设计的物权制度亟须转型。本文以为，澳门民法规定的先进的物权制度可以为这一转型提供理论和立法指导，即应当抛弃以所有制归属设立物权制度的做

法，而改用根据物权利害关系人对物权取得、处分或者对物的占有是否为善意来设计物权制度。

承续罗马法以来的大陆法系传统，澳门民法没有以所有权是否为公有来设计物权制度，而是充分考虑了物权取得或者处分人的主观善意，以此来区别对待物权利害关系人①。《澳门民法典》的这一先进物权设计理念具体表现在以下几个方面。

第一，将占有分为善意占有和恶意占有（《澳门民典法》第1182条），有依据的占有推定为善意占有，而无依据的占有推定为恶意占有（《澳门民典法》第1184条）。在《澳门民典法》中，善意占有和恶意占有的分类将产生如下不同的效力。

（1）在占有物毁损的情况下，善意占有人只在有过失时才对物的毁损或灭失承担赔偿责任，而恶意占有人除非可以证明即使该物为正当权利人占有也会灭失或毁损，否则均应承担赔偿责任，无论其是否有过错（《澳门民法典》第1194条）。此时，恶意占有人承担的是源自罗马法的对物的看管责任，其责任程度要远甚于善意占有人。

（2）根据孳息占有人是否为善意，孳息的取得规则也有所不同。具体而言，如果不知晓占有孳息侵害他人权利，善意占有人所获得的天然孳息和在此之前获得的法定孳息均属善意占有人；一旦知道对孳息的占有侵害他人权利后，尽管善意开始丧失，但是，如果还存在有待收取的天然孳息，权利人还是要赔偿善意占有人因耕种而产生的种子和原材料开支和生产开支，只要此类开支的金额不超过尚待收取的孳息的价值。此外，善意占有人在收取孳息前，在善意状态还存在的情况下将孳息转让给了他人，该转让不会受到影响，但是，从该转让中取得的利益在扣除上述生产费用开支后的部分应归权利人所有（《澳门民法典》第1195条）。恶意占有人如果在占有终止之前取得了孳息，应当在扣除其为获取该孳息付出的生产费用后将孳息还给权利人，但是该孳息的价值应当按照一个谨慎的所有人所能获取的孳息价值来计算（《澳门民法典》第1196条）。

（3）尽管不分善意或者恶意，占有人均可以要求取回对占有物所做的必要和有益改善（《澳门民法典》第1198条第1款），但是，对于奢侈改

① 需指出的是，所谓物权法中的善意，与债权法理解的诚信或者善意不同，它是指在对物实施占有、取得物权或者处分物权时不知晓也不应当知晓侵犯他人权利，而债权法中的善意是指是否尽“善良家父”的谨慎义务（即一个有一般理性的人的谨慎义务）。

善，只要不会损害占有物，善意占有人有权取回奢侈改善物，而恶意占有人任何情况下均不得取回奢侈改善物（《澳门民法典》第1200条）。这些规定都直接来源于罗马法[①]。相比而言，中国内地现有民事制度中没有根据善意占有还是恶意占有来区分是否可以取回奢侈改善物，而是在房产租赁的司法解释中做了非常含糊的规定，根本没有从理论上通过善意占有和恶意占有的区分来考察奢侈改善物是否应当取回[②]。

（4）善意占有和恶意占有最重要的区别还在于对取得时效的影响。尽管《澳门民法典》规定：无论善意还是恶意，占有人均可时效取得动产和不动产。但是，在不动产时效取得中，如有依据并且进行了登记，善意占有人自登记之日起占有持续10年将取得该不动产，而恶意占有人的取得时效为15年；如果没有依据，而只是登记了不动产时，善意占有的取得时效为自登记之日起持续占有5年，恶意占有的取得时效为10年；如果没有对不动产进行登记，善意占有人的取得时效为持续占有15年，而恶意占有的取得时效为持续占有20年。对于需经登记才可实行善意占有的动产，在占有人已经登记的情况下，善意占有人的取得时效为持续占有2年，而恶意占有人却为持续占有4年；如果占有人没有登记，则不分善意和恶意，持续占有10年将取得该动产。对于不需要登记的动产，如果有依据并且是善意，取得时效为持续占有3年，否则其他任何情况下取得时效均为6年。

第二，在先占取得和对先占物造成的损害赔偿制度设计中，根据行为人主观上是否善意而区别对待。《澳门民法典》第1245条规定："在设有人工管理之特定围栏内生活之野生动物，投往属另一主人之围栏内生活时，如无法辨认，即归该人所有；如能辨认者，动物之原主人得在不引致该人遭受损害之情况下将之取回。然而，如证明该等动物系被有关围栏主人以诱骗方式或诡计引入，则该人有义务将动物交还予原主人，不能交还时，则须支付相当于该等动物本身价值之三倍金额。"而且，在埋藏物发现取得中，如果在

① 可以参见 M. Marrone, *Istituzioni di Diritto Romano*, Palermo, 2006, p. 230。

② 最为典型的表现在2009年9月1日生效的《最高人民法院关于审理城镇房屋租赁合同纠纷案件具体应用法律若干问题的解释》的有关规定（第9~14条）。对于在租赁关系结束后承租人添加的装饰装修物的归属，该司法解释完全没有区分善意占有和恶意占有，而是根据承租人是否经出租人同意装饰装修、租赁合同是否无效、承租人和出租人何方违约来确定装饰装修物的归属。

明知何人为物主之情况下将发现物全部或部分据为己有，或对隐藏或埋藏发现物之物之所有人隐瞒有关发现一事，则发现人不得和土地所有权人各分享埋藏物一半的价值（《澳门民法典》第1248条）。

第三，在承续罗马法传统的基础上，《澳门民法典》吸收了现代民法的先进经验，在添附物和加工物归属的确定上，根据添附人是否为善意来确定添附物的归属以及不同的责任。

在动产善意添附的情况下，两物不能分离，或两物虽可分离，但将导致其中某一部分受损时，则合成物或混合物归拥有具较大价值之物之物主所有，但该物主须对另一物之物主做出损害赔偿或交付等值之物（《澳门民法典》第1252条）。如果动产添附人是恶意，且他人之物可在不受损之情况下被分离，则应将之返还其物主，且该物主尚有权就所受之损害收取赔偿。然而，如他人之物非受损即不能分离，且其物主不欲取得合成物或混合物及支付按不当得利规则计得之价额予做出附合或混合行为之人，则此人应向该物主返还其物之价额及做出损害赔偿（《澳门民法典》第1253条）。

在善意加工中，如果加工物不能回复原状，或必须失去因加工而产生之价值方能回复原状，则该加工物归加工人所有；然而，在后一情况下，如因加工而产生之价值不超过原材料之价值，则材料之物主有权选择取得加工物或选择按有关规定要求赔偿。无论如何，取得加工物的人均应赔偿另一方归其所有的价值（《澳门民法典》第1252条）。如果是恶意加工，则应将加工物按其所处之状况返还其物主，并对该物主做出损害赔偿：如因加工而增加之价值不超过原物价值之1/3，则物主无须对加工人做出赔偿；如增加之价值超过1/3，则物主应偿付超出该1/3数值之价额。如被加工物之物主选择就其物之价额及其遭受之损害收取赔偿，而不欲取得该物，则加工人必须取得加工物（《澳门民法典》第1256条）。

善意在他人土地上建造建筑物，如果所造建筑物价值超过土地价值，善意建筑人可以向土地所有权人支付土地价款后取得建筑物所有权。如果善意建造人不愿意如此，采取如下规则：①如所增加之价值等于或低于土地之原价值，则工作物归土地之主人所有，但该人有义务向作成工作物之人做出损害赔偿，其价额系按不当得利规则计算；②如土地之主人就其土地与工作物之结合上存有过错，则上述之价额可按该过错之程度而被提高至有关工作物在结合时所具之价值（《澳门民法典》第1259条）。恶意在他人土地上做成工作物者，土地之主人有权要求做成工作之人负担费用，将工作物拆除及恢复土地之原状，或有权选择透过支付按不当得利规则计得之价额而取得工作物（《澳门民法典》第1260条）。

此外，针对以非属自己之材料在他人土地上做成之工作物和建筑物伸延至他人土地的情况，《澳门民法典》第1261条和第1263条根据行为人的恶意和善意做了区别对待。根据这些条款，利用他人材料在他人土地上做成工作物，而且材料的所有权人没有过错，则土地所有权人取得该材料，但需向材料所有权人和结合行为的人赔偿他们受到的损失；但是，如果结合行为出于恶意，则该行为人对材料所有权人的赔偿负连带责任而且在该赔偿额超过有关工作物对土地带来的增值价值时，就有关差额向土地所有权人承担赔偿责任。如果做出结合行为的行为人出于恶意，其与材料所有权人一起承担连带责任，而且按照材料价值与工费的比例分配有关不当得利的金额；如果行为人出于善意，则材料所有权人需就工费及其他损失向该行为人承担责任。土地所有权人在自己土地上建造建筑物时善意占据他人部分土地，如果他人自占据三个月内不提出反对，则建造人可以取得该被占据部分的土地的所有权，但应赔偿他人所受的损失。如果建造行为属拥有地上权的人善意做出，或者由拥有他物权的人在他人土地上建造并成为建造物所有权人的善意行为所致，并且土地所有权人也是善意，则二者中的任何一人均可取得所占据的第三人的土地。

中国内地民法中对土地建造添附物的归属的问题也给予了规定。《物权法》第142条规定："建设用地使用权人建造的建筑物、构筑物及其附属设施的所有权属于建设用地使用权人，但有相反证据证明的除外。"该规定没有考虑建筑物和土地添附的情况，更没有根据添附人是否为善意而给予区别对待，而是一刀切地进行规定，没有考察传统民法的不动产人工添附的情况，与《澳门民法典》的规定相比，科学性和合理性相去甚远。根据物权利害关系人的主观善意来设立物权制度和提供物权冲突的解决方案是现代物权制度设计的主导潮流，这样才可以真正实行对国家、集体和私人所有权给以平等保护，中国物权立法和研究者也应当如同《澳门民法典》一样采取这样的思维。

2. 淡化所有权归属，强化占有的法律保护

在大陆法系物权法的历史发展中，所有权制度一直占据核心地位，尽管

有关所有权的占有、使用、收益和处分的四个权能的理论成型于中世纪，但产生于罗马法中的私人所有权绝对理念一度统领各国物权制度。众所周知，在晚近的物权法发展中，所有权绝对理念已经让位于所有权的社会化，出现了所有权从归属到利用的历史趋势。中国内地民法对此趋势早有觉察和研究，创设了用益物权和担保物权制度。但是，如上文所述，与法制发达国家和地区的法律相比较，中国物权制度中维护国家所有权至上的主导思想仍然非常顽固。现有的用益物权制度仅仅包括土地承包经营权、建设用地使用权、宅基地使用权和地役权，因土地为国家或者集体所有，因此用益物权制度大多是针对国家或者集体财产而设立的，几乎没有建立以私人所有权为基础的用益物权，仅有涉及私人所有权利用的地役权，也由于征收征用制度在中国内地采用的成本较低和产生对私人所有权直接剥夺的效果，而被征收征用制度取代。在社会生活中，原本可以存在于不同私人所有人不动产之间的地役权也被相邻关系所取代。一句话，就私人所有权而言，所有权从归属到利用的现代化转型几乎还没有起步。私人所有权的保护，还只是停留在归属的确定上。改变这种现状的出路就是，仿效法制先进国家和地区的经验，淡化所有权归属，强化占有的保护，把物权制度的设计原点从所有权转移到占有。在这方面，《澳门民法典》给我们提供了非常丰富和成功的经验。

实际上，从物权理论上讲，从所有权归属认定到占有保护是任何一项法律制度可操作性的必然要求。所有权物权保护以所有权归属认定为基础，而所有权归属认定主要是所有权来源的证明问题。但是，从举证责任上讲，在实际生活中，物的所有权主张者必须要证明其所有权来源是正当的，这经常是非常困难的，如生产制造、添附、先占等原始取得在诉讼上是非常困难的问题，因为所有权主张者必须说明他如何在不侵犯他人所有权的前提下，取得原材料并制造这些物的，添附如何发生，是否先于其他人而占有无主物等；在非原始取得的情况下，现有所有权人不仅要证明其继受取得的所有权的正当性，在诉讼上还必须证明其作为上家的所有出让人的所有权取得也是正当的，直到最初的所有权原始取得人为止，而且最终还要证明该物的最初原始取得人的所有权取得也是正当的。从实际操作而言，这种“魔鬼论证义务”几乎没有人可以做到。为此，由于诉讼举证的巨大困难和所有权权源证明的不可操作性，所有权归属认定的问题转化为一个原则性的推定，即除非有相反证据（一般是发生在占有之前物已经登记所有权的情况下，如不动产和已经登记的动产等，或者依据证人或其他证据可以证明现有动产占有人非常侵占原来属于他人的动产），占有人被推定为该物所有权人。所谓“在当事人均有同等权利的情况下，占有者处于较有利的地位”（In aequali jure melior est conditio possidentis）的法谚，说的也正是此理。自罗马古典法以来，大陆法系国家民法典均出于解决实际问题需要，采用占有作为所有权表象的观念，并且为了维护所有权稳定和清晰，又辅之以占有时效取得制度，将占有时效取得认定为原始取得，这样一来，占有取代最初的所有权归属认定在物权制度中占据核心地位，占有名副其实成为“所有权的表象”。

在罗马私法发展史中，罗马法中的裁判官法对所有权的认定就是根据占有来进行的，而市民法对所有权的认定才是根据权源来进行的，准确地说，取决于是否采用法定的要式交易形式。通过采取占有取得时效制度，罗马法裁判官法对占有的保护彻底取代了市民法的所有权认定。以《法国民法典》《德国民法典》《意大利民法典》为代表的现代各国民法典承续了这一罗马法传统，明确规定动产占有人推定为所有权人，因采用这一“动产占有人推定为所有人”的规则并且规定占有时效取得制度，占有作为“所有权的表象”自然而然地在大陆法系的现代所有权制度中取得了最为核心的地位。

中国内地对占有理论的研究欠缺深入，一味强调所有权保护[①]。在《物权法》的总则编中，立法者专门规定了第三章“物权保护”（第 32 ~ 38 条），规定了返还原物请求权、排除妨害请求权和损害赔偿请求权。但是，对占有保护几乎没有给予任何重视。《物权法》关于占有的规定仅有第 241 ~ 245 条单薄的五条，而且放在物权法的除了附则以外的最后一章。这五条规定没有一条是关于占有效力的规定，完全没有确立占有推定为所有的规则，对占有取得能力、占有取得和丧失没有任何规定。相反，所规定的内容不仅空洞（如第 241 条和第 245 条），而且缺乏科学性，经不起推敲：按照第 242 条的规定，善意占有人因过错造成物损害的，不应承担赔偿责任；按照第 244 条，即便因善意占有人故意或者重大过失造成物灭失，并且赔偿金或者保险金不足弥补权利人损失时，故意占有人也不应赔偿；按照第 243 条的规定，

① 近年有学者不断主张强化占有保护，但尚缺乏占有的系统性研究。彭诚信：《占有的重新定性及其实践应用占有保护》，《法律科学》2009 年第 2 期。

物的权利人不必向恶意占有人支付后者为维护物支付的必要费用。这些规定均明显有悖法理。尽管第245条也规定了占有恢复请求权的除拆期间为一年，但是没有规定排除妨害而请求占有保持请求权也为一年。特别值得一提的是，位于“物权保护”章节下的第34条规定：“无权占有不动产或者动产的，权利人可以请求返还原物。”该条款明显反映出立法者没有考虑占有保护和所有权保护之不同，将二者混为一谈。正确的规定应当是：“无权占有不动产或者动产的，有权占有人可以要求恢复占有。”法理依据就是：权利人请求返还原物权是针对所有权归属提前的，而不直接针对占有人。此外，如果不区分占有保护和所有权保护，将第34条和第245条结合起来考察，有可能会得出所有权人的原物返还请求权将在占有被侵夺一年后时效消灭的荒唐结论！

在司法实践中，由于没有确立“动产占有人推定为所有人”的基本占有保护原则，国家机关任意侵犯私权的案件大量出现。最明显的表现就是造成国家机关可以随意扣押私人财物，如果被扣押人不能出具其取得该物所有权的依据，该物将直接被认为是非法财产，甚至被没收。2008年上海发生的杨佳袭警杀人案的起因就在于警察没有认识到“占有推定为所有”的法律规则的存在①。目前，中国内地在立法上明确规定“动产占有人推定为所有人”尤为急迫。

《澳门民法典》区别所有权保护和占有保护，将物权保护的核心建立在占有保护之上，反映了现代物权法发展的时代潮流。

《澳门民法典》第三卷“物权”包括第1175～1460条，共286个条款，分为五编：分别为占有编，所有权编，用益权、使用权和居住权编，地上权编和地役权编。除了所有权编因规定一般规定、所有权取得方式、不动产所有权、共有和分层所有权而占用了148个条款外，就单个物权制度的规定而言，占有编占用了最大的篇幅，而且在《澳门民法典》物权卷中第一编就

① 2008年7月1日上午，杨佳手持匕首冲入上海市公安局闸北分局，杀死六名警察，刺伤三名警察和一名保安。该案件震惊全国。其起因是：2007年10月5日晚，杨佳骑一辆无牌照自行车，受到上海市公安局闸北分局民警盘查，要求杨佳证明其所骑的自行车的归属。杨佳表示拒绝，后被带到警察局询问（杨佳称在警察局被殴打）。不服的杨佳多次投诉未果后最终选择杀人，2008年10月20日被判处死刑。案件始末可参见 http://www.chuanwen.com.cn/showRemark!showClew.action?remarkId=4615，最后访问日期：2011年4月1日。

是占有，达51个条款之多，共分为一般规定、占有性质、占有的取得和丧失、占有的效力、占有保护和占有时效取得六章。《澳门民法典》强化占有的保护反映在如下方面。

（1）旗帜鲜明地确立了占有者推定为所有权人的基本原则。第1193条第1款规定："推定占有人拥有本权，但存在有利于他人之推定且该推定所依据之登记在占有开始前作出者除外。"必须指出的是，占有人推定为所有人这一规则不论是动产还是不动产均适用，这主要是因为《澳门民法典》与《法国民法典》《意大利民法典》一样采取物权变更合意主义，没有要求不动产的所有权变更必须以登记为要件。

（2）根据性质不同确定占有的效力。在占有物毁损、孳息取得、时效取得期间等方面，《澳门民法典》对恶意占有和善意占有的效力做了区别，上文对此已有论述。除了善意和恶意区分外，承续罗马法传统，《澳门民法典》还将占有性质分为有依据占有（即大陆民法所称有权占有）、和平占有和公然占有，它们的效力各不相同。有权占有推定为善意占有，而无权占有推定为恶意占有，强暴占有为恶意占有，无论其是否有依据（《澳门民法典》第1184条）。特别值得注意的是，有权占有的认定只从占有人取得占有权的外在形式是否可以让人相信其取得占有权来判断，不考虑占有权转让实际上是否有效，而且在证明责任上要求有权占有人负有举证责任，有权占有不采用推定，而且如果形式上存在瑕疵，不可以通过认证来证明（《澳门民法典》第1183条）。这一规定科学继承了有权占有的认定的研究成果，适用有权占有的形式审查主义，非常清晰地解决了诉讼中有权占有的认定问题。罗马法传统中要求可以适用取得时效的占有必须为和平、持续、非容假（precarium）和不隐瞒（即公然）。《澳门民法典》对此明确给予了继承（《澳门民法典》第1222条、第1225条）。

对于占有的持续性，《澳门民法典》规定一人占有开始后，推定为持续占有，占有通过行使占有权的行为持续而且在可以持续的期间内推定持续（《澳门民法典》第1181条）。

（3）《澳门民法典》规定了一系列完整的占有保护体系。

承续来源于罗马法的裁判官占有保护令状制度，《澳门民法典》系统规定了占有人可以享有的法律保护，具体包括：占有人有权要求排除妨害和恐吓（《澳门民法典》第1201条）；行使自力救济（《澳门民法典》第1201

条）；在遭受侵夺后，占有人有权要求回复和保持占有，为保证占有秩序的稳定性，该项请求权应在发生妨害或侵夺事实后一年内提出（《澳门民法典》第1207条）；而且就此而发生占有纠纷时，如果被告占有时间不超过一年，较佳占有人将胜诉。所谓较佳占有人是指：有权占有人、原被告均属无权占有时，以较早占有者为最佳占有人；占有同时开始时，现时占有人为较佳占有人（《澳门民法典》第1203条）。为打击强暴侵夺，在强暴侵夺的情况下，《澳门民法典》赋予被侵夺人采取保全措施暂时回复占有的权利（《澳门民法典》第1204条），而且，提出保持或者回复占有之诉的失效期限也从强暴占有人的手段终止时起算（该失效期间延长也适用于非公开占有的情形，见《澳门民法典》第1207条）。保持或回复占有的诉权可以转让给占有受妨害人或占有受侵害人的继承人。回复占有的诉讼是典型的对物之诉，可以对正在占有该物的任何人提出（《澳门民法典》第1206条）。因此，《澳门民法典》明确认定占有具有对世性。在占有被妨害或被侵夺时，占有人还可以要求赔偿回复占有所付出的损失（《澳门民法典》第1209条）。此外，任何共同占有人可以就共同占有物任何侵夺或者妨害提出占有保护之诉（《澳门民法典》第1211条）。

特别值得注意的是，继承了罗马法以来的物权保护体系，《澳门民法典》将占有保护和所有权保护做了区别。二者之间的主要区别在于：对排除占有妨害和回复占有的诉讼法律规定了一年的除拆期间；而作为所有权人请求返还原物的请求权却没有诉讼时效限制，但不影响该物因为时效取得已经为他人时效取得（《澳门民法典》第1237条）。因此，作为所有权的占有人在归其所有的物被他人侵夺时，即便过了一年，也可以通过提起返还原物之诉回复占有。但是这个诉讼只可以由所有权人提出，基于其他物权或者合同关系而占有物的人均不可以提出。对占有和所有权保护的区别规定，反映出澳门民法对以所有权为基础的物权形态及其圆满性和弹性效力的认可。换句话说，占有的保护在一般情况下足以救济物权权利人（大多数情况下，他们本身就是占有人），只有在超过占有保护诉讼期限的情况下，才有必要采用所有权保护机制，因为毕竟所有权的证明责任更为复杂和繁重。实践证明这种以占有保护为主、所有权保护为补充的物权保护制度较为经济有效，《澳门民法典》对这一传统物权保护模式的承续非常值得中国内地借鉴。

（4）明确规定了占有取得时效。

出于维护所有权稳定和清晰的考虑，和平、公开、非容假、持续性地占有一物到法定期限后，占有人可以取得该物所有权。取得时效与占有推定为所有的制度相配合，有效地保障了所有权的稳定状态和产权的清晰。

《澳门民法典》还区分了占有和持有（见《澳门民法典》第 1177 条）①。尽管占有和持有的区别的必要性在学界一直备受质疑，以德国为代表的物权法完全抛弃了这种区分，而以直接占有和辅助占有取而代之，但是占有和持有的区别作为传统民法理念一直存续在拉丁语系的民法中，最近流行的欧洲大陆理论更多地揭示持有与占有主要区别不在于缺乏心素这一内在的心理要素，而在于持有总是有权利依据，而占有则未必如此。从效力上看，占有和持有的主要区别在于持有的时间不会计算在时效取得的期间范围内。而且，《澳门民法典》第 1190 条明确规定了持有可以转化为占有，即所谓的占有名义之转变，即他人对持有人对其权利提出反对时，持有转化为占有，而且第三人做出原则上可以使持有转化为占有的物权行为时，也会导致占有名义转变。而且，占有名义之转变是占有取得的方式之一（《澳门民法典》第 1187 条）。

（5）明确规定了占有取得的方式、占有取得能力以及占有丧失的原因。

尽管交付是占有的转移，但是内地物权法律把现实交付、占有改定、简易交付、指示交付规定在动产交付方式中（《物权法》第 25 ~ 27 条），而不是规定在占有编中，为此而遗漏了象征交付这一不动产交付方式，反映出立法者没有考虑占有和交付的内在逻辑联系。相反，《澳门民法典》将此类所谓的动产交付方式与象征交付一并认为是占有的取得方式。此外，《澳门民法典》承认死因继承占有（《澳门民法典》第 1179 条），并且规定如果由于继承或者继受取得物权而占有他人之物，占有权的继受者可以将自己的占有和前手的占有合并（《澳门民法典》第 1180 条）。

中国内地《物权法》对占有能力没有任何规定，而《澳门民法典》第

---

① 罗马法根据物的控制者是否有意图以物权（主要是所有权人）的受益人的身份对物实施控制（即占有心素），区别了占有和持有。持有者仅仅对物有实际控制，但是缺乏心素。澳门民法典不仅对持有和占有做了区别，认定缺乏心素的人为持有人（一般指承租人和质权占有人），而且明确规定单纯在权利人容忍下受益的人（即所谓的容假占有人）、占有人的代理人或者委任人、一切以他人名义做出占有的人均为持有人（参见《澳门民法典》第 1177 条）。

1191 条却明确规定除先占取得外，任何形式占有取得均要求取得人有辨别能力。

中国内地《物权法》没有规定所有权取得和丧失的原因，对占有丧失的原因就更没有考虑。澳门民法却明确规定了占有可以因抛弃、占有物灭失或称为不可流通物、转让和为他人占有超过一年而消失（《澳门民法典》第 1192 条）。

《澳门民法典》这些对占有保护的系统规定，毫无疑问对中国内地《物权法》完善占有保护的规定有重大的指导意义。本文认为，中国内地完全有必要确立时效占有制度，将该制度与占有保护制度相配合，有效地保障物权的充分利用（对中国内地应采用时效占有制度，因篇幅所限，不在此展开），为此，《澳门民法典》中的时效占有的规定和司法经验对中国内地未来确立时效取得制度有重大意义。

3. 应奉行合意主义为原则，交付主义为例外，登记只产生对抗善意第三人的效力的物权变动规则

中国内地民法借鉴了德国法的物权变动模式，实行不动产物权变动登记主义（《物权法》第 9 条、《民法通则》第 72 条[①]）和动产物权变动交付主义（《物权法》第 23 条）。根据这一原则，不动产所有权登记将产生所有权变动的效果，而动产交付将产生物权变动效果[②]。

这种物权变动立法模式是内地民法近十几年来几乎全面继受德国民法、中国台湾地区和日本民法的结果。这种物权变动模式的理论前提是著名的物权行为无因性理论，根据该理论，债权行为和物权行为应做区分，作为基础的债权行为无效不会导致已经完成的物权行为的无效。根据中国内地学界的一般认识，债权行为和物权行为的区分，不仅反映在《物权法》第 9 条和

① 《民法通则》第 72 条："财产所有权的取得，不得违反法律规定。按照合同或者其他合法方式取得财产的，财产所有权从财产交付时起转移，法律另有规定或者当事人另有约定的除外。"

② 必须注意的是，根据《物权法》第 28 条到第 30 条的规定，少数例外情况不适用该物权变动规则。主要涉及以下三类情形：根据判决或仲裁，征收决定发生的物权变动；因继承或遗赠发生物权变动；因合法建造、拆除房屋等事实行为发生的物权变动。继承或遗赠是单方法律行为，而判决或仲裁，以及征收决定在学理上被认为是法律行为的特殊形式，因此，在非常小的范围内，作为特例，中国《物权法》也认可当事人可以直接根据法律行为，无须类似交付或者登记的外在表现，来实现物权的转移。

《民法通则》第 72 条，还突出反映在《物权法》第 15 条，该条款规定："当事人之间订立有关设立、变更、转让和消灭不动产物权的合同，除法律另有规定或者合同另有约定外，自合同成立时生效；未办理物权登记的，不影响合同效力。"

从民法理论考察，毫无疑问债权行为和物权行为存在区别，前者主要表现为合同，或者主要表现为交付和登记。在罗马法时期，物权变动的一般规则是除了交易双方的合意和合法有效的交易目的（被称为交易原因）之外，还需要交付物（针对裁判官所有权转让）或者进行要式行为（针对要式物的市民法所有权转让）[①]。中世纪法说将前者表述为物权取得方式（modus acquirendi)，后者表述为物权取得基础（titulus acquirendi），二者同时有效存在才可以造成物权变动。在大陆法系民法发展史中，逐渐形成了三种不同的物权变动模式。第一类是奥地利模式，物权变动需要合意、合法原因以及物的交付（《奥地利民法典》第 425 条、第 426 条、第 380 条）。它将物权的取得基础理解为当事人的有效合意和交易的合法原因（即合法的合同、死因处分、判决等)。目前采用此类物权变动模式的有瑞士、荷兰、西班牙、日本、拉丁美洲大多数国家。第二类是法国模式，它要求物权变动只需要当事人合意和合法交易的原因（《法国民法典》第 1138 条)。在法国法中，由于采用合同原因学说，合法交易的原因被隐含在合同概念中，因为是否存在有效的原因将决定当事人合意是否有效。因此，从法条表面上看，法国法中规定的物权变动的原因只有一个，即当事人之间合法有效的合意。换句话说，仅仅根据有效的合意就可以造成物权变动，合同可以直接产生物权变动效果。合意无效自然导致物权变动无效。除法国外，意大利、葡萄牙、中国澳门均采用此物权变动模式。第三类是德国模式，合同只产生债权效果（《德国民法典》第 433 条)，物权变动是物权行为的直接效果。所谓物权行为是当事人之间就物权变动另行达成合意并完成物的交付（或者登记）的行为（《德国

① 主要是铜秤式交易（mancipatio）和拟诉弃权（in iure cessio)。此类物权转让的要式行为又被称为抽象行为。不仅只有采用这类交易形式才可以造成要式物（res mancipi）的市民法所有权转移，而且一旦采用该行为，除非存在欺诈和胁迫，所产生的物权变动效果将不可逆转地产生。萨维尼正是受铜秤式交易（mancipatio）这一特点的启发才发展出物权行为理论。
关于罗马法物权变动有因性论述可参见 Jahr, "Zur iusta causa traditionis," in *ZSS*, Vol. 80, 1963, pp. 141ss.; M. Kaser, *Das Römische Privatrecht*, I, 1975, pp. 416ss.。

民法典》第929条）。而且，更为重要的是依据物权行为发生物权变动后，即便合同等债权行为无效，已经发生的物权变动的效果不受影响。三种物权变动模式中，前两种均采用物权有因性，只有最后一种采用物权无因性。

物权变动无因性原则在19世纪中叶由以萨维尼为首的德国潘德克顿学派所创造。该理论的产生来源于萨维尼对罗马法的“创造性”理解①。具体表现在两个方面：一方面，他把导致所有权不可逆转发生的转移的要式行为（铜秤式交易），从作为物权变动基础的交易合同中独立出来，将其认定为物权变动的唯一法律基础而无须考虑当事人对交易基础的合意是否有效，把罗马法中的铜秤式交易的物权变动合意独立于买卖本身；另一方面，交付物的行为在罗马法中原本只是表现为债务人根据合同而需完成的义务，从债权人角度看即是其取得物的正当原因（iusta causa tradictionis）。但是，萨维尼创设性地把交付行为从作为其基础的合同中独立出来理解为独立的物权行为，并且认为仅仅因此交付行为就可以导致债权人取得物权，无须考虑作为基础的交易合同的效力。萨维尼对罗马法的这一误解（尽管是个极具创见性的误解）导致了物权物因理论的成型和产生。

需要特别强调的是，与法国法和奥地利法不同，在德国法中，判断合同是否有效只考虑当事人合意是否有效，而不考虑当事人交易基础（按照通说，是指当事人交易追求的目的）是否有效。从理论上讲，正是因为德国合同法奉行纯粹的合意主义，采用合同无因理论，所以，德国有必要采用物权无因性原则。

在中国内地，尽管许多学者主张物权无因理论，而且立法者是否采纳该理论也不甚清晰，大多数学者认为中国物权变动采取的是奥地利模式②；但最近几年来，受德国法影响，学界不断有学者在法理上论证中国目前的物权变动模式实际上是德国的物权变动模式③。在中国物权法的司法实践中，法

---

① 有关萨维尼物权无因性理论产生的论述可以参见 W. Felegentraeger, *Friedrich Carl Von Savignys Einfluss auf die Übereignungslehre*, Leipzig, 1927。

② 梁慧星、陈华彬：《物权法》（第4版），法律出版社，2007，第85页；王利明：《物权法研究》（上卷），中国人民大学出版社，2007，第273页。

③ 葛云松：《物权行为：传说中的不死鸟——〈物权法〉上的物权变动模式研究》，《华东政法大学学报》2007年第6期；田士永：《〈物权法〉中物权行为理论之辨析》，《法学》2008年第12期；朱庆育：《法典理性与民法总则：以中国大陆民法典编纂为思考对象》，《中外法学》2010年第4期。

官没有采用该理论，当作为交易基础的买卖合同无效时，法官均判决恢复原状。大陆法系采用物权行为无因性理论的国家目前为止只有德国、希腊、巴西、中国台湾等少数国家和地区，绝大多数大陆法系国家均继承了罗马法传统，采用物权有因性原则。

实际上，从罗马法理论和大陆法系传统民法理论上看，既然交付和登记就是债权合同规定的债务需履行义务，如果作为交付和登记基础的买卖合同无效，那么，债权人所获得的对动产的取得或对不动产的名义上登记的所有权就均没有法律基础，属无权取得或者无法律依据的登记。合同无效的法律后果是恢复原状，因此，债务人作为交易物的所有权人应有权要求债务人不当得利返还，以所有人的身份要求原物返还，撤销债权人对物的无权取得或没有法律依据的登记。《澳门民法典》没有采用物权无因性理论，应当说是明智的。

《澳门民法典》不采用物权无因性的主要原因是其采用了物权合意主义变动规则，明确规定了基于合同当事人的合意就发生物权变动，因此，作为交易基础并且导致物权变动的合意无效将自然导致发生的物权变动无效，不存在一个独立于债权合意的、内容专为促成物权变动的物权合意（即物权行为）。尽管澳门民法中有采用导致物权效力的行为和导致债权效力的行为的分类，但是，导致物权效力的行为不等同于德国法所说的物权行为。

具体而言，根据《澳门民法典》的规定，除非当事人另有约定或者法律另有规定，交易物经当事人意思表示特定化的时刻为物权转移给受让人的时刻；如果交易物涉及的是将来之物或者不特定物，物权由出让人取得的时刻或者当事人双方获悉该物已经确定时，物权转让给受让人（《澳门民法典》第402条）。《澳门民法典》的立法者非常明智地规定了不适用物权变动合意主义的例外情形。这些例外主要表现在以下五种情况。①当事人约定了所有权保留。此时，出让人在对方当事人履行完全或者部分义务，或者出现其他事项时，可以为自己保留出让物的使用权，但是如果所涉及的交易是不动产或者需登记之动产，此类所有权保留的约定不得对抗善意第三人（《澳门民法典》第403条）。②在消费借贷合同中，因其以交付物为合同的成立要件，物的所有权自交付时转移（《澳门民法典》第1071条）。③加工承揽合同中，适用因加工添附发生所有权转移的规则（《澳门民法典》第

1138 条）。④交易中所涉及的天然孳息、物之本质构成部分或者非本质构成部分，仅在收获或者分离时才发生转移（《澳门民法典》第402条）。此外，证券化的物权交易（如票据行为）也不适用物权变动合意主义。

中国目前采取的动产交付主义和不动产登记主义物权变动规则，主要受德国法的影响，表面上看，有利于体现物权的公示原则，但是，实际上，这一规则的适用存在很大的制度性缺陷，这些缺陷主要表现在如下几个方面。

（1）动产交付主义和不动产登记主义物权变动规则是契约自由原则，而当今中国恰恰需要更多私人自由意志的保护和扩展。

意思自治，特别是其所包含的契约自由，是现代民法基本原则。尽管在20世纪出现了私法社会化的历史潮流，出现了对私人意思自由的限制，但是意思自治原则应当而且仍然是当今社会民法的基本原则。为满足农业社会中保护集体利益的要求和实现国家对个人意志的监控，罗马法中没有奉行意思自治原则，故而为实现物权变动，除了要求当事人的合意之外还要求交付或者采取要式行为。作为法国大革命产物的《法国民法典》，彻底奉行意思自治原则，高度尊重个人的自由意思，规定仅仅以当事人合意就可以发生物权变动，除非其交易目的（即原因）非法。意大利、葡萄牙和中国澳门的民法典均采取了这一高度尊重意思自治的立场。奥地利、德国和瑞士等国由于历史上国家中心主义思想的影响，加上受工业社会对私法限制的要求，立法者欲对社会成员的交易行为进行监控，加大干预市民社会，侵入公民个人意志的自由空间；因而采取了动产交付主义和不动产登记主义物权变动规则，使得物权变动具有可以为除交易人之外的第三人感知的外观，以便于统治者更易于察觉公民之间原本可以保持私密的产权交易，加强对个人自由的干预①。相比于物权变动效果的发生只要求有交付或登记行为的德国模式，奥地利和瑞士等国采取了比较传统的（遵循罗马法的）做法，即只有在合法有效的交易基础上，当事人有效达成合意而且交付或登记后才可以发生物权变动。可以说，采用何种物权变动模式取决于立法者欲在多大程度上限制私人的意思自治空间，取决于不同历史发展时期的社会经济需求和意

① 有关这方面的精彩的论述，可以参见 F. Wieacker, "Pandektenwissenschaft und Industrielle Revolution," in *Industriegesellschaft und Privatrechtsordnung*, Frankfurt am Main, 1974, 第55页以下，特别是第66页关于德国法物权变动模式的论述。该文实际发表时间为1966年。

识形态。

与西方国家加大对个人自由的约束的趋势不同，中国内地从计划经济转向市场经济，中国内地私法自治的理念还比较淡薄，更需要的是对私人意志的尊重和维护。从这个角度来看，在当前的历史时期，仿效澳门，采取法国、意大利的合意主义作为物权变动原则，似乎不应当被看作错误的选择。登记行为应被认为只可对抗善意第三人而不是物权变动的必要要件，这似乎更符合对当事人自由意思的尊重。当然，物权合意主义原则不是没有缺陷的，它不能适用的例外情况也应当有所考虑。从法经济学角度考虑，立法者所选择的物权变动模式应该最小化其社会成本，并最大化其社会整体利益，即应符合追求财富最大化原则①。在实行社会主义市场经济的中国现有的社会经济情况下，对市场交易者的意思的尊重，多运用市场这一无形的手调控经济，应该是实现社会财富最大化的调控手段。为此，采取和保护物权变动意思自治主义，从原则上讲，应当是符合现行中国经济发展需要的②。

（2）动产交付主义和不动产登记主义物权变动规则阻碍了财产的迅速和有效的流通，增加了交易环节和交易成本，从而加大了交易风险。

第一眼看来，交付主义或登记主义比合意主义更为简单和安全，但实际

---

① R. A. Posner, *Encyclopedia of Law*, Beijing: Encyclopedia of China Publishing House, 2003.

② 在日益重要的知识产权交易中，中国内地还规定了商标、专利等工业产权的转让合同必须要由知识产权主管部门批准后才产生所有权变动的效果。中国当代法制史中影响最大的国际投资案件“达能诉娃哈哈”案以中方胜诉，归根结底就是适用这种登记才可以导致知识产权所有权转移的规则所致。案件争议的诸多焦点之一是其商标交易：1996 年中国娃哈哈集团和法国达能集团设立合资企业，以其所拥有的娃哈哈商标入股，但是以商标作价入股需中国商标管理局批准，因一直未获得批准。1998 年中国娃哈哈集团和合资企业签订商标转让协议，将商标转让给合资企业，但未获得国家商标局批准。1999 年，娃哈哈集团独家许可合资企业使用娃哈哈商标，以达到实质上将商标转让给合资企业的结果。后来，娃哈哈集团以商标未经国家商标局批准没有生效为由，许可其控股的公司继续使用该商标，达能公司认为这违反商标转让协议和商标许可协议，而将娃哈哈集团告上法庭。中国仲裁法庭和法院均以未登记为由，否定了商标转让协议的效力。大多数中国学者主张，商标所有权转让属于物权行为，独立于商标转让合同或者合资企业合同，由于中国商标局没有同意该商标转让，商标所有权仍旧归属于娃哈哈集团，只不过其没有履行出资义务和商标所有权转让合同中的债务，有关分析可以参见何跃飞、刘羽平《商标法视角下的“达娃之争”》，《法制与社会》2011 年第 2 期。如果说该案件的判决结果沉重打击了海外投资者对华投资者的信心，导致对华投资剧减，从而影响中国经济的健康发展的话，那么，从法经济学角度考察，采用知识产权登记主义所有权变动规则就是不妥当的。关于“达能诉娃哈哈”案始末可以参见 http://finance.qq.com/zt/2007/wahaha/，最后访问日期：2011 年 4 月 1 日。

上却是恰恰相反，在以对同一交易物进行多次转手买卖的商业领域，显然，采用动产交付主义和不动产登记主义，由于交付和登记无端造成交易环节增加[①]。

采用合意主义物权变动模式，即便物处在原地，其所有权可在短时间内多次易手，可以迅速促进物的流通。而在动产交付主义和不动产登记主义物权变动规则下，要达到同样目的，只能采用转让合同项下的物权凭证（如提单）或者直接转让买卖合同的做法。而物权证券化的实现需要相应的票据、证券制度配合，其制度成本显然较采取合意主义的物权变动模式高。在通过转让买卖合同欲实现合同项下的物权转让时，由于受交付主义和登记主义影响，出让人往往在出卖物时尚未获得物的所有权（因为交易物还没有交付或者登记过户给他），受让人根本不可能取得现实的所有权。实际上，在绝大多数情况下，此类买卖合同的转让涉及未来物的买卖，其风险毫无疑问较现实物买卖更大。有人会提出在采用动产交付变动模式时，为解决这一问题，可采用指示交付的方式来完成连环交易。但是，如上文所述，由于中国《物权法》将交付作为物权转移的方式，而不是占有转移的方式，指示交付只有在交付人已经取得动产物权后，只不过该物尚未他人占有时，才可以采用[②]，因此，在司法实践中，指示交付在连环交易中是不允许被采用的。连环买卖如果涉及的是同一不动产，如采用登记主义，交易成本（主要是登记过户费用及其所花费的时间）显然要增加很多，而且无法采用指示交付（因其只适用于动产物权变动）。在采用登记主义物权变动模式的国家，除非将不动产证券化，否则可能根本无法针对不动产进行连环交易，无端增加大量交易成本。

（3）不动产只有经登记才可以发生变动，这会造成许多明显的不公正现象，而采取物权变动合意主义可以避免和解决这些问题。

在实践中，采取不动产所有权变动登记主义制度产生的问题主要集中表

---

① 在《德国民法典》制定中，在谈到占有改定时，第二届编撰委员会就曾经明确指出认可一个独立于债权合同的、内容为转让物权的合意，“对交易活动的进行没有益处，没有实际价值的干扰”（见关于《德国民法典》第二稿第847条的评论）。见 F. Wieacker, “Pandektenwissenschaft und Industrielle Revolution,” in *Industriegesellschaft und Privatrechtsordnung*, Frankfurt am Main, 1974，第66页，特别是第77页的注释37。

② 《物权法》第26条：“动产物权设立和转让前，第三人依法占有该动产的，负有交付义务的人可以通过转让请求第三人返还原物的权利代替交付。”

现在两方面。

第一，在不动产一物两卖的情况下，出现不公正的物权变动结果。具体表现如下。

买卖合同签订后，如果卖家将同一房产卖给数人而且所有买卖合同均有效时，会出现四类不同的买受人，即：

第一类买受人最先签订合同，较迟付清房款，没有住进房屋，也没有将房屋登记过户；

第二类买受人较后订立合同，最先付清房款，没有住进房屋，也没有将房屋登记过户；

第三类买受人较后订立合同，较迟付清房款，但住进了房屋，没有将房屋登记过户；

第四类买受人较后订立合同，较迟付清房款，没有住进房屋，但是已经将房屋登记过户。

在现有中国内地物权制度中，由于采用不动产所有权以登记为要件，因此，已经完成房产登记过户的人，即使没有交清房款，也没有住进房屋（或取得钥匙），有权将已经支付价款并且居住在房屋内的人驱逐。在中国内地经常发生，公民住进房屋多年后，由于没有办理房产登记手续（也可能是由于房产开发商的原因），房屋被房地产开发商高价转让过户给他人，最后取得所有权的买受人居然有权驱逐已经在房屋内居住（甚至居住多年）的人的情况。这种结果受中国《物权法》的有力保护，但是这和中国人讲究诚信的传统思维完全相悖，按中国人的良心理念，在绝大多数人看来，这明显是不公正的结果。这样的制度明显违反了中国人的国民法感情，造成很大的社会矛盾。

在买受人都没有进行登记取得房产所有权的情况下，学者的观点不同，法院判决结果也不同。有人认为，出于保护占有人的目的，应让已经取得房屋占有的人优先取得所有权；有人认为出于卖方出卖房屋是获取钱款的目的，应将所有权判给已经支付钱款的人；有人认为出于维护合同应当遵守的原则，在后面的买受人由于知情或应当知情第一买受人已经订立了合同的情况下，又订立合同，侵犯了第一买受人的债权，应支持第一个订立合同的人取得所有权①。目

① 吴一鸣：《论“单纯知情”对双重买卖效力之影响——物上权利之对抗力来源》，《法律科学》2010 年第 2 期。

前对此也没有统一的司法解释。实际上，最高人民法院在 2005 年 6 月 18 日颁布的《关于审理涉及国有土地使用权合同纠纷案件适用法律问题的解释》第 10 条，就同一土地使用权被多重转让的情况，提出了先保护权利登记者，随后保护有权占有者，再次保护先支付款项者，最后根据合同订立的顺序，保护最先订立合同的当事人①。其法理依据是：由于实行不动产所有权转让登记要件主义，所以为保护所有权稳定，需保护经登记取得所有权的人；没有人登记时，占有人的利益是受《物权法》保护的利益，应优先于根据《债权法》应保护的先付款人的利益；没有人已经登记也没有人已经占有物的情况下，为防止积极侵害债权，应先保护先订立合同的人。这一法理依据看似合理，实际上是立法者的主观臆断，因为未必占有人的利益就不如所有权人的利益重要（实际上，从社会经济成本和效率优化原则考虑，以及考虑到所有权的利用较归属更为重要，占有人的利益更应当受到保护），也未必占有人的利益较已经支付钱款的人的利益重要（因为如果占有人利益优先于已经支付价款的债权人利益得到保护，意味对遵循诚信的债权的打击，会对社会诚信制度造成更大的破坏；而当今中国社会最重要的问题之一就是诚信的缺乏，诚信体系的建立是中国法律制度应当追求的核心目标之一），另外，已经支付钱款的人的利益也未必就应当优先于先订立合同但还没有支付钱款的人的利益得到保护（因为这种做法也会对社会诚信体系建立产生负面作用，鼓励不讲诚信的人）。

第二，因卖方不配合，请求权超过诉讼时效，房屋无法过户。

由于各种原因（可能是买受人也可能是出卖人的原因，甚至不可归责于任何一方的原因），买受人没有及时办理登记过户手续。在买卖合同订立

---

① 《关于审理涉及国有土地使用权合同纠纷案件适用法律问题的解释》第 10 条：

土地使用权人作为转让方就同一出让土地使用权订立数个转让合同，在转让合同有效的情况下，受让方均要求履行合同的，按照以下情形分别处理：

（一）已经办理土地使用权变更登记手续的受让方，请求转让方履行交付土地等合同义务的，应予支持；

（二）均未办理土地使用权变更登记手续，已先行合法占有投资开发土地的受让方请求转让方履行土地使用权变更登记等合同义务的，应予支持；

（三）均未办理土地使用权变更登记手续，又未合法占有投资开发土地，先行支付土地转让款的受让方请求转让方履行交付土地和办理土地使用权变更登记等合同义务的，应予支持；

（四）合同均未履行，依法成立在先的合同受让方请求履行合同的，应予支持。

超过两年后，即便其取得对房屋的占有并且支付了全部房价，买受人要求出卖人配合办理不动产登记手续，而出卖人拒不配合，此时，由于诉讼时效期限已经超过两年，买受方无法请求办理登记过户，最终无法取得不动产所有权。

这种状况在中国内地时有发生。许多法院都以时效过期为由，判决买受方无法强制出卖人办理登记过户手续，最终造成尽管支付了所有的价款并且在房屋内生活多年，但由于在一段时间内没有申请办理房屋过户手续而导致永远无法取得房屋所有权的情况①。这种情况的出现，显然是不公正的，清楚地反映出中国目前的不动产所有权登记主义的物权变动制度在实践中出现了不可弥补的制度性缺陷。

对处理上述两个问题，澳门处理不动产物权交易的模式非常值得中国内地物权制度借鉴，特别是通过采取物权变动合意主义，不动产交易采用强制公证方式，而且将相关交易合同分为预约合同和最终买卖合同两个阶段的做法，可以有效避免和解决上述两个问题。

如同法国、意大利等传统大陆法系国家的民法典所采取的不动产交易模式一样，在中国澳门，因采用合意主义物权变动规则，除非法律另有规定或者当事人另有约定，最先签订合同的人取得房产所有权，是否登记不会影响其已经取得的所有权。不动产登记分取得依据之登记和单纯占有登记，前者是指根据法律规定的方式和程序取得不动产物权后，不动产权利人在不动产登记簿上将已经取得的所有权登记在案。取得依据的登记对已经转让的不动产所有权产生确权效力，证明其所有权合法，而且通过该登记，为所有权人以后将该不动产转让提供了合法依据。单纯占有登记只是对不动产占有的范围、期限的登记，一般是在所有权人授权下进行的，不可以对抗不动产所有权登记。这两类不同的登记适用两类不同的取得时效期间（《澳门民法典》第1219条和第1220条），但均不可产生对根据合同取得的不动产物权产生对抗效力，根据合同取得所有权的人可以以所有权人的身份取得对不动产的

① 吴一鸣：《超过诉讼时效的房屋登记问题研究》，http：//www. shfg. gov. cn/fgdoc/kjqkxb/200911/t20091127_ 337960. html，最后访问日期：2011年4月1日。

目前，中国内地学者的解决方案大体为两类：一类是将房屋登记过户设定为买卖合同的次要义务，不受诉讼期限限制；另一类主张为设立例外规则，将房屋买卖场合的登记请求权排除于诉讼时效的适用范围。这些想法，从民法理论上讲，均缺乏有力的法理基础。

占有。通过采用物权变动合意主义，不仅物的使用权归属很明确，而且最重要的是，有利于建立健康的社会诚信体系。

不动产价值巨大，从法律上确定相关的买卖合同是否有效不仅对当事人意义重大，而且影响诸多利害关系人。对不动产买卖行为的合法性调查技术性强，因此，世界上绝大多数国家法律强制要求不动产交易必须采取公证方式，中国澳门也不例外（《澳门民法典》第855条）。采用公证方式会增加交易成本，但是可以保证交易结果的稳定，实现当事人欲追求的合法效果，防止欺诈，保证社会经济的稳定。特别重要的是澳门将不动产买卖合同分为预约合同和最终合同两个阶段。在预约合同阶段，买卖双方只是在公证员面前约定双方应在约定的时间回到公证员面前订立买卖合同，并约定买方应支付的价款及付款日期、卖方交付房屋的日期、交付方式和交付时房屋应有的状态。预约合同不是最终买卖合同，因此它的签订不会产生不动产所有权转移的结果。按照预约合同约定的时间和地点，在买方验收房屋后，卖方将房屋交付给买方（一般是交房屋钥匙），而买方将钱交给卖方（一般通过支票支付或者将钱款汇到公证员指定账户，然后由公证员转交给卖方），同时双方在公证员面前订立买卖合同。这样，买卖合同订立、钱款支付和房屋钥匙交付几乎同时进行①。订立买卖合同后，使用权就发生转移，这样可以杜绝交钱领不到房或者取得了房屋后又不能全额支付房款的情况出现，避免中国内地不时出现的、交了钱或者取得房产占有后最终得不到房产使用权的情况。在不动产买卖合同订立后，由于实行物权合意主义，不仅不动产所有权实际上已经在签订最终买卖合同时转让给了买受方，而且公证员负有将已经订立的最终合同登记在不动产登记簿中的义务。公证员此时进行的不动产权利登记只是确权登记和对抗第三人的登记，其主要效果有四：第一，为买受人以后转让房屋提供法律依据；第二，为在该不动产上新设立物权负担提供法律依据（如设立抵押）；第三，会产生有利于实行登记的买受人的占有时效期间；第四，会产生对抗善意第三人的法律效果。如果公证员不登记，最

---

① 经过公证的法律行为在澳门将产生执行效力。如果预约合同签订后，任何一方违约不签订最终买卖合同，对方当事人均可要求法院强制履行。见 J. G. Marques, "Direito do Notariato," *Repertorio do Direito de Macau*（葡文版），澳门大学出版社，2007，第338页以下。

目前在中国大陆房屋中介面前进行的二手房交易中，中介人在一定程度上，起了如同公证员的见证一手交钱、一手交付的作用。

终造成买方损失，由公证员承担赔偿责任（因实行公证员职业保险，该赔偿责任可以由保险机构承担），这样就不会出现超过诉讼期限房屋无法登记过户的情况，而且更不可能出现在中国内地因采取不动产所有权登记主义而导致因时效期限过后即使买了房、住了房但永远得不到房屋所有权的荒唐情况。

综上所述，仿效澳门物权制度的设计，采用物权变动合意主义，将不动产买卖分为预约合同和最终买卖合同两个阶段，强制当事人在公证员面前订立合同是解决这两个目前中国内地物权变动出现的棘手问题的有效手段。

三 结语

中国物权制度的现代化不仅需要适应现代社会的新形势和中国国情，更需要科学的理论为指导。科学的理论不是一夜之间诞生的，是长期的理论研究和历史实践形成的。从罗马法以来形成的大陆法系传统物权理论仍然是现代物权制度建立的理论基础，这些理论在《澳门民法典》中得到了充分的贯彻和维护，也应当是中国物权制度进一步完善的理论指导。《澳门民法典》所采取的根据物权行为人主观善意来设计物权保护的立法理念，兼顾所有权保护和占有保护并侧重于占有保护的做法和合意主义物权变动模式，值得中国内地物权立法和理论研究者的重视和学习。《澳门民法典》科学完善的物权制度及其相应的实践经验为中国内地物权制度的完善提供了丰富的素材。中国物权立法者和理论研究者不用每每费尽艰辛到欧洲大陆，就可以在澳门学习到科学的大陆法系传统民法。澳门法律是而且应当是中国内地为实现法律现代化而吸收大陆法成功经验应当利用的最有效的对外交流的平台和窗口。

澳门在中国可能扮演的诸多角色：沟通桥梁、实验室、营业所

——澳门的税务

路易斯·佩沙尼亚*

张朋亮 译

摘　要：本文在澳门特别行政区作为中国与葡语世界的沟通桥梁，澳门、香港和广东在珠江三角洲地区一体化程度不断加深的背景下，对澳门的税务制度进行介绍。本文强调澳门这一双重角色在税务方面所具有的政策启示，并对澳门的税法和相关原则进行介绍。澳门的税法具有简单易懂的特点，比其他多数地区的税法都要简单。本文对澳门的税收制度进行概括，因为它可以成为其他地区的潜在参考。澳门以其博彩业和旅游业闻名于世，而对销售、商业、不动产和工资收入长期课以较低税率。本文对国际合作的重要性进行论述，即澳门需要避免被视为"避税天堂"。这也表明，澳门应在税务信息交流方面采纳国际标准。澳门可以被视为在税务领域运用新技术和电子政务的先驱。

一　引言

税法调整的是适用于政府对私有财产、财富、资本收益、个人收入、

* 路易斯·佩沙尼亚（Luis Pessanha），澳门大学法学院兼职讲师。本文中的内容仅作为作者本人的观点，并不反映其所属的任何机构的观点。

公司或商业交易利润的所有权征收税款、费用和其他税收的法律体制。在澳门，税款主要以现金支付，征税的主要目的是筹集公共收入以满足政府开支①。税收通常还用于支持一部分崇高的社会事业，如实现社会财富的再分配，对被社会视为不健康的或有危害的行为进行约束等②。某一辖区税收负担的轻重取决于政府希望提供的公共服务质量的高低（如，道路、安保、教育、交通、医疗和其他社会福利）。但澳门是这种税收模式中的一个特例，因为澳门公共服务的支出可以完全由当地博彩业的税收支持③。

因此，澳门可以避免高税负对经济增长产生的不利影响，避免商业交易和金融运作因（高）税负而陷入低迷。在向公众提供大量社会福利的同时，又可以避免过度征税对经济造成的危害，如导致资本流向低税区。澳门不需要通过为存入或流向澳门的资金提供低税负来吸引外资和投资，而且澳门已经做了大量努力以避免被视为"避税天堂"。在澳门，低税负是在博彩业为政府贡献大量公共收入的基础上产生的，而不是为了吸引外资或把澳门打造成低税区而设定的。近年来，澳门越来越注重与域外管辖区在（税务）信息方面的合作，以打击逃税和骗税。甚至连澳门历来对机密资料的强力保护以及在澳门法律制度中对银行机密的防护也有所松动，这使税务机关在必要时能与域外管辖区展开全面合作。

澳门仍然对繁荣的旅游、休闲和博彩业有重度依赖，它们吸收了澳门本地大量的劳动力，而且也是目前公共和私人收入的主要来源。最近几年，将

---

① Hermínio Rato Rainha, *Apontamentos de Direito Fiscal* (*Notes on Tax Law*), University of Macau, Macau Foundation, 1996; Hermínio Rato Rainha, *Impostos de Macau* (*Macau Taxes*), University of Macau, Macau Foundation, 1997; Diogo Leite de Campos, Mónica Leite de Campos, *Direito Tributário* (*Taxation law*), 2nd Edition, Almedina, 2000; J. L. Saldanha Sanches, *Manual de Direito Fiscal* (*Tax Law Manual*), 2nd Edition, Coimbra Editora, 2002; Soares Martínez, *Direito Fiscal* (*Tax Law*), 10th Edition, Almedina, 2003; José Casalta Nabais, *Direito Fiscal* (*Tax Law*), 3rd Edition, Almedina, 2005; Carlos Noronha, *The Law and Practice of Macau Taxation*, Pearson Prentice Hall, 2006.

② 对烟和酒征税是出于对公众健康的考虑，旨在限制此类产品的消费。对机动车的购买和销售征税是为了减少澳门街道上私有机动车的数量，这样做既是出于环保考虑，也是考虑到澳门地区面积和道路设施承受能力有限，道路上大量的机动车越来越难以管控。

③ Casalta Nabais, "O Princípio da Legalidade Fiscal e os Actuais Desafios da Tributação" (The Principle of Fiscal Legality and the Present Challenges of Taxation), in *Boletim da Faculdade de Direito da Universidade de Coimbra*, Special Edition, 2002, 4 ff.

近80%的公共收入都是通过直接对赌场娱乐业的征税取得的。由于其他税收与这一行业也存在联系，因此博彩业（在税收上）的相对比重肯定还要更大。政府曾经采取一些措施来提高经济的多元化水平，促进非博彩相关行业的发展，但目前收效并不明显，因为博彩业倾向于通过提供远高于其他行业所能承受的薪水来分化经济，从而留住和吸引人才和高质量的工人。为保证澳门居民的就业而抵制外部劳动力的流入，使得澳门许多企业很难招到足够的员工以维持经营，如今对高质量的专业人才的需求仍然十分迫切。

澳门已经成为促进珠江三角洲地区经济逐步融合的一支力量，旨在保证中国内地与香港和澳门之间的经济联系更加紧密。这也成为澳门短期内主要的战略决策，包括修建宏伟的港珠澳大桥、开发跨境发展项目（如澳门大学在横琴岛①的新校区②）以及签署各种大型的地区性协议以推动珠江三角洲地区的进一步合作和商业融合（如香港与内地③、澳门与内地④分别签署的更紧密经贸关系安排协议）。关于税收，我们还应提一下澳门与内地签署的《内地和澳门特别行政区关于对所得避免双重征税和防止偷漏税的安排》，它在促进两地商业沟通和投资方面也发挥着重要作用。澳门与香港⑤在这个层面上似乎没有地区间投资、贸易或税收的相关协议，虽然两个经济体也有着广泛的相互联系。这仍然是目前最大的缺失。

---

① 澳门特别行政区与毗邻的广东省于2011年3月6日签署共同开发横琴岛的合作协议。广东省横琴岛的一小部分将由澳门进行开发。合作协议的签署解决了很多问题，如关于在该地区工商业活动法律法规的适用。此协议在本文的撰写期间尚未在澳门的官方公报上进行公布。

② 为保证澳门大学顺利迁入横琴和确保学术自由（《澳门基本法》第37条），政府决定在新校区适用澳门法律（见2009年7月31日第19/2009号行政长官公告）。合作协议倾向于在校区外适用内地而非澳门的法律法规（至少在税收、社保和劳动法相关问题上，见《粤澳合作框架协议》第4条）。适用的法律框架尚在修订之中，而且某种程度上可能仍处于协商阶段。

③ http://www.tid.gov.hk/english/cepa/.

④ http://www.cepa.gov.mo/cepaweb/front/index.htm.

⑤ 两个特别行政区签署的地区协议似乎在数量和待解决问题的范畴上都比较有限。我们仅知道：①澳门金融管理局与香港特区政府保险业监理处于2001年11月9日签署的备忘录；②于2003年10月13日签署的航空服务协定；③于2005年5月20日签署的被判刑人员引渡协定；④于2006年3月29日签署的惩教服务协定；⑤于2006年6月2日签署的航空器维修协定。这些协定详见http://www.doj.gov.hk/chi/mainland/intracountry.html。澳门与香港之间在税收、法院判决的执行、经济贸易发展等一系列领域明显存在签署更多合作协议的需求。

澳门第二大关键性战略决策与自身的相对优势有关，即在中国日益强大的背景下，葡萄牙语仍然是澳门特别行政区的官方语言，澳门的法律制度在很大程度上与其他葡语国家具有共同的核心。澳门长期被视为促进中国与葡语国家经济文化交流的桥梁，这些国家包括安哥拉、巴西、佛得角、莫桑比克、葡萄牙、圣多美和普林西比以及东帝汶（葡萄牙语国家共同体成员[①]）。人们提到最多的就是澳门在促进中国对非洲葡语国家投资和贸易往来方面所发挥的作用，该领域存在巨大的利益资源（如中国在安哥拉当地的石油工业中的大量投资）。澳门在促进中国与葡语世界建立更紧密合作关系方面的贡献是巨大的，也得到了充分的肯定。不过，不容忽视的是，澳门也可以作为促进葡语国家向中国投资的平台。但是目前澳门这一平台作用只被葡萄牙语国家共同体中有限的投资者和企业合理利用起来，而大部分更加深入的利用潜力则仍然有待开发。

二　税收的基本结构

《澳门基本法》保证，当中国恢复对澳门行使主权后，澳门居民的“生活方式”[②] 保持基本不变，私有财产所有权[③]继续受法律保护。此外，澳门特别行政区继续从独立的财政中受益，保持自主的财政、经济和税收制度（《澳门基本法》第106、110、111条），与主权交接前的状况保持一致；澳门特别行政区财政收入全部由澳门特别行政区“自行支配”（不上缴中央人民政府），中央人民政府不在澳门特别行政区征税（《澳门基本法》第104条）。这些规定的目的在于保证澳门的税收制度保持基本不变（随着时间进行的微调是必要的，因而不做限制），保证传统的低税政策保持不变。

① Comunidades dos Países de Língua Portuguesa（CPLP），http：//www. cplp. org/.

② “澳门特别行政区不实行社会主义制度和政策，保持原有的资本主义制度和生活方式，50年不变”（《澳门基本法》第5条）。

③ “澳门特别行政区以法律保护私有财产权”（《澳门基本法》第6条），“私人和法人财产的取得、使用、处置和继承的权利，以及依法征用私人和法人财产时被征用财产的所有人得到补偿的权利”应当依法受到全面保护；对被依法征收财产的补偿应当“不得无故迟延支付”并“相当于该财产当时的实际价值”；在澳门的企业所有权和外来投资“均受法律保护”（《澳门基本法》第103条）。此外，澳门特别行政区实行自由贸易政策，保障货物、无形财产和资本的流动自由（《澳门基本法》第111条）。

《澳门基本法》明确表示，澳门特别行政区“实行独立的税收制度”，可以“自行立法规定税种、税率、税收宽免和其他税务事项”，可以“参照”“原在澳门实行的低税政策”（《澳门基本法》第106条）。法律明确规定，澳门继续保持原有的低税水平，即使在将来仅作为一种宽泛性参考。这是《澳门基本法》为澳门特别行政区制定的政策目标。

澳门特别行政区立法会（当地议会和立法机关，作为澳门纳税人的代表）[①] 保留独立制定和审核税法的权力，其他政府部门无权制定税法。这在税法领域通常被称为“合法性原则”。《澳门基本法》第71条第1款规定，只有立法会有权“制定、修改、暂停实施和废除”现行税法。此外，澳门立法会对政府提出的年度预算案进行“审核和批准”，“审议”政府提出的“预算执行情况报告”（《澳门基本法》第71条第2款）。议会对预算的年度审议表明，政府可以正当地进行征税，并对每个财政年采取临时性税收宽免措施。立法会还有权决定澳门特别行政区税收制度的“基本要素”，这就将税收的核心问题（即增设新税种、税额、税率）全权委派给地方议会，虽然它是根据政府提出的法律草案制定税法的（《澳门基本法》第71条第3款）。对纳税人必须依法征税，法律没有明确规定的，纳税人不负有纳税的义务[②]。

最后，值得一提的是，行政法院或（在某些情况下）中级法院负责[③]审理在税收和征税（诉讼热门领域）方面产生的所有诉讼，即对公权机关有

---

① 澳门立法会有权：“1. 依照本法规定和法定程序制定、修改、暂停实施和废除法律；2. 审核、通过政府提出的财政预算案；审议政府提出的预算执行情况报告；3. 根据政府提案决定税收，批准由政府承担的债务”（《澳门基本法》第71条第1-3款）。

② 通常认为税法制定的新税赋没有溯及力。

③ 中级法院（能否）以初级法院的身份对税务机关的决定进行审查，这个问题存在争议。见 João Soares，“Suporte Institucional do Contencioso Administrativo da Região Administrativa Especial de Macau”（Institutional Support of the Administrative Judicial Review in the Special Administrative Region of Macau），in *Administração-Revista da Administração Pública de Macau*，55，XV，pp. 171 - 228；Lino Ribeiro，“A Justiça Administrativa no Contexto da Lei Básica da RAEM”（The Administrative Justice in the Context of the Basic Law of the Macau SAR），in *Boletim da Faculdade de Direito da Universidade de Macau*，VI，13，pp. 223 - 235；João Nuno Calvão da silva，“Sumários Desenvolvidos de Direito Administrativo II”（Extensive Summaries of Administrative Law II），in *Boletim da Faculdade de Direito da Universidade de Macau*，VIII，18，2004，pp. 119 - 120。

关税法适用的行政决议进行司法审查[①]。根据规定，地方法院仅对公权机关是否违法进行审查，司法审查仅限于对公权机关自行制定的决定中的法律依据进行审查[②]。

三　澳门的税收制度

澳门是一个低税管辖区，依据属地原则征税[③]。根据属地原则，仅对澳门区域内的商业、收入、财富和其他税源征税，不对澳门特别行政区之外产生的收入征税。澳门税法不对澳门当地纳税人因评估各财政年应纳税收益而支付的费用或遭受的损失负责[④]。因此，属地原则对澳门税法的适用范围做了限定，极大地帮助了当地纳税人避免其在澳门以外的收入遭受双重征税。

税收针对的是特定形式的收入、资产和财富。在澳门，没有资本收益税、继承税和财富税，销售税和增值税仅适用于机动车、香烟和酒精饮料。澳门雇员的社会保障供款比例相当低（目前每月仅 45 澳门元）。澳门还通过离岸法例，允许外商在此建立分公司，利用更加有利的税收制度提供对外服务（如在金融和保险市场）[⑤]。澳门特区政府出台了大量措施以支持当地

---

① 1999 年 12 月 20 日第 9/1999 号法律第 31、36、44 条，后经 2004 年 8 月 12 日第 9/2004 号法律以及 2009 年 5 月 25 日第 9/2009 号法律修改。

② 司法审查始终关注对法律法规的违反。当“公权机关行使的自由裁量权”存在“明显的过错或绝对缺乏合理性”（《行政程序法典》第 21 条第 1 款第 4 项，该法典于 1999 年 12 月 13 日由第 110/99/M 号法令批准通过）时，法院仅解决了明显的不良行政案件中行政决定的法律依据缺失问题。因此，在对税务机关的决定发起司法审查前，往往应该（在某些情况下必须）先通过诉讼或行政上诉寻求解决办法。

③ 澳门的税收制度是基于澳门特别行政区领域内的税源建立的。见 Hermínio Rato Rainha, *Apontamentos de Direito Fiscal* (*Notes on Tax Law*), University of Macau, Macau Foundation, 1996, pp. 134 – 143。

④ 见《所得补充税规章》第 34 条第 3 款。

⑤ 这一离岸业务之法律制度由 1999 年 10 月 18 日第 58/99/M 号法令确立，允许外商在澳门从事一些商业和金融服务活动，这些服务不对本地社会开放，仅对澳门地区以外的市场开放。这些离岸办事机构每个季度只需支付相对较低的固定税费，便可从有利的税收制度中受益，如《所得补充税规章》规定免除这些离岸公司的所得税，《职业税规章》规定免除合格工人前三年工作的工资税。这一套离岸制度最初用来吸引金融和保险公司，在吸引外资方面取得了有限的成绩。更多信息见 http://www.ipim.gov.mo/index.php。

中小型商业企业的发展[①]，为月薪低于 4368 澳门元的老员工提供公共补贴[②]。澳门金融管理局为银行抵押提供最高为 50 万澳门元的存款保障（此前对存款保障金所有银行存户额没有限制）[③]。

澳门税收制度长期以来关注的一大重点就是确保其相对于近邻香港而言在税收方面具有竞争力，因为这关系到吸引外资的能力。为了使税按照个人收入水平成比例地分摊给每一个人，个人所得税将每个纳税人的所有收入来源（工资收入和其他收入）都计算在内。劳动收入或职业收入的税要重于资产或公司营利的税。所得税采用累进税率，即随着可征税收入额的增加而逐步提高[④]，从而使高收入群体或高营利企业承担较高的税负[⑤]。由于澳门采用累进税率制度，而不是所有可征税标平摊后得到的综合税率，因此现行

---

① 其措施包括以下点。《中小企业援助计划》，于 2003 年 5 月 12 日由第 9/2003 号行政法规批准通过，后经 2006 年 10 月 31 日第 14/2006 号行政法规和 2009 年 2 月 22 日第 2/2009 号行政法规修改。该计划向所有在澳门开设达两年以上、需要资金支持的公司提供最高达 50 万澳门元的无息贷款，贷款期限最低为 8 年。(2)《批准澳门特别行政区政府承担债务》，于 2003 年 6 月 2 日第 5/2003 号法律批准通过，后经 2010 年 8 月 23 日第 5/2010 号法律修改，以及相关的 2003 年 7 月 14 日第 19/2003 号行政法规、2009 年 6 月 22 日第 19/2009 号行政法规修改。澳门特别行政区以 6 亿澳门元作为担保资金，为 350 万澳门元以下的贷款提供最高为 70% 的信用保证。《信用担保计划》旨在降低澳门中小型公司的融资成本。

② 澳门还未设定最低工资标准，因为一部分人认为（设定最低工资标准）对当地的工商业企业具有潜在的危害。由于香港决定将最低工资调整为每小时 28 港元（自 2011 年 5 月 1 日起生效），所以澳门对这一问题也非常关注。不过，为社会实体依法提供清洁和安保服务的私营公司对其员工支付的工资不得低于每小时 21 澳门元或每月 4368 澳门元（见 2007 年 8 月 20 日第 250/2007 号行政长官批示）。为高龄员工提供的工作收入补贴由 2008 年 4 月 28 日第 6/2008 号行政法规批准通过，虽然其适用期仅有一年，但自从通过以后每年都会有所更新（根据 2009 年 3 月 30 日第 6/2009 号行政法规、2010 年 4 月 19 日第 6/2010 号行政法规和 2011 年 4 月 4 日第 7/2011 号行政法规），该规定虽然不是最低工资法，但它确实对最低收入做了规定。据此，凡年满 40 周岁，季度工资少于 12000 澳门元的澳门永久性居民均可领取一份数额相当于实际工资与最低工资差额的公共补贴。

③ 澳门金融管理局负责对银行和保险领域，以及金融、财政和外汇进行监管。金融管理局通过规章和指导性文件对澳门的银行和保险行业进行有效的调控。在 2008 年至 2011 年期间实行全额存款保障制度，对保障额度没有最高限制，但自 2011 年 1 月起，公共保障的金额最高为 50 万澳门元（见 2009 年 4 月 3 日第 020/B/2009 - DSB/AMCM 号传阅文件，并经第 043/B/2010 - PSB/AMCM 号传阅文件修改）。更多信息见 http：//www. amcm. gov. mo/。

④ 累进税中较高的税率仅对超出该税率征税限额的部分征税，而非全部收入。它旨在保证每个纳税人对相同的收入部分缴纳相同的税款（对超出最高限额的收入课以更高的税率），从而使每个纳税人根据自己年收入的承受水平缴税。

⑤ 保证每个人对同等的收入缴纳同等的税款（财政公平），挣钱更多的人则承担更高的税（财政正义）。因此，这一政策的目的在于通过税收来实现社会财富的再分配。

工资和营利税税率要比想象的低得多。澳门税收制度的整体政策目标是通过税收实现社会财富的再分配，保证税收公平和财政平衡。

澳门的税收体系仍然比世界上多数发达地区更简单。简明易懂是当地税法的一大优点。不过，澳门税收制度在一定程度上还是缺少必要的严密性，为逃税留下了可乘之机。当地政府把重点放在对博彩业收入的征税和监管上。这是对有限的政府权力资源的合理配置，因为这一领域是公共收入的主要来源，也是逃税危害最大的领域，而博彩业领域之外的税收职能却没有得到有力的行使。

为了进一步简化税务程序，澳门税务机关积极地推动新型电子技术和通信方式的应用。这也是澳门在电子政务（electronic government）领域投资的一部分。设计电子政务的目的是提高公共机关工作效率，帮助缩小公共服务与公众之间的距离。就税务而言，其短期目标是使纳税人能够通过互联网提交其税务申报书。这应当是一种自愿的申报方案，至少在初始阶段，以防止那些缺乏必要技能的纳税人无法完成申报①。目前当地政府已经对财政局的网站进行了升级改造②，向公众提供了与现行法律法规有关的大量有用信息，甚至还提供了一个应付税款的模拟计算及程式。另一个关注的重点是自动通信系统的应用，该系统可通过电脑或手机短信，向纳税人发送通知或缴税提醒③。新的信息时代为税务机关和纳税人打开了一扇实现更快捷交流的大门。在不久的将来，在电子政务和税务领域还会有更多进步值得期待。

---

① 这种通过互联网提交税务申报表的方案目前还处于自愿实施阶段。它使本地纳税人可以利用电子服务，而不必提交传统的纸质文件。纳税人通过税务机关分配的个人登录密码（登录系统）对税务申报表进行确认。电子申报表与纸质申报表具有同等法律效力。交易信息和个人资料的保密性得到保障。电子税务服务受2008年5月19日第11/2008号行政法规和2008年4月7日第79/2008号公告规范。有关电子文件和电子签名的使用，见2005年8月8日第5/2005号法律。

② 财政局中文、葡萄牙语和英语版的网站见 http：//www. dsf. gov. mo/。

③ 香港近来在提供电子税务服务（http：//www. ird. gov. hk/）方面似乎略高一筹，但澳门也相去不远。两个特别行政区都在积极行动，以使纳税人能够自愿通过互联网来提交电子税务申报表。而利用自动通信系统，通过电子邮件或手机向纳税人发布税务通知和提醒的服务也逐渐推广开来。这在很大程度上得益于纳税人对电子技术越来越高的熟练程度。

四　澳门的税种

澳门的税收通常分为直接税和间接税[①]；直接税是指那些由纳税人自己支付和承担的税种，而间接税则是指能够把纳税的经济负担转嫁给第三人的税种。现行的直接税包括：①营业税[②]（Industrial Contribution），根据某种类型的工商业活动征收的年度固定税金；②职业税[③]，是对所有雇员及个体职业者的劳动收入、工作收入或与职业有关的收入征收的税（如薪俸、工资和其他报酬）；③所得补充税[④]，对所有形式的商业和工业活动的赢利征收的税（即对企业收益和利润征收的税）；④市区房屋税[⑤]（Housing Contribution），对市区房产的实际或潜在租金收入征收的年度税金。间接税包括：①消费税[⑥]，对某些进口的或在本地生产的酒精饮料和香烟的销售征收的增值税；②机动车辆税[⑦]，对进口到澳门的所有新机动车的估计市价征收的税款；③车辆使用牌照税[⑧]，对所有在澳门的公共道路上行驶的机动车征收的年度税费；④旅游税[⑨]，对由酒店、餐厅和类似的休闲娱乐场所提供的服务征收的增值税；⑤印花税[⑩]，对某些文件、合同、产权转移书据和商业交易账簿征收的税费（这些文件的法律效力均取决于其是否按时足

① 有时把既不属于直接税又不属于间接税的其余税种归为第三类。

② 1977 年 12 月 31 日第 15/77/M 号法律做出规定，后经多次修改。

③ 1978 年 2 月 25 日第 2/78/M 号法律做出规定，后经 2003 年 8 月 11 日第 12/2003 号法律（后经多次修改）修改，由 2003 年 12 月 1 日第 267/2003 号行政长官批示重新公布。

④ 1978 年 9 月 9 日第 21/78/M 号法律做出规定，后经 1997 年 4 月 21 日第 4/97/M 号法律和 2005 年 7 月 18 日第 4/2005 号法律修改。

⑤ 1978 年 8 月 12 日第 19/78/M 号法律做出规定，后经 1988 年 6 月 20 日第 48/88/M 号法令和 2011 年 3 月 7 日第 1/2011 号法律修改。

⑥ 1999 年 12 月 31 日第 4/99/M 号法律做出规定，后经 2008 年 8 月 25 日第 8/2008 号法律和 2009 年 5 月 25 日第 7/2009 号法律修改。

⑦ 2002 年 6 月 16 日第 5/2002 号法律做出规定。

⑧ 1996 年 8 月 12 日第 16/96/M 号法律做出规定，后经 2001 年 12 月 17 日第 17/2001 号法律修改。

⑨ 1996 年 8 月 19 日第 19/96/M 号法律做出规定。

⑩ 1988 年 6 月 27 日第 17/88/M 号法律做出规定，后经 2001 年 12 月 26 日第 18/2001 号法律和 2009 年 4 月 27 日第 4/2009 号法律修改。

额缴纳印花税)[①]。此外，还有一个针对博彩业收入的税收制度，是对某领域经济活动收入征收的直接税，对当地博彩业总收入课以约 39% 的税率。澳门特别行政区公共收入的主要部分就来源于这种特殊的博彩税。

(一) 营业税

营业税是对在澳门从事的一些工商业活动征收的年度税费。应缴税额是根据《核准营业税章程》附录中所列各个特定形式或类别的工商业活动应缴的固定费用的额度计算出来的，不考虑各个业务主体的规模和营利能力。所有个人和法人在澳门发起、中止或撤销任何工业或商业活动之前，都应依法申请营业税的税务登记（这种登记表明税务机关正式知悉纳税人的商业活动)。营业税的税额非常低[②]，纳税人可能认为这不过是一种“商业登记费”（而非“真正的”税)。需要按照每个场地 300 澳门元[③]的标准年费缴纳营业税的行业是博彩业。

(二) 职业税

职业税是对由个人（即雇员、散工和自由职业者）的劳动或职业活动

① 此外还有一些与税务有关的法律值得一提，如 1996 年 8 月 12 日第 16/96/M 号法律，旨在对一些税收方面的事务进行说明;《税务执行法典》，由 1950 年 12 月 12 日第 38088 号法令批准通过（后经 1951 年 7 月 7 日第 38295 号法令、1966 年 2 月 12 日第 46849 号法令、1983 年 1 月 22 日第 4/83/M 号法令和 1983 年 6 月 25 日第 29/83/M 号法令修改)，调整的是对所欠税款的依法征收，虽然这通常被认为是源于 1999 年 12 月 20 日第 1/1999 号法律第 4 条第 4 款（中级法院 2001 年 2 月 1 日第 1153/A 号案例、中级法院 2003 年 3 月 20 日第 78/2000 号案例、中级法院 2003 年 12 月 4 日第 130/2003 号案例、中级法院 2003 年 12 月 4 日第 94/2003 号案例、中级法院 2004 年 3 月 18 日第 170/2003 号案例、中级法院 2004 年 3 月 18 日第 171/2003 号案例)，但（《税务执行法典》）仍受到地方法院的引用；1990 年 3 月 5 日第 4/90/M 号法令，调整的是（资产）折旧减税和不动产的转让；1985 年 3 月 2 日第 16/85/M 号法令，调整的是税费的返还；1984 年 3 月 24 日第 16/84/M 号法令，调整的是税收事务中的通知程序。

② 由于营业税税额极低，政府花在征税上的公共开支已经远远超过了税收所得，因此政府每年都会（根据年度预算法）出台税收减免措施，对营业税进行免征（但无此法律义务)，这已经成为惯例。(低税额）使得税务机关对营业税的征税变得很不经济［这部分是由于征税对象自 1989 年（1989 年 4 月 17 日第 1/89/M 号法律）以来一直未做更新，而通货膨胀对固定税费的经济价值产生了巨大影响］。

③ 澳门元是澳门的官方货币（《澳门基本法》第 107 条)。澳门元对港元的汇率约为 103 澳门元兑 100 港元。澳门元对美元的汇率固定在约 8 澳门元兑 1 美元。

产生的收入或其他收益（如薪俸、工资、奖金和其他所有工作报酬）征收的税。作为现代最流行的个人所得税，职业税经常通过从雇主发给雇员的薪水或其他工作收入中扣税的形式征税（发给雇员的为净收入）。由于纳税人收到的是（税后）净收入，所以从收入来源处扣税的做法降低了纳税人对税负的感受①。同时它也降低了公共机关在征税过程中的费用支出②，还能起到避免逃税的作用，因为纳税人（雇员）对可征税收入的欺诈性申报必须在双方（雇主和雇员）协同参与的情况下才有可能成功。此外，从收入中扣税的做法就把计算税款的责任从税务机关转移给了私营个体（雇主），如果雇员支付的税款多于或少于应缴税款［如个体职业者的补充性减免税费（多缴）和有多重职业的纳税人的额外收入（少缴）③］，则会产生一系列的麻烦。

1. 非可征税收入

职业税允许某些具有特殊用途（如雇主在工资或薪资外支付的保健、住房或退休金）的月度补助或津贴被视为非可征税收入（但在剩余收入基础上再扣除25%的部分除外④）。对于自由职业者（自营职业者）而言，潜在的可扣除费用的范围相当宽泛，包括所有从事工业或商业活动的必要花费以及供纳税人创造可征税收入的花费（根据规定，所有为取得可征税收入而支付的必要费用都应予以扣除），如房租、物业、通信、保险和其他类似费用。

2. 税率

可征税收入的年税率如表1所示。

---

① 有时人们将这种扣税法称为“具有止痛剂的效果”，因为纳税人收到的是（扣税后的）净收入，不需要亲自进行计算或缴税，所以对扣除的税款没有太多感知。

② 因为职业税的征收和管理费用将由雇主承担，雇主需要把雇员应缴的税费按季度上交给税务机关。为了抵消职业税在处理和征收过程中的财务费用，立法者允许雇主保留从支付工资（每月）到上缴税款（每季度）期间的所扣款项。

③ 两种情况下所扣的税额都不是应缴税额，或是超出，或是不足。纳税人可以要求雇主增加扣除额度，从而将雇员所有的可征税收入一并计算在内（2003年9月11日第1/DIR/2003号通知）。

④ （对可征税收入进行）25%的抵扣是用来弥补《职业税规章》中一些被撤销的税务规定的，这些规定之前允许将某些个人花费（如医疗、教育和住房）从可征税收入中扣除，扣除的税额相当于纳税人人均应缴税额的25%。为了在不增加纳税人税负的情况下简化现行的税法，便将这些条款删除，用25%的抵扣取而代之（2003年8月11日第12/2003号法律）。

表 1　可征税收入的职业税税率

可征税的年收益	税率
收益至 95 000 澳门元	豁免
累计超出所指金额：	
至 20 000 澳门元	7%
由 20 001 至 40 000 澳门元	8%
由 40 001 至 80 000 澳门元	9%
由 80 001 至 160 000 澳门元	10%
由 160 001 至 280 000 澳门元	11%
280 000 澳门元以上	12%

资料来源：第 2/78/m 号法律《职业税》。

(三) 所得补充税

所得补充税是对在澳门的所有商业和工业活动（不包括劳动相关的活动，因为这部分由职业税征收）的年收入征收的税。所得补充税的纳税人被分为 A 组和 B 组，这种分组主要是用来区分纳税公司的“大”和“小”。

1. A 组纳税人

A 组纳税人依法负有做好账目登记和账务核算的义务。纳税人必须备有适当的财务记录，当税务机关为了收集足够证据以核实可抵扣费用或纳税人为纳税目的支付的费用，认为有必要查看财务记录时，纳税人必须向税务机关出示其财务记录。所有纳税人都可以要求成为 A 组纳税人，以使其能够享受可征税费用的抵扣①，但对于某些具备某些基本法律要件的纳税人（如注册资本超过 100 万澳门元的商业公司或在最近三年平均年利润达到 50 万澳门元以上的商业公司），《所得补充税规章》并不从法律上要求其必须作为要求更加严格的 A 组纳税人纳税。A 组纳税人每年提交的年度财务账目必须由注册会计师或注册审计师在税务机关面前审核（并签字）。A 组纳税人的税额（即应缴税额）是按照纳税人提交的年度财务报表和税务机关（对某些申报的可抵扣费用进行重新认定后）所做的调整（如额外应缴税款或对多缴税款的返还）计算得出的。

① 可抵扣费用必须要有核算和账目，否则纳税人无法证明钱款的花项。不过很少有人主动要求成为 A 组纳税人，因为普遍的认识是，即使 A 组纳税人享受了可纳税费用的抵扣，其支付的税额也高于 B 组纳税人。

2. B组纳税人

B组纳税人是那些在澳门从事商业或工业活动的个人或公司中，依据《职业税规章》尚未纳税，且不负有做好核算、账目登记和财务记录之义务的个人或公司。B组纳税人主要是一些小型公司或小型家族企业，它们的年收益较低，正常情况下无力承担维持日常账目的费用。这些纳税人的税负是由税务机关在对利润进行评估的基础上直接决定的，因为不要求这些纳税人维持日常账目，所以也无法查明其每个财政年的收支情况，因此就要依靠税务机关对各个商业企业每年可能的收益进行评估（从当前的商业和经济数据来看，经过评估认定的利润数据往往是非常保守的，而且纳税人通常没有异议）。此外，由于不要求纳税人制作财务账目，所以也不需要考虑可抵扣费用。

3. 税率

可征税收入的年税率如表2所示①。

表2 可征税收入的所得补充税税率

可征税的年收益	税率
收益至32 000澳门元	豁免
累计超出所指金额：	
由32 001至65 000澳门元	3%
由65 001至100 000澳门元	5%
由100 001至200 000澳门元	7%
由200 001至300 000澳门元	9%
300 000澳门元以上	12%

资料来源：第4/2005号法律《修改〈所得补充税规章〉》。

（四）市区房屋税

市区房屋税是对澳门市区内的房产（如作为住房或商业用途的出租单元）的年度租金收入或认定的出租潜力征收的税。纳税人是市区房产的任何租金收入的所有权人，其中既包括不动产的实际所有人，也包括对该资产

① 所得补充税的税率由2005年7月18日第4/2005号法律做了修改。为了简便起见，之前复杂的税率已经被与职业税相类似的新税率所取代。

拥有某种财产权的第三人（纯占有人、转租承租人、分租承租人或某些其他法定产权的所有权人）。应缴税款是根据（如果确实被租出时）收取的租金或（如果暂时未被租出或供征税的租金被认为明显偏低时）经税务机关评定的认定出租价值计算得出的，这种认定出租价值被认为是这种房产的潜在经济价值，受《市区房屋税规章》的规范。

在扣除年度可征税额（租金或认定的潜在租金）的最高10%作为房地产的维护费用（当房屋租出后，必须由纳税人明确提出抵扣申请，但当房屋所有人使用房屋作为住房的，则自动抵扣）后，房屋税税率为6%（作为自有住房）~10%（被租出的房屋）[①]。若纳税人未向税务机关披露真实的租金收入（纳税人依法负有向税务机关披露真实租金收入的责任），则由税务机关根据所掌握的档案、资料和信息（即参考相关官方公共房产登记的房产价值）确定房产的潜在出租价值[②]。

（五）消费税

消费税是对在澳门的香烟和酒精饮料的消费征收的税[③]。这种增值税有两种计税方式，或是根据某种货物向社会大众供应量的大小，或是根据单个货物的经济价值（或进口价格）的大小。目前，消费税是按照各种货物的供应量大小和各种特定产品经过官方评估的进口价格（由有资质的税务机关评定）征收的[④]。

（六）机动车辆税

机动车辆税之前是消费税的一部分（属于计税货物的一种），但现在由专门的税法进行调节。机动车辆税是基于向澳门的终端消费者原装进口[⑤]或

---

① 《市区房屋税规章》最新的一次修改是2011年3月7日第1/2011号法律。

② 为了促进城市发展，《市区房屋税规章》对所有位于澳门市区内的新建房屋（或经过彻底整修的房屋）免征四年，对位于氹仔和路环的免征六年。

③ 其他所有产品（的消费）都不征税，也没有广泛的销售税。澳门本地目前不生产香烟，仅生产少量的酒精饮料。消费税是对这些货物向澳门的商业性进口征收的税。

④ 酒品（酒精浓度高于30%，不含米酒）消费税是按照每公升售价的10%加上20澳门元计算的；雪茄烟按照每公斤80澳门元计算，香烟按照每支0.2澳门元计算，其他烟草产品按照每公斤280澳门元计算。

⑤ 澳门本地从来不生产机动车辆。

销售的机动车辆[①]征收的税（机动车辆的转售[②]和进口转出口不征税）。应缴的机动车辆税[③]是根据各待售车辆的价格［财政价格（fiscal price）[④]，由一个独立的委员会定期确定和审核］计算得出的。

消费税和机动车辆税都属于增值税，因为它们都是对在当地市场上特定货物的购买和销售这种商业交易征收的营业税（商家会通过更高的定价将税转嫁给终端消费者[⑤]）。

（七）车辆使用牌照税

车辆使用牌照税是对在澳门公共道路上行驶的机动车征收的年度税费。应缴的固定税费是根据机动车辆的型号（车重和马力）产生的公共道路的养护费用计算的，同时也作为纳税人财富的一种指示性数据（机动车越贵、越不环保，其马力和车重通常也就越大）[⑥]。车辆使用牌照税是由澳门市政府管理和征收的。

（八）旅游税

旅游税是一种服务税，针对的是与旅游相关的商业活动，如澳门的宾

---

① “机动车辆”是指各种轻型和重型的机动化车辆，包括各种（根据交通法规确定的）卡车、拖车、挂车和摩托车。

② 机动车辆税仅对向澳门原装进口的机动车辆征税。

③ 总体上讲，机动车辆税的税率较高，对汽车的财政价格（公平市场价格）征收30%～55%不等，对摩托车的财政价格征收10%～30%不等。即使对机动车辆的财政价格做最保守的估计，其在进口和销售上的税负仍然十分可观。

④ 机动车辆税之前是根据机动车辆的实际购买和销售价格征收的；不过由于种种原因（包括但不限于逃税）纳税人倾向于披露机动车辆的批发价，而税务机关认为这种价格明显偏低。因此，税务机关往往不接受这种披露的价格，而为其设定一个（相当于公平的市场价的）更高的价格来征税。纳税人（对此）提起的大量诉讼也使法院的判决莫衷一是，最后澳门的终审法院（2001年7月4日第4/2001号案例）确立了一个具有拘束力的先例，允许税务机关在认为所披露的价格明显偏低时，使用公平的市场价格作为征税的依据。在之后的各个案件中，纳税人继续对（税务机关认为）其披露的价格偏低提出质疑，于是法律做了修改，规定机动车辆税根据由税务机关认定的公平市场价格征税（即所谓的“财政价格”）。

⑤ 增值税允许生产者和进口商通过提高购买价格的方式，将税转嫁给终端消费者。

⑥ 车辆使用牌照税的税率根据车辆的型号、马力和车重的不同也会有较大变动，不过通常私家轿车的年度税费为850～4500澳门元，摩托车的年度税费为350～1090澳门元，卡车和其他重型车辆的税费为1500澳门元以上。

馆、餐厅、酒吧和健身俱乐部等。旅游税也是一种增值税，因为5%的固定税率是针对终端消费者（游客和其他消费者）为服务消费支付的费用征收的。旅游税收入完全用于资助澳门旅游基金，由税务机关按月收取。

（九）印花税

印花税是为了确保合同、商业交易协议、财务运作协议和其他正式文件的法律效力而征收的税种。根据各种法律活动的类型和价值的不同，印花税按照固定税额或按照交易价值的一定比例征收①。在澳门，引起特定资产的产权转移的合同和文书需要加盖官方印章，以使其在地方法院具有完全的可执行能力。印花税的征税对象多种多样，例如有关房产或地产的转让或租赁的合同或交易协议、商业企业的设立、企业资本的筹集、银行发放的信贷、官方文件或行政许可证的签署和发放、行政合同（如行政特许经营合同）的签订等。印花税可对市场进行公共干预，因为它能够通过征税，打击资产的投机性囤积。

（十）博彩特别税

澳门特别行政区对博彩业征税是由第16/2001号法律②规定的，并由各种博彩业特许经营合同进一步细化③。博彩特别税是针对博彩业经营的总收益征税的，而不是其利润或净收入（即扣除商业花费之后的收入，如仅针对工商业赢利收入征收的所得补充税），甚至连无法索回的债款也不能扣除。有人可能会说，将博彩业中无法索回的债款从可征税收入中扣除会显得比较公平，但这样做会引发人们对逃税的担忧，比如（赌场）将玩家之前欠下的赌债作为坏账予以核销④。

---

① 由于固定税额通常比较低，而当交易资产价值较高时，按照比例计算的税款会水涨船高，因此印花税税负的变动范围非常大。

② 2001年9月24日第16/2001号法律。

③ 由澳门特别行政区与各地方的博彩娱乐业特许（分）经营商签订的博彩业特许经营合同依照第16/2001号法律规定的形式执行。

④ 通过将赌债当作坏账予以核销的方式很容易实现逃税，而赌债此后还可从（如在中国内地、香港、台湾的）债务人处（至少部分地）追回，因为当地税务机关几乎不可能知道赌债是否被偿还了。有关博彩业坏账抵扣的更多内容，见 Anthony Cabot and Joseph Kelly, *Casino Credit and Collection*, Institute for the Study of Gambling and Commercial Gaming, 2003, pp. 6 – 11。

博彩娱乐业特许（分）经营商每月需要支付博彩总收入35%的税款，此外，他们还必须：

（1）将博彩毛收入的1.6%拨给澳门基金会，以促进对文化、社会、经济、教育、科学、学术及慈善活动以及旨在推广澳门的各项活动；

（2）将博彩总毛入的2.4%用以发展特区的城市建设、旅游推广及社会保障[①]。

不过，博彩娱乐业特许（分）经营商可以从与澳门特别行政区政府签订的博彩业特许经营合同中享受略有优惠的税收条款。根据这些合同协议，所有博彩业经营者需要向澳门基金会支付的拨款为博彩毛收入的1.6%。而对于向城市、旅游业和社会发展缴纳的税款，则视当地博彩娱乐业经营商的不同而有所差别：①对永利澳门有限公司（Wynn Macau Ltd）和银河娱乐集团有限公司（Galaxy Entertainment Group Ltd）［同样肯定还包括澳门威尼斯人（Venetian Macau），美高梅金殿（MGM Grand）和新濠博亚娱乐（Melco PBL Entertainment）］的税率为2.4%；②对澳门博彩控股有限公司（SJM）的税率仅有1.4%[②]。不同博彩娱乐业经营商[③]在促进城市、旅游业和社会发展方面所承担的税负差异高达1个百分点，这引发了人们对（是否）遵循竞争规则的严重担忧，因为澳门特区政府有职责保证博彩市场的公平竞争，不能在税负上进行区别对待[④]。

此外，博彩娱乐业特许（分）经营商还必须为澳门特别行政区授予的公共特许经营特权支付年度费用。这一笔费用由固定和变动两部分组成。固定部分是每个场地3000万澳门元，而变动部分则根据各（分）经营商具体经营的赌桌和角子机数目的不同而有所变动：①大型赌桌每张

① 政府对博彩娱乐业特许（分）经营商的利润实行临时性的补充所得税免征政策。见 Luis Pessanha, "Gaming Taxation in Macau," in *Gaming Law Review*, 2008, 12 (4), pp. 344 - 348。

② 由于当地博彩娱乐业特许（分）经营商的博彩业特许经营合同（根据第16/2001号法律的规定）是不对外公开的，所以我们无从知晓其具体的税收条款是如何规定的。不过，对澳门博彩控股有限公司（SJM）执行较低的税负体现在这样一个事实中，即SJM［包括澳门旅游娱乐股份有限公司（STDM）］通过向公益事业捐赠一些资金而被免除缴纳现金税款，所谓的公益事业，如对澳门河道和港口的疏浚和维护。

③ 需要注意的是，随着澳门博彩娱乐业每年总收入的稳步上涨，这一差异只会越来越大。

④ 法律规定，对所有的博彩娱乐业特许（分）经营商实行无差别的平等对待，以维护良好的市场环境，即保持博彩娱乐业特许（分）经营商之间的公平竞争。

30 万澳门元；②一般赌桌每张 15 万澳门元；③角子机每台 1000 澳门元。每个（分）经营商每年最低的费用是固定部分加上 100 张大型赌桌和 100 张一般赌桌的变动部分。因此，每个（分）经营商的特许经营费用不会低于 7500 万澳门元（3000 万澳门元的固定加上至少 4500 万澳门元的变动费用）。

（十一）年度税收减免措施

每年当立法会批准政府提交的预算提案，使政府根据年度预算案有权在下一个财政年征税时，也会趁机对税收做出调整，出台临时性税收减免措施。当税法的修订尚不成熟时，在各个时期及时向现行财政制度中植入临时性的调整方案，可以提供更大的灵活性。在过去的几年里，根据政府提议，立法会持续出台了一系列包含年度税收减免、刺激和优惠政策的预算案，以促进澳门经济的持续发展，降低社会低收入人群的税务负担。这些年度税收减免措施包括：将《所得补充税规章》规定的最低征税额度从 32000 澳门元提高到 200000 澳门元，将《职业税规章》规定的最低征税额度从 95000 澳门元提高到 144000 澳门元，并将可征税额的抵扣率提高到 25%，免征营业税，市区房屋税扣减税额为 3500 澳门元，免征宣传和广告方面的牌照费（但在“澳门格兰披治大赛车”期间除外），免征旅游税，免征低于 100 澳门元的地租及租金，免征有关银行信贷和保单的利息和佣金的印花税。所有这些临时性税收优惠政策将本可征收的税款（在一个财政年期间内）予以临时性减少或免除①。

（十二）永久性税收减免措施

永久性税收优惠政策主要包括：①对当地制造业的减免，包括免征十年的市区房屋税，免征营业税，所得补充税减免 50%，工业用途的房产转让税减免 50%②；②为金融租赁行业提供大量税收刺激政策，包括免征市区房

① 见 2010 年 12 月 31 日第 14/2010 号法律第 11 ~ 21 条，该法律批准了澳门特别行政区 2011 年的政府预算。

② 这些减免措施最早是根据之前生效的《物业转移税以及继承及赠予税法典》出台的。但是，在我们看来，这些减免措施应当按照适用于目前《印花税规章》规定的不动产转移的印花税来解读。

屋税、印花税以及与租赁活动有关的不动产转移的印花税[①]；③对位于澳门的海外商业的一系列税收刺激政策，包括对海外业务免征营业税和所得补充税，对不动产的转移[②]以及各种保险和银行业务操作免征印花税，对海外企业中非本地居民的合格雇员工作的前三年免征职业税；④对旅游业和博彩业的税收刺激政策，对于某些被认为对社会有特别益处（经官方认可的“对旅游业的益处”）的投资项目或新建设施，上述场馆在建成或整修完成后，（在澳门）免征 8 年或（在氹仔和路环）12 年的营业税和市区房屋税[③]，对不动产转移免征印花税[④]，对酒店和旅游区使用的公交车和其他被认为对社会有益的车辆免征机动车辆税。

五　国际税务合作

（一）信息交流

国际社会对澳门等小型税务管辖区开展信息交流以防止洗钱和富人逃税的呼声越来越高。2008 年的全球金融危机更加凸显了低税管辖区和“避税天堂”确保透明度和对外合作的紧迫性。澳门和香港曾经作为不合作的税务管辖区名单中的成员，受到了世界经济合作与发展组织（OECD，简称“世界经合组织”）的监视[⑤]。虽然澳门和香港都未曾被世界经合组织视为“避税天堂”[⑥]，但两者都面临着巨大的国际压力，要求其遵循某些监管标准，及时制定法律以应其他管辖区的请求进行信息交流。

---

① 这些减免措施最早也是根据之前生效的《物业转移税以及继承及赠予税法典》出台的，它同样也适用于目前《印花税规章》的新体系。

② 同样，此处对不动产转移的印花税的减免是根据之前生效的《物业转移税以及继承及赠予税法典》出台的。该减免政策也适用于受《印花税规章》规范的不动产的转移的印花税。

③ 这是根据《市区房屋税规章》对新修或整修建筑，在澳门免征 4 年和在氹仔和路环免征 6 年这一标准的两倍。

④ 同样，此处对不动产转移的印花税的减免是根据之前生效的《物业转移税以及继承及赠予税法典》出台的。该减免政策也适用于受《印花税规章》规范的不动产的转移的印花税。

⑤ 世界经济合作与发展组织，http：//www. oecd. org/home/。

⑥ 由于所有可疑的管辖区都已承诺实现透明度和信息交流，因此目前已经没有管辖区被列入世界经合组织的不合作名单。澳门和香港从未被正式地界定为不合作的税务管辖区，http：//www. oecd. org/document/57/0，3343，en_ 2649_ 33745_ 30578809_ 1_ 1_ 1_ 1，00. html。

2009年8月24日，澳门制定第20/2009号法律，允许与其他管辖区进行税务信息交流以防止逃税，并执行世界经合组织的透明度标准和有效的信息交流的标准①。该法律使澳门与其他税务管辖区在互惠互利的基础上，依据各种已签订的国际协议开展信息交流，例如有关避免双重征税的综合协议或税务信息交流协议②。

根据第20/2009号法律，缔约方在每次请求交流信息时，必须说明请求的目的，从而避免造成信息交流请求的滥用，比如所谓的“远距离求证”（fishing expedition）。每个合作请求都应当得到当地税务机关的批准和执行。进行交流的信息是保密的。

这一立法打破了澳门长期坚持的银行保密原则，根据该原则，只有在法院对犯罪嫌疑人的审理中，银行保密制度才可以被宣布无效。第20/2009号法律规定，与缔约方开展的信息交流，不仅包括税务机关直接掌握的数据，还包括由银行和其他金融机构掌握的财务记录信息。税务机关可以要求在澳门设立的银行提供其客户的信息，以满足缔约方的合作请求。纳税人可以将这种请求诉至法院，但仅能以金融机构所提供信息不实为由。但这也仅以纳税人知晓该披露请求为前提，因为法律规定，为了保护公共利益，披露请求应当对披露对象保密③。

总而言之，第20/2009号法律与澳门内部的立法不太协调，因为它废除了银行保密原则，对个人资料的保护力度不大，大大降低了人们将行政机关的不法行为诉诸法律的基本权利的保障。

（二）避免双重征税条约

为了吸引外资，防止本地居民遭受双重征税，澳门付出了大量努力，与其他税务管辖区谈判和签订综合性的避免双重征税条约。目前澳门已经与葡

---

① 香港在《税务条例》中引入了类似的变更，以根据2010年1月6日通过的《2009年税务（修订）（第3号）条例草案》，在信息的交流上执行国际标准，http://www.legco.gov.hk/yr08-09/english/bc/bc10/general/bc10.htm。该法案于2010年1月15日发布在香港特别行政区政府宪报上（2010年第1号条例），并于2010年3月12日正式生效。

② 香港只允许依照综合性的避免双重征税协议进行信息交流，目前尚不寻求签订税务信息交流协议。

③ 香港法律则要求此种合作请求必须通知作为披露对象的纳税人，且纳税人可以对交流的信息进行核查，也可以提起有限的上诉。

萄牙[①]、中国内地[②]和莫桑比克[③]签订了有关避免双重征税和防止逃税的条约。此外澳门与比利时[④]和佛得角[⑤]的相关谈判也正在进行或是取得了重要进展。所有这些避免双重征税协议有望紧密遵循世界经合组织制作的有关收入和资本的税务协定范本[⑥]。澳门与其他国家和地区关于签订避免双重征税协议的初步谈判在新闻媒体上也有所报道。

澳门特别行政区政府正在努力签订一系列的避免双重征税条约，以期完全符合有关透明度和信息交流的国际税务标准。不过，考虑到澳门本地的低税政策，以及澳门与其他国家和地区有限的经济和贸易往来，其他国家和地区对于同澳门签订这种避免双重征税条约的兴趣不是很大。因此，澳门在未来一段时间[⑦]需要签订更多限制性的信息交流协议，以符合世界经合组织的实践要求[⑧]。表示愿意同澳门签订避免双重征税协议的国家多为葡语国家，因为它们将澳门视为重要的贸易合作伙伴，同时又是迈向更加广阔的中国内地市场的一扇大门。我们希望澳门和香港能够尽快进行谈判并签订避免双重征税协议，以促进双边投资和防止逃税。为了促进澳门、香港与广东省在珠江三角洲地区的进一步融合，这一举措势在必行。另外，考虑到澳门与香港之间深刻而持久的经济贸易联系，双方签订避免双重征税协议的需求更加凸显。

六　区域经济一体化

澳门是世界贸易组织（WTO）的创始成员。《澳门基本法》保证澳门主

① 澳门与葡萄牙签订的避免双重征税与防止逃税协定由 1999 年 12 月 13 日第 106/99/M 号法令批准生效。

② 澳门与内地签订的避免双重征税与防止逃税协定由 2004 年 4 月 28 日第 11/2004 号行政长官批示批准生效。

③ 澳门与莫桑比克签订的避免双重征税与防止逃税协定由 2010 年 11 月 10 日第 24/2010 号行政长官批示批准生效。

④ 据称已经于 2006 年 6 月签订，有待官方批准。

⑤ 见 2010 年 11 月 8 日第 320/2010 号行政长官批示。

⑥ 所有的税务协议都包含有关（遵循）世界经合组织的信息交流标准的条款。

⑦ 澳门特别行政区与丹麦、法罗群岛、芬兰、格陵兰岛、爱尔兰、挪威和瑞典签订信息交流协议的进程似乎已经接近尾声（见 2011 年 4 月 18 日第 20/2011 号行政命令）。

⑧ 世界经合组织规定，一个地区需要与其他国家或地区签订至少 12 份包含信息交流标准条款的避免双重征税条约（《经济合作与发展组织关于对所得和财产避免双重征税的协定范本》第 26 条）方能宣称其已从根本上执行了有关透明度和信息交流的国际税务标准。

权的交接不会改变澳门在世界贸易组织中的成员地位，并允许澳门加入其他对澳门有利的国际组织或实体。澳门特别行政区可以继续在所有相关的国际组织中出席并保持其成员地位，即使中华人民共和国不属于该组织的成员（《澳门基本法》第137条）①。《澳门基本法》允许澳门特别行政区以“中国澳门”的名义自行出席和发展国际和地区性关系（《澳门基本法》第136条）。

澳门特别行政区是一个自由港，实行自由贸易政策。产品和货物进入当地市场时不需要缴纳任何关税和其他税费（《澳门基本法》第111条）。只对机动车、酒精饮料和香烟的进口征税。除此之外，向澳门进口货物和产品都是免关税的。

（一）区域经济一体化

得益于澳门特别行政区、香港特别行政区和中国内地之间签署的一系列协议，珠江三角洲地区的经济一体化水平和合作水平取得了长足的发展。通过协商和签订《内地与澳门关于建立更紧密经贸关系的安排》（CEPA），澳门与内地签订了更加紧密的经济合作协议②。该协定与香港同内地之前签订的更紧密经济合作协定在范围和内容上比较接近③。目前澳门与香港尚未签订类似的经济合作协定。

澳门与内地签订的更紧密经贸关系安排同意免除从澳门进口到内地的产品和货物的关税和其他税费。享受这一优惠政策的进口产品和货物必须具备澳门的产地证明书（“澳门制造”），也就是说必须是在澳门本地生产的。该协定也为从澳门到内地的跨境服务提供了便利条件，促进了双方在

① 例如，中华人民共和国直到2001年12月11日才加入世界贸易组织。

② 内地与澳门于2003年10月17日签订《内地与澳门关于建立更紧密经贸关系的安排》，并与2004年1月1日生效。该协定于2003年12月26日由第28/2003号行政长官批示发布，并先后做了六次修订，以扩大该协定的适用范围（《补充协议》1~6，分别发布于2005年1月17日第1/2005号行政长官批示、2005年12月30日第24/2005号行政长官批示、2006年9月20日第33/2006号行政长官批示、2008年3月7日第5/2008号行政长官批示、2008年10月3日第28/2008号行政长官批示以及2009年7月15日第17/2009号行政长官批示）。

③ 香港特别行政区与内地分别于2003年6月9日和2003年9月20日在《内地与香港关于建立更紧密经贸关系的安排》上签字，此后又先后签署八个《补充协议》，http://www.tid.gov.hk/english/cepa/legaltext/cepa_legaltext.html。

金融和保险业务以及旅游业上的合作，旨在全面推动双方的贸易往来和投资①。

（二）澳门作为走近中国的大门

澳门与内地之间更加紧密的经贸合作协定也使外国投资者（比如葡语国家的投资者）把澳门当作一个平台，借以在更广阔的中国内地市场上开展合作，开拓产品销售渠道②。当产品在澳门生产，并取得了澳门的产地证明书后，它们就能享受进入中国内地市场的优惠条件。

对于那些已同澳门特别行政区签订了避免双重征税协议的国家或地区的投资者而言，这更具吸引力，因为这意味着其在澳门创造的利润和收益可以被调回本国而不受财产处罚。澳门的金融和银行业务具有极高的国际标准，被普遍认为是可靠的。澳门作为进入中国内地市场的大门，提供了优惠的财政和贸易条件。澳门对葡语国家的投资者提供了更多的便利条件，因为澳门是以葡语为官方语言的中国特别行政区，并与葡语国家适用相似的法律制度。澳门在未来可以继续担当葡语国家与中国沟通的桥梁。

七　结语

澳门的税务在很多方面都有异乎寻常之处。它不大可能被移植到其他的管辖区，因为其适用于商业、不动产、资本和工资的全面低税政策是由当地博彩业大量的税收支撑起来的。不过，澳门的税法的确有值得借鉴之处。比如说，澳门当地的税法与其他国家和地区的税法相比，具有明显的简明性优势，这种简明性使大众比较容易懂。现代管辖区的一大问题就是纳税人很难理解其所应遵循的税法、法规和责任。因此，简明性自然是澳门税法最值得借鉴的一个积极方面。澳门税法制度的另一个显著优点就是，得益于澳门较小的管辖范围，新技术可以迅速、轻易且以较低成本得到应用。这就使澳门具有作为实验室的潜力，在行政水平和良性政府管辖方面，对技术进步所带

---

① 更多信息见 http://www.cepa.gov.mo/cepaweb/front/index.htm。

② 在澳门有一个促进投资的公共机构（澳门贸易投资促进局），为中小型企业在澳门开展的前六个月合作提供各种便利和服务，http://www.ipim.gov.mo/index.php。

来的新的解决方案进行试验。在当地的税务领域，税务机关越来越多地使用电子信息库和互联网来帮助纳税人及时了解税法，使公众与政府机关之间快捷的沟通成为可能。这也是澳门特区政府利用新的电子计算机技术打造电子政务，以提高行政效率的一部分。电子政务在税法领域尚有一定限制，比如在纳税人自主提交年度收入电子申报书方面，虽然税务机关已经推行了很长时间，但目前仍然处于试验阶段。随着纸质办公系统向电子税务系统的逐步转变，在不远的将来一定会有更多创新和发展。

澳门刑法规定下的人口贩卖

——贩卖妇女从事卖淫、组织和操纵卖淫活动

特雷莎·阿布盖尔格-索萨*

刘　稼 译

摘　要：贩卖妇女从事卖淫活动是整个人类社会的一个严重问题，特别是在全球化的世界当中，边境线往往只是理想地图上的划定。人贩子欺骗这些通常受教育水平低、来自需要大量资金的家庭，甚至被最熟悉的人卖给卖淫网络的受害者。本文研究了“贩卖妇女”这一概念，探讨应当如何看待受害者以及不能将其视为非法移民而驱除回原籍的必要性。本文对国际法和地方法律，以及澳门特别行政区当前的实际情况和相应的司法判决进行了分析。本文从刑事法律角度区分了贩卖妇女从事卖淫、组织和操纵卖淫活动之间的不同，试图回答关于如何解读澳门一些现行法律法规的多个问题。在从多个角度对问题进行研究之后，我们得出的结论是，尽管建议对一些法律条款，特别是《澳门刑法典》第163条和第6/97/M号法律第35条第2款做出修改，但澳门已经表明了打击这一犯罪的严正态度。

在全球化的今天，地区与地区间的边界变得模糊，更加容易被穿越。与此同时，各国加强了对非法移民的打击，涉及人口贩卖的司法和人权事务方

* 特雷莎·阿布盖尔格-索萨（Teresa Albuquerque e Sousa），澳门大学法学院讲师，刑法硕士。

面也呈现出各种各样的问题。

本文致力于探究人口贩卖的问题，尤其是贩卖妇女从事卖淫活动、组织和操纵卖淫活动的问题。我们将研究澳门的刑事法律框架，并审查法律解决方案和司法判例。但是，这些问题平行却又紧密相连，为了对这些问题有正确的认识和理解，我们必须以国际和地区两个视角考虑其中的三个核心问题，对于包括人口贩卖（包括以卖淫活动为目的的各种人口贩卖）和跨国非法人口运输在内的各种涉及犯罪组织和非法移民问题的分析也需要拥有国际和国内两大视野。这些主题是互相独立的，但在考虑贩卖从事卖淫、组织和操纵卖淫活动的妇女这一问题时，又不可避免地相互关联起来。

一　人口贩卖

（一）简介

在古罗马时代就存在的定义中，奴隶制度意味着奴隶像其他“无主物”一样被使用。它表示一个人对另一个人的奴役，被奴役的人被剥夺了人性，且需要工作以供给其所有者。1956 年 9 月 7 日，世界劳工组织发布了《废止奴隶制、奴隶贩卖及类似奴隶制之制度与习俗补充公约》，该公约于 1959 年 8 月 8 日在澳葡政府第 32 号公报上公布，同时第 11/2001 号行政长官公告中规定该公约在澳门继续适用。在公约中我们可以看到，在殖民时代十分常见的从事奴隶贸易的人的行为应当根据各缔约国的国内法被视为犯罪。此外，该公约的第 6 条规定，“使他人为奴隶或引诱他人本身或其受赡养人沦为奴隶、或为此等行为未遂，或为此等行为从犯，或为实施此等行为阴谋者当事人之行为，应由本公约当事国法律规定为刑事罪”。随后，该公约第 7 条（甲）款规定，“‘奴隶制’依一九二六年禁奴公约定义，对一人行使附属于所有权之任何或一切权力之地位或状况”；（丙）款规定“‘奴隶贩卖’系指意在使一人沦为奴隶之掳获、取得或处置行为；以转卖或交换为目的取得奴隶之一切行为；将以转卖或交换为目的所取得之人出卖或交换之一切处置行为；及，一般而论，以任何运送方式将奴隶贩卖或运输之一切行为”。

我们还可以看到，该种侵犯自由的犯罪，根据澳门《刑法典》第 153

条可判处 10~20 年的监禁。而有趣的是，在葡萄牙《刑法典》第 159 条相似的条款规定，判处监禁的时限为 5~15 年[①]。

另外，我们可以看到澳门立法会通过第 6/2008 号法律为其《刑法典》增加了第 153-A 条。而在葡萄牙的相关法律中，我们发现，虽然人口贩卖最初与卖淫和性虐待一起被判定在侵犯性自由罪之中，但最终还是被笼统地当作侵犯自由罪，葡萄牙现行《刑法典》的第 160 条的修改部分对此做出了规定[②]。尽管葡萄牙《刑法典》第 160 条相关规定已经非常接近澳门《刑法典》第 153-A 条，但事实上其规定的罪行少于澳门《刑法典》第 153-A 条。葡萄牙《刑法典》仅涵盖了提供、移交、引诱、接受、运输、收留或收容人口以从事性剥削、劳动剥削和器官摘取的活动。葡萄牙立法者似乎排除了以奴役为目的的行为。不过我们可以认为，在葡萄牙立法者看来，性剥削和劳动剥削的行为涵盖了奴役活动可能出现的行为。

20 世纪初开始，人口贩卖行为在国际范围内受到批判，而 20 世纪也是人口贩卖问题的节点。因为从历史的角度看，最初以劳动剥削为目的的奴隶制被认为是破坏人权的最初形态。而到了今天，对于奴隶制的定义已经不局限于将他人当作劳动工具使用，还包括将妻子当作丈夫的财产使用的行为（包括进行买卖、继承、赠予或用于交换财物），此方面可参看《废止奴隶制、奴隶贩卖及类似奴隶制之制度与习俗补充公约》第 1 条（c）（d）款。尽管在当下这个文明的社会看来，上述情况都只发生在过去，但事实上，在一些国家，这些情况仍然存在，比如泰国（或者越南、老挝、柬埔寨、菲律宾等国家），有些家庭除了将自己年幼的子女卖给卖淫团伙以谋得生存外别无他法[③]。

---

① 当事人 A：使他人为奴隶；或 B：带有上条规定的意图出售、转让或购买某人。Américo Taipa de Carvalho, in *Comentário Conimbricense do Código Penal*, *Parte Especial*, Tomo I, Coimbra Editora, 1999, p. 421 e ss.

② Anabela Miranda Rodrigues , in *Comentário Conimbricense do Código Penal*, *Parte Especial*, Tomo I, Coimbra Editora, 1999, p. 510 e ss.

③ 联合国儿童基金会估计，泰国大约有 80 万名卖淫儿童，印度尼西亚大约有 40 万名，印度大约有 40 万名，菲律宾大约有 10 万名。此内容可以参照 Raimo Vayrynen, *Illegal Immigration*, *Human Trafficking and the Organized Crime*, 2002, p. 12, http://www.caim.com.pt/cms/docs_prv/docs/DPR46000cbedbbc2_1.pdf，最后访问日期：2011 年 2 月 11 日。

尽管本文的主题主要是围绕贩卖人口，特别是贩卖妇女，但事实上，该主题与奴隶制度还是紧密联系的。因为大部分情况下，贩卖人口都旨在使受害者成为奴隶以用于贩卖，这种情况跟五个世纪前贩卖黑人和印第安人的情况是一样的。

（二）国际手段

打击人口贩卖的行动可以通过多种国际手段实现，这些手段经过历史的发展到今天仍然存在。根据埃拉·卡斯蒂略（Ela Castilho）的研究，《联合国打击跨国有组织犯罪公约关于预防、禁止和惩治贩运人口特别是妇女和儿童行为的补充议定书》（2000 年象征性签署于巴勒莫）的原文包含许多内容，其中甚至引用了 1926 年和 1956 年联合国关于奴隶制和奴隶贸易的公约[①]。除了和非洲贩卖黑奴有关的问题，贩卖白人妇女卖淫的现象同样令人关注，为了解决这些问题，各国在 1904 年签订了《禁止贩卖白奴国际协议》，在此之后陆续签订了《禁止贩卖白人妇女国际公约》（巴黎，1910 年）、《禁止贩卖妇孺国际公约》（日内瓦，1921 年）、《禁止贩卖成年妇女国际公约》（日内瓦，1933 年）、《禁止贩卖妇孺国际公约和禁止贩卖成年妇女的国际公约的修订协议书》（1947 年），以及《禁止贩卖人口及取缔意图赢利使人卖淫的公约》（成功湖，1949 年）[②]。

我们可以发现，这些公约不断扩大人口贩卖受害者的覆盖范围，并最终涵盖了所有妇女（无关种族）和儿童（无关性别）。

在最初阶段，性剥削和卖淫被视为贩卖妇女和儿童的唯一目的。1994 年，联合国大会的一项决议将人口贩卖定义为“违法或者秘密地将人运送过国家和国际边界，其中主要是发展中国家和一些经济转型期国家，目的在于强制对妇女和儿童进行性剥削或者经济剥削，从而使皮条客、毒贩和犯罪组织从中获益。还有其他一些和贩卖妇女有关的违法活

① Ela Wiecko Castilho, “Tráfico de Pessoas: da Convenção de Genebra ao Protocolo de Palermo,” http://pfdc.pgr.mpf.gov.br/atuacao-e-conteudos-de-apoio/publicacoes/trafico-de-pessoas/artigo_trafico_de_pessoas.pdf，最后访问日期：2011 年 2 月。

② Ela Wiecko Castilho, “Tráfico de Pessoas: da Convenção de Genebra ao Protocolo de Palermo,” pp. 1-2, http://pfdc.pgr.mpf.gov.br/atuacao-e-conteudos-de-apoio/publicacoes/trafico-de-pessoas/artigo_trafico_de_pessoas.pdf，最后访问日期：2011 年 2 月。

动，比如强迫其从事家务劳动、假结婚、非法就业和非法收养”[①]。不过1995年北京才将强迫妇女卖淫（非自愿卖淫）明确规定为侵犯人权的行为[②]。

因此，我们可以在《联合国打击跨国有组织犯罪公约关于预防、禁止和惩治贩运人口特别是妇女和儿童行为的补充议定书》中找到一条连续的线索。埃拉·卡斯蒂略强调在该补充议定书第3条中阐述贩卖人口的定义："为了达到一个人对另一个人的控制和剥削的目的，通过威胁、使用武力或其他胁迫方式，通过诱拐、诈骗、欺骗、滥用职权或利用受害者弱势地位，通过给予或接受酬金或惠利进行的招募、运送、转移或接收人员的行为。"[③]该定义中提到的“目的”对于区分贩卖人口（human trafficking）和之后将会提到的走私人口[④]（people smuggling）是极其重要的。走私人口的发生是基于被运送人和负责实施运送的人的共同意愿，并且当被运送人到达目的地后，两人间的合作即结束。

根据埃拉·卡斯蒂略的观点，这一目的可以通过“强迫他人卖淫或者其他形式的性剥削，强迫其进行劳动或服务，奴隶交易或者其他类似奴隶交易的行为，奴役或者摘取器官”等方式体现，以上所提到的方式可形成一个实例列表[⑤]。也就是说，这一宽泛的概念尤其强调以性剥削或者卖淫为目的的贩卖妇女行为。实际上，目前使用“性剥削”一词来代替“卖淫”，是因为其涵盖了更广泛的情况，其中包括“性旅游业、幼童卖淫、儿童色情、

① Ela Wiecko Castilho, “Tráfico de Pessoas: da Convenção de Genebra ao Protocolo de Palermo,” p. 4, http://pfdc. pgr. mpf. gov. br/atuacao-e-conteudos-de-apoio/publicacoes/trafico-de-pessoas/artigo_trafico_de_pessoas. pdf，最后访问日期：2011年2月。

② Ela Wiecko Castilho, “Tráfico de Pessoas: da Convenção de Genebra ao Protocolo de Palermo,” http://pfdc. pgr. mpf. gov. br/atuacao-e-conteudos-de-apoio/publicacoes/trafico-de-pessoas/artigo_trafico_de_pessoas. pdf，最后访问日期：2011年2月。

③ Ela Wiecko Castilho, “Tráfico de Pessoas: da Convenção de Genebra ao Protocolo de Palermo,” p. 5, http://pfdc. pgr. mpf. gov. br/atuacao-e-conteudos-de-apoio/publicacoes/trafico-de-pessoas/artigo_trafico_de_pessoas. pdf，最后访问日期：2011年2月。

④ 对这一主题的介绍请参阅 http://en. wikipedia. org/wiki/People_smuggling，最后访问日期：2011年3月14日。

⑤ Ela Wiecko Castilho, “Tráfico de Pessoas: da Convenção de Genebra ao Protocolo de Palermo,” p. 5, http://pfdc. pgr. mpf. gov. br/atuacao-e-conteudos-de-apoio/publicacoes/trafico-de-pessoas/artigo_trafico_de_pessoas. pdf，最后访问日期：2011年2月。

强迫卖淫、性奴、逼婚”①。

埃拉·卡斯蒂略强调注意受害者同意的情况：若受害者未满 18 岁，此种“同意”应被视为无效；若受害者已满 18 岁，但是在“威胁、胁迫、欺骗、滥用职权或者利用受害者弱势地位”的情况下的同意，也将被视为无效，并仍将被认定为贩卖行为②。正如许多人提到的，受害者受骗的情况并不少见，她们原以为被送至目的地后将会得到一份像女佣、保姆或收银员一样体面的工作，但当她们抵达后则被送至妓院或者“按摩院”，并被拿走了其身份证明文件，每天都受到持续的监视③。即使这样仍然不够，她们仍留在原籍国的家人还将受到威胁，当然人贩子很容易就能知道那些人的名字，并用其使受害者相信威胁的存在④。因此，受害者会感觉到被欺骗，感觉被拘禁在一个不是他们自己国家的地方，并被强迫工作，正如刚刚提到的，被迫在卖淫的场所工作，而她们得到的只是客人支付金额中很小的一部分。除了这些微薄的经济来源，她们还需要支付从原属国到目的国旅程的债务（debt bondage），以及这些债务极高的利息，这对于受害者来说仿佛像是被捆绑在一张永无止境的网中，且根本找不到离开的方法⑤。

此外，她们不会说当地语言，受教育水平低下，并对自己的权利一无所知，因此她们不知道可以向谁求救，只能屡次被当作犯人对待。对于许多这

---

① Ela Wiecko Castilho, “Tráfico de Pessoas: da Convenção de Genebra ao Protocolo de Palermo,” http://pfdc.pgr.mpf.gov.br/atuacao-e-conteudos-de-apoio/publicacoes/trafico-de-pessoas/artigo_trafico_de_pessoas.pdf，最后访问日期：2011 年 2 月。

② Ela Wiecko Castilho, “Tráfico de Pessoas: da Convenção de Genebra ao Protocolo de Palermo,” http://pfdc.pgr.mpf.gov.br/atuacao-e-conteudos-de-apoio/publicacoes/trafico-de-pessoas/artigo_trafico_de_pessoas.pdf，最后访问日期：2011 年 2 月。

③ Susy Garbay, *Migración, Esclavitud y Tráfico de Personas*, 2003, p.4, http://www.flacsoandes.org/web/imagesFTP/13921.garbay_2003___aportes_andinos_7.pdf，最后访问日期：2011 年 2 月 11 日；Christine Bruckert and Colette Parent, *Organized Crime and Human Trafficking in Canada: Tracing Perceptions and Discourses*, 2004, p.41, http://dsp-psd.pwgsc.gc.ca/Collection/PS64-1-2004E.pdf，最后访问日期：2011 年 2 月 11 日。

④ Christine Bruckert and Colette Parent, *Organized Crime and Human Trafficking in Canada: Tracing Perceptions and Discourses*, 2004, pp.39-40。根据调查，加拿大警察指出人口贩子用以下表述威胁没有支付债务的受害者：“如果不付钱，我就去认识一下你的父亲。”

⑤ Christine Bruckert and Colette Parent, *Organized Crime and Human Trafficking in Canada: Tracing Perceptions and Discourses*, 2004, p.42。

样的受害者，当她们因非法移民问题被警察发现时所受到的待遇令人触目惊心，她们经常被视为秘密偷渡的人而被尽快驱逐出境。

许多学者也已多次强调对两种人群需区别对待：国家需要法律来有效地打击非法移民，这是事实，但是非法移民在很多时候是被贩卖的受害者的情况也是事实，并且这些受害者曾经有过非常痛苦的经历。

对于发生在一个国家内部的贩卖人口的情况，很多时候受害者是被其父母所卖，之后又被人贩子进行再次贩卖，受害者从幼年开始就被进行性剥削，并且在很小的时候就被迫加入卖淫网络（如柬埔寨或泰国的例子）。而在向国外贩卖人口的情况中，人贩子很多时候都是用欺骗和威胁①，加以强迫卖淫的手段大大地剥削受害者。

因此，每个国家和地区都应该寻求平衡“打击非法移民”和“保护被贩卖者人权”两大问题的最好途径，受害者应当得到个别和专业的治疗方法，比如允许她们在目的国寻找一份职业，如果她们愿意的话，发放居住许可证。

正如苏西·加尔贝（Susy Garbay）所说，必须严惩贩运者而非受害者，因为这些在国外没有证件的受害者往往是被贩运者非法没收了证件。因此，应该免除侮辱性的驱逐出境的程序，因为这些妇女不是罪犯，而是贩运网络的受害者②。另外，她还提道：“移民政策的强化，并没有为打击贩卖人口提供措施，而是增加并扩大了成本。”③ 因此，对于国家和地区，在国内政策方面，必须学会如何有效地协调打击非法移民的必要性和贩卖人口背后的所有人道主义问题之间的关系。

我们不能忽视的是，就许多这样的受害者来说，微薄的酬金对于她们原属国的家人已经很重要了，那里每天 1 欧元就足以养活全家④，因此留在目的国对于她们来说很重要，这样她们就可以找一份适合的工作来帮助家人。

针对非法移民的问题，澳门有第 6/2004 号法律和与有组织犯罪有关的

---

① Susy Garbay, *Migración, Esclavitud y Tráfico de Personas*, 2003, p. 4。

② Susy Garbay, *Migración, Esclavitud y Tráfico de Personas*, 2003, p. 4。

③ Susy Garbay, *Migración, Esclavitud y Tráfico de Personas*, 2003, p. 5。

④ Christine Bruckert and Colette Parent, *Organized Crime and Human Trafficking in Canada: Tracing Perceptions and Discourses*, 2004, p. 38。

第6/97/M号法律，但这些法律应与有关贩卖人口的法例第6/2008号法律相互协调[①]。

那么接下来便出现了有关贩卖人口（human trafficking）和走私人口（human smuggling）之间实际区别的问题[②]。

根据莱莫·瓦伊里宁（Raimo Vayrynen）的观点，这两个行为本质的不同点在于代理人的意图。根据这种观点，负责走私人口的人“（……）只负责运送人至某一特定的目的地或者在某一地点放下被运送者来获得一定的酬金，或者交给另外一个代理人。负责运送的人可以将人送至目的地或者欺骗‘客户’并使其处于一个陌生国家的困难境地里，没有钱，没有证明文件也没有联系方式。这些移民迟早会面临所在国当局的处罚”[③]。

然而，人贩子的意图则有所不同，即在于“根据特定的任务对一个人进行剥削，这样的任务通常是卖淫或者奴隶交易，有时也是毒品交易。工作的性质不是由受害者决定的，而是由利用[④]受害者获得收入或者享乐的人或组织决定的。受害者并不总是事先了解工作的性质，或者受害者对此只有模糊的了解。受害者将失去自由，并且不可能逃离其所处的境遇，或者必须冒险才能逃离。最后的结果往往会对受害者造成身体和心灵上的伤害”[⑤]。

针对这两者的定义，苏西·加尔贝解释说：“非法移民是指非法的运送，至少在过程初期，不含有任何威胁或者欺骗的成分。这种情况下，根据自愿参加的原则，被运送人员可以非法进入一个非原籍并且不持有其永久居住签证的国家。”[⑥] 与之相反，贩卖人口则通常是以对保证帮助被运送者进

---

① 后面会对此主题进行发展。

② 作为非法进入欧洲国家或者澳大利亚所使用的途径的例证请参阅 Raimo Vayrynen, *Illegal Immigration, Human Trafficking and the Organized Crime*, 2002, p. 8; Alberto Daunis Rodríguez, “La promoción del tráfico ilegal de personas: aspectos jurídicos y policiales,” in *El desafío de la criminalidad organizada*, p. 215。

③ Raimo Vayrynen, *Illegal Immigration, Human Trafficking and the Organized Crime*, 2002, p. 11.

④ 虽然笔者用的词为“劫持”，但是并不意味着受害人被绑架，而是远离自己的家乡并根据人贩子的意愿从事某一活动。因此根据上下文，我们把这个词翻译为“利用”——译者注。

⑤ Raimo Vayrynen, *Illegal Immigration, Human Trafficking and the Organized Crime*, 2002, p. 11.

⑥ Susy Garbay, *Migración, Esclavitud y Tráfico de Personas*, 2003, p. 3。

入另一个国家为开始，以受害者被欺骗、被强迫做某项特定工作来赚取酬金为目的，尽管被人贩子威胁并不断受到剥削，但受害者仍然背负着一笔无尽的债务。

根据莱莫·瓦伊里宁的观点，“smuggling”这一词通常会和非法移民联系起来，意味着“代理人获得酬金帮助某人非法越过边境”。而贩卖人口则“涉及强迫和剥削”。因此，“smuggling”一词和移民以及相应的立法、政策有关，然而在贩卖人口的情况中，被贩卖人是“需要保护的受害者”①。

还要注意的是，人口的贩卖涉及一群广泛的利益相关者，将包括“在（受害者）籍贯地的招募，行程的融资和组织，交通，在目的地最初的接待和工作安置”②。

如果我们探究为什么会出现以上所说的两种情况，一般来说，是由于这些人及其家庭生活在本国极度贫苦的生存环境中，而且他们对于这种现实缺乏认知和了解，所以非常容易受困于这样一个环境，成为弱势群体③。最终，这些家庭会用所有的积蓄来把一个成员送到国外，希望如此一来全家的生活都能得以改善，同时家里也能少一张吃饭的嘴。

在国际法方面，我们不能不提于 2000 年 11 月 15 日在纽约签署的《联合国打击跨国有组织犯罪公约》中《关于预防、禁止和惩治贩运人口特别是妇女和儿童的补充议定书》（如上文所述）和《关于打击海陆空偷运移民的补充议定书》④。

正是在第一份议定书的第 2 条（b）项中，各签署国在“在充分尊重其人权的情况下保护和帮助此种贩运活动的受害人”方面取得了共识。另外，第 3 条（a）项和（b）项中分别明确界定了人口贩卖的定义和同意无效的问题。

根据第 7 条的内容，议定书呼吁各签署国采取多项措施来保护人口贩卖

① Raimo Vayrynen, *Illegal Immigration, Human Trafficking and the Organized Crime*, 2002, p. 11。

② Susy Garbay, *Migración, Esclavitud y Tráfico de Personas*, 2003, p. 2.

③ Susy Garbay, *Migración, Esclavitud y Tráfico de Personas*, 2003, p. 3.

④ 关于第二份议定书的更多详解，请见 Christine Bruckert and Colette Parent, *Organized Crime and Human Trafficking in Canada: Tracing Perceptions and Discourses*, 2004, p. 10。

的受害者[①]，如采用立法或其他方面的措施来允许这些人在各国境内暂时或者永久居留，其中第 2 款呼吁考虑人道主义和照顾性因素。

该议定书第 8 条第 4 款的规定解决了受害人遣返回国而没有相关证件的问题。在此种情况下，受害者国籍所在国或其拥有居留权的国家应当发放一份证件的副本或其他旅行证件。

第 9 条规定了各签署国应当采取适当措施防止人口贩卖，尤其要加强边境管理，以便更好地监控相关情况（根据第 11 条第 1 款的内容）。

根据第 13/2010 号行政长官公告（其中颁布了经过中华人民共和国政府审批适用于澳门的条款），该协议书适用于澳门[②]。

还需注意到人口贩卖组织的活动领域比以前扩大了很多，它们不再仅仅进行单一的犯罪活动来获利，而是同时涉及多个领域，如贩卖毒品、人体器

① 其中我们特别强调第 6 条“对人口贩运活动被害人的帮助和保护”，其内容如下。

1. 各缔约国均应在适当情况下并根据本国法律尽量保护人口贩运活动被害人的隐私和身份，尤其包括对审理这类贩运活动案件的法律程序予以保密。

2. 各缔约国均应确保本国法律或行政制度中包括各种必要措施，以便在适当情况下向人口贩运活动被害人提供：

（a）有关法院程序和行政程序的信息；

（b）帮助被害人，从而使其意见和关切在对犯罪的人提起的刑事诉讼的适当阶段以不损害被告方权利的方式得到表达和考虑。

3. 各缔约国均应考虑采取措施，为人口贩运活动被害人的身心康复和重返社会提供条件，包括在适当情况下同非政府组织、其他有关组织和民间社会其他方面开展合作，特别是：

（a）提供适当的住房；

（b）以人口贩运活动被害人懂得的语文提供咨询和信息，特别是有关其法律权利的咨询和信息；

（c）提供医疗、心理和物质帮助；

（d）提供就业、教育和培训机会。

4. 各缔约国在执行本条规定时，均应考虑到人口贩运活动被害人的年龄、性别和特殊需要，特别是儿童的特殊需要，其中包括适当的住房、教育和照料。

5. 各缔约国均应努力保护在本国境内的人口贩运活动被害人的人身安全。

6. 各缔约国均应确保本国的法律制度包括各项必要措施，使人口贩运活动被害人可以就所受损害获得赔偿。

② 非法进入欧洲国家或者澳大利亚所使用的途径的例证请参见 Raimo Vayrynen, *Illegal Immigration, Human Trafficking and the Organized Crime*, 2002, p. 8; Alberto Daunis Rodríguez, “La Promoción del Tráfico Ilegal de Personas: Aspectos Jurídicos y Policiales,” in *El Desafío de la Criminalidad Organizada*, p. 231。这是一篇关于比较法律和针对西班牙现实的研究。

官[①]。另外，现在已经形成了许多覆盖面很广的犯罪网络，为在不同领域活动的犯罪组织的相互联络提供了方便，因此可以说为了获利，在它们之间已然形成了任务分工[②]。

有些受害者因非法滞留于目的地国家，转而加入犯罪网络，把这当成唯一的出路。

现如今，受害者被迫加入犯罪组织的现象屡见不鲜[③]。很多人诱骗他们的亲人去外国工作，而他们自己也是被以同样的方式诱骗的。此类犯罪网络主要和在北美的亚洲人社团有关，特别是中国人。受害人被这些人非法运到国外，拿到假的证件，运气好也有可能得到一份非法的或者与其情况不相配的工作，从而拿到真的证件。他们的工作在日工作时数、每周休息日数、假期、基本工资、津贴以及其他如产假等合法权益方面不符合当地法律。典型例子就是在餐馆以洗碗为生的人，每周工作七天，每天工作 10 到 12 个小时，拿到的工资还要寄给在祖国的亲人[④]。

但是由于原属国缺乏对工作权利的保障，这些人并没有意识到问题的严重性。虽然到手的工资低于所在国的最低工资标准，但对他们来说这仍是一笔很大的收入，足够支付日常开销、出国旅费欠下的债务及其"利息"，还能寄一部分钱给在祖国的亲人。在那里少量欧元或美元足以养活一家人。

其他关于此问题的国际文件尽管区别不大，但都很重要，其中不得不提到 1949 年 12 月 10 日在联合国大会上通过的《世界人权宣言》。其中第 1 条提出尊重人的自由和尊严，人口贩卖的受害者显然在这两方面受到了侵犯。除此之外，第 3 条和第 4 条提出自由的权利，废除奴隶制。最后强调的是第 23 条和第 24 条，其内容涉及工作、报酬和休息休假时间等。

---

① Raimo Vayrynen, *Illegal Immigration*, *Human Trafficking and the Organized Crime*, 2002, p. 4。

② 关于此类犯罪组织的更多介绍，参见 Raimo Vayrynen, *Illegal Immigration*, *Human Trafficking and the Organized Crime*, 2002, p. 8；Alberto Daunis Rodríguez, "La Promoción del Tráfico Ilegal de Personas: Aspectos Jurídicos y Policiales," in *El Desafío de la Criminalidad Organizada* , p. 222。

③ Christine Bruckert and Colette Parent, *Organized Crime and Human Trafficking in Canada: Tracing Perceptions and Discourses*, 2004, p. 51.

④ Christine Bruckert and Colette Parent, *Organized Crime and Human Trafficking in Canada: Tracing Perceptions and Discourses*, 2004, p. 38.

除此之外，还需要强调《经济、社会及文化权利国际公约》[①]，其中的第6条和第7条规定了个人有自由选择职业的权利，获得公平并对工作者有利的工作条件的权利，而且再次涉及了工作报酬、工作环境、工作时间限制以及在第10条第2款中出现的产假等[②]。

（三）贩卖妇女——亚洲的特殊情况

根据很多学者所言（如莱莫·瓦伊里宁），澳门毫无疑问是贩卖从事色情和卖淫活动的妇女的一个目的地，这些被贩卖的妇女来自俄罗斯、乌克兰[③]（或者中国内地、柬埔寨、越南、菲律宾等地）。妇女被贩卖到许多欧洲国家、美国和一些亚洲国家和地区，在亚洲，除了中国澳门，仅在日本和韩国就有6000名非法来自俄罗斯的妇女[④]。

此外，“在美国……妓女实际上就是奴隶，她们被由中国人或越南人组成的帮派所控制”[⑤]。来自亚洲的被贩卖妇女通常会欠蛇头一大笔钱，她们只能拿到很少一部分卖淫赚来的钱，如此一来根本没有能力偿还巨额欠款，只能看着那笔钱利滚利。这些妇女的卖淫活动被亚洲帮派或者与亚洲帮派有关系的当地黑帮所控制[⑥]。

有一个方面不得不提，在亚洲国家（特别是柬埔寨或越南），被贩卖去从事性工作的妇女通常都是未成年人，由于经年累月承受痛苦，她们的精神受到了严重摧残，看不到未来的希望[⑦]。

---

① 根据第15/2001号行政长官公告，该公约在澳门的法律制度下继续适用。

② 欧洲理事会1950年11月4日通过的《欧洲保障人权和基本自由公约》，旨在“确保承认和执行”《世界人权宣言》规定的权利，特别是第4条（禁止奴役和强迫劳动），同时还根据第19条，成立了欧洲人权法院，“为了保证各缔约国履行本公约所规定的应当承担的义务”。该公约于1978年11月9日在葡萄牙语的法律体系内生效。

③ Raimo Vayrynen, *Illegal Immigration*, *Human Trafficking and the Organized Crime*, 2002, p. 12.

④ Raimo Vayrynen, *Illegal Immigration*, *Human Trafficking and the Organized Crime*, 2002, p. 12.

⑤ Raimo Vayrynen, *Illegal Immigration*, *Human Trafficking and the Organized Crime*, 2002, p. 12.

⑥ Raimo Vayrynen, *Illegal Immigration*, *Human Trafficking and the Organized Crime*, 2002, p. 14.

⑦ Raimo Vayrynen, *Illegal Immigration*, *Human Trafficking and the Organized Crime*, 2002, p. 15.

二　澳门法律制度关于贩卖人口的规定

（一）适用于澳门特别行政区的国际文件

根据澳门阻吓贩卖人口措施关注委员会，在澳门适用的国际多边公约兹列举如下①：

1. 一九二六年九月二十五日于日内瓦签订的《禁奴公约》；

2. 一九三零年六月二十八日于日内瓦签订的国际劳工组织第29号《强迫或强制劳动公约》，后经《一九四六年最后条款修订公约》修订（国际劳工组织第29号公约）；

3. 一九四九年十二月二日于纽约成功湖签订的《禁止贩卖人口及取缔意图营利使人卖淫公约》；

4. 一九五六年九月七日于日内瓦签订的《废止奴隶制、奴隶贩卖及类似奴隶制之制度与习俗补充公约》；

5. 一九五七年六月二十五日于日内瓦签订的国际劳工组织第105号《废除强迫劳动公约》（国际劳工组织第105号公约）；

6. 一九八九年十一月二十日于纽约签订的《儿童权利公约》，二〇〇〇年五月二十五日在纽约通过的《〈儿童权利公约〉关于买卖儿童、儿童卖淫和儿童色情制品问题的任择议定书》；

7. 一九九九年六月十七日在日内瓦通过的国际劳工组织第182号有关《禁止和立即行动消除最恶劣形式的童工劳动公约》（国际劳工组织第182号公约）；

8. 二〇〇〇年十一月十五日在纽约签署的《联合国打击跨国有组织犯罪公约》（巴勒莫公约）。

在我们看来，第13/2001号行政长官公告使《禁止贩卖人口及取缔意图营利使人卖淫的公约》在澳门得以继续实行，而事实则是，在现行的法律制度下这份公约现在并没有实际的效力，至少没有完整的效力。中华人民共和国政府

① 澳门阻吓贩卖人口措施关注委员会，http：//www. anti－tip. gov. mo/pt/law. aspx#1，最后访问日期：2011年3月16日。

审批了《联合国打击跨国有组织犯罪公约关于预防、禁止和惩治贩运人口特别是妇女和儿童行为的补充议定书》（后简称“补充议定书”）中适用于澳门的条款，并在第13/2010号行政长官公告颁布之后，这份在2000年面世的公约就已经取代了上一份公约。中华人民共和国加入该公约的日期是2010年2月8日[①]。

事实上，从某种程度上看，第一份公约已经过时，并且与现实脱节。比如，其第一条写道：“本公约缔约国同意：对于意图满足他人情欲而有下列行为之一者，一应处罚：一、凡招雇、引诱或拐带他人使其卖淫，即使得本人之同意者；二、使人卖淫，即使得本人之同意者。”

而《禁止贩卖人口及取缔意图营利使人卖淫公约》第2条则规定：“该公约的缔约方一致同意惩处有以下行为的人：持有、经营或者有意识地资助卖淫场所的；将一处建筑物或其他地方的全部或部分用作或出租为卖淫场所的。”

第一份公约和现在涉及的情况并不相符，在某种程度上，我们是可以对卖淫持肯定态度的，因为并不是所有妇女都是被迫或者被骗去往他国从事此项活动的。在澳门的法律体系下，人们有自由选择职业的权利，卖淫并非非法活动，妇女从事卖淫可以出于她们自己的选择。当然，我们指的是已成年的妇女，18岁以下女性的想法在法律体系面前没有效力，因为她们还是孩子（详见补充议定书第3条第3、4项的内容）。

这也意味着，根据补充议定书第3条第1项中关于卖淫的定义，如果一个成年妇女自己做出选择，同意前往他国从事卖淫活动，这种情况并不涉及任何人口贩卖的问题。

另外，根据同一条款中最后部分所规定的内容，若任何从他们身上牟利的行为被认定为是“人口贩运”，其中必然涉及“利用他人卖淫进行剥削或其他形式的性剥削”的行为。

（二）域内立法

澳门拥有一项极其重要且涉及贩卖人口的法律，即第6/2008号法律，该法律已于2008年6月24日生效，致力于打击贩卖人口犯罪。该法律文件

---

① 埃拉·卡斯蒂略（Ela Catilho）在上文所列举作品第3页中似乎也同意此种说法，她提到：《消除对妇女一切形式歧视公约》（1979年）的颁布就已经使1949年的公约失去了效力，也就是说，早在1979年就应该意识到那份公约已经失效了。那么毫无疑问，到了2000年，《联合国打击跨国有组织犯罪公约》附加议定书通过后，就更不应继续使用先前的公约。

废止了第6/97/M号法律第7条（将“国际性贩卖人口”定罪），为防范新型犯罪，扩大了“贩卖人口”的定义范围。对此，还补充了《刑法典》第153－A条条文，即有关侵犯人身自由罪的范围，并将该罪行添加至澳门《刑法典》第5条第1项的b）款中，据此，为尊重普遍性原则，即使犯罪事实发生在澳门以外的地区，而在澳门发现该嫌犯，并因无法引渡至其他地区或国家，根据此条款可在澳门对嫌犯进行审判。该法律（除了修订贩卖人口之罪行的法人问责规定，以及刑事诉讼法修正案之外）出于对国际公约（关于贩卖人口的问题）的尊重，提供了一系列措施以保护受害人的权利①。被贩卖之人被视为受害人，以便于受害人即使在澳门遇到某个隐秘的状况，也将有权享有与其身份相符合的特殊待遇。第6/2008号法律第6条与第7条中所采取的措施是值得赞赏的。

在第6条中，我们可以看到人口贩卖犯罪的受害人所享有的权利，如：

（一）立即知会其所属国家或地区的大使馆、领事馆或官方代表处；

（二）在诉讼程序中，成为辅助人及民事当事人；

（三）按适用法列获得所受损失及损害的赔偿；

（四）受适当保护；

（五）在与其为受害人的贩卖人口犯罪采取相关措施期间在澳门特别行政区逗留；

（六）受法律保护，包括获得法律咨询及司法援助；

（七）如不懂或不谙澳门特别行政区任何一种正式语言，在整个诉讼程序期间，获合适的翻译或传译协助②；

（八）如受害人获证实缺乏经济及社会条件，可获得由社会工作局提供的社会援助，尤其是使其可返回其所属国家或地区所需的社会援助；

（九）完全免费获得（……）心理、医疗及药物的援助；

（十）有关贩卖人口犯罪的诉讼程序及行政程序保密③。

另外，在第7条中，我们可以看到：

---

① 尽管上文所提及的补充议定书自2010年才适用于澳门，但我们可以看到其纲领并没有被立法机关所忽略，澳门已于2007年成立了阻吓贩卖人口措施关注委员会，第6/2008号法律亦于2008年生效。

② 其意与《刑事诉讼法》第82条第2款相同。——译者注

③ 该条为重点强调。——译者注

一、政府负责采取一切必要措施，保护及援助贩卖人口犯罪的受害人，尤其是：

（一）设立一个保密且免费的保护受害人计划，旨在确保受害人有一个获暂时收容的适当地方，保障其人身安全，以及获得必需及适当的心理、医疗、社会、经济及法律援助；

（二）设有用作接待受害人的地方，该地方尤其应具有向受害人提供有关其权利的资料及将其转介到主管实体的功能，以及设立协助受害人及接受其查询的机制；

（三）促进透过社会传播媒介作出宣传推广活动，使公众关注贩卖人口犯罪所带来的问题，并印制及免费派发有关受害人权利的小册子，该等小册子须尽可能以多种语言编写，当中应载有关于贩卖人口的性质、受害人的权利及保障、可求助的部门及实体，以及可维护受害人权利或确保受害人获得保护的机制等资料；

（四）推行关于预防及遏止贩卖人口犯罪、受害人状况、接待技巧、保护受害人机制的培训活动；

（五）推行各项研究工作，旨在从不同层面了解有关贩卖人口犯罪的现象；

（六）与公共或私人实体订立合作协议，以协助及收容贩卖人口犯罪的受害人。

二、在贩卖人口犯罪的受害人、其家人或证人的生命或身体完整性受危害时，司法当局、刑事警察机关及主管的公共部门或实体应按情况所需，迅速及有效采取一切适当措施，确保该等人得到保护及援助；如属非澳门居民的情况，则应启动必要的合作机制，以便其所属国家或地区提供相应的保护及援助。

并且第 8 条详细指出了警方保护的问题。根据 2007 年 8 月 30 日第 266/2007 号行政长官批示，该批示已于 2007 年 9 月 10 日在官方公报中刊登，澳门阻吓贩卖人口措施关注委员会成立，由保安司司长办公室协调。根据该批示第 3 条，“委员会在有关贩卖人口的社会问题上，探讨、评估及研究澳门特别行政区的情况，推动社会研究及分析，提出建议及监察各部门在打击贩卖人口方面所展开的行动，包括预防、对受害者作出保护及社会重返等工

作，并跟进相关事宜”，为此应推动几方面的工作；第 3 条第 5 项指出，“制定对受害者的社会重返措施，包括对非本地居民的受害者安全妥善地送返原居地及确保其尊严”（重点强调）。

根据澳门的贩卖人口犯罪统计数据（由阻吓贩卖人口措施关注委员会统计），在 2008 年（第 6/2008 号法律生效之后），警方向检察官提交了 16 件疑似贩卖人口的案件，其中有两位嫌犯被检察官定性为操纵卖淫罪，有三位被法庭判定为淫媒罪，他们分别被判入狱 6 年零 3 个月，1 年零 3 个月以及 5 年。另外，检察官将其他四个案件以贩卖人口罪提出指控（其中一个案件已于 2009 年立案。）但有一个案件最终被指控为操纵卖淫罪。在 2008 年审判的贩卖人口案（*rectius* 2009，第 CR1 - 09 - 0150 - PCC 号合议庭普通刑事案）中，嫌犯被裁定贩卖人口罪名成立，并被判入狱 7 年零 6 个月。在 2009 年，警方向检察官提交了五件涉嫌贩卖人口的案件，其中有两个案件被检察官以操纵卖淫罪提出指控（在这些案件中，嫌犯分别被判入狱 3 年零 6 个月，2 年以及 3 年）除此之外，另外三个案件被检察官以贩卖人口罪提出指控。在 2009 年的这三个案件中，各嫌犯并没有被宣判，其中两位嫌犯的判决被推迟到第二年。

在 2010 年（1 ~ 10 月），警方向检察官提交了 11 件疑似贩卖人口案件。此外，检察官起诉了另一个贩卖人口案件，因此贩卖人口案件共 12 例。但是，只有一个案件中的嫌犯被判有罪，入狱 3 年①。

据一家澳门媒体报道，澳门地区一直受到联合国经济与社会理事会（经济、社会与文化权利方面）的关注。2005 年 5 月 13 日，其为澳门在给予贩卖人口罪受害者帮助的层面上提出了建议（在 2007 年，随着阻吓贩卖人口措施关注委员会的成立，并通过第 6/2008 号法律制定了一系列的措施，这些建议得以落实）并要求澳门特别行政区政府：“在打击贩卖人口的措施、以商业交易为目的对妇女儿童剥削的问题上，提供更多更详细的信息，以及显示该问题演变的统计数据。”②

尽管澳门特区政府仍面临着许多问题，但已经建立各项机制来打击贩卖

---

① http：//www. anti - tip. gov. mo/pt/stat. aspx，最后访问日期：2011 年 3 月 29 日。还应注意 http：//www. anti - tip. gov. mo/pt/law. aspx，该网页可见与贩卖人口有关的各种主题的问题与答复。

② 《今日澳门》（*Jornal Hoje Macau*），见 http：//www. hojemacau. com/news. phtml? id = 19290&today = 08 - 03 - 2006&type = society，最后访问日期：2011 年 2 月 11 日。

人口，据同一家报社报道："有很多国家，特别是美国，已经表明了对此问题的担忧。此外，在2009年，美国甚至指出澳门已经成为中国内地、蒙古国[①]、俄罗斯、菲律宾、泰国以及越南贩卖妇女的目的地（以商业剥削与性剥削为主）。美国甚至进一步警告称，如果澳门没有遵循美国的要求，将受到其经济制裁，特别是直接出口到美国本土的货品。"[②]

让我们来分析通过第6/2008号法律而添加至澳门《刑法典》的第153-A的规定（即上述有关控告"贩卖人口"的条例）。

该条款之规定为：

一、为对他人进行性剥削、劳动或服务剥削，尤其是强迫或强制劳动或服务、使人成为奴隶或类似奴隶，又或切除人体器官或组织为目的，借以下手段提供、送交、引诱、招募、接收、运送、转移、窝藏或收容该人者，处三年至十二年徒刑：

a）以暴力、绑架或严重威胁手段；

b）使用奸计或欺诈计策；

c）滥用因等级从属关系、经济依赖关系、劳动关系或家庭关系而产生的权力；

d）利用受害人精神上的无能力或任何脆弱境况；或

e）获受害人控制者的同意。

二、为对未成年人进行性剥削、劳动或服务剥削，尤其是强迫或强制劳动或服务、使人成为奴隶或类似奴隶，又或切除人体器官或组织为目的，借任何手段提供、送交、引诱、招募、接收、运送、转移、窝藏或收容该未成年人者，处五年至十五年徒刑。

三、属上款所指情况，如受害人未满十四岁，又或有关行为是行为人作为生活方式或意图营利而做出，则以上两款所定刑罚的最低及最高限度均加重三分之一。

---

① 需要注意的是，2010年10月18日，澳门特别行政区与蒙古国签署了一项有关打击贩卖人口的协议，在第28/2010号行政长官公告上发布，可见 http://bo.io.gov.mo/bo/ii/2010/50/aviso28.asp，最后访问日期：2011年5月30日。

② 《今日澳门》（*Jornal Hoje Macau*），见 http://hojemacau.com.mo/?p=3156，最后访问日期：2011年2月11日。

四、借收取或给付款项或其他回报，而将未成年人转让、让与他人，或取得未成年人，又或取得或给予有关收养未成年人的同意者，处一年至五年徒刑。

五、知悉他人实施第一款及第二款所指犯罪，而仍从受害人的工作中剥削，又或使用受害人的器官者，如按其他法律的规定不科处更重刑罚，则处一年至五年徒刑。

六、留置、隐藏、损坏或毁灭第一款及第二款所指犯罪的受害人的身份证明文件或旅游证件者，如按其他法律的规定不科处更重刑罚，则处一年至五年徒刑。

该条款内容与葡萄牙《刑法典》第160条相比更加广泛，在所涵盖行为规定上和涉及量刑幅度上，其最高限度都高过葡萄牙法律的规定。

事实上，在葡萄牙《刑法典》有关规定的第1款中，对于行为规定，被判处监禁的量刑幅度是3~10年（而非3~12年，如发生在澳门）。在澳门《刑法典》该条款第2款的规定中，当受害者为未成年时，被判监禁的量刑幅度将在5~15年，如受害者的年纪在14岁以下，甚至会在最小和最大限度的量刑幅度上加重1/3，而在葡萄牙，入狱刑罚则不会超过12年。

从第4~5款两个法律条款中，我们可以看出不论是条款规定，还是法律后果的规定，二者非常接近。在两款条文中，涉及行为规定的第6款，澳门的刑罚幅度要高于葡萄牙。澳门的监禁刑罚在1~5年，而在葡萄牙，如果不因触犯其他法律条款而被判处更严重的刑罚，一个具体刑罚的量刑幅度只在1个月至3年不等①。

从对此的分析中我们可以知道，澳门立法机关在打击人口贩运以及相关行为方面做出了不容置疑的尝试，立法机关不仅在第153-A条中规定了行为

---

① 葡萄牙较早前生效的有关贩卖人口的法律规定（第169条），规定“通过暴力、严重威胁、欺骗或操作欺诈手段令他人在外国从事卖淫或者性行为，应被判处2~8年监禁”，见 Anabela Miranda Rodrigues, “Anotação do artigo 169.º”, in *Comentário Conimbricense do Código Penal, Parte Especial*, Tomo I, Coimbra Editora, 1999, p. 510 e ss。而在当时，“贩卖人口”只适用于侵犯人身自由罪与侵犯性自决罪，而且仅考虑到了国际性贩卖人口。值得注意的是，立法机关不仅将贩卖人口从事卖淫的行为入罪，而且无论这一行为发生在国外还是国内都亦然。所以澳门立法机关把与葡萄牙《刑法典》第169条法规标准非常接近的第6/97/M号法律第7条废除，通过澳门《刑法典》第153-A条将该行为入罪并加大对该行为的刑罚力度。因为涉及的刑事法益不只是自由和/或性自决，而是一般性自由，其中实施的行为包括对其他刑事法益的触犯。

范围，同时对量刑幅度做了提高，按第3条所规定，有的情况下监禁甚至可以高达20年之久。在我们的法律法令中，这样的行为当属最严重之一，也会危害到社会生活中某些重要的刑法法益，所以在上述提及的第3条规定中，最大刑罚和对于诸如在个别案件中的杀人罪、奴役罪、绑架罪、拐骗罪或者盗窃罪的刑罚，拷打和其他残忍、非人道或有辱人格的严重犯罪，以及恐怖组织或种族灭绝所规定的刑罚存在相似性，规定的量刑最高可达到监禁25年。

关于人口贩运，大家应该想到在《联合国打击跨国有组织犯罪公约》中《关于预防、禁止和惩治人口贩运特别是对妇女和儿童贩运的补充议定书》在澳门是适用的。事实上根据第6/2008号法律所规定，我们找到了附属于受害者权利的源头。

另外，关于国际人口贩卖罪的情况叙述在第6/2008号法律的第10条中有明确规定，在现行立法中有明文规定，在7月30日第6/97/M号法律第7条中也有提及。国际人口贩卖罪是指经第6/2008号法律补充的刑法第153－A条所规定的人口贩卖罪。根据关于有组织犯罪行为的立法（第6/97/M号法律）中第1条第1款b项，该法律仍涉及由黑社会制造的人口贩卖的行为。

最后要提到的一点是，非法移民问题常常与人口贩运问题相联系。根据第6/2004号法律《非法入境、非法逗留及驱逐出境的法律》所规定，下列几种行为是典型的犯罪行为：引诱（第13条）、协助（第14条）、收留（第15条）、雇用（第16条）、勒索及敲诈（第17条）或者伪造文件（第18条），等等。在这些犯罪中，我们着重强调第14条第1款的规定：“故意运载或安排运载、提供物质支援或以任何其他方式，协助他人于第二条所规定的情况进入澳门特别行政区者，处二年至八年徒刑。”第2款中规定：“行为人直接或透过居中人为本人或第三人取得财产利益或物质利益，作为实施上款所指犯罪的酬劳或报酬的，处五年至八年徒刑。”这里我们举一种具有代表性的“偷渡”的情况，在该种情况下中介人没有如上所述利用受害者牟取利益，因此不构成人口贩运罪。如果上述法律中的第14条与刑法第153－A条有冲突，因法律间种类的关系，应以后者为准。

如果我们要解决隐藏在澳门的人口贩运受害者的问题，非常重要的一点是需要参阅第6/2004号法律第27条，尤其当情况不符合第6/2008号法律第6条和第7条中的规定时，它常常被引用。在这方面，该条还列出“根据适用于澳门特别行政区的国际法的强制性规定，或在合理的例外情况下，行政长官得以批示免除、宽免、减轻或减少非刑事性质的任何处罚或本法律所定的任何措施。”

（三）判例

在澳门特别行政区法院的网站上的资料只能找到了由中级和终审法院记录在案的判决①，所以在寻找“人口贩卖罪”以及之前的“国际人口贩卖罪”裁决方式方面，我们还是遇到了一定的困难。然而，我们仍不想放弃参考2010年3月18日中级法院做出的判决（诉讼编号1078/2009），该判决书用中文写成，被告后来向终审法院提起上诉。根据2010年5月20日终审法院做出的判决书中所摘录的信息，我们可以看出，在初级法院编号CR1－09－0150－PCC的刑事案件中，被告已因两项人口贩卖罪名被定罪。根据《刑法典》第153－A条第1款b）项，其中一项罪名要判处6年零6个月的监禁，而另一项罪名，根据同条第1款b）项，被判处4年零6个月的监禁。两罪并罚，被告被判处监禁7年零6个月。（该案件由阻吓贩卖人口措施关注委员会所提供，是澳门对此类犯罪行为的首次定罪。）被告就此判决向中级法院提出上诉，中级法院驳回其上诉，之后被告又向终审法院提出上诉，终审法院同样维持原判决驳回其上诉。

三　澳门地区的卖淫活动

在澳门法律中围绕卖淫有许多刑法条文，但卖淫在澳门不构成任何犯罪。

就如维拉·卢西亚·拉波索（Vera Lúcia Raposo）所强调的：“菲格雷多·迪亚斯（Figueiredo Dias）曾经认为成人之间私下里发生的并且经参与者双方同意的性行为不构成犯罪。除非涉及未成年人，或在公开场合或者是干扰他人的形式，且强迫一方发生的性行为才可以和能够确切地构成刑事犯罪。这是一个尊重法治、非宗教治理、多元化国家的唯一持续的方针。”②

所以，依其观点，“将‘妓院’或者‘按摩院’定罪除了会破坏一个多

① http：//www.court.gov.mo/p/pdefault.htm，最后访问日期：2011年3月30日。

② Vera Lúcia Raposo，“Da Moralidade à Liberdade：O Bem Jurídico Tutelado na Criminalidade Sexual，” in *Liber Discipulorum para Jorge de Figueiredo Dias*，Coimbra Editora，2003，p. 931 e ss.

元化社会的基本原则外，还会使社会的主要目标——虽然它如今不存在，也有可能从未存在过——道德监督分崩离析。由于那些以此谋生的人们生活在充满残暴和羞辱的环境中，所以他们甚至得不到最低的保护”①。

在澳门，卖淫并不算一种犯罪活动，同时大家都非常清楚在赌场的走廊，“桑拿房”或“按摩房”中都有人卖淫。关于向有关场所发出准照的问题，第47/98/M号法令②的第33条第1款规定：“仅得在第6条所指之地方经营蒸汽浴及按摩场所。”这些场所包括酒店、公寓式酒店、旅游综合体、旅馆或纯商业楼宇。而同条第2款则规定，在所有的桑拿和按摩场所禁止未成年人进入，禁止展示按摩师。

卖淫不构成任何犯罪，因为没有任何刑事法益需要保护。立法机关曾经禁止妓女在公共场合招揽顾客。这使得妓女从招揽顾客开始就要以私密不引人注意的方式来进行。这样就维护了澳门市民的尊严。该解决方案被写入第6/97/M号法律第35条，其第1款规定：“凡在公共地方或公众可进入的地方，引诱或建议他人进行性行为，目的为取得金钱报酬或其他经济利益者，科五千元罚款。”第2款规定：“将被科处上款所指罚款的非本地居民驱逐出本地区。”有关行为构成行政违法，科处行政性质的罚款，如果是非澳门居民，还会被驱逐出境。

我们大概可以得出结论，立法者在第2款中提出的解决方案过于大胆。在《澳门基本法》中，居民与非居民之间享有受法律保护的平等和不被歧视的权利。同一种行为并不会因为由居民还是非居民完成而产生质的差别，所以一个生活在澳门，拥有合法证件，不是非法移民的非本地居民在没有犯任何罪的情况下会被驱逐的动因令人费解。似乎立法者清楚在澳门从事卖淫行业的女性大多数属于非本地居民（来自于中国内地、菲律宾、越南、柬埔寨、俄罗斯或乌克兰等），希望借此铲除境内的卖淫行为。由于明白根据刑法不能给该活动本身定罪，因而无法达成有关愿望，所以他们利用了一种更加“慎重的”办法来尝试根除此难题，但是这种办法似乎没有考虑到《澳门基本法》第43条的规定。

---

① Vera Lúcia Raposo, “Da Moralidade à Liberdade: O Bem Jurídico Tutelado na Criminalidade Sexual,” *in Liber Discipulorum para Jorge de Figueiredo Dias*, Coimbra Editora, 2003, p. 951 e ss。

② 根据我们所掌握的资料，相信该法令仍在生效。

就卖淫问题，澳门的媒体一直在强调某些方面。2009 年 4 月 2 日，一家地方报纸报道“澳门当局在反对卖淫问题上面临着‘某些困难’（……）为了打击色情业的泛滥，当局不断加强对这类活动的监控和打击，包括实施突击搜查”[①]。然而，因为该活动本身并不构成犯罪，所以开展的突击搜查旨在调查人口贩卖、有组织犯罪、拉皮条、操纵卖淫、未成年人卖淫、非法移民以及公共场所从事卖淫的情况。澳门当局通过以上措施来打击卖淫行为。可是，有赌场和赌局的地方总是存在卖淫行为，因为在这种地方客人总是有需求，所以这就是澳门从不缺妓女以及“桑拿房”或“按摩房”的原因。

关于具体数据，保安司办公室主任宣布，2008 年已经总共开展了 329 次突击卖淫的行动。2007 年司法警察已确定了近 2000 名性工作者的身份，其中包括 2 名 15 岁以下、200 名左右 15 ~ 18 岁的未成年人[②]。

最后要提到的是由澳门明爱总干事针对在卖淫领域立法的必要性发起的一个呼吁，以此来避免强迫卖淫甚至是人口贩运行为。所以，如果澳门地区有“和其他地区一样的从事色情行业的组织”[③]，那么这个呼吁将有帮助。我们绝对同意这样的解决方案，如果澳门所有的性工作者联合起来组成一个协会，通过这个协会她们就可以为强迫卖淫、生理或精神虐待寻求庇护（比如因为自己本身非法所以害怕向警方寻求帮助以及担心人们会羞辱她们）。一方面，通过这个协会她们可以了解自己的权利以及知道作为受害者面对那些从人口贩运到拉皮条的犯罪行为自己又可以做什么，这将是非常重要的。如果犯罪行为的问题可以被解决，这将是最好不过的情况。另一方面，这个协会也可以向妓女提供医生和/或护士的救助，通过检查宫颈癌和传染性病毒（比如艾滋病）来保证她们的身体健康，同时也会鼓励她们使用避孕套。如果本文所提的这样的协会真的存在，将会在尊重所涉及人（要明确的是既包括男人又包括女人）的人权的情况下治理好这个行业。

① 《今日澳门》（*Jornal Hoje Macau*），http：//www. hojemacau. com/news. phtml？ today = 02 - 04 - 2009&type = society，最后访问日期：2011 年 2 月 11 日。

② 《今日澳门》（*Jornal Hoje Macau*），http：//www. hojemacau. com/news. phtml？ today = 02 - 04 - 2009&type = society，最后访问日期：2011 年 2 月 11 日。

③ 《今日澳门》（*Jornal Hoje Macau*），http：//www. hojemacau. com/news. phtml？ today = 02 - 04 - 2009&type = society，最后访问日期：2011 年 2 月 11 日。

四　淫媒罪和操纵卖淫

（一）域内立法

《刑法典》第 163 条规定，淫媒被定义为“乘他人被遗弃或陷于困厄之状况，促成、帮助或便利他人从事卖淫或为重要性欲行为，并以此为生活方式或意图营利者”。因此，此处有一个问题必须加以重视：上述情况中“促成、帮助或便利”他人卖淫行为的人并不足以按拉皮条罪名定罪，因为在审判中当事人出于“乘他人被遗弃或陷于困厄之状况”而从事卖淫行为的因素不可被忽略。这个额外的要求（即使并不完善，正如下文所示）使得上述判定合理。

事实上，淫媒罪涉及刑法法益，像其他罪行一样，在法律上需要有一定的实体要素对其定性。我们要知道将淫媒罪定罪的刑法法益，首先要回答将皮条客和卖淫场所业主视为非法是否仅出于伦理道德的原因，只有这样我们才能在境内根除卖淫场所，正如十年前，在葡萄牙发起的“布拉干萨母亲”运动反对巴西女人在该城市从事卖淫活动。为什么澳门境内无数家“按摩厅”和将淫媒行为入罪这两者可以并存呢？这些卖淫场所的存在是不合法的吗？

答案应该是否定的。当卖淫场所涉及淫媒活动时才为非法，即利用他人被遗弃的状况或其他人生存需求进行剥削营利，而不仅仅是简单地为卖淫活动提供便利。

但是，鉴于第 6/97/M 号法律第 8 条第 2 款的第二部分被定罪为操纵卖淫，以及后面会分析到的，我们又不免心生疑问：为什么有这一罪名，而赌场或街上的“桑拿房”“按摩厅”只要取得相关法律手续就可以合法存在呢？赌场进行卖淫活动只要取得相关允许就是合法的，而个人在没有手续的情况下从事卖淫活动就是犯法，这显然违反了法律面前人人平等的准则，是不合理的。

构成淫媒罪的刑法法益在澳门被认为是个人性表达的自由。刑法立法者不能基于人伦道德立场将其定性为犯罪，因为我们居住在一片提倡多元化、世俗、自由民主的领土上。立法者的责任是保护法益。正如佐尔治·菲格雷多·迪亚斯（Jorge de Figueiredo Dias）所说，“法益是团体或个人对具有社会重要性的某一状态、事物或财务的维护或保持其完整性的利益表达，因此，在法律上认为其有价值”[①]，当涉及刑事犯罪时，法益变成刑法法益。只有意在作为最后手段（即辅助手段）保护法益，且确有必要时，刑法的介入才是正当的[②]。

对此，我们不得不提到安娜贝拉·米兰达·罗德里格斯（Anabela Miranda Rodrigues），她严厉地批评了葡萄牙立法的缺陷。事实上，现行葡萄牙《刑法典》第169条第1款虽然经过2007年的修改，尽管学界对此已有批评，仍保留了原第170条第1款禁止行为的范围，只是规定了“以职业的方式或以营利为目的促成、帮助或便利他人从事卖淫，处6个月至5年徒刑”[③]。根据前文提到的学者的观点，如此定罪所保护的法益不是（原本应是）个人性表达自由，而是捍卫一般的贞操和道德感，而这不是当今刑法的功能，也没有以任何方式将“妨害性自由罪”划入更宽泛的针对人的犯罪以及针对自由的犯罪，因此，如此定罪便失去了意义[④]。

事实上，根据该作者的观点，澳门《刑法典》第163条对行为的描述比葡萄牙《刑法典》第169条的描述更能够保护刑法法益，即使如此，这一罪状仍不完善。

从历史上看，葡萄牙也曾实行过跟澳门相似的法律。但葡萄牙立法者认为如果只将“剥削被遗弃或有生存需要的人”的皮条客入罪，那么，他们只是在出现“贫困和被社会排斥”的情况才需负刑责，这是不能接受的，而且与受保护的刑法法益不相对称。正因为这一点，该法律条款被废除，然而，立法者最终荒谬地扩大了定罪的范围[⑤]，这并不符合法律体系中刑法本身的功能。刑法的功能在于对刑法法益辅助性的保护，而不是对伦理和道德的保护，后者应通过思想或宗教实现，而不是通过这一法律分支来实现[⑥]。

---

① Jorge de Figueiredo Dias, *Direito Penal*, *Parte Geral*, *Tomo I*, *Questões Fundamentais*: *A Doutrina Geral do Crime*, Coimbra Editora, 2004, pp. 109 - 110.

② Jorge de Figueiredo Dias, *Direito Penal*, *Parte Geral*, *Tomo I*, *Questões Fundamentais*: *A Doutrina Geral do Crime*, Coimbra Editora, 2004, pp. 120 - 121.

③ 澳门《刑法典》第163条对淫媒罪处以1~5年的有期徒刑。

④ Anabela Miranda Rodrigues, “Anotação do artigo 170. º,” in *Comentário Conimbricense do Código Penal*, *Parte Especial*, Tomo I, Coimbra Editora, 1999, p. 519.

⑤ Anabela Miranda Rodrigues, “Anotação do artigo 170. º,” in *Comentário Conimbricense do Código Penal*, *Parte Especial*, Tomo I, Coimbra Editora, 1999, p. 520.

⑥ Jorge de Figueiredo Dias, *Direito Penal*, *Parte Geral*, *Tomo I*, *Questões Fundamentais*: *A Doutrina Geral do Crime*, Coimbra Editora, 2004, p. 107.

与安娜贝拉·米兰达·罗德里格斯所持的观点一致，如果目的在于控制卖淫者性交的自由，那么从性交易犯罪的角度来看，就不仅仅是利用别人的不良处境和利益所需那么简单了，而是逼迫别人处于被动状态、剥夺他人自由决定如何性交或重要性欲行为的权利[①]。事实上，只有当行为人对他人进行“压迫”时才触犯法益，“因为只有这样才显示卖淫是在被逼迫的情况下实施从而证明有罪”[②]。

因为我们完全赞同所引用的观点，所以我们理解让澳门立法人员再次详看《刑法典》第 163 条的必要性。我们希望他们明确：为了确定嫌疑犯是这一系列剥夺卖淫者性交自由的违法行为的责任人，执法人员的指控必须明确嫌疑犯是否以某种方式要挟卖淫者做上述的性行为（这当中可能包含了利用他人被遗弃或陷于困厄之状况）。

需要着重提出的是，除了一般的淫媒罪以外，如果犯罪行为包含第 164 条中提到的“暴力、严重威胁、奸计或欺诈计策，又或利用被害人精神上之无能力”，立法者规定其为第 164 条中的加重淫媒罪，这种情况下罪犯可被判 2 ~ 8 年的监禁。

与此同时，迫害未成年卖淫者的情况需要另外分类，在《刑法典》第 170 条的第 1 款和第 2 款当中可分为简单的犯罪和重罪。事实上，其第 1 款规定：“促成、帮助或便利未成年人从事卖淫或为重要性欲行为者，处一年至五年徒刑。”第 2 款规定：“如行为人使用暴力、严重威胁、奸计或欺诈计策，或行为人以此为生活方式或意图营利而为之，或利用被害人精神上之无能力，又或被害人未满十四岁，则处二年至十年徒刑。”第 2 款规定与葡萄牙《刑法典》的第 175 条非常相似[③]。

最后还有一个关于澳门《刑法典》第 163 条和第6/97/M号法律第 8 条罪责叠加的问题，后者用于指控“操纵卖淫”的罪行，其第 1 款规定，“凡诱

---

① Anabela Miranda Rodrigues, “Anotação do artigo 170. º,” in *Comentário Conimbricense do Código Penal*, *Parte Especial*, *Tomo I*, Coimbra Editora, 1999, p. 519.

② Anabela Miranda Rodrigues, “Anotação do artigo 170. º,” in *Comentário Conimbricense do Código Penal*, *Parte Especial*, *Tomo I*, Coimbra Editora, 1999, p. 520，以及托雷斯·沃伽（Torres Vouga），司法法庭 5 - 85 7。

③ Maria João Antunes, “Anotação do artigo 176. º,” in *Comentário Conimbricense do Código Penal*, *Parte Especial*, *Tomo I*, Coimbra Editora, 1999, p. 576 e ss，其中有注释表明葡萄牙旧刑法第 176 条与现行刑法第 175 条的差别。

使、引诱、或诱导他人卖淫者，即使与其本人有协定，又或操纵他人卖淫者，即使经其本人同意，处一至三年徒刑”，第2款规定，“不论有报酬否，凡为卖淫者招揽顾客，或以任何方式助长或方便卖淫者，处最高三年徒刑”。

我们可以发现，至少在一定程度上，澳门《刑法典》第163条和第6/97/M号法律第8条第1款的内容有重复之处。因为它们都规定任何唆使、帮助卖淫或为卖淫提供便利的行为都会受到法律制裁。那么，两者在描述上有什么区别呢？如何区分“促成、帮助或便利他人从事卖淫”和“诱使、引诱、或诱导他人卖淫”呢？“促成”指的是“刺激、鼓励”，“帮助”指的是“提供帮助”，“便利”指的是“为行为的发生提供条件”。而在第6/97/M号法律第8条第1款中，“诱使”侧重指“用虚假的承诺和语言鼓励诱使”，“引诱”指的是“让某人着迷、勾引”，“诱导”是指“用某种方式让某人误入歧途作出不正当的行为”①。

通过上述对词汇含义的比较，我们可以得出以下结论：初步看来，第6/97/M号法律第8条第1款涉及的犯罪行为似乎比《刑法典》第163条中的性质更严重、恶劣。因为第8条第1款中的行为具有欺骗的性质，罪犯用和事实截然相反的误导性言语和欺骗性手段误导受害人。然而，第163条涉及的犯罪行为程度并没有如此严重，因为该条款中的“促成”不一定是通过欺骗的手段实现的。

除此之外，我们发现卖淫活动似乎已经发展到这样的阶段：一个涉案的女性可能同时主动寻求他人“帮助”，同时又受到别人“帮助”来卖淫。这里的“帮助”指的是“为卖淫提供条件和途径”，可以是提供处所，也可以是介绍客人。这和“支持鼓励卖淫”的含义是相近的。从这点来看，《刑法典》第163条和第6/97/M号法律第8条第2款含有以上的重复之处。

然而，可以初步地判断，关于第163条中的“促成”（fomentar）这个词的分析已经隐含了“刺激某人作出卖淫行为”的含义，即包含了妇女希望参与卖淫活动的意愿。那么如何能以这样的目的刺激别人也有这样的意愿呢？向她们许下真实的诺言，比如告诉对方她们将得到无法想象的金钱报酬，报酬的金额是从事其他活动都无法得到的。或者承诺为她们招揽客人或告诉对方能提供一个场所让卖淫活动双方能维持性关系。或者，做出

① http：//www. infopedia. pt/lingua - portuguesa/，最后访问日期：2011年3月25日。

虚假的承诺，通过描述无法实现的愿望来刺激被诱骗的人。比如说，可以允诺给予对方诱人的物质报酬，但实际上，对方只获得了客人所付款的一半甚至更少的钱，而剩下的则落入那些介绍人的囊中。这不正是“诱使、引诱、或诱导”误入歧途的含义吗？基于上述论断分析，我们如何才能真正准确有效地找出“促成某人卖淫”和“有目的性地诱使某人卖淫”的根本区别呢？

另外，在上文提及的第6/97/M条法律第8条第1款第二部分表明，操纵他人卖淫将会因同样的罪名受到制裁。反之，在《刑法典》第163条中，皮条客只有在通过利用妇女被遗弃的状况或其需求而谋生或营利时，其行为才将会负刑事责任。

但问题是：什么是第8条中所指的“操纵卖淫”呢？我们这样定义：从某种意义上说，妓女同样在开展业务，但是并没有得到从客人身上赚到的所有钱。我们也可以这样理解：妓女将收入的一小部分交给允许她使用房间的人作为租金①。事实上，这种情况很常见，并且不仅仅局限于澳门。但此类行为在被写入第6/97/M条法律第8条第2款之前，已经被澳门立法机构看作违法行为。如果一个女性被他人威胁或者迫害，不得不将其赚到的钱的一部分交给皮条客，那么这样的行为就可以认定为剥削妓女，因为强迫有损决定自由权利。摆在我们面前的情况是：似乎不管让妓女做什么工作，只要她们认为这些工作是强制性的，那么这个行为就可以被认为是剥削妓女。

这不禁让我们心里产生了疑问，第6/97/M条法律第8条第1款究竟保护的是什么法益呢？这个罪状第一部分的规定似乎有所偏离：有人吸引、引诱或拐骗另一个人去卖淫，即使卖淫者同意了，他也将被认定为操纵卖淫罪。这就意味着，如果有人引诱他人卖淫，即便卖淫者未受强迫自主同意接受，只是因为皮条客带给了她们卖淫的意愿，即便是以合法的手段（例如，也可能卖淫者绕过皮条客去卖淫），皮条客仍将被追究刑事责任。说到这里，实际上，卖淫并不一直违反刑法，因为不同于伦理或者社会道德，这不属于刑法保护的价值观念，卖淫本身并不属于任何形式的犯

---

① Anabela Miranda Rodrigues, “Anotação do artigo 170. °,” in *Comentário Conimbricense do Código Penal*, *Parte Especial*, *Tomo I*, Coimbra Editora, 1999, pp. 525 e 526.

罪。因不受刑法（必需的以及最后手段性的）保护，所以卖淫行为不适用任何实质性的罪名，如果皮条客因这种形式被问罪，那这种控告都是无意义的。

反之，如果一个女性决定卖淫，皮条客欺骗了她们，给了她们错误的期望，混乱了她们的意愿，这样我们就可以认为，她们的决定自由受到了相关行为的影响，这样皮条客的行为便真正违反了刑法关于“人对于性的表达的自由”的观点。

第6/97/M号法律第8条第1款第二部分表明操纵他人卖淫将会因同样的罪名遭到制裁。乍一看我们会得出的结论是：引诱他人卖淫，必须是通过有预谋的强迫、滥用受害人的弱势（出于无知）、利用他人、将受害者当作一棵摇钱树等行为表现出来，除非其中存在“人对于性的表达的自由”（可能或可能不存在的情况，我们认为这个人自愿决定卖淫），在这些对人类尊严的自由方面冒犯的行为中就有了奴隶制的性质。

然而，如果这是对的，这个释义似乎更搭配文中的用词（尤其是“操纵”这个词），我们认为这不是立法者规定刑罚幅度（1～3年徒刑）低于淫媒罪（1～5年徒刑）的理由，而这一刑罚幅度更是远远低于罪状不同但某些情况近似的奴役罪（10～20年徒刑）。

那么，第6/97/M号法律第8条第1款第二部分深层次含义到底是什么呢？在第一部分，我们提到诱使、引诱、或诱导他人卖淫，但没有提到深层次的性操纵。在第二部分我们提到了性操纵的行为。如果立法者已经将二者并入同一个刑罚幅度中（1～3年监禁），但后者行为又达不到《刑法典》第163条的规定呢？所以如上文所说，我们需要对性操纵有一个限定性的释义——强迫他人意愿使之卖淫从而获取利益。

那么现在的问题是，有没有经过本人同意而存在的性操纵呢？众所周知，没人愿意被操纵，而且同意被操纵将与公共秩序相矛盾，操纵他人也是对《澳门基本法》第30条赋予的人权的非法侵犯。因此立法者指出，即便提前征得了受害者的同意，性操纵也是犯罪行为。立法者此举是为了让判定标准更加清晰，即无论有没有正式获得同意，性操纵都违法。也就是说，卖淫者的同意完全不起作用。

而根据《刑法典》第163条，淫媒罪是指皮条客以谋生（正如葡萄牙《刑法典》第169条明确规定的，这种行为是习惯性的，也就是所谓“作为职业”的）或者以营利为目的（该目的促使其以实际方法实施性操纵的行为）[1]，“促成、帮助或便利他人从事卖淫或为重要性欲行为”，且“乘他人被遗弃或陷于困厄之状况”进行剥削。从理论上讲，出于对受保护法益的尊重，若仅仅是因为受害者处于被遗弃或者有需求的情况，皮条客不应负刑事责任，因为正如之前提到的，这种行为只能以利用受害者“惨况和社会排斥状况”来加以控告。因此，最好的方法是只能当其行为确实强制受害者后，皮条客才能因为充当淫媒被定罪。然而实际上，安娜贝拉·米兰达·罗德里格斯明白，“上述法律条文在实施过程中，会夹杂着律师的断章取义（或由于其他方面的诉求），而最终会导致罪犯通过不合理的方式洗脱自己的罪名。然后我们的法律不允许……这样的司法解释存在”[2]。

我们完全赞成她的观点，界定一个无罪的行为必须自始至终由同一个有能力进行定罪的机构来完成——立法委员会，与其说是尊重“法无明文规定不为罪”的原则，不如说是尊重三权分立的原则[3]。因此，这个是否有罪的限制性的解释就不应该由法院来做出。

然而，同第6/97/M号法律第8条第1款相比较，如果《刑法典》第163条规定的特别情况无误，那么前者规定的刑罚幅度低于后者，而“操纵他人卖淫”却比淫媒包含更大范围的情况，这就令人不解了。如果两条法规所保护的法益相同，那么重复定罪是不必要也是不协调的。正如之前第8条第2款所提到的，“不论有报酬否，凡为卖淫者招揽顾客，或以任何方式助长或方便卖淫者，处最高三年徒刑”。我们认为这一条款保护的不是法益，而是伦理道德。如果有人说这里保护的是治安，那么我们认为刑法应作为最后手段介入，在此之前需要探讨其他法律分支，比如行政法，对于行政违法的规定是否适合用于打击扰乱社会治安的行为。刑法的制定除了要保护刑法法益，还要考虑其必要性和有效性。在其他法律分支有能力做到保护法益（即使是刑法法益）的情况下，刑法应避免干预；否则，就颠覆了它们

① Anabela Miranda Rodrigues, “Anotação do artigo 170. º,” in *Comentário Conimbricense do Código Penal*, *Parte Especial*, *Tomo I*, Coimbra Editora, 1999, pp. 527 e 528.

② Anabela Miranda Rodrigues, “Anotação do artigo 170. º, ” in *Comentário Conimbricense do Código Penal*, *Parte Especial*, *Tomo I*, Coimbra Editora, 1999, p. 526.

③ Jorge de Figueiredo Dias, *Direito Penal*, *Parte Geral*, *Tomo I*, *Questões Fundamentais. A Doutrina Geral do Crime*, Coimbra Editora, 2004, p. 172.

在法律体系内的主要功能。

澳门《刑法典》第 163 条中明确提出“促进、帮助或便利他人从事卖淫”的条款与上文提到的法律条文完全重叠，这没有丝毫意义。当皮条客的行为不能被证明是利用卖淫妇女被遗弃的状况或其自身需求时，皮条客也要负刑事责任，至少是因为“操纵卖淫罪”，而事实上这一行为并没有刑法上可以入罪的理由。如果卖淫不是犯罪，那么为卖淫妇女介绍客人（包括有获利和无获利两种）是否属于犯罪呢？另外，如果某人自愿从事卖淫行业，那么租用房间供其卖淫的当事人是否需要承担刑事责任呢？所以立法者应当重新审核第 6/97/M 号法律第 8 条，立法者应当判定上面提到的行为无罪，因为淫媒罪足以保护有关的刑法法益；或者至少应当使第 2 款中的各种行为合法化，并且应当重新审核第 1 款中的各项。

第 6/97/M 号法律第 8 条的实施，导致了一个至今仍然相当重要的问题，那就是关于它在体系中的地位。这条规定实际上出现在《有组织犯罪法》中，而该法第 1 条第 1 款 d 项规定，“为着本法律规定的效力，为取得不法利益或好处所成立的所有组织而其存在是以协议或协定或其他途径表现出来，特别是从事下列一项或多项罪行者，概视为黑社会：……操纵卖淫、淫媒及作未成年人之淫媒”（不过在立法者眼中，这两条规定有自己的适用范围）。所以说，如果第 8 条中所提到的罪行涉及黑社会组织，那么它就不光要考虑第 6/97/M 号法律的规定了。

2002 年 2 月 28 日中级法院合议庭裁判（案件编号第 3/2002 号）明确表示：“虽然此项犯罪规定于澳门《有组织犯罪法》之内，但以该罪对行为人控诉及判处，并不意味着（即作为绝对前提），由于以（真实）竞合形式触犯黑社会罪而（需）对该行为人归罪及判处。”① 法官认为“所谓《有组织犯罪法》并非以打击及处罚黑社会罪为唯一宗旨，它也打击及处罚在立法者看来同样适宜促成或有助于澳门社会当时所经历的日趋严重的治安不靖之其他行为”②。

值得注意的是，关于应适用该法律第 6 条（“不当扣留证件”）还是《刑法典》第 248 条（“损坏或取去文件或技术注记”）的问题，法院似乎持

① 该合议庭裁判第 1 页与第 2 页，以及被引用的中级法院 2001 年 7 月 19 日合议庭裁判（案件编号 65/2001）。

② 该合议庭裁判第 10 页，引述中级法院第 87/2000 号案件 2000 年 7 月 13 日合议庭裁判所附的表决声明。

不同意见，认为没有证实在有组织犯罪范畴内做出行为，是适用特别法部分废止一般法的前提[①]。

至于第6/97/M号法律第8条第1款与《刑法典》第163条的区别，假设不论罪犯是否为有组织犯罪负刑责，我们认为（正如安娜贝拉·米兰达·罗德里格斯对葡萄牙刑法中同类型条款的理解）：受害者处于“被遗弃或陷于困厄之状况”，并且罪犯通过任何手段促成、帮助、便利其卖淫或重要性欲行为的实施“足以”“指控罪犯的行为（淫媒罪）”[②]。

因此，当行为人仅“诱使、引诱或诱导他人卖淫者，即使与其本人有协定”，在一开始（但不一定）就涉及使用欺骗性的手段时，即便没有操纵其活动或是利用其被遗弃、处于困厄之状况，不论以何种方式实施，不论是否意图营利，都依据第6/97/M号法律第8条第1款被归责为“操纵卖淫罪”。

即便当事人没有诱使、引诱或诱导妇女，仅操纵其行为，不论是否以此谋生（虽然这种利用行为通常情况下伴随着以营利为目的），且不论受害者是否处于困厄不得已的状况，即满足第6/97/M号法律第8条第1款后半部分中规定的违法的类型。“性剥削”可以不包括促成、帮助或便利他人从事卖淫，可以是仅仅给他人带来压力使其从事卖淫从而得到其部分收入。另外，“操纵他人卖淫”可以发生在一个更广泛的范围内，而不仅仅是“利用他人被遗弃或陷于困厄之状况”。

通过上文的讲述，表明以上条款较之《刑法典》第163条的条款具有更为广泛的适用范围。二者有实质性的重叠，如上文所述，我们应找到这些条款特殊性之间的联系。由于《刑法典》第163条包含所有第6/97/M号法律第8条第1款中第二部分所规定的要素甚至更多（因为罪犯的行为是以《刑法典》第163条中描述的方式实施的，“利用”被遗弃或陷于困厄之状况，这意味着以这种剥削方式所进行的行为实际上也是“操纵卖淫”）。如此，考虑到第6/97/M号法律第8条第1款的适用范围相对于《刑法典》第163条的规定较为广泛，若行为人的行为符合《刑法典》第163条的规定，则该条的规定应作为特别法被适用。

---

① 2000年7月13日TSI合议庭裁判引用2003年10月23日第201/2003号合议庭裁判第8页。

② Anabela Miranda Rodrigues, “Anotação do artigo 170.º,” in *Comentário Conimbricense do Código Penal*, *Parte Especial*, *Tomo I*, Coimbra Editora, 1999, p.526。

（二）司法见解

接下来我们来看澳门司法见解中关于淫媒罪的案例分析，来了解澳门特别行政区法院是如何处理此类行为以及具体情况是如何影响判决的。在这个问题上，我们将着重指出一些中级法院做出的裁决。

我们分析一下第268/2006号上诉。在中级法院于2006年10月12日的判决中，被告人在第CR3－05－0311－PCC号合议庭普通诉讼案件中因淫媒罪被处以1年零6个月有期徒刑。一方面辩护称其“利用受害者被遗弃或其不得已的情况”未经证实，另一方面称争议中的处罚应遵照《刑法典》第48条予以暂缓执行。

随后被证实，被告人A和B，两人作为共犯实施了《刑法典》第168条规定的淫媒罪。这是因为，根据莱亚尔·恩里克斯（Leal－Henriques）和西马斯·桑托斯（Simas Santos）的观点，以及中级法院的判决，淫媒罪（更确切地说，有关罪状）由四部分组成，分别是行为、过程、施动方以及被动方，其中最后这项可解释为“任意被遗弃或陷于困厄之状况的人”[①]。

受害者C和D未持有效入境文件乘船非法进入澳门（然而各自持有一本由被告人B伪造的通行证，通行证上是她们本人的照片却非其姓名）。她们都知道来澳门是从事卖淫活动。由于担心地下活动的处境，她们都接受支付给B和G（本案例中第三名淫媒罪的参与者）8万澳门元，并要求B和G以帮助其进入澳门作为回报。要做到这一点，她们需要将卖淫中获得的全部收入交给B和G。

受害者C，曾在“桑拿房”担任按摩师，也给客户提供性服务。而受害者D，曾在澳门酒店工作，由被告人A管制并将客人给予的一半收入交给A。

初级法院和中级法院都认定，被告方A和B（在还没有找到G的情况下），确实“利用受害者不得已的情况”，即在澳门秘密非法逗留[②]。

在该案的裁决中另一个值得强调的地方在于法院拒绝暂缓执行对被告人A的刑罚。基于《刑法典》第48条对暂缓执行的规定中的一个条件，法院

① Leal－Henriques e Simas Santos, *Código Penal de Macau Anotado*, p. 444，及TSJ 2006年10月12日的合议庭裁判（第17页，注释2）引用1996年2月7日中级法院第430号合议庭裁判。

② 合议庭裁判（案件编号232/2002，下文简称为“合议庭裁判”）第2页及第18页。其同时指出，如受害人是“无证人士”，应认为其处于" 困厄之状态"，见合议庭裁判第1页。

"认为仅对事实作谴责并以监禁作威吓可适当及足以实现处罚之目的者"，可以实施缓刑。"处罚之目的"可分为一般威慑和特殊威慑，尤其在这两个案例中较为明显（但也不仅这样，尤其是涉及特殊性预防时）。根据《刑法典》第40条第1款，检察院认为，在具体该案中以普通威慑的目的加之监禁是基于"在澳门上诉处理中"[①] 的事实，中级法院"以普通威慑的观点来看，考虑到犯罪的性质，给该特区形象造成影响以及对该团体的惩罚，这些情况可预见的结果显示对上诉者不利"。[②]

还需要注意的是，在这些案例发生的时候（2005年），澳门第6/97/M号法律《有组织犯罪法》第7条仍具效力。该条法律明确规定，国际性贩卖人口是指"为满足他人利益，[招揽]、[引诱]、[诱惑] 或 [诱导] 别人往其他国家或地区从事卖淫者，即使构成违法的各种行为在不同国家或地区作出"。与现行《刑法典》第153-A条相反，第7条没有要求利用他人卖淫牟利而是仅仅以"卖淫的实施"为目的。

我们需要注意第7条中的措辞，被告人B给受害者伪造通行证使其非法入境从事卖淫的情况，是否构成国际人口贩运罪？然而我们没有足够的资料来回答这个问题。

接下来我们将提及中级法院于2002年1月21日（第10/2002号案件）的审理。在初审时已经证实，四个被告人实施多项犯罪，包括淫媒和收留非法移民。

受害者E，来自中国内地，未持有允许其在澳停留或工作的文件，意欲从事卖淫活动。被告人之一（D）以每日300澳门元的价格给其租下一间屋子进行卖淫，顾客给予的收入则需要交给被告人A、B、C（他们轮流监视并收钱——在判决的内容中，未明确指出是全部还是部分）。还举例证明E仅在一天内就交给A、B 4万澳门元。

在不考虑竞合的情况下，所有被告人都因淫媒罪被处以2年至2年零6个月监禁[③]。

我们可以再一次确定这样一个事实，受害者的非法入境使其不由自主地

---

① 合议庭裁判第6页。

② 合议庭裁判第19页。

③ 合议庭裁判第3~10页。

变得易受伤害，而她们这种不得已的情况被被告人利用。

通过该次判决，我们认为，有关罪状不要求确实收取一定量的钱财，只要有营利的意图，或者说以营利为其行动目的就足以给予刑罚①。

在2002年11月14日的判决（第102/2002号上诉）中有两名被告人被判处以共犯形式触犯加重淫媒罪并兼有其他罪名，根据《刑法典》第163条和第164条的规定受到惩处，具体处罚结果，在不考虑竞合的情况下，为3年零3个月监禁。在该案中，受害者持有俄罗斯国籍。在到达澳门之后，被告人之一扣押了她的护照，迫使其每晚于澳门酒店附近招引顾客进行卖淫，并收取其一半的收入。该被告在澳门酒店中租下一间房，受害者在房间内进行卖淫。每日清晨，受害者都会在一间公寓将一定量的钱交予被告B。白天被告B都将受害者锁在公寓内直到其可以再次进行卖淫。但是，她并不是受A和B操纵的唯一受害者，在这间公寓内她遇到另外七名俄罗斯国籍的女性。该名受害者每天被剥夺15个小时的人身自由②。

根据所有这些事实，被告人被判犯有加重淫媒罪，理论上适用于2～8年徒刑，而每人被判处3年3个月徒刑。毫无疑问法院证实被告人实施犯罪意图牟利，利用受害人困厄不得已的状态，将之归结为对受害者的“严重威胁”，不仅扣留其护照，而且剥夺其人身自由权③。

还有在中级法院于2003年10月23日的合议庭裁判中（案件编号201/2003），被告人被判处加重淫媒罪，在不考虑竞合的情况下，被处以2年零6个月的监禁。

受害者来自中国内地，准备去一家酒店的桑拿房工作，在那里进行舞蹈表演且从事卖淫活动，并支付给被告2万元（未详细说明币种）作为介绍费。在桑拿房短期工作后（未经证实在此从事卖淫④），受害者告知被告自己不想从事有关活动，被告便扣留其护照并胁迫受害者从事卖淫活动以支付协定款。受害者便同意继续从事卖淫活动。在当天上午受害者到警察局寻求帮助。

我们注意到，被告人扣留了受害者的护照这一事实使初级法院认定被告犯有加重淫媒罪，尽管上诉法院判处该罪名不成立，而判处加重淫媒罪未

① 合议庭裁判第1、13、14页。

② 合议庭裁判第11～15页。

③ 合议庭裁判第33、34页。

④ 根据已证事实第3、4点，合议庭裁判第4页。

遂，这是因为虽然受害者尚未与任意顾客发生有偿性关系，但是，被告扣留护照并且用“严厉的声调”胁迫受害者的行为满足了《刑法典》第164条规定的对于“严重威胁”的要求。

如此，中级法院受理，在不考虑竞合的情况下，以该罪名判处被告人1年监禁①。

五　结论

以下为我们对于本文所分析主题做出的结论。

首先我们要提一提诸如人口贩卖和非法运输等国际问题，这些问题在各种新闻中都有报道。人口贩运有多种目的，例如，对受害者进行劳动剥削、性剥削或者摘取器官，在这里我们强调了贩卖妇女从事卖淫的行为。

亚洲不仅是一个以卖淫为目的的妇女贩运的起点（至于是在国内还是国外，取决于有关国家），也是贩卖妇女的目的地（以来自俄罗斯和乌克兰为主）。

澳门无疑是贩运网络、个体贩运者、外国性剥削者和那些自愿投身卖淫活动的妇女所喜爱的目的地，因为赌场、赌博和金钱极大地刺激了这些方面需求的增长。因此，在澳门找卖淫者一点都不难，在桑拿房或者按摩院抑或是赌场的走廊里都有。这些妇女通常是来自俄罗斯、乌克兰或者其他东方国家，例如中国内地、泰国、越南、菲律宾或者柬埔寨。

在最近几年中，澳门特别行政区政府采取了多项措施以更加有效地打击人口贩运，其原因并非澳门特别行政区受到的国际压力，而是特别行政区本身需要遵守自2010年开始在澳门法律体系中生效的《联合国打击跨国有组织犯罪公约关于预防、禁止和惩治贩运人口特别是妇女和儿童行为的补充协定书》。

这些措施是由2007年成立的阻吓贩卖人口措施关注委员会所推行的，其十分紧迫和突出的目标是打击人口贩运。第266/2007号行政长官批示明确表示，在这类犯罪事件中的受害者应该受到应有的照顾，如必须被送回她们的来源地。

另外，2008年，一部专门针对贩卖人口问题的法律——第6/2008号法律

---

① 最终，该名嫌犯总共被判处1年2个月的实际徒刑，法院驳回了其暂缓执行的要求。

开始在澳门施行，用来替代第6/97/M号法律中的第7条，该条款规定以卖淫为目的的国际贩运人口有罪，并在《刑法典》中增加了第153-A条。这一条款做出了更宽泛的行为规定，并且不只包含了国内人口贩运，还包含了国际人口贩运。此外，第153-A条第1款对于该贩运行为的惩处不是2~8年的监禁（与第6/97/M号法律中第7条的规定不同），而是3~12年的监禁，而且可以根据受害者的年龄而达到更高的年限。

此种刑罚的量刑十分之高，甚至比葡萄牙《刑法典》中此类条款更高，这也体现了澳门立法者在打击这一犯罪方面的坚定决心。

第6/2008号法律也提出了对于贩卖人口犯罪受害者帮助的措施，其中必不可少的如设立避难中心、提供法律援助、提供医疗方面的援助、提供警方对其以及其家人的保护，以及在相关罪案调查过程中，为受害者提供在澳门居留的机会。所有措施都必须尊重其人格尊严，不因其所处的非法身份而有差异。

还有一些措施是通过电视宣传、小册子来呼吁对可疑情况进行举报，以此使公民意识到人口贩运的现状。

从法理的角度来看，法律对此采取了严厉的刑罚。如2009年一名被告数罪并罚，因两项贩卖人口的罪行而被判7年零6个月徒刑。

关于淫媒和操纵卖淫的罪行，我们认为《刑法典》第163条和第6/97/M号法律第8条之间有一些重叠，让人感觉立法者自相矛盾。这是因为如果法律所捍卫的法益是性自由，那么便不符合其法理，尤其是该法第8条第2款的规定。依我们之拙见，将第6/97/M号法律第8条废除或至少进行仔细的修改，将更有益处并符合刑法在法律体系中的功能。

这不妨碍对《刑法典》第163条进行修订，以便根据理论，以更准确的方式来保护相关法益，将对行为人定罪规定为强迫受害者进行卖淫活动（而利用“被遗弃或陷于困厄状况”不属于必要情节）。

我们可以看出澳门的司法见解对于两种罪行的不同判决，其中也包括对加重淫媒罪的判决，虽然在这些被分析的案件中的刑期并不是太高（普通的淫媒罪差不多2年刑期）。

在法院看来，受害者所处的非法逗留情况符合《刑法典》第163条规定的受害人处于困厄状态的情节。

出于打击此类在澳门常见的犯罪（淫媒和操作卖淫）的需要，考虑到一般预防的目的，暂缓执行徒刑的请求常常会遭到拒绝。

最后，我们仍需拿第 6/97/M 号法律中第 35 条第 2 款做一个参考，在一人为非澳门居民的情况下，在公共地方或公众可进入的地方，引诱或建议他人进行性行为，目的为取得金钱报酬或其他经济利益者”，将被处以 5000 澳门元的罚款并驱逐出境。我们理解这一条款构成了对澳门居民与非澳门居民之间平等原则的不可接受的侵犯，根据《澳门基本法》中所指的原则，应予以废除。

我们得出结论，澳门现存的制度在涉及人口贩运的方面是行之有效的，并且立法者有极大的意愿去打击此类犯罪，同时也没遗忘对受害者的关注。

对于卖淫活动，我们得出如下结论：立法者希望在澳门根除卖淫活动，但对于卖淫活动本身，立法者意识到不可能将卖淫行为本身入罪，于是寻找其他的“打击目标”，比如惩处淫媒（这正如当处理未成年受害者案件时，不能只考虑尊重他们的性表达自由和性自决）和操纵卖淫。除此之外，对于那些在公共场所或公众可进入的地方从事卖淫活动的非本地居民，采取具有行政色彩的将其驱逐出境的处罚。从警察调查和司法决定的角度看，有许多关于此罪行的判决案例。

由此得出结论，澳门的刑事法律在涉及贩卖人口和淫媒的犯罪上是行之有效的，而且在澳门特别行政区法院也得到了实际执行。

参考文献

1. Maria João Antunes, “Anotação do artigo 176. °,” in *Comentário Conimbricense do Código Penal*, *Parte Especial*, *Tomo I*, Coimbra Editora, 1999, p. 576 e ss.
2. Maria Leonor Assunção, “Do Lugar onde o sol se Levanta, um Olhar sobre a Criminalidade Organizada,” in *Liber Discipulorum para Jorge de Figueiredo Dias*, Coimbra Editora, 2003, pp. 85 e ss.
3. Christine Bruckert, Colette Parent, *Organized Crime and Human Trafficking in Canada*: *Tracing Perceptions and Discourses*, 2004, http: //dsp - psd. pwgsc. gc. ca/Collection/PS64 - 1 - 2004E. pdf.
4. Ela Wiecko V. de Castilho, *Tráfico de Pessoas*: *da Convenção de Genebra ao Protocolo de Palermo*, s/d, http: //pfdc. pgr. mpf. gov. br/atuacao - e - conteudos - de - apoio/

publicacoes/trafico - de - pessoas/artigo_ trafico_ de_ pessoas. pdf.

5. Alberto Daunis Rodrígez, "La Promoción del Tráfico Ilegal de Personas: Aspectos Jurídicos y Policiales," in *El Desafío de la Criminalidad Organizada*, Comares Editorial, 2006, p. 215 e ss.
6. João Davin, *A Criminalidade Organizada Transnacional. A Cooperação Judiciária e Policial na EU*, 2.ª edição, Almedina, 2007.
7. Jorge de Figueiredo Dias, *Direito Penal, Parte Geral, Tomo I, Questões Fundamentais, A Doutrina Geral do Crime*, 1.ª Edição, Coimbra Editora, 2004.
8. Jean Enriquez, *Mondialisation, Militarisme et Trafique Sexuel*, 2006, http://sisyphe. org/article. php3? id_ article = 2470.
9. Susy Garbay, *Migración, Esclavitud y Tráfico de Personas*, 2003, http://www. flacsoandes. org/web/imagesFTP/13921. garbay_ 2003_ aportes_ andinos_ 7. pdf.
10. Donna M., Denisova Huges, Tatiana A., *The Transnational Political Criminal Nexus of Trafficking in Women from Ukraine*, 2001, http://www. uri. edu/artsci/wms/hughes/tpcnexus.
11. Tatiana Marwell, *O Tratamento Jurídico - penal ao Tráfico Internacional de Pessoas para Fins Sexuais no Brasil à Luz da Convenção de Palermo*, 2009, http://www. cnj. jus. br/dpj/cji/bitstream/26501/1400/1/Tese _ % 20tratamento% 20jur% C3% ADdico% 20penal% 20ao% 20tr% C3% A1fico% 20internacional% 20de% 20pessoas. pdf.
12. Laura Pozuelo Pérez, "Tráfico de Personas y Explotación Sexual," in *Derecho Penal y Política Transnacional*, Atelier Libros Jurídicos, 2005, p. 417 e ss.
13. Vera Lúcia Raposo, "Da Moralidade à Liberdade: O Bem Jurídico Tutelado na Criminalidade Sexual," in *Liber Discipulorum para Jorge de Figueiredo Dias*, Coimbra Editora, 2003, p. 931 e ss.
14. Anabela Miranda Rodrigues, "Anotação do artigo 169.°," in *Comentário Conimbricense do Código Penal, Parte Especial, Tomo I*, Coimbra Editora, 1999, p. 510 e ss.
15. "Anotação do artigo 170.°," in *Comentário Conimbricense do Código Penal, Parte Especial, Tomo I*, Coimbra Editora, 1999, p. 518 e ss.
16. Cármen Rodríguez Gómez, "Tráfico, Explotatión y Venta de Menores," in *El Desafío de la Criminalidad Organizada*, Comares Editorial, 2006, p. 183 e ss.
17. Saltanat Sulaimanova, *Unintended Consequences of Globalization: the Case of Trafficking of Women from Central Asia*, s/d, http://www. caim. com. pt/cms/docs _ prv/docs/DPR46000c19ece06_ 1. pdf.
18. Raimo Vayrynen, *Illegal Immigration, Human Trafficking and the Organized Crime*, 2002, http://www. caim. com. pt/cms/docs_ prv/docs/DPR46000cbedbbc2_ 1. pdf.

编后记

澳门亚太拉美交流促进会（MAPEAL）编纂的第一本双语书《澳门桥——通向拉丁美洲》于2006年问世后，转眼间过了十载，澳门也迎来了回归17周年，面临着许多新的挑战，例如，法律的现代化与法律改革，经济的多元化与旅游的拓展，文化创新与教育改革等。简而言之，作为第一本书的延续，如何在21世纪全球化的进程中，在国家“十二五”规划、《珠江三角洲地区改革发展规划纲要（2008~2020年）》和“一带一路”等框架下，发挥澳门本身的优势，强化其对外平台角色，是大家所关注的问题。

在境内外同人的鼓励和鞭策下，尤其是澳门基金会主席吴志良博士的支持下，我们决定出版第二本书。经过一两年的征稿，收到来自四面八方作者数十篇稿件，分为经贸旅游、文化教育、法律三大领域，每个领域的文章集成一卷。我们邀请了意大利Trenta大学比较法专家伊格纳泽奥·卡斯特鲁齐（Ignacio Castellucci）教授，澳门城市大学助理校长、专门研究澳门经贸旅游平台角色的叶桂平教授，以及得过澳门特区政府文化奖章的澳门大学资深葡语老师、现任澳门圣若瑟大学副校长玛丽亚·埃斯帕迪尼亚（Maria Espadinha）教授，分别担任三个不同领域的审稿协调人。澳门基金会负责同社会科学文献出版社联系，花了不少时间完成翻译、编辑、出版等一系列工作。

由于作者来自不同地区和国家，从不同的角度提出不同的观点，涉及历史学、人类学、社会学、经济学、政治学、国际关系学、法学、生态学、语言学、教育学等不同学科的研究，令人感觉到，研究澳门的内外交流平台角色，是一种跨学科的研究，目前只能说是刚迈出了第一步，为将来分学科、分专题开展不同观点的学术研讨，促进内外交流，做好准备。期望学者再接再厉，深入探讨，为发挥澳门的交流平台功能，打下更好的理论和实践基础。

在此，向所有为本书的出版尽过力的专家学者、协调人、翻译、编辑，以及赞助和支持单位，还有本会工作人员和特邀人士致以衷心的感谢。

澳门亚太拉美交流促进会（MAPEAL）理事长

魏美昌

澳门研究丛书书目

澳门人文社会科学研究文选	
社会卷	程惕洁 / 主编
行政卷	娄胜华 / 主编
政治卷	余 振 林 媛 / 主编
法律卷	赵国强 / 主编
基本法卷	骆伟建 王 禹 / 主编
经济卷	杨允中 / 主编
教育卷	单文经 林发钦 / 主编
语言翻译卷	程祥徽 / 主编
文学卷	李观鼎 / 主编
文化艺术卷	龚 刚 / 主编
历史卷	吴志良 林发钦 何志辉 / 主编
综合卷	吴志良 陈震宇 / 主编
新秩序	娄胜华 潘冠瑾 林媛 / 著
澳门土生葡人的宗教信仰	霍志钊 / 著
明清澳门涉外法律研究	王巨新 王 欣 / 著
珠海、澳门与近代中西文化交流	珠海市委宣传部 等 / 主编
澳门博彩产业竞争力研究	阮建中 / 著
澳门社团体制变迁	潘冠瑾 / 著
澳门法律新论	刘高龙 赵国强 / 主编
韦卓民与中西方文化交流	珠海市委宣传部 等 / 主编

澳门中文新诗发展史研究（1938～2008）

吕志鹏／著

现代澳门社会治理模式研究　陈震宇／著

赃款赃物跨境移交、私营贿赂及毒品犯罪研究

赵秉志　赵国强／主编

近现当代传媒与港澳台文学经验　朱寿桐　黎湘萍／主编

一国两制与澳门特区制度建设　冷铁勋／著

澳门特区社会服务管理改革研究　高炳坤／著

一国两制与澳门治理民主化　庞嘉颖／著

一国两制下澳门产业结构优化　谢四德／著

澳门人文社会科学研究文选（2008～2011）（上中下）

《澳门人文社会科学研究文选（2008～2011）》编委会／编

澳门土地法改革研究　陈家辉／著

澳门行政法规的困境与出路　何志远／著

个人资料的法律保护　陈海帆　赵国强／主编

澳门出土明代青花瓷器研究　马锦强／著

当代刑法的理论与实践　赵秉志　赵国强　张丽卿　傅华伶／主编

澳门行政主导体制研究　刘倩／著

转型时期的澳门政治精英　蔡永君／著

澳门基本法与澳门特别行政区法治研究　蒋朝阳／著

澳门民事诉讼制度改革研究　黎晓平　蔡肖文／著

澳门人文社会科学研究文选（2012～2014）（上中下）

《澳门人文社会科学研究文选（2012～2014）》编委会／编

澳门特别行政区立法会产生办法研究　王禹　沈然／著

图书在版编目（CIP）数据

全球化与澳门：澳门在亚太和拉美之间的对外平台角色/魏美昌主编．--北京：社会科学文献出版社，2017.11

（澳门研究丛书）

ISBN 978－7－5097－7098－6

Ⅰ．①全…　Ⅱ．①魏…　Ⅲ．①中外关系－澳门、拉丁美洲－文集　Ⅳ．①D827.659－53

中国版本图书馆 CIP 数据核字（2015）第 028157 号

·澳门研究丛书·

全球化与澳门

——澳门在亚太和拉美之间的对外平台角色

主　　编／魏美昌

出 版 人／谢寿光
项目统筹／王玉敏　沈　艺
责任编辑／沈　艺　伍昕瑶　王晓卿

出　　版／社会科学文献出版社·当代世界出版分社（010）59367004
地址：北京市北三环中路甲 29 号院华龙大厦　邮编：100029
网址：www.ssap.com.cn
发　　行／市场营销中心（010）59367081　59367018
印　　装／北京季蜂印刷有限公司

规　　格／开　本：787mm × 1092mm　1/16
印　张：35　字　数：589 千字
版　　次／2017 年 11 月第 1 版　2017 年 11 月第 1 次印刷
书　　号／ISBN 978－7－5097－7098－6
定　　价／149.00 元

本书如有印装质量问题，请与读者服务中心（010－59367028）联系